Social Work with Groups
A Comprehensive Worktext (8th edition)

团体社会工作

综合指南

（第八版）

〔美〕查尔斯·扎斯特罗（Charles Zastrow）著

崔文霞 译

著作权合同登记号　图字：01-2013-8574

图书在版编目(CIP)数据

团体社会工作：综合指南：第八版/(美)查尔斯·扎斯特罗著；崔文霞译.—北京：北京大学出版社，2020.10

ISBN 978-7-301-30281-1

Ⅰ.①团… Ⅱ.①查…②崔… Ⅲ.①社会团体—社会工作 Ⅳ.①C916

中国版本图书馆 CIP 数据核字(2019)第 033938 号

Social Work with Groups: A Comprehensive Worktext (8th edition) by Charles Zastrow, translated by Cui Wenxia.
Copyright © 2012, 2009 Brooks/Cole, Cengage Learning.
Original edition published by Cengage Learning. All Rights reserved.
本书原版由圣智学习出版公司出版。版权所有，盗印必究。

Social Work with Groups: A Comprehensive Worktext (8th edition) is authorized by Cengage Learning to publish and distribute exclusively this simplified Chinese edition. This edition is authorized for sale in the People's Republic of China only (excluding Hong Kong, Macao SAR and Taiwan). Unauthorized export of this edition is a violation of the Copyright Act. No part of this publication may be reproduced or distributed by any means, or stored in a database or retrieval system, without the prior written permission of the publisher.
本书中文简体字翻译版由圣智学习出版公司授权北京大学出版社独家出版发行。此版本仅限在中华人民共和国境内(不包括中国香港、澳门特别行政区及中国台湾)销售。未经授权的本书出口将被视为违反版权法的行为。未经出版者预先书面许可，不得以任何方式复制或发行本书的任何部分。

978-0-8400-3451-9
Cengage Learning Asia Pte. Ltd.
151 Lorong Chuan, #02-08 New Tech Park, Singapore 556741

书　　　名	团体社会工作：综合指南（第八版）
	TUANTI SHEHUI GONGZUO: ZONGHE ZHINAN (DI-BA BAN)
著作责任者	〔美〕查尔斯·扎斯特罗　著　崔文霞　译
责任编辑	刘秀芹
标准书号	ISBN 978-7-301-30281-1
出版发行	北京大学出版社
地　　　址	北京市海淀区成府路 205 号　100871
网　　　址	http://www.pup.cn　新浪微博：@北京大学出版社
电子信箱	sdyy_2005@126.com
电　　　话	邮购部 010-62752015　发行部 010-62750672　编辑部 021-62071998
印 刷 者	天津中印联印务有限公司
经 销 者	新华书店
	730 毫米×1020 毫米　16 开本　37.25 印张　662 千字
	2020 年 10 月第 1 版　2020 年 10 月第 1 次印刷
定　　　价	98.00 元

未经许可，不得以任何方式复制或抄袭本书之部分或全部内容。
版权所有，侵权必究
举报电话：010-62752024　电子信箱：fd@pup.pku.edu.cn
图书如有印装质量问题，请与出版部联系，电话：010-62756370

献给我的妻子和灵魂伴侣——凯茜

与社会工作教育委员会《教育政策与认证标准》对应的章节

《团体社会工作:综合指南(第八版)》参考了社会工作教育委员会 2008 年颁布的《教育政策与认证标准》(EPAS 2008)中的 10 大核心能力和 41 项推荐的实践行为。下表展示了这些核心能力和实践行为在本书中所对应的具体章节(用阿拉伯数字表示)。

10 大核心能力和 41 项推荐的实践行为(EPAS 2008)	本书对应的章节
EP 2.1.1——认同专业社会工作者并付出行动:	
a. 倡导案主有权享受社会工作服务;	2 和 6
b. 进行自我反思与自我纠正,确保可持续的专业发展;	2,3,4,5,6,9,10,11,12 和模块 3
c. 关注专业角色和任务边界;	2 和 12
d. 展示专业性的行为风度、仪容仪表和沟通方式;	2,4,6 和 12
e. 致力于终身职业生涯并不断学习和成长;	2
f. 运用监督与咨询。	2
EP 2.1.2——运用社会工作伦理原则指导专业实践:	
a. 通过指导实践的职业价值观来明确和管理个人的价值观;	2 和 7
b. 运用《美国社会工作者协会伦理守则》《国际社会工作者联合会守则》《社会工作学校国际联合会社会工作伦理与原则公告》的标准进行伦理决策;	2 和 12
c. 容忍解决伦理冲突时出现的不确定性;	2
d. 运用伦理推理策略获得原则性决策。	2 和 6
EP 2.1.3——运用批判性思维传达专业判断:	
a. 辨别、评价并整合多种渠道的知识,其中包括理论知识和实践智慧;	2
b. 分析评估、预防、干预、评价等模型;	2

(续表)

10大核心能力和41项推荐的实践行为（EPAS 2008）	本书对应的章节
c. 在与个人、家庭、团体、组织、社区和同事等一起工作时，进行有效的口头与书面沟通。	2,5和6
EP 2.1.4——实践中涉及多样性和差异性：	
a. 认识到一种文化结构和价值观可能在多大程度上压迫、排斥、疏远、创造或增强特权和权力；	2和7
b. 获得充分的自我认知，以消除各种团体工作中的个人偏见和价值观造成的影响；	2和7
c. 认识并传达差异对塑造生活经历的重要性；	2和7
d. 将自己看作学习者，并把一起工作的人看作消息提供者。	2和7
EP 2.1.5——促进人权和社会经济公平：	
a. 理解压迫与歧视的形式与机制；	2和7
b. 提倡人权与社会经济公平；	2和7
c. 致力于能提高社会经济公平的实践工作。	2和7
EP 2.1.6——参与基于研究的实践与基于实践的研究：	
a. 用实践经验去影响科学研究；	2和13
b. 用研究证据去影响实践。	2和13
EP 2.1.7——运用关于人类行为和社会环境的知识：	
a. 利用理论框架来指导评估、干预和评价的过程；	1,2,6,7,9,10,11,模块1和模块3
b. 评论和应用知识去理解个人及环境。	2和8
EP 2.1.8——参与政策实践，促进社会经济繁荣，提供有效的社会服务：	
a. 分析、制定和倡导促进社会繁荣的政策；	2和6
b. 为了有效地执行政策与案主、同事沟通合作。	2和6
EP 2.1.9——响应塑造实践的环境：	
a. 不断发现、估量和关注当地人口变化、科学技术发展和社会趋势，以提供相关服务；	2,6,10和模块3
b. 提供可促进社会服务可持续发展的领导力并改善社会服务的质量。	2
EP 2.1.10——参与、评价、干预、评估个人、家庭、团体、组织和社区：	
a. 可持续地、高效地为个体、家庭、团体、组织和社区行动作准备；	2,6,9,12,模块1和模块2
b. 运用移情和其他人际交往技能；	2和12
c. 确定一个双方都认同的工作重点与预期结果；	2,6和12
d. 收集、组织、解释案主资料；	2和12
e. 评估案主的优势与不足；	2,5,7和12

(续表)

10 大核心能力和 41 项推荐的实践行为（EPAS 2008）	本书对应的章节
f. 制定多方赞同的干预目标与任务；	2 和 12
g. 选择合适的干预策略；	2,9,11 和 12
h. 发起实现组织目标的行动；	2
i. 实行预防性干预措施来提高案主的能力；	2
j. 帮助案主解决问题；	2 和 12
k. 为案主进行谈判、调解和宣传；	2 和 6
l. 促进案主的问题转变与结束；	2 和 12
m. 批判性地分析、监测、评价干预措施。	2 和 13

前　言

到底是什么启发我写这本书呢？记得1983年春,我正准备给社会工作专业的本科生讲授团体工作这门课程。在那个学期之前,我已经写过一系列团体动力学以及各种团体如何应用于社会工作实践的演讲稿,这些团体包括社会化团体、任务团体、决策和问题解决团体、自助团体和治疗团体等。学期一开始,我就全身心投入课堂教学中。然而,过了不久,我开始意识到这些讲座并不太受欢迎。到了第三周,一位学生课后对我说:"虽然我担心这会影响我的成绩,但我还是需要告诉您,班级里的很多学生觉得您不能只用讲座来教授团体工作这门课。学生们学习如何管理团体的唯一方法是通过拥有课堂内外领导团体的体验。"我认真思考了好几天,觉得这位学生说得太对了。经过学生们同意,我重新设计了整个课程,让学生们轮流在课堂上领导讨论我们都认可的团体工作话题。由于那时还没有"社会工作团体"类的教材可以辅助这一教学过程,我就尝试自己写一本。正是在此背景下,本书的第一版于1985年正式出版。

本书的基本理论假设是,学生学习如何管理团体的最佳方法是在课堂上领导团体。于是,教室就变成了学生练习与培养团体领导技能的实验室。本书的设计就是为了让这种实验室方法更好地应用于本科生和研究生的团体工作课程。

本书每章都包含大量的技能练习,学生可通过练习获得各种团体工作技能。本书的标题"团体社会工作:综合指南"正反映了重视运用这些技能练习来促进学生培养团体领导技能的思想。

本书的重点是提供一些理论知识和技能练习,这些内容都聚焦于社会工作教育委员会(Council on Social Work Education,简称CSWE)2008年颁布的《教育政策与认证标准》(Educational Policy and Accreditation Standards,简称 EPAS 2008)中需要学生掌握的 10 大核心能力和 41 项实践行为。另外,可帮助掌握这些能力和实践行为的两本小册子是《实践行为练习册》(The Practice Behaviors Workbook)和《教师快速指南手册》(The Instructor Quick-Guide Booklet)。

《实践行为练习册》由一系列练习组成,这些练习有一部分也出现在本书中。教师可以使用本书中的练习,也可以使用《实践行为练习册》中的练习。使用《实践行为练习册》中的练习,其好处在于那些练习与 EPAS 2008 中要求的能力和实践行为直接相关。另外,《实践行为练习册》中有一个评估程序,可以帮助学生评价自己掌握上述能力和实践行为的情况。获得这些能力和实践行为的评分越高,越有可能成为优秀的社会工作者。《实践行为练习册》开头的一张表格列出了本书的章节以及与 EPAS 2008 相关的 41 项实践行为的技能练习(学生一般都会认真完成这些练习,使自己具有优秀社会工作者所需要的知识、技能和价值观)。

《教师快速指南手册》与本书密切相关、相辅相成,也符合《实践行为练习册》中 EPAS 2008 的基本要求。

《教师快速指南手册》用来帮助教师和社会工作部门指导实施 EPAS 2008 的基本要求。手册中展示了以下内容:(1) EPAS 2008 中关于 41 项实践行为的内容在本书中的位置;(2) 与 41 项实践行为相一致的经典案例练习的列表。

《教师快速指南手册》的另外一个用途是,作为本书中使用的文献的汇编,同时也涵盖 EPAS 2008 中要求的所有能力和实践行为,它可以用来准备自学资料,以获得专业认证。

 本书的安排

每章按照下列结构进行设计:
1. 描述每章的学习目标。
2. 介绍如何实现目标的理论资料。例如,如果目标是学会如何应对团体中的破坏分子,就会介绍合适的应对策略。
3. 每章穿插若干个练习题,这些练习题帮助学生获得本章描述的技能。

本书末尾的附录一是《团体治疗理论资源手册》(Group Treatment Theories Resource Manual,简称 GTTRM)。为了突出它的独特性,附录中的资料介绍是以模块形式呈现,而不是以章节形式。《团体治疗理论资源手册》提供了三种著名的咨询理论,被社会工作者广泛使用到各种治疗团体中,分别是理性疗法、行为疗法和现实疗法。

本书的使用

当教师讲完第一章介绍性内容之后,建议学生(个人或者团体)轮流准备和组织后续的课堂教学安排,总结章节中的理论内容,领导班级做相关练习等(学生也可以选择本书以外的话题)。

本书中的技能练习可以采取多种方式使用。每一章指定的指导者(可以是教师、学生或者学生团体)可以采取下列方式使用这些练习:(1)指导者要求其他学生在下节课之前,作为家庭作业完成特定练习,这些练习在下次课上要进行复习;(2)指导者在课堂上让其他学生完成一个或多个练习;(3)指导者可以布置特定练习作为必须提交的家庭作业;(4)指导者可以让每个学生完成若干个练习,然后把相关结果放入档案袋,供教师定期查阅评估。

学生应该即兴演讲而不是阅读课本,也可以通过个人观察或研究来改编各章节主题等,从而把他们的展示报告做得有吸引力、有趣味,同时具有教育意义。学生应该准备并发放一些讲义,总结他们的报告的要点,并可在教室里自由走动,以增加课堂趣味性。同时,也建议学生们使用技术资源,比如 PPT 等多媒体软件。

为了进一步学习,教师和学生可以访问布鲁克斯/科尔(Brooks/Cole)社会工作网站(academic.cengage.com/social_work),这是一个非常有用的信息资源平台,能够帮助深化和拓展本书介绍的概念。社会工作网站包含网上测验、具体文本内容(包括网页链接)、学生资源中的《美国社会工作者协会伦理守则》的网页链接、可供下载的 PPT 课件等。

本版新增内容

本版新增的内容有:
- EPAS 2008

- 团体的协同领导力——优势与不足
- 人权保护
- 吸引力法则
- 组织有效性——结构和领导能力
- 自我实现的预言
- 家庭团体会议

另外,每章增加一个简短的总结,全书新增二十多道课堂练习题(提醒教师:在第二章末尾准备了两种评价工具,可以测量学生对 EPAS 2008 规定的能力和实践行为的掌握程度)。

致谢

特别感谢下面几位作者:黛布拉·博尔奎斯特(Debra S. Borquist)、凯西·德雷克斯勒(Kathy Drechsler)、卡伦·基尔斯特-阿什曼(Karen K. Kirst-Ashman)、迈克尔·华莱士(Michael Wallace)和玛丽·威登(Mary Weeden)。另外,维基·沃格尔(Vicki Vogel)在帮助准备手稿和辅助材料方面做出了较大贡献。

感谢为本版修订提出建议的评论者:伊利诺伊州立大学的布伦达·科布尔·林德赛(Brenda Coble Lindsey)教授、布拉德利大学的南希·阿摩司(Nancy Amos)教授、佛罗里达农工大学的珍·海赤(Jean Hyche)教授、南方基督复临大学的克里斯·阿特金斯(Chris Atkins)教授、印第安纳州立大学的卡罗尔·霍斯泰特(Carol Hostetter)教授、菲奇堡州立大学的约翰·汉考克(John Hancock)教授。

最后,我要感谢圣智学习集团/布鲁克斯/科尔(Cengage Learning/Brooks/Cole)的工作人员的大力支持和专业协助。

查尔斯·扎斯特罗

关于作者

查尔斯·扎斯特罗,社会工作硕士、哲学博士,奥罗拉大学乔治·威廉姆斯学院社会工作项目的副主任、教授。他在很多公立和私立的社会福利机构中工作多年,已经为社会工作教育委员会主持二十多个社会工作认证现场考察团体。

他曾是社会工作教育委员会的认证委员会成员(长达六年),目前是团体社会工作促进委员会成员、美国社会工作者协会成员、社会工作教育委员会成员。另外,他还是美国社会工作者协会的注册临床社会工作者,已经在威斯康星州取得营业执照。除了本书,他还写了其他社会学方面的著作,包括下列教材:《社会工作与社会福利导论》(第九、十版)、《社会工作实务:应用与提高》(第九版)、《人权与社会环境》(第八版)(和卡伦·基尔斯特-阿什曼合作)。

特约作者

黛布拉·博尔奎斯特,学校社会工作硕士、高级社会工作者
威斯康星大学怀特沃特分校讲师

凯西·德雷克斯勒,社会工作硕士
威斯康星大学怀特沃特分校兼职教师

卡伦·基尔斯特-阿什曼,社会工作硕士、哲学博士
威斯康星大学怀特沃特分校社会工作部名誉教授

迈克尔·华莱士,学校社会工作硕士、注册临床社会工作者

威斯康星大学怀特沃特分校社会工作部临床社会工作者和讲师

玛丽·威登,社会工作硕士、注册临床社会工作者

洛约拉大学在读博士生,奥罗拉大学乔治·威廉姆斯学院社会工作硕士学位项目协调员

目录

第一章 团体：发展类型和阶段 1
团体社会工作的发展历史 1
团体的类型 4
团体的最初发展 16
团体的阶段 19
团体发展模型 21
团体凝聚力 26
会员团体和参照团体 28
破冰 30
体验式学习 31
总结 33
团体练习 34
能力说明 36

第二章 团体社会工作和社会工作实务 37
社会工作的定义 37
社会工作和社会福利的关系 38
什么是社会工作职业 39
通才型社会工作实务 41
变化过程 43
各种角色 50

系统视角 ·· 54
　　医学模式 vs. 生态模式 ···································· 55
　　社会工作实务目标 ·· 59
　　问题解决方法 ·· 62
　　微观、中观和宏观实务 ···································· 63
　　团体社会工作是社会工作实务的一部分 ····················· 67
　　总结 ·· 67
　　团体练习 ·· 69
　　能力说明 ·· 87

第三章　团体动力：领导力 ·· 89
　　领导方法 ·· 89
　　领导角色 ·· 96
　　团体的权力和影响 ·· 99
　　团体中的权力基础 ······································· 100
　　不平等权力的影响 ······································· 103
　　团体的协同领导 ··· 105
　　组建和领导团体的指南 ··································· 107
　　总结 ··· 114
　　团体练习 ··· 114
　　能力说明 ··· 117

第四章　团体动力：目标与规范 ·································· 118
　　个人目标 ··· 119
　　建立团体目标 ··· 121
　　名义团体法 ··· 126
　　团体规范 ··· 127
　　如何习得和发展规范 ····································· 128
　　从众 ··· 130
　　规范的注意事项 ··· 133
　　从众的问题 ··· 134

总结 ·· 143
　　团体练习 ··· 144
　　能力说明 ··· 151

第五章　语言沟通与非语言沟通 ··· 153
　　沟通模型 ··· 153
　　认知能力 ··· 157
　　自我暴露 ··· 165
　　如何有效沟通 ·· 168
　　非语言沟通 ·· 175
　　非语言沟通的功能 ·· 175
　　非语言沟通的形式 ·· 177
　　总结 ·· 190
　　团体练习 ··· 191
　　能力说明 ··· 199

第六章　任务团体 ··· 200
　　任务团体的种类 ·· 200
　　领导任务团体的指南 ·· 201
　　问题解决方式 ·· 206
　　有效问题解决的障碍 ·· 208
　　头脑风暴 ··· 210
　　冲突 ·· 211
　　解决冲突的技巧 ·· 212
　　团体间冲突 ·· 221
　　制定决策 ··· 223
　　决策基础 ··· 223
　　决策方法 ··· 224
　　团体决策 vs. 个人决策 ·· 229
　　总结 ·· 232
　　团体练习 ··· 233

能力说明 …………………………………………………… 244

第七章　与多样化团体合作　246
关键术语的定义 …………………………………………… 247
刻板印象和多元文化:一种视角 ………………………… 250
你的刻板印象与偏见 ……………………………………… 252
了解多样化团体 …………………………………………… 256
互惠立场 …………………………………………………… 259
哪些干预技巧有用 ………………………………………… 260
保护人权 …………………………………………………… 268
领导多种族团体的 RAP 框架 …………………………… 271
女性主义干预 ……………………………………………… 273
女性主义疗法的评估 ……………………………………… 279
总结 ………………………………………………………… 280
团体练习 …………………………………………………… 281
能力说明 …………………………………………………… 285

第八章　自助团体　286
心脏修复协会:个案 ……………………………………… 286
定义和特征 ………………………………………………… 287
自助团体的分类 …………………………………………… 289
自助团体的优点 …………………………………………… 291
与社会工作者的结合 ……………………………………… 292
自助团体的创建 …………………………………………… 293
在线自助团体 ……………………………………………… 296
总结 ………………………………………………………… 301
团体练习 …………………………………………………… 302
能力说明 …………………………………………………… 303

第九章　家庭社会工作　304
家庭形式的多样性 ………………………………………… 305
家庭的社会功能 …………………………………………… 307

家庭问题和社会工作的本质 308
　　家庭评估 311
　　语言沟通 320
　　非语言沟通 323
　　家庭团体规范 323
　　家庭角色 325
　　个人和团体目标 326
　　家庭冲突、问题和解决 329
　　三种家庭治疗方法 335
　　总结 342
　　团体练习 343
　　能力说明 348

第十章　组织、社区和团体　349

　　团体和组织之间的关系 350
　　组织模式 351
　　在官僚机构中生存 361
　　组织效能：结构与领导能力 366
　　社区、组织和团体 368
　　团体和社区之间的关系 369
　　分析一个社区 369
　　社区实践模式 371
　　构建和维持社区优势 377
　　宏观实践的技能 380
　　总结 382
　　团体练习 383
　　能力说明 386

第十一章　教育团体：以压力管理和时间管理为例　388

　　教育团体 388
　　压力的概念 389

长期的痛苦状态 393
职业倦怠 396
压力管理和职业倦怠预防 399
时间管理 407
设定和优化目标及任务 408
节约时间的技巧 411
克服拖延 414
时间管理的好处 416
总结 417
团体练习 417
能力说明 424

第十二章 治疗团体 425

准备工作 426
会前放松 430
进入会场的注意事项 431
座位安排 431
会议介绍 431
明确角色 433
建立友好关系 434
深入探讨问题 435
探索备选方案 437
团体发展阶段 442
结束会议 444
结束团体 445
协同促进治疗团体 449
团体促进者的法律保护 451
与案主确定专业界限 452
治疗因素:治愈的是什么 454
选择干预策略:循证实践 456
总结 458

团体练习 ·· 458
　　能力说明 ·· 469

第十三章　团体结束与评估 ·· 471
　　团体结束 ·· 472
　　团体评估 ·· 477
　　总结 ·· 484
　　团体练习 ·· 484
　　能力说明 ·· 485

附录一　《团体治疗理论资源手册》 ·· 486
　　咨询 vs. 治疗/心理治疗 ·· 486

模块 1：团体理性疗法 ·· 489
　　总结 ·· 503
　　团体练习 ·· 504
　　能力说明 ·· 507

模块 2：团体行为疗法 ·· 508
　　总结 ·· 529
　　团体练习 ·· 529
　　能力说明 ·· 535

模块 3：团体现实疗法 ·· 536
　　总结 ·· 552
　　团体练习 ·· 553
　　能力说明 ·· 554

附录二　第六章团体练习 D—F 答案 ·· 555

注释 ·· 558

译后记 ·· 574

第一章

团体：发展类型和阶段

目标

根据团体动力学的原则,每个团体都会形成独特的个性特征。本章简要介绍团体社会工作的发展历史和几种重要的社会工作团体模型,介绍各种模型的不同发展阶段。另外,本章还将比较参照团体和隶属团体之间的差异,介绍几种"破冰"练习以及进行课堂练习的指导原则。

所有社会服务机构都需要团体,所有社会工作者都会积极参与到各种各样的团体当中去。团体社会工作存在于收养所、管教所、中途之家、药物滥用治疗中心、康复中心、家政所、私人心理诊所、精神病院、护理院、社区中心、公立学校以及其他社会服务机构之中。为了在公共服务系统中更有效地为案主服务,通才型社会工作者必须接受团体工作方法培训。通常情况下,社会工作者需要在各种团体中担任领导者和参与者的角色,这些团体要求他们掌握从简单到复杂的各种技能,他们几乎可以说是无所不能。刚开始,社会工作者可能会对存在如此多样的团体感到惊讶,也会因为需要在如此不同的环境中迎接挑战而感到非常激动。

 团体社会工作的发展历史

团体社会工作起源于19世纪的睦邻组织(settlement houses),比如基督教青年会(YMCA)和基督教女青年会(YWCA)、童子军和女童子军、犹太社区。[1] 这些机构主要为那些被认为"正常"的人提供团体服务。早期团体服务的接受者是为了娱乐、非正式教育、友谊和社会行动而来的。纽斯特(Euster)指出,这些接受者学会了合作,学会了与他人友好相处;他们通过学习新的知识、培养新的技能和兴趣不断充实自己;同时,他们负责任地参与解决社区问题,社会总体状况也得到了明显改善。[2]

睦邻组织

第一个睦邻组织汤因比馆(Toynbee Hall)于1884年在伦敦建立。随后,更多的睦邻组织很快在美国的大城市建立起来。[3]

早期睦邻组织的工作者大都是牧师的女儿,这些女孩通常都来自中、上阶层,她们搬到贫民区居住,这样就能够体验到贫穷者面对的残酷现实。早期睦邻组织的工作者运用传教士的方法教导居民过有道德的生活,并尝试改善他们的居住环境和生活状况,为求职者找到工作,教授英语,传授卫生保健知识和职业技能,并且通过邻里合作提高居住条件。这些被睦邻组织采用的技巧现在被称为团体社会工作、社会行动和社区组织。

睦邻组织强调"环境变革",但是它们也不断把在中产阶级流行的关于工作、节约和禁欲的价值观作为成功秘诀传授给穷人们。[4] 除了致力于通过地方行动解决当地问题,睦邻组织还在起草法规、组织民众影响社会政策和法律等方面发挥了重要作用。

睦邻组织运动(settlement-house movement)最著名的领导者是创建芝加哥赫尔馆(Hull House)的简·亚当斯(Jane Addams)。她于1860年出生于伊利诺伊州的锡达维尔市,是一位面粉和木材加工厂厂主的女儿。[5] 她从伊利诺伊州罗克福特市的罗克福特神学院毕业后,进入医学院学习,但不久后由于生病被迫中断学业。随后亚当斯到欧洲游历了几年,这期间她一直在思考自己的一生应该做什么样的工作。25岁那年,亚当斯加入长老会。长老会帮助她找到了自己的人生目标,那就是宗教、人道主义和为穷人服务(后来亚当斯加入公理会,也就是现在的基督联合教会)。亚当斯听说英国建立了汤因比馆,便返回欧洲学习这种新模式。汤因比馆中的职员大部分是在校大学生和大学毕业生,他们大多来自牛津,住在伦敦的贫民区。他们希望了解社会真相,利用自己的个人资源(包括经济资源)来改善那里的贫困生活。

简·亚当斯回到美国,在芝加哥的一个贫困街区租了一栋两层的房子,随后将它命名为赫尔馆。亚当斯和几个朋友在社区发起了各种团体和个人活动,团体活动主要包括年轻妇女的文学阅读小组、幼儿园以及其他团体(社交、运动、音乐、绘画、艺术和时事讨论等)举行的活动。赫尔馆也为那些需要临时帮助的个人提供服务,比如为他们提供食物、住宿以及其他相关服务等。赫尔馆社会科学俱乐部(Hull House Social Science Club)用科学方法调查社会问题,并参与到改善居住条件的社会行动中。这个团体取得的最大胜利,就是让伊利诺伊州通过立法禁止"血汗工厂"雇用童工。亚当斯也对社区中各种各样的民族团体产生了兴趣,她成功地将不同民族的人聚集在赫尔馆,让他们能够互动和交流文化价值观念。

赫尔馆的成功为芝加哥其他地区和美国其他的大城市建立睦邻组织提供了一个范例。睦邻组织的领导者相信通过变革邻里关系可以改善社区,并由此创造更美好的社会。正是因其杰出的贡献,简·亚当斯获得了1931年诺贝尔和平奖。

◼ 基督教青年会

基督教青年会的创始人乔治·威廉[6](George Williams)出生在英国的一个小农场,并在那里长大。他13岁辍学后便在父亲的农场里工作。14岁的时候,他成为一位布商(布料和毛料的制造商、经销商)的学徒,开始学习贸易。他在宗教环境中长大,并在16岁时加入了公理会。20岁时,他奔赴伦敦并在一家布行工作。与威廉一样,布行的老板乔治·希区柯克(George Hitchcock)也是一个虔诚的教徒,他允许这位新雇员在工作时组织祷告会。

祷告会的规模逐渐扩大,聚会以阅读圣经和做祷告为特色。该团体的成功激发了威廉和他的朋友在其他布行也组织类似的团体。威廉和他的12个同事组成的祷告会标志着基督教青年会的开始。1844年,14家布行的祷告会联合组成了一个组织,称为"基督教青年会"。所有团体每周都会组织一次宗教活动,包括做祷告、阅读圣经和讨论神学。

不久,基督教青年会开始不断扩大活动范围。来自公共和学术生活各个领域的一些杰出演讲者被邀请来发表演讲。他们精选了办公机构,法国、荷兰和其他国家的新教神职人员也都被说服去建立基督教青年会。渐渐地,这些项目不断扩展,以满足基督教青年会所在社区的特殊需求。

1851年,波士顿一个名叫托马斯·V.沙利文(Thomas V. Sullivan)的退休海员无意间拿起了一本宗教周刊,了解到伦敦的基督教青年会运动。[7]沙利文召集一些朋友,建立了美国第一个基督教青年会。与伦敦的协会一样,美国的这场运动迅速扩展到其他社区。短短七年后,基督教青年会已经服务于全美的社区。

美国的基督教青年会创造了许多"第一":它是第一个在战场和战俘营中帮助军队的组织;它开创了社区体育和竞技体育——发明了排球和篮球,教授水上安全知识和游泳;它设计了一个类似于和平队的国际社会服务项目;它开创了团体休闲露营;它发展了夜校和成人教育;它发起了普遍流行的不分教派的大学生教会工作;另外,它还主动帮助外国学生。从最初仅仅关注宗教目的,基督教青年会逐渐将其目标扩展到多个方向。受基督教青年会的激励,第一个基督教女青年会于1866年在波士顿成立。[8]

团体的类型

社会工作中会出现各种各样的团体——社会对话团体、娱乐和技能培训团体、教育团体、任务团体、问题解决和决策团体、焦点团体、自助团体、社会化团体、治疗团体以及敏感性训练团体等。大卫·约翰逊(David Johnson)和弗兰克·约翰逊(Frank Johnson)曾表示,团体可以被界定为两个或两个以上的人面对面进行互动,所有人都意识到努力实现共同目标过程中的相互依存,所有人都意识到自己是团体的一员,其他人也是团体的一员。[9]

 社会对话团体

社会对话经常用来判断与不太熟悉的人应该发展怎样的关系。由于对话是轻松的、没有特定目标的,所以社会对话中通常没有正式的议程。如果对话的主题很无聊,那么随时可以改变话题。尽管个人可能会对社会对话持有一定的目标(也许仅仅是建立熟人关系),但这样的目标不需要成为整个团体的议程。涉及案主的团体对话一般是有特定目标的,例如解决个人问题。

■ 娱乐/技能培训团体

娱乐团体可以分为非正式娱乐团体和技能培训娱乐团体。

娱乐团体服务机构(例如基督教青年会、基督教女青年会或者社区中心)可以通过提供场所和器材,组织一些娱乐和锻炼活动。像户外运动和非正式竞技体育等活动通常是自发的,这样的团体没有领导者。一些机构声称,娱乐和互动有助于塑造青少年的性格,并通过提供不同于街头生活的活动来预防青少年违法犯罪。

与非正式娱乐团体相比,技能培训娱乐团体更加注重任务,并由顾问、教练或指导员负责引导,其目标是通过娱乐的方式提高一系列的技能,例如美术、工艺、高尔夫、篮球、游泳等运动。这些团体通常由专业人员领导,团体成员接受娱乐性的训练,而非社会工作训练。所涉及的机构包括基督教青年会和基督教女青年会、童子军、女童子军、社区中心和学校娱乐部门等。

■ 教育团体

尽管所涉及的话题千差万别,但所有教育团体都传授专业技能或知识,例如育儿课程、压力管理课程、作为外语的亲子课程、英语课程以及自信训练课程等。社会服务组织提供的志愿者的职前培训也属于这一范畴。教育团体的活动通常具有课堂氛围,涉及相当多的团体互动和讨论,能够邀请某个领域造诣颇深的专业人员。社会工作者通常承担教师的角色。

■ 任务团体

任务团体是为了完成一系列具体任务或目标而组建的团体。下面是社会工作者经常参与的几种任务团体:董事会是一个行政管理团体,主要负责为管理机构的项目制定政策;特别行动小组是为处理特定任务或事项而成立的团体,当任务完成后,通常会被解散;机构或组织委员会是为完成具体任务和事项而组成的团体;特设委员会像特别行动小组一样,是为具体目标而设立的,当任务完成后,它便不再发挥作用。

问题解决和决策团体

社会服务的提供者和接受者都可能参与到问题解决和决策团体中(事实上,任务团体和这些团体之间存在着大量重叠,问题解决和决策团体可以被视为任务团体的一个分支)。

社会服务的提供者利用团体会议实现各种目标。例如,为一个或多个案主制订治疗计划,或者决定如何最好地分配资源。社会服务的潜在接受者可以建立团体满足社区当前的需要,通过这个团体,可以收集所需数据;同时,这个团体可以被用来发展项目或者影响现有机构提供社会服务。社会工作者作为这些团体的组织者和促进者,发挥着重要作用,担负着重要职责。

在问题解决和决策团体中,每个参与者的利益都会牵涉其中,并且个人的利益在团体的作用下可能产生或得或失的结果。通常,这种类型的团体中有一个正式的领导者,在整个过程中也会出现其他领导者。

问题解决和决策团体个案:家庭团体会议

家庭团体会议起源于新西兰,其目的是为了关爱被虐待或被忽视的儿童。这种方法现在被许多国家采用(包括美国)。

当儿童保护机构或警方将父母虐待儿童的证据记录在案以后,一些儿童保护服务机构就会向这些孩子的父母建议,运用家庭团体会议的方式尝试改善教育方法并结束虐待行为。如果家长同意让其他亲属参与进来,那么这个家庭团体会议便启动了。

家庭团体会议在专业人员(通常与儿童保护服务有关)的帮助下建立起来,这名专业人员通常被称为"家庭团体协调员"。家庭团体会议主要有以下三个特点:

1. 广义上,"家庭"包括整个大家庭内的所有成员和其他对这个家庭非常重要的人员。

2. 给予家庭准备这个计划的机会。

3. 参与该家庭团体会议的专业人员必须同意这个计划,除非他认为这个计划对儿童不利。

协调员为大家庭的第一次会议做好准备和计划工作,这个过程可能需要花费几个星期的时间。

唐斯(Downs)、穆尔(Moore)、麦克法登（McFadden）和康斯坦因(Constin)如此描述最初的计划过程：

> 这一过程包括与家庭协商,确定整个家庭的成员和亲属关系网络,阐明每人的角色并邀请他们参加家庭团体会议,明确会议的时间、地点和其他事项,处理其他尚待解决的问题。在会议中,协调员以符合当地文化的方式欢迎并介绍与会者,确立会议的目标,帮助参与者就角色、目标和基本规则等问题达成一致。然后,协调员会与家庭成员分享一些信息,这些信息可能来自儿童保护工作者和其他相关专业人员,例如医生、教师等。

在新西兰模式中,协调员和其他专业人员会从下一阶段的会议中退出,以便家庭成员自己思考和讨论(在美国和其他国家的项目中,协调员可以继续留在会议中)。亲属们针对出现的问题制订应对计划,包括为孩子的安全和教养问题作出规划。如果协调员和保护机构认为孩子在这些家庭计划中得不到应有的保护,他们会保留否定家庭计划的权力(现实中,很少使用否决权)。可能需要召开好几次会议(需要好几天时间)来制订这样的家庭计划。

唐斯、穆尔、麦克法登和康斯坦因总结了社会工作者运用该方法面临的挑战：

> 家庭团体决策需要一种新的以家庭为中心的实践方法,社会工作者必须扩展他的家庭观念,进而认识到亲属关系网络的力量和重要性。特别在有色人种聚居的社区,优势视角的运用是至关重要的。社会工作者必须认识到亲属关系对儿童健康的重要作用,也应该明白,即使家庭中的部分亲属看起来作出了妥协,或者部分亲属关系看起来不正常,我们可以通过评估更健康的亲属关系来处理这些问题。社会工作者面临的最大挑战之一是：行使这些权力,还是让权力回归到亲属关系网络？许多社会工作者被培训成为家庭治疗师或者儿童福利工作者,他们也担任着一种权力角色,放弃这种掌控感对他们来说是比较困难的。

家庭团体会议有许多优点,它使整个大家庭参与进来,满足被虐待或被忽视儿童的需要,也满足这些儿童父母的需要。它减少了政府对人们生活的干预和介入,发掘了亲属关系网络在向处于困境中的家庭提供帮助方面的优势。同时,它也成功减少了寄养儿童的数量(通常运用寄养这种方法,由一位或多位亲戚暂时照顾孩子,让孩子的父母有机会接受教育或培训,学习怎样更好地为人父母)。家庭团体会议也被用来解决其他家庭问题,例如那些家庭成员中有罪犯的家庭。

焦点团体

焦点团体与任务团体、问题解决和决策团体有密切的联系。它们的成立有各种目的,包括:(1)分析问题和需要;(2)为已发现的问题提供解决方案;(3)测试解决问题的备选方案。焦点团体的定义如下:

> 一个团体聚集起来讨论某个具体问题或话题,它通常会借助调查问卷,由一位主持人积极地进行与主题相关的访谈。一般而言,这样的团体是为了获取信息和产生观点,而这些观点是无法通过个别访谈获得的。[10]

这里介绍焦点团体的两个案例,分别是名义团体(nominal group)(详见第四章)和头脑风暴团体(详见第六章)。

代表团体(representative group)是焦点团体的另一个版本。它的优势在于,其成员都是经过专门挑选的,代表了社区里的不同观点和意见。往好处说,代表团体反映了团体内的分歧并将多种观点带到谈判桌上。往坏处说,代表团体只是一群试图让社区卷入混乱局势的人行动的幌子。

自助与互助团体

自助团体现在越来越受欢迎,它经常成功地帮助个人克服社交障碍或自身的问题。卡茨(Katz)和本德(Bender)为自助团体提供了一个全面的定义:

> 自助团体是自愿的、小型的团体结构,通常由同龄人组成,他们在满足共同需要、克服共同的障碍或生活中的干扰问题、实现期望的社会和个人变革方面相互帮助。这些团体的发起者和成员意识到他们的需要没有也不可能通过现有的社会机构得到满足,因此,他们不仅彼此提供物质帮助,还给予情感支持。他们经常以目标为导向,通过让成员获得强烈的自我认同感来宣扬某一种思想观念或建立一套价值观念。[11]

由两名成功戒酒人员成立的匿名戒酒者协会是第一个获得巨大成功的自助团体。在《自助团体和专业实践》中,鲍威尔(Powell)介绍了许多目前非常活跃的自助团体。[12]

与自助团体密切相关的是互助团体,这两个术语有时可以互换。互助团体可以是正式协会,也可以是非正式协会,它的成员都面临着某种共同问题。专业领导者会定期与他们面谈,为他们提供情感支持、信息资料,协助他们解决问题等。

许多自助团体都使用个体自白和证词技术。成员说明他们的问题,重新评估他们处理问题的经验和计划。当一个成员遇到危机时(例如,有虐童倾向的父母不可控制地想要虐待孩子时),他就可以向团体中的另一个成员打电话,这个成员会帮助他应对这种状况。经历过这种痛苦和严重后果的成员很乐意帮助那些与自己一样经受煎熬的伙伴。帮助者也可以受益于"助人疗法"(helper therapy)原理,即帮助者会获得心理上的回报。[13] 帮助别人会让一个人感觉自己有价值,也能让这个人更理智地思考自己遇到的困难。

大多数自助团体提供的是"直接服务",它们帮助成员解决个人问题。其他自助团体致力于解决社区范围内的问题,并且更注重社会行动。一些提供直接服务的自助团体试图改变公共和私人机构的法律和政策,其他人(例如,有认知障碍儿童的父母)也募集基金并经营社区项目等。然而,许多存在个人问题的人运用自助团体与其他人运用社会机构的方式是相同的。自助团体的另一个优点是,它通常运营成本低,只需最少的预算就可以运作。(更多介绍见第八章)

 ## 自助团体:匿名父母

匿名父母(Parents Anonymous,PA)是一个为虐待或忽视孩子的父母建立的全国性自助组织。1970年,匿名父母自助团体由乔莉(Jolly K.)在加利福尼亚州创建。在建立这个组织之前的4年中,乔莉一直无法摆脱想要严厉惩罚女儿的强烈冲动。一天下午,她甚至想要掐死自己的孩子。绝望之下,她到当地一家心理诊所寻求帮助,并开始接受治疗。当医生问乔莉针对自己的问题可以想到什么办法时,她产生了一种想法。正如她自己所解释的:"如果酒鬼们聚在一起可以戒酒,赌徒们聚在一起可以戒赌,那么,也许同样的原理也会对虐童父母起作用。"在医生的鼓励下,1970年乔莉建立了一个叫作"匿名妈妈"的组织,并在加利福尼亚州组建了几个分会。现在几乎在美国和加拿大的每个城市都有一个分会。组织的名字也改成了"匿名父母",因为那些虐待孩子的父亲也可以加入。

匿名父母是一个危机干预项目,它主要提供两方面的帮助:每周的团体会议、当面或者电话沟通。在每周的会议中,与会成员相互分享自己的经历和感受,学习怎样更好地控制情绪。在危机期间,尤其当成员感觉到不顾一切想把愤怒发泄在孩子身上时,打电话或当面谈话是极其重要的。他们被社会机构(包括保护机构)称为"匿名父母",或自称为"需要帮助的父母"。

卡西·斯塔克韦瑟(Cassie Starkweather)和S.迈克尔·特纳(S. Michael Turner)解释了虐童父母宁愿参加自助团体也不愿接受专业咨询的原因。

根据我们的经验,有虐童倾向的父母越严厉地自责,人们对他们的评价越客观。随着其他成员不断让他们确信自己并不是"怪物",害怕失去孩子的恐惧会逐渐减少。

一般来说,匿名父母团体的成员很害怕别人会像自己一样批评自己,因此他们害怕向别人寻求帮助。我们的成员害怕与专业人员打交道,因为受教育程度、性别或者社会地位的差异会阻碍双方轻松对话或相互理解。

当发现别人与自己有相同境遇时,成员们往往会有一种安慰感。他们将这种感觉与自己对专业人员的看法对比,认为这些专业人员一直忙于培训别人,并没有太多时间感受真正的家庭生活,对于成员的遭遇没有亲身体会。

由于社会不认可虐童行为这一症状,虐童父母已经学会隐藏自己的问题。匿名父母则强调诚实和坦率。与社会上尽量否认虐童问题的倾向相反,匿名父母的目标是帮助父母认识自己,承认自己虐待过孩子。在他们的会议上,可以毫无顾忌地使用"虐待"一词,他们坚信这一真诚的做法能够对成员产生积极影响。虐童父母在匿名父母这个组织里感到宽慰,因为他们发现有一群人能够接受他们。更重要的是,只有承认自己虐待过孩子,他们才会开始寻找治疗的方法。

在会议上,家长们必须承认殴打过孩子或曾进行过其他形式的虐待,成员们互相挑战,以找到阻止这些行为的方法。成员们分享自己应对愤怒和克制虐待行为的好方法,帮助彼此制订计划来处理导致虐童行为的情况,学会识别危险信号并采取行动避免虐待行为。

由其他人选举出来的团体成员担任领导者。领导者被称为"主席",通常由一个专业赞助人协助,这个专业赞助人是主席和团体的智囊和后援。承担赞助人角色的社会工作者必须准备好履行各种职能,包括培训师、家长所需的社区服务中介、倡导者、咨询师和顾问。

资料来源: *Introduction to Social Work and Social Welfare*, 8th ed., by Zastrow. 2004. Reprinted with permission of Brooks/Cole; Cassie L. Starkweather and S. Michael Turner, "Parents Anonymous: Reflections on the Development of a Self-Help Group," in *Child Abuse: Intervention and Treatment*, eds. Nancy C. Ebeling and Deborah A. Hill(Action, MA: Publishing Sciences Group, 1975), p.151。

◼ 社会化团体

大多数社会化团体的主要目标是,在团体成员中培养更容易被社会接受的态度和行为。[14]学习社交技巧,增强自信心,规划未来是该类团体的其他目标。社会化团体中的领导角色一般都由社会工作者(与某些团体合作)来担任。这些团体致力于预防青少年犯罪;让有不同种族背景的年轻人减少种族冲突;帮助未婚怀孕的年轻女性规划未来;鼓励养老院的老年人积极参加各种活动;帮助教管所里的青少年制定计划重返家庭和社区。本章提到的所有团体的领导,都需要大量的技巧和知识来帮助团体促进个体成长和改变。

◼ 治疗团体

治疗团体的成员通常都有严重的情感、行为或个人问题。这类团体的领导者必须要有超强的心理辅导和团体领导技能,包括准确理解每位成员对所沟通问题作出的关键反馈的能力。团体领导者也必须有能力促成和维持团体内部的建设性氛围。就像一对一心理咨询一样,治疗团体的目标是让成员敞开心扉,深入探讨自己的问题,然后制定解决这些问题的策略。《团体治疗理论资源手册》(见本书附录一)中介绍了三种治疗方法(现实疗法、行为疗法和理性疗法),这三种治疗方法可以用来改变团体成员的不良行为和不良情绪。

总之,一名优秀的团体治疗师应该具备高超的访谈和咨询技能、团体动力学原理的实用知识(详见本书第一、二、三、四、五、六章),真正掌握最新的治疗方法。三种治疗方法在《团体治疗理论资源手册》里均有介绍。

团体治疗比一对一治疗有更多的优点。这种"帮助者"治疗原则通常是有效的。成员们有时会互换角色,成为别人的帮助者,同时自己也会获得心理上的奖励,并且在此过程中正视自己面临的问题。团体治疗也允许有互动困难的成员尝试新方法。此外,研究表明,在团体环境中比一对一情况下更容易改变个体的态度。[15]团体治疗允许一个社会工作者一次治疗多个人,节省了大量的专业时间。(对于治疗团体将在第十二章进行详细讨论)

社会化团体:离家出走者中心的一个团体

新视野(New Horizons)是一个为离家出走的青少年提供两周庇护的私人的、临时的住所,位于某中西部城市的一座老房子中。这里最多可接纳8名青少年。州法律要求,新视野在为青少年提供过夜庇护之前,必须与他们的父母取得联系并获得许可。它的服务包括提供临时住所、个人和家庭咨询以及为处于危机中的青少年提供24小时热线服务。由于新视野的平均停留时间是9天,所以它的接待人数会经常发生变化。投宿在这里的青少年(和他们的父母)会接受强化咨询,旨在减少孩子和父母之间的冲突,帮助他们制订未来的生活计划。两周的期限旨在向投宿者和他们的家人传达这样的信号:解决导致他们分开的矛盾是非常重要的。

每天晚上7点都会组织召开一次团体会议,让投宿者表达他们对新视野的设施和项目感到满意和不满意的地方。所有投宿者和值班的工作人员都要参加会议。会议由工作人员组织和主持,而大部分工作人员都是社会工作者。有时候,这种会议可能会变成抱怨大会,但是工作人员会努力改善和解决抱怨所指向的问题。比如,一位青少年暗示,入住前几天会感到有些无聊,那么工作人员和其他投宿者在接下来的几天中就会共同组织一些活动。

工作人员与投宿者之间、投宿者与投宿者之间发生的人际交往问题也在团体会议上解决。有些人可能会打扰别人睡觉,有些人可能拒绝分担家务,有些人可能为观看哪个电视节目而争吵,也有些人可能就是喜欢争强好胜。由于在这里的大多数青少年面临着各种与离家出走有关的危机,他们会感到压抑和焦虑。在这种情感状态下,肯定会出现人际互动问题。工作人员有时会被问及新视界的行动、决定和政策。例如,新视野规定所有人必须承诺不饮酒和不服用其他麻醉性药品,否则就会被驱逐出去。吸毒的青少年被抓住以后会被驱逐出去,这对其他青少年也会产生巨大影响。在接下来的会议中,大家就会希望工作人员对这项决定作出解释。

工作人员也会为大家在会议期间讨论的话题提供材料。这些话题通常包括性、毒品、同性恋、身体虐待和性虐待(很多在这里居住的青少年都被父母虐待过)、预防性侵、应对愤怒(抑郁和其他不良情绪)等、离家出走的青少年的法律权利、变得更加自信、向亲友解释离家出走的原因、社区中青少年获得的公共服务等。在会议上,他们经常鼓励青少年进行大量的讨论。

这个团体的最终目标是传达新视野的日常活动信息和整个项目发生的变化。

敏感性训练和会心团体

会心团体(encounter group)、敏感性训练团体和 T(training,训练)团体都是指一种团体经历,在这一过程中,人们以极其亲密的关系相处,而且需要进行自我暴露,其目标是提高人际关系意识。巴克(Barker)将敏感性团体定义为:

> 一个帮助训练和提升意识的团体,而不是一个解决心理或精神紊乱的团体。这种团体一般由10—20个成员和1个领导者组成,领导者也被称为"教练"和"协助者"。团体成员参加讨论和体验活动以展示团体如何运作,展示每位成员如何影响他人,并帮助他们更加了解自己和他人的感受和行为。[16]

会心团体可能会开几个小时或几天的会。一旦人际关系意识提高了,特定的态度和行为也会发生变化。这些态度和行为的变化需要经历三个阶段:解冻(unfreezing),变化(change),再冻结(refreezing)。[17]

解冻一般是通过精心设计的非传统互动方式出现在会心团体中。我们的态度和行为模式已通过多年的社会经验得到不断发展,这些模式经过多年的试验和改善,现在几乎已经形成条件反射。通过多年的试错形成的人际交往风格在我们的日常互动中有相当大的用途。然而,在我们内心深处,或许会感觉到一种自我提升的需要,但是却不愿意为之付出努力,一方面是因为我们现在的人际交往风格还在起作用,另一方面是因为我们害怕完全暴露自己。当我们决定改变自己当前的某些行为模式,并且从心理上作好准备开始寻找改变方法的时候,解冻就会产生。塔布斯(Tubbs)和贝尔德(Baird)介绍了敏感性团体中的解冻过程:

> 解冻出现在我们的期望没有实现的时候。当我们不再遵循传统的做事方式时,对自己的信心就会降低。在会心团体中,领导者通常表现得不像领导者,他经常以一个简短的声明作为开场白,鼓励团体成员参与其中,坦诚相待,并期望事情变得更好。团体成员可以先脱鞋,坐在地板上围成一圈,然后闭上双眼,握着手。然后,领导者鼓励他们仔细体会当下的感觉——他们紧握着的那双手的大小和手感等。
>
> 还有其他一些结构化训练用来帮助团体关注"此时此地"的体验。参与者可以进行"信任散步",在这项活动中,每个人都有可能蒙上眼睛被别人引导着前进,面对面坐着进行手语交流或者进行无声的对视,这都会有助于打破最初的障碍。也有一些其他技巧,比如"圆周移动",即一个人待在由其他人围成的圆圈中心放松地绕着圆圈移动,那些感到自己难以融入团体的人则被鼓励冲入或冲出一双双手紧握而形成的圆圈。有了这些体验之后,大多数参与者变得更加开放,开始敢在对话中说出自己的经历,这种经历分享或自我暴露为团体研究和讨论提供了更多数据。[18]

这个过程的第二个阶段是改变态度和行为,通常是由一个人如何与他人交往的自发反馈促成的。在日常互动中,自发的反馈很少发生,所以无效的互动模式不断重复。敏感性团体大力提倡反馈,如下面的互动案例所示:

卡尔:好吧(语调尖锐),让我们完成信任散步,别再犹豫了。我将引导第一个人走。谁想第一个被蒙上眼睛?

朱迪:你这样说话让我感到很不舒服,感觉你是在说这个团体正在浪费你的时间。这似乎是你今天晚上第三次对我们"发号施令"。

吉姆:我也感觉你是在告诉我们这些苦工该做什么,甚至你说话的语调都很专横,还暗示了你对这个团体的厌恶。

卡尔:对不起,我不是故意这么说的。我想知道我在团体之外也是这样说话的吗?

这样的反馈为我们认识自己"如何影响他人"提供了新的视角。一旦识别出有问题的互动,团体成员就可以在相对安全的团体环境中试验新的回应模式。

第三个阶段也是最后一个阶段——再冻结。"再冻结"这个术语并不准确,因为它暗含了一套新回应模式之中存在的僵化。相反,通过试验新的行为模式,团体成员不断成长,不断变化,他们在与别人的互动中也会更有影响力。当解散一个敏感性团体时,领导者会告诫成员务必保持警惕,因为原有的行为模式可能会悄悄回来。

与治疗团体一样,敏感性团体通常会产生丰富的情感。敏感性团体与治疗团体形成了有趣的对比。在治疗团体中,每位成员都深度剖析自己的个人问题和情感问题,然后再制定出解决这些问题的策略。敏感性团体通常不会直接去识别和改变特定的情感问题或个人问题,例如酗酒、抑郁、性功能障碍等。敏感性团体背后的理念是提升个人意识和人际关系意识,这样人们将会更好地避免、应对和处理可能出现的个人问题。

尽管敏感性团体很受欢迎,但依然备受争议。在一些案例中,未经充分训练和能力不足的个人变成了自我吹嘘的领导者,并通过煽动性宣传吸引人们加入团体。如果处理不当,某些团体的短期行为可能会加剧个人问题。例如,如果不首先想出适合的应对模式,一个人的防御机制就可能会被剥夺。许多敏感性训练方面的权威人士否认将"会心团体"作为心理治疗的一种形式,并劝阻那些有严重个人问题的人参加这样的团体。卡尔·罗杰斯(Carl Rogers)在回顾自己作为领导者或参与者的丰富经验时,也表达了这些顾虑:

> 如果一个人频繁地发生行为改变,改变的时间也不会长久。另外,一个人也可能会深陷自我暴露的游戏中,自身问题却并没有很好地得到解决。虽然不太常见,但仍然值得注意的是,也有一些人在团体训练中或刚刚经历团体训练之后出现心理波动。我们必须牢记,并不是所有人都适合团体。[19]

在某些情况下,敏感性团体的流行可能让一些人进入不良团体,这些团体的领导者不称职,正常的道德标准也遭到破坏。肖思特(Shostorm)总结了一些方法,通过这些方法,可以防止一些对会心团体感兴趣的人上当受骗:(1) 不要参加六人以下的团体,一个有效团体所产生的必要的和有价值的坦诚,无法被一个过小的团体所驱散、分享或检验,并且小型团体还会为此寻找替罪羊或者形成邪恶团体;(2) 不要冲动地参加会心团体,例如,为了一时兴趣、刺激或屈从于意外之事;(3) 不要待在另有企图的团体中;(4) 不要参加与(有资质的)专业人员没有正式联系的团体。[20]

回顾了敏感性团体的研究结果之后,利伯曼(Lieberman)、亚龙(Yalom)和迈尔斯(Miles)为那些对强化团体体验感兴趣的人提供了一个合适的视角。

> 如果会心团体被当作根治性手段来打造一个全新的人,则会带来显而易见的危险。当领导者和参与者都有这种错误观念的时候,危险会更大。如果我们不再期待团体能产生奇迹般的持续变化,不再将它们视作灵丹妙药,我们就可以把它们看作人类探索和表达自我的有用的、社会认可的机会。然后我们可以开始研究改进它们的方法,以便它们能够为解决人类的问题做出重要的贡献。[21]

治疗团体与敏感性团体的目标对比

治疗团体

步骤1 深入研究问题。

步骤2 从各种方法中开发和选择出一套解决问题的策略。

敏感性团体

步骤1 帮助每个人认识自我,并意识到如何在人际关系互动中影响别人。

步骤2 帮助人们形成更有效的人际互动模式。

团体的最初发展

建立和组织团体的过程差异很大,这取决于团体的类型和团体要实现的具体目标。然而,如果想要一个团体发挥最大潜能,建立团体时仍然要重点强调一些统一的或共同的要素。本部分描述的这些要素包括确定团体目标、规模、开放式或封闭式状态、期限等。另外,由于一些缺陷和困境是某些类型的团体所固有的,因此我们必须制订计划来防止和应对可能出现的问题。

决定目标

为了选择有效的成员,必须仔细考虑正在组建的团体的目标。例如,问题解决团体经常需要其他学科专业人员的专业知识——专业人员的知识和技能直接有助于团体实现目标;一些专业人员具有不同于社会工作者的背景、培训经历和观念。虽然通过这种方法能够产生拥有丰富专业知识的团体,但它对领导者提出了额外的要求。当成员拥有不同背景和兴趣时,在设定目标、确定目标优先级和确定要执行的任务等方面就会遇到各种困难。另外,教育团体通常是由在某一特定领域拥有共同兴趣的人组成,例如养育子女的技巧。有相同需要的个体加入一个教育团体主要是为了获取信息,而不是传播信息,这样领导起来也容易一些。治疗团体的潜在成员经常拥有各种问题(与问题解决团体、教育团体不同),或许还有人际关系互动困难,因此需要对成员进行更彻底的筛选。总之,一开始就明确团体目标是十分关键的,因为这对成员选择过程和团体运行的其他方面都会产生重要影响。

规模

团体的规模会影响成员的满意度、人际关系互动和效率。尽管小型团体被认为更有效,但是大型团体在解决复杂问题方面则更为成功。[22]虽然大型团体中的成员会面临更多的压力和沟通难题,但是总体上他们也会为团体带来更多的解决问题的技巧和资源。在大型团体中,成员之间互动机会较少,因此一些成员会感觉到压抑,不愿意交流。随着团体规模的扩大,讨论的结果通常取决于最频繁参与者的发言,他们承担着主导角色。结果,在团体参与中,最频繁参与者和其他成员之间的隔阂就加深了。

在关于团体规模的调查中,斯莱特(Slater)发现,5个人的团体是最让成员满意的团体,并且:

> 在处理智力任务时也是最有效的,这些任务包括收集和交换有关某种情

况的信息,协调、分析和评估这些信息,帮助团体决定所采取的管理策略。[23]

在一个5人的团体中,成员间可以建立适度的亲密关系。一些人也可以作为"缓冲器"来处理紧张的情况或权力斗争。如果需要通过投票解决争端,那么这种团体还可以避免产生"平局"的情形。斯莱特注意到,在少于5人的团体中,由于害怕疏远彼此,成员不敢表达自己的想法,这可能会使团体解散。在多于5人的团体中,成员也同样会感到压抑,不愿经常参与团体活动。

成员数为偶数的团体往往比成员数为奇数的团体有更多的分歧和对抗,这显然是因为该团体可能被分成势均力敌的两大派。[24]对于每个要完成的任务,可能都有一个最佳的团体规模。一项任务越复杂,最佳规模就越大,这样就可以利用众多成员的知识、能力和技能来完成任务。一个团体应该足够大,大到允许成员自由发言且不受限制;同样,一个团体也应该足够小,小到允许亲密度和参与度达到适度的水平。

开放式团体与封闭式团体

无论一个团体是开放的(老成员离开时有新成员加入)还是封闭的(直到团体解散,成员始终保持不变),在团体组建的时候都应该确定。开放式团体通过新成员的加入获得了"新鲜血液"。尽管新成员最终往往还是会融入团体规范中,被老成员同化,但他们的加入还是会为团体带来新观点。然而,这种变化产生的影响并不都是有利的,成员经常变动会抑制团体的开放性,降低成员间的信任感。此外,开放式团体也可能"使成员处在不同发展水平和不同发展阶段"[25]。

一个封闭的团体通常可以更有效地运作,因为它有相对稳定的成员,并且经常在特定的期限内运作。[26]尽管过早地损失一些成员会对团体的有效性产生严重影响,但是,领导者必须要面对成员的离开——无论是开放式团体还是封闭式团体——并且要为这一可能发生的事情及早作好准备。

期限

一个团体的期限有两个要素:会议次数和每次会议的长度。许多团体在特定几周内每周组织一到两次会议,每次会议的时间是一至两个小时。一至两个小时的会议能够优化活动效率和行为。会议时间少于一个小时会使问题得不到充分讨论,会议时间长于三个小时,参会成员可能会打瞌睡、沮丧、无法集中精力。尽管一到两个小时的会议使许多团体运转状态达到最佳,然而,有时一些紧迫问题还是需要通过较长时间的会议进行讨论。显然,如果在会议结束前5分钟发生危机,团体领导者就不应该宣布结束会议。同样,如果有些问题讨论得很激烈,有可能没完没了地持续争议下去,而且很难达成共识。在规定的时限内通过有效方法结束会议,将会增强团体成员对领导者的尊重,并促进团体的发展。

在会议之间留出三到四天(或更多)的时间,能让成员有一定的时间执行设定好的任务,从而实现个人和团体目标。例如,在教育团体中,成员可以在会议间歇完成准备工作。在治疗团体中,成员可以在会议间歇完成旨在解决个人问题的准备工作。

 团体的阶段

创建和运行教育团体、治疗团体和社会化团体的步骤,与社会工作者对待案主遵循的程序很相似:

团体	个体
招新	招新
选拔成员	评价和规划
评价和规划	干预
团体发展与干预	评估和解散
评估和解散	

缺少经验的团体领导者总是希望团体从一个阶段平稳过渡到另一个阶段,如果事实并不如此,他们就会感到失望。因此,许多新的从业者倾向于强迫团体从一个阶段走到另一个阶段,而不愿意看到团体自然的成长发展过程。经验证明这些努力都是徒劳的,因为除非出现意外情况,否则每个团体都将以自己的速度前进,最终到达同一终点。跳过某个发展阶段的团体或者发展受阻的团体都会返回原来的阶段去完成应该完成的事情。尽管在某一阶段,团体的确会陷入困境,但这些状况比我们想象的要少得多。对于建立社会化团体、教育团体和治疗团体的步骤,将在下文进行简要总结并在全书详细展开。

◆ 招新

在招新期间,确定潜在成员的关注点和需求。判断这些人中的一部分或所有人是否可以从团体方法中受益。团体成员和领导者在此阶段往往会对暂定的团体目标达成一致(见第四章)。这一阶段也被称为"契约阶段",因为领导者和成员承诺将团体推动到下一个阶段。

◆ 选拔成员

最有可能从一个团体中受益的个人应被选为团体成员。选择一个团体需要考虑到描述性因素和行为性因素。[27]无论是在这些因素中寻求一致性还是多样性,都需要我们作出决定。关于什么情况下寻求多样性、什么情况下寻求一致性,几乎没有指导方针。年龄、性别和受教育水平是描述性因素,能够在团体中创造一致性和培养多样性。在儿童和青少年团体中,成员之间的年龄跨度必须保持在较小范围之内,因为他们的成熟程度和兴趣可能差别较大。与此相似,同性的青春早期少年组成的团体将会促进团体目标的实现,而对于青春中期的少年团体而言,纳入男女成员会有很多优势。

团体成员的行为特征也会对实现团体目标产生重大影响。例如,在团体中安排几个极度活跃的或者好斗的青少年可能就是失败的预兆。一个人被选为团体成员,可能因为他理性的行为可以作为典型,或者他拥有提升团体实力的个人品质。一般来说,判断一个成员能否为团体做出潜在贡献的最佳标准是通过观察其过去的行为来确定的。[28]

◆ 评价和规划

在此阶段,将对行动目标和规划作出更深入的评估和声明。实际上,这一步骤只有在团体结束时才能完成,因为大多数团体的动态特性要求不断调整和干预目标和计划。目标应该有时间期限,并有合理的实现机会,而且领导者也应该确保所有目标都被阐述清楚以帮助后期评估。另外,明确表述目标也可以消除幕后动机(hidden agendas)。

◼ 团体发展和干预

许多团体发展模型已经形成,本章下一节将介绍其中四种模型,标题为"团体发展模型"。

◼ 评估和解散

把评估看作团体生命中的某个特定时间点也许是不现实的,因为评估必须是一个持续的过程。解散一个团体的决定可能基于以下几点:团体或个人实现了目标,预定的时间到期,团体没有达到预期目的,团体领导者的变换或者缺少维持团体运转的资金等。

解散一个团体往往会产生与解散其他重要关系相同的影响,比如解散会给团体成员带来被拒绝的感觉。团体领导者必须意识到这些潜在的感受,并帮助成员将困难最小化。有关如何解散一个团体的相关内容详见本书第十三章。

团体发展模型

团体随时间而发生变化,而今已经发展出了许多框架模型来描述这些变化。这里主要介绍以下三种团体发展模型:(1)加兰(Garland)、琼斯(Jones)和克洛德尼(Kolodny)模型;(2)塔克曼(Tuckman)模型;(3)贝尔斯(Bales)模型。

◼ 加兰、琼斯和克洛德尼模型

加兰、琼斯和克洛德尼提出了一个模型,该模型确定了社会工作团体发展的五个阶段。[29]通过描述和理解团体中的各种发展问题,领导者可以更加有效地预测和应对团体成员的反应。加兰等人提出的概念特别适用于社会化团体、治疗团体和会心团体。这种模型也适用于自助团体、任务团体、问题解决和决策团体、教育团体以及娱乐团体和技能培训团体,但适用的范围要小一些。

该模型的核心是团体成员之间的亲密关系,这种亲密关系在团体成长的五个阶段中得到了体现。这五个阶段分别是:亲近、权力控制、亲密、分化和结束。

亲近

在第一个阶段,即亲近阶段,成员对加入团体是犹豫不决的,并且他们之间的互动也充满警惕。无论成员是否真的想要归属于团体,他们都常常通过接近和逃避行为进行试探。这是因为新环境通常让人感到害怕,所以成员间倾向于保持一定的距离,保护自己不受伤害或者不被人利用,并且在不用承担过多风险的情况下,从团体中得到他们所要的东西。即使个体意识到参与团体将面临一些团体要求,而这些要求可能是令人沮丧的甚至痛苦的,他们还是会因为奖励和在其他团体中的满意经历而被吸引过来,而这些先前的积极影响会转移到"新团体"。在第一阶段,领导者们试图通过"承认和支持距离,渐渐增进信任,改善身心探索的环境,提供必要的活动,创建团体结构"[30],尽可能使团体显得十分有吸引力。随着成员开始在团体中感到安全和舒适,并意识到值得为团体奖励付出努力与情感,这一阶段也就逐渐结束了。

权力和控制

在第二个阶段,即权力和控制阶段,团体的特征开始显现,沟通模型、联盟模型和小团体模型开始形成。个人承担特定的角色与责任,建立处理团体任务的规范和方法,并开始提出问题。尽管这些过程是召开会议所必需的,但也会导致出现权力斗争。在这个过程中,每位成员都试图从团体中获得更多的满足感和报酬。对任何一个团体来说,满足感的一个主要来源是领导者,他影响着团体的方向,决定着给予或不给予精神奖励和物质奖励。此时,成员会意识到团体对他们来说越来越重要。第二阶段是过渡阶段,有一些基本问题需要解决:团体或领导者确实享有主要控制权吗?对团体和对领导者的权力有什么限制?领导者会在多大程度上使用自己的权力?

这种不确定性导致了团体成员的焦虑,团体成员通过多种测试来评估,为限制团体和领导者的权力设立一些准则。在这一阶段,反抗并不少见,退出率也是最高的。在这一过程中,领导者应该:(1) 帮助成员理解权力斗争的本质;(2) 给予成员情感支持,来帮助他们克服不确定性带来的不适感;(3) 帮助建立解决不确定性的规范。团体成员必须信任领导者,以维持共享权力和控制权的安全平衡。当实现这种信任时,团体成员便会对团体作出重要承诺并积极参与其中。

亲密

在第三个阶段,即亲密阶段,人际关系中的喜爱、憎恶都得以显现,团体变得更像家庭,有类似兄弟姐妹之间的竞争,领导者有时被视为父母。团体成员可以更公开地表达和谈论情感,团体在这个阶段被看作个体成长和改变的地方。个体可以自由地审视和努力改变个人的态度和关注点,并努力解决问题,形成了和谐的或富有凝聚力的氛围。成员努力探索和改变他们的个人生活,并努力探究"这个团体是怎么回事"。

分化

在第四个阶段,即分化阶段,成员可以更自由地尝试新的和可替代的行为模式,因为他们认识到了个人的权利和需求,并且他们的沟通也更加有效。领导权被公平地分享,职位角色更具有功能性,组织运行也更有效率。权力问题逐渐被淡化,决策的制定和执行不再情绪化,而是更加客观。加兰和弗雷(Frey)指出:

> 这种个体化的治疗凝聚力之所以能够实现,是因为团体经验一直以来都重视和培育着个体的完整性……
>
> 在这一阶段,社会工作者能够给予大量协助,帮助团体运行,让它与其他团体作为一个整体或者在更大的社区中行动。在这段时间内,社会工作者充分利用各种机会,通过团体的活动、情感和行为对团体进行评估。[31]

这一阶段就像一个健康成长的家庭,孩子们已经步入成年,正在追求自己生活的道路上迈向成功。成员之间的关系往往更加平等,彼此相互支持,能够以更加理性和客观的方式相互联系。

分离

最后一个阶段是分离。团体目标已经实现,成员已经学到了新的行为模式,使他们能够继续进行其他的社会体验。结束并不总是轻而易举就能实现的,因为成员可能不愿前行,还可能做出倒退行为来延长团体的存在时间,成员可能会表达愤怒,或者在心理上否认结束正在来临。加兰和弗雷这样描述领导者(或社会工作者)的作用:

> 为了促进分离,领导者必须愿意放手。他的主要任务是密切关注团体和个人的流动,评估经验,帮助表达关于团体结束的矛盾心理,承认已经取得的成绩。当然,为了促进成员接受"结束",领导者还应该积极指导成员,使其作为个体继续获得其他支持与援助。[32]

练习 1.1 加兰、琼斯和克洛德尼模型*

目标 本练习旨在帮助你根据加兰、琼斯和克洛德尼模型分析团体。

描述一个你已经参加过的团体,该团体至少具有一些加兰、琼斯和科洛德尼模型的团体发展阶段。确定你的团体发展阶段与该模型是否相符。再描述一下你的团体与该模型不一致的发展阶段。

◼ 塔克曼模型

塔克曼回顾了 50 多项研究,这些研究主要关于限时治疗和敏感性团体。最后,他得出结论,这些团体经历了五个可预见的发展阶段——组建,冲突,规范,执行和中止。[33]下面对每个阶段进行简单介绍。

组建

成员开始见面,并接受工作,更多地了解团体。这个阶段的显著特点是不确定性较强。在该时期,成员们尝试确定他们在团体中的地位,并学习团体规则和程序。

冲突

当成员抵制该团体的影响并反对要他们完成的任务时,冲突便开始产生。成员之间存在多样化的差别,冲突管理往往成为关注的焦点。

规范

在这个过程中,团体建立凝聚力和承诺,成员们发现了新的合作方式,建立了适当的行为规范。

执行

团体作为一个整体来实现团体目标。成员们熟练地实现目标,并在合作方式上变得更加灵活。

中止

团体解散了。成员在该阶段所经历的情感与前面所描述的加兰、琼斯和克洛

---

* 本练习即《实践行为练习册》一书中的练习 1.1。

德尼模型中的"分离"阶段相似。

练习1.2 塔克曼模型*

目标 本练习旨在帮助你根据塔克曼模型分析团体。

描述一个你参加过的团体,该团体至少具有一些塔克曼模型的团体发展阶段。你的团体发展阶段与该模型是否相符？描述你的团体与该模型不一致的发展阶段。

◆ 团体发展的循序阶段模型

我们刚才介绍的两个团体发展模型(即加兰、琼斯和克洛德尼模型,塔克曼模型)都是循序阶段模型(Sequential Stage Model)。虽然这两个模型中描述的团体发展阶段都是多样的、变化的,但这些模型都包含相似的阶段。在表1.1中我们可以看到,团体发展的多个阶段可以被分为三个阶段:开始阶段、中间阶段和结束阶段。

表1.1 团体发展的循序阶段模型

发展阶段	加兰、琼斯和克洛德尼	塔克曼
开始	亲近 权力和控制	组建
中间	亲密 分化	冲突 规范 执行
结束	分离	中止

在循序阶段模型中,团体的开始阶段涉及计划、组织、召集和适应等问题,往往以出现团体情感为特征。然而团体情感并不是没有经过斗争就能产生的,团体中的权力问题和成员之间的冲突会经常出现。领导者可以通过鼓励成员讨论并寻求解决产生的权利问题与冲突这一方式,来帮助解决这些权利问题与冲突(解决权利问题和冲突的策略详见第六章)。

尽管一些工作出现在团体发展的每个阶段,但大多数工作是在中间阶段完成的。在中间阶段开始时,关于角色、规范和权力问题的冲突(这些是在开始阶

---

* 本练习即《实践行为练习册》一书中的练习1.2。

段后期发生的)让位于成员学习有效的合作方式,从而表现出更强的团体凝聚力。这时候,成员聚焦于要完成一项特殊任务(或完成目标)必须要做的工作。

团体结束阶段的特征是团体的努力获得了成果和评价,成员结束在这个特定团体中建立的相互联系。在这个阶段,任务团体往往作出决定,完成他们的工作,展示他们的努力结果,庆祝他们的成就。另一方面,治疗团体的成员(因为他们集中于情感和行为问题)常常对团体的结束感到失落。他们对解决自身问题取得进步感到很高兴,但是他们不愿失去在团体中获得的支持。结束团体的描述详见第六章"任务团体"和第十二章"治疗团体"。

感兴趣的读者,也可以参考第七章"与多样化团体合作"中的女性团体中的发展阶段关系模型内容。

贝尔斯模型

团体发展模型中描述的这些阶段是循序阶段模型,因为它们指定了团体发展的循序阶段。相反,罗伯特·F.贝尔斯(Robert F. Bales)发明了一种反复阶段模型(recurring-phase model)[34]。贝尔斯指出,团体为了在成员中建立更好的关系,不断在任务导向型工作和情感表达两方面寻求平衡(团体成员承担的任务角色和社会型/情感型角色在第三章详细说明)。贝尔斯认为,团体往往在这两个倾向之间不停摇摆,有时候,团体致力于识别和执行任务来实现目标;而有时候,团体又致力于树立斗志和提高团体中的社会型/情感型氛围。

循序阶段观点和反复阶段观点并不一定矛盾,两者都有助于理解团体发展。循序阶段观点认为,团体在处理一系列与团体工作相关的基本主题时,会经历不同的阶段;反复阶段观点认为,这些基本主题背后的问题永远不会完全解决,而且往往会在以后重复出现。

团体凝聚力

团体凝聚力是影响成员在团体中所有变量的总和。当团体的积极吸引力胜过成员遇到的消极暗示时,团体凝聚力就会产生。"cohesion"(凝聚力)一词源于拉丁文,从字面上理解是"粘在一起的行为"。随着很多事情改变每位成员对团体的情感和态度的时候,团体凝聚力水平就会不断发生变化。

成员对团体的吸引力和参与程度可以通过其对收益和成本的看法来衡量。由于因人而异,有一些收益和成本是无法衡量的,但下面列表能提供简短提示。

收益	成本
友谊	与不喜欢的人相处
实现个人目标	付出时间与精力
声望	批评
享受	令人讨厌的任务
情感支持	枯燥无聊的会议

吸引(收益)的水平越高,凝聚力的吸引性就越强。

一个人冒险加入团体的意愿很大程度上取决于该团体满足其归属感需求的程度。通常,成员加入团体是想满足归属感需求,团体成员或者一个人愿意分享自己的经历,常常取决于她或他在团体中体验的认可程度,团体氛围则是决定成员是否加入团体并获得实际归属感的关键因素。显然,个人的归属感需求可以是促使其加入团体和留在团体内的强有力因素。

当友好、愉快的互动发生时,团体成员最容易被团体会议吸引。除感到放松之外,成员更倾向于分享他们的想法,并与团体的其他人建立联系。最初,破冰练习可以帮助成员感到更舒适,并建立团体目标,将成员的个人目标纳入其中(见第四章)。成员参与决策的程度越高,就越会感到自己的观点受到尊重。

在凝聚力强的团体中,旷工率和成员流动率往往较低。另外,成员通常有动力完成分配的任务,他们更倾向于遵守团体规范。他们更愿意聆听,接受建议,并保护团体免遭外部批评。因为团体提供了安全场所,它常常通过提供支持来奖励成员,帮助会员减少焦虑,提高自尊,增加生活意义并常常帮助成员解决个人问题。因此,在一个有凝聚力的团体中,成员通过传递被重视、被接纳和被喜欢的情感来增进他们的精神健康。

成员应该因工作做得好而得到奖励,而不是被强迫或被操纵。团体应该创造一种合作的氛围,而不是竞争的氛围。同时,愉快的互动而非唇枪舌剑或恶意取笑,能够增加团体凝聚力。如果出现了困难情况,应该采用问题解决方法,而"非赢即输法"通常会减少凝聚力(见第六章)。

团体成员之间的信任是有效沟通、合作和团体凝聚力的另一个必要条件。当不信任在团体中存在时,个体便不会透露敏感的个人信息或者投入其资源实现团体目标。尽管一些团体有与生俱来的威望,成为某个团体的一员也可能会损害成员声誉(例如一个疗养院董事会成员被涉嫌侮辱病人的丑闻所困扰)。

在如何界定或解决主要问题上存在长期分歧时,团体凝聚力通常就会下降。对成员无理由或过分的要求,比如强迫内向的人发表演讲,也会大大降低团体吸引力。主要成员和那些从事背离团体行为的成员也会对团体造成影响。那些因为困难情况而受到指责的替罪羊可能会作出激烈反抗甚至退出团体。最后,如果成员参加团体外部活动受到限制,那么团体凝聚力也可能会降低,例如一个学生团体规定每周2—3个晚上开会,这可能就干扰到了学生的学习、训练和社交活动。

练习1.3 影响团体凝聚力的变量*

目标 本练习旨在帮助你理解有助于增加团体凝聚力的变量。

1. 描述一个你参加过的凝聚力强的团体(可能是一个体育团体、学校的一个团体或者教会团体),指出有助于增加团体凝聚力的变量。

2. 描述一个你参加过的缺乏凝聚力的团体,指出导致该团体没有凝聚力的变量。

会员团体和参照团体

会员团体(membership group)是指一个人是否归属其中的团体。然而,总有一些人处于团体的边缘。例如,入学时在大学校园登记注册的每个人都是学生中的一员,但是一些学生只是边缘成员,因为他们没有参与校园活动。卡罗尔虽然在学校上课,但她几乎整晚在校外工作而且不住校,她认识的人主要是与她一起工作的人,校园里的同学对她几乎没有影响。卡罗尔在学生团体中只是一名受限心理会员(limited psychological membership),仅有微乎其微的校园认同感。只有当一个人被团体吸引并接受为成员,正式心理会员(full psychological membership)才会产生。

---

* 本练习也即《实践行为练习册》一书中的练习1.3。

一个人越彻底完全地成为团体中的一员,其对完成团体目标的信念就会越坚定。

渴望成为团体成员的个体就像会员一样行动。例如想要加入联谊会的学生就像会员一样行动,以此来增加他们加入的机会;一些有抱负的成员尽管还不是正式会员,但已经在心理上获得了团体认同。

自愿会员(voluntary membership)资格是自由选择的,而非自愿会员(involuntary membership)资格是由法律规定的,社会工作者经常要与监狱、精神病院、住院治疗机构和学校里的非自愿团体一起工作。这些非自愿团体的成员通常是冷漠的、怀有敌意的或者具有破坏性的。

实际上,我们都是不同团体的成员。例如,吉姆是一个家庭成员、天主教徒、家庭教师协会成员、篮球队的前锋、美国社会工作者协会成员以及当地计划生育委员会成员。这些身份有时会发生冲突,因为这些团体可能会同时召开会议,会有不同的准则和价值观。例如,计划生育协会对生育控制和堕胎的观点,就不同于天主教会拥护的观点。为了解决这个两难困境,吉姆分隔了自己的价值观,他接受计划生育协会在堕胎和生育控制上的观点,同时接受了对堕胎和节育观点以外的大多数天主教教条。因此,解决由于多个会员身份产生冲突的方法,成员常常承受更多焦虑,付出更多个人代价。

参照团体(reference group)是指我们接受并认同其影响的团体。在之前的例子中,卡罗尔是学生和工作团体中的一员。自从她认同了她的工作团体,这个团体对她来说就像一个参照团体,但学生团体不是。参照团体有两个明显的功能:(1)规范功能:成员尽力设法符合其在团体中的地位和行为标准;(2)决策功能:成员运用团体标准或者规范作为决策和评估决策的依据。

一些团体成员是影响他人和被他人影响的参照者。在一个大团体中,只有少数成员是参照者。这些参照者"理解"其他成员(认同他们的成员),因为他们被认为是专业人员或权威人士,或拥有大部分权力。有时人们根据特定的问题选择一个参照团体。例如,吉姆把计划生育协会当作一个参照团体来表达他在生育控制和堕胎上的感受,与此同时,他把天主教会当作参照团体来表达他在自杀、安乐死、死后的生活和道德标准上的观点。

练习1.4　理解会员团体和参照团体

目标　本练习旨在帮助你理解会员团体和参照团体的概念。

1. 找出一个你是团体成员,但该团体对你来说不是参照团体的例子。为什么它对你来说不是参照团体?

2. 找出一个你是团体成员,并且该团体对你来说是参照团体的例子。描述一下为什么你认同这个参照团体。

破冰

在大多数新成立的团体中,领导者的首要责任就是创造一种让成员感到舒适的氛围。一个新团体的成员往往会有这些顾虑:"我会被尊重和接受吗?""这个团体值得我付出时间和努力吗?""我会感到尴尬和低人一等吗?""我能结交新朋友吗?""其他成员是我喜欢的那种人吗?""我的角色和责任是什么?我会喜欢他们吗?""我能担任领导角色吗?""其他人会更尊敬我吗?""我的个人目标或期望能实现吗?""如果我发现不喜欢这个团体,有没有好的退出方式?"

为了帮助成员感到舒适,领导者可能会进行破冰练习(本章最后提到几个破冰练习)。这样的练习旨在帮助成员和其他人变得熟悉,彼此介绍自己,减少焦虑以及促进交流。每个团体都有独特的个性,在大多数社会工作团体中,领导者试图创造一种成员相互信任、想要分享各自想法和观点的氛围。在建立这样氛围的过程中,破冰是一个重要的步骤。

作为一个学生,你可能观察到每个班级有自己独特的个性。在最初的几堂课中,学生是否会分享和讨论他们的观点和信仰,这就建立了规范。如果建立起来一个"沉默"的规范,老师通常全程讲解,这样的课堂对教师和学生来说都是枯燥乏味的。虽然决定班级建立"谈话"规范还是"沉默"规范的因素都是未知的,但班级中的"谈话"规范可以通过破冰练习加以促进和提升。这样的破冰练习会在本章末尾加以介绍。在我们考虑破冰练习之前,我们要总结指导课堂练习的道德、准则和注意事项。

体验式学习

社会工作专业的学生在课堂上需要接受经验培训,使他们为社会工作实践的现实做好准备。社会工作者在工作过程中会遇到许多敏感问题:离婚、自杀、虐待和忽视儿童、乱伦、死亡等。在课堂上,一名合格的教师要观察参与者的心理压力水平,要阐明怎样更好地处理敏感问题以及必要时采取的干预措施。学生毕业后开始直接面对案主时,几乎不可能接受这样的指导。因此,在学生进入真正的团体咨询情境之前,通过切实有效的课堂练习培养他们的能力是至关重要的。

课堂练习提供了各种各样的好处。它们能阐明关键理论概念,澄清价值观或帮助学生培养评估和干预等能力。课堂练习往往非常有趣,比通过其他机制教导学生更加有效。练习也能帮助学生相互熟悉,增强团体凝聚力以及提高团体士气。

指导练习的伦理准则

1. 指导者有以下任务:解释目标、描述步骤、开始练习、让成员按时完成任务、培养合适的价值观和技能、引导成员讨论与评价练习、警惕成员对练习的情绪反应等。

2. 一般来说,指导者对课堂练习的热情越高,学生的热情也就越高。

3. 学生运用不同的方式学习,有些人比其他人反应更灵敏,从练习中学到的东西也更多。

4. 应该根据学生的学习需求决定使用练习的类别。为了满足特殊的学习需求,指导者可以修改本书中的练习。在设计或修改练习时,指导者应该考虑以下问题:这是实现学习目标的最佳练习吗?该练习是否应该根据团体的特点加以修改?怎样最好地完成练习过程?有充足的课堂时间进行练习吗?对于这个练习来说,团体是否太大或太小?所需材料是不是可用?可能会产生哪些问题?解决问题有充足的时间吗?

5. 为了分配足够的时间,指导者应该估计练习的每一个步骤需要花费的时间。

6. 当练习开始时,指导者应该告知团体成员练习目标,概述将要发生的事情并鼓励他们提问。成员有权利在开始练习之前得到清晰的信息。为了建立信任，指导者不应该给出错误的信息或错误的答案。如果练习的目的是寻求某个确切的答案(在练习开始前提出问题)，指导者可能会说："最好延后回答这个问题，因为练习的目的是揭示答案。"

7. 进行练习时，指导者应该始终在场。

8. 指导者应该为每一个练习制定具体的目标，并能够清楚表达这些目标。学生有权利知道练习的目标。(如果开始的时候陈述目标会"泄露"练习中的隐藏要点，那么结束的时候应该仔细解释练习目标。)

9. 指导者应该详细地计划每一个练习，顺利完成练习。本书中的练习已经被解释得非常详细，指导者应该通过阅读和设想步骤、考虑特定班级如何反馈这个练习。

10. 一些练习可能会引起强烈的情绪反应，因为它们可能触及学生正在面临的痛苦。因此，指导者应仔细观察学生，作好课后和学生私下交谈的准备，注意向心理压力大的学生提供有针对性的咨询资源。

11. 指导者应该积极在学生中营造鼓励的、关爱的、尊重的氛围。

12. 全班学生应该理解保护个人隐私的重要性。

13. 一旦解释了练习的目标和形式，学生应当自愿参与。指导者应谅解不想参与的学生，因为我们只是希望每个学生参与大多数练习，而不是强制要求学生必须参加所有练习。

14. 应该没有非常私密或敏感的练习，以至于不能邀请其他教师来参观。

15. 一般来说，使用1—2项练习来说明问题比使用多项练习更有效。

16. 如果在一个学期内进行了许多练习，教师应该让每个学生积极参与，并特别关照那些安静和不太自信的学生。

17. 指导者应该用积极的方式评价学生的能力和行为，而不该让学生感到自己低人一等、没能力或者不合格。当指出学生的某些缺点时，也应该表扬他表现得出色的地方。反馈应该集中在学生的行为上而非学生个人身上，集中在观察上而非判断上。指出缺点并提供改进措施的问题解决方法具有良好的效果。反馈应该集中在分享观点和信息，而不是提供建议。指导者不应使某个学生在同学们面前难堪，应该与学生私下交谈一些敏感问题。

18. 指导者应该在不同场合下积极表扬和鼓励每一个学生。只要他们做出以下行为,都要进行表扬:积极贡献、努力向前、有进步、展示出特别技能或有洞察力、尊重别人。

19. 活动结束之后,在开放的、放松的氛围中讨论和评价每一项练习。学生必须自由地提出问题、表达想法和顾虑、讨论练习的优缺点。评价可以帮助指导者提高这项练习,便于以后使用。

20. 即使是最精心设计的练习,有时候也会失败。可能遗漏某个重要的指示,学生可能被其他事情分心,无法集中注意力进行练习,练习可能设计得不好。当一项练习失败时,最好承认事情没有按计划进行,试图掩盖明显的失败只会让学生质疑指导者的诚信和能力。幽默可以缓和气氛,指导者可能通过使用密切相关的练习完成学习目标。有时,一项练习可能会彻底失败,指导者的反应是决定学生对指导者是否有信心的重要因素。另外,适当的反应可以帮助学生学习如何在团体中应对失败。人们天生易犯错误,一些练习可能无法达到预期目标,指导者应该从错误中吸取教训。

指导课堂练习的注意事项

1. 课堂练习的设计不是来解决情感问题的,指导者不应该通过课堂练习满足个人的情感需求。

2. 课堂练习不应该被简单地用来填补班级时间,它们应该有合理的教学目标和价值观。

3. 如果没有充足的时间讨论或者处理活动,便不应该进行课堂练习。

4. 练习不应该替代其他形式的教学,例如讲座。

5. 一些学生会通过参与社会工作和心理课程来解决他们自己的个人问题,所以体验式练习不应鼓励学生泄露个人信息,可能他们以后会后悔公开这些信息。如果透露了非常私密的个人信息,课堂氛围必须是支持性的,随后的讨论必须更加全面和客观。

总结

本章描述了团体工作的发展历程。团体社会工作起源于19世纪的睦邻组织、基督教青年会和基督教女青年会。本章描述的团体类型如下:社会对话团体、娱乐和技能培训团体、教育团体、任务团体、问题解决和决策团体、自助和互助团体、社会化团体、治疗团体、敏感性训练和会心团体等。

本章讨论了团体最初发展中的变量：决定目标、规模、开放式 vs. 封闭式团体以及期限。描述了团体发展的步骤：招新、成员选择、评价和规划、团体发展和干预、评估和结束。

本章介绍了三个团体发展模型：加兰、琼斯和克洛德尼模型、塔克曼模型、贝尔斯模型，描述了影响团体凝聚力的因素，界定了会员团体和参照团体并对二者作出比较，提出了指导课堂练习的道德和准则。

 团体练习

目标 以下练习旨在帮助新团体破冰。指导者应该选择适合团体的练习，并根据需要进行适当修改。

练习 A　相互了解

指导者让成员围成一个圈坐着，解释本练习的目标是增进相互了解。要求团体成员列出想了解其他成员的一些信息，比如姓名、年级、专业以及上课的原因。指导者可以决定增加一些有趣的选项，譬如"最尴尬的时刻"或者"告诉一些让我们惊讶的事"，列表应该写在一块黑板上。成员(包括指导者)依次回答列表上的问题，然后指导者应询问成员是否想了解自己的其他信息，包括培训和专业经历，并提出所有想了解的问题(太私密的问题除外)。

练习 B　介绍搭档

和练习 A 中的形式一样，唯一的变化是在列出项目以后，成员两两一组，然后从搭档那儿获得信息。如果成员人数是奇数，可以三人组成一个小组，留出五分钟时间收集信息。然后，搭档们向团体成员介绍对方。

练习 C　对团体的个人期望

指导者让团体成员介绍自己。可能会涉及以下信息：

名字	年级
专业	在社会工作中的实习经历
在社会工作中的志愿者经历	最尴尬的(最幽默的)经历
上课的原因	对班级和团体的个人期望
让大家感到惊讶的事情	

作为第一步,破冰练习有助于成员寻求个人目标。指导者给出自己对团体目标的看法。然后进行讨论,讨论集中在制定团体目标上。为了达成满足成员合理期望的目标,指导者要学会变通。如果某些期望超过了团体目标,指导者应该委婉地指出这一点并解释原因。

练习 D　寻找描述符

指导者分发一个特殊团体准备的描述符列表(描述符是用来描述有关选项的一个单词或短语),并列出一些可能性。然后每个团体成员找到3个对这个具体描述符说"是"的人(也可以大于3或者小于3)。每位成员应该给指导者一份完整的列表。练习结束时,可以询问成员对其他人还有哪些感兴趣的问题。

描述符样例

喜欢足球	在墨西哥旅游过
拥有一辆汽车	为别人调解过纠纷
是狮子座	喜欢慢跑
玩过滑水橇	有固定约会对象或者已婚
玩高尔夫	喜欢骑马
从事过社会工作或做过社会工作志愿者	开过飞机
喜欢古典音乐	定期做礼拜
收到过超速罚单	

练习 E：我为什么决定做一名社会工作者

每位成员在纸上写下他决定成为社会工作者的原因,这些原因可能包括特殊的事故或事件。然后每位成员说出自己的姓名,与团体分享他决定从事社会工作的原因。

能力说明

EP*2.1.7.a 利用理论框架来指导评价、干预和评估的过程。提出了四个团体发展的模型,社会工作者们可以用来评价、干预和评估团体。练习 1.1、1.2 允许学生将团体发展模型运用到他们的团体经历中。

EP 2.1.2.d 运用伦理推理策略获得原则性决策。介绍伦理规则,允许社会工作者以伦理方式引导团体练习。

---

* EP,即 Educational Policy(教育政策)的缩写。

第二章
团体社会工作和社会工作实务*

目标

本章将介绍社会工作实务(social work practice)的概念，团体社会工作是社会工作实务不可缺少的组成部分。同时，本章还将介绍社会工作教育委员会教育政策声明中提出的社会工作实务的理论框架，该框架也是社会工作专业本科和硕士研究生课程运用的理论框架。

社会工作者都做些什么？社会工作与心理学、精神病学、指导和咨询以及其他助人行业有何不同？社会工作和社会福利工作又有什么样的关系？社会工作者需要拥有哪些知识、技能和价值观念？本章将会寻找这些问题的答案。到现在为止，人们为了解决这些问题已经付出了大量努力。[1]本章将先前的这些概念整合起来，目的是把社会工作作为一种职业进行阐述，由此帮助社会工作者和其他对社会工作感兴趣的人更好地理解什么是社会工作以及社会工作的职业独特性。

 ## 社会工作的定义

美国社会工作者协会对"社会工作"的定义如下：

---

* 本章中的部分资料改编自：*The Practice of Social Work*, 9th ed., by Zastrow, 2010。

社会工作是指帮助个人、团体或社区提高或恢复其社会功能,并创造有利于其目标实现的社会环境的一种专业活动。

　　社会工作实务包括对社会工作的价值标准、原则以及技术的专业性应用,最终是为了实现以下一个或多个目标:帮助人们获得切实的服务;为个人、家庭和团体提供咨询和心理治疗;帮助社区、团体提供或改善社会和医疗服务;参与相关的立法过程等。

　　社会工作实务需要有关人类发展和行为的知识,有关社会、经济和文化机构的知识,以及这些要素相互作用的知识[2]。

"社会工作者"一词通常是指就职于社会工作领域的社会工作专业的毕业生(具有学士学位或硕士学位)。社会工作者是"变革促进者"(change agent),是创造变革的动力。[3]作为变革促进者,社会工作者应当具有与个人、团体、家庭和组织一起工作的技巧,并且能够带来社区变革。

社会工作和社会福利的关系

　　社会福利的目的是满足社会上所有人的社会需求、资产需求、健康需求和娱乐需求。社会福利工作力求增强所有年龄段人的社会功能,包括富人和穷人。有时,当其他社会制度不能满足个人或团体的基本需求时,社会福利工作便必不可少。

　　巴克将"社会福利"定义为:

　　　　帮助人们满足社会、经济、教育和健康等需要的基础性社会保障项目、补贴和服务的国家体系。[4]

　　社会福利项目和服务的实例有:家庭寄养、收养、日托、启智(Head Start)、缓刑与假释、公共扶助项目(如食品券)、公共卫生护理、性功能治疗、自杀心理咨询、娱乐服务(童子军与基督教女青年会项目)、高危人群服务(如老年人)、学校社会服务、贫困人群的医疗和法律服务、计划生育服务、送餐上门服务、家庭护理工作、受虐伴侣庇护所、为获得性免疫缺陷综合征(艾滋病)患者提供的服务、受虐和被忽视儿童的保护服务、自信训练、会心团体和敏感性训练、公共住宅项目、家庭咨询、匿名戒酒互助会、离家出走者服务(runaway services)、为发育障碍者提供的服务、康复服务等。

几乎所有的社会工作者都就职于社会福利工作领域。同时也有许多其他专业和职业团体在社会福利工作领域内发挥作用,如图2.1所示。

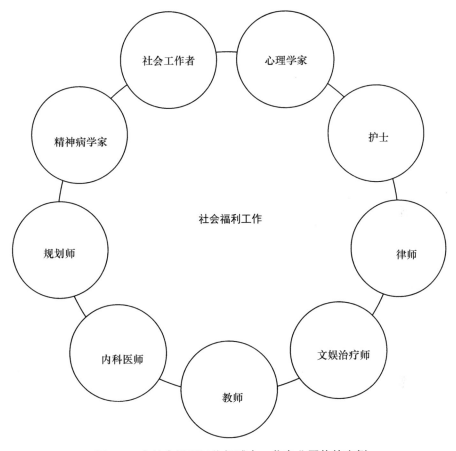

图2.1 在社会福利工作领域内一些专业团体的实例

提供社会福利服务的专业人员包括:为穷人提供法律援助的律师;社会规划机构的城市规划者;公共医疗机构的内科医师;情绪障碍治疗机构中的教师;精神病院中的心理医生、护士和文娱治疗师;以及心理诊所中的精神病学家等。

什么是社会工作职业

美国社会工作者协会对"社会工作职业"的定义如下:

社会工作职业是向个人、家庭、团体、社区和社会提供人道主义的有效服务,由此在一定程度上提高其社会功能和生活质量的职业。

对社会工作职业的经典定义是:一个提供规范的基础知识、理论概念、特殊能力技巧和基本社会价值观的职业,致力于实现社会使命,提供安全、有效、有建设性的社会服务。[5]

因此,社会工作和其他职业是有区别的(如心理学和精神病学),它是一种有责任和义务提供社会服务的职业。

一名社会工作者需要接受广泛的训练和专门知识,这样才能有效处理个人、团体、家庭、组织和更大的社区所面临的问题。虽然大多数职业正变得越来越专业化(比如,现在大多数医师都擅长一个或两个领域),社会工作则强调一种通用的(应用广泛的)方法。社会工作实务与传统的医学全科实践相似,一位普通的医学从业者(或者全科医师)通过培训能够处理人们遇到的许多常见医疗问题。同样,一名社会工作者通过培训能够处理人们遇到的各种社会和个人问题。

练习 2.1　你对社会工作感兴趣的领域[*]

目标　本练习旨在帮助你找出想要进入的社会工作领域。

1. 按照你愿意在其环境中工作的程度,为下面五种案主系统排序(1 表示你的第一选择)

　　＿＿＿＿＿＿＿个人

　　＿＿＿＿＿＿＿家庭

　　＿＿＿＿＿＿＿团体

　　＿＿＿＿＿＿＿组织

　　＿＿＿＿＿＿＿更大的社区

2. 陈述你这样排序的原因。

3. 描述一下你更愿意参与其中的社会工作领域(如为受虐伴侣提供服务),同时详细说明你选择这一领域的原因。

---

[*] 本练习即《实践行为练习册》一书中的练习 2.1。

通才型社会工作实务

过去人们常常有这样的错误认识:社会工作者要么是个案工作者,要么是团体工作者,要么是社区组织者。从事社会工作的人知道这种认识是错误的,因为每个社会工作者都作为一个"变革促进者"参与个人、团体、家庭、组织及更大的社区的工作。不同工作者在每种工作上花费的时间是不同的,但每个工作者都会随机被分配到这五个级别的工作中去,因此他们需要接受全面的培训。一个通才型社会工作者拥有并能运用这些技术处理以下五种案主系统:个人、家庭、团体、组织、社区。

通过培训,通才型社会工作者能够掌握不同的问题解决程序,用于评估和干预个人、家庭、团体、组织、社区所遇到的问题。安德森(Anderson)总结了通才型社会工作者的三种特征:(1)当案主进入社会福利系统时,往往是通才型社会工作者最先接触案主;(2)通才型社会工作者必须有能力来评估案主的需求,确认他们的压力源和问题;(3)工作者必须利用多种多样的技巧和方法为案主服务。[6]

布里兰德(Briland)、科斯廷(Costin)和阿瑟顿(Atherton)对"通才型社会工作者"作出了以下定义和描述:

> 通才型社会工作者,相当于医学上的全科医生,拥有处理基本状况所需要的基本技能,并有专业人员为其提供参考建议和支持。作为初级社会工作者,这种角色是最合适的。
>
> 通才型社会工作者的模式包括确定和分析适合社会工作的干预行为。工作者必须执行与提供和管理直接服务、了解社会政策的发展以及促进社会变革等相关的大量任务。"通才"型社会工作者应该打好系统理论的基础,该理论既强调相互作用,又强调独立性,使用的主要系统是当地服务网络……
>
> 小县城中的公共福利工作者是通才型社会工作者的典型。他们了解县城内的资源,认识关键人物,并且能对服务目标的实现产生较大的影响,包括工作需求、住房需求,或者突发状况下的食物和衣物供应。大城市中的通才型社会工作者的活动则更为复杂,并且需要付出更多的努力来使用各种资源。[7]

赫尔(Hull)对"通才型实务"的定义如下:

> 通才型实务的基本原则是,拥有学士学位的社会工作者利用问题解决程

序干预不同规模的案主系统,包括个人、家庭、团体、组织以及社区。通才型社会工作者在很多系统和"人在环境中"框架(person-in-the-environment framwork,有时作为一个生态模式)内工作。在通才型实务中,许多问题需要不止一个系统的干预(例如,对不良少年及其家庭或学校同时开展个体工作),而且对于问题情况的单一解释经常是无用的。一个通才型社会工作者能够根据案主需要,按照顺序承担多种角色(例如,促进者、倡导者、教育者、经纪人、支持者、案例管理者和调解者)。他们可能在任务团体、社会化团体、信息团体和自助团体中担任指导者或促进者的角色,他们有能力进行需求评估并评价他们自己的实践和项目。当案主的问题过于专业化时,他们就会转介,让有经验的人员来继续指导。通才型社会工作者按照《美国社会工作者协会伦理守则》中的道德指南进行工作,并且必须能够与不同种族、文化和职业背景的案主、合作者和同事一起工作。通才型社会工作者的知识和技能可以在不同环境和不同问题之间进行转换。[8]

学士课程指导(Baccalaureate Program Directors,BPD)机构将"通才型实务"定义如下:

> 通才型社会工作者在多种多样的社会工作和主体环境中,与个人、家庭、团体、社区和组织共同工作。通才型从业者从一个优势视角来看待案主和案主系统,以便于认识、支持和建立人类共同拥有的能力。他们与案主和案主系统一起,通过专业的问题解决程序进行参与、评估、代理、支持、提出建议、教育和组织。另外,通才型从业者能够参与社区和组织的发展。最后,通才型从业者评估服务结果,以便完善那些符合案主需求的服务方案,提高服务质量。
>
> 通才型社会工作实务以《美国社会工作者协会伦理守则》为指导,致力于提高个人、家庭、团体、组织和社区的幸福指数,同时促进实现社会正义的目标。[9]

社会工作教育委员会在 EPAS 2008 中也对"通才型实务"作出了定义:

> 通才型实务以人文艺术、人与环境建设为基础,为了增进人类与社会的福祉,通才型从业者在与个人、家庭、团体、组织、社区的实际接触中使用大量的预防和干预手段。通才型从业者被认为与全科医生一样,他们将道德原则和

批判性思维运用到实践中去。他们将多样性融入实践中,提倡人权、社会和经济公平。他们识别、支持和依赖于人类的力量和毅力,参与调研实践,并且积极应对情境对专业实践的影响。[10]

通才型社会工作者的关键是从"人在环境中"框架(在本章称为"生态模式")视角进行审视,需要具有干预多个等级事务的能力和意愿,必要时承担多种角色。"涉及选项计划的通才型实务"(Generalist Practice Involves Options Planning)中的实例阐明了多种角色应对若干个不同等级问题的方法。

本书描述多种评估和干预技巧,帮助读者学习社会工作中的通才型实务方法。通过学习这些技巧,读者可以选择那些最有助于案主(可能是个人、团体、家庭、组织或社区)发生积极变化的方法。

变化过程

社会工作者在处理案主事务时会运用"变化过程"方法(案主包括个人、团体、家庭、组织、社区)。社会工作教育委员会颁布的 EPAS 2008 将"专业社会工作实务"定义为:

> 专业社会工作实务是在多种等级上进行参与、评估、干预和评价等动态的互动过程。社会工作者拥有处理个人、团体、家庭、组织和社区事务的知识和技能。实务知识包括:确认、分析和实施基于证据的干预行为以实现案主的目标;使用调查研究和先进技术;评估项目结果和实践效果;积极开发、分析、倡导以及指导政策和服务;推进社会和经济公平。

 涉及选项计划的通才型实务

杰克·道森是美国中西部一所高中的社会工作者。四名学生在上课时间喝酒精饮料被学校开除(学校董事会一致决定)。道森先生评估状况之后,确定了以下几个有效的行动步骤。作为倡导者,他要求学校董事会及管理层重新接受这些学生。道森先生意识到,开除这些学生,不仅使这些学生和他们的父母沮丧,也会对社会产生消极影响(因为被开除的年轻人会在街上闲逛)。因此,他让这四名学生参加一对一咨询,这些咨询与学生被开除和喝酒相关。同时,让他们(连同其他有饮酒问题的学生)在学校参加集体咨询。作为经纪人,他让这些年轻人接受校外咨询中心举办的个人或集体咨询,并征询家长对参与家庭治疗的意愿,进而让有兴趣的家庭与家庭治疗咨询中心取得联系。另一方面,他也分别向家长、工商界、警察局、学校管理层和学校董事会提出问题,询问他们"因为学生喝酒精饮料就被开除"是不是一个好的决定(也许学校有更好的办法,比如要求这些年轻人在教室里待几天,进行校内停课)。被学校开除是影响这些年轻人未来发展的严厉措施。作为一个组织者和促进者,道森先生鼓励有兴趣的家长和教职员工把这个事件作为将酒精和其他毒品的教育素材纳入课程的理由(课程选择行动依赖于多种因素,包括对每个课程的成本效益分析)。

教育政策 2.1.10(a)——参与

社会工作者要:

- 真正准备好为个人、家庭、团体、组织、社区付出实际行动;
- 运用移情和其他人际关系技巧;
- 形成共同商定的工作重点和预期结果。

教育政策 2.1.10(b)——评估

社会工作者要:

- 收集、组织和解释案主数据;
- 评估案主的优势和局限性;
- 制定一致认同的干预目标和目的;
- 选择合适的干预策略。

教育政策 2.1.10(c)——干预

社会工作者要:

- 采取实现目标的直接行动;

- 实施预防性的干预措施提高案主能力;
- 帮助案主解决问题;
- 为案主进行谈判、调解和呼吁;
- 促进案主的问题转变和结束。

教育政策 2.1.10(d)——评价

社会工作者要批判性地分析、监测和评价干预行为。[11]

在回顾专业社会工作实务的概念模型时,我们可以确定和案主合作的变化过程中的八个阶段:

1. 与案主建立适当的工作关系;
2. 确定议题、问题、需求、资源和资金;
3. 收集并评估信息;
4. 为提供服务制订计划;
5. 使用沟通、监督和咨询等方法;
6. 识别、分析和实施基于经验的干预措施,以实现案主目标;
7. 应用经验知识和技术;
8. 评估项目结果和实践效果。

接下来的例子说明这些技巧在社会工作变化过程中的具体使用。

阶段1:与案主建立适当的工作关系

让我们考察一下"涉及选项计划的通才型实务"案例中的变化过程。回想一下,四个年轻人因为上课时间喝酒精饮料被开除,变化过程中的第一步就是确定所有潜在的案主,第二步就是与他们建立适当的工作关系。

在这个案例中,有许多"潜在案主"。案主是指允许或需要社会工作者提供服务的人,是服务的预期受益人以及与社会工作者有工作协议或合同的人。根据这个定义,那四个被学校开除的青年(和他们的父母)就是潜在的案主,因为他们是服务的预期受益人;学校也是案主,因为它和社会工作者道森先生之间有一份合同;学校其他的学生(和他们的父母)也是潜在的案主,因为他们是服务的预期受益人。

为了有效地开展工作,社会工作者必须与所有潜在的案主建立适当的、专业的关系，当社会工作者表现出同理心、温暖和真诚的时候，工作关系就变得非常融洽。

■ 阶段 2：确定议题、问题、需求、资源和资金

该阶段的第一步就是要确定议题、问题、需求。只有这样，可利用的资源和资金才能被确定下来。

学校的社会工作者杰克·道森确定了一系列的议题（疑问、顾虑、难题），包括以下几点：这些年轻人有酗酒问题吗？他们是否对学校体制不再抱有希望，通过违反校规来表达他们的不满？开除对这些年轻人有什么短期和长期的不利影响？会不会因为开除而把这些年轻人标记为"麻烦制造者"，从而导致他们做出更出格的行为？这些年轻人的父母对饮酒和开除会如何反应？开除会对学校的其他学生有怎样的影响？（可能的正面影响：开除可能对那些想违反学校规章的学生构成一种威慑。可能的负面后果：可能鼓励其他学生违反学校规章而被开除，以此来免除上学的义务。）如果这些被开除的年轻人整天在大街上闲逛，那么开除是否会对社会造成问题？学校开除饮酒学生的举措是积极的还是消极的？学校是否有责任在课程中增加毒品教育的内容？学校制度的某些方面是否会鼓励青少年反叛？如果是，这些方面应该改变吗？

根据最初确定的议题、问题和需求，社会工作者必须确定哪些资源和资金可以用来应对这种状况。在下一个阶段（收集并评估信息）将以这个综合清单作为指南。

道森先生认识到这所高中有许多资源和资金来应对这些议题。许多专业人员（教师、心理学家、其他社会工作者、护士和咨询顾问）都可以提供服务，比如，协助制订和实施新的计划，以解决议题、需求和问题；如果需要的话，学校可提供资金聘请一位或多位饮酒和毒品问题专业人员担任咨询顾问；学校有健全的机构（包括学校董事会）、程序和指南来建立新项目；州及联邦的拨款也可以用于启动毒品预防项目。

■ 阶段 3：收集并评估信息

在这个阶段，要深入收集和分析数据，为社会工作者提供阶段 1 所提出议题和问题的答案。在某些议题上，可以直接从案主（案例中的年轻人）那里收集到有用

信息。通过和这些年轻人的单独会面,建立互相信任的关系,询问他们多久喝一次酒,每次喝多少,在他们喝酒时遇到了什么问题等,这样就可以回答这些青年是否有饮酒问题。阶段1提出的其他议题,比如,被学校开除对这些年轻人会造成哪些短期及长期的不利影响,或许可以在有关这方面的研究文献中找到答案。

评估是分析数据并使之有意义的过程。

■■ 阶段4:为提供服务制订计划

在收集和评估信息之后,道森先生和其他学校决策者需要决定学校是否在这种状况下提供服务(这样的决定经常涉及评估潜在案主是否符合管理机构的资格要求)。在这种情况下,我们很容易作出提供服务的决定,因为学校有义务向所有注册学生提供服务。接下来,决定提供怎样的服务将在阶段5—阶段7中进行处理。

■■ 阶段5:使用沟通、监督和咨询等方法

一名社会工作者的能力很大程度取决于他的沟通技巧——口头和书面的沟通技巧(许多高管认为写作技巧与面谈技巧、咨询技巧一样重要——因为工作者需要证明、评估和制订治理方案,同时要撰写法庭报告及机构要求的其他报告)。同时,工作者需要发言,在法庭上作证,与案主(员工、其他机构的专业人员)沟通等,可见,有效沟通的能力也是十分重要的。

每个机构的管理者都希望社会工作者具有团体精神,同时积极地面对监督——即被批评或给予批评意见时不会作出敌对姿态(在这个案例里,道森先生经常会见他的上级,即未成年人服务部的负责人玛利亚·加西亚博士,一起讨论应该做出怎样的行动)。

工作者也需要知道什么时候咨询可能是有益的,然后愿意利用这样的咨询。在联系了本州的公共教育部之后,道森先生发现,部门顾问劳尔·阿尔瓦雷斯博士在酒精及毒品预防计划方面拥有丰富的专业知识,并且他可以免费帮助学校。他们两个人在社区见面会上讨论了相关问题。阿尔瓦雷斯博士提出了适合现在状况的计划建议。

阶段6：识别、分析和实施基于经验的干预措施，以实现案主目标

这个案例总结了一系列符合共同目的、价值及社会工作伦理的有效干预方案。对于这个案例有几个可行的干预方案：道森先生可以争取让这四个年轻人参加饮酒问题和开除问题的一对一咨询；可以在学校为这四个年轻人及其他有饮酒问题者提供集体咨询；可以争取让这四个年轻人接受学校之外的个人或集体咨询；也可以争取让这些年轻人及其家长接受校外咨询中心的家庭治疗。另外一种干预策略是和家长、工商界、警察局、学校管理层和董事会一起提出，学生因为饮酒而被开除是不是一个合理的决定——也许"校内停课"是一个更好的决定。把饮酒及其他毒品问题的教育素材引入课程也是一个补充的干预方案。

道森先生和阿尔瓦雷斯博士讨论了这些方案（根据其他社区的干预结果），并分析哪个方案最有效（成本效益分析要把资源使用和预期收益相比较）。因为时间和资源的限制，社会工作者很少能够实施所有有价值的干预方案。

道森先生选择了预防途径的干预方案——他将致力于拓展健康课程，使其包含酒精及其他毒品问题等相关知识。道森先生也面临采取这个干预方案的许多问题：毒品教程中应该包含怎样的特定材料？应该涉及哪些毒品？（道森先生知道，描述某些毒品，比如"邮票"，可能导致一些家长质疑，关于某些不常用毒品的教育内容是否会鼓励年轻人尝试。）毒品教育部分的内容应该增加在哪里？出现在所有学生参加的大型集会？出现在健康课？还是出现在社会科学课？学校管理层、老师、学生和家长是否会支持把这部分内容增加到课程里的提议？要获得集体支持，哪个方案是最有效的？

作为该阶段的第一步，道森先生会见了他的顶头上司加西亚博士，讨论这些议题并作出备选策略列表。他们重点讨论了三个策略：

1. 在学校作一次匿名调查，了解学生中饮酒及使用毒品的情况。调查结果可以证明毒品教育的必要性。

2. 由未成年人服务部的专业人员组成委员会，制订毒品教育方案。

3. 未成年人服务部要求学校管理层和董事会挑选人员组成委员会，代表学校董事会、管理层、老师、学生、家长和未成年人服务部。这个委员会要了解毒品教育方案的必要性和可能性。

道森先生和加西亚博士认为,获得毒品教育方案广泛支持的最佳途径是第三个选项。加西亚博士会见了校长玛丽·鲍威尔。校长思考之后同意了解这个项目的需要,并要求学校董事会支持新组建的委员会。学校董事会同意后,委员会即时建立并开始主持会议,加西亚博士指派道森先生作为未成年人服务部的代表参加这个委员会。

道森先生决定采取以下补充的干预方案:(1)争取让这四个年轻人参加饮酒和开除的一对一咨询——但结果只有一人定期参加,其他三人都找借口不参加。(2)争取让学校把在校内饮酒必须开除的政策更改为校内停课。简单来说,这一部分的主题集中在预防措施上,即在课程中增加有关饮酒和其他毒品的教育材料。

阶段7:应用经验知识和技术

委员会最初审议的一个问题是:如果制订了毒品教育方案,应该包括哪些具体的毒品。一些委员会成员担心,提供有关社区青年目前未使用的毒品的信息可能会鼓励他们尝试这些毒品。因此,要求未成年人服务部进行一次调查,确认哪些是常用毒品并查明这些毒品的使用程度。

委员会提出的第二个问题是:毒品教育方案是否具有预防价值,或者这样一个方案是否会增加非法毒品的使用。道森先生建议阿尔瓦雷斯博士与委员会开会讨论这个议题。阿尔瓦雷斯博士分享了一系列关于毒品教育方案在全国范围内的预防价值方面的信息。

经过14个月的计划和审议,委员会向校委会提出了毒品教育的建议,他们的方案是把毒品教育设计成这个区初中和高中健康课程的一部分。

毒品教育方案包含了基于研究的社区青年常用毒品的最新知识。包括以下几个方面:精神改变的效果、心理与生理依赖的特点、戒毒与长期健康影响。课程也包含了基于研究的最有效的治疗方法、家庭应对毒品滥用成员的方法、毒驾的危险性、吸毒和性疾病(包括艾滋病)传播之间的关系、给吸毒者的建议、拒绝毒品的有效方法。

这个方案中也有十分有用的计算机数据库,包括其他学校有效的毒品教育课程,处理该学区学生吸毒及对毒品态度的调查软件,提供适龄的毒品教育影片和录像带。

◼ 阶段8：评估项目结果和实践效果

为了评价这个预防方法，未成年人服务部决定每年在学生中进行随机调查来评估毒品使用/滥用的程度，并收集他们对毒品教育项目优缺点的想法。未成年人服务部也决定调查家长，听听他们对这个项目优缺点的想法，并获得他们对于改进这个项目的建议。这些调查提供了一种监督和评价项目结果的方法。

最后阶段是结束所有干预。制订毒品教育方案的委员会在学校董事会赞成他们的建议之后举行最后一次会议。在这个会议上，大多数成员的心情非常复杂。他们感到高兴，因为已经成功地完成了任务，但同时他们也感到悲伤，因为这个在他们生命中有意义的重要团体现在要解散了。任何委员会，如果成员之间已经建立紧密的工作关系，结束往往是一个伤感的过程。成员由于共同忙于一些议题，可能形成一些依赖关系，所以团体结束时，成员就会产生一种失落感（第十三章将详细描述团体结束与评估）。

各种角色

在和个人、团体、家庭、组织和社区合作时，社会工作者应该拥有丰富的知识和娴熟的技能，从而能够胜任各种角色。（理想情况下）应该根据实际情况选择最有效的角色来开展工作。下面介绍社会工作者承担的一些角色，但他们实际承担的角色并不局限于此。

◼ 支持者（Enabler）

在承担这个角色的时候，工作者代表个人或团体帮助案主表达他们的需求，发现并阐明他们的问题，探讨解决策略，选择并接受一种解决方案，从而更有效地提高他们解决问题的能力。这个角色可能是个人、团体和家庭咨询中最常用的方法，在社区实践中也经常使用，其目的就是把人们组织起来帮助自己解决问题（应该指出的是，此处对于"支持者"的定义与"药物滥用"议题下的相关定义完全不同，后者表示那些促成药物滥用者，是指使用或滥用药物者的家人或朋友）。

◼ 经纪人(Broker)

经纪人将需要帮助(不知道在哪里找到帮助)的个人和团体与社区服务联系起来。例如,一个被丈夫虐待的妻子可能被送到受虐待妇女收容所。目前,哪怕是一个中型社区,也拥有200—300个社会服务机构和组织。即使是公共服务专业人员,也常常只能部分了解他们社区的整个服务网络。

◼ 倡导者(Advocate)

倡导者的角色是从法律领域借用过来的。这是一个积极的指导角色,在承担这个角色的时候,社会工作者代表了案主或公民团体。当案主或公民团体需要帮助、现有机构又对其不感兴趣(或公开否定和敌对)时,这种倡导者的角色是很合适的。倡导者在收集资料、论证案主的需求有效性、质疑机构不提供社会服务的决定等方面起到领导作用。其目的不是嘲笑或者谴责某个特定机构,而是调整或改变其一项或多项服务政策。在这个角色中,倡导者是专门为案主或公民团体的合法权利服务的强大支持者。

◼ 授权者(Empowerer)

社会工作实务的一个关键目标是授权,这是一个帮助个人、家庭、团体、组织和社区提升其个人的、人际的、社会经济的以及政治的影响力的过程。那些专注于授权实践的社会工作者会努力提高案主的理解能力,使其理解自己的处境,作出选择,为自己的选择承担责任,通过机构和法律影响其生活处境。同时,致力于授权工作的社会工作者也会在社会不同的组织中,寻找更加公平的资源和权利分配方式。就像简·亚当斯和其他早期睦邻工作者实践的那样,关注平等和社会公平已经成为社会工作职业的一个特点。

◼ 社会活动家(Activist)

社会活动家会寻求基本制度的变革,他们的目标往往涉及权力和资源向弱势群体的转移。社会活动家关心社会不公平、不平等和剥夺现象,其策略涉及冲突、对抗和谈判。社会活动涉及改变社会环境,以便更好地满足个人需求,所使用的方法是决断和行动取向的(例如,组织享受福利的人为提高服务和增加报酬而工作)。社会活动具体包括进行实况调查、分析社区需求、研究、解释和传播信息、和居民一起组织活动以及其他获取理解和支持的工作(为了现行的或被提议的社会项目动员群众)等。社会活动在一定范围内可以适用于地方的、整个州的甚至全国的问题。

▧ 调解员(Mediator)

调解员的作用是干预不同团体之间的纷争,帮助他们寻找和解的方法,调和分歧或者达成彼此都满意的结果。社会工作者已经把他们的价值取向和独特技能使用在许多调解中(例如,离婚、邻居间矛盾、房东和租客、员工和管理者以及子女监护权的争夺)。调解员是中立者,在纠纷中不会偏袒任何一方。调解员需要确保了解双方的立场,帮助双方阐明他们的立场,发现彼此误解的信息,并帮助双方清楚地表达他们的情况。

▧ 协商者(Negotiator)

协商者会把纠纷中的人们召集起来并设法让他们进行商讨和协调,从而达成彼此都能够接受的协议。与调解员相似,协商者也要找到各个参与者都能够接受的中间立场。然而,与调解员(那些保持中间立场的人)不同的是,协商者经常与一方或另一方结盟。

▧ 教育者(Educator)

教育者为案主提供一些资料信息,并且教给他们一些适用的技能。要成为一个好的教育者,首先要知识渊博。另外,一个好的教育者必须是一个优秀的沟通者,这样信息可以被清晰地传达并且被接收者理解。作为教育者,可以向年轻父母传授亲子技巧,可以向青少年们传授求职策略,还可以向那些有攻击倾向的人讲授情绪控制技巧。

▧ 发起者(Initiator)

发起者会引起人们对某种问题或者潜在问题的注意。有时候注意到潜在问题是很重要的。例如,如果有人提议通过建造中等收入者的住房单元来改造一个低收入社区,发起者就要考虑到,如果提案被批准,低收入居民可能会无家可归(因为这些居民可能无法支付中等收入者的住房)。仅仅引起对问题的关注是无法解决问题的,因此发起者发起问题之后,必须跟进其他各种工作。

◼◻ 协调者(Coordinator)

协调者以一种有组织的方式将人们召集到一起。例如,一个存在多种问题的家庭可能向好几个机构寻求帮助,以满足他们复杂的经济、情感、法律、健康、社会、教育、娱乐以及各种因素相互影响的需求。通常,服务机构中的某个人必须承担案例管理者的角色,以协调不同机构的工作,并且避免这些工作中出现重复和矛盾。

◼◻ 研究者(Researcher)

有时每一名社会工作者都是研究者。在社会工作实务中的研究包括阅读有关感兴趣主题的文献,评估一个人的实践结果,评价项目的优缺点和调查社会需求等。

◼◻ 团体引导者(Group Facilitator)

团体引导者是团体的领导者,比如治疗团体、教育团体、自助团体、敏感性团体、家庭治疗团体或者其他领域的团体领导者。

◼◻ 演说家(Public Speaker)

社会工作者偶尔会与各种群体(例如,高中班级、像瓦尼斯俱乐部一样的公共服务组织、警务人员、其他机构工作者)交谈,告知他们一些可以得到的服务或者讨论新的服务需求。近几年,各种各样的新服务被确立(例如,家庭保护项目和艾滋病患者的服务项目)。拥有公共演讲技巧的社会工作者们能够更好地向潜在案主团体和资金赞助者解释服务内容,更容易从他们的雇主那里得到奖励(包括经济上的奖励)。

练习 2.2　你对不同社会工作角色的兴趣[*]

目标　本练习用来帮助你确定想要参与的社会工作角色。

---

[*] 本练习即《实践行为练习册》一书中的练习 2.2。

1. 审视下列角色

	我希望参与这个角色	不确定	我不希望参与这个角色
支持者			
经纪人			
倡导者			
授权者			
社会活动家			
调解员			
协商者			
教育者			
发起者			
协调者			
研究者			
团体引导者			
演说家			

2. 阐述你选择希望参与某个角色的理由。
3. 阐述你选择不希望参与某个角色的理由。

系统视角

社会工作者接受培训后，能够采用系统视角看待他们与个人、团体、家庭、组织以及社区工作的合作。系统视角强调透过案主存在的问题，评估他们问题的复杂性和内在关系。系统视角以系统理论为基础，整个系统理论的关键概念是整体性、关联性和稳定性。

整体性的概念意味着一个系统中的对象或元素的影响，比它们以分散个体叠加起来的影响大。系统概念是反还原论的，可以肯定的是，一旦这个系统被分解成其组成部分，就不能被充分理解和完全解释（例如，中枢神经系统能够进行思维过程，但这些思维过程并不能因为对中枢神经系统的观察而揭示出来）。

关联性的概念宣称，系统要素的模式和结构与系统本身一样重要。例如，马斯特斯（Masters）和约翰逊（Johnson）已经发现，性功能障碍主要是由于夫妻关系的性质，而不是婚姻制度中伴侣的心理结构引起的。[12]

系统论反对简单的因果解释。例如,一个孩子是否会在家庭中受到虐待,取决于各种各样的变量以及这些变量的组成方式。例如,父母控制自己愤怒的能力,孩子和父母之间的关系,父母之间的关系,心理压力的程度,孩子的特点和为社会所接受的公开表达愤怒的方式和机会等。

稳定性的概念表明生物系统寻求一种能够维持和保护现有系统的平衡。例如,约翰逊已经发现家庭成员之间倾向于建立一种行为上的平衡或者稳定,并且抵制任何超出预定稳定水平的改变。[13]失衡状态下的紧急情况(包含婚姻关系内外的情况)最终会恢复为平衡状态。如果家庭中的一个孩子被虐待了,这种虐待通常起着负面作用。事实是如果那个被虐待的孩子离开了,那么第二个孩子通常也会遭到虐待。或者,如果一个家庭成员通过寻求心理咨询而得到改进,这种改进会渐渐改善家庭内部平衡,并且其他家庭成员将不得不作出改变(这种改变可能是适应性的,也可能是不适应性的)来适应家庭成员的新行为。

生态理论是系统理论中的一个子范畴,并且已经在社会工作实务中变得很重要,接下来这一部分将会进一步谈到。

医学模式 vs. 生态模式

从1920年到1960年,绝大多数的社会工作者利用医学模式的方法来评估和改变人类的行为。这种方法最初被西格蒙德·弗洛伊德(Sigmund Freud)使用,他把案主看作病人。服务提供者的最初任务是诊断病人出现问题的原因并且提供解决方法。病人的问题被认为是由其自身造成的。

 医学模式

医学模式将人们情绪和行为上的问题都界定为精神上的疾病。有精神上或者行为上问题的人被贴上精神分裂、妄想症、精神病等医学标签。医学模式认为,焦虑不安的人的思想被一些未知的内在状态所影响,这些状态被认为是由多种可能的因素造成的,比如基因天赋、代谢障碍、传染病、内部冲突、自身免疫力问题、使用抗生素不当、早期创伤经历导致情感上的创伤甚至阻碍未来心理成长等。

医学模式对精神障碍有一个分类,这些精神障碍的类别都是由美国精神病协会界定的。表2.1列出了精神障碍的主要类别。

医学模式反对传统观念。传统观念认为，那些有精神障碍的人是被恶魔控制的，是疯狂的，应该为他们的失常负责。于是，这些人往往遭到虐待，比如被打，被囚禁，被杀掉等。医学模式使人们看到了这些精神病人的无助，激发人们研究精神问题的本质，加速诊疗方法的发展。

有证据证明，医学模式的合理性来自许多研究。这些研究表明，一些精神障碍——比如精神分裂，有可能受基因（遗传）影响。大量关于遗传重要性的证据来自对双胞胎的研究，比如，在一些研究中发现，同卵双胞胎患有精神病的概率具有一致性（也就是说，如果一人有精神病，另一人很可能也会有）。[14]

普通人患精神病的概率是1%。[15]如果同卵双胞胎中的一个是精神病，那另一个患精神病的概率会是普通人的50倍。这个结果说明基因的影响是随机的，而非决定性的，就像同卵双胞胎的一致性也只有50%的概率，而不是100%。

练习2.3 理解主要的精神障碍*

目标 本练习用来帮助你理解主要的精神障碍。简要描述你认识的患有表2.1所示的精神障碍的人。（接下来是一个简要描述的示例。例如：弗莱德，67岁，在五年前被诊断出阿尔兹海默症，现在住在一家疗养院。他的妻子每天都去探望他。）

表2.1 美国心理协会界定的主要精神障碍

婴儿期、童年或青春期诊断性紊乱——包括但不局限于精神障碍、学习障碍、沟通障碍（比如口吃）、自闭症、注意力涣散/多动症以及分离焦虑症。
神志失常、痴呆以及遗忘症和其他认知障碍——包括由酒精和其他药物中毒引起的神志失常，由阿尔兹海默症或者帕金森症引起的痴呆，由头部创伤引起的精神错乱及遗忘症。
物质关联性疾患——包括与酒、咖啡因、安非他命、可卡因、致幻物质、尼古丁和其他改变精神的物质的滥用有关的精神障碍。
精神分裂症和其他精神疾病——包括妄想症和所有形式的精神分裂症（例如偏执狂、紊乱以及紧张）。
情绪障碍——情绪失常，例如抑郁症和双方情感障碍。

---

* 本练习即《实践行为练习册》一书中的练习2.3。

(续表)

焦虑症——包括恐惧症、创伤后应激障碍症以及焦虑症。
躯体形态障碍——表现为生理疾病症状的心理问题(例如,软骨发育不全)。
分离性人格障碍——部分人格从其他人格中被分离了出来(例如,分离性身份识别障碍,以前被称为"多重人格障碍")。
性和性别识别障碍——包括性功能障碍(例如,冷淡、早泄、男性勃起障碍、男性和女性的性高潮障碍、阴道痉挛症)、露阴癖、恋物癖、恋童癖(猥亵儿童)、性受虐症、性施虐症、窥阴癖以及性别认定障碍(例如,跨性别认定)。
进食障碍——包括神经性厌食症和暴食症。
睡眠障碍——失眠症和其他与睡眠有关的问题(例如,噩梦和梦游)。
冲动控制障碍——无法控制某些不良的冲动(例如,偷窃癖、纵火癖以及病理性赌博)。
适应障碍——对适应一些非常常见的压力有困难,比如由失业和离婚造成的压力。
人格障碍——一种在内心体验和行为上的持久的形式,这种形式显著偏离了个体的文化预期,多发生于青少年期和成年早期,久而久之会更加稳固,并且会导致悲痛和障碍。例如,偏执型人格障碍、反社会型人格障碍、强迫型人格障碍。
其他情况——包括各种失调紊乱,包括亲子关系问题、伴侣关系问题、兄弟姐妹关系问题、身体虐待、性虐待和遗弃的儿童受害者、身体虐待和性虐待的成人受害者、诈病、丧亲之痛、学术问题、工作问题、认同问题、宗教和信仰问题。

资料来源: Diagnostic and Statistical Manual of Mental Disorders-Ⅳ, Text: Revision, by the American Psychiatric Association, 2000, Washington, DC: American Psychiatric Association。

■ 生态模式

在20世纪60年代,社会工作开始质疑医学模式的有效性。在案主出现问题的原因方面,环境因素被认为和内在因素一样重要。调查也表明,精神分析对解决案主的问题可能是无效的。[16]

于是,社会工作至少将部分重点转移到了一种改革方法上,这种方法试图改变系统,使案主受益。实行脱贫政策项目,例如启智项目,就是一个成功的改革方案。

在过去的几年中,社会工作者一直致力于使用生态方案。这个方案通过概念梳理强调人与其所在物理和社会环境之间的功能失调性互动,把治疗和改革整合到了一起。众所周知,人类是通过与环境中的所有要素进行互动来发展和适应的。生态模式兼顾了内外因素,它不把人看作对周围环境的消极反应者,而是动态和互惠的交往中的积极参与者。

生态模式努力提高人们应对环境的能力,从而更好地使他们的个人需求与环境特点相适应。生态模式的一个重点是"人在环境中",如图2.2所示。

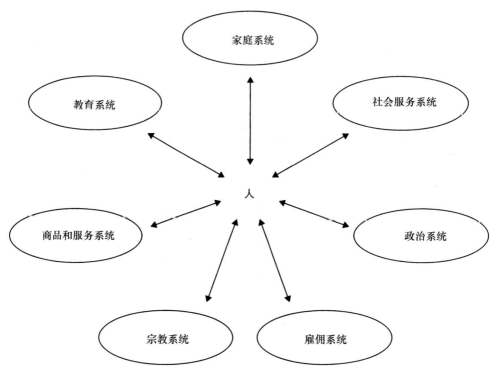

图 2.2 "人在环境中"概念图

图 2.2 表明,人和许多系统互动。通过这种概念化梳理,社会工作可以集中于三个不同领域。第一,集中于人,寻求提高解决问题、应对和发展的能力。第二,集中于人和系统之间的关系,并将人与所需的资源、服务和机会联系起来。第三,集中于这些系统,寻求改革,以便更有效地满足个人需求。

生态模式认为,个人、家庭和小型团体在从一个阶段发展到另一个阶段时会产生过渡问题和需求。随着年龄的增长,个人将面临很多过渡性的变化,比如学习走路、进入小学一年级、适应青春期、毕业、找工作、结婚生子、孩子长大成人和退休等。

家庭拥有一个重大事件的生命周期,这些重大事件需要不断调整。比如订婚、结婚、生孩子、孩子上学、孩子离家和失去一个家长(可能因为死亡或离婚)等。

小团体也有发展的过渡阶段。小团体的成员花费时间相互了解,逐渐学会相信彼此,开始更多地自我暴露,学会共同完成任务,制订处理人际冲突的方案,并面临着团体最终结束或部分成员离开。

生态模式的一个核心问题是表达清楚个人、家庭以及团体的过渡问题和需求。一旦发现这些问题和需求,就会选择并运用干预方式帮助个人、家庭和团体解决过渡问题,满足他们的需求。

生态模式还关注家庭和团体中人际关系不适应的问题,揭示家庭和团体不适应交际过程和功能失调的关系模式。这些问题包括许多方面,比如,人际关系冲突、权力争夺、双重约束(double binds)、沟通扭曲、寻找替罪羊和歧视等,其后果对某些成员来说通常是难以适应的。生态模式能够设法识别这种人际问题的障碍并使用正确的干预措施。举例来说,对于孩子诚实的表现,父母可能会设置过高的奖励,在这样的家庭中,孩子们会渐渐地学会隐藏正常的行为和想法,甚至学会说谎。如果这些父母发现孩子们不诚实的表现,经常会批评他们。在这种家庭中,正常的干预措施是敞开心扉进行沟通,从而帮助这些父母去理解,如果他们真的希望自己的孩子变得诚实,就要学会接受孩子的想法和行为。

两个世纪以前,人们主要的互动仅存在于家庭系统中,家庭几乎自给自足。那个时候,"人在家庭中"是把主要系统中的个人互动概念化的一种方法。我们的社会已经变得更加复杂,如今,一个人的生活和生活质量取决于相互交织、相互依存的许多系统,如图2.2所示。

练习2.4　理解医学模式和生态模式

目标　本练习旨在帮助你理解医学模式和生态模式。

理解人们为什么会出现行为失调（比如,厌食、犯罪、虐待别人）,你认为哪一种模式(医学模式或生态模式)更有用？陈述你作此选择的理由。

社会工作实务目标

美国社会工作者协会已经将社会工作实务概念化,并指出它主要有四个目标。[17]

◩ 目标1：提高案主解决、应对问题和发展的能力

运用"人在环境中"的观念,在这个层面上社会工作实务的关注点在于"人"。基于这个关注点,社会工作者主要担任支持者的角色,需要承担下列角色的工作：辅导员、教师、看护人(比如,提供支持性服务给那些完全无法解决问题和满足需求的人)以及行为改变者(比如,改变案主行为中的特定部分)。

◩ 目标2：把案主与提供资源、服务和机会的系统相联系

运用"人在环境中"的观念,在这个层面上社会工作实务的关注点在于人和系统之间的互动关系。基于这个关注点,社会工作者主要担任经纪人的角色。

◩ 目标3：促进资源和服务系统的有效和人性化运作

运用"人在环境中"的观念,在这个层面上社会工作实务的关注点在于人们与之相互作用的系统上。基于这个关注点,社会工作者担任的角色之一就是倡导者。以下是担任的其他角色：

项目开发员——尽力推进或者设计项目,从而满足社会需求。
监督者——尽力通过监督其他员工,提高服务的有效性和效率。
协调者——通过在人力服务资源中增加沟通和合作,寻求改进服务交付系统。
咨询者——尽力向机构和组织提供咨询,通过提供建议提高服务效率。

◩ 目标4：制定和改善社会政策

目标4的关注点是提供可用资源之基础的法规和广泛的社会政策。在这个层面上,社会工作者担任的主要角色是规划者和政策制定者。在这些角色中,工作者规划并制定新的法规和政策,建议废除无效的和不适当的法规和政策。在规划和制定政策的过程中,社会工作者可能担任倡导者的角色。

社会工作教育委员会是美国社会工作教育中的国家认证机构,它对社会工作的目的作了如下描述(CSWE,2008)：

> 社会工作职业的目的是增进人类和社区的福祉,社会工作在个人和环境建构、全球视野、尊重人类的多样性和基于科学探索的知识的指导下,通过对

社会公平和经济公平的不断探索、减少束缚人们消灭贫困的权利的条件、改进所有人的生活质量而实现其目的。[18]

对社会工作目的的描述与前面提到的四个目标是一致的。但是,它又另外增加一个目标,如下所示。

◆ 目标5:促进人类和社区福祉

社会工作职业致力于提高全人类的福祉,并促进社区居民的幸福,尤其是减少贫困、压迫和其他形式的社会不公平现象。大约15%的美国人口的收入低于贫困线,许多社会工作者致力于为贫困人员提供服务。

贫困问题是全球性的问题,每个社会都存在贫困人口,在某些社会中,有大约95%的人生活在贫困中。社会工作者不仅要在美国减轻贫困,还致力于解决全世界范围内的贫困问题。减轻贫困无疑是复杂的、困难的。社会工作专业人员通过与各种系统合作从而在减轻贫困方面取得一系列进展,包括教育系统、医疗系统、政治系统、商业和就业系统、宗教系统和公共服务系统。

残酷、不公正地行使权力便是压迫。在我们的社会中,大量的群体受到压迫——包括非裔美国人、拉丁美洲人后裔、华裔美国人、印第安人、女性、残疾人士、同性恋者、各种宗教团体和生活贫困的人(这些举例仅仅是说明性的,不是全面的)。社会不公平现象是指社会上的某些成员与其他人相比享有更少的保护、更少的基本权利和机会,或者更少的社会福利。社会工作是一种不仅致力于减轻贫困,也致力于与压迫和其他社会不公平现象作斗争的职业。

社会公平是一种理想状态,在这种状态下,社会中的每个人都享有同样的基本权利、保护、机会、义务和社会福利。经济公平也是一种理想状态,在这种状态下,社会中的每个人都有同样的机会去获得商品、收入和财富。社会工作者有义务帮助有困难的团体和个人增加他们个人的、人际的、社会经济的和政治上的力量和影响力,改进他们所处的环境。专注于授权的社会工作者会在各种群体中寻求一个更加公平合理的资源和权力的分配方案。可能遇到危险的群体包括那些由"年龄、阶级、肤色、文化、残疾、种族、性别、性别认同和表达、移民、政治思想、人种、地区、性别和性取向等"[19]来区分的群体。

根据巴克的观点,人权是:

……包括民主宪法中公认的基本公民权,例如,生命、自由、个人安全、不被非法逮捕、拘留或者流放;有权获得中立的法庭的公正和公开的判决;思想、信仰和宗教自由;以及和平集会的自由。人权也包括经济、社会和文化权利,例如,工作权利、受教育权和社会保障权,参加共同体的文化生活以及分享科学进步和文化艺术的利益。[20]

练习2.5　你对实现社会工作目标的兴趣所在

目标　本练习旨在帮助你在五种社会工作目标中找出你感兴趣的目标。

1. 对下列五种社会工作目标选择你感兴趣的程度。

	非常感兴趣	有点感兴趣	不确定	有点不感兴趣	不感兴趣
目标1					
目标2					
目标3					
目标4					
目标5					

2. 陈述你选择"非常感兴趣"的理由。

3. 陈述你选择"有点不感兴趣"或"不感兴趣"的理由。

问题解决方法

在与个人、家庭、团体、组织和社区合作时,社会工作者使用问题解决方法。解决问题过程中的步骤可以用多种方式表述。下面是对这一过程的简单陈述:

1. 尽可能准确地识别一个或多个问题;
2. 生成可能的备选方案;
3. 评估备选方案;
4. 选择一个或多个解决方案,并设定目标;
5. 实施解决方案;
6. 跟踪并评估解决方案的实施情况。

（请注意，问题解决方法的另一个理论框架是社会工作实务的变化过程，这在本章前面已描述过。）

练习2.6　运用问题解决方法[*]

目标　本练习旨在帮助你运用问题解决方法。

描述一个你曾经面对的或者正在面对的两难困境，为解决这一困境你使用了六个阶段的问题解决方法。请详细描述在每一个阶段你做了什么。

微观、中观和宏观实务

社会工作者在三个层面上工作：(1) 微观层面——与个体一对一服务；(2) 中观层面——服务于家庭和其他小团体；(3) 宏观层面——与机构和社会团体合作，或寻求法规和社会政策的改进。

由社会工作者开展的工作包括但不局限于以下几项：

◼ 社会个案工作

社会个案工作在一对一的基础上帮助个体解决个人和社会问题，可能是帮助案主适应环境，或者改变某些对个体不利的社会和经济压力。几乎每一个社会福利机构都直接向人们提供社会个案工作服务。社会个案工作包括各种各样的活动，例如，与离家出走的少年沟通，帮助失业人群获得培训和工作机会，为有自杀倾向者提供咨询，把无家可归的孩子安置在收容所或寄养家庭，向受虐儿童和他们的家庭提供保护，为不需要住院的中风患者寻找护理院，为性功能障碍者提供咨询服务，帮助嗜酒者认识到嗜酒引起的问题，为绝症人群提供咨询，成为缓刑监督官和假释官，为单亲家庭提供服务，以康复团体成员的身份在医院和精神病院工作等。

◼ 个案管理

最近，大量社会服务机构已经将它们的社会工作者标记为个案管理者。个案

---

[*] 本练习即《实践行为练习册》一书中的练习2.4。

管理者的任务和社会个案工作者相似，但个案管理者的工作内容会随着不同服务领域的变化而发生变化。譬如，在少年看护中心，个案管理者的工作包括监督案主，提供咨询，监护案主以保证他们服从缓刑的规定，为案主和他们的家人提供必要的服务，准备法庭报告，在法庭上作证。另外，在认知障碍者的康复中心，个案管理者还需要向案主提供工作训练和咨询，安排出行，惩罚案主的不当行为，成为案主的倡导者以及下班时间作为监督案主的联络人（在团体之家、寄养家庭、居住式治疗机构或者他们父母的家）等。赫普沃思（Hepworth）和拉森（Larsen）对个案管理者的角色阐述如下：

> 个案管理者将案主与其需要存在于复杂的服务交付网络中的资源联系起来，并及时协调服务的交付。个案管理者扮演着经纪人、促进者、联络者、调解者和倡导者的角色。个案管理者必须对社区资源、案主权利以及各机构的政策和程序进行广泛的了解，并且必须善于调解和宣传。[21]

巴克对"个案管理"的定义如下：

> 个案管理是代表案主进行规划、寻找并且监督各种机构和员工服务的过程。通常一个机构对案主担负主要责任，并指派个案管理者负责协调工作，为案主辩护，有时控制资源并为案主购买服务。通过这个过程，同一个或不同机构中的许多社会工作者合作起来形成专业团体，共同服务于指定的案主，由此扩大提供需求服务的范围。个案管理可能涉及监控对案主的服务过程，这个过程中包括许多不同的职业、机构、医疗部门和人力服务项目的服务。[22]

◆◆ 团体工作

团体工作能够促进个体的智力发展、情感发展和社会性发展。与个案工作和团体治疗相比，团体工作不是治疗性的，只是广泛意义上的活动。不同的团体具有不同的目的，比如社交、交换信息、遏制犯罪、娱乐、改变社会上不被接受的价值观以及帮助改善不同文化和种族之间的关系等。例如，一个团体工作者在睦邻中心可能通过团体活动遏制犯罪因素，改变社会上不被接受的价值观；领养机构中的工作者可能向一批申请人解释领养过程，并帮助申请人完成领养过程。团体的活动和关注点各不相同，包括：艺术和手工艺、舞蹈、游戏、戏剧、音乐、摄影、运动、自然研究、木艺、急救、家庭管理、信息交换以及一些有关政治、性、婚姻、宗教和职业的主题讨论。

团体治疗

团体治疗旨在通过团体过程促进个体的社会、行为和情感调节。团体治疗的参与者通常有情绪、互动或行为上的困难。团体治疗相比一对一咨询有很多优点，例如帮助者治疗原则的运用，该原则认为帮助者(可以是团体的任何成员)感觉到自己对他人的帮助是治疗性的。[23]与一对一的咨询相比,团体压力在改变个体的不良行为方面往往更为有效。团体治疗可以节省时间，因为它使治疗师能够同时治疗多个人。团体治疗适用于以下案例：遭受严重打击、嗜酒如命、强奸案受害者、心理性毒瘾、亲属身患绝症、未婚先孕、离婚或者饮食障碍等。

此外,与一对一治疗相比,团体治疗的其他优势包括：

- 反馈——有个人问题的成员从其他成员的观点中获得多种反馈。
- 替代学习——每位成员通过聆听其他成员的应对策略进行学习。
- 社会支持——成员会从其他人那里获得支持。
- 资源——成员之间共享有关服务和资源的广泛知识。
- 新行为实践——为其他成员提供在团体安全的环境中尝试新行为的机会。例如，一个害羞的成员可以尝试更自信地回应别人。
- 希望——有个人问题的成员通过聆听其他成员如何成功应对类似问题,从而充满希望。

家庭治疗

家庭治疗是旨在帮助有互动、行为和情感问题的家庭的团体治疗,可用于解决亲子互动问题、婚姻冲突和与祖父母的冲突。家庭治疗或家庭咨询涉及的问题很多，例如父母和年轻人在选择朋友和恋人、饮酒和其他毒品使用、家务劳动、作息时间、沟通问题、性价值观和行为、学习习惯和获得的成绩等方面的分歧。

社区组织

社区组织的目的是激励和帮助当地社区评估、计划和协调，努力满足社区的健康、福利和休闲需要。也许不可能准确地界定社区组织者的活动，但此类活动往往包括鼓励和促进公民参与、机构之间或团体之间的协调、公共关系和公共教育、研究调查、规划和资源管理。社区组织者在激励和鼓励社区行动方面起着催化剂的作用。一些专业人员经常受雇于这些机构，比如社区福利委员会、社会规划机构、健康规划委员会和社区行动机构。在某些情况下，"社区组织"被很多其他术语所代替，诸如"规划""社会规划""项目发展""政策发展"和"宏观实务"等。巴克将"社区组织"定义为：

> 社会工作者和其他专业人员帮助具有共同利益或同一地理区域的个人、团体和社区解决社会问题，并通过有计划的社区行动增进社会福利的干预过程。社区组织的方法包括确定问题区域，分析原因，制订计划，开发策略，调动资源，确定和招募社区领导者，鼓励他们之间相互联系以增强他们的优势。[24]

◆ 政策分析

政策分析涉及对政策及其制定过程的系统评价。政策分析的实施者要考虑过程和结果是否清晰、是否公平、是否合法、是否合理、是否符合社会价值观、是否有更好的选择、是否有成本效益、是否清楚明白。通过这种分析往往可以找出政策中的某种缺陷，并且政策分析的实施者通常会提出完善建议以消除这些缺陷。

◆ 行政管理

行政管理是指导社会服务机构整体规划的活动，其职能包括制定机构和项目目标，分析社区的社会状况，决定提供服务项目，聘用和监督工作者，建立组织结构，管理财务，为机构运作筹集资金等。行政管理还包括设定组织目标，协调活动以实现选定的目标以及在流程和结构上进行变革以提高效率。在社会工作中，术语"行政管理"（administration）常常与"管理"（management）同义。在一个小机构中，行政职能可由一人执行，而在较大的机构中，将由多人参与行政管理事务。

社会工作的其他专业活动包括研究、咨询、监督、规划、项目开发和教学（主要是在大学层面）等。研究和评估自己的实践以及其他项目的能力是社会工作者必备的一项重要技能。下一节将进一步介绍社会工作实务所必需的技能。通才型社会工作者应该具有广泛的知识基础，拥有众多的技能，并坚持一套明确的、专业的社会工作价值观。

练习2.7　确定你对各种社会工作活动的兴趣

目标　本练习是为了帮助你确定想要承担的社会工作责任类型。

1. 对于下列活动,请选择你感兴趣的程度。

	非常感兴趣	有点感兴趣	不确定	有点不感兴趣	不感兴趣
1. 个案工作					
2. 个案管理					
3. 团体工作					
4. 团体治疗					
5. 家庭治疗					
6. 社区组织					
7. 政策分析					
8. 行政管理					

2. 陈述你选择"非常感兴趣"的理由。
3. 陈述你选择"有点不感兴趣"或"不感兴趣"的理由。

团体社会工作是社会工作实务的一部分

　　社会工作实务是为个体、家庭、团体、组织和社区提供人道主义的、有效的社会服务。团体社会工作在向个人、家庭、组织和社区提供社会服务方面,存在大量重叠。有效的团体社会工作实务所需要的技能、知识和价值观与有效的个人、家庭、组织和社区社会工作实务所需的技能、知识和价值观非常相似。

　　本书中关于语言沟通、非语言沟通、问题解决、访谈、咨询和契约等的材料适用于个人和团体的社会工作实务。如第九章所述,家庭是一个团体的子类别,第十章中也描述了团体和社区之间的密切关系。可见,有效的团体实践所需的技能、知识、价值观能够提高社会工作者与个体、家庭、组织和社区有效合作的能力。

总结

　　本章将社会工作实务概念化,团体社会工作是社会工作实务的重要组成部分;

明确定义了社会工作,描述了社会工作与社会福利的关系,几乎所有的社会工作者都就职于社会福利工作领域。

本章介绍了几个通才型社会工作实务的定义,总结了社会工作的变化过程包括以下八个阶段:

1. 与案主建立适当的工作关系;
2. 确定议题、问题、需求、资源和资金;
3. 收集并评估信息;
4. 为提供服务制订计划;
5. 使用沟通、监督和咨询等方法;
6. 识别、分析和实施基于经验的干预措施,以实现案主目标;
7. 应用经验知识和技术;
8. 评估项目结果和实践效果。

一名社会工作者应该拥有丰富的知识和技能,从而担任不同角色,如支持者、经纪人、倡导者、授权者、社会活动家、调解员、协商者、教育者、发起者、协调者、研究者、团体引导者和演说家。

社会工作者参加培训,在与个人、家庭、团体、组织和社区的合作中运用系统视角,本章也把评估和改变人类行为的医学模式与生态模式进行了比较。

社会工作实务的目标如下:

1. 提高案主解决问题、应对问题和发展的能力;
2. 把案主与提供资源、服务和机会的系统相联系;
3. 促进资源和服务系统的有效和人性化运作;
4. 制定和改善社会政策;
5. 促进人类和社区福祉。

社会工作常常运用问题解决方法。社会工作者从事的活动包括:社会调查、个案管理、团体工作、团体治疗、家庭治疗、社区组织、政策分析和行政管理。

在 EPAS 2008 中,社会工作教育委员会确定了经认证的学士和硕士学位课程必须向社会工作专业的学生传达的知识、技能和价值观,并介绍了教育政策与认证标准相关材料。

团体练习

练习A 选择计划*

目标 本练习旨在帮助学生了解通才型社会工作者如何为解决社会问题提供方案。

指导者简单阐述社会工作实务,并指出选择方案是一个重要方面。指导者陈述练习目的,要求学生每五人左右组成一个小组,并阅读第一个场景,给他们十分钟的时间作出选择。然后,要求每组在全班分享他们的选择,并鼓励在班级中讨论不同的选择方案。

场景1

最近,黑鹰高中女学生怀孕的数量出现了大幅度增长,许多学生变成了单亲妈妈,她们在抚养孩子与继续学业之间遇到了很多障碍。社区已经开始关注不断上升的怀孕率以及这些年轻妈妈们面临的困难。该校校长让学校的社会工作者戈麦斯女士来解决这些问题。她应该如何解决这些问题呢?

场景2

米尔顿大学想要更好地教育他们的学生和教职员工有关艾滋病的知识。艾滋病教育被认为是抑制艾滋病传播和抵制艾滋病歧视的最好方法。因此,校长要求社会工作部门负责全校的艾滋病教育工作。哪些实用的教育模式(比如同伴教育、讲习班、在职培训研讨会等)可以吸引学生和教职员工?

场景3

科马雷克先生是某社区公共服务部门的社会工作者。由于当地没有为流浪者提供收容所,社区领导者迫于压力,指派科马雷克先生领导一个特别工作团体(即一个委员会)来解决无家可归者的问题。科马雷克先生和这个特别工作团体可以采取哪些选择方案推动这项工作?

场景4

上级要求某市长改善城市内部的生活条件。这座城市存在严重的失业、犯罪、

---

* 本练习即《实践行为练习册》一书中的练习2.6。

吸毒、酗酒、婚外生育、违规建筑、辍学、流浪者、黑社会活动和行凶杀人等问题，许多人需要接受公共援助。泰勒女士是一名社会工作者和社会规划师，就职于"联合之路"（United Way）慈善机构。她被安排到特别工作组负责这项任务。特别工作组应提出哪些改善生活条件的现实建议？

练习B　团体社会工作和通才型实务

目标　本练习旨在帮助学生获得社会工作中的关键知识。

步骤一　指导者说明本练习的目标，指出社会工作者必须有能力解释清楚社会工作是怎样的职业以及如何区分社会工作与其他职业。每五个人组成一个小组。指导者要求每组讨论下列四个问题，留出十分钟的时间讨论，然后与其他同学分享答案。最后，指导者给出参考答案，将它们与每组的答案对比，同学们的答案可能会比参考答案更好。

步骤二　用相同的方式继续练习下列四个问题。

问题：

1. 界定社会工作和社会福利，描述两者的关系。

2. 界定社会工作的专业性，描述如何区分社会工作和其他助人专业，比如心理学和精神病学。

3. 界定社会工作者和通才型社会工作者。

4. 描述团体社会工作实务与其他案主系统（如个人、家庭、组织、社区）社会工作实务的区别与相似之处。

练习C　评估核心能力和实践行为*

目标　本练习旨在帮助学生评估自己在社会生活中获得核心能力和核心实践行为的程度。

---

*　本练习即《实践行为练习册》一书中的练习2.7。

步骤一 指导者说明本练习的目标,指导学生复习有效的社会工作实务中的核心能力和实践行为的内容。

步骤二 指导者将以下核心能力和实践行为的列表展示给每个学生。

步骤三 每个学生根据下列五个级别,匿名评估自己达到这些能力与实践行为标准的程度。

1. 我已经达到了这些能力/实践行为标准(80%—100%)
2. 我基本上达到了这些能力/实践行为标准(60%—80%)
3. 我部分达到了这些能力/实践行为标准(40%—60%)
4. 我在实践能力/行为标准中得到了一些进步(20%—40%)
5. 我在实践能力/行为标准中没有进步(0—20%)

EPAS 2008 核心能力和核心实践行为	学生自我评估						测评者反馈
学生和测评者测评等级与评论	0	1	2	3	4	5	同意/不同意/评论
EP 2.1.1 认同专业社会工作者并付出行动:							
a. 倡导案主有权享受社会工作服务;							
b. 进行自我反思与自我纠正,确保可持续的专业发展;							
c. 关注专业角色和任务边界;							
d. 展示专业性的行为风度、仪容仪表和沟通方式;							
e. 致力于终身职业生涯的学习和成长;							
f. 运用监督与咨询。							
EP 2.1.2 运用社会工作伦理原则指导专业实践:							
a. 通过指导实践的职业价值观来明确和管理个人的价值观;							
b. 通过将运用《美国社会工作者协会伦理守则》和国际社会工作者联合会、《社会工作学校国际联合会社会工作伦理与原则公告》进行伦理决策;							
c. 容忍解决伦理冲突时出现的不确定性;							
d. 运用伦理推理策略获得原则性决策。							

(续表)

EPAS 2008 核心能力和核心实践行为	学生自我评估						测评者反馈
学生和测评者测评等级与评论	0	1	2	3	4	5	同意/不同意/评论
EP 2.1.3　运用批判性思维传达专业判断:							
a. 辨别、评价并整合多种知识来源,其中包括理论知识和实践智慧;							
b. 分析评估、预防、干预、评价等模型;							
c. 在与个人、家庭、团体、组织、社区和同事等一起工作时,进行有效的口头与书面沟通。							
EP 2.1.4　实践中涉及多样性和差异性:							
a. 认识到一种文化结构和价值观可能在多大程度上压迫、排斥、疏远、创造或增强特权和权力;							
b. 获得充分的自我认知,以消除各种团体工作中的个人偏见和价值观造成的影响;							
c. 认识并传达差异对塑造生活经历的重要性;							
d. 将自己看作学习者,并把一起工作的人看作消息提供者。							
EP 2.1.5　促进人权和社会经济公平:							
a. 理解压迫与歧视的形式与机制;							
b. 提倡人权与社会经济公平;							
c. 致力于能提高社会经济公平的实践工作。							
EP 2.1.6　参与基于研究的实践与基于实践的研究:							
a. 用实践经验去影响科学研究;							
b. 用研究证据去影响实践。							
EP 2.1.7　运用关于人类行为和社会环境的知识:							
a. 利用理论框架来指导评价、干预和评估的过程;							
b. 评论和应用知识去理解个人和环境。							
EP 2.1.8　参与政策实践,促进社会经济繁荣,提供有效的社会服务:							
a. 分析、制定和倡导促进社会繁荣的政策;							
b. 为了有效地执行政策与案主、同事沟通合作。							

(续表)

EPAS 2008 核心能力和核心实践行为	学生自我评估						测评者反馈
学生和测评者测评等级与评论	0	1	2	3	4	5	同意/不同意/评论
EP 2.1.9　响应塑造实践的环境:							
a. 不断发现、估量和关注当地人口变化、科学技术发展和社会趋势,以提供相关服务;							
b. 提供可促进社会服务可持续发展的领导力并改善社会服务的质量。							
EP 2.1.10　参与、评价、干预、评估个人、家庭、团体、组织和社区:							
a. 可持续地、高效地为个体、家庭、团体、组织和社区行动作准备;							
b. 运用移情和其他人际交往技能;							
c. 确定一个双方都认同的工作重点与预期结果;							
d. 收集、组织、解释案主资料;							
e. 评估案主的优势与不足;							
f. 制定多方赞同的干预目标与对象;							
g. 选择合适的干预策略;							
h. 发起实现组织目标的行动;							
i. 实行预防性干预措施来提高案主的能力;							
j. 帮助案主解决问题;							
k. 为案主进行谈判、调解和宣传;							
l. 促进案主的问题转变与结束;							
m. 批判性地分析、指导、评价干预措施。							

步骤四　指导者收集每张列表,然后计算每个项目的平均分数。在未来的课程中,指导者可以分享这项信息给学生们,并组织一次学生讨论,特别关注学生此后课程中改变的信息,学生相信这些变化将会提高低分项目的评分。

给指导者的提醒

本练习在获取再次确认社会工作教育委员会认可的 10 大核心能力和 41 项实践行为的评估信息方面很有价值。

练习 D　评估课堂与实习(Field Placement)中的核心能力和实践行为*

目标　本练习旨在帮助学生和社会工作项目评估在社会工作中获得核心能力和核心实践行为的程度。

步骤一　在课堂上,把下表发给学生们,指出这是用于评估学生在多大程度上获得了 EPAS 2008 中不确定的核心能力与实践行为(前面已有陈述)。

实习表现成绩评估等级量表

期中　　　　　　　　　　　　　　　　　　期末

实习生姓名_____　日期_____

在第一部分评估中对实习生的 10 项核心能力进行评级的说明:

比较实习生的标准即是新入门社会工作者的标准,评估指定的 10 项能力是由国家认可的机构(社会工作教育委员会)确立的。每个能力说明之下是我们询问的几个问题,根据下列标准确定你的等级。

1	实习生在这个领域非常优秀
2	实习生在这个领域的表现超出了预期
3	实习生在这个领域的表现达到了预期
4	实习生在这个领域的表现没有达到预期,不过有希望在不久的将来达到预期
5	实习生在这个领域的表现没有达到预期,并且没有太大可能在将来达到预期
Na	不适用,因为实习生没有机会在这个领域内展现自己的能力

如有需要,可在任何能力说明之下提出意见。请务必指出你认为实习生特别强的地方和需要改进的地方。

此评估旨在向实习生提供有关其表现的反馈,机构主管对这些项目的评级不能直接用于计算给予实习生的分数。教学主管负责分配课程的分数,评分依据为:教学主管对学生成绩的整体把握与机构主管的评估相结合(65%)、实习生日志(10%)、参加研讨会(5%)、两篇论文(各占 10%—20%)。

---

* 本练习即《实践行为练习册》一书中的练习 2.8。

如果您希望使用此表之外的其他评估系统来评估学生的表现,请与教学主管讨论。

能力1	实习生认同专业社会工作者并付出行动					
1.1	明白该职业的历史	1	2	3	4	5	Na
1.2	承诺去发展该职业	1	2	3	4	5	Na
1.3	有决心做一个专业的社会工作者	1	2	3	4	5	Na
1.4	承诺致力于终身职业生涯的学习和成长	1	2	3	4	5	Na
1.5	倡导案主有权享受社会工作服务	1	2	3	4	5	Na
1.6	进行自我反思与自我纠正,以确保可持续的专业发展	1	2	3	4	5	Na
1.7	关注专业角色和任务边界	1	2	3	4	5	Na
1.8	展示专业性的行为风度、仪容仪表	1	2	3	4	5	Na
1.9	展示专业性的沟通方式	1	2	3	4	5	Na
1.10	高效运用监督和咨询手段	1	2	3	4	5	Na

评价:

能力2	实习生运用社会工作伦理原则指导专业实践					
2.1	了解职业的基本价值	1	2	3	4	5	Na
2.2	了解并遵守职业的道德标准	1	2	3	4	5	Na
2.3	了解并遵守社会工作相关法律	1	2	3	4	5	Na
2.4	通过指导实践的职业价值观来明确和管理个人的价值观	1	2	3	4	5	Na
2.5	容忍解决伦理冲突时出现的不确定性	1	2	3	4	5	Na
2.6	有能力运用伦理推理策略获得原则性决策	1	2	3	4	5	Na

评价:

能力3	实习生运用批判性思维传达专业判断					
3.1	了解逻辑和科学研究原则	1	2	3	4	5	Na
3.2	有能力抓住并理解晦涩的内容	1	2	3	4	5	Na
3.3	有能力运用创造力与好奇心激发批判性思维	1	2	3	4	5	Na
3.4	拥有良好的评价技巧	1	2	3	4	5	Na

（续表）

能力3	实习生运用批判性思维传达专业判断						
3.5	拥有良好的解决问题的能力	1	2	3	4	5	Na
3.6	拥有良好的数据搜集的能力	1	2	3	4	5	Na
3.7	能分析复杂的内容	1	2	3	4	5	Na
3.8	辨别、评价并整合多种知识来源，其中包括理论知识和实践智慧	1	2	3	4	5	Na
3.9	有能力分析评估、预防、干预、评价等模型	1	2	3	4	5	Na
3.10	在与个人、家庭、团体、组织、社区和同事等一起工作时，能够进行有效的口头沟通	1	2	3	4	5	Na
3.11	在与个人、家庭、团体、组织、社区和同事等一起工作时，能够进行有效的书面沟通	1	2	3	4	5	Na

评价：

能力4	实习生在实践中保持多样性和差异性						
4.1	尊重不同的案主	1	2	3	4	5	Na
4.2	了解并尊重年龄、阶层、肤色、文化、残疾、品德、性别认同及表达、移民地位、政治意识、种族宗教和性取向不同的案主	1	2	3	4	5	Na
4.3	认识到一种文化的结构和价值观可能在多大程度上压迫、排斥、疏远、创造或增强特权	1	2	3	4	5	Na
4.4	获得充分的自我认知，以消除各种团体工作中的个人偏见和价值观造成的影响	1	2	3	4	5	Na
4.5	认识到并传达差异对塑造生活经历的重要性	1	2	3	4	5	Na
4.6	将自己看作学习者，并把一起工作的人看作消息提供者	1	2	3	4	5	Na

评价：

能力 5	实习生促进人权和社会经济公平						
5.1	意识到每个人不管在社会中的地位如何都拥有基本的权利,如自由、人身安全、隐私权、适当的生活水平、健康的权利和受教育权	1	2	3	4	5	Na
5.2	认识紧张局势下的国际关系,了解促进公民权利的战略和公平理论	1	2	3	4	5	Na
5.3	理解压迫与歧视的形式和机制	1	2	3	4	5	Na
5.4	有能力提倡人权与社会经济公平	1	2	3	4	5	Na
5.5	有能力参与提高社会经济公平的实践工作	1	2	3	4	5	Na

评价:

能力 6	实习生参与基于研究的实践与基于实践的研究						
6.1	善于运用实践经验进行研究	1	2	3	4	5	Na
6.2	善于运用循证干预	1	2	3	4	5	Na
6.3	善于评估自己的实践	1	2	3	4	5	Na
6.4	善于运用研究成果改进实践、政策和社会服务	1	2	3	4	5	Na
6.5	理解定量研究	1	2	3	4	5	Na
6.6	理解定性研究	1	2	3	4	5	Na
6.7	了解建立知识的科学和伦理方法	1	2	3	4	5	Na

评价:

能力 7	实习生运用人类行为和社会环境的知识						
7.1	了解整个人生过程中的人类行为	1	2	3	4	5	Na
7.2	了解人们生活中的各种社会系统	1	2	3	4	5	Na
7.3	了解社会系统如何促进或阻止人们保持或实现健康和福利	1	2	3	4	5	Na
7.4	擅长应用生物变量、社会变量、文化变量、心理变量和精神发展等方面的理论和知识	1	2	3	4	5	Na
7.5	善于利用概念框架指导评估、干预和评估过程	1	2	3	4	5	Na

评价：

能力 8　实习生参与政策实践，促进社会经济繁荣，提供有效的社会服务

8.1	理解政策对服务提供的影响	1	2	3	4	5	Na
8.2	积极参与政策的实施	1	2	3	4	5	Na
8.3	了解社会政策和服务的历史	1	2	3	4	5	Na
8.4	了解现在的社会政策和服务	1	2	3	4	5	Na
8.5	了解在政策发展中实践的作用	1	2	3	4	5	Na
8.6	有能力分析、规划和倡导促进社会福利的政策	1	2	3	4	5	Na
8.7	能够为了有效地执行政策与案主、同事沟通合作	1	2	3	4	5	Na

评价：

能力 9　实习生响应塑造实践的环境

9.1	在应对各层级实践中不断变化的组织、社区和社会环境时，具有充分的信息、资源和主动性	1	2	3	4	5	Na
9.2	认识到实践环境是动态的，并具有主动应对的知识和技能	1	2	3	4	5	Na
9.3	善于不断发现、评价和关注不断变化的地区、人口、科技发展和新兴的社会趋势，以便提供相关的服务	1	2	3	4	5	Na
9.4	善于在促进服务提供和实践的可持续变化方面发挥领导作用，并切实提高社会质量	1	2	3	4	5	Na

评价：

能力 10　实习生参与、评估、干预、评价个人、家庭、团体、组织和社区

10.1	擅长识别、分析和实施基于证据的干预措施，以实现案主目标	1	2	3	4	5	Na
10.2	善于运用研究和技术进步	1	2	3	4	5	Na
10.3	善于评估项目成果	1	2	3	4	5	Na
10.4	善于评估自己实践的有效性	1	2	3	4	5	Na

(续表)

能力 10	实习生参与、评估、干预、评价个人、家庭、团体、组织和社区					
10.5	善于制定、分析、倡导和领导政策和服务	1	2	3	4	5	Na
10.6	善于促进社会经济公平	1	2	3	4	5	Na
10.7	善于与他人一起工作(发展良好的关系)	1	2	3	4	5	Na
10.8	善于参与家庭工作	1	2	3	4	5	Na
10.9	善于参与团体工作	1	2	3	4	5	Na
10.10	善于参与组织工作	1	2	3	4	5	Na
10.11	善于参与社区工作	1	2	3	4	5	Na
10.12	善于评估他人	1	2	3	4	5	Na
10.13	善于评估家庭	1	2	3	4	5	Na
10.14	善于评估团体	1	2	3	4	5	Na
10.15	善于评估组织	1	2	3	4	5	Na
10.16	善于评估社区	1	2	3	4	5	Na
10.17	善于向个人提供有效的服务	1	2	3	4	5	Na
10.18	善于向家庭提供有效的服务	1	2	3	4	5	Na
10.19	善于向团体提供有效的服务	1	2	3	4	5	Na
10.20	善于向组织提供有效的服务	1	2	3	4	5	Na
10.21	善于向社区提供有效的服务	1	2	3	4	5	Na

评价：

全部的期中评估：

请在期中评估时对下列选项中的一项打钩。期末评估时不需要作出该选择。

- ☐ 该实习生在该领域表现出色,超出了对实习生的期望。
- ☐ 该实习生达到了该领域对实习生的期望。
- ☐ 该实习生的表现低于该领域对实习生的期望,能否在实习结束后做一名社会工作者参与实践仍是一个问题。
- ☐ 该实习生的表现低于该领域对实习生的期望。令人担忧的是,该实习生在实习结束前还没有准备好从事初级社会工作实务,也许应该鼓励该实习生去攻读另一个专业。

评价/阐述：

全部的期末评估：

请在期末评估时对以下选项中的一项打钩。期中评估不要作出该选择。

- ☐ 该实习生在实习方面表现出色，超出了对实习生的期望。如果该机构有合适的职位空缺，对于初级社会工作者，该实习生将被视为该职位的最佳候选人。
- ☐ 该实习生达到了该领域对实习生的期望，已经准备好了作为初级社会工作者投入实践。
- ☐ 该实习生没有准备好开始初级社会工作实践。
- ☐ 该实习生还没有准备好开始初级社会工作实践，并表现出了严重的问题，也许应该鼓励他去追求其他职业。

评价/阐述：

实习机构指导老师签名＿＿＿＿＿＿＿＿＿＿＿＿＿＿＿＿＿＿

实习机构＿＿＿＿＿＿＿＿＿＿＿＿＿＿＿　　日期＿＿＿＿＿＿＿＿＿＿

　　实习生应该完成以下选项：

　　我的实习机构主管和教学主管与我讨论了评估的问题，我收到了一份复印件。我是否同意该评估结果：

- 我同意这项评估　　　☐
- 我不同意这项评估　　☐

实习生签字＿＿＿＿＿＿＿＿＿＿＿＿＿＿＿＿　　日期＿＿＿＿＿＿＿＿＿＿

- ☐ 如果实习生不同意评估结果，他/她应该书面陈述声明并且呈递一份复印件给机构主管和教学主管。实习生、机构主管和教学主管召开会议，讨论这个评估决定。

　　步骤二　要求学生使用指定的评估量表，自我评估他们达到指定能力和实践行为的程度。

　　步骤三　在学生完成第二步后，让他们4—5人组成一组，找出他们认为自己得分最低的五个选项。

　　步骤四　让每组的一名代表向全班指出这五个选项（每组的这些选项可以写在黑板上）。然后，全班讨论哪些课程需要变化，以帮助学生在这些选项中的评分更高

(本练习帮助学生评估自己在获得社会工作能力和实践行为方面的优势和劣势)。

◼ 本量表的选择使用

本量表可用于实践课程,了解机构主管对实习生的能力和实践行为的评价结果。一种方法是,课程主管可以选择在实习结束时运用该量表,由实习指导老师完成。实习生和教学主管可以查阅,以便提供实习分数,评估学生个人的实践行为和核心能力。另一种方法是,实习指导老师在实习中间完成评估(例如,一个学期的实习在学期中间完成或者两年的实习在学年中间完成),然后实习结束时再次完成评估。无论采用哪种方法,都需要建立基准(如 EPAS 2008 所规定的那样)。有些课程倾向于一个"可接受的或及格的平均分",另一些则更喜欢建立评价学生核心能力或者实践行为的百分比指标。以平均分数为例,如果一个项目选择建立一个可接受的"平均分"方法,同一水平范围内所有实习生的平均分将提供一个与该领域水平相适应的实践行为和能力的指标。"不可接受的"基准表明,该课程不能成功地为实习生提供该级别的实践教学,无法培养学生必备的实践行为和能力。

◼ 给指导者的提醒

本练习在获取评估资料以再次确认社会工作教育委员会的认可方面,非常有价值。

练习 E　社会工作价值观问题*

目标　就社会工作的一些突出问题阐明你的价值观。

步骤一　指导者解释本练习的目的,指出社会工作者需要了解自己的个人价值观和职业价值观,以便他们与案主合作时知道什么时候保持中立立场,什么时候应该为案主强加或执行一套特定的价值观。

步骤二　指导者把下面的问卷分发给学生,并表示他们的回答将是匿名的。问卷采用以下选项:(1) 绝对不,(2) 可能不,(3) 可能是,(4) 绝对是。

---

* 本练习即《实践行为练习册》一书中的练习 2.9。

价值观问卷:

1. 你会不会与不同种族的人结婚？
   1　　　　　2　　　　　3　　　　　4

2. 如果你打算领养一个孩子，会不会领养不同种族的孩子？
   1　　　　　2　　　　　3　　　　　4

3. 你会不会支持一位女性成为美国总统？
   1　　　　　2　　　　　3　　　　　4

4. 你认为学校应该用校车来实现种族融合吗？
   1　　　　　2　　　　　3　　　　　4

5. 你是否支持平权行动计划，主张在雇佣时某些少数族裔群体和妇女应优先于白人男性？
   1　　　　　2　　　　　3　　　　　4

6. 你认为一个和他十岁的女儿乱伦的父亲应该被关进监狱吗？
   1　　　　　2　　　　　3　　　　　4

7. 你认为卖淫应该合法化吗？
   1　　　　　2　　　　　3　　　　　4

8. 如果你或你的伴侣怀孕了，在抚养孩子很困难的情况下，会考虑堕胎吗？
   1　　　　　2　　　　　3　　　　　4

9. 你是否支持宪法修正案将堕胎定为非法？
   1　　　　　2　　　　　3　　　　　4

10. 你愿意做一个代孕母亲吗？如果你是男性，你愿意让你的妻子或未来的妻子去做代孕母亲吗？
    1　　　　　2　　　　　3　　　　　4

11. 你认为死刑应该适用于某些罪行吗？
    1　　　　　2　　　　　3　　　　　4

12. 你认为美国应该支持一个广泛的计划去发展克隆人类的能力吗？
    1　　　　　2　　　　　3　　　　　4

13. 你支持人工授精吗？
    1　　　　　2　　　　　3　　　　　4

14. 你认为人们在结婚前应该保留贞操吗？
    1　　　　　2　　　　　3　　　　　4

15. 如果美国总统候选人是一个佛教徒,你会投他一票吗?
   　　1　　　　　　2　　　　　　3　　　　　　4

16. 如果你结婚了,你会认真考虑婚外情吗?
   　　1　　　　　　2　　　　　　3　　　　　　4

17. 你愿意让严重智障者无限期地依靠纳税人的钱活着吗?
   　　1　　　　　　2　　　　　　3　　　　　　4

18. 你认为大麻应该合法化吗?
   　　1　　　　　　2　　　　　　3　　　　　　4

19. 你会因为你的孩子是同性恋而失望吗?
   　　1　　　　　　2　　　　　　3　　　　　　4

20. 你会客观地为一个残忍地强奸了四名女性的人辩护吗?
   　　1　　　　　　2　　　　　　3　　　　　　4

21. 你觉得人们应该限制自己的家庭规模,只生两个孩子吗?
   　　1　　　　　　2　　　　　　3　　　　　　4

22. 你支持一项限制一个家庭最多只能抚养两个孩子的法律吗?
   　　1　　　　　　2　　　　　　3　　　　　　4

23. 你认为一个同性恋者应该被允许在中小学教书吗?
   　　1　　　　　　2　　　　　　3　　　　　　4

24. 你赞成一对年轻夫妇婚前同居来试婚吗?
   　　1　　　　　　2　　　　　　3　　　　　　4

25. 你赞成在你的社区内建立一个戒毒所吗?
   　　1　　　　　　2　　　　　　3　　　　　　4

26. 你认为政府应该帮助支持职业母亲的日托中心吗?
   　　1　　　　　　2　　　　　　3　　　　　　4

27. 如果发生战争,你认为女兵应该参加战斗吗?
   　　1　　　　　　2　　　　　　3　　　　　　4

28. 你认为美国应该建造更多的核电站来发电吗?
   　　1　　　　　　2　　　　　　3　　　　　　4

29. 你会鼓励你的儿子进行婚前性行为吗?
   　　1　　　　　　2　　　　　　3　　　　　　4

30. 你会鼓励你的女儿进行婚前性行为吗?

    1   2   3   4

31. 当你老到不能照顾自己的时候,你愿意被安置在养老院吗?

    1   2   3   4

32. 当病人已经病入膏肓并且非常痛苦的时候,你支持安乐死吗?

    1   2   3   4

33. 你会考虑和一个已经离过婚并有两个孩子的人结婚吗?(假定你是单身)

    1   2   3   4

34. 你会喜欢在智障人士之家做社会工作者吗?

    1   2   3   4

35. 你认为法定饮酒年龄应该小于二十一岁吗?

    1   2   3   4

36. 你会不会和一个与你拥有不同宗教信仰的人结婚?

    1   2   3   4

37. 你认为在某些情况下,一个人有理由自杀吗?

    1   2   3   4

38. 如果你发现伴侣有婚外情,你会与他离婚吗?

    1   2   3   4

39. 你允许你的孩子经常和一个患有艾滋病的孩子玩耍吗?

    1   2   3   4

40. 你认为大多数领取福利金的人都是身体健壮的懒汉吗?

    1   2   3   4

41. 你认为拥抱一个艾滋病患者会让你感到舒服吗?

    1   2   3   4

42. 你认为和一个艾滋病患者同住会感到舒服吗?

    1   2   3   4

43. 如果案主拒绝,你觉得社会工作者是否应该告知案主的性伴侣该案主感染了艾滋病毒HIV阳性?

    1   2   3   4

步骤三 指导者收集问卷,确保匿名,并将这些问题的编号写在黑板上。在记录结果之后,指导者主持一次讨论。例如,如果大部分学生表示他们不会与不同种族的人结婚,指导者便会问:"这是否意味着你们当中大部分人有种族偏见?"

练习F 奥尔加和伊戈尔

目标 确定你的价值观,然后观察你与别人价值观的明显不同,你会发现自己经常很难接受别人的价值观。

步骤一 指导者解释本练习的目标。班级中4—5个人组成一个小组。每组评价下面的故事中的五个角色。"1"用来评价在情境中表现最好的角色,"5"用来评价表现最差的角色。大声把这个故事读两遍。

两个原始部落被一条湍急的河流隔开,这条河中游满了食人鱼。古人建了一座桥来连接这两个部落。奥尔加住在卡布里部落中,她已经与穆斯部落的伊戈尔订婚。两个部落都反对婚前性行为,因此奥尔加和伊戈尔都保持着童贞。然而,在婚礼前六天,一场大风摧毁了那座桥,奥尔加和伊戈尔被分开了。他们都认为已经无法再见到对方,感到十分失望。

在婚礼的前一夜,一个黑胡子水手来到了卡布里部落,奥尔加恳求黑胡子带她过河。黑胡子答应了,但是他要求奥尔加过河时与他睡在一起。奥尔加不想那么做,但也害怕自己无法与伊戈尔结婚,甚至永远见不到他。奥尔加犹豫了四个半小时,她向自己的老朋友所罗门征求意见。所罗门说:"这是你的问题,应该你自己作决定,我没有什么可帮助你的。不过,无论如何,我都很讨厌你和穆斯部落以外的任何人结婚。"

最终,奥尔加同意了黑胡子的要求。当他们过了河之后,奥尔加见到了伊戈尔,感到非常高兴。奥尔加亲吻并拥抱了他,但在这时她哭了。奥尔加被负罪感困扰着,她承认自己为了过河和黑胡子上了床。伊戈尔十分气愤,他觉得奥尔加被玷污了。他告诉奥尔加自己不能和她结婚,而且永远不想再看到她。奥尔加把所有事情告诉了所罗门。所罗门冲过去找到了伊戈尔,并打了他一顿。看着他俩打架,奥尔加笑了。

步骤二 每个小组对这些角色从 1 到 5 进行评级。

步骤三 把这些角色的名字写在黑板上,并且让每组选一个代表写出小组为这些角色评定的等级。

步骤四 小组成员解释他们评定这些等级的原因。尤其是这些评价意见表现出小组成员具有不同价值观的时候,要积极讨论小组之间的不同意见。指导者需要指出,当与案主一起工作时,确认并坚持自己的价值观是非常重要的。

练习 G 精灵和神灯

目标 确定你现在真正想要的是什么。

步骤一 指导者解释练习的目的,并让学生想象:"假设你今晚回家时发现了一盏神灯,当你擦完灯后,一个精灵出现了,它会给你三件你最想要的东西。这些东西可以是你想要的任何东西,有形的或无形的。请把这三样东西写在一张纸上。"

步骤二 小组成员分享他们各自所写的愿望。

步骤三 在学生列举一些案例之后,指导者总结他们的回答。全班同学讨论在这些愿望实现之后,他们的人生会发生怎样的变化。练习结束时,学生们讨论他们学到了什么。

练习 H 怀孕和悲剧[*]

目标 通过对一篇价值观小短文的决策来检测多种价值观。

步骤一 指导者解释本练习的目的,并让每五名学生组成一个小组。小组任务是对故事中的人物对露西之死的责任划分等级。等级 1 是最应该负责的,等级 6 是最不应该负责的。阅读两遍下列故事。

露西是一个有魅力的白人大学生,十八岁。她十分相信人种平等,尽管她的父母告诉她很多次,他们反对跨种族的恋爱和婚姻。在上课过程中,她认识了肯特,

---

[*] 本练习即《实践行为练习册》一书中的练习 2.10。

一个非裔美国人,大二学生,然后他们恋爱了。

露西怀孕了。经过痛苦的抉择之后,露西和肯特都认为堕胎是最好的选择,但是露西和肯特都没有钱去诊所或者医院做堕胎手术。

露西回到家,希望能从父母那里拿到做手术的钱。她告诉了母亲,她和肯特约会,肯特是个非裔美国人,并且他们已经发生了性关系。她的母亲十分失望,并叫来她的父亲。父母二人生气地告诉露西,她必须与肯特断绝往来,不然他们将不再支付她的大学费用。露西还没来得及告诉父母她已经怀孕这件事。

露西心烦意乱地回到了学校。第二天,她听说有一个地方可以半价做堕胎手术。肯特陪她去了,那个做堕胎手术的医生看起来不专业,环境也不卫生。结果,露西在手术台上大出血,肯特急忙带她去了医院,不过已经太晚了,露西死了。医院的管理者告诉肯特,露西是第三个因为堕胎大出血被送往这家医院的人(不过,另外两个活下来了)。这家医院的管理者认为肯特应该报警。

步骤二 小组成员为这些角色对露西之死的责任进行排序。

_____露西

_____肯特

_____露西的父亲

_____露西的母亲

_____堕胎医生

_____医院管理者

步骤三 把这些角色的名字写在黑板上,每组的代表将各组的排名写在后面,每组都要解释他们这样排名的原因。然后,讨论这些排名背后的价值观。

能力说明

EP 2.1.1.c 关注专业角色和任务边界。练习2.1确定了社会工作者与个人、家庭、团体、组织和更大的社区系统之间互相影响的五大案主系统。

EP 2.1.7.a 利用理论框架来指导评价、干预和评估的过程。变化过程的实质指定了社会工作者评估、干预、评价的框架。

EP 2.1.1.c 关注专业角色和任务边界。社会工作者担任的角色包括:支持者、经纪人、倡导者、授权者、社会活动家、调解员、协商者、教育者、发起者、协调者、研究者、团体引导者和演说家。练习2.2让学生审视自己的兴趣,确定想要参与的不同社会工作角色。

EP 2.1.7.a 利用理论框架来指导评价、干预、评估的过程。医学模式和生态模式是两种不同的模式,它们将案主面临的问题与挑战概念化。练习2.4向学生介绍如何运用医学模式。

EP 2.1.9.b—EP 2.1.10.a 提供促进社会服务可持续发展的领导力并改善社会服务的质量;与个人、家庭、团体或社区一起采取行动。问题解决方法提供一个框架,用于分析案主面对的挑战,然后进行干预与评估。练习2.6让学生运用问题解决方法。

EP 2.1.1.a—EP 2.1.10.m EPAS 2008中的所有能力和实践方式。该章介绍了EPAS 2008中的社会工作者需要的知识、技能和价值观。

EP 2.1.9.b 提供促进社会服务可持续发展的领导力并改善社会服务的质量。为与个人、家庭、团体、组织和社区共同工作作准备。练习A帮助学生在提高自身的服务水平方面变得更有创造力。

EP 2.1.1.a EPAS 2008中的所有能力和实践方式。练习C、D让学生自我评价他们达到社会工作必备知识、技能、价值观的程度。

EP 2.1.2.b 通过将美国社会工作者协会伦理标准应用于社会工作、原则公告中进行伦理决策。练习E是为了帮助学生辨别他们对于社会工作中一些突出问题的价值观。

EP 2.1.2.a 通过指导实践的职业价值观来明确和管理个人的价值观。练习F用于让学生测验自身的价值观。

第三章
团体动力：领导力

目标

"他是一个天生的领导者"这句话正确吗？领导力是后天习得的，还是天生的？本章描述四种主要的领导方法，包括特质方法，并界定了有效的团体领导的功能、角色和技术。本章认为权力的运用是团体功能的必要组成部分，并描述五种权力的来源，讨论使用这五种权力基础的不同后果和团体中权力不公平的影响。另外，本章还将介绍如何创建和领导一个团体。

只要团体中的一个成员影响其他成员以帮助团体实现目标时，领导力就产生了。因为所有团体成员会在不同时间相互影响，所以每一个人都会发挥领导作用。然而，指定一个领导者——总统或主席——与从事领导行为之间还是有区别的。指定的领导者有一定的职责，比如要召集会议，主持讨论等；而领导则通常指有影响力的行为。

 领导方法

我们概括出四种主要的领导方法——特质方法、职位方法、领导风格方法以及分布式功能方法。

◆ 特质方法

亚里士多德说:"从出生那一刻起,有些人就是被奴役的,而有些人则是统治其他人的。"已经存在几个世纪的领导特质方法提出假设:"领导者具有与生俱来的人格特质,这把他们与他们的追随者区分开来。"这种方法认为领导者是天生的,而不是后天培养的;领导者是自然出现的,而不是刻意培养的。该方法也被称为"领导伟人"理论。克雷奇(Krech)、克拉奇菲尔德(Crutchfield)以及巴拉奇(Ballachey)在回顾了领导特质研究之后,对"领导者"的理解如下:(1) 领导者是他领导的团体成员之一;(2) 在一定程度上,他要把规范和价值观体现在团体核心;(3) 是最有资格完成现有任务的团体成员;(4) 调整成员的期望——他应该怎样表现以及应该发挥什么样的作用。[1]

关于人格特质的研究表明,领导者比他们的追随者更容易适应环境,更占优势,更加开放,更有"男子气概",对人际交往也更加敏感。还有一些其他方面的特质,比如智慧、热情、主动、自信以及公正也可以用来描述领导者的特质。[2]虽然有潜力的领导者比其他团体成员具有更积极的特质,但他们也不会过于"成功",以至于其他成员把他们看成"异类"。例如,戴维斯(Davis)和黑尔(Hare)发现"B"级的学生是校园领导者,同时更聪明的"A"级的学生被认为是"炮灰",他们有时会因为自己是"学霸"而被驱逐出他们的团体。[3]同样,我们发现能说会道的成员往往会赢得大多数决定权,然后变成领导者,除非他说得太多,得罪了团体的其他成员。[4]

魅力(Charisma)和马基雅维利主义(Machiavellianism)是最受关注的两种假定的领导特质,以下简要介绍这两种特质理论。

魅力

魅力被定义为"一种创造奇迹的非凡的力量"[5]。大卫·约翰逊和弗兰克·约翰逊对"魅力型领导者"界定如下:

> 魅力型领导者必须要有一种使命感,相信自己领导的社会变革,同时还要相信自己可以运用巧妙手段领导运动达到目标。领导者必须高度自信,用信念激励成员,让他们相信自己领导的运动一定能够成功,并最终减轻他们的痛苦[6]。

一些魅力型领导者会鼓励他们的追随者爱戴并忠于他们,也有一些魅力型领导者则会给追随者带来一些希望和承诺,让他们远离痛苦。

"魅力"没有明确的定义,也没有确定的组成要素。每一个魅力型领导者所拥有的素质和品格都有所不同。下面提到的领导者全部拥有"魅力",然而他们在人格特征上却大大不同:约翰·肯尼迪、马丁·路德·金、尤利乌斯·恺撒、乔治·巴顿将军、孔子、甘地和温斯顿·丘吉尔。

魅力型领导的不足之处如下:一是被认为有魅力的人会用各种不同的方式来展示这种品质(魅力)。二是很多人即便被认为没有魅力,也可以成为一个好的领导者。例如,很多团体治疗师在领导团体方面很成功,即使他们被认为不具有魅力。

练习 3.1 魅力型领导者

目标 本练习的目的是帮助你找出有魅力的人,并了解使一个人拥有魅力的不同特质。

1. 写出三个你认为有魅力的人的名字。他们可以是总统、政治领导者、宗教领导者、老师、熟人等。对于你写下的每一个人,列出使其有魅力的特质。

2. 根据你写下来的这三个人,找出他们在魅力特质上表现出的共同点。

3. 这些人有没有独特的领导特质(也就是说,有没有一种特质是其他两人没有的)？如果有,说明这个人的身份并描述他独特的领导特质。

马基雅维利主义

尼科洛·马基雅维利(Niccolo Machiavelli,1469—1527)是意大利的一位政治家,他主张把狡诈、欺骗、表里不一当作政治手段,统治者应该将这些手段用于增强他们的权力和控制力。马基雅维利并不是该理论(马基雅维利主义)的创始人,之前就有理论家从自我提升方面提出领导的理论框架。然而,术语"马基雅维利主义"已经和一个观点紧密关联在一起,这个观点认为政治是没有道德原则的,任何方法的使用都是为了得到政治权力。马基雅维利主义式的领导建立在以下观点之上:(1)人基本上是易犯错误的、靠不住的、软弱的;(2)人是客观的物体(不会感情用事);(3)人应该被控制,这样领导者才能够实现他的目标。

克里斯蒂(Christie)和盖斯(Geis)总结了马基雅维利型领导者的四种特质:

1. 在人际交往中,他们很少投入感情——如果追随者被认为是客观物体,那么他们就会更容易操纵追随者。
2. 他们不关心传统美德,而是从功利的视角(他们可以从中得到什么)而不是从道德的视角去看待与他人的交往。
3. 他们能够准确洞察到追随者的需求,这有助于他们操纵追随者。
4. 他们对意识形态方面的承诺度较低,他们专注于操纵他人是为了获得个人利益,而不是为了实现长期的意识形态目标。[7]

然而,事实上仅有少数领导者具有马基雅维利的特质,绝大部分领导者都不具有。如今,几乎没有团体可以让马基雅维利型领导者有效行使职责。

近几年来,领导特质方法研究已经开始走下坡路,在一定程度上来看,这是因为其研究结果质疑了理论本身的正确性。比如,不同的领导职位经常需要不同的领导特质,优秀军事领导者的特质与优秀治疗团体领导者的特质明显不同。此外,在领导者身上发现的特质也可以在追随者身上找到,虽然像高智商、适应力强这样的特质也许和领导者有关联,但是很多高智商的人从来都没有到达高层领导者职位,而且一些高智商的领导者,比如阿道夫·希特勒的情绪很不稳定。选择领导者的最好规则是:选择具有必要技能、素质和动机的个体来帮助团体实现目标。

练习 3.2 马基雅维利型领导者

目标 本练习的目的是帮助你了解马基雅维利型领导者的特质。

一些权威人士认为约瑟夫·斯大林、阿道夫·希特勒和萨达姆·侯赛因是马基雅维利型领导者。找出你认为是马基雅维利型领导者的三个人(这些人可以包括刚刚提到的领导者),对于你列出的每一个人,写下他具有的马基雅维利型领导者的特质。

■ 职位方法

在很多的大型组织中,有多种不同级别的领导者,比如,董事长、副董事长、经理、检查员和领班。职位方法理论从特定职位的权威方面定义了领导。它致力于研究高层职位中领导者的行为、培训和个人背景。

然而,运用职位方法的研究揭示了人们在如何担任领导职位方面几乎没有一致性。很明显,只有少数人不接受任何相关培训就能成为领导者(比如家族企业),其他人则要花费数年时间发展他们的技能。同样的,我们发现在不同领导职位中的个体可以展示各种适当的行为。比如,一个基础军事训练的军事教练员不需要具有同情心,但是一个敏感性团体领导者则需要具有同情心。通过运用这个理论来总结一系列的领导特质是很困难的。显然,职位方法表明,领导行为取决于职位的特殊要求。

职位方法提出的另一个问题是:很难界定指定领导者的行为中,哪些是领导行为,哪些不是领导行为。当然,并非所有指定权威人物的行为都是领导行为,譬如处于权威地位的缺乏经验的个人可以用权威主义的态度来掩盖无能。另外,用职位方法去解释团体成员(不是指定的领导者)的领导行为也是有难度的,因为这个方法只关注指定领导者的行为。

领导风格方法

因为研究特质方法和职位方法的研究者得出了矛盾的结论,所以勒温(Lewin)、利皮特(Lippitt)和怀特(White)致力于研究领导风格。他们的研究揭示了三种领导风格:独裁型(authoritarian)、民主型(democratic)和自由放任型(laissez-faire)。[8]

独裁型领导者

这种类型的领导者相比民主型领导者拥有绝对的权力,他们制定目标和政策,决定成员的活动,设计制订主要计划。只有独裁型领导者自己是奖惩的执行者,他们清楚今后团体活动的连续性,同时他们往往是果断高效的。然而,独裁型领导的危险之一是,团体成员可能是为了满足需求作出回应,而不是因为对团体目标的承诺。那些期望从下属那里获得认可的独裁型领导者会惊讶地发现:诽谤和争吵在团体中很常见。不成功的独裁型领导很容易酿成党派之争,甚至为了职位而欺骗成员,由此导致士气消沉。

民主型领导者

相较于独裁型领导者,民主型领导者力求让每位成员参与到影响团体的决策中去,并且尝试分散责任,而不是集中责任。民主型领导会导致决策缓慢和混乱,但由于团体参与产生的强大合作,民主型领导往往更有效。民主型团体经常讨论成员之间的敌意、对领导者的不满、提升个人能力并能在实践中采取积极行动的话题。私下的抱怨在独裁型领导中是不公开的,而在民主型领导中却常常被公开,这也促使矛盾可以被公开、及时地处理。一旦公开的矛盾在民主型团体里被解决,团体成员的责任感常常会得到提升,这能够促使成员执行团体决定。在独裁型团体中,民主决策被破坏的风险性较高,而保持民主决策正是民主型团体的优势所在。民主型领导者知道错误是不可避免的,也是团体必须要经历的,但是他们学着不过多介入,让民主过程不受干扰。

根据不同情况,假设团体成员在不同情境下的合理期望都能得到满足的话,独裁型或民主型领导都有可能发挥更有效的作用。[9]当团体成员期望民主风格,就像他们在教育情境或讨论团体中做的那样,民主风格就会得到很好的利用。当成员期望来自上级强有力的领导时,就像在工厂或军队中,他们会接受独裁型领导模式。

自由放任型领导者

这种类型的领导者很少参与团体管理,而是让团体成员自己发挥作用(或者遇到困难自己解决)。在自由放任型团体中,少部分团体成员能够发挥良好作用。只有当成员投身于一项行动、拥有完成任务的资源并有人最低限度地领导着实现目标时,这种领导风格也许才会有效率。比如,自由放任型领导可能会在大学的系中工作得较好,因为系里的教职员工都很能干,都很认真负责,并且有资源去实现团体目标。

练习3.3 独裁型、民主型和自由放任型领导者

目标 本练习的目的是帮助你理解这三种领导模式。

1. 找到一个独裁型领导风格的人,说出这个领导者做了什么,让你觉得他的领导风格是独裁型的,同样也说出其他团体成员对这种独裁型领导风格的反应。

2. 找到一个民主型领导风格的人,说出这个领导者做了什么,让你觉得他的领导风格是民主型的,同样也说出其他团体成员对这种民主型领导风格的反应。

3. 找到一个自由放任型领导风格的人,说出这个领导者做了什么,让你觉得

他的领导风格是放任型的,同样也说出其他团体成员对这种放任型领导风格的反应。

◼ 分布式功能方法

由于领导风格会因具体情况的差异而不同(即使在同一团体中),最近几年的研究更多地集中于领导功能的分布上。分布式领导方法与"伟人"理论或特质领导方法不一致,该理论认为团体中的每一个成员,都能通过采取行动为团体服务而成为领导者。领导被界定为维持组织运行、实现组织目标的行动过程。领导者的职责包括确定目标,选择并执行任务,提供实现目标所需的资源,同时增强组织凝聚力,满足组织成员的需求。这种方式包括确定任务或功能,这对实现团体目标以及不同团体成员应该如何参与任务是至关重要的。

通过这种方法,领导的要求被视为特定团体在特定情况下的具体要求。例如,在某些情况下,开玩笑可能是一种有效的领导策略,如果它能缓解紧张情绪的话。但当其他成员在治疗中暴露出强烈的个人信息时,幽默可能会产生反作用,从而导致不适当的领导行为。

许多害怕担任领导者角色的人不清楚领导职能,觉得自己缺乏领导者应有的品质。令人惊讶的是,即使那些最胆怯和焦虑的学生也已经担任过许多领导者角色,几乎每个人都在青春期承担过领导者责任。功能性领导(functional leadership)包括一套学习技能,任何人只要具备一定的最低能力就可以获得这些技能。

负责任的成员与负责任的领导者是一样的,因为两者都能保持团体凝聚力并帮助实现团体目标。由于人们可以学习领导技能和行为,这一理论的含义是,几乎每个人都可以通过学习成为一个有效的领导者。

练习3.4 运用分布式功能方法

目标 本练习的目的是向你介绍在团体中你已经担任的领导功能。

分布式功能领导理论认为,通过采取行动为团体功能服务,团体中的每位成员都可以成为领导者。找到一个你现在或过去所处的团体,描述你所采取的对团体有用的行动(当你对团体做出积极贡献时,你正在承担领导者的责任)。

领导角色

任务和维护角色

通过对问题解决团体的大量研究,贝尔斯(Bales)确定了两种具体的领导职能:任务型专家和社会/情感型(或团体维护型)专家。[10]无论是为了治疗,还是解决问题,抑或是其他目的,所有团体都要依靠团体成员出色地承担任务角色和团体维护角色。任务角色指的是成员完成团体设定的具体目标所需的角色。大卫·约翰逊和弗兰克·约翰逊对此总结如下:

信息和意见提供者(Information and Opinion Giver):提供事实、意见、观点、建议以及相关的信息,帮助团体进行讨论。

信息和意见寻求者(Information and Opinion Seeker):向其他成员询问事实、信息、意见、想法和感受,来帮助团体进行讨论。

发起者(Starter):提出目标与任务,以发起团体内的行动。

指导者(Direction Giver):完善继续前进的计划,聚焦于将要完成的任务。

总结者(Summarizer):把相互关联的观点和建议集中在一起,重述和总结讨论的要点。

协调者(Coordinator):通过把各种观点集中起来并展示它们之间的关系,协调不同团体和成员间的活动。

诊断者(Diagnoser):找出团体有效工作的困难根源和实现目标的障碍。

鼓舞者(Energizer):激励团体进行更高质量的工作。

现实检测者(Reality Tester):检测观点的实用性和可使用性,评估可选择的解决方案,并且将其应用到真实的情境中以观察它们的有效性。

评估者(Evaluator):将团体的决策和成就与团体的标准和目标相比较。

大卫·约翰逊和弗兰克·约翰逊也确定了团体的维护角色——致力于加强团体中社会的/情感的联系:

鼓励参与者(Encourager of Participation):积极鼓励每位成员参与,对其他成员的贡献给予认可,展示对他人观点的接纳与赞同,对团体成员友好且有问必答。

和谐者和妥协者（Harmonizer and Compromiser）：劝说成员建设性地分析他们的意见分歧，寻找冲突中的共同点，并尝试调和分歧。

压力缓解者（Tension Reliever）：通过开玩笑、建议休息和提出有趣的团体工作方法缓解压力，并增加团体成员的乐趣。

沟通帮助者（Communication Helper）：展现出优秀的沟通技巧，确保每个团体成员都能理解其他成员的意思。

情感氛围评估者（Evaluator of Emotional Climate）：询问成员对团体工作方式和彼此的感受，并分享自己对两者的感受。

过程观察者（Process Observer）：观察团体工作的过程，并运用观察结果帮助检查团体的有效性。

标准设定者（Standard Setter）：传递团体的标准和目标，让成员知道工作的方向，朝着目标取得进步，并公开接受团体规范和程序。

积极倾听者（Active Listener）：倾听并作为其他成员的感兴趣的听众，接受他人的想法，在没有分歧的时候与其他成员融洽相处。

信任构建者（Trust Builder）：接受并支持其他团体成员的开放性，强化承担风险的能力，鼓励个性。

人际问题解决者（Interpersonal Problem Solver）：促进对团体成员之间冲突的公开讨论，以解决冲突并增加团体凝聚力。[11]

团体可能会在不同阶段需要上述的每一项任务和维护功能，高效的团体成员（和领导者）对这些需求都非常敏感。

很多团体中会出现任务型领导者，因为他有最好的想法，并尽最大努力引导讨论。因为这种任务型领导者专注于一项任务，并且通常在推动团体朝着目标前进的过程中扮演着积极的角色，所以，任务型领导者很容易引起其他成员的敌意，在团体中可能不受欢迎。与此同时，很多团体中可能会出现第二类领导者，即社会/情感专家型领导者。这种类型的领导者专注于团体和谐，解决团体内部的压力和冲突。在有正式领导者的团体中，领导者应该既是任务型专家，又是社会/情感型专家。在没有正式领导者的团体中，这两项职能通常由两个不同的领导者承担。当团体成员的社会/情感需求得到满足时，团体的任务效率就能够持续升高。然而,如果维护需求被忽略,这个团体的任务效率便会降低。

赫西(Hersey)和布兰查德(Blanchard)发展了一种情境领导理论,具体提出领导者何时应该专注于任务行为,何时应该专注于维护行为,以及何时应该关注两者。[12]事实上,这一理论认为,当成员不能熟练完成具体工作任务时,那么领导者就应该采取"高任务"和"低维护"的行为。赫西和布兰查德把这种情境称为"命令式"(telling)——当领导者确定了成员角色并告诉他们如何、何时、何地完成所需任务时,领导者的行为最为有效。随着团体成员的经验和对任务的了解不断增加,他们完成任务的熟练程度会得到不断提升。对于中度熟练的成员来说,领导者应该采取"高任务"和"高维护"行为,这两种行为综合在一起的情境就被称为"说服式"(Selling)。领导者不仅要提供关于角色和任务责任的明确方向,还要利用维护行为让成员"相信"那些必须作出的决策。

赫西和布兰查德也认为,当团体成员对任务的承诺增多时,他们的熟练度也会随之提升。当成员致力于完成任务,并具备完成任务的能力和知识时,领导者应该采取"低任务"和"高维护"行为,这种情境被称为"参与式"(participating)。最后,如果团体成员都愿意并有能力承担责任完成自己的任务,领导者应该采取"低任务"和"低维护"行为,这种情境被称为"授权式"(delegating)。为了完成任务,"授权式"情境允许成员拥有高度的自治权。

练习3.5 你对团体的任务和维护贡献

目标 本练习的目的是帮助你理解对团体所做的任务和维护贡献。

1. 找一个你现在加入的或者以前加入过的团体,简单描述一下这个团体,包括它的目标。
2. 回顾任务角色,并描述你对这个团体所做的任务贡献。
3. 回顾维护角色,并描述你对这个团体所做的维护贡献。

❖ 其他角色

被指定的团体领导者有特殊的义务承担或协助他人承担及时、适当的任务和维护角色。每一个领导者还要发挥各种各样的功能,从制定最初政策到计划结束。

为了满足团体的需要、符合特定发展阶段团体的需求,领导者不仅需要承担之前描述的角色,还需要承担以下这些角色:

执行者:协调整合团体的活动。

政策制定者:制定团体目标和政策。

规划者:决定团体实现目标的方式。

专家:提供信息来源和技术。

外部团体代表:充当官方发言人。

内部关系管理者:控制团体结构和团体内部关系。

奖惩决定者:升职、降职,并分配令团体成员满意或不满意的任务。

仲裁者和调解者:充当裁判与调解员的角色,有权力增加或减少团体内部的派系冲突。

榜样:充当其他成员的行为榜样。

思想家:作为团体信仰和价值观的来源。

替罪羊:充当成员为之沮丧和失望的对象。

 团体的权力和影响

虽然在人际交往中使用权力被认为是消极的,但事实上,权力是人际关系中正常的组成部分,因为人们经常相互影响。"权力"(power)和"影响"(influence)这两个术语将在本章里相互交换使用。这两个术语都是指个人激励他人采取某些行动或以特定方式行事的能力。在前文中,"领导"被定义为团体的某个成员影响其他成员,以实现团体目标并促进团体维护。在一个高效的团体里,有时候每位成员都会通过执行任务功能和维护功能来担任领导者角色。任务功能促使团体向前发展,维护功能则能改善团体的社会/情感的氛围。

在作决策时,团体成员会发表他们的观点和意见,并试图去影响其他团体成员。比如一些成员尝试把他们的目标与团体目标合并,或者宣扬他们想要实施的行动策略。成员间也会相互影响,把他们的时间和资源都用到团体里。通过相互影响,争议常常可以得到解决,因为成员们能够寻求可接受的妥协或解决方案。使用权力确实是有效团体运作的必要组成部分,在追求个人目标和团体目标的过程中,每位成员都会影响其他成员,这是自然的,也是可取的。

每个团体成员都需要去控制团体中发生的事情,因为人们加入团体是为了实现他们无法单独完成的个人目标。如果成员不能拥有权力,那么他们实现个人目标的机会就很渺茫,他们很容易变得冷漠,最后脱离团体。

当团体成员相互合作,权力运用在同一目标上,他们会相互鼓励付出更多的努力,就像是一个比赛中的运动队一样。然而,当团体成员相互竞争或彼此的目标相互矛盾时,他们对权力的运用也会产生冲突。比如共和党和民主党的国会议员之间一直都存在竞争,他们为了产生影响力做的努力也常常会发生冲突。

处于冲突中的团体成员有时会采取操纵行为,即为了自己的目的或利益而影响他人。通常,这种操纵是不诚实的或不公平的,因为它涉及为了自己的利益而使用权力,并以牺牲其他成员的利益为代价。当人们说他们不想以权力压迫他人的时候,这往往意味着他们不想操纵他人。如果团体成员感到被威胁或者被其他方式操纵,他们通常会愤怒、不信任、怨恨和报复。所以,操纵是一种毁灭性的力量,因为它减少了合作,并可能导致严重的团体维护问题。"真诚地影响"(influencing with integrity)与操纵截然不同,在一个团体里,"真诚地影响"寻求以团体最大利益为方向来影响团体。

一个有效团体中的成员善于以积极的方式影响他人。成员拥有的权力大小取决于他所拥有资源的价值,如果一个成员拥有其他成员也可以利用的重要资源,那么该成员拥有较少的权力。有趣的是,并不是一个人的实际资源决定了他所拥有的权力,他所拥有的权力取决于团体中其他成员对其资源价值的看法。如果这些资源被忽视或不为人知,即使拥有重要的资源,该团体成员也可能没有权力。当然,如果成员过度夸大一种资源的重要性,即使资源不那么重要,团体成员也可以获得较大的权力。

 ## 团体中的权力基础

弗伦奇(French)和雷文(Raven)提出一个框架,用于理解团体成员影响其他成员的五种权力基础:奖赏权力、强制权力、法定权力、参照权力和专家权力。[13]该框架可以帮助团体成员分析其权力的来源,并给予相应建议,如在不同情况下是否应该使用他们的权力影响他人。

◼ 奖赏权力

奖赏包括晋升、加薪、休假和表扬。奖赏权力是基于 B(一个成员)的看法,即 A(另一个成员或整个团体)有能力分配奖励或消除对 B 行为的负面影响。如果团体成员重视奖赏,并且相信他们不能从其他成员那里得到这种奖赏,奖赏权力的力量将会更大。团体成员通常会为那些拥有强大奖赏权力的人努力工作,并与其进行有效的沟通。然而,如果团体成员认为他们被骗或被贿赂,使用奖赏权力则可能会适得其反。如果 A 在与 B 的冲突中使用了奖赏权力,那么 B 很容易认为他被贿赂和威胁,最终可能导致拒绝合作。

◼ 强制权力

解雇低于特定生产水平的工人是使用强制权力的常见案例。这是基于 B 的看法,即 A 可以施加惩罚或消除积极后果。强制权力源于对 B 的工作预期,如果没有达到 A 所要求的标准,B 将会受到 A 的惩罚。因此,区分奖赏权力和强制权力是非常重要的。弗伦奇和雷文注意到,奖赏权力会增加 B 对 A 的吸引力,然而强制权力会降低这种吸引力。如果 A 通过使用强制权力解决冲突,这通常会使 B 产生敌意、怨恨和愤怒。威胁常常导致斗争和反抗,比如军事威胁常常加剧敌对国家之间的冲突。由于导致 A 与 B 之间的互不信任和互相报复,强制权力可能会加剧 A 与 B 之间的冲突,所以应该避免使用强制权力来解决冲突。

◼ 法定权力

法定权力与内在化的价值和规范直接相关,它是五种权力基础中最复杂的。法定权力是基于 B 的看法,即 A 有法定的权力来规定其正当行为的构成,而 B 有义务接受这种权力的影响。文化和价值观构成法定权力的共同基础,包括智力、年龄、社会地位和身体特征都是决定权力的要素。例如,在一些文化中,老年人受到高度尊重,并拥有规定他人行为的权力。正式组织固有的法定权力通常由职位之间的关系决定,而非由人际关系决定。例如,一个工厂的主管有分配工作的固有权力。法定权力的第三个依据是合法化的代理人,譬如选举。选举过程使一个人得到特定职位的权力合法化,并且该职位在此过程中已经与法定的权力范围相结合。

法定权力的限制通常在权力分配时(例如在工作职责描述中)指定。试图在这个范围之外使用权力会降低权威人物的威信,降低其吸引力和影响力。

参照权力

当一个个体(A)由于认同而影响另一个个体(B),参照权力就产生了。在这种情境下,身份认同意味着与 A 合二为一的感觉或渴望成为与 A 相同的身份。B 对 A 的认同感越强烈,A 对 B 的吸引力越大,A 的参照权力就越强。用形象化的语言来表示参照权力,就是"我就像 A 一样,因此我相信 A 或者做 A 所做的事情",或者"我想成为 A 那样的人,因此我相信 A 或者做 A 所做的事情,我就会更像 A"。在不明确的情况下(即没有客观对错的信仰或观点的情况下),B 将试图根据 A 的想法、信仰和价值观来评估自己的思想、信仰和价值观。在模棱两可的情况下,B 倾向于采纳他所认同的个人或团体的思想观念和价值观。弗伦奇和雷文注意到,B 经常会不自觉地意识到 A 所运用的参照权力。

专家权力

在医学领域接受医生的建议是受专家影响的一个常见例子,这是基于一个人的认知,即一个人拥有的知识或专长是权力的来源。另一个例子是接受咨询师的建议。只有当 B 认为 A(专家)有正确的答案,并且 B 信任 A 时,A 才会影响 B(响应者)。专家权力的范围比参照权力的范围更有限,因为专家只有在特定的领域才拥有卓越的知识或才能。弗伦奇和雷文注意到,试图在认知范围之外使用专家权力会降低这种权力,因为人们对专家的信心会被削弱。

弗伦奇和雷文的理论认为,对于这五种类型,权力的基础越强,权力越大。参照权力被认为是范围最广的权力类型。任何试图在规定范围之外使用权力的行为都可能会降低权力。

练习3.6 本班级中的权力基础

目标 本练习的目的是帮助你理解并应用弗伦奇和雷文提出的权力基础。

本班级可以被看作一个团体。根据每个列举的权力基础,回答以下问题:在这个班里,谁有权力基础?这些人有没有做出体现这种权力基础的行动?如果有,把这些行动写下来。

奖赏权力:

强制权力:

法定权力:

参照权力:

专家权力:

 不平等权力的影响

当权力建立在专业知识和能力的基础上,并且权力在成员之间相对平等时,团体的有效性就会提高。如果成员认为自己在作决策时拥有公平的发言权,他们更乐意执行相应的决策。如果团体被少数强势成员所控制,那么权力较小的成员可能会不乐意执行强势成员作出的决策。当权力相对平衡时,成员之间通常更容易合作。

不平等的权力常常导致权力大和权力小的成员之间的不信任。权力小的成员担心被操控,不愿与权力大的成员分享他们的想法,因为在他们看来,如果他们表达与权力大的成员相对立的观点,他们可能会得到更少的奖励,甚至可能被胁迫。权力大的成员往往避免暴露弱点,因为他们担心权力小的成员会认为他们不值得拥有权力,并因此抢夺他们的权力。在成员拥有相对公平的权力时,或团体具有灵活的、逐渐改变的权力模式,团体趋于平衡团体成员之间的影响力时,团体的问题解决能力通常会大大增强。

当任务需要专业知识和能力时,建立在权威或声望之上的权力会降低团体解决问题的能力。权力大的人普遍认为权力小的人会喜欢他们,因为他们觉得自己非常亲切,他们普遍认为权力小的人会诚实地与他们沟通,不会向他们隐瞒有价值的信息。然而,当权力小的人表达不满的时候,权力大的人往往难以接受,他们会认为权力小的人是在"制造麻烦",并且"不认可为他们(权力小的成员)做的事情"。在这种情况下,权力大的人可能会扣留奖励,并且使用威胁和胁迫的手段,这些反应通常会加剧冲突并使双方情绪更加对立。

当受到威胁时,为了维持权力,权力大的人会制定规则或规范,而这些规则或规范使他们的权力合法化,并规定改变现状属于非法行为。[14]例如,在内战失败后,南方的白人权力机构试图通过保持学校、餐馆和公共厕所的隔离来维持其权力。南方的白人权力机构建立程序,阻止大量的黑人投票。很少有黑人被雇佣而获得较高的职位。为了使这种隔离合法化,许多州和地方都颁布了法律。

为了维持现状,权力大的人会对试图改变现状的人作出严厉惩罚。南方的黑人被处以私刑,只因为他们在白人餐馆里工作。此外,权力大的人通过向支持现状的权力小的人分配奖励,来阻止权力小的人叛乱。

哈利(Halle)观察到,一个人的权力变得越大,权力就越不充分,因为他的要求和需求的增长速度超过了满足需求的能力。[15]例如,尽管在过去的50年里,美国变得非常强大,但其他国家希望获得国内和军事援助的请求比美国履行这些请求的能力增长得更快。因此,美国的权力仍不够充分。

权力小的人如何与权力大的人相处?有许多不同的策略:第一种策略是夸大权力大的人喜欢他们的程度,高估他们的善意。[16]通过使用这种策略,权力小的人将大部分注意力和话题转移到权力大的人身上,争取与他们和谐相处。第二种策略是变得冷漠和顺从,独裁型领导往往会导致这种反应。第三种策略是变得愤怒和反叛,反叛有时会导致破坏性的暴力。

权力小的人可以使用多种策略来改变权力的分配。第一种策略是通过经常赞美和赞同权力大的人来讨好他们。[17]权力小的人往往希望权力大的人依赖他们,并给予他们更多的权力。第二种策略是开发个人资源和组织,这样他们就不易遭受剥削,也不太依赖权力大的人,这个策略建立了一个独立的权力结构。第三个策略是与其他政党建立联盟。例如"生命权"组织与罗马天主教会的领导者结成联盟,试图将堕胎定为非法行为。第四种策略是利用现有的法律程序为变革带来压力,如民权运动广泛运用法院系统,迫使权力结构发生变化。第五种策略是权力小的成员组织和使用对抗技术,使得权力结构发生改变。

使用权力对抗技术的最著名的例子是索尔·阿林斯基(Saul Alinsky)。[18]阿林斯基和他的同事组织了许多公民团体对抗已有的权力结构。例如,在20世纪60年代,阿林斯基在芝加哥内城的一个名叫伍德劳恩(Woodlawn)组织的公民团体工作。市政当局已经向该组织作出过改善邻近社区条件的承诺。然而,当承诺不能兑现时,伍德劳恩组织便设法促使芝加哥市政当局履行其承诺。他们提议的解决方案是,占用奥黑尔国际机场(世界上最繁忙的机场之一)所有的卫生间,使市政管理者难堪。阿林斯基对此描述如下:

我们启动了一项调查研究,目的是研究奥黑尔机场有多少个男女厕位和立式厕位以及"占领"这个国家最大的厕所需要多少男人和女人。这种行动带来很多灾难性的后果,因为人们迫切需要厕所来解决内急,可以听到孩子们对父母大声喊叫:"妈妈,我要去厕所。"绝望的母亲们没有方法,只好说:"好吧,只能这样做了,马上就地解决吧。"结果,奥黑尔机场很快就变成一片狼藉,整个场面变得令人难以置信,各种嘲讽的声音遍及全国。这可能会登上《伦敦时报》的头版头条,将是对市政府的极大羞辱。这甚至可能会导致紧急情况——乘客可能重新回到飞机上使用厕所,飞机将不得不滞留。

这种威胁战术被泄露给了市政当局(这里可能有个弗洛伊德式小错误,那又怎样?)。在 48 小时之内,伍德劳恩组织与政府当局进行了会谈。政府当局说他们一定会履行承诺,但他们永远不会明白,到底是谁说了芝加哥市政府不会履行承诺的。[19]

通过团体项目努力来改变社区是令人愉快的!

练习 3.7　平等权力团体和不平等权力团体

目标　本练习的目的是帮助你理解平等权力和不平等权力对团体成员的影响。

1. 描述一个你参加的团体,在该团体中每个团体成员拥有几乎一样的权力。
2. 描述一个你参加的团体,在该团体中少数成员掌握绝大部分的权力,而其他成员的权力非常少。
3. 哪种团体更吸引你?吸引你的理由是什么?
4. 描述这些研究结果是如何与你在一个权力平等团体和权力不平等团体中的经历相一致或不一致的。

团体的协同领导

优点

协同领导(coleadership)既有优点也有缺点,下面先介绍其优点。在团体会议期间,协同领导者可以通过互相帮助来完成与领导团体相关的任务(如前所述)。在两次会议之间,协同领导者可以讨论上次会议的进展情况以及需要改进的地方,然后他们可以讨论采取哪些措施使下次的会议更有建设性和有效性。这样的分享不仅有利于团体,也有利于两位协同领导者的专业发展。

如果有经验的领导者与缺乏经验但有领导潜力的领导者搭档,那么有经验的领导者可以指导没有经验的领导者。协同领导需要两个人观察,注意团体的发展动态,更容易准确识别其他团体成员的非语言沟通信息(协同领导者最好坐在彼此对面,这样他们能更仔细地观察所有团体成员的非语言沟通信息;如果两位领导者并排坐在一起,就很难观察坐在他们左、右两边的团体成员的行为)。

协同领导者也可以成为彼此的支持者(在一个团体中,当我们感到自信和被支持时,我们会更有效地沟通和解决问题)。此外,团体治疗情境的协同领导者可以在角色扮演、模拟实践和解决其他成员面临的挑战方面互相帮助。另外,当一个领导者不确定该说什么或该如何处理正在讨论的特定问题时,另一个领导者就可以介入。

❖ 缺点

协同领导也有一些潜在的缺点。该团体的领导成本会变得非常昂贵——可能是两倍的费用支出——因为需要支付两位领导者的相关费用,同时两个领导者之间的相互沟通也可能会产生费用。

如果协同领导者之间发生冲突并产生紧张局势,往往不利于团体目标的实现,也不利于团体成员个人目标的实现。当协同领导者们追求不同的战略或行动路线时,团体将会延迟完成任务、团体目标和个人目标。

托斯兰(Toseland)和里瓦斯(Rivas)指出:

> 经验表明,与一个意见不合的领导者一起协同领导比单独领导一个团体更糟糕。因此,团体成员在选择协同领导者时一定要谨慎,如果成员没有仔细考虑是否能有效合作便决定协同领导,就可能会出现困难。在决定协同领导团体之前,潜在的协同领导者可能希望在开始领导团体或举行团体会议期间摸清彼此的风格。[20]

赖特(Wright)认为,选择协同领导者的决定应该基于团体成员的需要,而不是基于团体引导者对个人或双重领导的偏好。[21] 当然,也有一些情况需要协同领导——例如,在一些有婚姻问题的夫妇中,为了充分代表男性和女性的观点,同时存在男性和女性领导者,通常是非常有利的。

组建和领导团体的指南

本章强调的领导理论是分布式功能领导方法,它认为每个团体成员在不同的时间都承担着领导责任,并且每位成员采取的有效行动也是有效的领导行动。一个指定的领导者与担任领导角色并没有什么本质区别。本节将总结有效组建和领导团体的建议。

准备工作

作好充足准备是成功领导团体的关键。即便是经验丰富的领导者,也要为每一个团体和每一场团体会议进行精心准备。

在规划一个新团体时,必须回答以下问题:团体的短期目标或团体的总目标是什么?如何实现这些目标?团体成员的个人特质是什么?成员有没有独特的个人目标或需要?完成团体目标需要哪些资源?第一次会议的议程是什么?对于成员来说,建议和参与团体具体目标决策的最佳方式是什么?是否应该使用破冰活动?如果要使用,应当使用哪一种破冰活动?在活动中是否应该提供点心?椅子应该怎么摆放?什么样的团体氛围最能帮助团体完成任务?最好的会议场所是哪里?为什么要选择领导者?成员对领导者有什么期望?

在筹划第一次会议时,领导者应该像新成员那样看待这个团体。这里有一些新成员可能会问的问题:这个团体的目标是什么?我为什么要加入?我的个人目标会实现吗?在这个团体中我会感觉舒服吗?我会被接受吗?其他成员的背景和兴趣与我一样吗?如果我不喜欢这个团体,可以通过合适的方式离开吗?其他成员会尊重我说的话吗?他们会嘲笑我吗?通过考虑这些问题,领导者可以计划第一次会议,从而使其他成员感到愉快,并明确团体目标和团体活动。

在第一次会议之前,领导者需尽可能准确地确定团体的需求和期望,这是**非常重要的**。如果团体领导者和成员在目标上意见不一致,那么这个团体很难取得成功。

领导者可以通过各种方法来确定成员想要什么。在第一次会议之前,领导者可能有机会询问他们。如果没机会询问的话,领导者至少可以和会议的组织者沟通,了解团体成员的期望。

第一次会议总是明确团体目标的好时机。领导者需要准备以下问题的答案:

1. 预计会有多少成员参加?

2. 他们的特点——年龄、社会经济地位、种族和民族背景、性别、教育/专业背景如何?

3. 成员对团体目前的主题了解多少?

4. 各成员的个人目标可能是什么?

5. 成员是如何被激励参与建立团体并实现团体目标的?自愿加入通常意味着更大的动力,例如那些被法院强制参加戒酒计划的人通常缺乏动力,甚至可能怀有敌意。

6. 团体成员各自有什么价值?在避免刻板印象的同时,领导者需要明白一些道理,譬如处于青春期的少年和退休的牧师是不同的。

在筹划会议时,领导者想象一下会议如何进行是很有帮助的。例如,一个领导者可以想象下面的会议:

成员可能在不同的时间到达会场,我会很早到指定地点迎接他们。之后作自我介绍,通过各种方法使他们感到舒适,并和他们聊天。这些新成员可能感兴趣的话题是_____、_____和_____。

会议以自我介绍和谈论团体的总体目标作为开始,之后我通过破冰活动,让成员自我介绍并相互认识。我也让团体成员给我一份清单,上面写着他们想知道的其他成员的4—5个问题。然后,成员会对这些问题作出回应,我也会发表对这些问题的看法,并鼓励成员对我或团体进一步提问。

在破冰之后,我简要说明团体的总体目标,并让成员提问。可能的问题是:_____。我的回答是:_____。

我们继续按计划进行,这些议程此前已发送给各成员。在讨论每个议题时,可能会出现以下问题:_____。我的回答是:_____。

要营造民主平等的团体氛围,这样的氛围最适合激励成员对团体目标作出承诺,并贡献他们的时间和资源。为了创造这样的氛围,我会把椅子排成一圈,运用幽默的方式提问那些安静的人,并保证我不会主导谈话。

我总结会议内容和已经作出的决策,然后结束会议,同时确定下次的会议时间。最后,我也会询问是否有人还有其他的意见或问题。在整个会议期间,我通过表扬成员所做的贡献努力营造积极的氛围。

如果团体已经开会不止一次了,领导者需要回顾以下问题:是否已经确定了总体目标并得到了认同?如果没有,在认同过程中需要做什么?团体在完成目标过程中是否取得了足够进展?如果没有,那么必须克服的障碍是什么?团体是否采取有效行动来实现目标?下次会议的议程是什么?应该计划哪些活动?这些活动的成功会推动团体实现总体目标吗?如果不能,其他哪些活动可以推动团体实现总体目标?每位成员是否有足够的动力帮助团体实现目标?如果没有,原因是什么?怎样才能激发他们的兴趣?

筹划会议

在筹划会议时,领导者必须牢记团体的总体目标以及会议目标(关于如何制定团体目标的内容,见第四章)。为了保证高效,领导者必须准确地知道每一次会议应该完成什么,并确保议程上的所有项目都有助于实现目标。这里有一个清单,可以帮助领导者计划成功的团体会议。一个有效的领导者要做到以下几点:

1. 选择相关内容。资料内容不仅应该与会议的具体目标有关,还应与团体成员的背景和兴趣有关。例如,对大学生时间管理的建议与企业管理人员不同。对于学生来说,节省时间的技巧可以集中在改善学习习惯上,而企业管理人员更感兴趣的是如何在办公环境中管理时间。评估内容的一个好方法是精确地找到它对团体成员的价值。领导者可以提问:"如果某个团体成员想知道为什么他需要知道这些内容,我能够给出一个合理的理由吗?"如果不能准确地回答这个问题,就应该放弃这些内容,选用更相关的内容。

2. 运用案例。案例有助于说明关键内容并激励成员。比起统计数据或概念,人们往往更容易记住案例。比如,案例记录表明,家暴的极端影响比家暴程度的统计数据更容易让人记忆更长时间。

3. 按逻辑顺序展示内容。一般来说,最好首先对本届会议的议程项目进行汇总。在理想情况下,一个主题应该与下一个主题相结合,团体实践应该与相关理论内容搭配使用。

4. 时间规划。一旦选择并组织了会议内容，就应该估计每个内容所需的时间。准确估计这些时间有助于确定计划的内容和活动所需要的总时间。好的领导者也应该知道如果时间有限，可以删除什么内容；如果会议进展比较快，又能够增加什么内容。发言人不能准时出席或者影片无法正常放映，其他备用方案应该随时可用。

5. 灵活安排。各种各样的意外事件可能会导致会议议程的改变，这是可以理解的。成员之间的人际冲突可能会浪费相当长的时间，对团体来说，与团体总体目标相关的主题比准备好的议程更有价值。

6. 改变节奏。如果有一个偶然的节奏变化，人们能够更持久地集中注意力，冗长的演讲或讨论会变得枯燥乏味。团体实践、电影、嘉宾演讲、休息、辩论和其他活动将有助于改变会议或会议的节奏。在团体治疗中，改变节奏的一种方法是从一个成员的问题转移到另一个成员的问题上。演讲往往更有启发性，特别是演讲人符合以下要求时：

- 不是照本宣科而是即兴演讲。
- 会在房间里自然地走动，而不只是站着或坐在某个地方。
- 通过提问来吸引参与者。

（学习如何进行更有启发性的演讲，最好的方法是观察优秀演讲者的非语言和语言沟通方式。）使用适当的转换是至关重要的，以便主题能够顺利地糅合在一起。

◼ 会议开始前自我放松

在开会前，领导者可能会对即将开始的会议感到紧张。事实上，适度的焦虑是有帮助的，因为它能提高警觉性，并能使领导者更加专注，从而使会议产生更好的效果。然而，过多的焦虑则会降低效率。第十一章描述了缓解过度焦虑的放松技巧，其中包括散步、慢跑、听音乐、冥想和独处。有效的团体领导者通常会使用一个或多个放松技巧来降低他们的焦虑程度，在领导团体中训练也能帮助建立自信、减少焦虑。

◼ 进入会议室的注意事项

领导者必须守时，最好能够提前到达，因为这样可以看到会议资料、座位安排、茶点以及其他任何需求都是按计划进行的。领导者也有机会在团体会议开始前观察成员,可以从他们的年龄、性别、衣着和个人形象、交流方式以及与他人的互动中获得成员感兴趣的信息。一个高效的领导者会观察这些提示,并利用它们与成员建立最初的联系。例如,我曾到一个高中班级里参加自杀预防的讨论会。一到学校,老师就通知我最近班上有一个学生自杀了。我没有从我计划的演讲开始,而是让每个学生匿名写下他们对自杀的顾虑和问题,然后我们根据这些问题进行了热烈的讨论。这样的讨论可能比正式的演讲更有意义,因为它专注于学生的具体问题和顾虑。

◈ 座位安排

座位安排之所以重要有以下几个原因:座位影响交谈的对象、领导角色、团体凝聚力和士气。在大多数团体中,成员之间应该有目光交流。团体领导者必须能够与每个人进行目光交流,以获得非语言反馈来了解成员的想法。

围坐成圈是理想的讨论方式,它表示每位成员都有平等的地位,并且促进团体的开放和凝聚力。另外,传统的座位安排是想把领导者置于权威地位,但这会阻碍沟通,因为成员只能与坐在附近的其他成员进行眼神交流。

桌子有优点也有缺点。它们提供了一个写字和放置工作材料的地方,一些成员使用桌子时感觉更舒服,因为他们可以靠着它。但桌子也会限制人的活动,由此成为人与人之间的阻碍。

因此,领导者应该慎重考虑使用桌子,例如在商务会议或其他"工作"会议中,桌子是必要的。然而,在治疗小组中却很少使用桌子。当需要工作台和书面沟通时,将小桌子摆成一个圆圈是很好的安排方式。

桌子的形状也能影响团体成员间的互动方式。如果桌子是长方形的,领导者往往坐在一端,成为"首席"和"权威",他往往讲得更多,对会议的影响比其他成员更大。圆形或方形的桌子可以营造出更加平等的氛围。也可以通过将两个长方形桌子拼在一起构成一个正方形桌子来解决"首席"效应问题。

在新的团体中,甚至已建立的团体中,成员都倾向于坐在朋友旁边。团体成员之间的相互影响是非常重要的,所以领导者会要求成员和旁边不认识的人交谈。人们最喜欢与合适座位角度上的人交谈,然后才是与他们旁边的人交谈。隔开的座位会直接导致沟通机会减少,而那些坐在其他地方的人则更不可能交谈了。

◈ 介绍

领导者的履历应在第一次会议上加以介绍,以使团体成员有一种信心,即领导者能够满足成员的期望。如果由别人介绍领导者,可以对领导者符合所期望角色的履历进行简要概述。如果领导者进行自我介绍,那么履历应该概括得丰富而又谦虚。履历应该有助于创造理想的氛围——不管是正式的还是非正式的,有趣的还是严肃的,又或是其他风格的。许多团体进行介绍的有效方法就是使用第一章描述的破冰练习。

领导者要尽快记住所有成员的名字,这是非常重要的。需要特别注意的是,名字作为一个标签可以促使团体成员更快地彼此适应。成员也喜欢被叫到名字,因为这肯定了他们的重要性。

如果团体规模较小,成员可以单独自我介绍,或者使用"破冰"。通常,除了个人信息外,成员在自我介绍时也可以对团体表达出自己的期望,这有助于发现与团体目标相矛盾的幕后动机。如果一个期望超出团体的范围,领导者应该委婉地指出这一点,以避免成员以后感到沮丧或不满。

◈ 角色明确

团体领导者应该明确自己的角色和职责。如果领导者不清楚,也可以和团体成员讨论。一种方法是团体选择目标,然后决定每位成员的任务和责任来完成团体目标。大多数情况下,由领导者做大量的工作显然是不对的。一般来说,如果所有成员都做出实质性的贡献,那么这个团体将会最有成效。成员对一个团体的贡献越多,他们感受到的归属感就越强,这种积极的情绪会使每个人受益。

即使领导者确定了适当的角色,其他人依然可能会感到困惑,或者可能会有不同期望。如果成员有疑问,领导者应该清楚地解释这些角色。如果团体成员表示有不同期望,那么团体就应该决定由谁来做什么。在解释角色时,领导者应该谦虚地对待个人技能和资源,努力成为一个有见识的人,而非无所不知的权威人物。领导者还必须准备好解释实践以及其他活动背后的原因。领导者的角色会因团体不同而不同,因情境不同而不同。

■ 议事日程

如果领导者提前几天制订出议事日程,那么大多数会议都会更加高效。在理想情况下,团体的所有成员都应该有机会修改议事日程。在会议开始时,应该简要概括议事日程,以便给每位成员提出建议、增补、删除或更改议程的机会。在一些会议上,团体可以通过讨论或投票表决修改议事日程,这也是非常重要的。

■ 领导团体的附加指南

本节简要总结有效地领导团体的建议。接下来的一章将会在以下指南的基础上展开:

1. 理解领导是共同的责任,每位成员都会承担领导角色。指定的领导者不应该试图控制整个团体,或认为他们应该负责指挥团体的所有任务功能和维护功能。事实上,当每个人都做出贡献时,团体的生产力和凝聚力就会大大提高。

2. 使用最合适的决策程序解决某个特定团体所面临的问题(第六章讨论各种决策程序及其后果)。

3. 使用"问题解决方法"来处理团体面临的问题(第六章总结如何使用问题解决方法)。

4. 创造合作的氛围,而不是充满竞争的氛围(参考第四章)。

5. 将争议和冲突视为解决问题作出正确决策的方法,寻求使用双赢、解决问题的方法,而不是非赢即输的方法(参考第六章)。

6. 一般来说,要尝试勇敢面对敌对或制造混乱的成员(第四章)。

7. 适当的自我暴露(第五章)。

8. 创造开放和诚实的沟通氛围(参考第五章,改善言语沟通的方法,做一个积极的倾听者,改善非语言沟通的方法)。

9. 提供激励性的内容和练习,来说明这些概念并帮助成员尝试表现新行为。例如,在一个自信团体中,关于如何才能更有自信的理论材料应该遵循其具体做法(本书中的章节就使用这种格式)。

10. 注意如何结束一个会议。在会议预定结束前几分钟,或者团体已经结束这个主题时,简短强调要点的总结会给团体带来成就感。第十三章中将描述结束会议的其他方法。

领导者不是天生的,他们是通过训练、实践和经验一步步被培养出来的。通过学习如何有效地领导团体,个体会变得更加了解自己,变得更加自信,掌握高超的技能,学习改善人际关系,并帮助自己和他人完成重要任务。每个阅读本书的人都有潜力成为一个有效的团体领导者。本章通过描述有效领导者所做的事情来揭开领导力神秘的面纱。现在由你来进一步发展你的领导力,你一定能做到!

总结

该章总结了领导理论的四种具体方法:特质方法、领导风格方法、职位方法和分布式功能方法。文中首选的方法是分布式功能方法,该方法指出,团体成员能够通过运用团体功能成为领导者。

领导功能具体有两种:任务型专家和社会/情感(或团体维护)型专家。本章介绍了每种功能的任务角色。团体中的权力基础有奖赏权力、强制权力、法定权力、参照权力和专家权力。参照权力被认为是范围最广的权力。团体成员的权力不平等往往会导致权力大的成员和权力小的成员之间的不信任。

本章还介绍了协同团体领导的优缺点,总结了组建和领导团体的若干指南,阐述了社会工作团体促进会制定的团体社会工作实务标准。

团体练习

练习A 减少对领导一个团体的忧虑*

目标 明确成为一个团体指定的领导者的忧虑,并提供信息减轻这种忧虑。

步骤一 指导者应说明本练习的目的。每位成员在一张纸上匿名写下:"我对成为指定领导者的特殊忧虑是……"指导者强调稍后会收集并讨论这些内容。

步骤二 确保以匿名方式收集内容,然后大声读出来这些内容。在阅读每一段内容之后,学生们应该提出减轻忧虑的方法。例如,如果一个学生的忧虑是害怕敌对者,那么,在指导者的帮助下,全班同学会提出解决这一问题的策略。如果有

---

* 本练习即《实践行为练习册》一书中的练习3.10。

学生担心他没有领导团体所需要的特质,班级成员可以指出,研究证明,领导者和追随者之间没有具体的特质差异。正如分布式功能领导理论认为,几乎任何人都可以经过训练成为一个领导者。

步骤三 步骤二完成后,小组组长或指导者要总结领导团体的方法,并指出以后将继续深入探讨这一问题。

练习B 任务功能和团体维护功能

目标 本练习为了证明几乎每个人都在团体中承担领导角色,包括任务执行和团体维护功能。

步骤一 指导者应指出,这一练习允许学生在课堂上提出关于在校园中参与社会工作的标准想法。指导者应当解释,社会工作教育委员会(认可社会工作项目的国家组织)要求每个项目都有录取学生的标准,且不同的项目标准有很大的差异。共同标准包括最低平均绩点和模糊定义的"社会工作能力"。

步骤二 全班分成几个小组,每个小组五六名学生,每组选出一名观察员。观察员们在另一个房间或走廊里组成一个小组。观察员返回之前,小组成员不能开始讨论他们的主要任务。

步骤三 告知观察员他们的任务是记录小组每个成员执行的重要任务功能和团体维护功能。指导者需要解释,任务功能是用来帮助团体完成任务的功能,而团体维护功能是用来增强团体生活的社会/情感方面的功能。此外,应该给观察员发一份材料,材料总结了本章中大卫·约翰逊和弗兰克·约翰逊提出的任务角色和团体维护角色。练习结束后,要求观察员总结他们小组成员是如何通过某些任务和团体维护功能做出贡献的。

步骤四 指导者和观察员回到小组,并告知小组成员他们的任务是制定录取学生参加校园社会工作项目的标准。各个小组可以自由提出各种标准,但应该首先讨论:

(1)是否应使用平均绩点以及什么科目的平均绩点作为标准。

(2)如何定义和衡量"社会工作能力"。

步骤五 每组讨论20—30分钟,然后陈述并解释其提出的标准。随后调整时间,要求每组展示该组达到它制定的标准情况。

步骤六 指导者应当说明本练习目的之一是证明小组中的大多数成员可以通过执行任务和发挥团体维护功能来承担领导角色,同时指导者应该定义任务功能和团体维护功能。

步骤七 每个观察员应该对其所在的小组进行总结(不是对整个班级),总结每位成员执行的任务功能和团体维护功能。

步骤八 询问成员是否还有其他想法或意见,然后结束练习。

练习 C　权力基础

目标　练习使用权力基础的术语来分析权力影响方法。

步骤一 指导者介绍练习目的,描述弗伦奇和雷文提出的 5 个权力基础,并简要讨论使用每个权力基础的效果。

步骤二 全班分成三个小组,每组回答下列问题:

1. 这门课的教师有哪些权力基础?
2. 这个班的学生有哪些权力基础?
3. 教师的主要权力基础是什么?
4. 学生的主要权力基础是什么?

步骤三 这些小组通过让其中一个成员在黑板上写下答案分享对这些问题的看法,然后全班讨论各小组答案之间的相同点和产生差异的原因。

步骤四 很可能,教师将被视为比学生拥有更多的权力。指导者应该总结不平等的权力对团体沟通和团体关系的影响(如本章所述)。之后学生们讨论教师的权力与学生保持平等或大于学生时的感受,以及每一种师生关系积极和消极的影响是什么。

练习 D　领导一个团体

目标　本练习旨在促进团体领导技能的发展。

步骤一 指导者解释练习目的。学生们分成小组,他们需要在后续课堂上进行汇报,提前告知每组需要汇报展示的内容:(1)汇报展示目标;(2)给班上其他同学分发理论材料,这些材料提供与实现这些目标有关的信息;(3)领导班级参加一个或多个小组练习,这些练习不仅体现关键概念,也让参与者获得技能。对于主题的建议,学生们可以阅读文本。

步骤二 后续课堂中,小组进行展示。每一场展示都由指导者评分:(a)材料的质量和相关性;(b)小组成员的参与程度以及对材料感兴趣的程度;(c)与作业要求相符的程度。

能力说明

EP2.1.7.a 利用概念框架指导评估、干预和评价的过程。下列领导风格帮助学生理解团体领导的概念:特质、职位、领导风格和分布式功能。

EP 2.1.7.a 利用概念框架指导评估、干预和评价的过程。以下概念表明了两种领导功能:任务角色和维护角色。

EP 2.1.7.a 利用概念框架指导评估、干预和评价的过程。团体中的权力基础包括奖赏权力、强制权力、法定权力、参照权力、专家权力。

EP 2.1.7.a 利用概念框架指导评估、干预和评价的过程。社会工作团体促进会为社会工作实践制定了标准。

第四章
团体动力：目标与规范

目标

正如棒球队有赢一场比赛的短期目标和夺得锦旗的长期目标，个人和团体也必须确定长期与短期目标，从而有效地展开工作。本章将介绍制定目标的指导方针，界定幕后动机（hidden agendas），描述竞争团体与合作团体的区别，并介绍名义团体法。任何团体都有规范，本章将讨论规范的重要性、规范形成的过程、团体压力；区分不同类型的敌对或破坏性成员，并提出应对他们的不合作行为的办法。

目标是个人或团体工作的终点，是人们梦想或期望达到的成就。个人目标是由团体中的个人持有的目标，团体目标是团体中一定数量的成员共同努力实现的目标。

所有团体都有目标，并且每个加入团体的人也有其个人目标。一般来说，团体有长期目标和短期目标，短期目标是长期目标的基石。团体目标的重要性体现在以下几个方面：团体效率及成果可以通过实现目标的情况来衡量；目标促使团体制订计划、为团体指明努力方向从而指导团体及其成员；从最有利于实现团体目标的角度思考问题，可以解决团体成员之间的冲突。同时，团体目标也是激励团体成员合作的强大动力，一旦成员作出实现某个目标的承诺，他们就会感到自己有义务贡献才能、精力和资源以实现目标。

成员对于团体目标的承诺依赖于:(1) 团体对成员的吸引力有多大;(2) 目标具有的吸引力看起来有多大;(3) 团体实现目标的可能性有多大;(4) 评估目标实现进程和衡量目标何时实现的能力;(5) 实现目标后,团体及成员得到的回报;(6) 目标具有的挑战,相比于高失败风险或低失败风险,适度的失败风险更具挑战性;[1](7) 实现目标过程中,成员之间的互动方式(某些特定的互动方式更令人满意和愉悦)。

制定团体目标是衡量团体效率的第一步。当目标确定之后,必须确定实现目标所需完成的任务。接下来,必须商量和分配完成任务的职责,确定完成系列任务的最后期限。随着过程的推进,必须评估到达期限的任务实现情况。最终,评估团体是否实现了目标,一个高效的团体在实现其目标方面能够取得巨大成功。(制定团体目标、确定完成目标的任务、为每位成员分配任务、设定完成目标的最终期限,这个过程事实上也是与团体成员围绕预期目标签订初期合同的组成部分。如有必要的话,随着团体的发展,应该定期评估并修订合同和团体目标。)

如果团体成员能够参与团体目标的制定,他们将更有动力去实现目标。通过参与,成员将:(1) 更有可能将个人目标当作团体目标的一部分;(2) 更能意识到选择这些目标的重要性;(3) 更加坚定地提供自身的资源以实现目标。

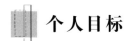

个人目标

成员的个人目标可能**是多种多样的**,譬如在压力管理团体中,一些成员是为了学习放松方法,一些成员是因为孤独,想结交新朋友,也有一些成员是应他们伴侣的强烈要求。还有一些人加入团体是因为他们听说团体领导者很了不起,想要"去看看"。少数人加入团体可能是因为他们不相信压力具有破坏性,并且渴望说服其他人相信这种观点。

一些成员非常清楚自己的个人目标,另一些成员则可能并不清楚。比如社会工作专业的新生,可能在老师鼓励下参加大学生社会工作俱乐部,但他们并没有过多考虑过自己的个人目标。

成员的个人目标和团体目标之间的相似度越高,团体成员就越容易被团体所吸引,也越愿意为团体提供资源和精力。如果团体中的个人目标是同质的(相似的),成员更容易就团体目标达成一致,通过共同努力实现这些目标,同时团体成员的相处更融洽。但需要特别注意的是,异质的个人目标对于团体来说,不一定意味着失败。

练习4.1　明确你的个人目标

目标　我们需要在我们参加的每个团体中明确自身的目标,以便选择可以实现个人目标的团体活动,从而使团体对个人有所帮助。本练习是为了帮助你设定个人目标。

列举你上这门课的个人目标。你的个人目标应该包括你想要习得的知识、技能和价值观,可能还有你希望获得的成绩。

◼ 幕后动机

当团体成员怀有异质的个人目标时,更易产生幕后动机(如果成员拥有同质的个人目标,这些目标更易发展成为团体目标,便不易产生幕后动机)。幕后动机是由一名团体成员持有但其他团体成员不知道的与团体目标相冲突的个人目标。有时幕后动机可能会具有破坏性。例如,我曾参加过一个团体,其中一个成员通过观察他人言行以收集证据,从而对他人提起法律骚扰指控。然而,通常来说,幕后动机的破坏性要比这个小得多,可能就是一个孤独的人希望用不重要的谈话垄断团体"谈话时间"。因为这类行为严重减缓进程,在某种程度上团体目标应该吸纳个人目标。领导者可以通过在一开始就明确团体目标的方式,使幕后动机的影响最小化。

某些信号的出现暗示了幕后动机,譬如某些成员可能未做出贡献,或是做了妨碍团体的活动。当幕后动机出现时,必须评估成员破坏行为造成的结果。如果结果是有利的,需要与该成员公开或私下沟通,并且必须采用最好的沟通方式。然而,有时处理幕后动机的最好方式是使其免受干扰。比如,一位团体成员的伴侣刚刚去世,他在非治疗团体中公开谈论自己的痛苦,在这种情况下,与其进行沟通未必有帮助。

当与一位成员沟通幕后动机时,领导者应该尽量不责备或批评,应引导彼此真诚地、开放地讨论问题。如果幕后动机是合理合法的,应该给予成员充分的帮助,同时应探索解决问题的多种方案,并执行一个或多个方案解决这一问题(在本章末尾,还将给出一些关于如何与某人沟通的建议)。有时甚至可以修改团体目标,使其纳入个人问题,或帮助成员实现团体目标之外的个人目标。譬如,对于因伴侣去世感到悲痛的团体成员,可以将其转介给咨询师或幸存者团体,以有效地解决问题。

练习4.2　幕后动机及其影响

目标　本练习用于帮助你理解幕后动机及其影响,并明确如何更有效地应对有幕后动机的团体成员。

1. 描述一个你参加过的团体,其中一个成员有幕后动机并最终暴露出来。这个幕后动机是什么?这个幕后动机对团体产生怎样的负面影响?
2. 其他团体成员处理幕后动机的效果如何?
3. 当你回顾其他团体成员如何处理这一幕后动机时,有没有想到一个可以更有效地处理幕后动机的方法?如果有,请描述这种方法。
4. 描述你加入一个团体的幕后动机,你的幕后动机对团体有何影响?

建立团体目标

尽管可以使用多种方式建立团体目标,我们仍提倡以下几种方式,因为它们能使团体成员参与决策环节:在领导者分享对团体目标的想法之后,询问成员参与团体的原因,即他们的个人目标;团体领导者与成员共同合作,讨论现有目标的优点及额外目标,提炼并修改它们,直到形成最终清单;也可在决策环节(详见第六章)解决冲突并达成共识。打印最终清单,分发到每位成员手中。

团体领导者可以在制定个人和团体目标的会议之前采访每位成员,并据此列出需要在团体会议上分享的综合清单。这份清单需要经过不断的讨论和修改,直到大多数成员感到满意。一个比较低效的确定团体目标的方式是团体领导者"推销"他认为更好的目标。如果团体目标是以该方式建立或由团体章程确定的,成员应该充分讨论、重新定义并修改这些目标。

可操作和可衡量的目标

可操作目标(operational goal)指的是可以直接转化成一系列行动方针的目标。例如，"每个班级成员都能够描述个人目标和团体目标"，这个目标便是可以操作的。通过学习本章第一部分并参加一次要求定义这两个术语的考试，学生便能实现这个目标。考试分数的高低可以反映出学生是否实现了目标。

不可操作目标(nonoperational goal)是不能通过具体行为实现的目标。例如，"每个班级成员都能够学会治愈所有情感和行为问题的方式"，这个目标是不可操作的，因为治疗方法还没有发展到能成功治愈所有情感和行为问题的地步。不可操作目标更加难以实现，例如，我们可能仍需要几个世纪才能知道是否有成功治愈所有情感和行为问题的可能性。

在实践中，团体应尽量制定可操作目标，以便制定行动方针且更容易实现目标。比如，"通过冥想帮助学生更好地应对生活中的压力"比"寻找办法帮助学生更好地应对压力"更具有操作性。

团体目标应该也是可衡量的。但是，"让班上的每位成员都成为伟大的领导者"这一目标是很难衡量的，因为判断伟大领导者的标准很难确定。相较之下，以下目标更容易衡量："到本学期末，班上的每个学生都能领导一个团体，符合领导团体的要求水平并让教师满意"。其中一个衡量该目标的方法是让学生们轮流担任指导者，每个学期教师对领导团体的学生进行评分："满意"或"不太满意"。获得"不太满意"评分的学生能得到额外领导班级的机会，并重新评估分数。该目标可以通过计算获得"满意"评分的学生数量进行评估。

可操作和可衡量目标的重要性有以下几点：它们在任务的计划和操作方面指导成员和团体。一个没有明确目标的团体，对于实现这些目标需要完成的具体任务会感到困惑。可操作和可衡量的目标也可衡量领导者的效率，因为领导者的行为可以通过团体目标的进展来判断。清晰的目标通常更便于领导者领导团体，因为团体能够明确知道需努力实现的目标，并且迈向目标的进程中不太可能出现质疑领导者行为的情况。

另外，在与非团体成员或其他团体沟通团体目标时，可操作和可衡量的目标使沟通过程更为轻松。这样的目标也有助于评估过程，可以评估每一个行动过程来确定其对于实现目标的效果，由此团体能够轻松地决定是继续还是放弃这一行动。

清晰的目标以及记录目标进程在资金来源或其他资源规定的责任方面尤为重要。可操作和可衡量的目标还有一个优点是,通过明确有助于实现团体目标的方式,帮助解决成员之间的矛盾。制定不可操作和不可衡量目标的团体,在出现冲突时缺乏有逻辑的解决方法,难以确定哪方的观点具有更高的回报。最后,导致冲突无法解决,并可能会使团体在维持和谐方面花费的时间比完成任务的时间都要多。

确定清晰的、可操作和可衡量的目标是一个漫长、耗时的过程。目标设立阶段通常是一个团体最困难的阶段。它出现在团体生活的初期,成员们仍在探索自身兴趣与承诺,人际关系正处于形成阶段。达成成员能够支持的目标花费的时间通常比预期更久。然而设立清晰目标的价值远远超过接受模糊目标(节省时间和精力,却可能会在以后受到严重挑战)。大卫·约翰逊和弗兰克·约翰逊指出:"一个团体在设立清晰目标上花费的时间越多,需要完成它们的时间就越少——成员越有可能为了共同目标进行高效率工作。"[2]

现阶段研究发现,当满足下列条件时,团队更有可能取得成效:

1. 目标清晰,操作性强,可以衡量;
2. 成员认为目标是相关的、可实现的、有意义并可接受的;
3. 通过相同的活动和任务,既能够实现个人目标,又能够实现团体目标;
4. 目标具有挑战性,并具有中度失败风险;
5. 可获得实现目标所需的资源;
6. 团体成员之间高度合作;
7. 团体成员保持合作而不是竞争的气氛。[3]

练习 4.3　本课程的团体目标和个人目标

目标　本练习的目的是帮助你理解团体目标和个人目标之间的动态关系。

1. 指导者具体说明本课程中设定的团体目标(教学大纲的"课程目标"部分通常阐明教师期望的团体目标)。在教师讲课过程中,可能已经确定其他期望的团体目标。

2. 班上所有的学生都接受期望的团体目标吗?如果答案是否定的,分析为什么一些学生不接受教师确定的团体目标。

3. 教师是否要求学生增加自己期望的团体目标？如果是，学生们提议设定更多团体目标了吗？他们提出的额外团体目标是什么？他们的提议被班级采纳了吗？

4. 你是否认为班上一些学生有与团体目标不同的个人目标或幕后动机（这些个人目标或幕后动机可能包括"不想学太多"或者"想要解决个人困境"）？如果是，具体说明这些不同的个人目标或幕后动机。

5. 在练习4.1中，你确定了自己上这门课的个人目标。你的个人目标与团体目标一致吗？如果部分目标是不一致的，请具体说明这些不一致的个人目标。

◆ 竞争与合作

团体中往往存在合作或竞争的氛围。合作的团体具有沟通顺畅、充满信任、资源丰富和凝聚力强等特点。通过研究问题解决团体发现，合作的团体氛围具有积极的影响。成员之间的合作增加了创造力、工作协调度、劳动分工、团体成就的情感参与程度、互助与分享、人际交往、合作的态度和价值观、积极的自我态度、成员间的亲密关系、对待团体和任务的积极态度、发散思维、个人和文化差异的接受度以及解决问题的能力。[4]

如果团体成员们的个人目标是相容的、相同的或互补的，便会产生合作的团体氛围。在高度合作的团体，例如一支足球队中，每位成员的主要目标是赢得胜利，团体的主要目标也是赢得胜利。在一个合作的团体中，每位成员都试图协调自己与他人的工作，以实现团体目标。为了营造合作的氛围，对成员的奖励必须基于团体成绩的质与量，而非基于个人成绩。

相反，竞争的氛围通常具有破坏性。当成员认为他们的个人目标是不相容的、不同的、矛盾的或互相排斥的时候，竞争就存在。在高度竞争的团体中，某个成员只有当其他团体成员不能实现目标的情况下，才能实现自己的目标。[5]例如，让几位申请者参与同一个空缺职位的团体面试（如一场戏剧面试），便是有意安排的竞争。每位成员都尽力实现个人目标，同时试图阻碍其他成员实现目标。在问题解决团体中，竞争的负面影响是多方面的。竞争减少了创造力、工作协调度、劳动分工、互助和分享以及凝聚力。竞争会助长无效沟通、怀疑与不信任、对目标完成的焦虑、竞争性价值观和态度、消极的自我态度、成员间的仇恨、对团体与任务的消极态度。竞争也将导致拒绝不同意见、发散思维、文化差异和个体差异。竞争性的氛围也会导致解决复杂问题的低效率。[6]

那么竞争是否有益处？有一些。比如运动团体的教练发现，让天赋高的运动员竞争第一名是有好处的，这种竞争通常激励运动员更加努力。但是，在体育团体中，成功的教练都明白，胜利的关键是逐渐培养运动员的团体精神（合作的氛围）。因此，每位运动员不会局限于个人成就，而是承担自己在团体中被分配的角色，从而帮助团体取得胜利。

凯利(Kelly)与斯塔尔茨基(Stahelski)研究了一个问题：当一位竞争型成员加入一个具有合作氛围的团体时会发生哪些状况？[7]由于合作团体在问题解决方面比竞争团体更有效率，此问题非常重要。最终结果有三种：新成员的竞争行为导致其他成员的竞争行为；竞争型成员认为合作团体的成员一直都有竞争意识；合作团体的成员普遍认为他们作出竞争行为主要是由于新成员的竞争。因此，这表明一位竞争型团体成员能够促使一个合作型团体转变为竞争型团体。

一个竞争型成员能轻而易举地破坏一个合作型团体的积极特征。当一位竞争型成员加入一个合作型团体后，将会削弱以下优势：信任、成员间的亲密无间、开放性沟通、问题解决导向。[8]为何一位竞争型成员会有如此大的破坏力？显然，合作型成员意识到，一旦有机会，这位竞争型成员会利用他们的合作成果以增强自己的优势。大多数情况下，他们避免资源剥削的唯一方式就是变得具有竞争性。因此，虽然在问题解决团体中，合作是最具效率的氛围，但只要存在一位竞争型成员，就能将氛围转向破坏性和竞争性。若合作型团体想幸免于难，所有的成员必须通力合作，减少成员之间的竞争感。

练习4.4 竞争型团体成员的影响

目标 本练习旨在帮助你了解竞争型团体成员的影响，并反思团体采取的建设性措施以尽量减少竞争型成员的负面影响。

1. 描述你曾参与的团体中一位竞争型成员的行为，该竞争行为是否对团体产生了不利影响？如果是，请具体说明这些不利影响。
2. 当一位竞争型成员对团体产生不利影响时，其他团体成员可以采取什么建设性行动以尽量减少不利影响?

 # 名义团体法

名义团体法(nominal group approach)由德尔贝克(Delbecq)和范德文(Van de Ven)提出,可以被视为用于制定团体目标的辅助策略。[9]这种方法也是一个问题识别技术,用以设计或调整计划,包括与潜在用户会面以评估他们的需求。名义团体是一个"个体在他人在场的情况下工作,但不进行语言交流的团体"[10]。名义团体仅需要团体成员在纸上列出他们的需求,不需要团体讨论,这样可以确定每位成员的个人观点。过去,新项目往往是由"对消费者需求缺乏清晰认识"的专家开发的,其结果是创建的项目无法有效地服务于消费者。因此,名义团体法的首要目标是确定消费者团体,即新服务的潜在用户的需求,以便制订有效地为他们服务的方案。[11]

一场名义团体会议可以控制在半小时到一小时之内,大学教师常常以名义团体会议的方式确定学生希望学习的课程主题。例如,作者所在大学的社会工作系曾在管理悲伤情绪的选修课中使用名义团体法。[12]研讨会参加人数限于30名学生,第一次会议运用名义团体法提问学生:"在课程中你最希望涉及的特定主题是什么?"本章末的练习C中将会介绍名义团体法的具体步骤(悲伤情绪管理课程中的回答见表4.1)。

当一个名义团体与一个消费者团体中的子团体共同使用时,应注意获得消费者团体的代表性。在使用名义团体法之前,应该告知子团体研究目的。然而,研究者不应提供任何使用名义团体法获得的信息,以免对参与者产生偏见。

关于名义团体法优点的研究表明,它在获得与问题情境相关的信息方面,优于头脑风暴和其他类型的团体互动。它能引发参与者提出更多的建议,并涵盖更多兴趣领域。[13](头脑风暴的缺点是,首先提出的观点会限制后续提出观点的方向。)名义团体法从所有成员中接受意见,而不像传统团体讨论中那样,只接受更具发言权或更具说服力的成员的意见。另外,避免评估观点,大大降低表达少数人观点或非传统观点的成员的压力,相互矛盾的观点是可以共存的。同时,名义团体法能够节省时间,因为它进行的速度比互动团体流程更快。[14]名义团体法具有游戏的性质,能促进团体创造性张力的形成,从而激发个人尽全力提出建议。

表4.1 悲伤情绪管理课程中得分最高的主题

主题	票数
1. 自杀	13
2. 克服因他人死亡而造成的失落和孤独	9
3. 绝症患者以及如何与他们相处	9
4. 葬礼负责人——嘉宾演讲	9
5. 艾滋病	8
6. 克服失去亲人的痛苦	8
7. 处理与自己和他人关系的技巧	8
8. 临终关怀运动——嘉宾演讲	8
9. 如何面对自己的死亡	7
10. 自杀应该被允许吗	7
11. 如何改变对死亡的恐惧和消极态度	6
12. 与丧亲者(亲人刚刚死亡的人)沟通	6
13. 幼儿猝死综合征	6
14. 死亡后的生活	5
15. 如何帮助别人(父母)应对亲人(孩子)的死亡	4

 团体规范

团体规范是指明确规定适当团体行为的规则。要成为一种规范,一条规则必须被团体中的大多数人接受。若一个人意识到遵守规范的好处大于违背规范的后果,那么规范便会影响这个人的行为。刚开始的时候,成员会因为团体压力而顺从。但随着时间推移,成员会将规范内化并主动遵守。在对团体成员乃至社会成员的控制中,规范是最重要的社会控制机制之一。

每个团体都有其规范。若你经常与某一个特定学生团体交往,便会发现该团体会逐渐形成聚会时那些可接受和不可接受的行为规范。你的班级也有一定的规范,涉及吸烟、嚼口香糖、迟到、旷课、截止日期、发言前举手、考试作弊等。

有些规范是根据团体的规则和章程制定的,例如规定管理者的职责。其他规范的设置则是非正式的。在系里的会议上,系主任可能会对阅读邮件的教职员工皱眉头,如果教职员工对该非语言沟通作出回应,她会把邮件放在一边。其他教职员工观察到这一非语言沟通,便不会在会议期间读邮件。通过这一过程,一种反对在系里会议上阅读邮件的规范便非正式地建立起来了。

规范存在"应该"和"必须"的区分,它们的重要性各不相同。人们承受着巨大的压力,在某些情况下,违背重要的规范会受到严厉惩罚。例如,治疗团体中有关保密的规范。如果一名成员因泄露其他成员的个人信息而违背保密规定,他可能会被开除。违反不重要的规范,如在会议上打嗝,只会招来轻微不满,不会受到惩罚。

成员通常只是下意识地知道指导他们行为的许多规范。如果要求一位团体成员定义她(他)所在团体的规范,她(他)可能只会列出几个,因为许多规范被认为是理所当然的。成员很少考虑与服装、思路敏捷或脏话有关的规范。

当一个人进入一个新团体时,通常会感到陌生和不舒服,因为他没有意识到这些规范。他通常会一边寻找与规范有关的线索,一边问自己这样的问题:什么是适合公开的内容?什么不是?谁在团体之"内",谁被排除在外?允许吸烟吗?我能讲笑话吗?成员在发言前需要举手吗?每位成员都承担什么角色?团体氛围是竞争型还是合作型?存在幕后动机吗?有联盟吗?哪些成员权力更大?

 如何习得和发展规范

某些团体规范是相当普遍的,因此在团体工作的新成员会意识到许多正在运行的规范。例如,一位加入治疗团体的成员会期望其他成员是诚实的、开放的,并且能够自我暴露。许多团体有这样的规范,如互惠(如果有人为你做了好事或帮助你,作为回报,你也应该做好事或帮助他)、公平竞争(不使用撒谎或欺骗满足个人需求)、社会责任(你应该帮助需要帮助的成员)、共享沟通时间(每个人都有发言的机会,任何人都不能垄断谈话)。

新成员可以通过与信任的团体成员私下沟通来学习规范。他们或许会问这样的问题:谁有权力?这样说或那样做可以接受吗?团体中有联盟吗?有成员存在幕后动机吗?存在对某些成员敏感的个人话题吗?例如,体重超重的成员也许对"节食"话题感到不适,而其他成员可能曾私下决定当超重成员在场时就不提及"节食"。

虽然习得规范的方式多种多样,但最常见的方式是积极强化或消极强化。通过一个反复尝试的过程,成员可以确定哪些行为被团体接受或奖励,哪些行为被认为是不恰当或具有破坏性的。成员习得规范的另一种方式是"模仿",即通过观察另一个成员的行为来学习。

一些规范存在于团体和组织的规章制度、章程、会议记录和其他文件中。例如,可能存在一些规则:在议事日程上添加一项条款、管理者的职责和责任、解决关键问题的决策程序。此外,规范可以采取正式或非正式的角色期望形式。从正式角度来看,团体主席召集和主持会议,秘书进行会议记录;从非正式角度来看,当团体需要资金时会期望富裕的成员捐款。同样地,在团体紧张程度过高时会期望擅长缓解该情绪的成员降低团体的紧张水平。

某些规范通过非语言沟通形成,因而不那么正式。例如,治疗团体领导者摇头反对某成员模仿他人的行为,其他团体成员注意到这个动作,从而私下(不经过讨论)决定将来不模仿团体内任何人。

某些规范只有在被违背后才为人所知。纳皮尔(Napier)和格申菲尔德(Gershenfeld)举了一个例子:

> 某个牧师常常宣讲正义和种族平等,并敦促其会众遵从这些从他那里接受而来的原则。然而,当他越过罢工警戒线时,会众可能会指责他超越职权范围。他会被要求发表一份声明,大意是牧师可以宣讲正义和平等,但针对社会问题采取行动是他人的权利。在这种情况下,牧师和会众在违背规范之前,都不知道这一规范的存在;会众随后以处罚相威胁让大家知道了这一违背行为。[15]

团体成员对团体政策或程序的建议也可能发展成为新规范。比如一位团体成员建议:"如果议事日程上添加一项条款,必须至少在会议召开前的48小时通知团体成员,使他们有机会思考这个问题。"如果团体批准了此项建议,它就变成了一项政策和规范。

练习4.5 班级中的团体规范

目标 本练习旨在帮助你识别团体规范并理解团体规范发展的过程。

1. 详述班级中存在的关于正确行为的团体规范。

2. 分析制定这些团体规范的过程。(例如,大学院系有关于课堂可接受行为的标准,《美国社会工作者协会伦理守则》有关于宽容、诚实和反对种族主义和性别歧视言论的陈述。社会工作教育委员会的教育政策和认可标准在多样性、风险人群、提倡社会和经济正义方面有所描述。教师也可能对班级中的正确行为有所规定。一些学生可能对他们认为的无礼言论和行为发表了看法。)

从众

从众(conformity)是对团体压力的顺从。为了顺从,团体成员必须经历团体(团体规范)所施加的压力与个人价值观之间的冲突。经历这类冲突的成员会有两种选择——宣布独立立场或者顺从团体立场,不论是权宜之计还是真心顺从。权宜之计是在表面上认同而内心里否定,而真心顺从是表面上和内心里都一致认同。

有许多经典的关于从众行为的研究。谢利夫(Sherif)研究了从众的"自主运动效应"(autokinetic effect)。[16]在他的实验中,受试者被要求在一个黑暗的房间里判断一个光点移动了多远。虽然光点似乎有所移动,但实际上并没有任何运动(自主运动效应)。每位受试者都看到了光点,并对其移动的距离作出了一系列的个人判断。然后,将受试者分为三个小组分别讨论光点移动的距离,他们的判断形成一个团体标准。然后,当再次单独观察光点时,他们倾向于将团体标准作为他们的答案。最重要的发现是:当出现模棱两可的情况,没有客观的方法来确定"正确"答案时,成员会依赖团体帮助自己定义现实情况。这一研究表明,在现实生活中,团体成员的身份决定了个体将看到什么、学习什么、思考什么和做什么。

阿希(Asch)研究了从众行为,并探讨了个人判断与其他成员的判断发生冲突的情况。[17]实验设计了两张团体卡片,如图 4.1 所示。

参加实验的心理学课程的受试者每 7 至 9 人一组。他们坐在一桌,并依次说出最接近标准的那条线。在对照组中,几乎所有受试者都选择了线段 2。然而,实验组的反应十分有趣。在实验组中,除了一位受试者外,所有组员都是实验者的"同伙"(实验助手)。受试者一直是坐着的,以便他最后发表意见。所有同伙都选择了错误线段。轮到受试者时,实验聚焦于他的选择是依靠自己的判断,还是尽管他认为团体的判断是错误的,仍遵从团体判断。在一系列类似的研究中,阿希发现,超过1/3的受试者遵从团体判断。在没有明显的团体压力,不存在模糊情境,受试者间彼此不相识的情况下,仍有如此高的从众水平是令人惊讶的。

标准线　　　　　　　　　　对照线

图 4.1　阿希从众研究的卡片

根据沙克特(Schachter)的理论,每个人皆有评估情感、观点、价值观、态度以及能力"正当性"的需求。他的研究表明,在缺乏客观、非社会性评估手段的情况下,一个人将依赖他人作为比较参照点,他称之为社会比较理论。沙克特和辛格(Singer)的一项研究为此提供了理论支撑。[18]受试者被注射肾上腺素,并参与到同伴的活动中。在某些情况下,同伴(实际上是实验者的同伙)表现得十分高兴,然而对其他受试者表现得很生气。研究者预测,那些不清楚药物会引起怎样的生理感觉(因为在药物及其影响方面缺乏信息或受人误导)的受试者,将模仿同伴的不当行为并将其解释为与同伴行为保持一致。此预测已经被证实。此外,参照组受试者没有被告知肾上腺素的影响或没有被注射肾上腺素,他们对同伴的模仿反应相应减少。在很大程度上,对于实验受试者(那些注射了肾上腺素而不清楚药物引起的生理感觉的受试者)而言,同伴定义了社会现实。

从众性研究得出了若干结论,总结如下:[19]

1. 团体压力影响行为,即使虚假的团体共识明显是错误的。例如,在一项研究中,在同一区域内并排有一颗星星和一个圆圈,50名军官被要求指出哪个图形更大。圆圈显然要大三分之一,但在团体的压力下,46%的军官顺从虚假的团体共识,认为星星更大。

2. 在个人意义重大的事情上,许多人也会屈从于态度或意见的压力。比如同样是这50名军官,先是在私下里然后在团体一致压力的情况下,被问及:"我能否成为一名好领导?"在私下里,没有一名军官持肯定回答,但在集体一致的压力下,37%的军官作了肯定回答。

3. 与简单、客观的项目相比,顺从情况更容易出现在困难和主观项目上,但仍然存在较大的个体差异。一小部分成员对所有项目都顺从,一小部分成员对所有项目都不屈服,绝大多数成员顺从于部分项目。

4. 一段时间之后,针对同一事件对成员进行重新测试,绝大部分的从众现象就会消失,因为人们更倾向于依赖个人判断。然而少数的顺从现象依然存在,这表明团体压力的确能够改变成员态度。

5. 随着团体规模扩大,顺从压力增大,就会出现更多的顺从现象。当一个人仅仅被另外一个人反对时,很少有屈服顺从的现象。当一个人得到团体中一位成员(一位伙伴)的支持时,顺从现象就会显著减少。

显然,不同意见在加强志同道合者的独立性方面有着巨大的作用。

在一项关于从众的著名研究中,米尔格拉姆(Milgram)证明,处于实验情境中的受试者在实验者的指导下,会对另一个人实施具有危险强度的电击(此人是受试者不相识的人,实际上也没有真正受到电击)。[20] 即使当他们被要求施加越来越强烈的电击,受害者也在痛苦抗议时,大多数受试者仍然听从了实验者的命令。这一系列研究表明,即使人们的行为与自己正常的道德行为标准不相符,但仍然会顺从"权威"的命令。米尔格拉姆指出,这项研究可以帮助理解为什么德国人会遵从希特勒的不道德命令。团体压力,尤其是被视为权威的团体压力,会对一个人的行为、态度和信仰造成巨大的影响。

练习4.6 对团体压力的顺从*

目标 本练习的目的是帮助你理解所有人都会(不时地)顺从团体压力。同时,这个练习也帮助你理解对顺从的感受。

1. 描述一个你参加过的团体,在这个团体中你曾顺从于团体的压力,详述你曾顺从的事件或行为。(如果很难确定顺从的实践,可以详述你顺从父母压力的事情。)

2. 详述你顺从时的心理活动与感受,并详述顺从之后的想法与感受。

---

* 本练习即《实践行为练习册》一书中的练习4.1。

3. 如果可以重新来过,你还会顺从吗？为什么？

性格信用(idiosyncrasy credits)

团体中的每位成员通过在规定时间内展现自身能力,并顺从适当期望而获得声望(和提高地位),最终,这些声望允许一位成员违背团体规范和规则,而不必受到惩罚。某种程度上,随着信用累积,个人对一般程序或期望的不服从成为反映其地位的特点,进一步提高了他的地位。但是,性格信用是有限度的,超过限度的不服从会导致地位的急剧下降,甚至遭到其他成员的拒绝。[21]例如,如果一位大学的明星球员不断因犯罪活动被捕,他最终会被球队开除。

练习4.7 理解性格信用

目标 本练习的目的是展示性格信用的效果。

1. 描述在你所属的团体中,违背团体规范的个人行为。
2. 其他成员能够接受这种行为吗？团体是否开除了这个人？若其他成员能够接受或原谅这种行为,是否因为这个人拥有性格信用？如果是,这些信用的基础是什么(比如他为团体做出许多积极贡献)？

规范的注意事项

规范应在有效提高团体运作能力的基础上建立,例如准时开会、合作而非竞争。规范的存在仅仅是为了团体的有效运作,我们应该识别非功能性规范,抛弃它或用更合适的标准代替它。在某些情况下,需要写好关键规范。例如,在青少年罪犯的特殊团体中,所有关于吸烟、喝酒、作息时间、上学和家庭责任的规定都应该张贴出来,使青少年充分认识到这些规定,同时应该清楚地表明违背这些规范的后果。

重要的规范一旦被违背必须尽快且尽可能严格地予以执行。如果不执行规范,它们将失去有效性,新的打破规则的规范将会出现。在大多数社会服务项目中,当案主违背重要规范时,社会工作者必须按规定采取行动。如果相应的后果未能出现,社会工作者将失去案主的信任。例如,大多数流浪者服务中心都有明确规定:住宿者在中心内不能饮酒或服用药物,违反者将被驱逐。若在这样的一个中心,工作者不驱逐一位饮酒的流浪者,第二天,大部分的流浪者都会饮酒。

团体领导者个人应努力成为重要规范的榜样。例如,在集体之家,如果团体领导者的办公室一团糟,住宿者便不会保持房间整洁。

从众的问题

任何团体中都可能会有那些不遵守团体规范的敌对或破坏性成员,即便是自愿加入的成员。然而,这些敌对或破坏性成员更可能出现在非自愿的团体中。非自愿成员常常(至少在初次团体会议上)希望自己在其他任何地方而不是在会议上。他们可能会生气,并认为在团体中度过的时间完全被白白浪费了。非自愿案主是指那些被迫接受社会工作者(或其他专业人士)服务的人,例如一个人迫于法院命令、监禁、家庭或雇主的压力不得不来接受服务。

以下是社会工作者遇到非自愿案主的各种情况:惩教机构、保护服务机构、精神健康机构、某些公立学校、集体之家、居住式治疗机构、疗养院和医院等。在上述每一种情况下,社会工作者可能需要领导一群非自愿案主。

破坏行为的类型

非自愿的团体成员会表现出一些适得其反的行为。为了更生动地描述这些破坏行为,我们就像分析人的形象和个性似的,来分析这些行为。

蛮横的人(The Bear)

这些人常常公开表达怒气、愤怒、挫败感、怨恨和敌意。蛮横的人如果对团体成员或团体中发生的事情感到不悦,他们会以多种方式表达不满,比如,有的用语言攻击其他团体成员,有的通过面部表情表达不满,还有的在肢体上推搡其他成员。

蛮横的人以直接的方式主动表达不满,同样也会用间接攻击的消极方式表达不满。巴赫(Bach)和怀登(Wyden)将间接攻击称为"发疯"。[22] 间接挑衅者在表面上保持和善,但以阴险狡猾的间接方式表达他们的愤怒或挫败感。巴赫和怀登把直接攻击称为"纯洁的斗争",因为公开表达的情绪能够被识别和消解,而间接的伎俩犹如"卑劣的斗争",这些人从不清晰表达自身感受,从而造成巨大痛苦,同时破坏团体的有效沟通。大多数破坏行为都会包含着间接攻击的因素。

如果与"卑劣的好斗士"打交道,他会逐渐知道什么事情能够"惹你生气"。当他们对你感到生气或沮丧时,他会不经意间"惹你生气",从而让你发狂。

勤奋的人(The Eager Beaver)

这些人自愿接受一些重要任务,但缺乏完成任务的意愿,只是让其他成员相信他是一个愿意做贡献的勤奋的人。他们可能会完成一部分任务来表示诚意,但随后会用各种借口解释"为什么这些任务不能按时完成"。

团体的从众力量

团体对个人的影响力非常巨大,如下面的案例所示。

帕蒂·赫斯特是一名大学生,也是一位出版大亨的女儿。1974年2月4日,她被极端激进团体共生解放军(Symbionese Liberation Army)绑架。绑匪强行把她从加州伯克利的家中带走,关在一所房子的壁橱里。她被蒙住双眼、捆住双手,关在黑暗的壁橱里好多天。绑匪给她食物,但不允许她上厕所。绑匪不仅威胁她的生命,还不断告诉她,她父母已经抛弃了她,他们不答应绑架要求,不在乎她的生命。期间,帕蒂还遭受绑匪性侵。几周以后,绑匪把她从壁橱内释放出来,并把她带到一家银行。据她说,绑匪强迫她参与银行抢劫。在抢劫过程中,她得到了一把枪,一名绑匪持枪盯着她。抢劫之后,她被带回囚禁她的地方,并被告知她现在犯下了银行抢劫和谋杀罪,一旦联邦调查局找到她就会杀死她。接下来的几个月里,她因这一压力而顺从绑匪,与他们一起犯下更多罪行,并尽力摆脱警方追捕。19个月后,她被捕了,也承认了所犯下的银行抢劫罪和其他罪行。由于她是被绑匪控制,因此被从轻处罚。

20世纪60年代,牧师吉姆·琼斯在加利福尼亚州旧金山市创立一所宗教公社,名为"人民圣殿运动"。渐渐地,琼斯要求公社成员向"人民圣殿运动"捐献私人财产。作为回报,"人民圣殿运动"向他们提供食物、住所、社会服务以及精神活动项目。琼斯富有个人魅力,并成功吸引所有成员将生活重心放在"人民圣殿运动"及其活动上。为了进一步控制他的追随者,吉姆·琼斯把他们带到南美洲圭亚那丛林中的一个偏僻地区。据说这些成员遭受了性虐待和身体虐待,并被当作奴隶运回加州。为了回应民怨,众议员奥·瑞安和一名职员前往圭亚那调查"人民圣殿运动"。吉姆·琼斯下令杀死瑞安,这样瑞安就无法向国会报告他了解到的虐待行为。结果瑞安遭到枪杀。随后,吉姆·琼斯认为美国将会采取强有力的报复行动,便敦促他的所有追随者集体结束自己的生命,以便在天堂里团聚。最终共有超过900名男人、女人和儿童喝了含有氰化物的水果饮料自杀。

对团体的顺从也体现在一些邪教中,例如哈里·克里希那教派(Hari Krishna,全称为 International Society for Krishna Consciousness,又称"国际奎师那知觉协会"——译者注)、文鲜明统一教(Moonies,全称为 Sun Myung Moon's Unification Church——译者注)和科学神教(Scientology,音译名称为"山达基教"——译者注)。他们的成员能够说服典型白种人、中产阶级、大学生放弃他们的教育、职业、理想、家庭和财富等,加入这一团体。

资料来源:改编自 Patty's Own Story, *Wisconsin State Journal*, Sept. 24, 1975, pp. 1-2。

搅局者(The Clown)

此类搅局者很少有正经的时候,他们总是开玩笑或胡闹,即使是需要严肃的时候。其他成员由于害怕被搅局者嘲笑,往往选择隐藏他们的想法和感受。

精神分析者(The Psychoanalyzer)

精神分析者的优势是能够不断分析其他成员的行为和语言。他们经常使用心理学专业术语,乐于分析别人话语的真正含义和发生在别人身上的事情。精神分析者通过让成员参与读心术而不是积极完成任务来降低团体效率。其他成员担心自己被分析出患有心理问题,因此也就不会表达他们的真实想法和感受。

保留者(The Withholder)

保留者通常拥有帮助团体完成任务的重要信息和资源,但他们却有意保留,因为他们更愿意围观团体斗争,保持摇摆不定。

敏感话题挑拨者（The Beltliner）

每个人都有一道心理"防线"，在这道防线下，是这个人异常敏感的话题。心理防线可能包括：生理特征、智力、过去行为、过去的不愉快事件或性格特征。例如，超重之人可能会对与肥胖有关的言论高度敏感。任何对其他成员的敏感话题作出负面评论的成员，都会威胁到团体凝聚力和士气，敏感话题挑拨者也是"卑劣的好斗士"。

内疚制造者（The Guiltmaker）

内疚制造者意图通过制造他人的内疚情绪控制他人，他们促使团体帮助其实现个人需求和目标，而非实现团体目标。为了使他人产生内疚感，他们通常会讲这样的话："你从来没有为我做过什么"，"我做的一切都是为了你，这是我应该得到的感谢"。内疚制造者会让这个团体帮助他实现个人需要和目标，而不是朝着团体目标努力。"你从来没有为我做过什么"和"我所做的一切都是为了你，这是我应该得到的感谢"就会引起别人内疚。

灾难传递者（The Catastrophe Crier）

通过夸大问题的严重性，灾难传递者让团体成员相信后果不是轻微的，而是灾难性的。灾难传递者只关注问题的严重性，而不是寻找和实施解决问题的方法，因而他们会使问题更加恶化，而不能帮助解决问题。

话题改变者（The Subject Changer）

话题改变者不愿意帮助团体解决关键问题、争议和冲突。当困难情况出现，他们会试图改变话题。如果成功了，话题改变者将进一步阻止团体处理关键问题。改变话题的原因有很多，例如，他们憎恶激烈辩论，或担心辩论会揭露他们隐藏的秘密。

抱怨者（The Whiner）

抱怨者不断抱怨某件事却不采取行动解决问题。因为抱怨者渴望寻求其他成员的关注和同情，因此他们会减缓团体完成任务的速度。

背叛者（The Benedict Arnold）

当两个团体竞争时，背叛者可能会向另一个团体提供机密信息，他们还会诱导团体之外的人嘲笑或无视这个团体，或让相关机构削减该团体的资金。在团体内部,该成员可能会阻止团体实现目标。例如,州和联邦各级主管部门中的领导者,肩负公众对该部门成长与发展的期望。但是,某些被任命的领导者与其他团体达成秘密协议,从而背叛了公众的信任,降低了部门服务水平,削减了资金。

轻微欺压者(The Trivial Tyrannizer)

有些成员不会坦诚地分享自己的关注点、挫折或不满,而是常常通过多次打断别人发言或讲题外话来激怒团体成员。他们可能开会时迟到、早退并缺席重要会议,或者对团体采取的行动说三道四。例如,他们会对会议记录的措辞提出无关紧要的疑问,还会在其他成员发言时哈欠不断,甚至根本不想阅读相关材料。

懒骨头(The Shirker)

这类团体成员的破坏性可能是因为他们没有为团体做出任何贡献,当分配某些任务给他们时,这些懒骨头会以各种各样的借口来逃避责任。

权力掠夺者(The Power Grabber)

权力掠夺者一般通过以下方式来掠夺权力,成为团体领导者或者团体领导者的背后靠山:让其他成员说自己比团体中的其他人更加专业,或通过金钱、恩惠或承诺收买他人的支持。权力掠夺者也可能制造以下冲突:使领导者的形象受损并诋毁领导者的贡献,即使可能并不想夺取领导权。

偏执狂(The Paranoiac)

由于过分不理性地怀疑团体的其他人员,偏执狂常常会感到不安。这类人的大部分时间都用于为自己辩护,或者用于挑其他团体成员的错误。偏执狂通常认为其他成员不值得信任,怀疑他们会在暗中收集证据迫害自己,使自己名誉扫地。

值得注意的是,一些破坏者清楚地认识到他们行为的影响后果,前面大多数例子都属于这个类型。另外,还有一些破坏者无意识地出于个人需要而采取行动,他们并未认识到自己的行为造成的破坏性影响。无论破坏者是否清楚认识到其行为的影响,下面处理破坏行为的方法都可以适用。

■ 处理破坏行为的方法

可用三种基本方法处理敌对的破坏行为:(1)允许成员继续具有破坏性,使他们的破坏性影响被忽略或最小化;(2)领导者与破坏者沟通他们的破坏行为;

(3)其他团体成员勇敢面对破坏行为。选择这些方法都应该立足于解决团体问题。

破坏性最小化

如果破坏性成员向团体表达不满,其破坏性会随着时间推移和公开讨论而慢慢减弱。同时,成员的行为具有破坏性时,领导者可以通过巧妙询问帮助成员表达其不满。接着,团体便可以处理这些问题,特别是一些常规问题。随着这些问题不断得到解决,破坏性成员会对团体的行为感到满意,并开始为团体做出贡献。

例如,假设一个人因为被送进"动态团体"(这个团体由酒驾者组成)而感到愤怒和尴尬。他可能因自己收到的罚单而感到气愤,而其他酒驾者没有被抓起来并"判刑"。在最初的会议上,他可能会大发雷霆,问一大堆问题:这个团体的目的是什么?有什么证据表明这个团体会做好事?希望加入这个团体的人需要做什么?团体领导者拥有什么样的品质?领导者曾醉酒驾驶吗?如果不曾,领导者如何理解成员的想法和感受呢?如果团体领导者有类似经历,他又担任治疗师,这不是很虚伪吗?这个团体会强迫成员透露个人信息吗?团体练习目的是什么?领导者相信这群人是酒鬼吗?

领导者处理这些问题时,可以让这个人表达自己的观点并向他提供真实答案。此外,团体领导者可以承认,如果他是那位成员,他也会愤怒。这一方法一方面旨在让成员公开讨论他们关心的问题,解答他们的问题,并表示能理解他们的不满情绪;另一方面旨在创造一种氛围,使团体能够接受特定的内容和练习,这有利于保证团体效率。

领导者沟通

团体领导者可以在其他成员在场时或在私下与成员讨论他们的破坏性行为,到底应该选择私下沟通还是团体沟通的方式,要立足于哪一种方式最有益。如果其他成员在场,他们能详细说明该成员的行为是如何扰乱团体的,并强调问题的严重性。然而,团体沟通也有一个缺点,就是破坏性成员可能感到他被"集体围攻"。

在沟通中,团体领导者应该使用"我—信息"(I-massages,见第五章的"我—信息"和附录一模块2的"自信"),通过非责备方式充分、自信地表达自己的顾虑。[23]一些沟通者主要在两种类型的"你—信息"(you-massages)方面犯了错误:解决方案和贬低消息。解决方案信息包括:命令、指导、控制、警告、威胁、倡导、教化或者建议。贬低消息包括:指责、责骂、批评、嘲笑或点名。

"我—信息"由一些非责备性地描述成员之破坏行为对团体或对领导者之影响的内容组成。团体领导者告诉成员哪些行为是破坏性的,然后由成员自己负责改变它。"我—信息"通常会营造开放和真诚的关系,而"你—信息"通常使沟通减少,造成关系两极化。

有时候,简单与成员沟通,也能改变其破坏行为,因为他之前可能不了解该行为的负面影响。一旦被告知,他可能改变这种行为,或者解释自己作出这种破坏行为的原因。例如,一位破坏性成员由于没有分配到更多任务而感到生气。如果分给他更多任务,不仅可以使他停止破坏行为,还可以使他感到满意,有成就感。当隐藏在破坏行为背后的问题得到解决时,破坏行为便会结束。在这种类型的沟通中,领导者必须巧妙地提出问题,找出造成破坏行为的原因。

然而,沟通有时不能改变团体破坏行为,破坏者可能会沿着同样的路线继续前进,或切换到另一种破坏方法。例如,一个"搅局者"可能转变为"话题改变者"或"背叛者"。如果沟通后破坏行为依然存在,团体领导者应尽可能忽略破坏行为并尽量降低其影响,或再次与成员进行沟通。在选择第二种方法时,团体领导者必须清楚地告知成员,若继续存在破坏行为,将会造成不良后果。

例如,在一节法院强制要求的团体动力学课上,团体领导者告诉一名破坏性成员,他有四个选择:(1) 参与课程讨论,尽可能多地从课程中学习;(2) 为达到法院要求,出席但不参与课程讨论;(3) 出席并扰乱课堂秩序,并将他的破坏行为告知法院;或者(4) 缺席课程,在这种情况下,记录缺席情况,法院将收到通知,并且可能吊销他的驾驶执照。

有些学生喜欢讲一些与所讨论主题不相关的话题,试图主导整节课。通常情况下,仅仅私下告知他们闲谈和分享休闲时间的具体要求便可以解决问题。然而,有一些学生在初次沟通后仍继续闲聊,教师可以私下提醒他们谈话前必须举手,并且根据每节课的具体情况不同,每个人可能只会被点名一或两次。此外,教师应向他们指出,如果他们在举手之前说话,其他课堂成员可能感到浪费了课堂时间,教师可能会设定一些课堂规则。再次沟通往往可以减少这些学生的闲聊次数。

团体沟通

第三种方法是其他团体成员(而不是领导者)与破坏性成员进行沟通;这里运

用的指导方针与前面相同。在某些特定情况下,最好由成员而非领导者来进行沟通。例如,几年前,一所东部大学的社会工作系招聘另一所大学的一位教师担任系主任,该系的一位教师也想应聘这个职位,便认为自己受到不公平待遇。当新的系主任上任时,这位教师拒绝做任何部门工作,同时常常在教职员工会议上大发牢骚。系里另外两名教师与他进行沟通,解释他未被选中的原因,理解他的不满,并礼貌地要求他与其他成员合作,因为这符合每个人的最大利益。此次沟通相当成功,改变了这位不满的教师的态度。

如果有沟通的需要,团体领导者和其他相关成员必须协商决定由"谁"去沟通。一般来说,应选择最有可能影响破坏性成员的那个人。

减少破坏行为的可能性

团体成员的个人目标得到理解并被纳入团体目标时,他们便不太容产生破坏性。通过让所有团体成员参与制定目标与决策,团体沟通效率可能会提高。专制型的领导风格阻碍成员承担义务,而民主风格则相反。另外,专制型领导会降低成员的满意度,导致出现破坏行为。正如本章前面讨论的那样,清晰的、可操作的、可衡量的团体目标能够提高成员对团体的满意度和履行义务的积极性,并减少挫败的情绪。

合作的氛围能够带来更高的士气、真诚的沟通、有效的问题解决策略,并能提高团体凝聚力和满意度。正如前面所讨论的,竞争的氛围可能会导致破坏行为。

如果一些成员以类似方式作出破坏行为,该团体可以用非责备的方式应对破坏行为的影响,并制定处理此类行为的"规则"。例如,三四个人吸烟会激怒不吸烟者,因此可以制定关于吸烟时间和地点的规则;有些成员经常开会迟到,因此团体可以针对会议时间和迟到规则达成共识。

如果团体领导者具有良好的组织能力,拥有丰富有趣的材料,能够有效地帮助成员作出决定并实现目标,那么破坏行为通常会减少。团体领导者还应注意满足成员的社会/情感需求,尽量使所有成员参与决策。对成员不应该厚此薄彼,必须遵循最初的规定。如果团体领导者在一个或多个方面存在严重问题,团体成员的不满和破坏行为可能就会增加。

如果领导者自信、有竞争力,团体成员会表现出信任和信心。如果领导者咄咄逼人,团体成员通常会感到愤怒或胆怯,他们的回应往往会过激或消极。如果领导者不果断，成员便会对领导者丧失信心，并开始询问是否应该选出新的领导者。

如果一个团体的工作表现不佳，领导者应该与团体成员沟通他的顾虑，并邀请团体成员一起努力找出原因进行改变。根据具体情况，这些问题可以在团体会议上讨论，或通过匿名书面报告的方式收集信息。通过运用这种沟通方式，领导者可以承诺与团体一起作出改变。例如，我曾教授一门实践性课程，课上几乎没有人提问或发表意见。在课程第五周，我以如下方式与全班沟通："我想我们遇到了一个问题，本周是实践课程的第五周，而所有人都保持沉默。为使这门课顺利进行，我们需要开口讨论。社会工作者首先需要掌握的技能之一便是沟通能力，但你们的表现使我无法相信你们拥有沟通能力，因为到目前为止，主要是我在说话。从现在起，我不再讲话，换成你们讲话，告诉我你们不愿意说话的原因，我的内心足够强大，可以接受你们所说的任何话。"沉默几分钟后，一些学生开始沟通，最后我们进行了热烈讨论。学生们说我上课主要是在演讲，这让他们很被动；他们要求我布置有关上课时所讲的理论和原理的练习。在后续课程中，我调整了教学方法，包括布置相关练习作业。这次沟通之后，学生们更爱在课堂上发言了（尽管还没有达到我的期望）。

当一个成员像非自愿案主那样，被迫参加一个他们不想参加的团体时，团体领导者可以这样说："我知道你们大多数人不想待在这里，如果我是被强迫来的，我也不愿意。我想我们是否可以先谈谈你们在这里时的愤怒和不愉快。"然后，团体领导者应该尝试说明团体目的、将要发生的事情以及成员"通过"考验的最低要求。团体领导者提醒成员以下几种选择：(1) 积极参与，并尽可能从团体中得到收获；(2) 保持沉默，听别人说；(3) 以破坏方式表达他们的愤怒和不满（这可能会激怒和疏远其他成员）；(4) 拒绝参与，这会带来一定的后果。然后，团体领导者可以表明自己不会控制成员的行为，选择权在每位成员手中。运用这种方法能使几乎所有非自愿案主选择第一或第二种选项，或许因为这种方法能够使案主认识到：领导者理解他们的情绪，然后他们会专注于在困境中作出最好的选择。

在团体的生命周期内，一个或多个成员可能会与领导者争夺控制权。以下几种方式可用来处理权力斗争：(1) 赋予这些成员有限的领导责任。成员或许会乐于担任"二把手"，成为领导者的帮手。他可以完成重要任务，或者在治疗团体成为有用的"协同顾问"。(2) 团体领导者和希望成为领导者的成员私下面谈，制订一个共同领导的工作安排，向团体介绍或确定成员希望看到的改变。(3) 领导者可以通过委婉方式(通过语言和行为)证明自己才是最有资格领导团体的人。(伴随这一战略,常出现政治活动的氛围,领导者和有抱负的领导候选人竞争,凭借他们的领导才能加深其他成员对他们的印象。)(4)团体领导者辞职,让成员心目中希望的人选成为领导者,并表明如果团体期望他成为领导者,他可以再次任职。(5)另一个策略是信任投票,即如果没有获得多数票支持,该团体领导者承诺离职。领导者聚集其资源和支持者展示力量,并向有抱负的成员表明,他们企图取代领导者的尝试是徒劳的。(6)最后,领导者可以用一定的不良后果来威胁有抱负的成员。有时这些威胁可能造成适得其反的负面影响,即激励那些有抱负的成员更加努力工作,或者使其他团体成员认为现任领导者缺乏道德操守。

练习4.8 处理团体成员的破坏行为

目标 本练习旨在帮助你处理团体成员的破坏行为。

1. 描述你所参与的团体中某位成员的破坏行为。
2. 该破坏行为是如何影响团体的?
3. 其他团体成员采取了什么行动(如果有的话)使破坏行为的影响尽量最小化? 这些措施有效吗?
4. 如果这些措施无效,请复习本章中有关应对破坏行为的内容,你(或其他团体成员)可以采取什么行动从而更有效地应对破坏行为?

总结

所有团体都有目标,每个加入团体的成员也有其个人目标。一些成员可能存在幕后动机——团体成员妨碍团体工作的(其他团体成员不知道的)个人目标。

在界定可操作目标和可衡量的目标之后,本章讨论了建立团体目标的程序。

团体往往有合作的或竞争的氛围。合作的团体氛围有许多积极影响,而竞争的团体氛围通常具有破坏性,并且竞争型成员常常破坏合作的团体氛围。

本章介绍了名义团体法以及名义团体法作为问题识别技术的优点。

团体规范是指明确规定适当的团体行为的规则,本章描述了学习和发展团体规范的程序,也描述了从众问题和性格信用问题,明确了团体成员的破坏行为类型,提出了应对团体成员破坏行为的策略,包括最小化破坏性影响、领导者与破坏性成员之间的沟通以及其他团体成员与破坏性成员之间的沟通。

 团体练习

练习A　设定个人和团体目标

目标　明确这门课程的个人目标,并制定团体目标。

步骤一　指导者首先解释练习目的,然后解释可操作和可衡量的目标,总结它们的重要性。

步骤二　每位成员在纸上列出本课程的个人和团体目标,指导者应该为班级准备一份团体目标清单。

步骤三　在黑板上列出每位成员提出的个人目标和团体目标(告诉学生他们有隐私权,可以不分享自己的个人目标),指导者的团体目标列表也应该在黑板上列出。

步骤四　全班讨论黑板上列出的个人和团体目标,并决定课程目标(指导者应提前阅读第六章有关"决策程序"的内容)。在制定课程目标时应明确,指导者负责课程,他可以增加或减少团体目标。

步骤五　设立团体目标后,应与团体讨论以下问题:

1. 所有这些目标都是可操作的和可测量的吗？如果不是,如何改进？
2. 在制定团体目标中遇到了哪些困难？
3. 花费的时间比预期的长吗？
4. 有没有人在某个时候感到沮丧？为什么？
5. 团体对设定团体目标的满意程度如何？
6. 指导者在设定团体目标方面更有发言权,团体如何看待这一现象？
7. 这些目标在实践中是否切实可行？
8. 这些团体目标是否与个人目标相一致？
9. 个人是否会积极实现团体目标？

练习 B 斯芬克斯基金会资助金

目标 观察团体中一部分成员合作而另一部分成员竞争时会发生什么。

步骤一 指导者说明本练习涉及的目标。假设斯芬克斯基金会向该社会工作项目的学生和教师提供 10 万美元资助金,用于改善项目并为校园周边社区提供社会服务。本练习的任务是针对如何使用这些资金提出建议。将学生分成人数相等的 3 个组。

步骤二 每组讨论 15 分钟,提出建议。然后,其中一个组的代表向其他两个组的代表介绍提案。

步骤三 3 位代表在教室中央位置开会讨论 15 分钟,彼此介绍提案,并最终为班级作出决定。3 个小组的其他成员观察谈判,小组之间不能进行沟通,但小组内成员可以讨论。小组成员也不能与他们的代表交谈,但可以提交书面信息。

步骤四 接下来,3 位代表与他们的小组商量 5 分钟。

步骤五 3 位代表随后在教室中央位置再讨论 5 分钟,并尝试达成共识。接下来,他们再与小组成员讨论 5 分钟。最后,他们又在教室中央位置讨论,达成最终共识。

步骤六 讨论以下问题:

1. 最终是否达成共识?原因是什么?

2. 3 位代表和小组成员是否试图合作或竞争?为什么?合作或竞争的结果是什么?

3. 这些提案的受益者是谁?是学生、学院还是社区的社会服务机构?为什么特别强调这一点?

4. 3 位代表对这次练习有何感受?他们是否感受到来自团体的压力?如果有,是什么类型的压力?

5. 每个小组内的决定是如何产生的以及 3 位代表是如何作出决定的?

练习 C 名义团体法

目标 呈现如何组建一个名义团体。

步骤一 指导者首先描述什么是名义团体以及如何运用它,然后,表明本练习旨在通过获取参与者的需求,找出大学社会工作项目中的不足之处。在教室情境中,没有必要选出团体中的代表,因为学生是全部的潜在案主。

步骤二 把参与者随机分成5—8组,每个组围坐在一张桌子周围。(当没有这种桌子时,可将课桌5—8张一组摆放)。

步骤三 指导者分发答题纸,答题纸上有要求书面回答的问题(另一种方法是把问题写在黑板上)。可能用到的一个问题是:

> 请匿名回答,你认为我们社会工作项目的缺点是什么?
>
>
> 请书面回答

步骤四 在15—20分钟内,参与者独立列出答案,这段时间内不要交流。

步骤五 每组指定一名成员为记录员,记录员要求每个团体成员提出一个缺点,并用马克笔在图表中标出其他成员的答案。这个过程直到每位成员都回答之后结束。每组单独完成清单,每位成员的答案都需要明确记录下来。在此过程中不允许讨论。

步骤六 用胶带将图表贴在靠近该组的墙上。接下来是一个简短的非正式讨论,重点是阐明这些想法的含义。有两种不同的检查项目的方法:(1)整个班级一起检查所有记录的项目;(2)每个小组简要回顾自己小组记录的项目。这两种方法都有效。对于较小的团体,通常使用第一种方法。当列出的项目总数非常多时,第二种方法通常更有效。

步骤七 等参与者清楚了图表上的项目后,要求每个人在卡片上列出自己认为最重要的五项。

步骤八 这些项目都是匿名递交的,然后被制成表格,或者每个学生简单用记号笔标出图表上的五项。随后,学生们简单讨论这些结果。(教师可能认识到这些结果值得与系里的其他教师分享,从而安排教职员工会议讨论评分较高的项目。)

练习 D　明确和改变团体规范

目标　明确团体中的规范并评估哪些规范需要改变

步骤一　指导者表明什么是团体规范,并说明本练习的目的,之后将全班分成 3—4 个小组,每组列出班级中存在的规范。

步骤二　从这个列表中,每组明确他们希望作出改变的规范,并提出修改建议。

步骤三　每个小组派代表把他们的规范列表写在黑板上,圈出他们想要改变的规范。

步骤四　接下来进行课堂讨论。这些小组是否普遍同意或不同意课堂上存在的规范?对于被圈出的规范,每个小组的代表应说明为什么该小组希望改变这些规范,并提出修改这些规范的建议。然后,全班讨论这些改变是否可行(由于教师对课程负主要责任,教师有权否决某些建议)。

练习 E　坏脾气的老师

目标　帮助学生认识到团体中存在的规范,并了解领导者按照一套新的规范行事时,团体会发生什么。

步骤一　本练习最好由教师领导着做。教师以一种与平时不同的方式开始上课。例如,教师比平时穿得更多或更少;如果凳子通常排成圆形,那么就把它们排成行;如果教师通常在上课前进行简单沟通,那么就不再沟通;如果教师是一个热情的人,那么就表现得冷酷一些,譬如进行点名并宣布从这节课开始,学生每缺课一次,成绩就扣一分。教师公开批评迟到或在其他方面扰乱课堂的学生。教师透露其对课程表现不满意,因此将会实施新规则:每天点名;每周都会进行课堂测试;每个学生的上课态度和课程参与度占期末成绩的 30%;没有按照规定时间参加考试或提交论文的学生,其成绩不高于 D,若缺席课堂,学生会被降级。

步骤二　10—15 分钟之后,教师解释练习的真正目的,这涉及故意违背现有规范。然后教师询问学生,当他在课堂上应用一套新规范时,他们的想法和感受如何?教师会在结论中指出,规范对于指导团体的方向是非常重要的,而规范的重大改变往往会导致混乱和反抗。

练习 F　团体决策如何影响价值观

目标　呈现团体决策如何影响个人的价值观。

步骤一　指导者说明,本练习的目的是帮助学生评估他们的价值观。然后分发问卷,告知学生结果是匿名的,要求学生在填写时保持安静。然后,将班级分为若干个5—6人的小组。问卷中的问题如下:

1. 你认为应该允许同性恋教师教育幼儿吗?

   a. 当然　　　b. 很可能　　　c. 不确定　　　d. 可能不　　　e. 绝对不行

2. 你认为,那些有严重智力障碍、智力水平不超过6个月的人,应依靠纳税人的钱来生活吗?

   a. 当然　　　b. 很可能　　　c. 不确定　　　d. 可能不　　　e. 绝对不行

3. 你认为人有权利自杀吗?

   a. 当然　　　b. 很可能　　　c. 不确定　　　d. 可能不　　　e. 绝对不行

4. 你认为应该允许未成年女性在没有父母同意的情况下堕胎吗?

   a. 当然　　　b. 很可能　　　c. 不确定　　　d. 可能不　　　e. 绝对不行

5. 你会让你的孩子去有艾滋病学生的学校上学吗?

   a. 当然　　　b. 很可能　　　c. 不确定　　　d. 可能不　　　e. 绝对不行

步骤二　收集问卷,并按小组分别保存。每个小组分别讨论每个主题,每个问题得出一个答案。给每个小组一份额外的调查问卷,以记录其答案。

步骤三　完成第二步后,每位成员匿名再次填写问卷。同样,每组的问卷分开保存。

步骤四　在进行此练习之前,教师应安排指导者制作问题回答表格,按照以下格式记录结果:

A 小组

选择此选项的学生人数

		讨论前答案	团体决策	讨论后答案
问题 1	A.			
	B.			
	C.			
	D.			
	E.			
问题 2	A.			
	B.			
	C.			
	D.			
	E.			
问题 3	A.			
	B.			
	C.			
	D.			
	E.			
问题 4	A.			
	B.			
	C.			
	D.			
	E.			
问题 5	A.			
	B.			
	C.			
	D.			
	E.			

步骤五 休息一会,将所有小组的答案粘贴在黑板上,或者按照步骤四中所列出的格式增加整个过程的透明度。讨论以下问题:成员在小组讨论前的回答是否与讨论后的回答不同?如果"是",成员改变观点的原因是什么?团体讨论和团体决策是否会影响学生的价值判断?当学生在小组讨论后再次填写个人问卷时,他们是否感到团体观点与他们的个人价值观有冲突?如果是,他们如何看待这场冲突,又如何解决?

练习G 沟通与"我—信息"

目标 练习沟通和使用"我—信息"。

步骤一 指导者首先介绍练习目的,介绍"我—信息"。"我—信息"是一种非责备性描述他人行为对你产生影响的信息。使用"我—信息"时,讲话者不一定要使用"我"这个词,关键是用非责备的方式描述他人行为对你的影响,而不是批评或提出解决方案。(参见第五章对"我—信息"的详细描述。)

步骤二 以下情境涉及角色扮演的沟通方式,要求"沟通者"使用"我—信息"。请两名学生自愿扮演每个角色,并给予以下指示。

角色扮演1 你是一名领导者,某成员每次开会都迟到10—15分钟。该成员的习惯性迟到已经具有破坏性,你担心其他成员会效仿。你的任务是与这位经常迟到的成员进行沟通。

角色扮演2 你是一名领导者,团体中存在未解决的人际冲突,每次都要费力处理。吉姆常常在会议上开玩笑,或是改变话题。你的任务是与吉姆进行沟通。

角色扮演3 你和其他大多数团体成员一样不吸烟,约翰总坐在你旁边抽烟,这使你越来越生气。你的任务是与他进行沟通。

角色扮演4 你是一名团体成员,因为团体目标还没有确定,所以团体工作一直没有开展,而领导者似乎对团体程序感到困惑。该团体由学生组成,需要向社会工作者提供课程和部门政策方面的建议。你意识到领导者是第一次领导团体。你的任务是与这个领导者沟通,表明你和其他成员的困惑和沮丧以及团体面临的挑战。

步骤三 在每个角色扮演之后,讨论每一名沟通者如何明确表达他的顾虑,以及如何使用"我—信息"以表达顾虑。

练习 H　主动与被动沟通*

目标　巧妙地与合作伙伴讨论他在团体中的表现,并获得他对团体的反馈。

注意　应由指导者引导本练习,因为参与者可能会产生强烈情绪。

步骤一　指导者阐明本练习的目的。开始之前,指导者应指出一些成员应尽量控制他们的破坏行为,提醒沟通中可能会出现的其他问题。

指导者简要总结以下几种破坏行为,学生可委婉地与同伴谈论这些行为的破坏性。

蛮横的人	勤奋的人
精神分析者	敏感话题挑拨者
内疚制造者	保留者
小丑	灾难传递者
话题改变者	抱怨者
背叛者	轻微欺压者
懒骨头	权力掠夺者
偏执狂	

步骤二　接下来,每两名成员组成一个小组。指导者说明每个学生的任务是与伙伴进行灵活沟通,沟通他在团体中的表现与行为。一名学生是沟通者,另一名是倾听者,然后互换角色。指导者应该强调:(1)首先表扬对方,在缓和沟通中可能出现消极情绪;(2)使用"我—信息";(3)委婉表达,尽可能进行积极沟通。

步骤三　沟通之后,教师询问学生对这次经历的感受,鼓励他们讨论练习的积极和消极作用。

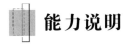

能力说明

EP 2.1.7.a　利用概念框架指导评估、干预和评价过程。 社会工作者运用可

---

* 本练习即《实践行为练习册》一书中的练习4.2。

操作目标和可衡量目标的概念评估目标质量。

EP 2.1.7.a 利用概念框架指导评估、干预和评价过程。社会工作者运用合作氛围和竞争氛围的概念评估团体动态。

EP 2.1.7.a 利用概念框架指导评估、干预和评价过程。名义团体法是一种重要的问题识别技术。

EP 2.1.1.b 练习自我反省和自我纠正,确保持续的专业发展。练习4.6可以帮助学生反思他们顺从团体压力的过程。

EP 2.1.7.a 利用概念框架指导评估、干预和评价过程。社会工作者运用破坏性团体行为的概念对团体中的破坏行为进行评估。

EP 2.1.10.g 选择适当的干预策略。为应对团体中的破坏行为提供建议。

EP 2.1.1.d 在行为、外表和沟通方面表现出专业的行为举止。练习4.8可以帮助学生巧妙地与伙伴沟通其团体行为,同时获得对团体表现的反馈。

第五章
语言沟通与非语言沟通

目标

为了更加有效地进行沟通,团体成员与社会工作者一定要准确表达自己的思想和情感。本章介绍一些沟通模型,描述沟通过程中的干扰因素,也为如何更加高效地沟通提供参考。西格蒙德·弗洛伊德曾说过:"如果一个人用眼睛去看,用耳朵去听,他确信没有一个凡人能保持秘密。如果他的双唇紧闭,他会用手势交谈,背叛将无孔不入。"[1]本章还将介绍非语言沟通的内容,并说明如何运用非语言沟通,更好地理解他人。

所有的团体互动,无论是语言的还是非语言的,都依赖于有效沟通。沟通过程中,团体成员互相争论,攻击对方,争辩问题,实现目标,承担任务与责任,开怀大笑,解决分歧。当信息接收者按照信息发送者编码的方式去解读信息时,就会产生有效的沟通。无论信息发送者的意图如何,沟通的意义就在于信息所引起的接收者的反应。

 沟通模型

尽管大多数人认为他们理解沟通的含义,但他们还是不能完全理解人们沟通思想的过程。本节将给大家简单介绍这个过程。现在假设你是信息发送者,需要表达自己的想法或者情感。

第一步是你要将想法和情感转化为其他人可以理解的符号(通常是口头语言,也可能是非语言暗示),这个过程叫作编码。想要找到准确的符号来表达想法或情感并不容易。第二步是发送信息。发送信息的方式有很多:信件、电子邮件、电话、便条、言语、碰触、姿势、手势以及面部表情。当信息送达接收者,接收者就按照他对这些想法或情感的理解方式来解码。图5.1展示了整个过程。

这个过程是单向沟通,信息发送者将信息传递给接收者。然而大部分沟通都是双向的,最初由发送者将信息传递给接收者,而后接收者作出反应。图5.2展示了双向沟通的过程。

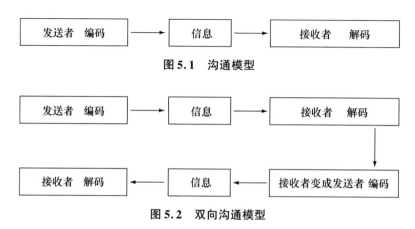

图 5.1　沟通模型

图 5.2　双向沟通模型

在有效沟通中,接收者解码的信息正是发送者所传送的信息。然而,经常事与愿违:朋友的一个玩笑可能被认为是伤害,一个微小的请求可能被忽略,一条有建设性的建议可能被视为无用的。

沟通模型帮助我们识别可能发生误解的地方。首先,信息发送者把所思所感转化为符号时可能存在困难。其次,信息未被有效传递。这有可能是因为噪音太多,难以听清信息发送者的声音,也有可能是发送者说话声音不够响亮。由于非语言的线索往往模糊不清,也可能因为词语意思众多而导致词不达意。另外,信息接收者在解码过程中可能因为多种因素而对信息产生误解,例如生理因素、个人态度、价值观、观念、防范机制、刻板印象以及一些知觉因素等。本章结尾部分会仔细探讨这些因素如何影响沟通。

◆ 单向沟通

许多团体和公司采用单向沟通的方式。老板或团体领导者对团体成员发号施令或发布通知，而团体成员却不反馈他们的所思所感。单向沟通中，倾听者只是接收信息，执行命令。这种沟通方式的好处在于信息和指令传达迅速，老板不需要处理倾听者的问题和考虑。在权威的等级结构中，信息经常通过多层次传递。

有人研究了单向沟通中一则信息通过多人传递时的情况。[2] 因为持平（leveling）、强化（sharpening）和同化（assimilation）三个心理过程，信息在传递过程中被简化和曲解。首先，信息接收者会减少或持平信息量，因为记住的信息比他接收到的信息要少一些。在接下来的信息传递中，提到的细节和用到的词句更少。其次，关键信息占据主导地位，很容易被记住或被强化，而忘记了其他信息。

话语的错误解释

语言具有象征性，其意义更多地在于人们如何理解而不是语言本身。每种语言的词汇都有多重含义，这更容易引起人们的误解。1945年，在日本就发生了这样一个悲剧事件。7月底，日本政府领导者感到大势已去，想尽快结束战争。当中美苏三国发布《波茨坦公告》（Potsdam Declaration）迫使日军投降时，首相铃木于7月28日通知日本媒体他要作出反应。他用到词语"默杀"（*mokusatsu*），很显然，他要通过这个词语表达"不发表评论"之意，借此告诉同盟国日军正在准备投降。不幸的是，这个词语还可以被翻译为"无视，忽视"。于是日本媒体草率选择了这个错误意思翻译了首相铃木的声明。东京广播向全世界宣布铃木内阁决定无视《波茨坦公告》的最后通牒。铃木内阁对词语的翻译和广播内容感到震惊和愤怒。美国政府于8月6日作出反应，向广岛丢下一颗原子弹；几天之后又轰炸了长崎。成千上万的日本民众因此白白葬送了生命。

资料来源：William J. Coughlin, "The Great Mokusatsu Mistake," in *Looking Out/Looking In*, by Ronald B. Adler and Neil Towne, 3d ed.（New York：Holt, Rinehart, and Winston, 1981），pp. 303-305。

最后,信息接收者依照他们独特的个性和参照体系解释或**同化**大部分信息。这个过程包括接收者将不熟悉的信息转化为熟悉的信息,遗漏不相关的部分,并参照自己的认知框架,用自己感到有意义的信息取代了原信息。

指导性沟通或强制性沟通

单向沟通的一个变体是反馈。麦格雷戈(McGregor)称之为指导性沟通或强制性沟通。[3]这种沟通方式下,领导者发布一则消息,团体成员有机会寻求说明。反馈仅限于了解成员对信息的理解程度。如果领导者认为团体成员都能理解信息,沟通就会到此为止。这种沟通的前提在于领导者看待问题一切从员工和组织的利益出发。反馈包含与团体成员的互动,确定他们是否理解信息,因此要优于简单的单向沟通。

单向沟通存在的问题

单向和指导性沟通存在严重的缺陷。团体成员可能有关于提高团体的宝贵建议,却由于没有传达到领导者那里,而不会被考虑。另外,原信息的细节可能被遗漏,信息在一层层的传递过程中被曲解,这些曲解会降低各层次之间的协调性,有可能导致低效执行领导者的指令。再者,由于团体成员并未参与决策,执行命令过程中团体士气和员工投入度都会大打折扣。过去美国公司的一个主要缺点就是基本上都是单向沟通。

日本公司能够生产性价比较高的产品,一定程度上也归功于员工与管理层进行积极的双向沟通。日本公司里,员工发现问题后会在例会上向管理层提出改进的建议。(很多美国公司现在也开始在员工与管理者之间实施双向沟通。)

■ 双向沟通

有一些团体运用双向沟通,让团体成员都参与进来,这种互动可以带来很多好处。

由于鼓励少数人发表意见,双向沟通能够提升士气,增强凝聚力、信任感和坦诚度。将所有成员的资源和想法集聚在一起,更好地解决冲突和争议。虽然通常来讲双向沟通比单向沟通更有效,但双向沟通方式花费的时间也更多。

双向沟通存在的问题

权威的等级结构同样影响着双向沟通,因为高级别的员工更倾向于侃侃而谈,大部分信息也都针对高级别的员工。通常级别低的员工由于害怕风险而不敢坦诚发表意见；级别高的员工怕暴露缺点，显得不称职，也不愿显露弱点。这样的趋势便导致了公开坦诚的沟通逐渐减少。当团体成员的地位和权力存在显著差异的时候，应当营造合作的氛围，鼓励所有成员参与，团体规则必须表明所有成员的意见和建议都是宝贵而且是必要的。

练习5.1　单向沟通的情感效果

目标　本练习旨在帮助你理解单向沟通的情感效果。

1. 请描述某人(可能是雇主、父母或老师)与你进行单向沟通的场景。
2. 如果你被禁止发表意见、分享观点或提出问题，你会作何感想？
3. 这个人用单向沟通方式让你去做的事情，你有动力去做吗？

 认知能力

让我们先回顾一下本章开始提到的沟通模型。在沟通中，信息被扭曲的原因之一是信息接收者对所发送信息的认知能力问题。接收者收到的信息不仅取决于信息发送者的编码过程，也取决于接收者的解码或对编码的解释。例如，接收者可能过度解释发送者的信息。如果一位异性同学说"你今天看起来真不错"，你可能认为信息发送者实际是想表达"我想和你谈恋爱"。接收者也许不能完全理解发送者所讲的话，就像一个本科生不能完全听懂资深教师做的复杂而抽象的讲座，特别是容易被漏掉的所有细节。另外，接收者也可能曲解部分信息，比如当时接收者并未听清楚。

接收者所感知到的一切就**变成了信息**，这条信息可能是完全正确的、部分正确的或者完全错误的。

墨迹测验(ink blot test)证实，个体在模糊的沟通中感知的信息差异非常大。对发送者信息的理解往往基于接收者的经验、需求以及信息发送者发出的实际信息。信息接收者的反应是他当时所见、所听和所思的综合，所以两个人对同一件事情的看法通常不会完全一致。[4]通过计算图5.3中三角形的数量很容易理解这一反应过程。

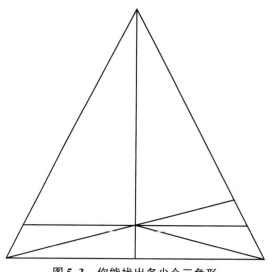

图5.3 你能找出多少个三角形

你找出三角形的数量取决于你用什么视角来看待这个示意图,以及你对三角形的定义是什么。人们可以找出少则1个多则20个三角形,而要正确解释更复杂的信息,难度则更大。

认知过程

因为接收者要面临远远超出他们处理能力的信息,所以认知过程就是根据个人经验来选择有意义的信息。这个过程的步骤之一就是选择足够多的重要数据进行解释。

一些因素使得信息接收者选择某些特定信息而忽略其他信息。例如,一些较强烈的刺激(响亮、巨大或者明亮的)通常比较突出,聚会中笑声响亮的人比安静的人更能引起人们注意。重复刺激也会吸引注意力,这一点广泛应用于广告。例如,提醒人们小心预防森林火灾的防火护林熊(Smokey the Bear)(美国林业局用于森林防火标志和广告的标记——译者注),这一标语通过不断重复的广告成为一个符号。由于**刺激程度的变化**会引起人们的注意,在马路上,人们经常不会在意安静行驶的汽车的噪音水平,但是任何异常的声音都能够吸引我们的注意。从环境中选择的信息是由人的动机决定的。

如果一个人在旅途中感到饥饿,他便注意到广告牌中的食物和餐馆。如果一个人拥有一项爱好或属于某个领域的专业人员,他会更倾向于关注与之相关的信息。

对某个话题敏感的团体成员,甚至非常可能注意到与这个话题有一丝关联的评论。

认知过程的第二步是以有意义的方式来组织这些数据。例如,为使人类行为有意义,人们会根据他们最喜欢的理论解释某个特定行为。如果我们相信心理分析的理论,我们会试图根据心理分析模型理解或解释人们的行为;如果我们信奉认知行为理论原则,那么我们对同一行为的解释就会大相径庭。一位心理分析师认为,怀孕的单身女性是由于一种无意识的欲望(比如想要伤害她自己的父亲或母亲)导致怀孕;相反,一位认知行为专业人员则认为,当这名女性决定发生性行为时,她认为预期的回报比潜在的后果更加重要。

团体成员总是选择记住重要的信息并作出回应,并专门为此收集资料。在信息组织过程中,过去的经验、关于人类行为的知识、观念、价值、态度、类型和防卫机制引领个体听到、看到他们想要的东西。支持人们观点的信息容易被记住,而那些迫使人们对自己的观念和态度质疑的信息常常被忽略或被遗忘。

◈ 生理影响

由于一系列社会因素,每个个体观察世界的视角都很独特。尽管世界只有一个,由于认知机制不同,每个人眼中的世界却各有不同。

味觉

人们对味道的体验方式非常不同,虽然基本的味道只有酸、甜、苦、辣四种,但人的味蕾可以适应巨大的变化。有实验表明,不同的人品尝经过苯硫脲处理的石蕊试纸,会感觉咸、苦、甜、酸或者无味。[5] 人们关于食物味道的争论,往往围绕着哪种食物更美味。但事实上,不同的人品尝相同食物的味道也会有所不同。

嗅觉

人们对气味的感觉也大相径庭,令一个人感觉愉悦的气味可能会让另一个人感觉恶心。这种认知上的差异会影响沟通。

温度

人们对温度的感觉也有很大差异。有些人可能在华氏70度时流汗,而其他人有可能因寒冷而颤抖。例如,一个人发烧时,他对"理想"温度的认知会发生变化。关于办公室和家里多少度是舒适的温度,这一问题也一直存有争议。

听力

嘈杂的环境(工厂、摇滚俱乐部、机场)会损坏听力。听力严重丧失的人们常常会错过团体的部分沟通,他们不得不通过猜测听不到的声音、阅读唇语、观察非语言沟通来尽力"弥补"这些信息。

视力

色盲、远视、近视或有其他视力障碍的人感知物体的方式与正常人不同。雪莉·阿德勒(Sherri Adler)曾简洁地描述了她糟糕的视力如何影响她与丈夫罗恩的沟通:

> 我和罗恩由于我们视力的差异遇到过一些沟通问题。他的视力非常好,即便我戴上眼镜,他也比我看得更清楚。几年前,我们开车去科罗拉多,当他不断在狭窄的两个车道的道路上超车时,我感到生气和害怕;而当我一直跟在慢吞吞的汽车后面,连续半小时不超车时,他也非常生气。当我解释说我不能像他那样看清远处的路况时,我们都意识到双方看东西的能力不同,如果我像他那样开车,我们的安全就难以得到保障。[6]

其他生理因素

其他生理因素同样会影响我们的认知。如果我们非常放松,休息得很好,就会因朋友的玩笑而开心大笑。然而,如果我们处于疾病、高压、疲乏、倦怠、饥饿、口渴状态或者几乎睡着时,这些玩笑就未必有趣了。所有这些生理因素对我们的认知、对我们与他人的关系都有重大影响。月经周期会影响女性的情绪和认知,从而影响到她们与其他人的沟通;有证据显示,男性也会有四到六周的生理高潮或低潮期。[7]无论男女,由于荷尔蒙分泌的周期变化,每天都会有性冲动、身体温度、警觉度、容忍压力的能力和情绪的周期变化。[8]由于这些每天都在发生变化,每个人最有效的工作时间也会有所不同。

◼ 社会心理影响

社会心理因素包括防御机制、观念、态度、价值观和刻板印象,这些因素都会影响我们的认知。

防御机制

防御机制指心理上试图避免或逃避一些痛苦的情景,如焦虑、沮丧、伤害和内疚。当一个人遇到和自我认知不一致的信息时就会启动防御机制。防御机制可以保护自我观念和自尊,减轻失败感、失落感和内疚感。图5.4简要总结了一般防御机制。

合理化:最常见的防御机制之一就是合理化,即作出一个合乎逻辑但错误的解释以保护自我观念。运用这一机制的团体成员都深信他们自己设计的理由。例如,一个考试不及格的学生可能会归咎于老师教得不好或者他课外还要打工,而不是承认自己没有好好学习这一真实原因。

投射:运用这种防御机制的团体成员会无意识地把他们不可接受的想法或冲动投射于其他人。比如,一个人可能通过让他人看起来很糟糕而显示自己的美好。而在心理层面上,这个人并不想承认这一自私的动机。所以,他把自私的一面投射到别人身上,认为其他人正试图让自己难堪,而这恰好印证了他自己的负面行为。

否定:个体可以通过拒绝或否定现实逃离精神上的痛苦。当人们面临巨大损失时,首先想到的往往是否定这一现实。比如,拒绝承认自己的亲人已经死去,许多酗酒之人不愿承认自己的问题。

反向:团体成员通过采取与他们的感受相反的行动来避免面对令人不快的现实。有些人生气了,但不会跟他人承认这个事实,甚至自己也不愿承认,反而经常表现得好像什么都没有发生。通过运用反向形成这一防御机制,悲伤孤独的人可能表现得像参加聚会一样,不停地嬉笑和讲笑话;同样,葬礼上有些悲痛欲绝的人反而表现得很平静。否定防御机制通常也包含在反向中,比如一些个人设法否定痛苦的事实、事件或情感。

补偿:这种机制通过创造一个真实或幻想的成就或优势来补偿真实或幻想的缺陷或自卑。一位近期离婚的父亲可能通过给孩子们购买昂贵玩具来减轻他们的痛苦;类似的,对婚姻不满意的大学生可以通过把精力投入学习而避免处理婚姻问题。一些在事业和个人生活上"失败"的人可能会从饮酒和毒品中获得"高"补偿。

认同:七八岁的孩子心目中都有理想的、经常模仿的英雄人物。有些成年人在一些特定情境中隐藏自己的真实情感,而宁愿去模仿自己崇拜的人。这种机制的问题在于,对于身份"着迷"的人不能针对情况作出真实反应,他们否定自己的真实情感,扮演着心目中的英雄形象。

幻想:此机制运用幻想来减轻现实带来的痛苦。比如一个被收养的孩子感到不开心时,会经常幻想他的亲生父母是高贵而慈爱的,总有一天会来救他。每个人都会做白日梦,大多数人都会很快退回到现实中来,但有些想象是持久而具毁灭性的。例如,我以前的一位案主认为将女性尸体运回家就能让他已故的母亲起死回生。在盗挖几座坟墓之后,他被警方逮捕了。

退化:有些成年人生病或遇到困难时会退回到婴儿或孩童状态,他们潜意识中想要获得更多的关心和注意。有些团体成员面临失败时就会流泪,试图找出自己未完成重要任务的理由。

隔离:将客体(观点、经验或记忆)与相关的感情分开的结果就是导致人们对这一客体失去感情,这一机制可以帮助个人避免焦虑、羞愧或内疚带来的痛苦。例如,一个人讨论自己曾犯下的暴力罪行时运用这一机制,不会流露出任何情绪。

转移:当人们面对更安全的物体或人而非那些引发此情绪的人发泄恶意或攻击性情绪时,这种机制就产生了。一位上班不顺心的丈夫有可能在言语或身体上辱骂、虐待自己的妻儿或宠物。

抵消:当一个人对自己的行为或愿望感到内疚时,她可以表现出与此行为或愿望相反的举止,以降低自己的负疚感。典型的例子就是一个不忠的伴侣会对其伴侣投入更多的注意力。

图5.4 一般防御机制

练习 5.2　运用防御机制

目标　本练习可以帮助你更好地理解防御机制。

1. 请再次阅读书中列举讨论的各种防御机制,举出你曾见过别人使用的防御机制。告诉大家防御机制的名称并描述运用整个机制的过程。
2. 列举并描述你曾亲自运用过的防御机制。

尽管每个人都会运用防御机制应付尴尬的状况,但在对现实的感知严重扭曲时,防御机制也会具有破坏性。下述案例就说明了防御机制是如何严重扭曲信息传递的(案例中人物均为化名)。

> 奈斯特龙博士从一所大学应聘到中西部一所中等规模的大学,担任社会工作系的系主任。第一学期的第三周,四个学生来到奈斯特龙的办公室,向他投诉一位新教师韦勒博士的教学问题。奈斯特龙让学生们向韦勒博士提出他们的意见,但学生们只想匿名投诉。于是,奈斯特龙让学生们详述他们的意见后,将这些意见转述给韦勒博士。韦勒博士很震惊,这令她感到无言以对。
>
> 第二天,韦勒博士闯入奈斯特龙的办公室说道:"我的教学质量很好。昨晚我花了很长时间找问题,结果发现我的教学没什么问题,一定是你在唆使学生跟我作对。"(理论解释和投射他人)奈斯特龙无法使韦勒相信他并未唆使学生,他们之间的关系由此恶化。
>
> 从此,韦勒一直认为奈斯特龙要找机会结束她的工作。她得到的学生评价仍然很低,但她不断找出各种理由解释,比如身体不好,认为同事唆使学生与她作对等。这种偏执妄想对整个院系的士气也产生了不良影响。

防御性沟通

吉布(Gibb)发现,人们倾向于对某些沟通类型作出防御性反应,而这种防御是相互的。[9]如果信息发送者开始作出防御性反应,接收者也会建立相应的防御机制,这反过来又会增加信息发送者的防御性。吉布发现有六种类型的信息会增加接收者的防御性,分别是:评价型、控制型、操纵型、冷漠型、优越型和确定型。

任何可能被理解为评价或判断的信息都容易增加信息接收者的防御性。当一个人被评价或定级时,他会处于更强的警戒状态。相反,非责备性的沟通会降低人的防御性。

试图控制人的行为或思想的沟通也会让人产生防御心理。例如,当销售人员非常激进地推销产品时,很多案主都会作出防御性反应。吉布指出,当信息发送者表现出共同解决问题的意愿时,接收者的防御心理就会下降,例如信息发送者表示:"我们一起来寻找对我们都有好处的解决方法吧。"

当人们发现其他人在操纵自己时,就会增加防御心理。由于人们更愿意直接被告知去做某事而不是被人诱骗去做某事,操纵型沟通会导致不信任和防御心理。一个诚恳的请求不一定会立即带来积极反应,但会使沟通更加开诚布公,并在关键时刻赢得支持。

对其他人的情感和想法漠不关心会增加对方的防御性,这是由于缺乏关心和暗示表明了这个人并不重要。防御机制使信息接收者可以保持一种价值感而消除冷漠。吉布发现,与冷漠相比,同情可以降低防御性,对人际关系的发展更有好处。

如果一个人想要显示优越感,人们往往会生气,不太理会这个人或者运用防御机制维护自尊。有些人会因此尽力降低自己的"威望"。在平等基础上相处更容易使人心态开放、乐于分享并降低防御性。与试图用自己的权威和知识教育学生的老师相比,与学生平等相处的老师更善于使用好的教育和沟通方法。

吉布指出,最后一种能够增强防御性的沟通类型就是确定性。传递此种信息的人坚定认为他们做事的方式是唯一的,或者只有他们才拥有全部的答案。吉布注意到,这些尽力想要证实确定性的人反而常常会有不安全感和自卑感,他们的确定性正是一种反向。在这种情况下,接收新的信息和沟通新的想法可以降低防御性。

防御心理可能是有效沟通的最大障碍,因此应当尽力避免,信息传递应该以不引起发送者或接收者的防御心理为宜。

练习 5.3　防御性沟通

目标　本练习旨在帮助你理解促使防御性增加的沟通类型。

你是否经历过下面的每种沟通类型,请描述当时的情形以及每种情况下你的情绪反应。

a. 评价型沟通；

b. 控制型沟通；

c. 操纵型沟通；

d. 冷漠型沟通；

e. 优越型沟通；

f. 确定型沟通。

观念、价值观和态度

人们使用自己的观念、价值观和态度选择、阐释并组织信息。如果团体中的一个人很受欢迎，那么他就会受到更多的关注和支持。厌恶会导致一些争论和强烈反对，当一位团体成员非常讨厌另一人时，他会反对这个人的每一项提议，即使这些提议会给他带来直接好处。

以下几个案例说明了沟通中观念与价值观的重要性。如果父母都非常保守并且强烈反对不同种族之间通婚，那么他们很可能反对不同种族之间的人约会；一位极力反对堕胎的罗马天主教徒与支持其观点的演讲者亲近，而对反对这一观点的人非常排斥；当别人声称他们的宗教才是唯一真正的宗教时，一些非常虔诚的教徒便会感受到威胁。拥有不同性观念的人也经常避免在一起谈论关于性的话题。

观念对人的认识能力有很大影响，有时会导致人们对信息的错误理解。比如，有些人认为其他人总是企图控制或指责他们。基于这样的观念机制，他们容易误解信息，得出错误的结论而变得非常有防御性，这导致难以开展真诚的沟通。这种对信息的错误解释也可以称为信息个人化的倾向。

刻板印象

刻板印象是对一个团体所固有的特定心理印象，这一印象适用于所有成员。刻板印象可能部分正确或完全错误。通过思考以下短语在你心里获得的印象，可以了解自己拥有的某些刻板印象，比如"大男人(macho male)""共和党人""福利母亲(welfare mother)""警察""同性恋""残疾人""有犯罪前科的人"等。对以上大部分短语，你可能会在脑海里显现出这些人的形象，对于他们的生活方式、价值观、兴趣和态度也可能持有特定想法。当你第一次和这些人接触时，你可能根据心理预期作出反应。例如，如果你对警察持有怀疑和恐惧，那么当你遇到警察时，就会特别注意自己的言行，并希望尽快结束与他们的沟通。

自我暴露

沟通时我们不能被完全理解的主要原因是，我们并未充分表达自己的所思所感，我们通常会考虑自己应当分享多少以及暴露自己想法的成本和好处。

自我暴露的定义是："故意泄露通常不为人知的、关于自己的重要信息的过程。"[10]有一些人是过度暴露者(over discloser)，他们或是过多地谈论自己，或是在不合适的时候暴露自己的事情。例如，学生社会工作俱乐部中，大家正在讨论老龄化这一新课程的提案，如果有个学生提起自己每过一段时间就想自杀，就很不合适。暴露不足者(under discloser)通常不希望别人知道他们太私密的事情，即使情况需要，他们对自己的事情也暴露很少。他们可能鼓励朋友分享个人的焦虑，但他们拒绝谈自己的私事。合适的自我暴露可以定义为在合适的时间暴露适量的自我信息。

朱拉德(Jourard)曾这样描述自我暴露的风险："当你把自己暴露在众人面前时，面对的不仅是爱人的香膏，还有仇人的炸弹。当他了解你时，他就知道在哪里安置炸弹以达到最强烈的效果。"[11]

自我暴露的风险包括随之而来的批评、嘲笑、反对或拒绝以及信息可能被用来对付相关人士的危险。譬如，一位学生向全班同学暴露自己有酗酒问题，班里的某位同学就很有可能向前者将来的雇主告发这一事情。

有很多种原因导致人们不能合理地暴露信息。有些人害怕亲近、拒绝和批评，或者他们为自己的想法、情感或过去的行为感到羞愧。在某些场合中，信息暴露会给团体成员带来压力而使其改变，例如有酗酒问题的人可能不愿意承认自己有这一问题，因为他知道一旦承认他就会被迫戒酒（其实他并不愿意这么做）。朱拉德认为，自我暴露对精神健康和成长是必要的，因为人们只有认识了自己才能做真实的自己。[12]人们通过自我暴露可以更好地认识自己，尽管如此，还是有很多人不能或不愿面对遇到的困难，因而抵触自我暴露。

如果不能分享思想和情感，个人就不能准确地沟通所思所感，也不能被充分理解。向能够接触自我本来面目的人进行自我暴露，在这样的基础上开诚布公的关系才有意义。通过相互的自我暴露，形成亲近、有意义的关系才成为可能。

以下简单的指导方针可以帮助回答是否要自我暴露的问题。当潜在好处大于风险的时候，个体可以自我暴露，但对潜在的益处和风险作出现实的判断很困难。

一个治疗团体的领导者,如果他的信息对团体成员有治疗作用,就应当进行自我暴露。如果成员有酗酒问题,团体领导者可以把自己酗酒的个人经验与大家分享,这可能为那些仍与酗酒问题抗争的成员带来有用信息并使团体氛围更加融洽。另外,如果团体领导者仍然纠结于某个问题,就不应该自我暴露,否则团体成员就会把领导者当成病人而非治疗师。如果一个由受虐女性组成的团体的领导者含泪讲述性暴力,成员会认为该领导者不能客观对待她们的问题。

我们也要记住自我暴露是有程度区分的,并不需要什么都讲出来。我们可以分享某些观点、情感、想法或经验,而保留那些有风险的信息。通过观察接收者的反应,信息发送者可以更好地决定暴露更多信息是否有益。

暴露的信息应当与目前和接收者的关系相适应。比如一旦过去的性关系被暴露出来,一段恋爱关系就可能结束。尽管大多数人知道自己的另一半以前有过性经历,但很少有人愿意听到具体细节。

练习 5.4　自我暴露后感觉良好*

目标　本练习旨在帮助你理解自我暴露有时候很有好处。

1. 请描述你曾自我暴露的私事,并且这样的自我暴露使你高兴。进一步描述你为什么会为自我暴露感到高兴。

2. 并非所有的自我暴露都是有益的,说一说你觉得什么时候应当自我暴露。

■ 乔哈里窗(The Johari Window)

卢夫特(Luft)和英格拉姆(Ingram)开发了一个团体中自我暴露的立体图,被称为"乔哈里窗"(Johari,以两位作者的名字 Joe 和 Harry 命名)。[13]图 5.5 A 部分描述了你要知道的全部——你的需求、喜好、过去经历、目标、欲望、秘密、观念、价值观和态度。但你并不是完全了解自己,如图 5.5 B 所示,你了解自己的某些方面,但对其他方面全然不知。另外,这个框架可以分清你为别人所熟悉和不熟悉的方面,正如图 5.5C 部分所示。

---

* 本练习即《实践行为练习册》一书中的练习 5.1。

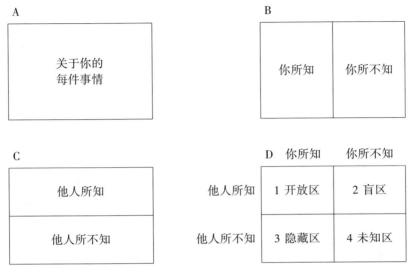

图 5.5 乔哈里窗

把图 5.5 的 B、C 两部分结合起来,我们就得到了乔哈里窗,正如图 5.5 D 部分所示。乔哈里窗把关于你的所有事情分成四个部分。D 部分的第一象限是你的**开放区**,你和其他人都知道这些情况。这一部分被称为"公开的自己",因为这一部分呈现的是人们有意展示的自己。象限 2 是你的**盲区**,展现的是别人知道而你自己并不知道的部分,这被称为"口臭"区域,因为其他人知道你有口臭,而你自己往往并不知道。象限 3 是**隐藏区**,是你自己知道而其他人不知道的部分。这部分可称为"秘密"区域,因为你了解自己的所有事情却不会告诉你的团体同伴。象限 4 是你的**未知区**,这一部分的事情无论是你自己还是他人都不知道。乔哈里窗通过将边界挪动到能最好描述人物个性的地方,进行个性化展示。例如,图 5.6 描述了一个非常了解自己但又经常对别人有所隐藏的人。

	你所知	你所不知
他人所知	1 开放区	2 盲区
他人所不知	3 隐藏区	4 未知区

图 5.6 乔哈里窗显示隐藏的个性类型

团体中的沟通一般都遵循特定的原则。首先,团体成员都很谨慎,不愿自我暴露,所以他们乔哈里窗的第一象限比较小。成员通过少说话、给出简短答案、小心自我暴露的信息来检测团体行为准则。随着活动继续,成员慢慢开始暴露更多信息。团体的共同特征就是最终创造出一个令成员感到安全和受保护的环境。当信任感建立起来以后,成员开始更多地暴露个人生活。私人信息由秘密转为公开,第一象限扩大而第三象限缩小。

乔哈里窗的一个重要特点就是,任何一个象限的改变都会影响到其他象限。例如,个人信息分享得越多,第一象限就会变得越大。当其他人从自我暴露中对这个人了解更多,第二象限就立即变小。第三象限也会变小,因为通过他人给予的反馈,个体增加了自我了解,因此盲区就变小了。通过自我暴露和反馈环节,个体不为人知的部分也被发现,从而改变了第四象限的大小。

乔哈里窗说明,分享的信息越多,他人知道的越多,反馈的就越多。而这些反馈又会带来更深刻的自我认知,以及更多关于我们自身和他人的分享。

然而我们也要注意,自我暴露最好逐步完成。如果最初的自我暴露受到欢迎,人们就会感觉安全而会暴露更多,但试图在短期内透露自己的秘密和私人细节来建立关系通常是错误的。被泄漏的信息除了有可能被用来对付自我暴露者之外,匆忙"暴露"自己也可能把别人吓跑。

练习 5.5　乔哈里窗*

目标　本练习旨在帮助你学习如何画乔哈里窗。

1. 再次阅读关于乔哈里窗的内容。为你熟悉的一个人画一个乔哈里窗。
2. 请画一个可以表现你自己的乔哈里窗。
3. 请总结每扇窗描述了什么。

如何有效沟通

考虑到所有会导致信息混乱的因素,每个人都努力有效地发送信息是至关重

---

* 本练习即《实践行为练习册》一书中的练习5.2。

要的。以下部分给出了一些建议，以帮助改善信息发送者和接收者之间的沟通。

信息发送者

如果非语言和语言信息能够匹配，信息接收者就能够更好地解释信息；当非语言和语言信息不匹配时，就会发送出双重意思或相互矛盾的信息。信息应当是完善具体的，如果你想请求某人帮忙，就需要解释原因，同时也要详细说明你的要求。模糊或不完善的信息经常会被误解。

通过使用人称代词"我"，"拥有"自己的信息，表明你明确自己的思想和情感。如果团体成员"不拥有"这些信息，只是说"有人说过"或者"大多数人都会觉得"，就难以判断他们的所思所感，或者他们只是在重复其他人的想法和情感。

表达信息的措辞要适合信息接收者的知识水平。向儿童和同学解释乔哈里窗时，用的措辞显然不同。传递语言信息时辅以讲义、图片和书面信息也会帮助信息接收者理解。当你不确定接收者是否准确地理解信息时，一定要不断地寻求反馈。

不要用批评责备、判断或评价的语言来表达你的顾虑，判断或评价性的用语会让他人产生防备心理。"你刚才说的话让我很受启发"和"你总是让我很累很烦，希望你小心点"这两句话差异很大，第一句话常常促进沟通，而第二句则会引起防备心理。

影响有效沟通的外界因素包括椅子排成一排（应该排成一圈）、音响效果差、外界噪音大、室内温度难以忍受、光线不好、椅子不舒适、讨论问题时间太短等，因此减少沟通中的这些障碍通常能够提高沟通的准确性。

信息接收者

当信息接收者总是按照自己的理解来接收信息时，沟通就会停止。信息接收者与其轻易地下结论，不如通过提问弄清楚信息发送者的意图和逻辑。

接收者可以通过以下问题明白发送者的意图，例如，"你是不是说……"或者"你感觉……"如果答案是否定的，对方就可能比较谨慎且具有防御性，于是就会影响真诚沟通。只有在准确理解发送者的信息后表明自己的观点，才能促进沟通进一步展开，这一点非常重要。在解决争辩的过程中，团体领导者可以运用"角色互换"这一原则，信息接收者可以重述发送者的想法，直到发送者满意为止，然后再开始展示自己的观点。信息接收者应当用自己的语言来表达发送者的感觉和想法,而不是盲目地重复和模仿发送者的语句。在表达赞同或反对时,信息接收者应当站在发送者的角度来理解他的所思所感。

社会工作者应当注意,信息发送者可能并没有正确或完全表达自己的情感或想法。信息发送者可能使用错误或模糊的词汇。例如,"I care about you"这一短语可能表达"我很关心你,如同我关心任何一个人一样",也可以表达"我爱上了你"。这种情况下,通过问题寻求明确的含义就非常重要。当然,提出问题的口气不能带有责备和评价的意味。

◼ 倾听技巧

做到有效沟通必须要培养良好的倾听技巧。然而不幸的是,很多人都沉迷于自己的兴趣和顾虑之中,当有人跟他们讲话时,他们正在被这些想法分散注意力。卡杜辛(Kadushin)解释了采访者难以培养良好倾听习惯的原因:

> 语言沟通的本质表现出一种特殊的风险——采访者进入不留神倾听的状态。人们一分钟之内传递的信息与听者能够接收的信息具有很大差异,而这样的差异就容易引起风险。思想远比语言的速度更快,说话的平均速度为一分钟125个单词,而每分钟我们可以阅读理解的单词为300—500个。所以,语言沟通中存在一定时长的静寂时间,这段时间里倾听者很容易受到干扰。倾听者可能抓紧这个时间和自己讲话,倾听自己内心的声音与外界的谈话同时进行。多数时候,倾听者放弃了倾听外界谈话,而迷失在自己的幻想中——计划,冥想,做梦。[14]

卡杜辛关于如何有效倾听给出了以下建议:

> 与其专注于缓慢语速之间的停顿时间,好的采访者会充分利用这段时间以达到更有效的倾听。倾听者要集中精力,同时运用这段时间思考采访的整个流程,不断检测,取得联系,提出质疑:我现在听到的与之前听到的有什么联系?他对我之前听到的内容有没有进行修改?与之前听到的内容有冲突还是一致?如何让之前的内容更好理解?可以预测接下来讲什么吗?有什么信息我漏听了吗?他试图告诉我什么?这些信息有没有其他意思?他告诉我这些的动机是什么?[15]

积极倾听

托马斯·戈登（Thomas Gordon）提出了四个技巧帮助改善沟通，分别是：积极倾听、我—信息、价值观冲突和双赢式问题解决。[16]双赢式问题解决在第六章详细讲解。

在聆听问题时，积极倾听非常重要。一名治疗团体的成员说："我很胖、很丑，我所有的朋友都有男朋友了，只有我没有。"这种情况下，戈登建议团体领导者（或其他成员）积极倾听。要做到这一点，首先信息接收者要试图理解信息发送者的意思或感受，然后接收者用语言表述出自己的理解，并让信息发送者明确回应。一个积极的倾听者可能这样反馈之前的那句话："你非常想交一个男朋友，而且认为你没有男朋友是因为你的外貌。"积极倾听者的反馈包含了对情感的深思或者对内容的重述。

戈登列举一系列积极倾听的好处。它可以帮助有问题的人解决问题，有利于责任心的培养。通过彻底地沟通问题，而不是简单思考，人们更容易找出问题的根源与解决方法。如果一个人发现其他人在倾听自己，他之后也会认真听他们说话。另外，团体成员之间的关系也可由此得到改善，当个体发现自己被倾听和理解时，对他人的积极情绪就会增加。另外，积极倾听能够帮助有问题的人去探索、认识和表达自己的情感。

刚开始运用这些技巧的时候，信息接收者可能会犯一些错误。一是信息接收者运用技巧指导有问题的人时，接收者提出的解决方案具有自身的倾向性。信息发送者常常会感到被操控，这一沟通过程反而事与愿违。二是接收者最初往往重复信息发送者的语言，而非重述他本来要表达的意义或情感。例如，如果一个成员对团体领导者大喊大叫"你这个笨蛋"，合适的反馈应该是"你生我的气了"，而不是"你认为我是笨蛋"。

离家出走中心小组讨论会上积极倾听的案例

少年(16岁)：我讨厌上学。我再也不想去学校。

咨询师：你对学校里发生的事很不高兴,所以你正在考虑退学。

少年：是,我的家庭生活一团糟,学校生活也不是很如意。

咨询师：家庭和学校生活都不开心是令人很沮丧。

少年：有时候,就像现在,我很想放弃。无论在家里还是学校,我都很努力地让事情好转。

咨询师：你感觉很糟糕,因为你所做的事情并没有像你所期望的那样。

少年：是的,我昨天的英语考试成绩只有F。

咨询师：因为你的英语成绩,你才感觉特别糟糕。

少年：自从家里开始混乱,我的成绩就开始下降。

咨询师：你认为家里的问题会影响你的学习。

少年：我不是真的想承认,但我猜测是的。因为最近几周来,我在学习时集中精力越来越困难了。

咨询师：你认为自己的成绩下滑,是因为家里的事情影响你不能集中精力学习。

少年：我认为在学校能够全神贯注学习,或许我跟一些老师沟通,告诉他们我现在经历的事情,他们能够理解我。我想我并不是真的想辍学。

"我—信息"

当其他人出现问题的时候,我们应该采用积极倾听的方法。很多场合下,其他团体成员可能给你带来问题。例如,其他团体成员可能会激怒或者批评你,你可能会保持沉默和愤怒,或者发送"你—信息"。"你—信息"有两种类型：解决方案信息和贬低信息。解决方案信息一般包括命令、指导、指挥、警告、威胁、说教、训诫或建议等；贬低信息一般包括责备、评价、批评、嘲笑或责骂,譬如"你住手""别干那件事""你怎么就不能好点呢""我恨你""你应该懂事了"。

戈登认为"我—信息"更好。例如,如果一个团体成员用铅笔敲击桌子,声音很响,这则"我—信息"可能是"敲击铅笔让人觉得很生气"。这个例子也说明"我—信息"里不一定有"我"这个词语。

"我—信息"本质上是不含责备的信息,只是表达了信息发送者认为信息接收者对自己的影响。"我—信息"不提供解决方案,也不批评责备。下面这个简单的格式举例说明怎样重述一则"我—信息"。信息发送者对接收者说:"当你_____(信息发送者说出令人愤怒的行为),我觉得_____(信息发送者描述自己的情感)。"

"你—信息"则一般会起到反作用,因为人们通常不喜欢被命令或被批评,"你—信息"经常会导致双方之间不断的斗争。

相反,"我—信息"会诚实地沟通行为的影响。"我—信息"帮助其他团体成员为自己的行为承担责任,所以更加有效。"我—信息"认为,你相信团体成员尊重你的需求,同时可以有建设性地处理问题。"我—信息"一般不会引起争辩,相反更容易促进团体之间形成真诚、开放、更为亲密的关系。

需要注意的是,只有信息接收者不希望自己的行为对信息发送者产生不利影响时,"我—信息"才会起作用。当信息接收者被告知自己的行为给发送者带来不良影响,如果他不想让发送者感到不适,就会尽力改变自己的不良行为。然而,如果信息接收者以让信息发送者感到不适为乐趣,"我—信息"正好让信息接收者知道怎样使信息发送者感到不适,他便会变本加厉地做出一些不好的行为("我—信息"是信息发送者邀请和接收者进行对话)。

练习 5.6　学习运用"我—信息"[*]

目标　本练习旨在帮助你理解如何运用"我—信息"。

注意:当有人做出下列行为时,请描述一则"我—信息"。

a. 你正在开车,同车的某人点燃了香烟。为了健康原因,你不想吸二手烟。

---

[*] 本练习即《实践行为练习册》一书中的练习5.3。

b. 你坐在车上,开车的人高速行驶并且行为鲁莽,你担心发生车祸。

c. 你正尝试入睡,此时已经凌晨三点,你明天上午将有两门考试。但隔壁房间里,有人把音响声音开得很大。

◼ 价值观冲突

团体成员之间的价值观冲突很普遍,例如对堕胎、性行为、服装、宗教、毒品、发型及完成分配团体任务的责任心等方面。

戈登认为,有三种建设性方法能够解决价值观冲突。第一种是塑造你认为重要的价值观。如果你看重诚实,那么做个诚实的人;如果你看重开放,那就敞开你的心扉;如果你没有遵照所信仰的价值观生活,那么你需要改变你的价值观或行为;如果你想成为有效的榜样,行为与价值观的一致性便非常重要。

第二种是尝试做咨询师,指导与你有冲突的人。做一个优秀的咨询师,需要注意以下事项。首先,一个优秀的咨询师会询问其他人是否愿意聆听他的观点。如果答案是否定的,则停止咨询,因为其他团体成员会消极对待;如果答案是肯定的,请确保自己清楚所有的相关事实,并分享这些事实让他人理解。让团体成员自己决定是否要听从建议。若要继续咨询,则这个人既要知识丰富,又不能唠叨。

第三种缓解价值观冲突氛围的方法是改变自己的价值观。通过仔细观察其他团体成员持有的价值观,你或许可以认识到他们的优点,于是你可能向他们的价值观倾斜或者更加理解他们的价值观。

练习 5.7 解决价值观冲突

目标 本练习旨在帮助你学习辨别和解决价值观冲突。

1. 描述生活中你和其他人的价值观存在严重冲突的情况。

2. 描述这个问题是如何得到解决的。(如果还没有得到解决,则描述一下还未解决的问题。)

3. 复习本章中有关价值观冲突的内容。这些内容是否对你经历过的价值观冲突给出更好的建议?如果是,请指出你觉得哪个方法更实用。

非语言沟通

拒绝沟通是不可能的,不管我们做什么,都在传递着信息。即便在葬礼上,脸上毫无表情也在传递着信息。当你读到这里时,停下一分钟,分析一下当别人观察你时,你传达了什么样的非语言信息。你的眼睛睁得很大还是半闭着?你的姿势放松还是紧张?你的面部表情说明了什么?你是不是偶尔会做一些手势?观察者如何推断你对这些非语言暗示的感觉?

非语言信息会暴露一个人故意试图隐藏的信息,身体的反应如出汗、口吃、脸红和皱眉经常会暴露一些情绪的存在——诸如恐惧、尴尬或不适等——所以人们更愿意在他人面前隐藏自我。通过学习阅读非语言暗示的技巧,团体领导者就能更明白其他成员的情感,更明白如何有效地和他们互动。既然情感来源于想法,非语言暗示可以暴露人们的想法,所以非语言也能够传递人们的想法。

在文学作品中,或许最能读懂非语言暗示的人就是夏洛克·福尔摩斯。在下面的交锋中,福尔摩斯是如此推断他的朋友华生的想法的:

"我是怎么知道你最近曾把自己弄得浑身湿透,并且有一个笨拙而粗心的女仆的?"

"问题本身很简单,"他说道:"我看到你左边鞋子的内侧有六条几乎平行的划痕。很明显这是有人为了去掉鞋上覆盖的泥巴,粗心地刮鞋底的边缘引起的。因此我得出双重推论,你在恶劣天气出门后,笨拙的女仆没把鞋子弄好。"[17]

 非语言沟通的功能

非语言沟通与语言沟通相互作用,非语言沟通可以重复、替换、强调、调整和反驳此前所说的话。

重复

非语言信息可以重复语言信息。一位丈夫可能说自己非常渴望当爸爸,他脸上洋溢的幸福表情就重复着他的期望。

◼◼ 替换

非语言信息可以替换语言信息。如果你知道一位亲密朋友刚刚没通过一门重要考试,即使她不提这件事,你也可以通过观察她,知道她的所思所感。

◼◼ 强调

非语言信息可以强调语言信息。如果跟你约会的女孩说,她对你做的事情感到非常生气,她可能通过砸拳头和用手指指着你等方式来强调这种强烈的感情。(强调和重复紧密相关,尽管强调通常更加重要。)

◼◼ 调整

非语言信息可以调整语言行为。你把目光从与你说话的人身上移开,说明你对谈话不感兴趣。

◼◼ 反驳

非语言信息可能反驳语言信息。例如,一个人面红耳赤、青筋暴起,蹙着眉头说:"生气?哪有?你哪里看出我生气啦?"当非语言信息与语言信息矛盾时,非语言信息通常更加准确。当信息接收者察觉到语言与非语言信息的差异时,他们通常会相信非语言信息。[18]

◼◼ 误解的风险

虽然非语言信息可以暴露内情,它们也可能无意间误导信息接收者。回想一下人们误解你的非语言信息的情形:当你刚从梦中醒来不愿说话,可能被别人理解为你生气了或遇到了麻烦;你在约会时非常安静,因为你感觉疲倦或正在思考最近发生的事情,你的恋人会误以为你对这段关系感到厌倦或不满意;当你陷入深思时,是否会有一种面部表情,使其他人误会你在皱眉。非语言信息经常是模糊的,比如皱眉可能代表许多情感——生气、拒绝、困惑、伤心、疲劳或厌倦等。非语言信息应该被当作暗示线索而非事实,用来检验语言信息,判断信息发送者的所思所感。

练习5.8 解释非语言暗示*

目标 本练习表明,非语言暗示可能被正确解释,也可能被曲解。

1. 描述一个情境,在这个情境里,你正确解释了某人的非语言暗示。
2. 描述一个情境,在这个情境里,你曲解了某人的非语言暗示。
3. 当某人的非语言信息和语言信息相互矛盾时,你更相信哪一条信息?

非语言沟通的形式

非语言沟通有很多形式。我们的动作、表情、服装,甚至家里和办公室的布置方式都在与他人进行沟通。下面将进一步讨论非语言沟通的不同途径,包括姿势和身体定位、动作、触摸、服装选择、个人空间控制、边界设置、面部表情、音调音量、个人仪表及个人的环境设计等。

姿势

大量习语用姿势做隐喻,这一现象说明姿势能够起到沟通作用。

"他可以顶天立地。"

"我已经背负了沉重负担。"

"她有坚强的后盾。"

"挺身而出。"

通过姿势观察非语言暗示,有两点需要注意:一个人的整体姿势和姿势变化。人们通常在没有威胁时很放松,而在压力下呈紧绷状态。有些人从不放松,这从他们僵硬的姿势就可以看出。

身体的紧张程度能够暴露地位的差别。在两个地位高低不同者的互动中,地位高的人通常更加放松,而地位低的人身体显得僵硬和紧张。[19]例如,办公室里谈话的老师与学生的姿势就可以证明这一点。

---

* 本练习即《实践行为练习册》一书中的练习5.4。

扑克玩家之间的非语言沟通

奥斯瓦德·雅各布(Oswald Jacoby)注意到扑克玩家广泛应用的非语言信息。他将扑克玩家分为三类：天真玩家、狡猾玩家和老练玩家。

天真玩家通常是刚入门的新手，掌握的技巧比较少。当他们看起来担心时，很可能是真的担心；当他们手气一般时，需要很长时间下注；在手气好时，他们下注很快；他们也会皱眉发怒，看起来抽到了差牌；当他们筹集赌注时，会表现出威吓与羞愧的表情。其他每个人都会折牌，而天真玩家的肢体语言透露了他们手中的牌，这在老练的扑克玩家那里很少见。这类玩家通常在玩牌初期就会因为自己的"坏运气"而退出。

绝大多数扑克玩家都很狡猾，他们的表现与真实感觉完全相反。当他们手气不好时会表现得很自信，而当抽到好牌时，他们会看起来很紧张。但有时他们也会表现出自己真实的想法。

老练玩家的行为往往前后不一致。他们会随意地流露出自信或紧张情绪，别人难以从他们的非语言信息判断出他们的牌是好还是坏。老练的玩家是最成功的扑克玩家。

资料来源：Oswald Jacob, *Oswald Jacoby on Poker* (New York: Doubleday, 1974)。

教师和公共演讲者经常通过观察学生或观众的姿势来评估演讲的效果如何。如果观众们都坐在椅子上，身体向前倾，表示演讲效果很好；如果观众们都缩在椅子里，则演讲可能是失败的。

身体定位

身体定位是指我们的头、身体和脚面向或远离某人的程度。面对某人标志着有兴趣和此人开始或继续一段谈话，将脸移开说明想要结束或避免谈话。"转身"这个短语简明总结了当你转身离开某人时所发出的信息。你还记得上一次有人转身要结束一段谈话吗？

◆ 面部表情

面部表情和眼睛经常被认为是非语言信息的主要来源,因为面部表情可以反映一个人的想法与感觉。艾克曼(Ekman)与弗里森(Friesen)明确了面部表情反映出来的六种基本情感——恐惧、惊奇、愤怒、高兴、恶心和悲伤。[20]这些表情在所有文化中都可以识别,人们看到这些表情的照片都可以进行正确辨别。

然而,面部表情是非常复杂的信息来源,它们可以迅速变化。通过慢速电影我们发现,一个迅速变化的表情只需要1/5秒时间。另外,眼睛与眼睑至少有八种容易区分的表情,眉毛与额头有八种,而下半边脸共有十种。[21]将这些不同的组合相乘就会出现几百种可能的组合。因此,要编制一个面部表情与相对应感情的列表是不可能的。

人们通常都知道他们的面部表情反映了内心的情感和想法,所以可能对其进行掩饰。例如,一个生气的人不想让其他人了解自己的情绪,就会假装微笑。通过面部表情来判断情感时,社会工作者要明白信息发送者可能掩藏他的真实想法和情感。

◆ 目光接触

当你想结束或避免一段谈话时,你会从他人的目光那里移开;如果你想开始一段谈话,你会经常去寻找信息接收者的目光,你可能一直会等到信息接收者看着你。当他这么做时,其实是告诉你他作好了谈话准备。

目光还可以传达支配或服从的信息。当职位高的人和职位低的人对视时,职位低的人通常会先转移目光。俯视的目光经常暗示着屈服或让步。当然,俯视的目光还可能表明悲伤、厌倦、疲劳、懊悔或嫌恶。

好的销售员明白目光接触表示你参与其中,他们也会尽力捕捉你的目光,然后开始宣传推销,并一直保持"礼貌"的目光接触。他们明白社交礼仪要求人们一旦开始听某人讲话就要一直听下去,于是顾客就陷入这样的陷阱:有了目光接触就要一直听别人推销。商店里的销售人员用另一种方式与顾客进行目光接触。他们观察顾客关注最多的商品,然后在自己的推销中强调这些商品的作用。

眼神在沟通中的重要性可以在以下句子中体现出来:

"他可以一下子就把你看穿。"

"她眼神冰冷。"

"他的眼神很狡诈。"

"你看到她眼睛放光了吗?"

眼神可以表达人类一系列的情感:睁大眼睛代表惊奇、恐怖、坦白或天真;低垂的眼睑可能代表不开心;持续凝视意味着冷静;眼睛向上翻表明这个人认为他人的行为非常奇怪或不同寻常。

当我们的情感被唤醒或对某事感兴趣时,我们的瞳孔会放大。有些咨询师碰到敏感区域时,非常善于通过观察案主的眼睛解读瞳孔放大。赫斯(Hess)与波尔特(Polt)在给人们展示各种图片时测量他们瞳孔放大的程度,[22]图片中的物体越有趣,人们的瞳孔就越放大。当女性在看男性裸体图片时,她们的瞳孔平均放大20%;而男性看到女性裸体的图片时,瞳孔平均放大18%。令人惊奇的是,当女性看到婴儿和母亲的照片时,她们的瞳孔放大幅度最大。

◼ 动作

大多数人都知道面部表情会帮助我们传递情感,当我们想要隐藏自己的真实情感时,会全力控制我们的面部表情。然而,我们并未意识到动作也暴露了我们的情感,所以动作有时候能最好地揭示我们的情感。

紧张的人通常坐立不安,他们可能咬指甲,敲手指,擦眼睛或身体其他部分,弄弯纸夹或敲铅笔;他们也可能两腿交叉或放开,有节奏地前后摆动交叉的腿或上下移动双脚。

还有许多姿势可以透露人们的想法和情绪:紧握的拳头、发白的关节以及指指点点的手指都体现着愤怒。当人们想要表达友好或彼此吸引时,他们就会靠近对方。拥抱可以表示很多情感,比如身体亲密、"见到你很高兴""祝你好运"及友情等。握手则标志着友谊、打招呼或再见等。

舍弗伦注意到一个人对性的感觉可以通过动作来暗示。他指出"打扮行为"(preening behavior)发送的信息就是信息发送者被信息接收者吸引。打扮包括整理自己的衣服,梳头或用手理头发以及照镜子。舍弗伦引用了一些他认为女性特有的引诱动作,例如露出大腿,露出胸部,一只手放在臀部,展示手腕或手掌或者敲大腿。[23]当然,这些动作也不一定总有"性暗示"。(有趣的是,关于男性的比较研究并未得出这样的结论,只对女性进行这一研究可能涉嫌性歧视。)

动作可以用来重复、替代、强调、反驳和调节语言信息。有些人毫不夸张地用他们的手、胳膊和头部移动来说话。这些动作是非常自然的,当他们自己观看视频时,会非常惊讶地发现自己竟然用了这么多的动作。

心理学家迈克尔·克劳斯(Michael Kraus)和达契尔·克特纳(Dacher Keltner)发现,社会经济地位较高的人与他人谈话时更加无礼。[24]他们研究发现,身体语言可以透露一个人的社会经济地位。研究人员拍摄了多位大学生的一对一采访,他们本来互不认识。研究人员截取了每段对话中一分钟的片段来观察一些特定动作,这些动作可以表明对另一个人的兴趣水平。他们发现父母社会经济地位比较高的学生"无礼"的动作很多,比如心不在焉地乱写乱画,整理打扮以及坐立不安;而父母社会经济地位较低的学生在动作上则大多表现出对对方感兴趣,比如大笑或扬起眉毛等。这些父母社会经济地位较高的学生表现出傲慢的动作,翘起了骄傲的"孔雀尾巴",暗示了现代社会版本的"我不需要你",而父母社会经济地位较低的学生则做不到冷落其他人,因为他们自身资源较少,需要更加依赖别人。

◆ 触摸

斯皮茨(Spitz)证实,年幼的孩子需要直接的身体接触,如拥抱、握手及抚慰。没有直接的身体接触,孩子们的情感、社会、智力和身体会发育不良。[25]斯皮茨发现19世纪有很高比例的孩子在孤儿院和其他儿童保育机构中死去,而死亡的原因不是由于营养或医疗不足,而是由于缺乏和父母或保育员的身体接触。从这项研究开始,保育机构逐渐形成了"养育"儿童的惯例——把婴儿抱起来,抱紧,陪他们玩,一天带他们到户外几次。通过这种方法,机构里的婴儿死亡率大幅下降。蒙塔古(Montagu)的研究表明,湿疹、过敏和其他一些医学问题产生的部分原因在于婴儿期与父母缺乏身体接触。[26]

成年人也需要身体接触,人们需要知道他们被爱、被认可和被欣赏。触摸(通过握手、拥抱和轻拍背部)可以传递温暖和关爱。然而不幸的是,大部分美国男性和一部分美国女性从小受到的教育是要减少触摸,除非性爱中的抚摸。西德尼·西蒙(Sidney Simon)注意到:

在现在这个荒唐的世界里,除了上床时的温存抚摸,人们平时得到的抚摸太少了,这是个必须思考的问题。我们把单纯的、疗愈的、温暖的抚摸和性企图混淆在一起,以至于在"不要碰我!"和"好,你摸了我,所以我们现在应该做爱!"之间难以找到一条折中道路。[27]

语言是文化的镜子。从很多短语都可以看出,我们认为视觉和听觉比触觉更重要:

"眼见为实。"

"很高兴再次见到你。"

"收到你的信很高兴。"

"我会盯着你的。"

我们选择编辑了几个包含触觉词汇的短语。例如,当离开某人时,我们说"希望再次见到你"而不是"希望再次摸到你"。如果我们说了后面那句,很可能会被理解为性暗示。

但是,触摸某人实际上是一个根据语境传达多种信息的好方法。葬礼上的一个拥抱意味着同情,而见面时的拥抱意味着"很高兴见到你";父母和孩子之间的拥抱意味着"我爱你",而约会时的拥抱则包含着"性暗示"。很多临床医学家发现,如果人们能伸出双手,更多地抚摸他人——通过拥抱、紧握双手、亲吻和轻拍背部——那么人们之间的沟通与关系都会在很大程度上得到改善。抚摸对孩子的生存和发展至关重要,对成年人也是如此,抚摸可以让他们感受到价值和爱。

有些人拥抱别人想表示关爱和支持,这种关爱与性无关,但却会被误解为性骚扰。有一种方法可以避免这一窘态,就是在拥抱前先问一句:"你喜欢拥抱吗?"

◼ 服装

衣服可以给我们带来温暖,让我们远离疾病,也能够遮挡私处,保护我们不因猥亵而被捕。衣服还具有其他功能。制服能够告诉我们穿着它的人的工作以及他们提供的服务,比如警察或消防员的衣服。服装也可以透露人们的职业、性格、兴趣、团体规范、社会哲学、宗教信仰、社会地位、价值观、情绪、年龄、国籍以及个人态度等。无数的"服装工程师"(裁缝、制造商、服装销售员)坚称人们可以通过改善自己的服装得到自己想要的东西,"佛要金装,人要衣装"这句俗语多多少少有些道理。

霍尔特(Hoult)证实了服装在判断一个陌生人时起到的重要作用。首先，霍尔特让254名女学生将男模特的照片按照"最帅""最可能成功""最聪明""最可能约会或两次约会""个性最好"等标准进行排名。霍尔特获得这些照片按照服装与模特头像的分别排名。然后，霍尔特把排名靠前的服装换给排名靠后的模特头像，把排名靠后的服装换给排名靠前的模特头像。他发现，无论模特的头像排名怎样，排名靠前的服装可以让排名上升，而排名靠后的服装则会让排名下降。[28]

阿尔德(Adler)和汤尼(Towne)描述了一项实验。实验中，一位学生花了一周时间在洛杉矶和圣芭芭拉之间（一百英里的距离）来回搭乘顺风车。每周二、四、六，这位学生穿着平整的宽松长裤、锃亮的皮鞋和熨烫过的衬衫；而每周一、三、五，他会穿着破旧的蓝色牛仔服、凉鞋和扎染的汗衫。除了衣服，其他因素都不变，比如这位学生站的位置和搭乘的时间都不变。他是这样描述结果的：

> 简直不可思议！当我那三天穿着肮脏时，只有一些穿着和我一样的人让我搭车。其中两辆是大众老爷车，第三辆是福特皮卡。他们都穿着李维斯牛仔和靴子等，生活方式几乎相同。而当我盛装打扮的那几天，我搭乘了崭新的奥兹莫比尔和凯迪拉克轿车，车上的人与我前一天搭车的人也截然不同。[29]

服装中的任何一部分都表达着不同意思。例如，人们选择领带意味着"成熟老练"或"特立独行"；再者，领带的穿戴方式（松的、紧的、甩在肩上、弄脏和起皱）也会提供一些额外信息。

服装也影响到我们的自我形象：如果一个人穿着得体，她通常会感到更加自信、坚定和外向；相反，她就会变得缄默、不自信和不坚定。

服装（和非语言沟通的其他形式一样）也会引起非语言信息的误读。我们经常在信息不足时对别人下定论，这些解读经常是错误的，有时候我们甚至会被自己的误解"灼伤"。几年前，我有一个案主，在过去的十年里，他过着优雅的生活，游遍了整个欧洲和北美，总是住在最豪华的酒店。当他需要钱时，他通过开空头支票(bad checks)来筹措经费维持生活。他会穿一套昂贵的西装。他解释说，当他穿着高贵时，人们会很容易接受他的支票。

◼ 个人边界

不管我们走到哪里，每个人都会带着一种无形的"泡泡"。"泡泡"内的区域完全是私密的,只有感情非常亲密的人才允许进入。通过观察人们的肢体距离,有时可以判断他们之间的感情如何。事实上,霍尔(Hall)辨别出四种明显的人际距离或区域,在人们日常互动中指导他们与他人的关系。这些区域分别是亲密的、个人的、社会的和公共的区域。[30]特定区域的选择取决于互动语境、对此人的感情以及人们之间的目标。边界行为像其他非语言暗示一样,能够给团体领导者提供重要信息。例如,团体成员之间维持的距离,就告诉领导者成员在个体互动中的个人偏好。这些偏好(随着团体逐步实现目标可能会有很大程度改变)应该受到尊重;否则,团体领导者可能会遇到问题,例如反抗或怀疑等。

亲密区域

这一区域从肌肤接触开始向外延伸18英寸,只有感情上非常亲近的人才可以进入这一区域,主要出现在一些私人场合——安慰、表达关心、做爱以及示爱。当一个人自愿让其他人进入这一距离,意味着对这个人的信任,防范心理降低。另外,如果一个人维持着自己的"安全"距离(大于等于2英尺),很可能意味着这个人还在审查这一关系。

当一个不请自来者侵入这一亲密区域时,人们通常感到被侵犯和威胁。身体变得僵硬,肌肉紧张,甚至可能会后退,避免眼神接触,借此拒绝亲密关系。当人们在公共汽车或电梯里,不得已离陌生人很近,他们通常会避免目光接触,并努力不触碰到他人,可能会说:"对不起,我不小心侵犯了你的领域——但并没有想打扰你。"

个人区域

这一区域的范围从大约18英寸到4英尺,也即一对夫妻在公众场合站立时与对方的距离。有趣的是,如果我们约会或结婚的对象与一位异性站得很近,我们会好奇这个人是否想"插足"我们的关系。如果我们看到自己的伴侣或男、女朋友与某位异性距离很近,可能就会怀疑和嫉妒。

个人区域的远距离(2.5至4英尺)即"一只手臂的距离",正好是别人够不到你的位置。这个距离范围内的互动属于合理的接近范围,但是相比之下,发生在个人区域近端的活动更加个人化。有时,"一臂距离"的沟通表示人们想要测试是否要让情感关系更进一步。

社会区域

这一区域的范围为距离4至12英尺,通常适用于商务沟通的场合。这一区域最近的距离(4至7英尺)是同事们经常谈话以及销售人员和客户互动的范围。霍尔指出,7到12英尺的距离通常适用公共正式场合。例如,你的老板坐在椅子上跟你讲话时就是这一距离。如果你把椅子移到老板桌子旁边,可能就暗示着一种不同关系。办公室里的家具摆放方式、植物、壁画等也传递着主人的价值观、兴趣以及他们想要建立的关系。如果办公室里的桌子摆放在主人与客户、客户或学生中间,桌子便起到屏障作用,说明主人希望正式的、非私人的互动。如果办公室里的桌子不被用作屏障,并且有一些植物点缀,则说明主人希望温暖的、不太正式的互动。

公共区域

这一区域从12英尺的距离向外延伸。教师和公众演讲者一般运用公共距离的近端,而在25英尺以外的远端,双向沟通就变得十分困难。故意与观众拉开距离的演讲者实际上并不想开展对话。

■ 领地

领地是认定自己对某片区域的所有权并有意愿保护这片区域不受侵犯。[31]许多鸟类和小动物(包括狗、鹅、蛇和臭鼬)为了保护它们的领土不受侵犯,不惜与强大百倍的动物战斗。

领地也存在于人类活动中。一般传统上,父母都有他们自己的椅子,每个孩子都有自己的独立卧室。有时候,领地所有权会延伸至自己并不实际拥有的东西。譬如,学生上课时都喜欢坐在同一个座位上,如果碰巧有其他学生已经坐在这个座位上,就可能感觉自己的所有权受到侵犯,尽管学校才是椅子真正的主人。

后天获得的各种财产,诸如汽车、房子、娱乐设施、植物和衣服等能够表明主人的兴趣和价值观,也经常成为谈论的话题。物质也可以传递一个人的社会地位,因为富人比穷人拥有更多的财产。一般情况下,社会地位高的人拥有更多的个人空间和隐私。例如,进入老板的办公室之前,你要敲门并等候;但如果是级别相同或比你低的人,你经常会直接走进去。

◆ 声音

根据重音不同,一个词或短语可能表示不同的意思。例如,通过变换重读词语,下列句子的意思也会相应改变。

他把这些钱给了赫比。
(是他给的钱,不是别人。)
他把这些钱**给了**赫比。
(他是给的钱,不是借钱。)
他把**这些**钱给了赫比。
(给的钱不是其他钱,而是这些钱。)
他把这些**钱**给了赫比。
(是以钱的形式,而不是支票。)
他把这些钱给了**赫比**。
(接收者是赫比,不是埃里克或比尔或罗得。)[32]

通常人们在问句末尾提高声音,而陈述句末尾放低声音。有时候某些人会故意操控自己的声音来表达相反的意思。

除了强调某些词语,我们的声音也以其他方式沟通信息,包括停顿长短、语气、音高、语速、音量及言语障碍(比如口吃或口头语嗯、啊等)。这些因素都可以叫作副语言。副语言往往关注事情的陈述方式而不是内容。[33]

通过运用副语言,团体成员可以反驳自己的语言信息。例如,仅仅通过变化语气或音调,一个人可以准确地或讽刺地传达下面的信息:

"我真的喜欢你。"
"我度过了一段十分精彩的时光。"
"你真的太棒了。"
"我最喜欢的莫过于肝肠。"

梅拉比安(Mehrabian)发现,当副语言和言语信息相矛盾时,副语言表达出更多的意思。[34]当说话内容和说话方式存在矛盾时,信息接收者应该按照说话方式来解读信息。

了解一个团体运用副语言的最好方式,就是录下整个会议过程,然后重新播放。这个过程对团体成员运用其他方式进行非语言沟通提供有价值的反馈。

❖ 外貌

尽管人们经常说,内在美才是最重要的,但调查显示,外在美(外表吸引力)广泛影响着人们对人际交往的反应。辛格发现,大学中的男教授给那些外表迷人的女生比那些不怎么迷人的女生更高的分数;[35]根据米尔斯(Mills)和阿伦森(Aronson)的研究结果,外在美的女教师比缺乏外在美的女教师更容易改变男生的态度。[36]威杰里(Widgery)和韦伯斯特(Webster)指出,不管性别如何,拥有外在美的人都会获得更高信誉,这大大增加他们在很多领域里的最终说服力——销售、公共演讲、改变态度、被公认的可靠咨询师等。[37]同样,一个拥有外在美的求职者比缺乏外在美的求职者更容易获得工作。

缺乏外表吸引力的被告在法庭上更容易被判有罪以及更长的刑期。[38]证据很明显,我们总是最开始就倾向于有外表吸引力的人,吸引力帮我们打开大门,创造更多机会。

外表有魅力的人比缺乏魅力的人在很多社会评价方面具有优势,包括个性、受欢迎程度、成功、社交能力、说服力、性能力以及幸福。[39]例如,外表美丽的女性更容易获得帮助,也更不容易成为攻击行为的对象;[40]外表缺乏魅力的人从小就处于劣势,教师和外表不好看的孩子互动更少(也没那么主动)。[41]外表吸引力也是决定人际互动次数的关键因素。实际上,每个人不管自身外表如何,都更喜欢有吸引力的恋人,即使曾被这个恋人拒绝许多次。[42]

有趣的是,相较于男女都有魅力在一起的状况,人们更热衷评论缺乏魅力的男人和有魅力的女人在一起的状况。[43]这些缺乏魅力的男人被认为挣钱更多、更加成功、智商更高等。很显然,评价者判断外表缺乏魅力的男性一定有其他方面的优势来弥补他们的外表缺陷,才能获得外表迷人的女性对他们的青睐。

我们的体重也会使人产生某种偏见,无论这些偏见正确与否。超重者被认为年纪大、太老套、不够强壮、多嘴、不够好看、和蔼可亲、好脾气、有同情心、可信赖、可依赖以及热心肠等;肌肉发达者被认为更强壮、好看、年轻、富有冒险精神、更自立、行为更成熟以及更具男子气概;消瘦者则被认为年轻、对他人多疑、容易紧张、缺乏男子气概、更悲观、安静、固执、不太随和等。[44]超重者和消瘦者在找工作、买寿险、收养儿童或进大学读书时都会受到歧视。[45]有些旧观念(可能是错误的)认为,超重者或消瘦者的自我形象也很差。这里最想表明的是,我们的体重也可以传递某些信息。

外表有魅力的人并不意味着比外表缺乏魅力的人更加聪明、更加成功、适应能力更强、更加幸福。外在美最初帮人们打开通向成功的大门,一旦大门打开之后,业绩表现才能决定最终结果。我们要知道,每个人都有能力提升自己的外表魅力。节食、锻炼、管理压力、坚持学习、充足睡眠以及穿着打扮等好习惯,都可以大幅度提升一个人的外在美。

练习5.9　阅读非语言暗示[*]

目标　本练习旨在帮助你将本章非语言暗示的知识应用到现实生活中。

1. 到一家餐厅(学校餐厅)观察两个吃饭的陌生人。持续观察10—15分钟,将两人的非语言沟通暗示记录下来。

	学生A	学生B
姿势		
身体定位		
面部表情		
目光接触		
动作		
触摸		
服装		
个人边界		
外貌		

2. 回顾你记录的内容。思考以下问题:他们的社会经济地位如何？是否有人感到有压力、高兴、不安等？这两个人的关系可能是什么？

---

[*] 本练习即《实践行为练习册》一书中的练习5.5。

◆ 环境

我们可能都去过打扫得非常干净的房间——没有住人的房间里,家具和塑料灯罩着防尘罩,烟灰缸一尘不染等。这些都传递着非语言信息,即"不要把我的房间弄脏了""不要碰我的东西""不要跺脚""当心,以免犯错"。这些房间的主人很想知道为什么客人来了不能放松,无法享受愉快的时光。他们不知道环境所传递的信息让这些客人感觉不舒服。

马斯洛(Maslow)和明茨(Mintz)的一项研究表明,房间吸引力决定着沟通方式,影响人们在其中工作的幸福感与活力。[46]研究者使用了一个"丑陋"房间(看起来就像门卫的小房间)和一个"漂亮"房间(有窗帘、地毯和舒适的家具)。为了测量受试者的活力和幸福感,研究人员让他们给一系列模特脸部图片进行排名。当这些受试者待在"丑陋"房间里,他们很疲倦,很快就感到厌烦,用很长时间才完成任务,并认为这个房间让他们感到疲劳、头痛、无聊和烦躁。

而当受试者进入"漂亮"房间,他们表现出更强烈的工作欲望。他们不仅对自己评价较高的模特面部图片进行排名,并表现出舒适、重视和享受。这一实验证实了人们的常识,即工作人员在漂亮、舒适的环境中会表现得更好,也会感觉更好。

会议室里的墙上装饰、家具类型及摆放位置都传递着信息,即团体领导者希望非正式的、放松的沟通还是正式的、直接的沟通。例如,一张圆形桌子意味着平等沟通,而长方形桌子则意味着地位和权力不平等,地位高的人通常坐在长方形桌子的一边,而地位低的人坐在另一边;如果势力相当的双方围绕圆桌举行会议,双方各自坐在桌子一端而不是混合着来坐;如果教室里的椅子摆放成环形,表明教师希望营造非正式的氛围;如果椅子一排排摆放,表明教师希望营造比较正式的氛围。

当案主来到专业社会工作者的办公室,办公室也传递着信息。一间整洁、干净的等候室,舒适的椅子、植物和轻柔的背景音乐,传递着温暖、关爱和专业;而一间脏乱的等候室,坚硬的椅子、墙上零星的装饰和散落的图画则传递着消极信息;一间乱糟糟的办公室可能给案主暗示,这个工作者已经不堪重负,可能已经精疲力竭,因此不太可能提供什么帮助。工作者也可以通过一些方式告知案主自己希望让他们感到舒适。比如,提供柔软舒适的座椅而不是坚硬的木椅子,提供一些纸巾,养一些绿植,布置墙上装饰品(表明对这份工作的热爱),以及调整家具摆放位置以促进沟通等。

◼ 其他非语言暗示

社会工作者也要了解其他非语言暗示。当人们变得焦虑、生气、尴尬或者情绪兴奋,他们会脸红或者脸颊与脖子都变得通红。在治疗中,这一暗示可能表明案主正关注一些令人情绪激动的事情,需要发泄一下。

团体成员的呼吸节奏也是一种暗示。当一位成员焦虑或兴奋时,呼吸频率加快,通过观察这个人的胸部起伏就可以知道。

另一种非语言暗示经常被精神治疗医师、教育工作者等使用,主要观察的是肌肉紧张程度的变化。当你熟悉某个人,你经常可以通过面部、脖颈和手臂肌肉紧张的程度(经常自己也没意识到),判断这个人是放松的还是紧张的(或兴奋的)。

当一个人放松时,手掌的温度通常比紧张时高 10—15 华氏度,当你和某人握手时,就能判断出这个人是放松的还是有压力的。(需要注意的是,压力之外的因素也会引起一个人手冷。例如,这个人可能在寒冷的室外待了很久或者他最近在感冒。)

 总结

本章介绍了一个沟通模型,并对比了单向沟通与双向沟通,陈述了单向沟通存在的一些严重缺陷。

只有被信息接收者感知到的信息才能算得上是**信息**,这种信息感知可能是完全正确、部分正确或完全错误的。有许多变量可以影响信息感知的准确性,比如防御机制。

本章还讨论了成员在某时、某地进行自我暴露的指导原则。当潜在利益大于潜在风险时,团体成员应当暴露自己的信息。本章也介绍了乔哈里窗(自我暴露的图表模型),为信息发送者和接收者提供改善沟通的根本原则。

本章描述了以下非语言沟通方式:姿势、身体定位、面部表情、目光接触、动作、触摸、服装、个人边界、领地话语权、外貌、环境、呼吸方式、肌肉紧张程度和手掌温度。

团体练习

练习 A 乔哈里窗

目标 介绍乔哈里窗,示范如何运用它进一步提高自我意识。

注意 由教师指导本练习,学生不要泄露个人信息。

步骤一 指导者介绍乔哈里窗,解释自我暴露信息的增多与提升自我意识的关系。指导者可以介绍团体成员最初都不愿暴露自己信息的原因,但是会逐步开始在团体中进行合适的自我暴露,团体的凝聚力和成员士气通常会因此提升。团体领导者要注意本练习中不能泄露个人信息。

步骤二 团体成员两两结对分成几个小组。每位成员画两个乔哈里窗,一个代表自己,一个代表搭档。画图应当秘密进行。

步骤三 搭档之间交换图画,每个人解释自己画图的理由。然后两人讨论各自图中的异同。例如,根据 A 自己的图画,他并不是一个很开放的人,为什么在 B 的图画里,他却是一个很开放的人?

步骤四 全班同学讨论乔哈里窗的优点与缺点以及他们的学习心得。

练习 B 防御机制

目标 更加熟悉防御机制。

步骤一 指导者首先陈述练习目的,简单描述一般防御机制(见本章"防御机制")。

步骤二 每位成员在纸上列出朋友最常用到的三个防御机制,然后给每个防御机制举出一两个例子。指导者告诉学生,将他们写在纸上的内容与另外两个学生分享。

步骤三 第二步完成后,每三个人分成一组,每位成员分享他所写的内容。不管这一防御机制是否获得令人满意的结果,两个听众都要给予反馈。对于不满意的结果,团体成员一起讨论更加有效的方法。

步骤四 全班同学讨论此练习的学习心得与感受。

练习 C　信息传播中的曲解

目标　通过团体成员之间一系列的单向和双向沟通,展示信息传递的效果。

步骤一　指导者解释练习目的,要求 10 位同学走到房间外,告诉他们将要让他们把听到的东西复述给其他人,剩下的同学做观察者。前 5 位同学运用单向沟通方式,后 5 位同学运用双向沟通方式。把下面这个故事的资料发给观察者们,让他们记录每个参与者在沟通中增加和遗漏的信息。

步骤二　第一位参与者回到教室,指导者慢慢地将下面的故事读给他听。

西堪萨斯州有一位农场主,在他的谷仓上安装了白铁皮屋顶。有一天,一场龙卷风把屋顶吹走了,农场主在两个县之外的地方找到了它,屋顶已经扭曲损坏,不能再修理了。

一个律师朋友建议农场主,福特汽车公司可能会以不错的价格收购残缺的屋顶。于是农场主决定用船把屋顶运到福特公司估价。他把残缺的铁皮屋顶用大木箱装好,寄到密歇根州迪尔伯恩市,并在上面清楚标明寄出地址,以便福特公司知道将支票寄到哪里。

十二周后,农场主还未收到福特公司的任何消息。最后,当他准备写信询问事情进展时,收到福特公司的一封信。信中写道:"先生,我们不知道是什么撞击了你的车子,但我们下个月 15 号会给你修复好。"[47]

故事只读一遍,且不允许提问。之后第二位同学进入教室,第一位同学把故事讲给他听,以此类推。第五位同学要把故事复述给观察者们听,**并且这一次要录音并回放**。

步骤三　第六位同学进来并被告知他可以针对听到的故事提问。故事阅读后,第六位同学提出自己的问题。复述的过程一直重复到第十位同学讲述故事给观察者们听,第十次重述要录音并回放。

步骤四　指导者解释信息传播过程中平等、强化和同化的作用。观察者代表总结每位参与者增加或遗漏的部分。

步骤五　指导者解释双向沟通比单向沟通效果好的原因。指导者回放第五和第十个同学讲述的故事。然后,让同学们讨论哪个故事更接近真实版本。

练习 D　闯入者

目标　展示沟通模型,论证学生们的认识存在很大差异。

步骤一　会议前指导者提前安排一位朋友或熟人进入教室,且班级同学都不认识这个人。

步骤二　告诉全班同学本练习的目的是认识降低或阻止有效沟通的因素。指导者解释本章讲述的沟通模型。当指导者快结束时,偷偷地示意自己的同谋进来。同谋突然闯入并引起骚动,对指导者进行诽谤、威胁,然后气冲冲地离开。

步骤三　指导者向学生解释本练习的目的,比较学生理解的吻合程度。要求学生在纸上记录以下信息:

1. 闯入者的身高和体重;
2. 闯入者的衣着;
3. 闯入者的相貌;
4. 闯入者说的话和做的事。

步骤四　请几位同学说出自己记录的信息,同学们讨论存在的差异。如果差异较大,是由什么引起的?指导者解释人们的认知差异是有效沟通的最大障碍。

练习 E　积极倾听*

目标　培养积极倾听的技巧。

步骤一　指导者解释练习目的、积极倾听的概念和要完成的题目。指导者指出,积极倾听要包含以下两方面内容:体现感情和重述内容。

步骤二　学生两人一组(如果最后剩一个学生,则和指导者搭档)。每组由一位同学选择一个话题,话题可以包括:(1) 哲学或道德问题,比如堕胎;(2) 与朋友或亲戚之间存在的问题;(3) 学校里的问题。

---

* 本练习即《实践行为练习册》一书中的练习5.6。

步骤三 选择话题的学生针对该话题讨论 10 分钟左右,倾听者只用积极倾听的陈述进行反馈。

步骤四 讨论结束后,演讲者和倾听者一起讨论积极倾听的质量。倾听者是否犯了以下错误:给建议,问问题或开始谈论个人经历?积极倾听是否能够鼓励演讲者进一步表达?演讲者认为这些积极倾听的陈述是"自然的"还是"虚伪的"?

然后倾听者与演讲者讨论他自己运用积极倾听陈述的想法和感受。倾听者是否想过其他形式的陈述?如果是,请具体说明。

步骤五 交换角色,重复以上过程。

步骤六 学生围成圈,讨论积极倾听的优势与不足。在此过程中是否发生独特或与众不同的事情?

练习 F　我的非语言沟通*

目标 识别和观察人们作出回应的非语言信息,对运用非语言信息的方式作出反馈。

步骤一 指导者解释练习目的。要求同学识别黑板上各种非语言行为。下面列出了一部分:

肌肉紧张程度　　呼吸频率
目光接触　　　　服装
微笑　　　　　　人们沟通时的距离
眉毛跳动　　　　触摸
姿势　　　　　　沉默与停顿
声调　　　　　　面部表情
脸色

步骤二 全班同学每三人一组,每位成员都要选出自己最喜欢的电影。

步骤三 每个团体成员针对自己选择的电影在小组内发言一分半钟,小组另外两个观察者留意演讲者的非语言暗示。指导者告知每组讨论开始和结束的时间。

---

* 本练习即《实践行为练习册》一书中的练习 5.7。

步骤四 团体成员都发言后,一起讨论发言过程中他们运用的非语言沟通方式。

步骤五 团体成员思考自己的非语言沟通方式,并考虑如何改变会使沟通更有效。

练习 G 非语言暗示*

目标 为社会工作求职准备常用的非语言信息,为案主创造一种轻松、非胁迫的氛围。

步骤一 指导者陈述练习目的。班级每位同学将自己想象为某社会服务机构的总监,正在为一个社会工作职位招聘人员。作为总监,哪些非语言暗示可以帮助你选择要招聘的人员?将答案写在黑板上。

步骤二 然后,每位学生再扮演一个情绪焦虑的案主,要作出艰难的决定,例如是否要离婚。作为案主,咨询师的哪些非语言暗示可以营造一种轻松、非胁迫的氛围,以帮助案主更全面地说出自己的顾虑?将答案写在黑板上。

步骤三 讨论两列答案的异同并讨论产生差异的可能原因。

练习 H 受欢迎的教职员工

目标 进一步学习运用非语言沟通评估人的行为。

步骤一 指导者选择一位受学生们爱戴的老师,班级同学指出这位老师特有的有效沟通的非语言暗示。可考虑以下暗示:服装、目光、面部表情、姿势、外貌、手势和其他肢体动作、副语言等。

步骤二 仍然是同一位老师,班级同学这次集中观察这位老师办公室的情况,并假设这是他们了解这位老师的唯一信息。然后同学们讨论办公室的物品种类、摆放位置和大体情况所传达的非语言信息。接着同学们讨论这些非语言信息中有哪些信息传递出不同印象,哪些传递的信息具有一致性。最后,同学们一起讨论这

---

* 本练习即《实践行为练习册》一书中的练习 5.8。

样的办公室氛围所暗示的互动类型——比如,沟通应当是正式的、商务型的,还是放松的、非正式的。

练习 I：双重信息

目标 理解语言信息与非语言信息的矛盾关系。

步骤一 指导者告诉学生本练习旨在让学生们学习如何一直保持对话。全班分成人数相等的两组,一组同学到另外一个房间或走廊。

步骤二 告知第一组同学,通过本练习,他们要更多了解当语言表达的是一件事,而非语言暗示表达的是另一件事时,人们应该如何反馈。每位学生要挑选一个话题与另外一组的一位同学谈论 10 分钟,话题任选,可以是关于政治、电影或体育的话题。话题讨论过程中,每个人都应该定期运用一些非语言暗示来反驳自己的言语信息,比如面部表情、姿势、大笑和声音抑扬顿挫。另外,每个人都应注意观察搭档对这些双重信息作出的非语言反馈。

步骤三 第二组每位同学要和第一组的一位同学搭档。第一组的搭档开始谈论一个话题,第二组同学的任务是维持讨论进行,并在谈话中插入有争议的话题。

步骤四 房间要足够大,以便学生可以分散开进行谈话,也可以使用两个房间。来自两个组的同学搭档讨论话题约 10 分钟。

步骤五 指导者将此练习的真实目的解释给第二组同学。第一组同学讨论下列问题时,第二组同学认真聆听:他们用了哪些非语言暗示驳斥了自己的语言信息?传递双重信息难度大吗?对这些双重信息的反馈怎么样?

接着,第二组同学讨论以下内容:他们对练习中搭档的感觉如何?他们相信搭档说的事情吗?他们怎样应对接收到的双重信息?当非语言信息和语言信息矛盾时,他们更相信哪个?

练习 J 爆胎

目标 进一步了解运用非语言暗示传播信息的个人差异和技巧。

步骤一 指导者跟大家解释本练习需要学生用非语言暗示传播信息。四位同学自愿离开房间,指导者将下列内容读给第五个志愿者,当第一位学生回到房间时,第五个志愿者要把记住的东西用非语言沟通方式传达给第一位学生。第一位学生也要用非语言沟通方式转达给第二位同学,以此类推。

你正在开车,突然右前方的轮胎爆胎了。你下车踢了一下轮胎,然后走到后备厢,打开后备厢后发现没有备用轮胎。你很生气,砰的一声关上后备厢。然后你尝试搭乘顺风车去刚才经过的加油站,一个骑摩托车的人停下带你去了加油站。

接收信息的志愿者可以问问题,但是回答的人只能使用非语言形式。

这五位志愿者进行表演时,班级其他同学在每次信息转述时都要在纸上记录对下述问题的反馈:转述者增加或遗漏了哪些信息?如果由于某个非语言暗示不恰当引起了沟通障碍,怎样用更好的暗示来避免这种现象?

步骤二 最后接收到信息的学生用语言表达出来。比较这则信息与原信息,全班同学一起讨论步骤一中的两个问题。

练习 K 蒙眼沟通

目标 进一步理解不使用视觉对沟通的影响。

步骤一 指导者首先解释非语言沟通非常依赖视觉,我们观察人们的面部表情、眼睛、姿势、手势和肢体动作。指导者说明本练习目的后,邀请5—6位志愿者同学,让他们坐在教室中央围成一个圈。志愿者们谈论一个有争议的话题(例如,身患绝症极度痛苦的老人是否有权利结束自己的生命)。所有志愿者在谈论过程中要被蒙上眼睛或紧闭双眼,话题谈论时间为10—15分钟。

步骤二 10—15分钟后,讨论结束。志愿者拿掉眼罩或睁开眼睛,讨论下列问题:

1. 蒙上眼睛感觉如何?
2. 看不见怎样影响沟通?
3. 戴眼罩是否影响讨论问题时的注意力?
4. 是否会影响听觉?
5. 讲话时的动作比往常增多还是减少?
6. 练习过程中,是否注意到以前未曾注意过的东西?
7. 不能看到沟通对象会影响沟通吗?如果是,表现在哪些方面?

步骤三 可以再找一组志愿者重复这一练习。此步骤为附加选项。

练习 L　非语言沟通发出和接收的反馈

目标　观察他人之间的非语言沟通并接收反馈。

步骤一　指导者描述练习目的并将全班分成人数相同的两组。如果有学生落单,指导者与之搭档,且每组的同学要找另一组的同学搭档。

步骤二　一组同学坐在内圈,另一组坐在外圈,然后观察自己搭档的非语言沟通。内圈同学讨论一个有争议的话题,该话题能够引起大家强烈的情感反应。话题可以是堕胎或双方有严重智力障碍的男女结婚生子是否合法等。讨论 10—20 分钟。坐在外圈的同学观察他们搭档的非语言沟通,例如姿势、肢体动作、眼神、副语言、面部表情等。

步骤三　讨论结束,观察的同学告诉大家自己的搭档运用了什么非语言暗示,沟通了什么信息。观察的同学讲完后,被观察的同学表明以上哪些解释是自己同意的。

步骤四　搭档互换角色,重复第二、三步骤。

步骤五　全班同学讨论此练习的学习心得。

练习 M　个人的空间区域

目标　观察沟通者之间的距离如何影响人们的想法和感觉。

步骤一　指导者解释练习目的,两位学生自愿参与练习,阐释效果。

步骤二　两位志愿者分别站在房间内距离最远的两个角落。他们的任务是:非常慢地走向对方,在慢慢走向对方的过程中,开始与对方闲聊。他们一直慢慢地走并交谈,直到碰触到对方。当他们触碰到对方后,又开始缓慢地远离对方,对话仍在继续。当他们到达交谈最舒适的位置时,停下。

步骤三　其他志愿者重复本练习,直到大家的兴趣消失。

步骤四　参与本练习的志愿者应当确定两人之间谈话最舒适和最不适的距离。指导者应当注意到每一对搭档交谈最舒适的位置,并把他们交谈最舒适的距离和本章理论描述的交谈"最舒适的距离"进行对比。

能力说明

EP 2.1.7.a 利用概念框架指导评估、干预和评价过程。沟通模型使社会工作者能够评估沟通的有效性。

EP 2.1.7.a 利用概念框架指导评估、干预和评价过程。防御机制的概念化让社会工作者能够识别和评估影响案主的无意识动态因素。

EP 2.1.1.b 练习自我反省和自我纠正,确保持续的专业发展。"乔哈里窗"可以让学生思考关于自己已知和未知的信息以及其他人已知和未知的信息的问题。练习5.5要求学生将"乔哈里窗"的概念运用于自身。

EP 2.1.3.c 在与个人、家庭、团体、组织、社区和同事等一起工作时,进示有效的口头与书面沟通。"我—信息"技巧是能够让社会工作者与他人更有效沟通的方法。练习5.6可以让学生练习使用"我—信息"。

EP 2.1.3.c 在与个人、家庭、团体、组织、社区和同事等一起工作时,进示有效的口头与书面沟通。

EP 2.1.10.e 评估案主的优势和不足。

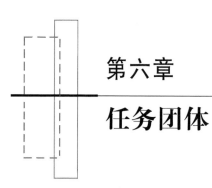

第六章

任务团体

> **目标**
>
> 社会工作者和提供帮助的其他专业人员经常被邀请主持一些委员会、焦点小组和其他任务团体。本章将介绍领导任务团体的指南,并描述任务团体的两个主要目标:解决问题和制定决策。

任务团体的种类

人们建立任务团体,主要用来产生新想法、制定决策以及为组织中的问题找到解决方案。任务团体有三个主要目的:(1) 满足案主需要;(2) 满足组织需要;(3) 满足社区需要。

满足案主需要的任务团体包括治疗团体(treatment team)。我们来举例说明治疗团体。提供居家养护的专业人员可能每周聚会,讨论给病人提供的服务;在社区精神健康中心工作的专业人员可能每周聚会,讨论给社区里的案主提供的服务;康复中心的工作者可能每周聚集一次,讨论为案主提供的服务。在这样的会议中,往往团体建设是很重要的事情,团体成员会花费大量时间讨论如何让他们更加协作。有时候,治疗团体开会是为某位特定案主制定、检查和协调治疗方案。例如,精神健康中心的工作者可能会聚集起来为一位最近丧妻的抑郁老人制订治疗方案。

满足组织需要的任务团体包括委员会和董事会。委员会是最常见的任务团体,其委员是指定或选举产生的。委员会要"负责"完成一项或多项任务,它可能是临时产生的特别委员会,也可能是组织结构中长期存在的任务团体。董事会是一个管理机构,负责制定机构管理的原则,其成员是为组织管理提供指导的专业人员。

满足社区需要的任务团体是多种多样的,有些社会活动团体组织成员参加集体策划的改变行动来改善社区、社会或自然环境。例如,学校里一些喜欢打破常规的学生组织呼吁在校园里建立儿童保育中心。联盟(又称"同盟")是指一些组织或社会活动团体聚集到一起,通过分享彼此的经验和资源向社会施加影响。联盟成员相信,联合起来行动,实现共同目标的机会远比单独行动更大。例如,一些组织领导者、当地政府领导者和民间领导者可能"联合起来",探索合适的途径来缓解社区的种族紧张局势。为了促进跨机构的合作交流和研究社区内的社会事务,代表委员会应运而生,其成员是由赞助单位推选或任命的。例如,每个社区内公共服务机构的代表们可能每月聚集一次分享信息,讨论如何改善跨机构的沟通,研究突发事件(例如家庭暴力事件的增加)等。

领导任务团体的指南

下文将给出一系列指南,这些指南不是强制性的,因为某些情况下不按照这些指南处理也会获得好结果。

建立任务团体的目的

"任务团体的目的是什么",这是一个基本而关键的问题。杜斯兰特(Toseland)和里瓦斯(Rivas)指出:"关于目的,其表述应该非常广泛,足以包含不同的目标。然而,也应该非常具体,足以明确任务团体的一般性质。'目的'一词的清晰表述能够帮助成员回答这样一个问题:'我们在一起做什么?'"[1]

我们建立任务团体的目的多种多样。社会工作者可能组织一个任务团体来研究新发生的社会事件;机构总监或职员可能认识到需要创建一个特设(ad hoc)委员会;公共服务的案主可能要求创建一个特别委员会反对政府削减服务的提案;牧师可能倡导建立一个由社区机构和民间领导者组成的代表委员会,来研究是否需要扩建教会附属的儿童保育中心。

任务团体的潜在赞助者

当评估任务团体的赞助机构时,任务团体的负责人应当高度重视任务团体的目的、组织政策与组织目标。比如,对于研究社区内是否要扩建教会附属的儿童保育中心,由牧师、学者和教徒们组成的代表委员会可能非常适合提供赞助。然而,当地的猫头鹰餐厅(Hooters)就不合适赞助一个特别委员会,来研究社区内妇女的社会政治环境。

选择潜在成员

选择潜在的任务团体成员需要关注他们的专业技能、对任务的兴趣以及他们的地位和权力(包括政治影响力),是否能够帮助任务团体实现目标。保持任务团体成员的多样性(包括民族、性别、年龄和社会文化因素)也非常重要,案主代表和公共服务的潜在案主也应包括在内。

招募成员

招募任务团体成员的方式多种多样。可以请组织和机构的负责人(通过电话、邮件或直接联系)委派代表。如果任务团体组织者有潜在成员的名单,可以直接通过邮件把招募广告发送给他们,可以把公告张贴在公共区域,也可以通过电视、报纸和广播进行公开招募。

机构里的特设委员会和常务委员会,其成员通常由主管、机构的执行委员会确定或在职工大会上确定。对很多任务团体而言,直接联系所需要的团体成员通常是最有效的招募方式。

任务团体的规模

组织者要决定需要多少成员能够迅速有效地完成任务,因此,任务团体没有最理想的规模。要完成复杂的任务,任务团体的规模最好大一些,一定程度上是因为这样的任务团体里有更多的专业人员和可利用的资源。另外,在大的任务团体里,如果一个或几个成员缺席,团体遇到的困难也不会很大。当然,大的任务团体也存在缺点。例如,每位成员的发言机会减少,个人受到的关注也会减少。一旦团体内部形成相互竞争的联盟,将会非常危险。大的任务团体管理起来也有一定的困难,为了完成会议日程,规模较大的团体经常需要执行更为正式的流程(例如议会流程),达到团结一致的困难也更大。

指导成员与团体保持一致

需要仔细解释团体的目的。需要关注成员对目的重要性的看法。第一次会议之前任务团体组织者需要给成员明确方向。第一次开会时大家应当重新回顾任务团体的目的,也许大家要一起来创建更加明确的目标,还也可以讨论每位成员的个人目标。第一次会议之前,应当把背景资料发送给每位成员。第一次会议进行时,如果有人问任务团体如何开展业务,成员应当一起讨论来建立例行程序。任务团体经常采用以下例行程序:回顾上一次会议的记录、发表声明、讨论业务以及提出和讨论新业务。

会议地点和房间

任务团体所处的环境对会议召开和成员行为有巨大影响。房间大小、椅子舒适度、音响效果、座位安排、设施摆放、茶点和氛围等因素都应当考虑在内。如果房间太大,可能使成员之间距离过远,某些成员不愿交谈。如果房间太小,可能会引起成员不适,特别是那些有幽闭恐惧症倾向的成员。若有坐轮椅的成员,则需要有轮椅通道。需要考虑到地毯、灯光、工作台和其他设施,从而创造一个友好的、舒适的氛围。有些人对强光会有生理反应,光线太暗也会让很多人感到不适。

第一次会议

如果成员之间彼此不熟悉,任务团体领导者在第一次会议上应向大家作一下介绍。例如,领导者可以先介绍自己,简单将自己与任务团体目标相关的经验背景介绍给大家。接着,任务团体成员以同样的方式进行自我介绍,这时往往按照循环的顺序进行。接下来,通常是组织一些破冰活动,例如"讲一个你的故事,让我们耳目一新的那种故事"。

团体领导者、团体成员和赞助机构对任务团体的目的和功能都有自己的理解。领导者需要关注和平衡团体的任务角色和社会情感角色,要设立任务团体的目标。

团体领导者应当激发成员在团体中工作的热情,也应当探讨实现个人和团体目标可能遇到的障碍。

为第一次及以后的会议设立会议议程是非常有益的,另外也需要在第一次会议之前将这些议程发给成员。

❖ 与抵触和破坏性成员合作

团体成员出现抵触情绪是正常现象,人们对变化的矛盾心理是普遍存在的,很少有人能够对提出改变并执行下去保持坚定不移的心理。承认成员的矛盾情绪对帮助他们应对变化是有益的。公开讨论成员的矛盾情绪、成员质疑任务团体实现目标的能力等可以帮助所有成员解决问题,并可以为实现预期改变和目标找到创造性的方法。任务团体的领导者应当尊重每位成员的建议和想法(如何与破坏性成员一起工作的更多内容,参见第四章)。

尽管任务团体经常很成功并且很有用,但当任务团体工作不力的时候,团体成员也会感到沮丧。我曾参加过一次学院宣传委员会的会议,会议持续了八个小时(从下午四点到凌晨)。之所以拖这么久,是因为有些委员"平时没有丰富多彩的生活",他们抓住这难得的机会经常将话题扯到宣传以外。不成功的会议非常枯燥,令人很不满意。团体领导者有责任让成员专注于任务,推进会议进程以完成日程安排。杜斯兰特和里瓦斯说道:

> 召开一次成功的会议是一种积极的体验。这些会议通过创造有效的团体合作,让成员交流想法,表达感情,表达对团体成员及所制定决策的支持,而把人们吸引在一起。当成员的想法被倾听、被欣赏、被运用于解决困难问题并达成决策时,这时成员会感受到团体的凝聚力,感受到承担责任的满足感,这在工作场合中是非常少见的。[2]

❖ 中间阶段

任务团体最主要的目的是解决问题和制定决策。成员(包括团体领导者)通常需要在开会之前完成一些与实现任务团体目标相关的任务(有些成员对待这些任务特别认真,而有些人作出承诺却从未完成,以至于整个任务团体的成员都快被"逼疯"了)。一旦出现后面这种情况,这些成员就会被发现,这时候任务团体将不会再分配重要任务给他们。更加明智的做法是，一些特定的任务团体开展业务时运用议会程序，大多数人通过"模仿"学习议会程序，这些程序包括提议、附议、讨论、修正、质疑、对提议或修正后的提议投票等。他们观察其他团体运用议会程序，然后再运用到自己开展的业务中。

会议闭幕

每一次会议结束时，团体领导者通常需要总结一下会议的成果。如果成员的工作完成得很好，可以奖励他们，这对团体发展是有益的。应当明确和标记今后的议程。也许需要说明一下本次会议在总的日程安排上所取得的进展。通常也需要清晰记录成员承诺下次会议之前完成的任务。另外，还需要商定好下一次会议的日期、时间和地点。

评估和解散

任务开展到中间阶段或者快要结束时，任务团体应当及时对完成的任务作出评估。评估的方式方法将在第十三章详细讲解。

当任务快要结束时，通常任务团体成员会怀念这段苦乐参半的经历。他们将会对自己的成就感到高兴（大家可能聚在一起庆祝，去餐馆聚餐）。任务团体的结局也可能有令人不满意的地方。如果事先设定的目标未达成，成员会感到难过（笔者曾参加过一个委员会，写了一个重大提案；成员非常希望该提案能够获得批准，但遗憾的是，提案没有通过）。有些成员会感到悲伤，因为他们与同事们合作共事的过程中收获了情谊，而现在团体即将解散了。有些成员则可能享受任务团体不断创造性地解决问题带来的兴奋感。解散任务团体的过程将在第十三章详细描述。

练习6.1　成功与不成功的团体经验

目标　本练习旨在让你回想参加成功团体时的感觉和参加不成功团体时的感觉。

1. 请描述一个你参加过的成功团体。说明你为什么认为这个团体是成功的——可能因为完成了团体目标,还可能因为你喜欢成员间的情谊等。

2. 参加这个成功团体你的感觉如何?

3. 请描述一个你参加过的不成功团体。说明你为什么认为这个团体不成功——团体目标未完成,或你不喜欢某位成员,或你被要求离开等。

4. 参加这个不成功团体你的感觉如何?

问题解决方式

简单来讲,社会工作者从事的所有工作都包含问题解决。社会工作者广泛运用问题解决的方法帮助个人、家庭、小团体、组织和社区团体。大卫·约翰逊和弗兰克·约翰逊给问题解决作出如下定义:

> 问题解决是将一个未解决的问题分解,为这个困难找答案的过程;这一过程为问题找到了解决方案,同时也帮助改变事情的实际状态,并让它达到我们想要的相似状态。³

问题解决可以分解为六个步骤:(1)识别和明确问题;(2)评估问题的大小和原因;(3)为问题解决制订备选策略或计划;(4)评定这些备选策略的优缺点;(5)选择和实施最需要的策略;以及(6)评估运用策略的成功之处。

◆ 识别和明确

问题定义得越精确,就越容易解决。比较下列定义问题的描述:"这个城市六个街区的 57 名儿童,因为父母工作的原因需要白天托管。"关于这个问题的定义非常清晰,因为已经详细说明了问题团体、发生地点和时间段,因此这个问题比较容易解决。来看另外一个例子:"这个城市一些学校系统的孩子,似乎对他们的生活方向更加冷漠了,我们必须想办法解决这个问题。"因为关于这个问题的团体和症状并未具体说明,也无法寻找问题解决的方案。

当运用问题解决方法时,团体应当首先:(1)确定实际问题或现在的状态;(2)明确解决问题想要达到的理想状态。我们要深入探讨问题的现实状态和理想状态之间的差异并达成共识。如果团体认为问题的现实状态会导致严重不良后果,那么成员想要达到理想状态的意愿应该更强烈。

团体对一个问题达成共识可能是一件困难的事情。本章讲到的头脑风暴可以帮助解决问题的描述。这些描述可以重新修改，直到定义达成一致，包括问题实际状态和理想状态的精确描述。

■ 评价问题的大小和原因

一旦一个可行的问题被明确下来，团体接下来就要收集信息来评定问题的大小和产生原因。在评定问题大小的时候，需要考虑以下问题：受影响的是谁？有多少人受影响？问题的严重程度如何？问题发生在哪里？

通常，一旦找出问题的原因，也会启发人们思考如何来解决这个问题。如果一个国家存在高失业率，原因是大部分失业人口没有经过专业化培训，因此不适合现有工作。那么，我们就应当为现有的空缺职位培训一些工作人员，可以有助于减少失业。如果不了解问题背后的原因就想解决它，这是几乎不可能的。例如，有些城市美化项目是对一些荒废区域进行重建，而提出项目的人并不知道该区域居住环境恶化的具体原因。

■ 开发备选策略

问题解决的第三步是制定备选的方法来解决问题。头脑风暴可以帮助产生一系列的策略。有时候，最疯狂的建议可能会启发其他人想出一个或多个实用的办法。如果团体成员未能讨论出可行的策略，也可以咨询团体之外的专业人员或大家一起头脑风暴。

■ 策略评估

接下来，团体应当评估每个策略的优缺点，通常也要完成策略的成本效益分析。成本包括时间、物质资源和专业费用。尽管对于每个策略的实际成本和效益很难客观地评估，但是，对于团体将来需要的资源和运用这些资源达成什么样的结果，必须作出合理的评估。例如，如果种族隔离是大城市存在的问题，那么，我们必须正确判断利用校车促进学校融合的合理性（例如，增加的交通成本和关闭社区学校带来的好处）。

◆ 选择与执行

问题解决的第五步包括两个独立的过程:第一,制定决策,由团体选出一个提案的策略(团体里的决策制定方式可以多样,本章后面将介绍多种方法)。第二,策略选择好以后,团体必须执行。通常,团体越能坚定地支持选择的策略,那么,团体获得成功的可能性就越大。团体一定要明确必须完成的任务,分配工作,为每项任务的开始和结束确定截止日期。

◆ 评估

一旦我们完成任务,从两个方面评估策略的成功之处非常重要。第一,是否完全按照策略执行?第二,效果如何?主要评估标准是:这个策略把现实状态和理想状态之间的差距缩小到什么程度?这就是为什么每个问题的精确描述如此重要。

如果我们不能全面执行这些策略,我们的团体需要进一步付出努力。如果这些策略得到了全面执行,却未达到问题解决的理想状态,也许团体就要推出新策略。另外,在执行一项决策的过程中,我们也许会暴露其他问题。例如,20世纪60年代的民权运动致力于消除种族歧视,但是,这让很多人意识到许多其他团体也遭受着歧视,例如妇女、同性恋者以及残疾人等。

评估阶段应当说明问题已经解决到何种程度、还有哪些问题未解决以及发现了哪些新问题。评估阶段经常需要解决其他问题,比如重新定义旧问题或发现其他新问题,于是之后就要重复进行问题解决的步骤了。

有效解决问题的障碍

有效解决问题存在几个障碍:问题定义不充分、无效假设、不良沟通以及团体缺乏技能、资源和动力。

◆ 定义不充分

如果问题描述得不准确,团体成员对问题的理解通常会存在差异。以下面的问题描述为例:"在我们的教育体制下,孩子们承受着太多压力。""太多压力"可以有多种解释,包括学业压力、饮酒和毒品的压力、宗教压力、来自老师和家长的压力、种族紧张导致的压力、拥有性经历的压力以及违反法律的压力。只有对这些问题能够明确定义，团体成员才能对"如何解决问题"达成一致。

◼ 无效假设

与定义不充分紧密相关，对问题产生原因的无效假设与理论也是有效解决问题的一大障碍。例如，认为心理失常的人是被魔鬼附身；20 世纪早期，罪犯被认为智力迟钝；[4] 两百多年前，医生认为放血（用水蛭吸血）可以治愈病人。如果团体成员对问题成因有错误的理论解释，那么他们往往会得出无效策略。比如，我们现在知道，试图将恶魔从一个有情感疾病的人身上驱赶出去并不会减轻情感创伤，放血也不会治愈疾病。

◼ 不良沟通

团体成员之间存在不良沟通的原因有很多。可能是因为有些成员未掌握良好的沟通技巧，或者因为有些成员隐瞒信息，试图操纵他人。成员之间的这些人际冲突可能会导致大家不能积极参与沟通。不良沟通的后果就是团体无法产生足够多的备选策略，也难以评估潜在的风险。除此之外，成员对执行策略的热情和责任意识也会减弱。

◼ 缺乏技能

团体可能缺乏定义和解决问题的技能。例如，团体里可能没有专业人员来设计和实施必要的调查研究，或者缺乏撰写申请书获取所需的资源和技能。当团体缺乏必要技能时，必须通过招募合适的新成员或者咨询外面的专业人员进行弥补。

◼ 缺乏资源

一个团体不可能总是拥有足够的资金来完成所有的事情。例如，一个团体想要解决"无家可归"这个问题，可能因为资金不足，导致不能为无家可归的人建造足够多的低成本房屋。结果，这个想法被扼杀在摇篮里。

◼ 缺乏动力

有些组织因为成员做事的动力不足而无法解决问题。领导者可以通过创造一种互相支持、信任及合作的氛围来鼓励缺乏动力的成员参与。我们可以让缺乏动力的成员说明他们不愿参与的原因，或许他们就会因此有所改变，从而为团体做出贡献。有热情的成员也可以先为团体做出一些成就，从而鼓舞那些缺乏动力的成员一起努力。可以先分配一些相对简单的工作给缺乏动力的成员，当他们完成时，应当表扬他们。

头脑风暴

头脑风暴(brain storming)是所有成员全力参与，并一下子产生大量新策略的过程。它可以帮助每个人分享新观点，不必担心中途被讨论或评估所打断。这一方法允许成员把脑海中的任何想法展现出来，这样通常会比一个人苦思冥想得出更多更好的想法。头脑风暴法由奥斯本(Osborn)发明，大约半个世纪前他就概述了以下基本法则[5]：头脑风暴可以持续一分钟到半个小时不等，只要不断产生新想法就可以持续。每一次头脑风暴时，参与者都可以畅所欲言。想法越"荒诞""奇特"越好，因为这些想法有可能带来新的突破或新的行动。禁止对任何想法进行批评和评价，只需要尽快将其列举出来。

这种情况下，想法的数量比质量重要。想法的数量越多，我们获得有用想法的可能性就越大。成员可以根据其他成员的观点想出新主意，这样思维就得到了扩展，并形成了新想法的组合。讨论的重点必须始终是一件单独的事情或问题。成员不应从一个问题跳到另一个问题，或者对多个问题进行头脑风暴。

团体应当提倡放松、惬意、合作的氛围，不论成员多么胆怯或者不愿参与，都要鼓励他们参与进来。最好让成员每一次只说出一个主意，以便话少的成员也愿意表达他们的想法。对刚加入团体不了解头脑风暴的新成员，应当先解释头脑风暴的基本原理和规则。如果团体专门为头脑风暴而组成，那么成员的观点和背景应当多元化。头脑风暴结束后，团体应当选出解决问题的最好想法(或者综合成员提出的所有想法)。

头脑风暴有一系列的好处：可以增加所有成员的参与度，降低团体对某个权威人物的依赖性，并为团体在短时间内产生大量新思路提供方法。成员在团体里一定要说"正确的话"的压力减少了，整个思考过程变得有趣而刺激。在一种不品头论足的氛围里公开分享自己的想法，每位成员都可以借鉴他人观点，并创造出一种独特的观点。

然而,如果团体成员认为头脑风暴很奇怪,它首先会导致成员产生一种不适感。[6] 在一个受限制的、担心尴尬的团体里,头脑风暴实际上阻碍了大家的参与,因为它强迫成员进入一个他们感到"不适"的模式。[7]

在其他情况下,头脑风暴也可以作为破冰手段,来打破团体沉闷、压抑的氛围。[8] 头脑风暴对于团体的影响程度,部分取决于团体领导者运用这种方法的技巧和时机。

冲突

冲突是由于观点或利益不同,导致团体出现不可避免的敌对状态。大卫·约翰逊和弗兰克·约翰逊总结了团体冲突的潜在优点和危险:

> 团体成员之间的冲突能够揭示团体的效率,检测团体的健康情况,是一场能够削弱或增强团体实力的危机,可能给成员带来创造力、洞察力和亲密关系,也可能造成持久的愤恨、郁积的敌意和心理的创伤的关键事件。冲突可能会使团体成员渐行渐远,也可能会把大家拉得更近,形成更亲密合作的关系。冲突可能是团体毁灭的根源,也可能是让团体更加合作的种子……它们既可能为团体带来建设性的结果,又可能带来毁灭性的结果。[9]

社会中很多人错误地认为冲突只会带来消极结果,我们应当避免冲突。冲突被认为是导致离婚、团体士气低迷、友情破裂、心理创伤、暴力和社会动乱的原因。实际上,产生这些破坏性事件是由于对冲突无效管理导致的。由于人们的兴趣、观念、价值观和目标不同,人际关系中存在冲突是不可避免的。

冲突不仅是任何团体关系中自然存在的,也是必要的,处理得当的话,它们还可以带来很多好处。没有冲突,成员会感到无聊;而意见不同则常常激发成员的兴趣和好奇,从而引发更加热烈的讨论。冲突也能激励成员更加清晰准确地定义问题,更加努力地寻找和实施解决问题的方案。冲突还会带来承诺、团结、沟通与合作,从而使毫无活力的团体变得有活力。通过表达和解决对团体的不满,团体成员能够评估他们的观念、价值观与意见。因此,言语冲突也可以促进个人成长和鼓励创新。

练习6.2 我对冲突的容忍度*

目标 本练习旨在帮助你评估遇到人际冲突时,你是否需要更加自信。

1. 你是否会回避人际冲突(经常对别人让步)?如果"是",解释你的原因。

2. 如果你回避人际冲突,当你作出让步时,是否觉得另一个人在"践踏"你的个人权利?

3. 你是否认为应该更加果断地面对人际冲突?如果"是",你打算采取什么措施,让自己面对冲突时更有主见、更加果断?

解决冲突的技巧

一般来说,解决冲突有很多方案,下面我们将分别讲解。

 非赢即输(Win-Lose Approach)

一些工作效率低的团体里,对立双方冲突的解决就变成非赢即输的情形。在一些竞争性领域,例如体育、商业和政治,个人或团体彼此间需要竞争。团体里也会采取同样的竞争模式。因为任何一方都不承认对方利益或关注点的正当性,成员试图推销自己的立场,并不倾听对方所言。在这个过程中,会形成权力集团,他们会支持一方战胜另一方。团体原来的目标渐渐退到幕后,而"取得胜利"成为双方的唯一目标。

在非赢即输情形中,团体整体上将以失败而告终,因为他们未能实现团体的长期目标。输家没有动力执行赢家的决策。输家怨恨赢家,就有可能试图逆转决策或阻碍执行决策。在这种氛围中,冲突双方的不信任感增强,沟通更加受限而不准确,最终导致团体凝聚力下降,团体成员未能表达出来的感受经常会导致他们作出带有偏见的判断或行为。他们往往会拒绝支持好策略,仅仅因为他们不喜欢提出好策略的那个人。

很显然,用非赢即输方式解决冲突的团体中,成员沟通受到了严重阻碍。在非

---

* 本练习即《实践行为练习册》一书中的练习6.1。

赢即输情形下，冲突会导致双方否定或歪曲不愉快的事实和信息，因为双方为了"赢"，都倾向于否定、隐藏或歪曲不符合他们立场的信息。[10]成员会误解那些他们认为是对手的想法和行为，从而导致沟通"盲点"。非赢即输方式会导致成员虚伪地表达他们的想法与感受，因为有时赢家为了获得更好的成绩而不会诚实守信，意见不同会被看作对方阵营的成员从而被拒绝，未来的团体决策也会变得缺乏智慧。

❖ "双赢"问题解决法（No-Lose Problem Solving）

根据"双赢"问题解决法，在冲突中，双方总是可以满足自己的需求。这种方法是问题解决方法（本章前面介绍过）的一个变式，由哥顿（Gordon）提出。这一方法基于两个前提：（1）所有人都有权利满足自己的需求；（2）双方意见不一致的地方从来不是他们的需求，而是需求的解决方案。[11]

正确区分需求和解决方案是非常重要的。例如，假设一个学生社会工作俱乐部正在争论，到底是资助大四学生的毕业聚会还是学校的日托中心（以免被关闭）。通过分析这场争论的需求和解决方案显示，俱乐部成员热烈争论的是解决方案而不是需求。即将毕业的学生需要重视，日托中心也需要得到运营资金。然而要满足这两个需求也有很多方式，俱乐部可以将现有资金资助毕业派对，然后再为日托中心筹集资金；或者先资助日托中心，然后通过成员捐献食物、点心和部分金钱来支持毕业派对；又或者将俱乐部的一半资金用来资助日托中心，将另一半资金用来举办节约型的毕业派对。另外，也可以想出其他满足这些需求的解决方案。

"双赢"问题解决法有六个步骤：

1. 确定和定义双方的需求；
2. 产生可能的备选解决方案；
3. 评估备选的解决方案；
4. 找出最佳的可接受方案；
5. 找出实施解决方案的方法；
6. 评估它是如何发挥作用的。[12]

目前最困难的是第一步，因为团体成员经常以非赢即输的方式看待冲突，他们总是首先明确和满足自己的需求。然而，当双方把不一致的需求找出来，却发现：双方真正不一致的地方并不是他们的**需求**，而是他们的**解决方案**。通过这六个步骤,"双赢"问题解决法经常会产生创造性的解决方案（读者会注意到"双赢问题解决的过程"与本章前面的"问题解决过程"相同）。

"双赢"问题解决法的好处是双方都能满足自己的需求，因此，这种方法增强了团体和谐与凝聚力，也消除了非赢即输式问题解决法引起的愤恨、敌意和对抗行为。实际上，采用帮助所有成员达到他们的短期目标和需求的方式来解决问题，实现团体的长远目标才符合每个团体成员的最大利益，所有成员才能更好地完成长期目标。通过非赢即输方式开展活动的团体，虽然赢家赢得了一些争斗，但可能降低了团体效率，所有成员都可能无法完成长期目标，也无法满足自己的需求。

通过问题解决方式，成员一般更倾向于倾听对方，认同他人利益的正当性，也会以合理争辩来影响他人。这种问题解决方式鼓励合作的氛围而非竞争的氛围。

表6.1总结了非赢即输策略和问题解决策略的不同。一个合作的问题解决方式也能够提升团体的创造力。创造力就是产生新事物的过程，它来源于富有成效的争论。由于从新视角看待问题，就有可能得到更多建议而形成解决问题的新方案。

表 6.1　非赢即输策略和问题解决策略

非赢即输策略	问题解决策略
冲突被定义为非赢即输的对立情形。	冲突被视为应当解决的问题。
双方寻求解决方案，只为满足自己的需求。	每个人都寻求解决方案，以满足所有成员的需求。
双方都试图迫使对方屈服。	每个人都与他人合作，寻找共同接受的妥协方案。
双方都通过强调自己独立于他人和他人对自己的依赖性来增强力量。	每个人都强调独立精神、权力均等。
双方都以错误、欺骗及误导的方式沟通目标、需求和想法；不分享与自己的立场不同或对自己的立场不利的信息。	每个人诚实而开放地沟通目标、需求和想法。
不认同或不理解对方的意见、价值观及观点。	认同与理解他人的意见、价值观和观点。
用威胁的方式强迫对方屈服。	避免威胁，降低他人的防御心理。
表达对某个立场的死板恪守态度。	成员表达灵活性更强的意愿。
立场改变非常慢，企图迫使对方妥协。	立场随时改变，以帮助解决问题。
不征求第三方建议，因为主要精力用于迫使对方屈服。	解决问题过程中寻求第三方建议和帮助。

德国人发现三种激发团体创造力的方法[13]：(1)必须适当激发成员的动力寻求可行性方案；(2)团体中必须有合作解决问题的氛围，一旦陷入困境，成员可以重新调整解决问题的方向；(3)必须持有多元化的观点，这些观点可以灵活组织在一起形成多样的、新的解决方案。

当团体成员动力十足，不论遇到挫折或陷入困境都能够坚持解决问题时，团体的创造力最强。但是这种动机强度也不宜太高，太高了可能造成团体成员过度紧张而压垮整个团体。过度紧张会导致成员的防御性增强，降低对创新方案的接受程度。焦虑过度使成员不能全面地表达自己的观点，干扰他们倾听他人的意见，这通常会导致整个团体思想保守。

有创造力的团体成员思想开明，寻求看待问题的不同视角以及新颖的解决方式。即成员根据信息本身的优点来使用它们，而不在意它是否与自己的想法、观点和假设相同。如果两位成员之间发生了冲突，每一位都要倾听对方的批评，公平判断它们的正确性，并提出考虑到双方所关心问题的新策略，这就形成了创造性的解决方案。相反，一个思想保守的人根据自己的假设、观念和参照标准来看待相关信息。[14]思想保守的成员强调他们相信与不相信的事物之间的区别，忽视或否定与他们的价值体系相违背的信息。他们脑海里往往有相互矛盾的观念，在他们为自己的观念的辩护过程中，扼杀了自己的创造力。

练习6.3 冲突激发创造力

目标 本练习旨在帮助你理解冲突如何激发创造力。

请描述你和某人发生过的冲突，这个冲突激发你的创造力，找到让你俩都满意的解决方案。

◼ 角色互换

角色互换是解决团体内和团体间冲突的一个很有用的策略。角色互换的基本规则是：每个人只有在重述对方的观点和感想后才可以表达自己的观点或见解。这些观点和感想必须用自己的话重述，而不是机械地模仿。可以这样开始观点重述，例如"你的观点是……""你好像在说……"或"你明显感觉到……"。这里应当避免赞同或不赞同、指责、建议、解释或劝说。

另外，非语言信息应当与语言转述一致，表达你对对方观点和情感的兴趣、真诚和专注。首先，角色互换应当表明你是真有兴趣来理解对方的情感、观点和立场。

角色互换可以引导双方对相关问题予以重新评价并改变态度，因为参与其中的团体成员通常被认为是有理解力、愿意妥协、合作的人，也是值得信任的人。[15] 人们发现这种方法还可以增加互换角色双方之间的合作，澄清误解，将非赢即输情形转化为解决问题的情形，最重要的是，可以从对方的参照标准来看待问题。

这种方法的缺点是，有些人不喜欢被迫重复别人（特别是与自己有冲突的人）的话语，还有些人不喜欢自己的话语被人重复。对于上述两种人，下列技巧通常更容易被接受，也更加有效率。

◼ 移情

移情是与角色互换紧密相关的一个技巧。移情是把你自己放在与你冲突的人的立场，表达对他的想法和话语的理解。下面几个短语例子可以帮助你表达移情：

"你好像在说……"

"我认为你是想……"

"我感到你觉得这件事情……"

当运用移情时，非常有必要以一种无偏见的方式反思说过的话，这能够帮助你领会对方所思或所感的核心要点。

与角色互换相似，移情也用来促进公开交流、帮助澄清误解、增加合作行为以及加速"双赢"问题解决的过程。

◼ 询问

如果你与某人有冲突，对于他的想法和感受你感到很迷惑，那么，询问的技巧或许对你有用。这个技巧需要通过温和而深刻的问题来了解对方的想法和情绪。询问的口吻非常关键，因为用讽刺或防御性的口吻询问很容易引起对方的防御反应。

◼ "我—信息"

如第五章所述,运用"我—信息"的技巧,也可以促使冲突双方之间进行更为开放和真诚的沟通。相反,"你—信息"容易增加冲突双方的防御心理。

◼ 消除敌意

如果你与某人有冲突,消除敌意经常是一个解决冲突的有效策略。此技巧需要在对方的话语中找到一些真实情况,并表达你的"赞同"——即使你认为对方的表述非常错误、不理性、荒谬或不公平。别人说的话即使听起来非常可恨、无礼,也总会表达一丝丝真实情况。当你用这个技巧化解了对方的敌意,他会认识到你对他的尊重。一旦敌意化解,对方就不会如此武断,坚持认为他完全正确而你完全错误。结果,他也可能更愿意挖掘你的观点的价值。如果你希望得到尊重,就要首先**给予**尊重。如果你希望被倾听,消除敌意可以帮助你倾听对方并促进开放的(而非防御性的)沟通。友好反馈可以帮助开放性的沟通,而敌意反馈则导致防御性的沟通。

运用这一技巧时,很重要的一点就是说话要真诚,即真诚地表达你的赞同。

◼ 安抚

安抚与消除敌意紧密联系,即使在斗争白热化的时候,也要真诚而积极地与对方沟通。安抚就是告诉对方你尊重他,即使是在你们两个人都非常生气的时候。争论或冲突过程中,人们倾向于在被拒绝前先拒绝别人(以防"丢面子")。为防止被拒绝,你要让对方知道,即使你们意见不同,你还是很尊重他,这会让他感受到的威胁小一些,更加容易敞开心扉倾听你的意见。

练习6.4 消除敌意与安抚

目标 本练习旨在帮助你理解和运用消除敌意和安抚的技巧来解决冲突。

1. 请描述一段经历,两个人发生冲突(其中一个人是你自己),最终运用消除敌意或安抚的技巧解决了冲突(至少是部分解决冲突)。

2. 总结解决冲突运用消除敌意或安抚技巧的优点与不足,说说你的看法。

◆ 调解

过去的二十多年里,调解越来越多地被用于解决争议双方之间的冲突。早在 1913 年,美国联邦政府就设立"联邦调解人"帮助解决雇主与雇员之间的问题。[16]人们希望通过调解方案能阻止社会工作者和雇员的罢工或停工,使人们的福利和安全能够得到保障。联邦用调解办法解决劳资纠纷开创了先例,许多州通过了相关法律,培养"专业调解人"的骨干队伍来解决州内的劳动冲突。

1964 年颁布的《民权法案》提出了美国的社区公共服务机构。司法部门运用调解的方法解决种族、肤色或国籍等引起的歧视纠纷。[17]各种私立机构、公民权利委员会及国家机关等,目前都运用调解方法来处理有关性别、种族以及民族歧视的指控。联邦政府大量资助社区司法中心,因为这些社区司法中心是非正式的、低成本的但却是高效率解决问题的机构,通过它们为大众提供免费或低价的调解服务。[18]通过调解解决冲突比通过法庭解决冲突更加高效而新颖。中小学和大学也运用调解的方法来解决学生之间、学生与教师之间、教师之间以及教师与管理人员之间的冲突。刑事司法体系运用调解解决监狱内的冲突,例如监狱暴乱、人质谈判以及制度化的申诉程序等。

调解也被广泛应用于解决家庭纠纷,例如儿童监管、离婚程序、亲子冲突、收养以及亲权的结束、家庭暴力问题等。摩尔(Moore)指出:"解决家庭纠纷时,通过调解得来的两相情愿的问题解决办法常常比对簿公堂,由法庭强制执行要合适、令人满意得多。"[19]

调解可以用来解决商业伙伴之间、私人之间、政府机关和个人、房东与租客、商家与案主之间的冲突以及有关人身伤害的案件。

现在许多专业人员有时要担任调解者,帮助有冲突的人们或团体解决困扰他们的问题。这些专业人员包括律师、社会工作者、心理学家以及咨询顾问。一些社会工作者、律师和其他专业人员也开始把调解作为全职工作——他们通常在政府或私人的调解机构从事全职的调解工作。

摩尔对调解的定义如下:

> 调解通过一个合意、公正和中立的第三方(它并没有权威的决策权力)的

干预,帮助争执的各方自愿达成彼此都能接受的纠纷解决方案……调解将决策权交给冲突中的人们。调解是一个自愿的过程,纠纷若要得到解决,参与者必须愿意接受干预者的帮助。通常冲突的双方认为靠自己的力量不能解决问题,而这时只能去寻找一个公正的第三方来进行调解。[20]

关于调解过程有不同的模型。[21]本书以布雷兹(Blades)开发的模型为例进行概述。[22]根据布雷兹的模型,调解过程分为以下五个阶段:

1. **介绍/承诺**:第一阶段通常用一到两个小时完成。调解者建立基本原则、描述调解过程、回答问题、讨论费用以及从双方的角度作出承诺。调解者也会尽力了解更为紧迫的问题,对双方的个人动机有个初步认识,确定他们是否准备和愿意进行调解。如果一方或双方不愿进行调解,那么这次调解就应该停止。如果一方或双方对此犹豫不决,那么,调解者通常给出备选方案,例如漫长而昂贵的法庭之争。

2. **明确问题**:双方在调解者的帮助下,明确他们已经取得一致和不一致的内容。某些冲突,例如离婚调解的财产划分问题,通常在这一阶段需要获得大量信息。

3. **谈判**:一旦双方都确定了存在冲突的问题,且获得相关事实信息,双方就可以开始谈判。在这一阶段,调解者要让双方一段时间内只集中解决一个问题。运用问题解决方法首先要明确各方需求,并产生备选解决方案。如果讨论进行顺利,调解者就可以退到幕后,而当氛围紧张时或双方都忽视满足他们需求的创新想法时,调解者再次出面进行调解。

4. **协议**:一旦备选方案产生,评估相关事实以后,双方就可以开始在这些问题上达成协议。调解者的角色就是维持合作氛围,保证冲突双方都将精力集中在可控制的问题上。调解者总结协议范围,提供必要的法律或其他信息。另外,调解者还要帮助双方检查这些选择有无缺点。这一阶段中,调解者需要表扬双方所取得的进步,并且让他们为取得的进步进行自我表扬,调解者要尽力营造一种积极的氛围。

5. **签订合同**:调解的最后一步就是双方审查协议,澄清模糊条款。协议最后总是以合同的形式呈现,供以后参考之用。任何一方,即调解者或参加的每一方都可以执笔草拟合同。合同要阐明任何一方同意做的事情,并且可能为多个任务设置完成期限,也要详细说明如果任何一方未完成合同条款将要承担什么后果。调解者需要注意把协议具体化,防止以后发生争议。调解的最终目标就是签订合同,在合同中，任何一方都不是失败者，并且双方都愿意遵守协议。

调解者所用的主要技巧之一就是召开核心会议。[23]有时候，调解者或任意一方可能停止调解，要求召开核心会议。核心会议期间，双方并不在一起商讨，他们之间不进行直接沟通，而是由调解者分别会见双方。召开核心会议有很多原因，核心会议可能用来私下表达强烈的感情、澄清误会、减少重复徒劳的负面行为、说明一方的利益、为双方考虑备选时间、让不妥协的一方相信调解过程比对簿公堂要好、发掘机密信息、教育缺乏经验的冲突方了解调解过程、设计可备选的选择方案（将来在联合会议上用得着）等。

一些团体愿意在核心会议上私下表达可能的让步。通常这些让步建立在对方也作出特定让步的基础之上。通过召开核心会议，调解者可以在双方之间传达信息，以求达成共识。

◆ 如果这些策略都不行怎么办？

如果运用妥当，在大多数人际冲突的案件中，这些策略都具有很好的帮助作用。如果这些策略未达到良好效果，你基本可以得出结论，那就是和你发生冲突的人并不是真的想解决冲突。也许是对方心怀不轨，故意制造冲突以表达自己的愤怒和敌意。或者对方就是想与你发生冲突，而让你过得不舒服。

当你发现对方就是想与你冲突时，你该怎么办？运用必要多样化定律（Law of Requisite Variety）是一个选择。这项定律指出，如果你持续地变换方法对付朝你扔来的短剑，最终对方会对这一混乱感到厌倦而选择和解。

练习 6.5　高效地解决你的冲突*

目标　本练习旨在帮助你学习如何更有效地解决人际冲突。
1. 请描述你与对你很重要的一个人之间发生的冲突。
2. 你用了哪种策略来解决冲突？
3. 对方寻求运用哪种策略解决冲突？

---

* 本练习也是《实践行为练习册》一书中的练习 6.20。

4. 冲突是否成功得到解决？如果"是",请描述是什么让冲突得以解决。如果"否",请详细说明为什么冲突未得到解决。

5. 复习本章描述的冲突解决技巧,具体说明你认为可以更加有效地快速解决冲突的策略有哪些,解释你的观点。

6. 今后你打算运用哪一种冲突解决技巧？

团体间冲突

就如团体内部存在冲突一样,团体之间也经常产生冲突。在一个组织里,不同的团体要被迫争夺资金、人力资源和权利。例如,在一个大学里,不同系的员工(例如社会学系、心理学系、社会工作系)可能针对下列问题产生冲突,如批准哪个系增加一门新课程(例如人类性学)、哪个系可以招聘一位新员工、每个系的预算分配以及哪个系可以利用什么样的人才服务机构完成学生的就业安排。

正如团体内部的冲突,团体间冲突涉及的双方也可以运用非赢即输策略或"双赢"问题解决策略来解决冲突。书中描述的团体内部冲突解决策略同样适用于团体间的冲突解决。

如果根据非赢即输策略来解决冲突,结果显而易见是有害的。[24]每个团体内部变得更加团结,成员们联合起来共同抵抗攻击;他们互相依赖,通常会把团体内部的冲突先放在一边。团体成员更加愿意接受独裁型领导,因为必须迅速作出一致的决策,形成一个"坚固的前线"。冲突中的团体变得更加对立,因为每个团体都认为自己的立场是正确的、符合道德的,而轻视和贬低对方的立场。成员对团体的满意度上升,因为他们日益感到对团体不断增加的认同感和归属感。

由于每个团体都强调自己最好与对方最坏的地方,两个团体间的敌意增加,因此不断增加对彼此的歪曲看法。每个团体都以错误、贬损的刻板印象看待对方团体,认为对方非常糟糕,所以不断减少团体间的沟通和互动。

因为团体成员经常误解对方的立场,互不信任更加明显;团体选出的谈判人员也都尽力找出自己团体与其他团体的差异。谈判者通常是每个团体里最激进的成员,他们往往只坚持自己团体的立场,而不会努力寻找创造性协议满足各方的需求。他们不惜一切代价避免让步,否则会落下"失败者或叛徒"的名声。如果引入第三方解决纠纷,赢家会认为第三方公平客观,而输家则会认为第三方存在偏见、考虑不周、非常荒谬。

以非赢即输策略来解决团体间冲突时,通常会有两种结果。一种结果是双方处于相持阶段,继续斗争下去,甚至会持续好几年。另一种结果就是一方赢而另一方输。

输的一方开始失去凝聚力,最后甚至解散。当成员分析失败原因时,他们经常互相责备,然后争吵,以前未解决的冲突重新浮出水面,紧张氛围不断增加。他们通常会找出一个替罪羊,比如领导者、第三方谈判人员或者最不听话的团体成员等。如果一个"无效"的领导者因战败而遭受责备,他可能就会被替换下来。通过评估失败,团体重新定位自己的目标,重新检查对自己的积极印象和对对方的消极印象。这些实际上能够让他们更加真实客观地评估自己和对方。如果这个失败团体看到了未来成功的希望,就有可能重整旗鼓动。而如果成功的希望非常渺茫,成员就可能丧失斗志渐渐脱离团体,不再参与活动,整个团体也就没有了活力。

赢的一方通常会庆祝并感到团体凝聚力大增。他们会变得自满,失去斗志,成员往往开始松懈,甚至可能开始喜欢玩乐而对团体工作投入较少精力。结果,赢的一方反而进步较少,因为他们满足于现状。

与非赢即输策略相反,问题解决策略可以通过一系列结构性安排来解决团体间冲突。一种安排是每个团体的领导者或代表面谈,如果团体规模非常小,所有成员都可以参与。如果有必要,可以选择一位调解者来组织双方团体的代表面谈,或者选举一个由双方代表组成的常务委员会来解决目前的冲突和新问题。

召开会议不难,难的是让双方信服采用问题解决策略才符合每个人的最大利益。运用问题解决策略解决团体间冲突能够带来的好处与解决团体内冲突(本章前面提到过)是一样的。指导冲突团体进行问题解决的方法是:(1)简单介绍运用非赢即输策略解决问题的缺点和将来可能会产生的问题;(2)说明运用问题解决策略对冲突各方潜在的好处;(3)要求存在冲突的团体尽量运用问题解决策略。

团体间冲突最重要的一点是,如果各方都能运用问题解决策略而非非赢即输策略来解决冲突就会好很多。团体领导者必须明白,要试图化解竞争性非赢即输策略带来的消极情绪和怨恨是非常困难的,如果有需要,应当尽早在非赢即输冲突中引入第三方调解者或仲裁人来扭转局势。

非赢即输策略与"双赢"问题解决策略通常互相排斥。如果两个团体存在冲突,双方的谈判人员不可能既诚实又欺诈,既表达移情和理解又隐瞒移情和理解,或者既想通过恐吓获胜又想避免恐吓以降低防御性。此外,这些谈判人员也不可能既是灵活的又是古板的。

尽管到目前为止问题解决策略最为可取,但当对方拒绝运用问题解决策略时,非赢即输策略也是必要的。面对一个采用非赢即输策略的团体时,如果保持开放性、灵活性、愿意作出让步,那么这个团体失败的概率就会增加。

 制定决策

一个团体的效能很大程度上依赖于它对一些事情的决策能力,比如什么时候开会、会议如何进行、团体为什么开会以及会上要做什么。团体总是在几个不同选项中作出决定并达成一致。当其他人花费数小时的时间讨论如何制定决策时,一些团体成员对决策过程还只是有个模糊的概念。不同的情形下一定会产生不同的决策过程,所以团体制定决策很少采用同样的程序。在我们的社会中,重要的决策通常由团体制定而非由个人制定。如果一个问题或一件事情非常复杂,通常情况下,团体会比个人制定出更好的决策。[25]

 决策基础

大多数人都认为,制定决策主要立足于客观的事实和数据。事实上,价值观与假设也是制定大多数决策的基础,只有当事实和数据与这些主观经验相关时才会被用到。思考下列问题,我们如何作出最重要的决策?这些问题暗示了什么?

1. 怀孕最初的几周内应该允许堕胎还是禁止堕胎?
2. 同性恋是否应该被看作自然表达的性取向?
3. 对孩子的严厉管教何时变成虐待儿童?
4. 什么时候应当违背保密原则?
5. 监禁的主要目的是对罪犯的再教育还是惩罚?

回答这些问题通常并不以通过仔细研究发现的数据为基础,而是基于个人对生命价值、个人自由和保护性社会标准的观点,日常的决定也都是基于价值观。

同时,基本上每一个决策都基于特定的假设。没有假设,任何事情都得不到证明。每项研究都要作出假设,然后需要检验假设的正确性。例如,在一次市场调研中,分析师假定他们用的工具(例如调查问卷)有效、可靠。如果没有能够提供证据的假设,那么即使太阳明天从东方升起也不能被证明。同样的道理也适用于制定决策的团体。例如,如果一个当地团体决定应该利用校车接送促进种族融合,那么他们很可能假设校车接送具有某些好处。如果一个团体决定不用校车接送,那么他们可能假设校车接送成本会超过预期收益。任何一种情况下,假设都不能被事先证明,只有当执行决策并对其效果进行评估以后才会产生证据。

统计信息与研究的目的是检验设想、假设和观念。下面是很多美国人持有的观念:

- 死刑对那些想犯严重罪行(比如杀人)的人有威慑作用。
- 大多数福利接受者都能够工作,但是他们更愿意依靠福利生活。
- 精神病人比其他人更有可能犯罪。
- 男同性恋者通常会表现出女性化特征。
- 下层社会人员的犯罪代价在社会中最高。

每一条观念均被研究证明无效,这表明使用科学检测观念的重要性。研究表明,一个国家采用死刑通常不会降低谋杀率或其他重罪犯罪率。[26] 只有少部分福利接受者能够工作——大部分人都没有办法工作,因为他们是小孩、老人、残疾人或者待在家里照顾年幼孩子的母亲。[27] 有精神疾病的人并不比那些神志正常的人更容易犯罪。[28] 男同性恋者并不比异性恋者更柔弱。[29] 脑力劳动者(白领阶层)犯的罪行会给社会带来最高的代价。[30]

 决策方法

讨论要作出决策的事情之前,团体一定要知道将要采用哪种决策方法,因为不同的决策方法将会给团体未来的行动带来不同后果。一个高效的团体必须考虑到可利用的时间、将要进行决策的性质、团体想要创造的氛围,从而选择最合适的方式,同时也必须考虑到任务的性质、团体的历史和团体工作的环境。以下将要讨论六种决策方法:

1. 团体达成共识;
2. 简单多数表决;
3. 2/3 或 3/4 多数表决;

4. 授权决策；

5. 多次投票；

6. 平均个人意见。

◼ 达成共识

这种方法对于激励所有团体成员支持决策并且为决策付出努力最为有效，因为每个人都会同意最终的决策。这种方法也最耗费时间，因为要考虑到每位成员的想法。大卫·约翰逊和弗兰克·约翰逊这样描述共识：

> 共识通常被定义为一起工作的一群人的共同想法，由于条件允许充分沟通，团体氛围充分支持，以至于团体的每个人都认为自己很可能影响决策。如果一项决策由所有成员一起制定，那么所有人都理解并支持这项决策。在操作层面上，所有成员都能够重述决策以显示他们能够理解，所有成员都有机会表达他们对决策的观点；但还有一些人仍然不同意决策或持有怀疑观点，虽然如此，他们会公开表示愿意让决策试行一段时间。[31]

有效地运用共识，团体必须有一个相互信任、合作的氛围。成员可以轻松地表达自己的观点，但必须做到清晰而有逻辑。他们必须避免盲目地为自己的观点而争论，而是要倾听和尊重其他成员的观点。某个成员如果认为大多数人的意见有**错误，他就应当避免**从众。如果仅是为了避免冲突和表现得团结而向大多数人屈服，也是非常危险的。这种服从会导致危险的集权思维（本章后面会讲到）。然而，如果这项决策具有优点并且很可能带来积极结果，那么成员还是应该遵从大多数人的意见。

应当尽量尊重不同的意见。不同观点会让我们有更多的机会回顾事情的关键要素，从而在他人的观点基础之上，制定更加可行的决策。

所有成员都应当积极参与，找到每个人都同意和支持的最佳解决方案才是最重要的。如果团体在两个备选方案上陷入僵局，应该找出第三个备选方案，同时体现出前两种方案的主要需求。这样，团体可以避免其他决策形式（比如投票）带来的分歧。

达成共识比较困难，因为这需要成员具有较强的适应能力。他们必须明白，彻底讨论不同意见应当产生综合意见，进而作出新颖的、有创造性的高质量决策。因此，积极参与、平等分配权力、时间充足是十分必要的，只有这样才能分析不同意见、促进合作,进而整合成每个人都同意的观点。

共识可以帮助解决争议和冲突,并提高团体将来制定高质量决策的能力。如果团体成员参与并支持某一项决策,他们就可能在执行决策的过程中贡献更多的资源。共识在制定重要的、严肃的以及复杂的决策时非常有用,因为决策是否成功取决于所有成员是否全身心投入执行。

◆ 简单多数表决

大多数团体运用简单多数表决的方法。当议题被陈述清楚以后,团体就开始表决。

这种决策类型的优点如下:决策速度比达成共识快得多。大部分决策不需要所有成员的支持。即使团体内成员之间互不信任,通过简单多数表决方法,团体也可以运行。不论是成员之间缺乏开放沟通的团体,还是成员不愿放弃自己最支持观点的团体,这种方法都行得通。

然而,简单多数表决也存在很多缺点。少数人的意见不一定得到保护。种族团体、妇女、特定少数团体、男女同性恋和残疾人等容易受到简单多数表决作出的不利决策的冲击。简单多数表决经常把团体成员分成赢家和输家,有时候输家人数和赢家人数相差不大,甚至能占据49%的票数。这些输家可能觉得他们的顾虑得不到关注,于是拒绝支持团体工作,努力推翻这项决策。显然,如果表决疏远了少数人,这个团体以后的效率就会降低。少数人可能把多数规则理解为一个用来控制和操纵团体的不公平手段。因此,为了保证效率,运用简单多数表决的团体应当创造良好的氛围,使成员认为自己有义务支持最终的团体决策。

◆ 2/3 或 3/4 多数表决

一个高比例的多数表决方法,比如 2/3 或 3/4 多数表决,主要用在一些重大问题的决策上,例如制定美国宪法修正案或者改变组织的细则或章程。高比例的多数表决也通常被政府决策部门用于通过一些专用基金的紧急请求。

这种表决类型介于共识和简单多数表决方法之间。高比例的多数表决比简单多数表决花费更多的时间,因为需要更多的人投票,但又不需要每个人都同意,因此比达成共识要节省时间。强势的少数团体(strong minority)可以阻止作出决策,所以微弱的多数团体(small majority)不能将自己的观点强加于他们。然而,微弱的少数团体（small minority）仍会感到受制于多数规则的控制和操纵。高比例多数表决会比简单多数表决得到更多成员的支持，但是远不如所有成员达成共识所带来的支持。从心理上来讲，在3/4多数表决中，以24∶76输于对方的成员比简单多数表决中以49∶51输于对方的成员更愿意遵从赢家的决定。

对于一些需要所有成员支持的关键决策，最好是尽可能让绝大多数人同意。例如，如果决定不授予一位教职工终身职位，如果系里的投票结果是20∶1而不是11∶10，那么这个结果就不大可能引发教职工上诉。

授权决策

大规模的团体不可能仔细讨论和制定所有的日常决策，许多团体将不太重要的决策授权给**专业人员**、**团体领导者**或**亚团体**（subgroup）制定。亚团体包括执行委员会、临时委员会或常务委员会。然而，这种要授权的决策类型必须划分清楚，以避免可能的冲突；并且要限制所选团体成员的权力，让他们制定不太重要的决策。许多团体中，往往由于界限划分不清而导致产生冲突和争论。团体成员和领导者针对哪些决策由领导者制定、哪些由团体集体制定存在着分歧，这是正常的。当领导者的决策权威被人质疑时，则应该由团体作为一个整体来处理这个问题。否则，领导者可能被指责存在越权行为。

专业人员

可以授权给团体内在某个领域中最专业的人。专业人员可以评估整个事件并通知团体所作的决策。其中存在的一个主要问题是，通常难以断定哪一位成员最专业。个人声望和权力经常会干扰专业人员作出正确选择。如果团体将这个决策权交给某位成员，那么团体通常对所作选择只进行很少的讨论或不讨论，这也许会限制专业人员考虑的可行性方案的数量。最终，一个人作出的决策可能无法得到其他成员的支持，以致无法执行。

团体领导者

团体可能允许领导者作出某些决策。然而，制定这些决策之前，领导者可能召开团体会议，说明情况并最终根据讨论结果作出决策。大学校长经常运用这种方法，寻求各种小组的意见和建议。最省时的办法就是领导者直接作决定，不经过团体讨论。这一程序最适用于简单且不重要的决策。这种方法尽管省时，但不一定有效。由于团体成员不了解事件的情况,他们可能不同意这些决策并选择保留资源,拒绝执行。如果成员认为领导者逾越权限,他们甚至可能采取报复行动,以此来限制他的权力或替换他。另外,如果没有团体成员信息的输入,领导者可能无法全面了解所有的可行做法。通过团体成员的参与,领导者会听到多种选择并给团体成员机会表达他们的观点。然而,如果领导者的决策不受欢迎,团体成员对执行的支持也会有限。

亚团体

另一种授权决策的方式是允许成立亚团体来作出决策,如由执行委员会或临时委员会等作出某些决策。当亚团体作决策时,应当考虑到整个团体的意见,因为不受欢迎的决策也不会得到支持。如果这个亚团体制定的决策一直不受欢迎,整个团体可以进行评审决策、更换亚团体成员、减少其决策制定权力或将其解散。当团体需要作出大量不重要的决策而时间又非常有限时,采用亚团体决策的方式特别有效率。

◆ 多次表决

如果团体拥有许多备选方案,可以进行一系列的投票,直至其中一个方案得到获胜所需的票数。多次表决可以有很多种执行方式。选择总统候选人时,共和党与民主党大会组织多轮投票直至一位候选人获得多数票。还有一种方式就是不断缩减选择的数量。例如,如果有 50 个选择,每位成员可以先选 5 个。得票最多的 10 个将会进入第二轮,让成员再选出 3 个。第三轮中,每位成员在排名前 4 的选择中选出 2 个。在第四轮和最后一轮中,成员在排名最靠前的两个选择中选出一个。利用这种多次表决的方式,成员在表决之前了解表决规则非常关键。否则,那些自己的选择未入选的人会在审查表决结果之后指责领导者任性地将他们喜欢的选择排除在外了。

◆ 平均个人意见(Averaging Individual Opinions)

遇到紧急事件时,很可能不能召集成员开会。这种情况下,团体领导者可能联系每位成员以得到他的选票。通过这种方式可以获得最多的选票。获得不到 50% 的选票就可以通过某一提议,因为其他选票可能分散给了其他好几个选择。

当团体领导者认为制定决策不需要召开团体会议时,可以采用这种方式。

然而,这种方式也有其不足之处。不经过团体讨论,许多成员可能无法全面了解整个事件、备选方案或提议可能产生的后果。对事件非常不了解的成员的选票也可能抵消对事件非常熟悉的成员的选票,因此最后将会得到不良决策。由于没有参与决策,成员执行决策时可能不会竭尽全力。此外,如果某个反对这项决策的亚团体感到被忽视,进而可能试图推翻这项决策或者阻碍决策执行。另外一个风险就是,组织投票的人可能影响成员站在他的立场进行投票。

团体决策 vs. 个人决策

理论上,团体内部制定决策的任务应当遵循一个合理的问题解决过程——识别问题、产生提案、衡量提案的优缺点以及选择风险最小但成功机会最大的提案。而实际上,主观影响会阻碍这个过程。

我们都听到过"搪塞会议""不确定的结论""比蜗牛还慢的委员会"这些有趣而又严肃的趣闻轶事。虽然团体制定决策基于更广泛的信息和更专业的知识,但是也可能受到团体中某些主观想法的影响。如果不清除这些主观障碍,团体制定出的决策也不一定能比个人制定出的决策更优秀。

每个团体成员在决策过程中不仅带来他的客观知识和专门技术,同时还带来他的主观经验:独特的态度、感受、偏见、既得利益等。会议开始时这些观点也许得到表达,然而在接下来的讨论中,随着决策过程推进,成员会越来越倾向于用自己的主观经验来回应其他人。

相比于个体决策,团体决策更好还是更差?个体决策的制定不需要团体成员互动。团体决策是由领导者、专业人员和一群个体投票制定的决策,必须由团体执行。很多证据可以证明,团体制定的决策通常更加优秀。[32]即使个体决策是由专业人员制定的,上述结论仍然成立。

团体决策通常更加优秀是有一些原因的。[33]通过团体互动,每位成员的知识、能力和资源得到汇集,而独立行动的个人经常缺乏制定优秀决策所需要的信息、技巧或资源。同时,和他人一起工作也会激励每个人做出更多努力、更加仔细以及提高自己的工作质量。更多的人一起解决问题能够增加团体成员提出可行的解决方案的可能性。经过团体互动,成员可以在其他人想法的基础上,通过构建模块方法

(buidling-block approach)进行决策并找出每个备选方法的积极与消极后果。由于发现别人的错误比发现自己的错误更容易,在团体互动中,我们就能够发现和分析他人选择的方法所存在的问题。另外,由于不同成员的分享,团体成员更容易产生对问题和任务的不同看法。团体成员参与了决策的制定,就更可能接受及支持这一项决策。

尽管团体制定的决策比普通个人制定的决策更好,但可能比一位杰出的专业人员制定的决策要差。因此,一群新手组成的团体通常会比一位专业人员的表现要差。

值得注意的是,主观影响会大大降低团体决策的质量。有些团体成员不想触怒其他成员,因而可能隐藏他们的真实想法或隐瞒相关信息。一位或几位成员在讨论中滔滔不绝或强硬地表达他们的观点,就会使其他人变得怠惰而顺从。与当前问题无关的辩论可能在某些成员心目中拥有重要的价值。对某些团体成员而言,赢得这些争论比实现决策更重要。团体成员之间的吸引与排斥也会影响决策的制定;有些成员会支持他们所喜爱的成员提出的低质量提议,并抵制他们讨厌的成员提出的高质量提议。有些时候主观影响的综合导致了团体思维(groupthink)的发展。

◆ 团体思维

贾内斯(Janis)通过一项对几组美国总统大选顾问的研究结果,首先发现了团体思维。[34]在研究过程中,他发现当持有不同政见的人对看起来是团体共识的观点发表反对意见时,经常会遭受强大的社会压力。团体思维是一个问题解决过程,人们接受提议而不对备选选择的优缺点作批判性评估,那些发表反对意见的人将承受巨大的社会压力。团体思维出现的部分原因是团体规范认为提高团体士气比批判性地评估所有备选选择更重要。另外一个促进团体思维的团体规范是,成员应该坚持团体已经制定的政策,表示自己的忠诚,即使这些政策并不起作用。

贾内斯列举了促进团体思维的一系列要素:

1. 成员有一种错觉,认为自己的观点无懈可击,这就导致他们对自己选择的策略过度乐观。这种错觉也导致他们可能会承担特别风险,不能对明确的危险作出反应。

2. 成员盲目信仰团体的"道德公正",这就导致了他们忽视决策的道德后果。

3. 对于一个怀疑团体基本政策或对大多数人赞成的政策提出质疑的成员,团体将会施加社会压力。

4. 团体构建合理化理由来对抗危险和消极反馈的其他形式,这些危险和消极反馈严格说来,会引发成员重新思考无效政策的基本假设。

5. 团体成员对团体的领导者通常带有偏见。要么认为团体的领导者很糟糕,跟他们就差异进行谈判简直就是错误;要么认为他们很愚蠢或很软弱,以至于无法领导团体实现目标。

6. 成员有时候要承担"精神警卫"(mind guard)的角色,他们尽力保护领导者和团体免受负面消息的伤害,这些负面消息可能导致他们怀疑过去决策的道德性和有效性。

7. 成员对他们的忧虑保持沉默,甚至将这些忧虑的重要性降到最低。通过自我检查,成员可以避免偏离那些所谓的集体共识。

8. 成员相信团体里每个人都完全同意这些团体政策和项目。

团体思维可能促成许多糟糕的决策实践。团体将讨论限于与过去的决策和政策一致的做法,结果未考虑到更多不同的策略(有些是可行的),甚至当风险、缺点和意外后果出现的时候,团体未能重新检查、审视已选择的做法。团体没有花费力气从合适的专业人员那里获取策略的成本收益信息。团体主要倾听支持他们的政策的事实和意见,通常忽略那些与他们的政策相左的事实和意见。团体未能制订出应急计划来处理可预知的挫折,并且很少花费时间考虑已选的策略,也很少考虑这些策略如何被政治对手蓄意破坏或被政府的繁文缛节所阻碍等。

为了防止团体思维的发展,团体必须"警惕"周围的危险。成员必须意识到他们选择的做法可能失败,也要知道他们所作出决策的道德后果。团体应该欢迎成员对基本政策的质疑,并对反对团体发表意见的优缺点进行客观评估。成员应该能够自由表达他们对自己团体基本政策和战略的担忧。团体应该欢迎更加新颖的策略来解决问题。最后,团体需要坚持将问题解决方法应用于评估问题、产生解决方案、评估这些方案以及选择和实施策略。

练习6.6 我的"团体思维"经历*

目标 本练习旨在帮助你理解和应用团体思维。

1. 请描述你曾经的一次团体经历,你认为团体正走向错误方向,然而你未能表达你的想法或意见。
2. 请详细说明你为什么未能表达自己的想法或意见。
3. 你认为你未能表达想法或意见的原因与团体思维是否一致?请解释你的观点。

总结

任务团体用来产生新的想法、制定决策以及为团体问题找到解决方案。任务团体主要有三个目的:(1)满足案主需求;(2)满足团体需求;(3)满足社区需求。本章为有效领导的任务团体提出了指导方针。成功的任务团体通常运用的一个关键策略是问题解决方法。影响有效解决问题的障碍如下:问题定义不足,无效假设,不良沟通,缺乏技能、资源及动力。

本章描述了头脑风暴,这一过程中所有成员全力参与从而产生大量的想法。另外,还讨论了团体成员间的冲突。冲突是人类互动过程中不可避免的一部分,只有当冲突未得到充分解决时才是有害的。本章介绍了以下冲突解决策略:非赢即输方式、"双赢"问题解决法、角色转换、移情、询问、"我—信息"、消除敌意、安抚、调解、必要多样化定律。

本章还指出了产生决策的方法:达成共识、简单多数表决、2/3 或 3/4 多数表决、授权决策、多次投票、平均个人意见。尽管团体决策通常比平均个人意见带来更高质量的决策,但是团体决策(尤其由新手组成的团体)并不一定比杰出的专业人员制定的决策更好。

团体思维是一个问题解决的过程,团体成员接受提议而不对备选方案的优缺点加以批判性评估,同时那些持有相反意见的成员将承受非常大的社会压力。团体思维将会导致许多糟糕的决策实践。

---

* 本练习即《实践行为练习册》一书中的练习6.3。

团体练习

练习 A　高中停课

目标　学习如何在团体中运用问题解决方法。

步骤一　指导者描述问题解决方法的步骤。

1. 识别和定义问题。
2. 评估问题的规模和原因。
3. 制定备选策略或计划以解决问题。
4. 评估这些备选策略的优缺点。
5. 选择和执行最可取的策略。
6. 评估所用策略的成功之处。

步骤二　全班同学按照每4—5人一组分成若干个小组。每组要将问题解决方法应用到下列情境:

五位中学生因为在学校里饮酒而被停课四天,这所学校位于一个拥有5400人的小城镇里。校董事会规定,任何学生被发现在学校中饮酒都要被停课。过去的五个月中共有16位学生因此被停课。警察局对停课非常不满意,因为被停课的学生在上课时间通常在大街上闲逛。校方社会工作者联系了这五位被停课学生的父母,只有一对父母表示有兴趣为女儿接受咨询,其他父母则表示他们并不是很关心是否要针对停课问题继续谈下去。

每个团体要完成的任务是回答下列五个问题:

1. 你认为要处理的最严重的问题是什么?
2. 你认为问题产生的原因是什么?
3. 有哪些策略可以解决这个问题?
4. 你认为每一种策略的优缺点是什么?
5. 你会采取哪一种策略来解决你发现的问题?

步骤三　每个团体都和全班同学一起分享答案和推理过程。所有团体都提交答案以后,全班同学讨论为什么不同的团体会关注不同的问题,所选择的策略也不相同。

练习 B　头脑风暴*

目标　示范如何开展头脑风暴。

步骤一　指导者解释头脑风暴的目的以及基本规则(本章对此也有描述)。

步骤二　指导者让全班同学就一个事件或一个问题进行头脑风暴。如果班级人数非常多,可以每10—15位同学组成一组。全班同学应当对所选的事件或问题的背景知识有一定的了解,例如以下话题:"你认为我们社会工作项目中最重要的问题是什么?"

步骤三　头脑风暴结束后,应当挑选出来最重要的问题。例如,每位班级成员都可以在记事卡上列出他认为最重要的五个问题。然后开始计数,得票最多的那个问题就是最重要的问题。

步骤四　确定最重要的问题后,开始第二轮头脑风暴,以获得问题解决的一系列策略。这轮头脑风暴后,应当找出最可行的策略。

步骤五　引导全班同学讨论头脑风暴的优缺点。

练习 C　校车接送,促进种族融合

目标　观察与谈判团体之间的冲突。

步骤一　指导者介绍下面的背景知识。

你们全部住在以中产阶级为主的米德尔敦市(Middletown,以下简称为"M市")的郊区,这里没有种族问题。你们所在的郊区靠近摩天大厦市(Skyscraper,以下简称为"S市")。联邦政府最近的一项研究显示,S市的四所公立中小学存在种族隔离现象,因为98%的学生都是非裔美国人。在S市中心的学区,每位学生只需要花费M市郊区学生学费的一半,但S市的辍学率是55%,而M市的辍学率只有10%。S市只有15%的高中毕业生继续读大学,而M市的高中毕业生则有65%继续读大学。联邦政府规定M市和S市的学区必须通过公共校车接送达到种族融合。M市的学校董事会邀请三个不同的团体——担心的家长、公民权利活动家以及学校职

---

* 本练习即《实践行为练习册》一书中的练习6.4。

员,向他们提出整合校区的建议。M市的校董会将会基于这些建议制定策略,然后向S市的校董会提议,将其作为联邦政府公告的一个执行方法,促进这两个社区学校的种族融合。

步骤二 将全班同学随机分成三个小组。每组都收到描述团体意见与任务的文字资料(任何一组不得知晓其他两组的意见)。意见和任务描述如下:

担心的家长:你们总是想让孩子接受最好的教育,不希望孩子与S市的孩子联系。你们强烈反对建立校车接送制度将你们的孩子送往S市中心学习。你们并不是特别反对将S市的学生接到M市的校区,但你们想让校车接到M市的学生尽可能少一些。同时,你们还担心校车接送会增加你们的负担。你们的团体任务是:(1)提出两到四条建议,提交给M市的校董会,让联邦政府不再干涉这件事,同时将你们的孩子的教育所发生的改变减至最小;(2)选举一个谈判人员,代表你们团体与其他两组进行谈判,并达成一系列提议传达给校董会。

学校职员:你们的团体由教师、学校管理人员和学校社会工作者组成。从价值取向来看,你们赞成种族融合。你们同时也赞成邻里型学校理念,即以学校为中心,服务于邻近的学生和家长。因此,你们不确定是否要支持校车接送。有些职员害怕校车接送会带来青少年犯罪、故意破坏财物行为以及种族冲突的增加。你们的任务是:(1)向M市校董会提出两至四条建议,能够有建议性地促进种族融合,而不妨碍M市的邻里型学校理念;(2)选举一个谈判人员,代表你们团体与其他两组进行谈判,并达成一系列提议传达给校董会。

公民权利活动家:对于联邦政府宣布S市与M市的校区一定要做到种族融合,你们团体非常高兴。你们认为这种融合非常有意义,将来可以减少种族偏见和种族歧视。你们对校车的应用感到非常矛盾,但是又想不到其他可以促进学校融合的方法。你们的团体由许多社区领袖组成,普遍具有自由主义取向。你们团体的成员包括牧师、社会工作者、社会服务机构总监、有关商业领导者。你们担心其他两组成员可能会在学校制度融合上不尽全力。你们的任务是:(1)提出两到四条建议,能够全面地促进学校制度的融合;(2)选举一个谈判人员,代表你们团体与其他两组进行谈判,并达成一系列提案传达给校董会。

步骤三 每个团体都准备好一系列提案后,三个团体的谈判人员经协商后达成一致协议,提交给M市校董会。其他班级成员对谈判进行观察。

步骤四　指导者提出非赢即输策略及问题解决策略,描述在解决冲突中有用的技巧如下:角色转换、安抚、消除敌意、移情、"我—信息"、询问。然后班级同学开始讨论下列五个问题:

1. 这些谈判人员是否已经达成共识?为什么?
2. 谈判人员主要用的是非赢即输策略还是问题解决策略?
3. 是否有谈判人员用到了角色转换、安抚、移情、"我—信息"、消除敌意或询问的技巧?
4. 三个团体及他们的谈判人员是怎样有创造性地达成协议的?
5. 学生们从本练习中学到了什么?

练习 D　创造性思维

目标　学习如何通过创造性思维获得答案。

注意　在做这些创造力练习时,应当鼓励指导者增加或替换为自己设计的练习。

指导者向大家解释下列问题需要创新性思考。指导者希望通过把班级分成两个或更多个子团体来创造一种类似游戏的竞争性氛围,当团体喊出正确答案时在黑板上记分。(正确答案参见附录二)

1. 从 0 数到 100,你会遇到几个带 9 的数字?
2. 两位女士正在下棋,她们玩了五局,两个人赢的次数一样,为什么?
3. 你要吃五片药,每半个小时一片,总共需要多长时间?
4. 港口的游艇一侧挂着 10 英尺的梯子。如果一小时涨潮 2 英尺,水到达梯子顶部需要几个小时?
5. 英国有没有独立纪念日(Fourth of July)?
6. 为什么一个住在华盛顿的人去世后不能被埋葬在密西西比河的西面?
7. 一场棒球比赛中有多少次出局?
8. 一个人建了一栋矩形房屋,四面墙都朝南。然后他走出屋子,杀死了一头熊。这头熊是什么颜色?房屋位于哪里?(解释每个答案)。
9. 如果煮一只鸡蛋需要三分钟,那么煮七只鸡蛋需要多久?

10. 假设两辆车从相距 2000 英里的地方开始驶向对方,如果 A 车速度为每小时 150 英里,B 车为每小时 100 英里,那么它们相遇时各自离原地点有多远?

11. 一位农场主有三堆 2/3 大小的干草堆和位于另一块地的六堆 5/6 大小的干草堆。他把它们堆到了一起。那么他总共拥有多少干草堆?

12. 保罗对他的姐姐凯伦说:"吉尔是我的外甥女。"凯伦说:"她不是我的外甥女。"请解释为什么。

13. 如果你有 12 美元,除了 4 美元以外,你把其余都花了,那么你剩下多少钱?

练习 E　曼哈顿酒杯

目标　团体互动解决创新型问题。

全班每三个人分为一组,每组都拿到解决问题必需的材料(比如火柴和习题)。哪个小组率先解决问题,就算赢家。然后,所有小组开始回答下一个新问题。哪个小组最先找到了问题的答案,要记录在黑板上。

任务 1　这 12 根火柴摆放成一个大正方形和四个小正方形。通过变换 3 根火柴的位置,把形状减少到只有三个小正方形。

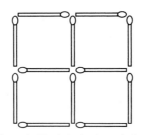

任务 2　这四根火柴组成一个曼哈顿酒杯,半根火柴代表一颗樱桃。请仅仅移动两根火柴,组成另外一个同样形状和大小的曼哈顿酒杯,但是樱桃位于酒杯外面,且不能移动樱桃。

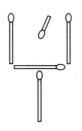

任务 3 请用一笔画出四根直线连接下面的九个圆点(画线过程中铅笔不能离开纸张)。

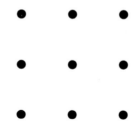

任务 4 通过画两条直线将下面的图形分成四个相等的部分,每一部分包含两个点。

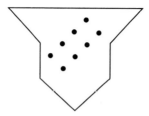

任务 5 把数字 1 到 11 填入下面 11 个圈中,位于每一条直线上的三个数字相加等于 18。

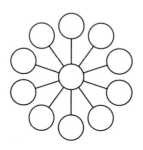

练习 F　智力题

目标　有创造性地获得 25 道智力题的答案。

步骤一　指导者将下列 25 道智力题发给学生。全班同学每 5 个人一组,每组有 20 分钟时间寻找答案。指导者指出第一道题的答案是"沙盒",然后宣布开始答题,并指导每组将答案写在一张纸上。

1 SAND	2 MAN / BOARD	3 STAND / I	4 R/E/A/D/I/N/G	5 WEAR / LONG
6 R ROADS A D S	7 T O W N	8 CYCLE CYCLE CYCLE	9 LE VEL	10 O M.D. Ph.D. B.S.
11 KNEE / LIGHTS	12 II III OO	13 CHAIR	14 DICE DICE	15 T O U C H
16 GROUND feet feet feet feet feet	17 MIND / MATTER	18 He's/Himself	19 ECNALG	20 DEATH/LIFE
21 G.I. CCC CC	22 ——Program	23 C L O U S E	24 J YouUMe S T	25 mt

步骤二 组之间互换答题纸打分。指导者读出正确答案,询问每个组答对了几题。

练习 G 解决冲突

目标 练习在现实生活环境中运用不同技巧解决问题的能力。

步骤一 指导者描述下列对于解决冲突有用的技巧:角色转换、安抚、"双赢"问题解决策略、消除敌意、移情、"我—信息"、询问、必要多样化定律。然后指导学生试着运用一个或多个技巧来解决下周会遇到的人际关系冲突(为帮助学生记忆解决冲突时运用技巧的细节,请他们在日志中进行记录)。

步骤二 大约一周之后,指导者在班级内寻找志愿者:(1) 描述他们用到的技巧;(2) 简单总结他们遇到的冲突的细节;(3) 揭示这些技巧在解决冲突时有多大帮助(如果没有志愿者,指导者应当分享1—2个自己最近运用技巧解决冲突的案例,指导者的分享可能会鼓励其他人一起分享他们的经历)。

练习H　资助难以取舍的社会项目*

目标　让同学们分析如何制定决策,理解大多数决策的制定都是基于价值观和前提假设,认识到因为资源紧缺,为社会项目制定预算以及难以取舍的困难。

步骤一　指导者说明资金来源机构(例如联邦、州及当地政府以及联合招募会)对于各种社会项目如何分配资金需要作出艰难选择。团体难以获得能够资助所有社会项目的财政资源,有些团体会因为得不到需要的服务和资金而遭受很大损失。

步骤二　全班每5—6个人一组。每组由一位成员自愿担任该组的观察员。观察员的职责是在练习过程中记录与下列四个问题有关的信息:

1. 团体运用了哪一项决策程序？可能的程序包括达成共识、简单多数表决、2/3或3/4多数表决、多次表决等(观察员应当清楚这些程序的定义,将这些定义以讲义形式发放给他们)。
2. 团体制定决策时的价值观和前提假设是什么？
3. 哪些成员在制定决策过程中最具影响力？
4. 这些有影响力的成员有哪些行为影响了这些团体？

练习结束后,观察员与全班同学分享这些信息。观察员不能投票或参与团体讨论。

步骤三　每个团体被告知下列社会项目总共需要1500万美元,他们现在有1000万美元可用作当地社区服务的经费。每个团体的任务是决定分配多少资金给每个机构,所有团体的总花费不能超出1000万美元的上限（指导者把下列信息以讲义形式发放)。

发育性残疾中心需要150万美元,照顾有严重认知障碍的个体,所有这些个体的智力受到严重影响,因此不能行走,每人每年需要花费22万美元。如果这个中心得不到这些资助,这些认知障碍者中就会有人因为缺乏必要的医疗护理而死亡。

消除贫困机构需要350万美元,支持收入低于贫困线80%的家庭。维持一个三口之家(通常为一位家长和两个孩子)一年生活的费用为18500美元。如果机构

＊本练习即《实践行为练习册》一书中的练习6.5。

得不到这些资金,许多这样的家庭将会挨饿受冻,没有安全的栖身之所。

儿童保护服务机构需要 100 万美元,防止出现对儿童的虐待、忽视和乱伦行为。如果机构得不到这些资金,许多孩子就可能遭受上述威胁,这将对他们的一生造成严重影响。

精神健康中心需要 250 万美元,帮助面临严重情感问题的病人,他们中有些人因情绪沮丧而寻求自杀。如果中心得不到这些资金,就不能为病人提供足够的服务,许多病人的病情就会恶化,甚至有些人会自杀。

酒精和药物滥用治疗中心需要 200 万美元,帮助有药物依赖问题的案主及他们的家人。如果中心得不到这些资金,就可能无法提供周到的服务,案主及其家人遇到的问题可能会恶化。饮酒和滥用药物会导致许多其他问题(比如贫困、精神疾病和家庭暴力),这些问题恶化的风险也会增加。

受虐妇女庇护所需要 50 万美元。位于居民区的一所房子内。庇护所员工称,如果资金遭到削减,他们将赶走一部分受虐妇女和她们的孩子,而这些人真的需要庇护及其他服务。

青少年团体家庭需要 50 万美元。该机构共有四处场所——两处为青少年女性团体家庭,两处为青少年男性团体家庭。如果资金被削减,此机构将不得不减少他们为之提供服务的年轻人。有些人将被转移到更加昂贵的社区项目,有些被退回不健康的家庭环境中,还有一些直接就逃跑了。

红十字会需要 100 万美元,用于建设血库和灾难救援。如果资金被削减,就可能导致病人输血时没有足够的血液供应以及许多遭遇灾难(例如,龙卷风和洪水)家庭得不到救助。

康复训练中心需要 200 万美元。该中心为许多身体或智力上残疾的案主提供工作训练及庇护,如果资金被削减,该中心就要被迫遣散一些案主。如果这些案主被遣散,他们就会失去提高生活能力甚至可能自立的希望,最终只能请求精神健康中心和消除贫困机构的帮助。

平等权利机构需要 50 万美元。这是一家为少数种族团体提供服务(劳动培训、工作安置及居住场所)的机构。针对那些被控告种族歧视的雇主和房东,它也提供调查服务和采取法律行动。如果资金不足,对少数种族团体的歧视就可能会增加。

步骤四 每组与全班分享自己关于如何分配资金的决定及其背后原因。(由指导者列出每个机构的名称,然后每个团体派一名代表列出从请求的分配中削减的金额数量——总计500万美元。)请团体成员分享他们关于本练习的体会。各团体结束陈述后,每个团体的观察员应当告知全班同学步骤二列出的四个问题的答案。指导者应该询问是否有人注意到,受虐妇女庇护所只有一处房子,却与有四处房子的青少年团体家庭申请的资助金额一样多。

练习I 达成共识*

目标 了解当人们秉持有严重分歧的观点时,对一个问题达成共识的复杂性。

步骤一 指导者阐释共识的内涵,描述达成共识需要的团体氛围。

步骤二 全班同学就一个有争议的问题进行讨论并达成共识。例如,询问全班同学是否支持病人在医生协助下"安乐死"——这些病人已经进入病患晚期,生命不会超过六个月。

步骤三 练习结束后,全班一起讨论在秉持有严重分歧的观点时,在达成共识过程中感到的压力以及为什么班级能够达成/未达成共识。

练习J 绩效加薪的主观影响

目标 证明团体决策通常在很大程度上受主观影响。

步骤一 六名学生志愿者扮演一所大学里某个系的绩效委员会的社会工作教师。这个系有18名教职员工,其中6个人申请了"优胜者"绩效奖励。委员会共有12000美元资金,所有奖金都必须分给这6名申请者。评定绩效奖励重点考核三个方面:教学成绩、研究与论文发表、给学校和社区提供服务。

如何给这6位申请者分发奖金完全由绩效委员会决定。委员会可以建议将全部(或几乎全部)的奖金发给1—2位申请人,而其他人得到很少或没有奖金;委员会也可以把这些钱平均分给每位申请人。表6.2是提供给委员会的关于每位申请人完成业绩情况的信息(这些信息可以展示在黑板上,或印在纸上发给全班同学)。

步骤二 指导者将一张个人"附加信息卡"发给每位角色扮演者。每张卡片

---

* 本练习即《实践行为练习册》一书中的练习6.6。

上有对申请人的一句话描述。其他角色扮演者看不到这张卡上的信息(这些卡片要提前准备好)。

每张卡片上的信息都可能激起他人对那位教职员工强烈的个人反应。应当告知角色扮演者,他们可以在角色扮演过程中自由提出或忽略卡片上的信息。指导者可以有创造性地任意写卡片上的附加信息。下面是一些合适的例子:

加西亚打算明年退休,所以这次重要的绩效奖励不仅是对他这么多年来社区服务的认可,而且可能大幅增加他退休后的养老金,因为每月支付的养老金计划取决于一位教师最后三年的收入。

佩格尔是一位有三个年幼孩子的单身母亲,正在攻读博士学位,也是至今为止系里收入最低的成员;事实上,她只能勉强维持家庭开支。

里森已结婚,但同时正与社会工作项目中的一位女学生秘密约会;他拒绝给学生提供指导,也拒绝成为系里委员会的成员。

杜威为系里奉献了比其他任何一位教职员工更多的时间,但她做的很多工作(比如文书工作以及指导有潜力学生)都没有被其他教职员工注意到。

亚伦酗酒(他最近涉嫌一起醉酒驾驶事故,并在有人受伤的情况下从现场逃逸);他拒绝承认自己酗酒,并对其他社会工作教师和学校管理人员隐瞒自己的逃逸事件。

杰克逊对你和系里其他年轻的教师非常有帮助,但是他对年轻教师的指导并未受到学校经济上的资助。

表6.2 每位申请人完成业绩情况

教职员工	业绩总结	教师评分[1]
加西亚	学校预算委员会的成员。社区联合招募基金会董事会主席。	4.1
佩格尔	参加了两次专业会议,是学生社会工作俱乐部指导老师。	4.2
里森	出版了一本社会工作教材,在专业杂志上发表两篇文章。	3.5
杜威	系主任,为使社会工作项目得到社会工作教育委员会重新认证做了大量工作。	4.0
亚伦	负责了"远程社会工作教育"项目并获得项目拨款15万美元,此项目将运用沟通技术为州内其他社区提供社会工作教育课程。	3.9
杰克逊	在全国性会议上提交了三篇关于虐待儿童干预的论文。	4.3

[1] 基于学生的课程评价(最高5分,最低1分)。

步骤三 角色扮演者讨论申请绩效奖励的教师们。他们每人有一次机会分享每位申请人的附加信息。如果有需要，他们也可以杜撰和分享他们卡片上列出的教师附加信息（这些信息可以是积极的，也可以是消极的）。然后，他们制定出如何分配奖金给 6 位申请人的决策。

步骤四 角色扮演者和全班同学通过讨论下列问题来处理这一决策：

1. 这些附加信息——和/或其他任何杜撰的主观信息——在决定分配给 6 位申请人的绩效奖励金额中是否起到重要作用？
2. 角色扮演者是否在团体讨论时透露他们卡片上的附加信息？为什么？
3. 有哪些关键价值观促成了最终决策（比如教学质量或家庭观念）？
4. 在制定团体决策时，比如这个团体决策，客观信息和主观信息哪一项更加重要？

能力说明

EP 2.1.9.a 干预和评估；不断发现、估量和关注当地人口变化、科学技术发展和社会趋势来提供相关服务。头脑风暴法是一种收集社会问题和社会趋势信息的技术，并为解决挑战提供选择。

EP 2.1.7.a 利用概念框架指导评估、干预和评价过程。解决人际冲突的技巧在评估人际冲突和解决此类冲突的策略上是有意义的。

EP 2.1.1.b、EP 2.1.2d、EP 2.1.3.c 进行自我反思与自我纠正，确保可持续的专业发展；应用策略解决伦理冲突；展示专业性的行为风度、仪容仪表和沟通方式；有效语言沟通。练习 6.5 旨在让学生反思过去的人际冲突，并制定具体的策略，以更有效地处理未来的人际冲突。

EP 2.1.1.b 进行自我反思与自我纠正，确保可持续的专业发展。学生反思自己过去的集体经验。

EP 2.1.7.a、EP 2.1.1.b、EP 2.1.9.a 利用概念框架指导评估、干预和评价过程；进行自我反思与自我纠正，确保可持续的专业发展；不断发现、估量和关注当地人口变化、科学技术发展和社会趋势来提供相关服务。学生在我们的社会工作项目中应用头脑风暴法来回答"你（不特指任何人）认为主要问题是什么"，一旦发现问题,就进行第二次头脑风暴练习,形成解决策略的列表。

EP 2.1.1.a、EP 2.1.1.d、EP 2.1.8.a、EP 2.1.8.b、EP 2.1.10.a、EP 2.1.10.c、EP 2.1.10.k 倡导案主有权享受社会工作服务;展示专业性的行为风度、仪容仪表和沟通方式;在与个人、家庭、团体、组织、社区和同事等一起工作时,进行有效的口头和书面沟通;分析、制定和倡导促进社会繁荣的政策;可持续地、高效地为个体、家庭、团体、组织和社区行动作准备;制定一个相互认同的工作焦点与预期结果;为案主谈判、调解、提议。

第七章
与多样化团体合作

目标

无论与个人还是团体合作,社会工作者都必须考虑多样化的社会服务以及多样化的案主和消费者。本章的目标是介绍一些与多样化团体有关的观点与信息,提升团体工作者的能力,使他们与那些背景、经验不同的人和谐相处。下面将会介绍族群敏感实践、赋权许可、优势视角、文化能力实践和女性主义干预。

社会工作专业拥有很长的历史,致力于保护处境危险的群体的权利以及确保成员的平等机会。例如,《美国社会工作者协会伦理守则》声明:

> 社会工作者应极力避免或消除对任何个人、团体或阶级以人种、国籍、肤色、年龄、宗教、性别、性取向、婚姻状况、政治立场、精神或生理障碍、特权、个人性格、地位高低为根据的统治、剥削和歧视。[1]

这一准则同样声明:

> 社会工作者应尽力扩大给予所有人的选择和机会,还要特别关照那些脆弱的、弱势的、被压迫的、被剥削的个人和群体。
>
> 社会工作者应极力营造尊重多元文化和社会背景的工作环境,不仅仅是在美国,更要在全世界进行推广。[2]

关键术语的定义

不幸的是,在我们的文化中很早就形成对高危人群的偏见(prejudice)、歧视(discrimination)和压迫(oppression)。一些定义可能有助于你的理解。

偏见意味着预先判断,在测试前就作出判断。偏见是陈旧的观念与消极态度的结合体,因此,有偏见的人通常一开始就以一种消极的、绝对的眼光去看待少数群体成员。

歧视意味着对某些群体的人作出敌对反应。歧视的行为经常起源于偏见。然而,默顿(Merton)指出,偏见和歧视可以单独发生。他据此将人群划分为四类:

1. 无偏见无歧视者。无论在心理上还是日常生活中都不带有偏见以及歧视心理的人。他们赞成美国是一个自由平等的国度,于是,不会对其他群体抱有偏见,也不会歧视其他人。

2. 无偏见的歧视者。他们个人不带有偏见,不过在社交场合,因贫富差距等原因,会偶尔歧视一下别人。

3. 无歧视的偏见者。他们对其他群体抱有敌意,不过迫于法律和社会反对歧视的压力,不会将这些偏见转化为行动。

4. 既偏见又歧视者。他们不相信自由平等的价值观,一直用言语和行动歧视别的群体。[3]

介绍一个无偏见的歧视者案例:他拥有一套公寓,这套公寓位于郊区,附近居住的都是中产阶级白领。他拒绝将公寓出售给非裔家庭,因为他害怕这样做会降低周围其他公寓的售价。还有一个无歧视的偏见者案例:他是消防局的人事部主任,认为西班牙人不可靠,却招聘和培训西班牙裔消防员,并为他们的平权运动而努力奋斗。

需要注意的一点是,要想阻止个人偏见最终转化为某种形式的歧视是很难的。为了打破偏见和歧视的非正式关系,必须要制定强有力的法律条文和明确的社会规范。

目前存在两种类型的歧视:法律上的(de jure)和实际上的(de facto)。法律上的歧视是法律规定的歧视。20世纪美国南部所谓的"吉姆·克劳法"(Jim Crow laws,泛指1876年至1965年间美国南部各州以及边境各州对有色人种,即主要针对非裔美国人,同时也包含其他族群等实行种族隔离制度的法律——译者注)。将许多歧视黑人的行为法律化,包括剥夺其审判权、选举权、与其他人种通婚权。现在,在美国,这些法律被认为是无效的,已经被废除了,也就是说,法律规定的歧视已经不存在了。

实际上的歧视是指那些无论是否合法都真实存在的歧视。许多城市的居住模式就是实际歧视的例子。有钱的白人通常住在富裕的郊区,非白色人种住在拥挤的中心城区。这种隔离的影响往往会延续到其他领域,例如,在富裕的郊区和市中心之间,教育质量存在着明显差异。

压迫是不公平或残酷地行使权威和权力。在我们的社会中,高危人群是受害者,受到来自白人权力结构各阶层的压迫。压迫与歧视是紧密相连的,即所有压迫行为都是歧视行为。

少数群体是指处于从属地位并经常受到歧视的团体。将一个群体定义为少数群体的关键不是它的规模,而是它缺乏权力。根据这个定义,虽然女性在我们这个社会中规模庞大,但女性属于少数群体。

多样化群体是指那些与社会主流群体特征大相径庭的群体,我们社会中许多多样化群体也是由高危人群组成的。

专业的社会工作教育致力于理解并欣赏人类多样性(human diversity)。人类群体由各种各样的人组成。[4]根据社会工作教育委员会的《教育政策和认证标准》,这些群体包括但不限于以年龄、阶层、肤色、文化、残疾、种族、性别、心理性别以及表现、移民身份、政治观念、人种、宗教、性取向等特征分类。[5]

社会公正是一种理想的情形。在这样的社会中,所有成员享有同样的基本权利、保护、机会、义务和社会福利。[6]经济公平同样是一种理想的情形,成员将拥有同等权利去获得物品、收入和财富。

刻板印象是一种对群体的心理意识,被用于群体的所有成员。刻板印象是一个固定的、通常不正确的、不利的概念,利用这一概念对某一特定人群进行归类。

在与各种各样的人合作时,社会工作者需要:(1)了解个人对于多样化群体的所有社会刻板印象和观念;(2)了解自己合作的群体的情况和特殊需求;(3)了解哪些干预技巧是合适的,哪些是完全不起作用的。

练习 7.1　我的一些刻板印象*

目标　本练习旨在帮助你找出你的刻板印象,你必须了解这些刻板印象,在社会工作实践中与多样化的人合作,形成客观的工作方法。

1. 假设你是单身,下面哪些是你不愿意与其结婚的人,请画一个×。

_____双性恋

_____盲人

_____聋哑人

_____脑瘫患者

_____老年人

_____生殖器疱疹患者

_____中度认知障碍者

_____因情绪问题住院者

_____美洲原住民

_____波多黎各人

_____意大利人

_____德国人

_____塞尔维亚人

_____挪威人

_____萨摩亚人

_____阿拉伯人

_____以色列人

_____中国人

_____俄罗斯人

_____美国人

_____古巴人

_____法国人

_____墨西哥人

---

* 本练习即《实践行为练习册》一书中的练习 7.1。

_____白人新教徒

_____罗马天主教徒

_____犹太人

_____穆斯林

_____非裔美国人

_____日本人

_____菲律宾人

_____爱斯基摩人

_____巴西人

_____匈牙利人

_____越南人

_____巴基斯坦人

_____韩国人

_____美国白人

2. 尽可能详细地阐述你选择的理由。

3. 你对所选择的个体有什么刻板印象吗?

刻板印象和多元文化:一种视角

和别的社会工作教材一样,本书也会介绍 EPAS 2008 确定的团体描述性信息。EPAS 2008 标识的这些案主团体被以"年龄、阶层、肤色、文化、残疾、种族、性别、性别认同及表现、移民身份、政治意识形态、种族、宗教、性取向等特征分类。[7]"传统观点认为,这些描述性信息能够提升社会工作者的能力,尤其是与这些团体合作的文化能力。

然而,对于介绍特别团体的描述性信息,是否会导致对这些团体的刻板印象和偏见,一些社会工作机构也提出疑问。[8] 例如,如果我们形容女人比男人更情绪化,男人比女人更理智,这样的观念和区分将会加固对一些个体和群体的偏见,把这种观念和区分应用于群体中的个体或运用于整个群体,结果往往被证明是错误的。

另外一个案例有助于进一步阐释该视角。有一种观点认为,亚裔是"模范型少数族裔"(model minority),是"争强好胜、超级成功"、"没有严重问题的种族群体"。[9]然而,认为亚裔美国人"超级成功"也会引发许多问题,从而给被贴上"亚裔美国人"标签的人们带来消极影响。例如:这些观点会导致亚裔孩子对成功有过大的压力吗?会导致那些不"超级成功"的亚裔认为自己是失败者吗?服务机构和政策制定者会因为他们已经被认为"超级成功"而忽略亚裔人才培养吗?服务提供者(如牙医、汽车商、电工)会因为他们被认为"富有"而对他们高价收费吗?

应该指明的是,认为亚裔"超级成功"的刻板印象错误地混淆了亚裔之间的不同经历,掩盖了亚裔群体内部人与人之间的巨大差异。亚裔来自二十多个国家,他们拥有不同的文化与语言。基于这种思考,齐奥德林·萨达(Ziauddlin Sardar)说:

> 白人看见我就说"你是个亚洲人",然而,我们对"亚洲人"没有特别界定。亚洲人不是指一个人种,亚洲仅仅是一个大陆。在亚洲这块土地上,居住着超过世界一半的人口,没有人称呼自己为亚洲人。在美国,所有韩国人、菲律宾人、华人都被贴上"亚洲人"的标签。在英国,却不用"亚洲人"这个词来形容土耳其人、伊朗人、印度尼西亚人等,即使这些国家都在亚洲。[10]

团体的描述性信息也可能带来消极的刻板印象甚至引起公开歧视。例如,与白人相比,更多的非裔美国人生活贫困、无家可归、婚外孕、辍学、犯罪被捕以及涉嫌刑事犯罪等。[11]这样的描述性信息会让不是非裔的美国人认为他们遇见的非裔美国人都是如此吗?比如,非裔美国人的贫穷率是23%,而白人的贫穷率是10%[12],这条信息会让不是非裔的美国人认为,他们遇见的非裔美国人都是贫穷的吗?他们忽略了还有77%的非裔美国人并不贫穷。

基于以下两个理由,本书将继续使用传统方法介绍EPAS 2008中的分类团体描述性信息。第一个理由是,大多数社会工作者推断EPAS 2008是被寄于期望的,期望在社会工作课程中介绍描述性信息。第二个理由是,期望介绍描述性信息的社会工作机构还未得出关于多样化的确切定义,EPAS 2008中定义的多样化群体(仍饱受歧视的多样化群体)使我们拥有基本的信息基础。作者在此呼吁读者认识到本书中那些由描述性信息引起的刻板印象。

另外需要提到一个关于多样性的注意事项。每一个人身上都具有多元文化的多样性,我们与别人的差异体现在年龄、经济地位、教育程度、家庭背景、性别等。因此,当我们遇见一个日裔美国人,不仅要考虑他的种族,更要考虑许多其他方面。

EPAS 2008 指出,"多样性的维度被理解为多种因素的交叉性,这些因素包括年龄、阶级、肤色、文化、残疾、民族、性别、性别认同及表现、移民身份、政治意识形态、种族、宗教、性取向"[13]。

多种因素相互交叉指的是两类或两类以上的不平等同时作用或共同产生结果。[14]

 你的刻板印象与偏见

很长一段时期内,我们的社会对高危人群都抱有歧视态度。对一些团体的歧视程度随着时间的推移而发生变化。意大利裔美国人和华裔美国人,在20世纪遭受的歧视比现在要严重得多。

我们对高危人群持有偏见,因为我们都处在充满偏见的社会中。亚伯拉罕·林肯被认为是我们这个社会中最伟大的人,他结束了黑人奴隶制。但是,他仍然对非裔美国人持有偏见,这体现在他以下话语中:

> 我愿意说,我现在不、过去也不曾以任何方式促成黑人和白人的社会与政治地位平等。我现在不、过去也不曾赞成黑人投票和做陪审员,不赞成他们担任公职,不赞成他们与白人通婚;除此之外,我还愿意说白人和黑人之间存在身体差异,我相信这种差异将永远禁止这两个种族在社会与政治平等的条件下生活在一起。正因为不能如此生活在一起,而在他们和我们仍然在一起的时候,则必然会有地位上的优劣之别,我和其他人一样,赞成把优势地位指派给白人。[15]

作为社会工作者,我们每个人都应该意识到自己对高危人群的偏见和刻板印象,这一点非常重要。正如《美国社会工作者协会伦理守则》所阐述的那样,社会工作者应该持有专业的价值立场,反对歧视。在与高危人群合作时,我们应注意自己对他们的刻板印象和偏见,这样我们就不会有意无意地歧视他们。意识到自己的偏见和刻板印象,我们才能更好地减少并消除它们。

练习7.2　关于同性恋的问卷调查*

目标　本练习旨在帮助了解你对同性恋的看法。

1. 以最快的速度回答下列问题。

　　（1）男同性恋都比较娘娘腔。

　　　　a. 对　　　　　　b. 错

　　（2）大多数女同性恋都比较阳刚,她们穿男装,留短发。

　　　　a. 对　　　　　　b. 错

　　（3）男同性恋渴望成为女性。

　　　　a. 对　　　　　　b. 错

　　（4）女同性恋渴望成为男性。

　　　　a. 对　　　　　　b. 错

　　（5）在一对同性恋中,一方呈现支配角色(有时被称为"男性"),另一方呈现顺从角色(有时被称为"女性")。

　　　　a. 对　　　　　　b. 错

　　（6）大多数男同性恋都是猥亵儿童者。

　　　　a. 对　　　　　　b. 错

　　（7）人们要么是同性恋,要么是异性恋。

　　　　a. 对　　　　　　b. 错

　　（8）大多数同性恋都是精神病患者。

　　　　a. 对　　　　　　b. 错

　　（9）同性恋是艾滋病流行的罪魁祸首。

　　　　a. 对　　　　　　b. 错

　　（10）人们可以自我选择成为男同性恋或女同性恋。

　　　　a. 对　　　　　　b. 错

2. 阅读本章中关于同性恋的故事之后,你会改变所选择的答案吗？如果会,请说明原因。

---

* 本练习即《实践行为练习册》一书中的练习7.2。

目前有很多被广泛接受的关于同性恋的谣言和刻板印象。此处先总结一些谣言,后面附加事实信息。当你读到这些谣言时,仔细思考你是否相信它们。

谣言1——外表和言谈举止。所有男同性恋都比较女性化,走路步伐曼妙,腰肢摇摆,说话轻柔,口齿不清,手无缚鸡之力,比较阴柔。与此相对,所有女同性恋都比较男性化,留着短发,大部分穿着男装,行为看起来很"爷们儿"。

事实:因为这些刻板印象,许多人都错误地认为,分辨出同性恋是一件很简单的事。事实上,许多同性恋的穿着打扮、行为方式与普通人相同。除极少数的同性恋与普通人不同外,仅仅通过外表与言谈举止来分辨谁是同性恋是非常困难的。[16]

谣言2——性别认同。男同性恋渴望变成女人,女同性恋渴望变成男人。

事实:这个谣言混淆了性别认同(男性化或女性化)与性伴侣的选择(同性恋或异性恋)。事实上,当同性恋选择与他们性别相同的伴侣时,他们对性别的认同与异性恋一样。男同性恋将自己看作男人,不愿变成女人。女同性恋将自己看作女人,也不愿意变成男人。[17]

谣言3——性别角色。在一对男同性恋或女同性恋夫妻中,一方表现为支配、主导角色(有时被称为"男性"),另一方表现为顺从角色(有时被称为"女性")。

事实:很少发生这样的角色扮演,因为大多数同性恋者表现出许多行为方式,并不会把自己限制到一个角色。大多数男同性恋不愿意扮演女性角色,同时,大多数女同性恋也不愿意在整个恋爱中都扮演男性角色。[18]

谣言4——儿童猥亵者。一般认为男同性恋大都是儿童猥亵者。

事实:绝大多数儿童猥亵者都是性侵年幼女童的异性恋男人。[19]与男同性恋猥亵男童相比,家长们应该更担心异性恋的男人引诱他们的幼女。因此,没有理由认为同性恋者比异性恋者更容易成为儿童猥亵者。

谣言5——同性恋或异性恋。一个人要么是同性恋,要么是异性恋。

事实:金赛(Kinsey)博士和他的同事研究证明,把同性恋和异性恋的概念分为两个独立范畴是错误的。相反,这些研究人员发现,很多人在不同程度上都有过一些异性恋或同性恋的经历。[20] 表7.1展示了性取向的七个连续体(seven-point continuum)。可能大多数成年人都有一些同性恋经历或曾想象过同性恋经历。

表 7.1　性取向

1	2	3	4	5	6	7
绝对的异性恋	异性恋,偶尔发生同性性行为	异性恋,更常发生同性性行为	双性恋	同性恋,更常发生异性性行为	同性恋,偶尔发生异性性行为	绝对的同性恋

谣言 6——精神病。 同性恋是精神病。

事实: 研究发现,没有证据表明同性恋者的调整能力比异性恋者更差。个性测试显示同性恋者和异性恋者之间没有显著差异(除了性倾向)。[21] 1973 年,美国精神病学协会投票决定,在精神疾病名单中删除"同性恋",自此,同性恋不再被列为精神疾病。

谣言 7——艾滋病。 同性恋是艾滋病流行的罪魁祸首。

事实: 虽然男同性恋者是感染艾滋病毒的高危人群,但同性恋者之间传染艾滋病的病例报告是很少的。在许多非洲国家,大多数患有艾滋病的人是异性恋。

男同性恋并不是患艾滋病的原因。在美国,将一种致命疾病归咎于一个群体,该群体遭受艾滋病的折磨并不成比例地死亡,这是谴责受害者的经典案例。男同性恋是艾滋病患者最大的单一风险群体,这的确是事实,但由此推断是这一团体造成了艾滋病健康危机是非常荒谬的。艾滋病是由病毒引起的。有人认为,同性恋者在互相传染以后,想在世界范围内传播这种病毒,这也是一种荒谬的说法。恰恰相反,在美国,一些男同性恋团体一直在第一线向人们普及相关知识,最大限度地减少疾病传播。近几年,这个群体内艾滋病传染率呈直线下降趋势。

谣言 8——性取向。 人们可以自我选择成为男同性恋或女同性恋。

事实: 研究表明,性倾向在生命早期就确立了,也许在青春期前就开始了。[22] 虽然每个人都以自己可能选择的方式表现出性取向,那些真正的性倾向可能在出生时或小时候就已经设定好了,然后不再受环境的影响。很多同性恋表现得好像他们是异性恋,是因为在这个社会上,存在很多反对和惩罚同性恋的现象。如果没有这些反对和惩罚,他们真实的性取向和理想的性伴侣将会是同性别的。他们当然有能力去回应那些非理想中的性伴侣,不过这样做就违背了他们心中最真实的喜好。到底是什么原因决定了一个人的性取向(无论是同性恋还是异性恋),人们始终未找到答案。看来,一些人天生就是异性恋,一些人天生就是同性恋,就像有些人天生是左撇子或是右撇子一样。

了解多样化团体

社会工作者有时以自己的社会、文化或经济价值观作为准则,反而会犯错。表7.2中即是一个案例。

表7.2　案例:社会工作者错误地以自己的价值观看待案主

比尔·里德,一名在公共事业机构工作的成年服务员,接到一个匿名电话,说有一个79岁的男人,名叫韦恩·布罗科特,他的生活糟糕透了。于是,里德进行一次家庭访问。布罗科特独自居住在明尼苏达州北部的偏远地区,房间里乱得一塌糊涂,灰尘堆积,旧报纸满地。房间里没有自来水,没有厕所。布罗科特的衣服特别脏,他一年多没有洗过澡。即使在冬天,整个房间的供暖也仅是在厨房里点一些柴火。冰箱里的味道难闻极了,塞满一些变质的食物。厨房里根本没有干净的盘子,有些用过没洗的盘子上面长了毛。布罗科特说,他偶尔会用雨水冲一下盘子,洗盘子的水都积在一个大碗里,颜色发黑,混浊不堪。

里德也采访了布罗科特的一些邻居,他们都认为有朝一日他会烧掉房子,因为他经常酗酒,神志不清,酒后还会抽烟。根据他邻居所说,每当他咳嗽时,烟灰便会吹到外面。他的心智并不清醒,但他对医生说自己很健康。实际上,他患有肺气肿、关节炎和痛风。

里德认为,最适合布罗科特居住的地方应该是私人疗养院,也帮他找到了一家。于是,里德询问他是否乐意搬过去住,但他的回答让人震惊。布罗科特说:"我才不会去疗养院,这是我的家,我生在这里,长在这里,我也愿意死在这里。如果你用法庭传唤送我去疗养院,我会放弃生命,立即在这里死去。我个人觉得你不能使用法庭传唤,这个地方是我的,我心智清醒,也不会伤害他人,你凭什么走进来告诉我该去哪里住!"

里德回去与导师讨论这个案例。导师提醒里德,如果布罗科特心智清醒,只要在此过程中他不伤害其他人,那么他就有权决定自己住在哪里。导师让里德考虑一下,他是否把自己的个人价值观强加给布罗科特,很明显,布罗科特对自己的生存环境感到满意。里德想了一会,同意导师的看法,他可能就是把自己的个人价值观强加给案主了。

如果一名社会工作者经历过案主遭受的偏见,或者生活处境与案主类似,在这种情况下,社会工作者可能更加了解或同情案主。例如,作为社会工作者的非裔美国人就会比白人社会工作者更理解非裔美国人案主所说的话和经历的事情。同样,一名残疾的社会工作者可能更了解残疾案主的想法和感受。反过来也一样,如果一个案主是高危人群中的一员,他可能一开始就会觉得自己会被这个团体中的其他成员所理解。

另一方面,与案主有效合作,社会工作者并不需要成为案主所在团体中的成员。跨文化社会工作问题本质上并不妨碍其有效性。米齐奥(Mizio)指出,高效的白人工作者可以与非白人的案主建立工作关系,与白人工作者相比,一些非白人工作者与相同种族或文化的案主建立关系则显得更加低效。[23]下面的案例证明了这

一点:

　　要回答一个白人中产阶级的心理医生是否能治疗黑人家庭这一问题,我不禁回想自己的经历。当我刚到纽约,决定寻求心理治疗时,我有两个主要想法:(1)我的问题是由文化引起的;(2)这些问题与我的天主教背景有关,我从小生活在天主教影响的环境中。考虑到这些因素,我开始思考哪一种心理治疗师最适合我。除了他要热心和敏锐之外,他还得是个黑人和天主教徒。显然,寻找这样的人就像大海捞针一样。不过,经过多方寻找之后,我终于找到一个既是黑人又是天主教徒的心理治疗师。

　　不说太多细节,总之我觉得他没有那么敏锐,也没有那么热心,我结束了他对我的治疗。我去找了另一位热心、友善、敏锐、善解人意的心理治疗师,他与我交流很多。有趣的是,他不是天主教徒,也不是黑人。通过这次个人经历,我终于相信,一名治疗师是不是白人或黑人并不重要,重要的是,他是否有能力、是否热心、是否善解人意。毕竟,情感并不是以黑人或白人来决定的。[24]

　　这也许有助于说明一些事实。我们都是人,都有一些独特之处和不同之处,但作为人类,我们也有很多共同之处。与任何案主一样,与案主相处的社会工作者需要具备带来积极变化的技能。这些技能包括倾听、建立关系、基本能力、移情和解决问题等。如果我们了解少数团体及其独特性,就会大大提高社会工作的有效性。社会中有很多不同的少数团体,如庞大的种族团体、众多的少数民族、女性团体、同性恋团体、宗教团体、精神或身体残疾团体、老人团体和其他团体等。本章对这些不同团体的独特性不作赘述。我们归纳总结一些少数团体的特点,也借此体现我们了解少数团体案主的重要性。

　　事实上,与美洲原住民(即美洲印第安人——译者注)合作时,盯着对方的眼睛是粗鲁的,会被认为企图恐吓对方。[25]社会工作者和其他专业人员尊重这种社会文化,很少与美洲原住民的眼神对视。

　　如果一位男性案主开始讨论伴侣的话题,如果直接认为他的伴侣是女性并称其为"她"(she)就是错误的行为,因为案主有可能是同性恋。[26]这样的一个错误假设可能导致案主停止沟通,也不会有进一步的深入讨论。很显然,这种谨慎态度也适用于女性案主。大多数专业人员也认识到,改变一个案主的性取向的尝试通常是不成功的。过去,一些异性治疗师试图改变案主的同性恋倾向,结果证明是行不

第七章　与多样化团体合作

通的。如上文提及的那样,很显然,性取向似乎在生命早期就已经确定了。

与英裔美国人相比,墨西哥裔男性被描述为更具有男子气概。[27]墨西哥裔男性高度重视"大男子气概"(machismo),并以此来体现自己的主导地位和优势。大男子气概在不同人身上有不同表现。有些男人可能会让女人无法抗拒,让女人着迷,并且拥有许多性伴侣;有些男人偏好武器,喜欢战斗;还有一些男人吹嘘夸耀自己的成就,即使那些成就从来没有得到过。最近一些作家指出,女性主义运动、城市化、社会向上流动、文化适应等导致大男子气概下降。[28]墨西哥裔美国人也比英裔美国人更崇尚"家庭主义"(familism)。家庭主义是指家庭优先于个人的信仰。谢弗(Schaefer)指出:

> 家庭主义普遍被认为是一件好事,因为它可以在一个大家庭出现家庭危机的时候提供情感力量……家庭主义的好处包括:(1)亲情的重要性(父母和子女的关系);(2)依赖亲属财产支持的好处;(3)从亲属那里获取建议;(4)长辈积极参与家庭事务。[29]

家庭主义也有消极方面,它可能会阻止年轻人寻求机会远离家庭。应当注意的是,墨西哥裔美国人和英裔美国人在大男子气概和家庭主义方面具有一定程度的差异。在本章下面的部分中,我们将研究家庭主义的概念以及如何有效利用家庭主义为墨西哥裔美国人提供服务。

我们的文化高度重视"外表美"。美国人在衣服、化妆品、运动项目、特殊饮食、精心打扮自己等方面花费大量金钱。一般认为,美丽是善良的,丑陋是邪恶的。电影、电视和书籍中的英雄都是健壮的、结实的,反面人物都是丑陋的。例如,白雪公主是美丽的,邪恶的女巫则是丑陋的。不幸的是,过分强调体格健全已经导致残疾人成为被嘲笑的对象,使残疾人被视为低人一等。赖特(Wright)指出,强调体格健全也导致人们认为残疾人应该感到自卑。[30]赖特已经为这一社会期望创造了一个术语,即"哀悼的需求"(the requirement of mourning)。[31]一个体格健全的人花了大量时间、金钱和精力使自己的身材更吸引人,心理上却需要残疾人哀悼自己没有健全的身体。体格健全者需要的反馈是:努力拥有一副迷人的身材是值得的,也是非常重要的。

对体格健全盲目痴迷的另一个后果是残疾人在社会中遭到同情。这种同情以及伴随的傲慢是最令人讨厌的。残疾人希望被平等对待,而我们的社会往往把特定的残疾等同于一般的无能。温伯格(Weinberg)注意到,人们在一个盲人面前大声说话,是因为他们一般倾向于认为盲人既看不见也听不清。[32]生理残障者有时甚至会被认为弱智和社交残疾。[33]

残疾人参与到社会中去,他们不仅要面对身体残疾带来的障碍,还要面对其他人对残疾反应的种种障碍。当与残疾人合作时,专业人员需要在两个方面提供援助:一是社会工作者需要消除人们对残疾人的偏见与歧视,二是确保他们享有平等的权利和机会。

社会工作者了解不同团体的价值观、信仰和文化的方法有很多的。包括:阅读书籍和文章、观看录像和电影、参加俱乐部、与不同背景的人(不同团体的成员)交往、参加学习多样化的课程、与不同的人合作、生活在多样化社区等。

互惠立场

凯扬普尔(Kalyanpur)和哈里(Harry)认为,对社会工作者来说,负责任地提供文化服务的关键就是"互惠立场"。[34]通过互惠立场,社会工作者可以与不同案主建立关系,在这种关系中,案主不仅可以畅所欲言,也被期待分享与关键服务问题有关的信仰与价值观。

为了说明互惠立场的重要性,凯扬普尔和哈里描述了白人社会工作者和一个苗族(Hmong)家庭的案件。在案件中,社会工作者们未能采取互惠立场的方法。当社会工作者们为这个苗族家庭提供服务时,发现这家的其中一个孩子(名字叫寇,7岁)有内外足。他们建议给寇做矫正手术。社会工作者们知道,在美国,内外足是一种发育畸形,会受到嘲弄。当寇的父母拒绝手术时,社会工作者们没让他们解释原因。如果解释的话,他们针对这个问题本来可以形成互惠立场。但是,由于没有采取互惠立场的方法,社会工作者们请求法院下令让寇进行手术。

在法庭上,寇的父母说,内外足是"幸运的象征",寇有内外足是因为"在战斗中伤了脚的军人先祖能够从精神圈套中逃脱出来"。[35]他们反对进行手术,因为他们坚信,正是寇内外足的优势才使他们的祖先能够从精神圈套中得以逃脱,这是神灵的安排。这个苗族家庭认为,如果进行手术,就是违抗神灵,会导致神灵发怒,怪罪这个苗族家庭,甚至可能连累更大的苗族社区。法官支持寇的父母,于是没有下令手术。

这个案件也引发一些问题。因为寇的父母相信内外足是家庭福音,他们拒绝手术是否构成虐待?谁的想法对孩子更好,家长的还是社会的?寇是不做内外足手术好(被视为苗族福祉),还是去做矫正手术好(被视为违抗苗族神灵)?在任何情况下,社会工作者们和苗族家庭之间一开始便坦诚相见,分享自己的观点和信仰是否是一个好办法?也许,这样的做法可能会消除社会工作者们和苗族家庭之间的敌对关系,寇的父母也不会因为拒绝手术而被告上法庭。

哪些干预技巧有用

练习7.3　在伊朗遇到麻烦

目标　本练习帮助你理解特定民族或种族团体向社会服务机构寻求帮助时的恐惧和顾虑。

1. 想象一下,你和朋友去伊朗旅游。在伊朗中部一个中等城市里,你的背包被偷了,里面有你的护照、其他身份证明、旅行支票和钱。你会产生哪些方面的恐惧和顾虑?

2. 如果你去社会服务机构寻求帮助,被接待时,你会表现得小心翼翼吗?你会不会担心他们不相信你说的事,将你移交给警方,很有可能让你坐牢?

3. 如果你不会说外语,你将如何说明你的困境?

你在练习7.3中表达的心情与众多种族团体在这个国家中寻求社会服务机构帮助的心情是相同的。他们过去可能已经被英裔美国人的偏见和歧视所伤害,也许他们甚至被整个系统——教育、法律、执法和医疗保健等——所伤害。当他们寻求帮助时,可能会通过焦虑、害怕、无形的压力来表现他们的恐惧和担忧。有些人可能会郁闷、犹豫、消极被动,因为他们觉得不堪重负,开始抱怨。有些人可能会极其敏感,如果在正常程序(比如等待或填写表格)中受到丝毫不公正对待就突然表现出攻击性。

白人工作者与非白人案主合作时需要注意的是,案主表现出来的情绪很可能是他们对自身问题的反应与对白人权力机构的不信任相结合产生的。如果案主表现出高度焦虑或恐惧,工作者必须首先把重点放在传递温暖、能量,并让其冷静和产生兴趣上。他们需要认真倾听案主,传递理解,识别出特殊的恐惧,并使其紧张情绪得以缓解。

愤怒管理

社会工作者一般不应该把案主的愤怒个人化。案主会因为各种各样的理由而愤怒,工作者一般很难或无法控制他们的愤怒。有时,公开讨论可以降低怒火,工作者可以采取这种方法。但工作者最好能找出案主愤怒的原因,并尽力平息。有时,可以通过传递温暖和理解而使愤怒慢慢消散,帮助他们解决自身问题。如果工作者意识到案主可能会发狂,应该邀请一个或多个同事参与面谈。如果工作者进行家访时意识到存在危险,可以说一些类似这样的话:"我认为我们可能需要一些时间冷静一下,以便我们能客观地看待这个问题。我明天同一时间再过来。"如果家访涉及虐待儿童的调查或一些其他潜在的混乱局面,回访调查最好请求警方陪同。

案主对工作者的责骂是有限度的。为了保持信誉,工作者必须得到案主的尊重,这意味着案主责骂工作者要有一定的限度。可以使用很多回应方式限制案主对工作者的责骂,例如:"我知道你很生气,但我已经无法容忍你的责骂。要么我们冷静下来继续讨论,要么我不得不请你离开。你选择哪一个?"

文化沟通

与不精通英语的成年人合作,最好避免让案主家里会双语的孩子当翻译。[36]让孩子当翻译会使父母尴尬,因为这使他们不得不依赖于孩子,表现出他们缺乏最基本的沟通技能。另外,孩子因为有限的词汇和经验可能使沟通不太顺畅。当需要使用翻译者时,另一个重要原则是,工作者说话时要面对案主,而不是面对翻译者。如果对着翻译者说话,会使案主处于旁观者位置,而不是沟通的中心人物。

工作者应该始终运用自己的沟通模式,避免使用案主的口音、词汇或话语。[37]发音与语法不熟练导致的错误,将会让工作者显得不诚实。

由于篇幅所限,无法完整列出与少数团体沟通使用的干预技巧清单。接下来的案例阐述了工作者面对特定案主和团体的应对技巧。

正如前文提到的,墨西哥裔美国人往往具有强烈的家庭主义意识。德尔加多(Delgado)和赫姆-德尔加多(Humm-Delgado)指出,自然支持系统在为墨西哥裔美国人提供援助方面是一种非常有用的资源。[38]这些支持系统包括大家庭、民间医生、宗教机构、商户和社交俱乐部。大家庭包括原生家庭、核心家庭成员、其他亲属、教父、教母和其他被当作家人的人。民间医生在墨西哥裔美国人的社区非常著名,有些民间医生使用的治疗方法是自然愈合的方法,与宗教或精神信仰相结合。宗教机构(尤其是罗马天主教会)提供宗教咨询、应急用钱、寻找工作、住房援助以及其他特殊项目的服务,比如药物滥用治疗与预防。商人和社交俱乐部可以提供一些项目,例如本地食物、药材、转介其他资源、信用和信息、祷告书、休闲娱乐和治疗师的服务等。墨西哥裔美国人不愿意向社会服务机构寻求帮助,而是利用这一巨大的自然支持系统,通过教会和社区扩大服务范围。如果社会福利机构在干预过程中利用此类自然支持系统并赢得良好声誉,就会大大增加墨西哥裔美国人对机构的信任,他们也更愿意向此类机构寻求帮助。利用好这些自然支持资源,也会相应地提高干预过程的效率。

由非裔美国人主导的宗教组织通常会有一种社会和精神使命。在参与反对种族歧视的斗争中,他们具有很高的积极性。许多有名的黑人领导者,例如马丁·路德·金、杰西·杰克逊,都是神职人员。非裔美国人的教会被用来培养领导力,也被当作社会福利机构满足人们的一般需求,例如食物、衣服以及避难所。非裔美国人的教会是天然的支持系统,工作者利用这一支持系统服务困难中的非裔美国人个体和家庭。

如果拥有城市背景的工作者到一个偏远小社区工作,那么他需要过一种与社区价值观和准则相一致的生活。违反社区规范的人将不会有效地工作,因为他不具有必要的诚信。在小型社区内的工作者需要了解社区的价值观,如宗教信仰和表达模式、约会和结婚模式、关于家养和野生动物的价值观(例如,偏远社区反对捕鹿,这违反当地法律)、关于药物使用、政治信仰的价值观以及性道德习俗。一旦这种价值观被认同,工作者应该在自己想要的生活方式和社区期待他拥有的生活方式之间保持平衡。

卡杜辛(Kadushin)建议,工作者与不同种族或民族的案主开始见面时,应该遵守所有礼节。[39]这些礼节包括正式的称谓(先生、小姐、夫人、女士)、案主正确的全名、问候时握手、其他一般礼节。在初次的交谈中,工作者应清晰说明他们的机构并阐述这次访问的理由。另外,机构和工作者的工作时间应该与案主需要服务的时间相一致。这样的话,可能意味着晚上和周末都有可能向案主提供服务。

戴维斯(Davis)建议,向不同种族的案主提供团体服务时,选择成员时应当确保没有一个种族的人数大大超过其他种族。[40]有时,要使案主理解个人咨询和团体咨询的过程。使用日常交谈用语会比使用专业术语的效果好得多,因为那些案主有可能无法理解专业术语。

美洲原住民非常重视自我决策的原则。[41]这经常使工作者处于进退两难的尴尬处境,并疑惑:如果我不干预,那我如何能帮助他?美洲原住民不会要求工作者经常参与,这使工作者需要耐心等待案主的反馈。等待期需要多久,因人而异。在这段等待期中,工作者需要随时有空,并可以提供帮助,而这些帮助没有任何强制性。一旦这些美洲原住民接受了帮助,这名工作者的能力将会得到考验。如果案主相信这名工作者很有帮助,那么赞扬这位案主的话就会传播开来,越来越多的人会寻求这位工作者的帮助。如果这名工作者没发挥什么实际作用,这样的评价也会慢慢传播开来,工作者工作起来就需要面对不断增加的困难。

为了与非裔美国人、西班牙裔美国人、美洲原住民或其他遭受种族歧视的团体建立友好关系,应该寻求一种同伴关系,在这种关系中相互理解、相互尊重以及相互分享信息。优越感是对他人的冒犯,应该避免这种优越感。

当与同性恋者合作时,工作者有一种莫名的恐惧感(一种对同性恋不理性的恐惧感),这种现象并不少见。因为同性恋曾被认为是一种疾病、情绪的骚乱、异常行为、犯罪行为、罪孽等。然而,一定要克服并且战胜对同性恋的个人恐惧。一种解决方法是使用社会基本价值观对待同性恋案主。工作者对同性恋案主的消极评价是一个严重错误,因为这违背了案主自我决策的权利这一基本社会工作价值观。另外,建议多了解同性恋的生活方式和同性恋群体。这些知识对于帮助同性恋案主确认和评估各种可用备选方案是相当重要的。[42]认识同性恋群体中有资源的人也能帮助工作者更为熟悉可用的服务、活动和事件。许多针对同性恋的特殊服务正是同性恋所需要的,这些服务包括:为那些逐渐意识到自己是同性恋的人提供支持,对同性恋家庭抚养孩子的父母提供合法建议,为同性恋家庭提供咨询,一些安全的性生活措施以避免艾滋病感染的信息,女同性恋支持团体等。

社会工作者有义务通过教育和倡导保护同性恋者的公民权利。性取向应该被尊重而不是被批判。应该支持那些拥护同性恋的政治代表。歧视同性恋的机构需要克服自身情感,以公平公正的方式为同性恋者提供服务。如果社区内还没建立当地的支持团体,社会工作者应该鼓励建立支持团体。葛兰米克(Gramick)建议,社会工作者应该绝对禁止对同性恋同事流露出厌恶情绪,歧视同性恋的做法也违背《美国社会工作者协会伦理守则》。[43]与先前的阐述一致,社会工作者必须维护所有高危人群的社会和经济公平的权利。"族群敏感实践"部分介绍了这一重要社会工作概念。

◼ 族群敏感实践(Ethnic-Sensitive Practice)

传统上认为,专业的社会工作实践通常使用医学模式。医学模式是一种集中确认一个人的问题和缺陷的模式。医学模式很大程度上忽略与人相关的环境因素。它的一个重要缺点是,医学模式更关注个人或团体的缺陷却,忽略他们的努力与资源。只强调一个人的缺点,会严重影响这个人的自尊,这个人可能认为自己只有缺点。

族群敏感实践旨在把对不同种族、文化和少数团体的理解转化成指引社会工作的理论和原则。[44]族群敏感实践必须符合案主成员的价值观、性格以及阶级立场。族群敏感实践要求社会工作者深度理解种族和族群团体承受的压力。

"双重视角"是另一个重要的理论框架。[45]这一概念是从"所有人都是两个系统的组成部分"这一观点派生出来的。这两个系统指的是:(1)控制或支持系统(即人生活于其中的社会),这是力量源泉和经济资源;(2)护理系统,由家庭和社区的物质和社会环境组成。双重视角认为,通过护理系统,可以部分抵消对不同肤色、种族或任何少数团体的社会压迫带来的不良后果。

族群敏感实践要求社会工作者有义务清醒认识和努力纠正各种族群团体经历的压迫。族群敏感实践假设,每个族群成员都有一段经历,与成员对待当前问题的认知有联系。例如,许多非裔美国人的个人和集体经历导致他们拥有这样的认知——当遇到麻烦时可以寻求家庭资源帮助。[46]然而,族群敏感实践却认为"当下"更为重要。例如,许多墨西哥裔美国人和波多黎各女性目前感到紧张,因为他们正努力超越传统定义的性别角色,进入主流社会,成为学生或职员。[47]

族群敏感实践并没有引入新的实践原则或方法。

相反,族群敏感实践考虑到族群的现实问题,强烈要求采用流行的治疗方法、社会工作原则和技能。无论采用哪种实践方法,这里需要强调两个概念和视角:赋权和优势视角。

◈ 赋权

赋权一直被定义为"帮助个人、家庭、团体和社区增加他们个人的、人际关系的、社会经济的、政治的力量和影响,以改善他们生活环境的过程"[48]。

在与一个族群或种族团体合作时,赋权反对那些对特定团体(通过长期歧视已经建立起来)的消极印象和刻板印象,建立积极的价值观或形象,强调团体内每位成员的能力影响他或她的生活条件。赋权以积极的自我认知开始,反对绝望和无助,强调依靠每个人的能力来成功解决问题。赋权反对压迫和贫穷,帮助少数族群团体及其成员提高自己的能力,制定和实施基本的生活决策。

◈ 优势视角

优势视角与赋权密切相关。与关注人们缺陷的病理学视角(见第二章)完全不同,优势视角寻求识别、使用、构建并强化人们的能力和优势。优势视角强调人们的能力、兴趣、愿望、资源、信仰和成就等。例如,非裔美国人在美国的优势在于:建立了100多个以非裔美国人为主的大学、兄弟和姐妹团体、以及社会、政治和专业性组织。在学校、企业、教会和组织内,非裔美国人创设的社会服务项目占绝对优势,比如家庭支援服务、指导项目、食品和住房服务、运输服务以及教育和奖学金项目。通过个人和组织的努力,自助方法和互助传统继续在非裔美国人中得到传承。非裔美国人往往与直系亲属、大家庭有着紧密联系。他们往往有强烈的宗教信仰,注重工作和成就,坚持平等主义。[49]

根据萨利比(Saleebey)的观点,[50]下列五项原则构成优势视角的指导性理论。

1. 每一个人、团体、家庭和社区都有自己的优势。优势视角就是要识别出这些优势。萨利比指出:

> 案主最后想知道的是,你真正关心他们,他们的感受对你产生了影响。你会倾听他们,尊重他们,无论他们有过什么样的经历,你都认为他们可以利用身边一切资源创造有价值的东西。最重要的是,案主想知道,你相信他们能够战胜逆境并开始改变和成长,从而不断攀登和前进。[51]

2. 创伤、虐待、疾病和斗争可能是有害的,但它们也可能是挑战和机遇的来源。受过伤害的案主被看作积极的、发展中的个体,通过他们的创伤、学习的技能、个人特质应对未来的挑战,在已经克服的障碍中找到尊严。与生活中感到舒服和享受的时期相比,我们能在战胜危机中得到更好的成长。

3. **假设你不知道能力、发展和改变的上限,认真对待个人、团体和社区的愿望**。这一原则意味着工作者需要对案主保持高期望,期望他们能够实现自己的愿景、希望和价值。个人、家庭和社区都有能力得到恢复和改变。当工作者的梦想与案主的希望汇集到一起后,案主将会对自己产生更多的信心。然后,他们能够为实现梦想付出更多的努力,完成自我实现的预言。

4. **最好通过合作服务案主**。与案主把工作者看作专业人员相比,案主把工作者看作合作者或顾问,合作起来更有效率。工作者的合作立场使案主避免受到专家—弱者关系的不利影响,这些不利影响包括家长式控制、受害者指责以及抢夺案主的观点。

5. **每种环境都充满资源**。每一种环境(无论多么恶劣)都有个人、团体、协会和机构给予的东西,并且是其他人迫切需要的东西。优势视角旨在确认这些资源,使它们能够得到使用,使社区中的个人、家庭、社会团体都能受益。

练习 7.4 应用到无家可归者之家的优势视角[*]

目标 本练习的目的是帮助你在一个案例中运用优势视角。

1. 阅读下文:

赫尔女士最近被赶出了她的两居室公寓。她一直在一家小公司工作,而公司不给她提供医疗保险。她是一位单身母亲,有三个孩子,分别是 7 岁、9 岁和 10 岁。很不幸,她患上了肺炎且一直未愈,因为她无法承担医疗费用。小公司遭遇金融问题,她失业了。她一直在寻找工作,但没有找到,她希望下一份工作能有医疗保险。因为无力支付房租,她被赶出了公寓。赫尔非常关心她的孩子们,孩子们也很尊重她,并且三个孩子在学校里都表现非常好。她和三个孩子在大街上住了三天三夜后,找到一个救世军(salvation army)的无家可归者庇护所。在过去的两个多星期内,他们一直住在这个庇护所里。孩子们都很健康,非常感激庇护所提供的所有帮助。赫尔的肺炎也基本上康复了,因为救世军庇护所帮她安排了医生诊治。

---

[*] 本练习即《实践行为练习册》一书中的练习 7.3。

2. 列出你在这个家庭中看到的优势。

◆ 文化能力实践*

预测表明,到 21 世纪中叶,美国近一半的人口将是有色人种。[52]社会工作者面对的案主也越来越多样化,他们在政治上更积极,更了解自己的权利。因此,社会工作者必须要拥有更强的文化能力。为了具有文化能力,社会工作者需要:(1) 了解文化及其普遍影响;(2) 了解自己的文化;(3) 承认自己的民族优越感;(4) 了解其他文化;(5) 获得有关案主的文化知识;(6) 学习社会工作技巧和相应的干预方法。[53]

2001 年,美国社会工作者协会列出社会工作实务中文化能力的 10 个标准(见表 7.3)。

表 7.3 美国社会工作者协会社会工作实务中的文化能力标准*

1. 道德与价值观。社会工作者应按照价值观、伦理和专业标准发挥作用,认识到个人价值观和与专业价值观如何与不同案主的需求存在冲突或适应。

2. 自我意识。社会工作者应努力培养对自身、文化价值观和观念的理解,欣赏人们生活中多元文化认同的重要性。

3. 跨文化知识。社会工作者应了解关于他们所服务的主要案主群体的历史、传统、价值观念、家庭系统、艺术表现等的专业知识。

4. 跨文化技能。社会工作者应采用适当的方式方法、技能和技术,在帮助案主的过程中表现出社会工作者对文化的理解。

5. 服务实施。社会工作者应了解并熟练运用在社区和社会中提供的服务,并能为不同案主作出合适的引导。

6. 赋权和支持。社会工作者应了解社会政策和项目对不同案主的影响,在任何时候都要坚定地支持案主。

7. 多元化的员工队伍。社会工作者应在社会工作方案和机构中积极活动,支持和倡导招聘、录取和雇用多元化员工,努力保持社会工作项目和机构的职业多样性。

8. 专业教育。社会工作者积极支持和参与教育、培训计划,确保拥有专业的文化能力。

9. 语言多样性。社会工作者应提供信息、转介等服务,以合适的语言服务案主,包括翻译工作。

10. 跨文化领导力。社会工作者应该能够把不同案主团体的信息传达给其他专业人员。

---

* 本部分资料改编自:*Introduction to Work and Social Welfare*, 8th ed., by Zastrow, 2004。经 Brook/Cole 允许重印。

练习 7.5　文化能力的标准

目标　本练习帮助你评估所需的文化能力水平。

回顾文化能力的 10 个标准。列举你工作中所需要的那些标准,从而使你具有更强的文化能力。

有些社会工作者认为,与不同的文化团体合作时会出现难以逾越的困难和障碍,这其实是一种错误的观点。实际上,工作者和案主之间的相同点总是大于不同点。

在过去的几十年,大型的、专业的社会工作组织曾采取了强有力的立场,进一步推动结束种族歧视和压迫。例如美国社会工作者协会已经通过游说政府最终通过了公民权利立法。《美国社会工作者协会伦理守则》中有一个明确声明:

> 社会工作者应采取行动以防止和消除基于种族、肤色、年龄、宗教、性别、性取向、婚姻状况、政治信仰、精神或生理残疾或任何其他偏好、个人特征或状态等的对任何个人、团体和阶级的统治、剥削和歧视。[54]

社会工作教育委员会在 EPAS 2008 中规定,社会工作的学士学位和硕士学位课程应包括种族主义内容。EPAS 2008 还要求课程提供涉及多样化、人权、促进社会和经济正义等的内容。[55]专业的社会工作教育使社会工作专业的学生了解和欣赏文化和社会多样性,教会学生了解压迫的动态因素和后果,学会使用干预策略来消除社会不公、压迫及其影响。黑人社会工作者协会在对抗种族偏见和歧视方面也十分积极。

社会工作者有义务致力于结束种族和族群歧视,促进社会公正。社会工作专业需要认清现实中的实践处在一个多元文化的环境中。社会工作者可能有许多社会偏见和误解,放任这些偏见和误解则会对优秀的实践者构成危险。

保护人权

最近几年,社会工作教育委员会日益重视人权。例如,EPAS 2008 中,关于价值观的规定如下:"服务、社会公正、尊严和个人价值、人权、人类关系的重要性、正直、能力和科学探究是社会工作的核心价值。"[56] EPAS 2008 又指出:"每一个人无论社会地位如何,都具有基本人权,比如自由、安全、隐私、生活的基本需求、健康保障以及教育。社会工作者应意识到全球压迫的错综复杂,了解促进人权和公民权利的公平理论和策略。"

然而,赖克特(Reichert)指出,目前的社会工作课程、社会工作课程资料以及讲座都不太关注人权。[57] 通常,社会工作课程中忽视了人权。社会工作文献通常使用"社会公正"这一术语来解释社会工作专业有关的核心价值。

巴克将**社会公正**定义为:

> 社会中所有成员的理想状态是,拥有相同的基本权利、保护、机会、义务和社会利益。这个概念暗示历史性的不公正是存在的,并且要通过特殊措施去补救。作为一种社会工作的核心价值观,社会公正需要倡导反对歧视、压迫和机构不平等。[58]

巴克将**人权**定义为:

> 使一个人与所有其他人一样,不分种族、性别、语言或宗教,在社会福利中享有同样的权利和义务的一种机会。1948年,联合国人权委员会阐述了这种机会。包括民主宪法规定的基本公民权利,如生命权、自由权和人身安全;不受任意逮捕、拘禁或放逐的自由;公平公开法庭听证会的权利;思想、意识形态和宗教自由的权利;和平结社的自由。还包括经济、社会和文化的权利,如工作权、教育权、社会保障权等;参与社区文化生活的权利;分享科学发展和艺术的权利。[59]

赖克特将"人权"与"社会公正"的概念进行了比较:

> 人权给社会公正提供一系列全球性的和当代的指导方针,而社会公正往往要由含糊其辞的术语进行界定,如公平与不公平、平等与不平等……这种区别使人权具有社会公正所缺乏的权威性。人权可以引发各行各业和世界每个角落的人们讨论日常问题。[60]

什么是基本人权?人们对基本人权的明确规范尚未达成一致意见。联合国《世界人权宣言》[61]中规定的权利如下:

> 所有的人都生而自由,拥有平等的尊严和权利。
>
> 人人有资格享受《世界人权宣言》中所载的权利,没有任何区别。

生命、自由和人身安全的权利。

禁止奴役。

禁止酷刑。

在法律面前被视为人的权利。

法律面前人人平等。

对任何侵犯这些权利的补救措施的权利。

禁止任意逮捕、拘禁或放逐。

公正审判的权利。

人应被推定为无罪,直到被证明有罪。

具有不受任意干涉私生活的自由。

行动自由的权利。

寻求避难的权利。

享有国籍的权利。

结婚的权利,结婚必须通过双方同意,家庭应受国家的保护。

财产权。

思想、良心和宗教自由的权利。

观点和言论自由的权利。

集会和结社自由的权利。

参加本国公务的权利。

个人尊严和自由发展所必需的经济、社会和文化的权利。

工作和公正补偿的权利。

休息和休闲的权利。

获得充足的生活标准,包括食物、衣着、住房、医疗等方面的权利。

教育的权利。

参与文化活动和享受科技成果的权利。

人人有权要求一种世界秩序,在这一秩序中,权利能获得充分实现。

人人对社会负有义务,权利行使要尊重他人权利。

任何人都没有权力侵犯人们的这些权利。

联合国所有成员国都已经批准了《世界人权宣言》,但在法律上,它对任何一个国家都不具有约束力。因为它表达的人权术语有些模糊,判断国家或政府什么时候(是否)违背基本人权是很困难的。大多数国家承认人权保护已变成一个全球性目标。然而,如何识别违规行为在当前仍是一个模糊的概念。一个政府指责其他政府侵犯人权,同时忽略了自己的违规行为,这是很常见的事情。赖克特说:

> 与其他很多国家相比,美国没有履行其义务去促进保护所有人的人权……例如,我们未能为儿童和所有准妈妈提供足够的医疗保障,违背了《世界人权宣言》。关于这一点,美国政治领导者却不断鼓动其他国家一起诋毁中国、古巴和伊拉克。美国的婴儿死亡率比任何其他工业化国家都要高……并且美国内部不同族群的婴儿死亡率也有所不同,非裔美国人的婴儿死亡率中西班牙裔美国人的两倍还要多。[62]

我们希望基本人权能够得到足够的重视,国家应启动一些项目保护所有公民的这些权利。清晰表达和保护基本人权的呼声日益高涨,有希望变成一股关键力量,来消除因肤色、女性、残疾、同性恋以及其他因素等引起的歧视。

领导多种族团体的 RAP 框架

当不同种族的人在一个团体中互动时,领导者应该认为种族是一个话题,但未必是一个问题。之所以说种族在多种族团体里是一个话题,主要是因为参与者之间的差异非常明显,并且具有非常重要的社会意义。多种族团体的领导者不应该忽视这一点,否则就会忽略与种族相关的重要因素。

戴维斯(Davis)、加林斯基(Galinsky)和肖弗(Schopler)主张多种族团体的领导者使用 RAP 框架。[63] RAP 代表识别(recognize)、预测(anticipate) 和解决问题(problem solve)。下面简要描述每个要素。

 识别

要识别团体中关键的族群、文化和种族差异,领导者既要有自我意识,又要意识到团体的种族动态。一个多种族团体的领导者需要:

- 意识到个人价值观和刻板印象。
- 承认各成员之间的种族、族群和文化差异。

- 尊重所有团体成员的规范、习俗和文化。
- 熟悉那些积极回应团体种族需求的社区资源(社区领导者、专业人员、机构),可以聘请这些人员为领导者的顾问,专门处理种族问题,也可以把拥有特殊需要的特定成员转介到这些社区资源中去。
- 意识到社区中制度歧视的多种形式及其对多种族团体的影响。
- 意识到社区中团体成员的种族紧张局势,这种紧张关系可能直接影响不同成员之间的互动。

◆ 预测

当种族问题出现时,预测个别成员如何受到种族问题的影响,使领导者能够作出反应去预防和干预。团体成员制定团体目标和领导者安排组织工作时,领导者应该预测团体中种族紧张局势的潜在来源。因为,成员之间的关系和与种族的外部或团体外部问题随时间的变化而不断改变,预测种族紧张局势是一种不断发展的领导责任。因此,要预测到紧张局势,并帮助成员有效地加以应对,领导者应该:

- 尽量吸收任何一个特定种族一个以上的成员。如果团体中只有一个该族群的成员,领导者应该承认该成员此时处境的困难,应该明确表示该成员不能成为这一族群的代表。
- 培养一种文化上适合于这个团体特定种族集体的领导风格。这就要求领导者了解团体多样化的种族构成的信仰、价值观和文化。
- 以语言和非语言的沟通方式尊重和平等对待所有成员。
- 帮助团体制定目标,回应所有成员表达的顾虑和需要。
- 赋权成员获得他们的权利,特别是当他们在社区里受到制度歧视或其他形式的种族主义侵害时。
- 在与成员的初步接触中和在最初的会议上就承认种族差异确实存在于团体中,并且在团体中出现的任何有关种族的问题都必须公开讨论——即使讨论这些问题和分歧是让人不舒服的。
- 鼓励发展相互尊重的规范和欣赏多样性。
- 在会议一开始就宣布,有些时候可以说一些种族上不合适的事情。当这种情况发生时,就彻底讨论这些观点和行为以解决这些问题,并为欣赏种族差异而做出努力。

◆ 解决问题

当与种族问题有关的事件发生时,领导者必须进行干预,以解决这些问题。领导者应该:

• 使用问题解决方法(第六章中介绍过)。简单地说,这种方法涉及确定双方的问题和需求,形成满足这些需求的备选方案,评估每一个备选方案的优点,并选择和实施最理想的备选方案。

• 使用冲突解决方法(第六章中介绍过)。这些方法包括角色转换、移情、询问、"我—信息"、消除敌意、安抚和调解。

• 使用在文化上可以接受的干预措施和目标,这些干预措施和目标适合于团体的所有成员。

• 在涉及解决问题和解决冲突的成员时,提供一些规则(例如不要骂人)。

• 帮助成员在面对和处理与种族有关的问题时表现出自信。

• 当该成员受到社区内歧视和压迫的伤害时,要做好在团体外支持这位成员的准备。

女性主义干预*

许多人致力于研究社会工作的女性主义观点并使该观点日渐完善。我们无从得知谁才是这个概念真正的创始人。然而,范·登·伯格(Van Den Bergh)和库珀(Cooper)在这方面做出了不可磨灭的贡献。[64]

女性主义(feminism)是个多方面的概念,包罗万象,很难准确地进行定义。在《社会工作字典》一书中,巴克对女性主义的定义是:"拥护女性法律和社会经济平等的社会运动和思想,这个运动发源于18世纪的英国。"[65]然后,巴克将女性主义的社会工作定义为:"综合社会工作的价值、技巧和知识,以女性主义为中心思想,帮助个人和社会去克服那些由**性别歧视**导致的情感和社会问题。"[66]

巴克进一步把女性主义疗法(feminist therapy)定义为:

---

* 本部分的资料改编自:*The Practice of Socialwork*,7th ed.,by Zastraw,2003。经 Brooks/Cole 允许重印。

一种社会心理治疗取向,专业治疗师(通常是女性)帮助案主(通常也是女性)在个人或团体情境下克服心理或社会问题,而这些问题很大程度上是遭遇**性别歧视**和性别角色刻板印象的结果。女性主义治疗师会帮助案主**提升自我意识**、消除性别刻板印象,并且帮助她们意识到女性拥有的共性。[67](注意强调的词语)

科斯特-阿什曼(Kirst-Ashman)和赫尔将女性主义定义为:

态度和行为上男女**平等的哲学**,几乎存在于**生活的各个方面**;经常代表女性观点,认为提供**教育和宣传**是十分必要的;无论性别如何,欣赏存在的**个体差异**和个人成就。[68](注意强调的词语)

让我们来思考上述定义中包含的五个组成部分。

第一个组成部分认为,男女**平等的哲学**并不意味着女性应该采取那些典型的男性行为。它意味着男女都应该在"机会和选择"上拥有平等或相同的权利,无论男女,都不能因为性别而受到歧视。

第二个组成部分包括**态度和行为**两个方面。关于态度,女性主义强调以公正、客观的视角看待他人并避免刻板印象。关于行为,女性主义表明,按照性别平等的信仰承诺而采取行动。例如,一名指导者(男或女)坚持认为自己(坚信女性主义)有义务去教训男性案主(因为他讲黄色笑话或按刻板印象的性别概念对待女性)。

第三个组成部分是**生活的各个方面**。平等并不仅仅意味着拥有相同的机会获得特别的工作或晋升。它还包括生活的其他部分,例如,拥有自由的政治、社会和宗教观点;拥有出去约会的自由;拥有空闲时间决定自己做什么的自由;拥有决定是否上大学的自由;拥有决定是否参与体育活动的自由;拥有选择是否进行性生活的自由。

第四个组成部分是经常提供代表女性利益的**教育和宣传**。女性主义重视为女性和男性提供均等的机会。既然女性受制于性别角色引起的刻板印象和性别歧视,所以女性主义将提供代表女性利益的教育和宣传当作一种义务。例如,讲黄色笑话的男性需要学习有关性骚扰的常识,他还需要知道这些黄色笑话对女性的消极影响以及他继续发表黄色言论的不利后果。女性主义宣传包括为那些需要帮助的女性"发声"(或捍卫权利)。

第五个组成部分是**欣赏个体差异**。女性主义观点非常重视强调个人素质和力量,强调为女性赋权。

◆ 女性主义疗法的原则

女性主义疗法有九个原则,具体如下:[69]

1. 应该在"社会政治学框架"之内看待案主的问题。[70]女性主义干预关注的是男女之间不平等的权力关系,无论性别、人种、阶级、年龄等,反对一切"上下之分的权力"关系,这种关系导致压迫和控制。女性主义希望改变所有基于富人和穷人关系的社会、经济和政治结构。穷人的问题通常根植于性别歧视的社会和政治结构。"个人的就是政治的"是阐述这个原则的另一种方式。范·登·伯格指出:

> 这个原则坚持,女性在生活中所经历的一切都直接与影响其他女性的社会动态相关。也就是说,作为个体的女性所经历的基于性别的贬义评论,其实是与社会上的性别歧视直接相关的。对于少数族群的女性,种族主义和阶级歧视也是影响幸福生活的重要因素。[71]

女性主义疗法具有的一个重要的显著特征:帮助案主分析她的问题是如何与体制有关的,即在这个存在性别歧视、阶级歧视、种族歧视的社会中,女性所经历的体制性困难。

2. 传统的性别角色是病态的,需要激励案主从传统的性别角色的束缚中解脱出来。女性陷于双重约束是由于**"女性与成就不相容"**这一说法。在我们的社会中有一种传统的观点是,一个女人不能既有女性气质又有成就。成就,被错误地认为会降低女人的女性气质,认为真正有女人味的女人就是一个不追求成就的人。传统上,女性在社会化过程中扮演着"习得性无助"(learned helplessness)的角色。范·登·伯格介绍了这种性别角色刻板印象的影响:

> 性别角色刻板印象认为,女性应该顺从、听话、乐于接受、依赖性强。这是无奈的,女人不能照顾自己并且需要依赖于别人而生活。这就建立了一个动态过程,在这个动态过程中,女人的控制源在于她自己的外部,使得她无法相信通过自己的努力也可以获得她需要的东西来发展自我和实现自我。换言之,对性别角色刻板印象的过度解读或**过度认知**也会造成无能为力的状态,在这个状态中,女人很可能陷入受伤害的处境……例如,由于年轻女孩在社会化过程中变得无助,当她们成年后,往往在压迫情况下做出有限的反抗,例如,被动地

反应。[72]

女性主义疗法帮助案主审视她们的困难是如何与性别角色刻板印象的过度认知相关的。这种刻板印象显示，通过内化传统的性别角色，女性不可避免地承担被动的、顺从的角色，经历没有自尊和自我憎恨的生活。女性主义方法认为，需要鼓励案主作出自己的选择，追求她们渴望的成就，而不是被传统的性别角色限制住。

3. 干预应该关注案主赋权。范·登·伯格介绍赋权的过程如下：

> 帮助女性获得权力感或获得影响她们生活的技能，是女性主义实践的重要组成部分。赋权意味着获取知识、技能和资源，增强她们控制自己的生活和影响他人的能力。传统上，女性已经习惯于使用间接的、隐蔽的技术（比如无助、依赖、羞怯和故作矜持）来获得她们想要的东西。[73]

运用各种不同的方式进行赋权：(1) 帮助案主明确自己的需求和个人目标，让她获得目标感；(2) 为案主提供获取知识、技能和资源的途径；(3) 帮助案主认识到只有靠自身努力才能改变自己的生活；(4) 相比于案主的弱势，更积极识别和提升案主的优势。需要给女性赋权，从而提高她们为满足自身需求而控制环境的能力。

4. 应该增强案主的自尊。自尊和自信对赋权都至关重要。可以通过各种途径增强案主的自尊，工作者应该尽量鼓舞人心，帮助案主明确并承认其独特的气质和实力。许多低自尊的案主往往倾向于先责备自己，例如，一个被虐待的女人通常责备自己为何变得软弱。这些案主需要更真实地看待感觉和自责内疚的行为，需要分清不正常的关系中自己的责任和其他人的责任。

5. 应该鼓励案主发展自我意识。人们应该基于自己的优势、特点、品质和成就发展自我意识。对于一个女人来说，按照伴侣或恋人的标准塑造自我认同感是一个非常严重的错误。女性需要形成自身的、独立的自我认同感，这种认同感不是基于自己与他人的关系。

6. 案主需要重视并发展女性的社会支持系统。在一个不重视女性的社会里，女性很容易认为其他女性不重要。有了社会支持系统，女性可以对遇到的相似问题进行沟通、分享经验和解决方法。她们可以充当调解者，彼此提供情感支持。

7. 案主需要找到工作和人际关系的有效平衡。女性主义干预呼吁，无论是女性还是男性，都享有获得生活技能培训的机会，以此来获得一定的经济资源。

8. 工作者和案主的关系应尽可能实现平等。女性主义工作者并不将自己视为解决案主问题的专业人员,而是把自己视为"促进者",其作用是帮助案主赋权。女性主义工作者尝试消除"控制—顺从"关系。谈及平等关系,范·登·伯格写道:

> 很明显,在工作者与案主之间有先天的权力差异,因为前者拥有专业知识并被培训为拥有"权威人士"身份。但是,女性主义者提醒,要避免**"滥用"**这个重要身份;一旦滥用就可能意味着把案主发生变化的所有功劳归功于自己,或者使用案主难以理解的术语和专有名词。[74]

9. 许多案主在学会自信表达自己中受益。自信训练的步骤被收录在附录一模块2。前面也提及过,女性在社会化过程中变得消极被动、不自信,因此,她们很难自信地表达自己。通过个人和团体咨询,可以帮助案主学会自信地表达自己。

学会自信地表达自己的案主可以体验不断增加的自信和自尊,可以更好地表达她们的思想、情感和观点。同样,学会自信地表达自己也是赋权的重要部分。

许多女性都因为性别歧视和性别刻板印象而感到愤怒。一些女性将这种情感封闭在内心,导致了抑郁。自信训练可以帮助女性意识到她们有权利生气,也会帮助她们找到自信地表达愤怒的建设性方法,而不是采取咄咄逼人的方式表达愤怒。

练习7.6 女性主义干预*

目标 本练习有助于帮你深入了解女性主义话题及其干预方式

1. 描述你知道的从女性主义干预中获益的一位女性的困境。不要给出确切信息(例如姓名)。
2. 推测社会工作者如何用女性主义疗法的原则指导过这位女性。

■ 团体中运用女性主义干预

女性主义视角的治疗方法通常与其他理论方法相结合。拥有女性主义视角的团体治疗师一直训练和使用其他心理治疗的方法——比如行为疗法、现实疗法、理性疗法等。这些方法经常被运用到一系列特别的训练中——比如自信训练、父母能力训练、冥想、性别治疗和放松技巧等。

---

* 本练习即《实践行为练习册》一书中的练习7.4。

女性主义干预特别适用于女性团体治疗,因为她们因性别歧视和性别刻板印象而受到伤害。在女性团体治疗中,通过分享她们的经历,这些女性可以互相帮助,识别出那些因男女权利不平等而引起的问题。通过分享机制,她们会意识到自己的机会受限都是与社会性别歧视直接相关的。这样的分享帮助她们发现,她们遇到的困难是如何与传统性别刻板印象紧密相连的。团体方法有利于促进成员追求她们所渴望的目标和成就,而不是受限于传统的性别观念。

建立团体也有助于赋权给成员,提升她们控制环境的能力,使她们能够获取需要的东西,激励成员培养独立能力。女性社会支持系统也积极帮助女性发展,鼓励女性分享她们对同一问题的经验和解决方法,这些女性经常相互担任调解者。另外,团体环境有助于成员学习正确、自信地表达自己,包括如何正确地宣泄愤怒。

下面是一个女性主义干预的案例:

> 玛西娅是三个孩子的母亲,和暴戾的丈夫丹尼斯生活在一起。丹尼斯喝醉时,就会非常残暴地虐待玛西娅,这种情况一个月出现好几次。在过去的几年,丹尼斯将玛西娅和她的家人、朋友隔离,降低她的自尊,并使她在经济上完全依赖于自己(他禁止玛西娅去外面找工作)。
>
> 一天晚上,丹尼斯喝醉了,又打了玛西娅,打破了她的鼻子,打断了三根肋骨。最大的孩子那个拨打了911,一辆救护车来了。两名警察以家暴为由监禁了丹尼斯,玛西娅在医院受到接受治疗。医院里的社会工作者劝说玛西娅带着孩子们去专为受虐妈妈建立的庇护所。在那里,她们居住了44天。
>
> 在这段时间内,她每天都收到其他受虐女性的忠告。这个团体由一位具有女性主义视角的社会工作者领导,这里会使用许多女性主义观点的原则。玛西娅逐渐意识到,她和许多其他女性一样,因性别刻板印象而遭受虐待。在这里,她们给这些女性发放一些教育材料,引导她们如何有力地表达自己。玛西娅就是这样被引导着学会表达,表达她在被丈夫支配下忍受的愤怒,她意识到自己有权力结束被虐待的境况,还意识到每一个人都值得被尊重。她接受了庇护所员工的帮助,使用和接受了公共资助,参加了成为牙科技师的工作培训,在牙医领域获得了工作,为自己和孩子找到一处公寓,并填写了离婚协议。丹尼斯也得到了应有的法律制裁。
>
> 两年来,虽然因为要照顾三个孩子,玛西娅的生活(经济上和情感上)一

直很困难,但是,她更满意现在的生活和现在的自己。同时,她也感到欣慰,因为她的孩子们都支持她、尊重她并为她感到骄傲。

 女性主义疗法的评估

既然女性主义疗法经常与其他治疗方法相结合使用,因此,评估它的效率是非常困难的。

范·登·伯格和库珀强调女性主义观点与社会工作核心价值观是一致的,比如人人平等、尊重个体以及促进高危人群的社会和经济公正。[75]他们认为"女性主义的社会工作实践是一种可行的方法,有助于实现社会工作的独特使命,即通过促进社会变革来提高生活质量"[76]。

当大多数当代心理治疗方法寻找案主问题的内在原因时(比如内心冲突、抑制的情感、早期童年创伤),女性主义视角强调将案主的问题看作社会、政治和经济系统对案主的影响。这一视角一直与社会工作强调的"人在环境中"、系统方法、生态学方法相一致。

女性主义视角有助于识别和概括我们社会中无数的结构问题。例如,在20世纪70年代早期,参与精神健康领域的女性主义者开始将传统的心理治疗看作社会控制的代理人,因为,传统心理治疗鼓励女性通过"适应"来维持传统的性别角色。[77]女性主义认为,女性需要意识到她们有权利拥有自身再生产能力(包括有权利选择堕胎),否则,她们的生活将在极大程度上被(让她们怀孕的)男性控制,因为抚养一个孩子成长至少需要二十年。女性主义者也关注社会中导致女性贫穷的社会政治力量。

女性主义视角也有过度乐观的观点。它认为,全体社会工作者都有义务识别社会、经济和政治系统中的不公平,然后,从宏观层面去应对这些不公平。有时社会工作者(坚信女性主义)可能让案主参与到变动的系统中。范·登·伯格写道:

> 社会工作者应该鼓励案主积极关注变化的社会状况,通过开展一些社会变革项目消除制度化的不平等,这些项目包括堕胎权利、男女同工同酬、反对种族隔离的激进主义或者环境保护等。可以鼓励案主亲自参与社会的激进变革,帮助案主证实一个人的自我意识、自我价值和变革力量。但是,判断使用这样的方法是否合适,要基于案主当时承担风险的能力水平和意愿。[78]

女性主义也致力于终结我们社会中甚至全球范围内的压迫和歧视。

妇女运动带来了我们社会中的性别角色革命。无论男女都意识到性别角色区分的消极影响。越来越多的女性加入了劳动力行列,越来越多的女性成为运动员,追求很多先前只有男性参与的专业和职业。人际交往也发生了改变,更多的女性学会表达自己的需求并追求与男性平等的关系。在某种程度上,男性也逐渐(比较缓慢)意识到区分性别角色的消极影响,逐渐意识到刻板印象的男性角色让他们在情感表达、个人关系、职业和家庭活动中受到限制。

女性主义视角的一个局限是不知情的人拒绝女性主义对刻板印象的反应。很明显,女性主义将它的基本内容和主旨告知一部分普通民众时是会遇到困难的。在这方面,科斯特-阿什曼和赫尔阐述道:

> 一些人对"女性主义"这个词的抵触情绪非常大,由于他们自身的情感障碍和由此导致的抵触情绪,即便只是让他们理解这些概念也是非常困难的。另一些人则认为女性主义是彻底强调分裂主义与狂热主义的意识形态,换句话来说,他们认为女性主义是被那些憎恨男性、厌恶不公平、努力推翻男性至上的女性所利用的哲学。还有一些人认为,女性主义是一个不再有价值的、过时的传统观念。[79]

总结

本章定义的术语如下:偏见、歧视、压迫、少数团体、多样化团体、社会公正、刻板印象以及人权。EPAS 2008 所区分的人口团体包括但不限于年龄、文化、残疾、肤色、性别、人种、性别认同与表达、政治观念、种族、性与性取向、宗教以及移民身份等特征,它们构成了人类的多样性。

多种因素相互交叉指的是两类或两类以上的不平等同时作用或共同产生的结果。

本章提到一些关于同性恋的谣言和事实。

社会工作者提供文化回应性服务的关键方法,是以互惠立场与不同案主建立联系,在这种关系中,社会工作者和案主不仅感到自由,也愿意分享他们与关键问题有关的信仰和价值观。本章描述与讨论的概念如下:族群敏感案例、赋权、优势视角和文化能力。

本章最后介绍了领导多种族团体的 RAP 框架(即识别、预测和解决问题),对工作干预中的女性主义视角也有所描述。

 团体练习

练习 A　出柜*

目标　识别你对同性恋持有的刻板印象。

步骤一　学生先假设自己是同性恋,并且隐瞒自己是同性恋这件事很久了。每个学生都和自己的家长写封信坦白这件事,来寻求支持和帮助。

步骤二　当学生写信的同时,指导者关注他们的语言和非语言沟通并作好相关记录(学生通常会与身边的人沟通并表现出刻板印象)。要求一些志愿者在课堂上朗读他们的信。

步骤三　在阅读几封信后,指导者总结他观察到的明显的刻板印象。

步骤四　作为可选择的一步,总结关于同性恋的谣言和事实。

步骤五　如果持有消极看法,指导者应该组织讨论:不支持同性恋的异性恋工作者如何在与同性恋案主合作时保持客观态度。

练习 B　奔赴富图拉的宇宙飞船**

目标　澄清你对那些受歧视团体的看法。

步骤一　指导者阐述本练习旨在帮助学生澄清他们的价值观,目标是在核战争之后延续人类文明。把学生分为每 5—6 人一组,向学生描述下述情景:

美国已经发现银河中的另一颗星球,名叫富图拉(Futura),它的环境与地球十分相似。尽管还未在这颗星球上发现人类,但证据表明这颗星球非常适宜人类生存。美国最近刚建造完一艘宇宙飞船,能够飞去这颗星球。这艘飞船位于遥远且

---

*　本练习即《实践行为练习册》一书中的练习 7.5。
**　本练习即《实践行为练习册》一书中的练习 7.6。

人烟稀少的太平洋海域,仅能容纳7人。政府任命你们各自的团体挑选出第一批去"富图拉"的7个人。你们的团体与负责这个计划的首席科学家有密切联系,这艘飞船的非凡之处在于它可以自动定位"富图拉",在无人驾驶的情况下也能抵达。

突然,一场核战争爆发。在新年的晚上,俄罗斯、中国、美国和以色列已经准备好发射核武器,这颗星球上人类的文明将会因此灭绝。首席科学家紧急呼叫,飞船将在15分钟内起飞奔赴"富图拉",否则它将会被烧毁。她相信这7个人将是仅存的延续人类生命的人。

飞船内共有13个人,你的团体将负责决定谁被留下(如果让这13个人自己决定,会引起冲突,还会导致他们互相攻击)。而你的团体只有15分钟时间作出抉择。如果15分钟内还没作出决定,核武器将会袭击这个小岛并摧毁这艘飞船。以下是这13个人的简况:

1. 首席科学家,女,47岁。
2. 西班牙裔农民,女,有四个月的身孕。
3. 非裔美国人,男,医学院三年级学生。
4. 白人女性,妓女,27岁,共产主义者。
5. 白人男性,同性恋,奥运会运动员,24岁。
6. 白人生物学家,67岁。
7. 犹太拉比,27岁。
8. 白人女性,接受社会救济,28岁,因重罪被拘捕过,从未被任何公司雇用过。
9. 善于家务料理的女性,24岁,患有大脑麻痹症。
10. 韩裔儿童,男性,8岁。
11. 白人男性,33岁,因出生时缺氧智力稍显迟钝。
12. 白人女性,小学教师,27岁,患有生殖器疱疹。
13. 白人农民,28岁,已结扎。

步骤二 指导者把资料呈现给学生,各组讨论15分钟。在剩余10分钟、5分钟、3分钟、1分钟时分别提醒他们。满15分钟时,结束讨论。

步骤三 让每组阐述他们的选择及其理由。接着,指导者总结一下讨论结果,揭示每个选项后隐藏的含义,为什么有些人没被选上,以及当社会工作者面对那些不受欢迎的人时该如何保持客观。让学生表达对他们所学知识的感想。

练习C 咨询中的女性主义干预*

目标 帮助学生在提供咨询时运用女性主义干预。

步骤一 阐述治疗时运用女性主义的原则,或者让学生朗读本章的有关材料。

步骤二 要求一个志愿者在模拟咨询中扮演咨询师,运用女性主义干预帮助解决问题,要求另一个志愿者扮演求助者。具体情境有:

1. 一个女人与丈夫离婚了,她的丈夫从四年前就开始婚外恋,至今已经有三段风流韵事。

2. 一个女人总是被她的伴侣辱骂。

3. 一个女人总是被喝醉的丈夫虐待,但是又离不开他,因为她没有工作,还要抚养三个孩子。

4. 一个女人被男同事性骚扰,但因为经济原因,她不得不继续工作。

步骤三 指导两位志愿者进行角色扮演。表演结束时,询问学生们"咨询师"是否在咨询中很好地运用女性主义视角进行干预以及"咨询师"还可能做些什么将女性主义视角运用到咨询当中。

步骤四 如果时间充分,使用不同的案例重复步骤二和三。

练习D 你是一个女性主义者吗?**

目标 帮助学生评估他们拥有女性主义视角并认同女性主义视角某些关键原则的程度。

步骤一 指导学生对以下问题回答"是"与"否"。告知他们回答将是匿名的,不必在答题纸上写姓名。仔细阅读每一句话,让学生有足够时间作答。

1. 作为管理者,男性比女性更占优势。

2. 男性比女性更适合当领导者。

3. 作为国家领导者,男性将会比女性做得更好。

4. 在我们的社会中,女性不应该有抚养孩子的基本义务。

---

* 本练习即《实践行为练习册》一书中的练习7.7。
** 本练习即《实践行为练习册》一书中的练习7.8。

5. 在一对异性恋夫妻中,男性应该承担主要家务。

6. 同居的男性和女性应该平摊家务(例如,清洗马桶、洗碗、烹饪、洗衣、扫地、购物、倒垃圾)。

7. 在我们的社会中,男性和女性住在一起是为了平摊家务。

8. 女性应该和男性拥有获取工作社会地位的同等机会。

9. 一位男性总在工作场合讲笑话贬低女性被看作性骚扰。

10. 我很乐意维护女性的权益(例如,贫穷女性和被性侵女性)。

11. 我们这个社会的政治、社会和经济规则基本上由男性制定并为男性服务。

12. 在异性恋夫妻中,男性有义务成为挣钱养家的人。

13. 女性邀请男性出去约会是不合适的。

14. 男性与女性约会几次以后,有权利提出性要求。

步骤二 在黑板上写出这些句子的编号,要求学生举手示意他们的答案,邀请几个志愿者记录结果。

步骤三 在统计结果之后,重新阅读这些句子,讨论结果,鼓励学生发表自己的观点。

步骤四 练习结束,如果学生对第6、8、9、10、11道题回答"是",对第1、2、3、4、5、7、12、13、14道题回答"否",说明学生已经具有女性主义视角。

练习 E 双重标准

目标 帮助学生认识和测试男女互动的双重标准。

步骤一 要求男女各自分成5—6人的小组。每组在男女之间的约会关系、婚姻关系和性行为方面识别双重标准。例如,社会基本上允许男性更具攻击性,可以使用更多粗俗的语言;认为男性应主动约女性,女性通常也认为她们不该主动约男性。针对每种双重标准,每个团体应该决定这种双重标准是否令人满意(在该练习中,男女应该被分开,因为他们对双重标准的满意度有不同看法)。

步骤二 在每组结束讨论后,要求每组总结他们认同的双重标准以及他们对此是否感到满意。紧接着进行班级讨论。总结所认同的双重标准和男女对此双重标准的不同意见。结束练习。

练习F 理解刻板印象*

目标 理解刻板印象的起源和影响,探索改变刻板印象的方法。

步骤一 将全班学生分成3—4人的小组,列出对下列团体常见的刻板印象:

领取政府救济金的人　　犹太人

男同性恋　　　　　　　美洲原住民

老年人　　　　　　　　西班牙人

亚洲人　　　　　　　　黑人

阿拉伯人　　　　　　　白人

步骤二 在黑板上列出对每个团体的刻板印象,在全班进行展示。

步骤三 全班讨论以下问题:

a) 这些刻板印象是积极的还是消极的?

b) 这些刻板印象是准确的还是不准确的?

c) 这些刻板印象的起源可能在哪儿?

d) 怎样用一种更积极的方式来改变消极的刻板印象?

能力说明

EP 2.1.2a、EP 2.1.4a—EP 2.1.4d、EP 2.1.5a—EP 2.1.5c、EP 2.1.7a、EP 2.1.10e 通过指导实践的职业价值观来明确和管理个人的价值观;识别那些压抑、异化、排斥或创造、提升特殊待遇和权力的文化结构和价值观;获得充分的自我认知,以消除各种团体工作中的个人偏见和价值观造成的影响;将自己看作学习者,并把一起工作的人看作消息提供者。理解压迫和歧视的形式和机制;拥护人权和社会经济公正;努力实践来促进社会和经济公正;利用概念结构来指导评估、干预和评价的过程;评价案主的优势和不足(在整章内容的基础上进行)。本章内容和练习关注让学生获得上述所有实践行为。

---

* 本练习即《实践行为练习册》一书中的练习7.9。

第八章
自助团体

目标

自助团体是一种替代单独应对问题的方式,通过帮助有类似经历的其他人来实现他们的特殊需要。本章描述自助团体的目标,概述它们使用的一些治疗原则,并讨论自助团体有效运行的原因。

 心脏修复协会:个案

心脏修复协会由四名心脏外科手术康复的病人于1951年在波士顿一家医院创立,现在已成为一个服务于心脏病手术患者及其家人的全国性组织。[1]四位患者分享了他们对不确定未来的担忧、经历的整个痛苦以及面临的生活方式的改变。同时,他们也关注生活中积极的一面——对幸福的新感悟、对未来的憧憬以及他们亲历"心脏修复协会"所收获的快乐。他们总结出来的经验为同样面对心脏外科手术的人们提供极大的帮助。在心脏外科手术专业人员德怀特·哈肯博士的帮助下,他们成立了第一个心脏修复协会。该协会的标语是"活着并帮助别人真好"。心脏修复协会正式成立于1955年并通过了章程和细则。随着医院开始在其他地区进行心脏手术,20世纪60年代以来,心脏手术数量急剧增加,相应地,分会和会员的数量也急剧增加。

会议通常在执行心脏外科手术的医院举行。在日常会议中，内科医生或医学专业人员将针对心脏疾病、外科手术以及康复过程等方面进行讨论发言。而在其他会议中，以某些话题为特色，演讲者针对锻炼、社会保障、营养、保险、就业等相关方面进行演讲。会议结束之后，通常就是问答环节。会议向心脏病患者、他们的伴侣以及专业人员开放。

当地分会通常每月都会编辑一份通讯，内容包括各类心脏外科手术进展情况、励志材料、心脏外科手术成员的周年纪念日、各地区和全国组织活动的公告等。

心脏修复协会提供的一项重要服务是对手术前后的患者进行访问，向患者提供支持、信息和鼓励。为了获得认证，所有接受过心脏外科手术的访客都要参加一系列研讨会（8—10小时培训），包括讲座、角色扮演以及访客指南讨论。然后，测试他们对心脏功能、各种心脏问题以及相应的治疗方法的知识。在他们自行探访之前，准探访者在获得认证的探访者陪同下参观医院，熟悉医院周围环境。这一过程对潜在的探访者进行筛选，确保整个项目的有效性与高质量。

在一项关于心脏修复影响的研究中，伯尔曼（Borman）和利伯曼（Lieberman）总结了心脏修复协会的一些发现：

> 我们关于心脏修复的发现……表明被迫早期接受心脏手术的病人从探访者的服务职责中受益匪浅。同时，从那些接受心脏手术的病人视角来看，有过心脏修复经历的探访者是最受欢迎的。[2]

定义和特征

自助团体是多种多样的，有些团体是小型的，没有其他的相关附属机构，有些团体则是大型的、组织严密的全国性组织。利伯曼和伯尔曼就自助团体的多样性作出总结：

> 自助团体被认为是一种支持系统、一种社会活动、一种精神活动和长期的宗教信仰、一种案主参与系统、一种附属于专业支持系统的关爱系统、有策划的人际交往、代表一种生活方式的亚文化实体、辅助性的社会团体、有社会影

响力的团体以及偏离者和被污名化者的组织。[3]

赫普沃斯、鲁尼(Rooney)、斯特罗姆-戈特弗里德(Strom-Gottfried)和拉森这样界定自助团体：

> 在自助团体中，成员拥有共同的问题，如应对不良癖好、癌症或肥胖症。这些团体与治疗团体、任务团体的区别在于：自助团体是由非专业人员领导的，团体成员自行处理共同的问题，社会工作者或其他专业人员也可以帮助团体发展。自助团体强调人与人之间的相互扶持，营造一种个人重获生命掌控权的氛围。这些团体为癖嗜、侵犯行为、智力缺陷、残疾、孩子遇难、赌博、体重控制、家庭暴力、性取向、艾滋病等问题提供资源和帮助。社会工作者的职责是为这些团体提供支持和咨询，而不是接管他们。[4]

自助团体重视成员之间的团结而非科层制的管理，忽视董事会、专业人员、案主在组织结构上的差异。作为自助团体的成员，给予帮助、接受帮助或承担领导职责都是为了实现团体目标。自助团体趋向于自我帮助，大部分是依赖亲友的援助并不断发展，而不是依赖于政府基金、基金资助或公众捐款。

里斯曼(Riessman)对自助团体的特征作出总结如下：

- 非竞争,合作导向；
- 反精英,反官僚；
- 强调亲身经历过问题并从内部、从亲自体验中对问题本质了解颇多的人们的作用；
- 尽力而为的态度,循序渐进,决不立刻解决所有问题；
- 分享,经常以领导力为主题进行讨论；
- 助人为乐的态度,通过帮助获得帮助(助人疗法原则)；
- 明白帮助不是被买卖的商品；
- 有能力去改变现状的强烈的乐观主义；
- 明白团体虽然小,环境也许并不尽如人意,却是开始改变和产生依赖的地方
- 对专业主义持批判立场,认为专业人员是自命不凡、正统、冷漠和神秘的,而自助者更朴素和不拘礼节；
- 重视案主,以阿尔文·托夫勒的术语来说,案主就是"专业消费者",是提供

帮助和服务的人；
- 明白帮助是核心，知道如何接受帮助、给予帮助和自助；
- 注重赋权。[5]

当人们在自助团体中互相帮助时，他们更有可能感受到充分赋权，因为他们能够自主掌握生命中重要的部分。而当帮助来源于外界（比如专业人员）时，就会产生依赖感——这是与赋权截然相反的效果，而赋权可以增强自助团体的动力和能量，促进个人的成长，同时也提升远胜于帮助他人或获得帮助的能力。

自助团体的分类

本节总结两种自助团体的分类方法，介绍现有自助团体的类型和特点。一种分类方法由卡茨（Katz）和本德（Bender）提出，另一种分类方法由鲍威尔（Powell）提出。

卡茨和本德的分类

卡茨和本德对自助团体的分类如下：[6]

1. 关注自我需求和个人成长的团体。如匿名戒酒互助社与康复组织股份有限公司（服务于以前的精神病康复者）、匿名赌徒互助社以及减肥者俱乐部。

2. 关注社会主张的团体。如福利组织、反对酒后驾驶母亲联合会、残疾人权利委员会。卡茨和本德特别提到这种社会主张"可以代表宽泛的问题，如立法、创造新服务、改变现行社会的政策，也可以代表个人、家庭或是其他小团体"[7]。

3. 关注创造替代型生活模式的团体。例如，同性恋者组织、某些宗教狂热信徒团体，如统一教（Moonies）。

4. "庇护所"或"最底层"机构。卡茨和本德对该类自助团体的定义如下：

> 这些团体为那些试图摆脱生活压力和社会压力的人提供庇护所，也为那些身心疲惫不堪的人提供避难所。这类团体通常拥有一份完整的承诺，成员们居住在被保护的地方，由团体内的成员指导，或由那些自己成功解决类似问题的人指导。[8]

第八章 自助团体

5. 拥有两种或多种功能的混合型组织。一个例子就是关注个人成长、倡导以及支援社会项目的单身父母组织。

◆ 鲍威尔的分类

鲍威尔将自助团体分为以下五类：[9]

1. 不良习惯干预团体。这些团体关注特殊的具体问题。例如，匿名戒酒互助社、戒烟者组织、匿名暴食者协会、匿名赌徒互助社、轻松减肥团体、妇女戒酒团体、匿名麻醉毒品团体、减肥者俱乐部。

2. 一般目的性团体。不同于不良习惯干预团体，一般目的性团体关注解决更广泛领域的问题和困境。例如，匿名家长团体（为虐待孩子的父母设立）、匿名情感团体（为有感情问题的人设立）、慈悲之友（The Compassionate Friends，TCF，为经历过亲友死亡痛苦的人设立）、GROW团体（这个组织通过综合互助计划预防精神病人住院）。

3. 生活方式团体。这些团体尽力为那些生活方式不被社会认可的成员提供支持和帮助（社会主流团体对这些非主流的团体通常漠不关心或怀有敌意）。例如，寡妇结对服务、单身父母组织、被收养者自由运动联合会（Adoptees Liberty Movement Association，ALMA）、男女同性恋的父母与朋友团体（Parents and Friends of Lesbians and Gays）、全国男女同性恋工作团体、灰豹团体（倡导关爱老人的代际组织）。

4. 身体障碍团体。这些团体关注一些主要的慢性疾病及其状况。有些是专为身体状况平稳的人而设立，有些则是为身体状况恶化的绝症患者而设立。例如，珍惜今日团体（专为绝症患者及其家属设计）、匿名肺气肿患者团体、失喉俱乐部（专为某些做过喉咙切除手术的患者设立）、中风者俱乐部、心脏修复协会、脊柱裂协会以及听力缺陷自助者协会。

5. "重要的他"团体。这些团体的成员是患过疾病或正承受疾病之苦者的父母、伴侣或亲属。通常，"重要的他"团体的成员是彼此的最后避风港，他们会提供帮助一起克服这些障碍。他们通过分享各自的感受，也会获得一种解脱。在分享的过程中，他们会了解到新资源和新方法。例如，匿名戒酒者协会、匿名赌徒互助社、艰难之爱（Tough Love）协会以及全国精神病患者联合会。

自助团体的优点

许多直接提供服务的自助团体强调：(1) 成员向团体坦白自己的某个问题；(2) 陈述他们以往解决问题的经验及将来处理问题的计划；(3) 成员产生强烈冲动，不良习惯复发（如酗酒或虐待儿童）时，可以得到另一个成员的拜访，直到他的紧迫感得到平复。

自助团体取得成功主要有以下原因：成员对问题有亲身经历，这有利于帮助他人，在经历过痛苦、接受问题结果之后，他们拥有更高的热情，致力于寻求帮助自己和同伴的办法。参与者也因此受益于助人疗法原则，也就是说，帮助者通过帮助他人获得了心理回报。[10] 帮助他人使个人感觉"良好"或"有价值"，使帮助者能够正确看待自身的问题，因为其他成员也会遇到同样严重或更严重的问题。

一些自助团体（如认知障碍儿童和父母协会）筹集资金并开展社区项目。许多有个人问题的人使用自助团体的方式与其他人使用社会机构的方式相同。自助团体的另一个优点是它们通常运营成本最低。正如之前所介绍的，自助团体经常赋权他们的成员。以这样的方式存在的自助团体已经超过 1100 个。

许多有行为问题的人（如虐待儿童者）没有亲友可以求助，因此常常被社会孤立。这些参加自助团体的人不久便意识到：与经历同样问题的人建立联系也能获得巨大支持。赫普沃斯和拉森对自助团体的优点总结如下：

1. 参与者可以相互分享共同遇到的难题，相互关心并相互认可。
2. 从其他成员经历相同问题并成功解决的经验中获得希望。
3. 在成员之间的沟通中，学会面对问题勇往直前，勇于承担责任。
4. 以长远的眼光看待问题，学会运用他人分享的经验，学习知识与技巧。[11]

伯尔曼总结了直接服务型自助团体的五个治疗因素：

1. **认知重建**：成员形成看待自身和所面临问题的新视角。
2. **希望**：成员看到其他遇到相同问题的人的生活得到改善，坚信自己的生活也会越来越好。
3. **利他**：成员在帮助他人的过程中感觉良好。
4. **接纳**：成员不会感觉到被拒绝或不会因自己的问题而受责备。
5. **普遍性**：成员意识到他们已经不再孤单地面对所遭遇的问题。[12]

库尔茨(Kurtz)总结了一些关于自助团体成效探索的研究成果:

> 参与自助团体的价值与成效包括:降低精神病发病率、减少专业性社会工作服务、提高处理问题的技能、提高生活的满意度、缩短去医院看病的时间。另外,一些有关健康团体的成员也说:他们拥有了更强的适应能力和自尊心,也提高了对疾病的接受程度。[13]

练习 8.1　自助团体的优缺点

目标　本练习旨在帮助你更好地理解自助团体的优点和缺点。

1. 访谈一些参加过自助团体的人(如果你自己参加过,也可以通过分享个人经历回答练习中的问题)。大多数校园内都有自助团体,如饮食性疾病团体、男女同性恋团体、反药物滥用团体等。学生咨询中心通常是找到自助团体联系人的好资源。描述一下你调查过的自助团体目标。
2. 描述一下自助团体的活动。
3. 让接受访谈的人总结一下自助团体的优缺点,然后把信息记录下来。

与社会工作者的结合

由于自助团体通常比一对一咨询服务、团体治疗(行为缺陷问题)更高效,因此,社会工作者与自助团体建立积极的合作关系是非常重要的。社会工作者需要意识到:自助团体在他们的社区中随处可见,因此他们应该像经纪人、经理人向委托人提供适当的参考建议一样,认真了解自助团体如何运作,以便在各种项目中协同合作而不是互相竞争。

社会工作者的另一个主要功能是,像一个顾问那样与自助团体相互协作。这里有一种错误说法:自助团体是非专业的。实际上,许多自助团体是在一个或多个专业人员的帮助下创建的,并且后续一直接受专业人员的帮助。专业人员能够为自助团体提供支持和解决问题,在独特环境下为其成员提供资源,组织募捐活动,为制定和修改法律做出努力,努力改变一个或多个机构的服务政策。马奎尔(Maguire)对专业人员为自助团体提供支持的方式总结如下:

1. 帮助安排会议地点;
2. 帮助成立基金会;
3. 组织介绍成员;
4. 安排活动,为成员与领导者提供培训;
5. 接受团体推荐;
6. 帮助在专业团体和社区内提升团体信誉。[14]

社会工作者能提供服务的另一个重要功能是,在社区里帮助组建所需要的自助团体。赫普沃斯和拉森提到:

> 社会工作者在资源匮乏、缺少自助团体的地方,也可以成为组织者。通过与具有领导力的案主一起合作,社会工作者可以鼓励他们,必要时协助他们联系全国性或地区性的自助团体,申请在当地社区成立一个分支机构。如果没有全国性的团体存在,社会工作者就有可能成为"促进者",建立一个当地团体,参与组织招募新成员,制定团体目标和法则(如有需要),安排机构设施,进行精神重建以及组织召开会议等。[15]

自助团体的创建

创建自助团体的方式与创建其他任何团体的方式一样。如果已经有一个全国性组织,那么就有必要联系这个组织,获得如何建立一个分支机构的指南资料。如果不存在全国性组织,就有必要从"零"开始创建一个全国性组织。在此情况下,我们需要回答以下几个问题:

1. 团体的目标是什么?
2. 为满足目标需要提供何种服务?
3. 团体成员的标准是什么?
4. 费用标准如何?是否需要收取手续费?
5. 团体集会地点在哪里?
6. 如何联系潜在的成员?
7. 成员加入和离开团体的程序是什么?
8. 团体采用哪种组织框架?

这些问题不应该只由专业人员单独回答,只有拥有困惑和问题的个体被激励着,面对面达成共识并回答这些问题,这个自助团体才能达到最好的工作状态。大多数自助团体都是在偶然的情况下逐渐发展起来的,而不是从一开始就精心策划的。

对于其中的一些问题,很少有人会发表评论。通常情况下,一个根本性的问题是:如何联系潜在的团体成员?例如,如果一些心脏外科手术康复者想成立一个心脏修复分会,他们首先就需要联系心脏外科手术医生,解释这个团体,并邀请他加入团体,询问他"是否愿意成为当地分会在医院内的心脏修复指导者"。外科手术医生为新患者提供直接面对心脏外科手术的机会,这将成为一种有价值的资源。对其他团体来说,可以有多种方式联系潜在成员:收音机或电视通知、教会通告、社会服务机构通知、服务部门通知、上门征集、目标案主的邮箱、当地新闻通告等。

一般来说,自助团体的最佳会议场所是在公共机构、商业区、教堂或私人机构里。如果会议在某个成员的家里举行,该成员可能不方便最终决定日常会议。轮流在成员家中举行会议也不是个好主意,因为成员会因频繁更换地点而感到厌烦。新成员也有可能因为会议地点变更感到心烦而退出。

关于自助团体的创建过程,利伯曼和伯尔曼提到:

> 创建自助团体的过程是一段曲折的探索历程,尝试着各种方法,舍弃某些东西,并获得一些新发展,会在许多方面发生改变:(1)组织规模;(2)组织结构;(3)活动重心;(4)成员关系的性质;(5)领导的性质;(6)专业人员和机构的联合;(7)资助资金的来源。[16]

美国自助团体交流中心是一个以网络为基础的、涵盖1100多个国内外自助团体的数据库,涉及身体健康、精神健康、癖嗜、虐待、残疾、赡养、护理人员以及其他生活压力状况等。该数据库由芭拉拉·J.怀特(Barara J. White)和爱德华·J.马达拉(Edward J. Madara)负责编译和编辑,由安妮塔·M.布雷德里克(Anita M. Brderick)和保罗·里德伯格(Paul Riddleberger)博士负责网页更新,在网页上搜索关键字可以访问数据库中的任何自助团体。通过互联网可以轻松进入该网站,并在"美国自助团体交流中心"留言。

自助团体的例子

组织	服务重点
美国受虐父母协会	帮助那些被成年孩子虐待的父母
被收养者自由运动协会	帮助被收养者寻找生父生母
嗜酒者互戒协会	帮助成年嗜酒者
美国糖尿病协会	帮助糖尿病患者及其家人、朋友
美国睡眠呼吸暂停协会	帮助睡眠呼吸暂停者及其家人
烧伤联合互助团体	帮助烧伤受害者
烛光儿童癌症基金会	帮助儿童癌症患者的父母
国际连体双胞胎协会	帮助连体双胞胎家庭
克罗恩病协会	帮助克服局限性肠炎患者及其家庭
关爱生父母协会	帮助放弃抚养孩子的父母
抑郁匿名团体协会	帮助抑郁症患者
关爱离婚者协会	帮助离婚的人
情感问题匿名团体	帮助有情感问题的人
脑炎互助团体	帮助脑炎患者及其家人
家庭匿名团体	帮助吸毒者的亲戚与朋友
幸福协会	帮助有犯罪前科的人及其家人
赌徒匿名团体	帮助赌徒的家人
灰豹组织	帮助代际团体
疱疹匿名团体	帮助疱疹患者及其家人
高危妈妈有限公司	帮助高风险或者困难孕妇
阳痿世界协会	帮助阳痿患者及其家人
珍惜今天团体	帮助癌症患者及其家人
猥亵者匿名团体	帮助那些猥亵儿童的男人
全国妇女组织	关注妇女权利
过度肥胖匿名团体	帮助超重者
父母匿名团体	帮助虐待孩子的父母
性爱狂匿名团体	帮助那些具有自我毁灭式性行为的人
翼基金会	帮助那些受到乱伦行为伤害的人

在线自助团体

个人电脑是一种有用的工具,可以帮助人们克服参与团体的一些传统障碍,这些障碍包括:当地没有自助团体、缺少交通工具或时间、严重身体残疾以及其他特殊情况。现在,大约一千多个自助团体是通过邮件、聊天室、网站与团体成员相联系的。[17]个人电脑通过给病患受害者和感兴趣的专业人员提供信息,成为残疾教育的一个资源。经常被忽视的团体成员和闲居家中的护理人员也可以借助电脑寻找实用信息,获得及时的帮助。

可以非常容易地通过个人电脑进入在线自助团体。如果你不知道要找的在线自助团体的确切网址,只需要在网上搜索"美国自助团体交流中心",然后进入该网站,在搜索栏输入你想要找的在线自助团体。

某些自助团体(如阿尔茨海默症协会)提供全球互联网主页,可以创建超文本链接到丰富多样的主页上(超文本包含重要的单词和图像,当用鼠标和键盘选择时,可以直接链接到其他资源而不需要再检索,也不需要知道它的网址)。

网上自助团体的支持形式有以下四种:(1) 聊天室;(2) 公告栏;(3) 电子邮件;(4) 电子论坛。聊天室是非常重要的空间,在规定的时间开放,在这里个人可以直接快速地发送信息和接收反馈。公告栏24小时开放,它们能使个人信息在任何时间内得到回复。电子邮件允许个体在任何时间写信给特定的人。电子论坛允许一群人在线接收信息或新闻。因此,现实生活中就出现一些电脑辅助的团体会议,也就是说,每个人都可以参加特定时间的会议并进行讨论,其他团体会议也可以要求成员在任何时间将信息发送给其他成员进行沟通。

以电脑为中介的服务(computer-mediated service)拥有许多优点,提供了多种支持。它们能够为那些因交通障碍而无法去办公地点的人提供服务,能够为那些很少甚至没有公共服务的地区提供个人服务,也能够为那些不想过多暴露自己问题细节的匿名者提供服务。在线服务除了最初购买电脑的费用之外,其他费用还是十分便宜的。

以电脑为中介的服务也有许多缺点,比如经常缺少具体的和有责任心的领导者——这将导致错误信息,甚至导致潜在的、有害的人际互动。例如,某些脆弱的人容易受到攻击,成为他们在网上认识的性爱狂魔的加害对象。

练习 8.2　查阅在线自助团体

目标　本练习旨在让你通过网络熟悉自助团体。

查阅三个在线自助团体的网页。建议的网址如下:

戒酒者匿名协会:www. alcoholicsanonymous. org

成年子女戒酒协会:www. adultchildren. org

美国自杀预防基金会:www. afsp. org

赌博者匿名协会:www. gamblersanonymous. org

过度饮食者匿名协会:www. overeatersanonymous. org

性爱狂匿名协会:www. sa. org

总结查询的三个在线自助团体的信息。

戒酒者匿名协会(AA)的会议

戒酒者匿名协会(Alcoholics Anonymous,AA)是一个非常著名的团体,它的分会遍布美国乃至全世界,是一个成员们互帮互助的团体,所有成员通过相互交流经验、相互支持、相互鼓励,携手挽救彼此的生活,恢复彼此的自尊和价值感。与其他疗法相比,AA帮助更多的人从嗜酒中毒的危害中解脱出来。

AA完全通过自愿捐款维持,不收取会员费。总部设在纽约,不与任何组织结盟。每个分会都有自主权,不受任何外界力量控制。分会没有行政机构,唯一的办公人员就是团体秘书,该人员负责为每一次会议选择一个主持人,安排会议,确认会议地点是否开放,桌椅咖啡饮料是否摆好等。团体秘书管理办公室是有时间限制的,一般承担1—2个月的工作以后就会转给其他成员。

会员加入AA需要具备的唯一条件是具有戒酒的愿望,无须考虑经济地位、社会地位、种族、宗教等其他因素。即使会员们是醉酒状态,只要他们不干扰会议进行,也可以参与进来。

AA会议可以在很多场所举行,如教堂、寺庙、会员家中、公司办公室、学校、图书馆甚至餐厅等,会议地点选择在哪里并不重要。

当一个新会员加入团体时，他会发现会员们忙着摆放座椅、冲泡咖啡，桌子上放着免费书刊等，也有人围成小团体聊天。有些人喜欢介绍自己或者把某些人介绍给新会员，如果某个人对单独第一次参加团体会议感到害羞的话，他可以打电话给AA，就会有人带领他与大家见面并作介绍。

会议开始时，每个人都围着会议桌而坐，秘书、主持人或其他团体会员坐在前面，如果会场是一个大厅，他们就会坐在发言席上。

主持人首先通过开场白打破沉默，接着宣传团体规则（非强制性），然后阅读或解释AA，也可以阅读或介绍AA书籍（该书介绍AA原则和案例说明）。

主持人通常询问"是否有人是第一次/第二次/第三次参加会议"？新会员一般会按照以下要求介绍自己："嗨，我叫XX（名字），这是我第一（二或三）次参加。"那些不愿作自我介绍的新会员也不会被强迫，新会员是AA的血液，在所有会员眼里也是最重要的人（所有老会员都会清晰记得让他们感到害怕和拘谨的第一次会议）。

如果团体是小型的，主持人通常让老会员介绍自己并发言，如果团体比较大，主持人会让老会员中的志愿者介绍自己并发言，每个老会员通常会这么说："我叫XX（名字），我是一名酗酒者。"（除非有必要，会员们不必说他们酗酒的事情，但每个会员要提醒自己：我们是正在康复中的酗酒者，酗酒是一种必须天天与之抗争的终身疾病。）这些老会员的畅所欲言对新会员很有帮助，他们可以谈自己参加的第一次会议，也可以谈戒酒第一周的生活或者让新会员感到舒心的任何事情。对新会员的建议是，这次会议之后，获得其他成员的电话号码，以便以后有喝酒冲动时给他们打电话，AA认为这种帮助在康复中非常重要。AA相信，会员们只要接受这种帮助就会继续努力与酗酒作斗争，因为这种帮助来自关爱、来自理解。及时的帮助使他们能够保持清醒。

只要新会员有喝酒冲动，无论是白天还是晚上，AA会员都希望新会员打电话给他们。因为他们真心相信，通过帮助别人也能够使自己保持清醒并不断进步。会员们表示，这种电话是新会员成功应对第一次喝酒冲动的关键，也会告诉新会员，当他们感到孤独的时候，也可以打电话给其他人聊天。

一个新会员现身说法，介绍AA如何帮助了他：

这是发生在我身上的真事。当我感到彻底绝望的时候,我向 AA 求助,一位美国空军军官过来告诉我有关 AA 的事情。这是我人生中第一次向人诉说自己的问题,而这个人真的理解我。他带我参加了第一次会议,我全程努力保持清醒但不太稳定。非常神奇的是,我那天回到家之后没有再喝酒。第二天晚上,我又去参加了会议,当天还是没有喝酒,这是第二次出现奇迹。第三天早上,我妻子去上班了,儿子去上学了,我感到十分孤单。当时我真的特别想喝酒。我尝试着散步,然而不行,这感觉越来越糟糕,我尝试着读书,但无法集中精力,然后我感到非常绝望。尽管我不习惯找陌生人帮忙,但我还是给弗莱德打了电话,他是 AA 会员,说自己已经退休,可以随时接听电话。我们谈了一会,他明白我俩在电话中聊还不够。他说:"我现在有个主意,我 10 分钟以后打给你,你能坚持这么久吗?"我说可以。他大约 8 分钟之后打电话过来,让我去他家。我们在一起聊了很多,又一起外出吃了三明治。最后,我喝酒的冲动消失了,我们一起参加会议。次日早上,我感觉好多了。现在已经到了第四天,这期间都没有喝酒。

通过这种讨论,发言者可以描述他们的酗酒情况,酗酒如何破坏了他们的生活,自己如何被介绍给 AA 的,他们一天中努力保持清醒的时间,AA 如何帮助了他们,他们目前的生活如何。

会议结束时,主持人可以询问新会员还有什么愿意说的事情,如果他们不想说,不要勉强。

会议通常在主持人宣布结束之后就结束了(传递一圈捐款箱,新会员不用捐,通常也不允许新会员捐,直到他们第三次参加;如果有人承担不起,也可以不捐)。全体起立,互相握手告别,重复向上帝祷告,那些不愿意祷告的也不会被勉强。会员们相互交流,这时候是新会员认识新朋友获得联系方式的好时机。

AA 会员来自各行各业,匿名是非常重要的,每一个会员都有义务尊重别人的隐私。AA 两种类型的会议(开放式和封闭式)就是出于对会员隐私问题的考虑。开放式会议欢迎任何人,封闭式会议只允许有酗酒问题的人参加,如果一个人参加开放式会议感到不安的话,封闭式会议也是一种替代性选择。

若会员们不相信上帝,也能从 AA 获得帮助。许多会员对上帝失去信心,或者从来不信仰上帝。AA 强调,观念有一种强大的能量,是康复的强大动力。因为,无论何时,只要会员们能够感知到这种观念,这种观念就能够提供一种力量、希望和支持的源泉。

AA 如何提供帮助?新会员一般遭遇过多年的情感挫败,比如被拒绝、孤独、被误解、愧疚和羞耻等。但他们发现:到了 AA,他们不再孤单,而是被处在同一情境中的人理解,他们不再被拒绝,而是被欢迎。他们看到别人曾有严重问题,目前也能保持清醒,快乐地生活,且正在康复。这就给予他们希望,不依靠酗酒也可以度过每一天,让他们学会享受不酗酒的生活,他们会发现别人真诚地关心他们,帮助他们,并且他们也有能力做到这一点。

AA 会议上,他们看到,大家公开讨论每一个被提出来的个人问题,有过克服类似问题经验的其他成员提供解决办法。他们发现,成员并不羞于提出这些看似不该说的问题,其他人也都非常尊重地认真倾听和对待,这种被接受和被认同的氛围,逐渐也会引导新会员分享自己的个人问题,获得建设性的建议和解决办法。这种沟通引导个体更加深刻地认识自己,丰富个人情感。在其他成员的帮助下,新会员逐渐通过给其他成员打电话等方式,学会克服自己的酗酒冲动。

新会员们认识到 AA 是他们远离酗酒的方式。AA 为了降低人们酗酒的压力,也提供一些其他服务:(1)提供舒适休闲的环境;(2)会员之间相互帮助,寻找各种方式降低生活压力。AA 是会员们永远的避风港,帮助会员从消极思维转变为积极思维转变,会员们的思维越积极,越能够减轻压力,会员们的自我感觉会越好,强迫自己酗酒的欲望就越低,也就能更加有效地开始积极行动解决自己的问题。

资料来源:Clark Vaughan, *Addictive Drinking* (New York:Penguin Books,1984), pp.75-76。

练习8.3　使用美国自助团体数据库*

目标　本练习旨在帮助你学会如何通过网络了解美国自助团体数据库。

1. 确认你朋友或亲戚的问题(如健康问题或个人问题),上网查阅美国自助团体数据库。根据问题的名称来查阅,如果找不到这类自助团体,就选择你亲戚或朋友的其他问题,然后进行查询。
2. 总结你发现的关注该问题的自助团体及其信息。

总结

巴克对自助团体的定义如下:

> 自助团体是自愿的非专业人员的联合,该团体分享相同的需求和问题,队员们在较长阶段内相互支持和交换资源及活动信息,在解决问题方面具有重要作用。[18]

自助团体被认为是一种支持系统、一种社会活动、一种精神活动和长期的宗教信仰、一种案主参与系统、一种附属于专业支持系统的关爱系统、有策略的人际交往、代表一种生活方式的亚文化实体、辅助性的社会团体、有社会影响力的团体、偏离者和被污名化者的组织等。自助团体具有复杂的多样性。

卡茨和本德将自助团体划分为:

1. 关注自我需求和个人成长的团体;
2. 关注社会主张的团体;
3. 关注创造可替代型生活模式的团体;
4. "庇护所"或"最底层"机构;
5. 拥有两种或多种分类的混合型组织。

鲍威尔对自助团体的分类为:

1. 不良习惯干预团体;
2. 一般目的性团体;

---

* 本练习即《实践行为练习册》一书中的练习8.1。

3. 生活方式团体；

4. 身体障碍团体；

5. "重要的他"团体。

自助团体的成功表现令人印象深刻。在诊治行为缺陷方面，自助团体通常比一对一咨询或团体治疗更加高效。最重要的是，社会工作者与自助团体成员的关系更为紧密。可以在美国自助团体交流中心网站搜索到超过1100多个自助团体，进入该网站之后，在搜索栏输入想要找的在线自助团体即可。

团体练习

练习A 戒酒者匿名协会

目标 认识自助团体的功能。

步骤一 戒酒者匿名协会的当地分会经常组织开放式会议，任何人都可以参加。指导者联系当地分会，询问班级学生是否可以参加，并作出必要的安排，如时间、日期和地点。如果这些安排无法与戒酒者匿名协会一致，指导者也可以联系社区中的其他自助团体。

步骤二 在自助团体的班级学习时间里，指导者带领学生们讨论他们参与这次会议的想法和这个自助团体的优缺点。

练习B 打击恐怖主义

目标 认识自助团体的社会行动功能。

步骤一 指导者解释练习目标，说明恐怖主义是全球面临的最重要问题之一，并告知学生，社会行动是自助团体的功能之一。每5—6个人组成一个小组，每组都有提出建议的任务，要呼吁应对全球恐怖主义（如果指导者认为有必要，也可以选择其他话题）。

步骤二 每组选择三个应对恐怖主义的最优建议。

步骤三 重新分组，每组提出三个建议，列在黑板上。然后，学生们选择最优的五个,作为他们团体最想呼吁的建议,并讨论自助团体如何在现实中落实这些建议。

 能力说明

EP 2.1.7.a 利用概念框架来指导评估干预和评价过程。卡茨和本德、鲍威尔的自助团体分类为更好地理解自助团体的多样性提供了理论框架。

EP 2.1.7.b 评论和应用知识去理解个人和环境。练习8.3把美国自助团体数据库介绍给学生,该数据库内有1100多个自助团体,所有这些自助团体都能提供帮助理解个人和环境的知识。

第九章

家庭社会工作

目标

本章首先概述家庭社会工作,描述生态地图(eco-map)和基因图(genogram)的评估技术。另外,本章还总结家庭治疗的三种主要方法,解释团体工作的一些基本概念,把这些概念应用于家庭团体,并把团体工作与家庭情境联系起来。

家庭是众多团体中的一种类型,社会工作服务的重点往往就是家庭,即一个相互作用、相互依赖的系统。人们面临的问题通常受到家庭内部动力因素的影响,而这一动力因素也受到更广泛的社会和文化环境的影响。因为家庭是一个相互作用的系统,所以任何成员的变化都会影响到其他成员。例如,夫妻之间的紧张关系会被孩子感知到,孩子就可能会以焦虑的行为进行回应,因此,仅仅单独处理孩子的行为问题,并不能解决家庭问题的根源。[1]

家庭社会工作关注家庭而非关注个人,因为在治疗和恢复过程中,经常需要其他家庭成员提供帮助,帮助确定构建社会工作的家庭模式。此外,在整个家庭中,一旦家庭成员察觉到他们的各种行为之间的关系,就可以组成一个强大团体,重建更健康的家庭模式。[2]例如,家庭成员可以向酗酒的母亲施压,要求她认识到自己的问题,并为她努力戒酒提供重要的情感支持。他们自己也需要积极咨询(或寻求来自自助团体的支持),在母亲喝酒的时候向她提供帮助。

家庭形式的多样性

家庭是一个社会机构,在每一种文化中都存在。科尔曼(Coleman)和克雷西(Cressey)把它定义为"一个因婚姻、血缘或收养产生一定关系,共同生活在一起的团体"[3],这一定义并不包括一些特殊的家庭生活方式和安排,但这些人认为他们是一个大家庭。例如:

- 一对夫妇照顾两个养子并已在家里养育了很多年。
- 相爱的两名女同性恋者养育另一方在异性婚姻中的孩子,而且这段异性婚姻已经结束。
- 祖父母抚养孙子孙女,因为孩子的父母患有疾病或吸毒。
- 伴侣中有一人远离家乡——也许因为需要在国外服役,或被监禁。
- 家庭中仅有一个孩子,而孩子患有严重的认知障碍,住在一个治疗中心。
- 一个男人和一个女人恋爱并同居多年,但从未结婚。

世界上存在着多种多样的家庭模式,不同文化中的家庭也有不同的模式。有些社会中,夫妻生活在不同的屋檐下;有些社会中,夫妻要在孩子出生后的几年内分居;还有一些社会中,丈夫可以拥有多位妻子,或妻子可以拥有多位丈夫。一些文化允许(少数文化还鼓励)婚前和婚外性行为。

有些社会是一个大型公社,大人们和孩子们住在一起,也有一些社会中,孩子与成人是分开住的,孩子由代理父母(非亲生父母)抚养;一些社会鼓励某种类型的男女同性恋,也有一些社会承认同性恋婚姻。

在一些文化中,婚姻仍由父母做主安排。在一些社会中,在婴儿出生之前就"订婚"(定娃娃亲。如果孩子的性别相同,则取消这桩婚事),有些社会不认可浪漫的爱情,有些社会希望年长的男人娶一个年轻的女孩,也有些社会则希望年长的女人嫁给年轻的男孩。大多数社会禁止近亲结婚,但少数亚文化则鼓励兄弟姐妹或近亲结婚。有些社会希望男人娶他父亲兄弟的女儿,而另一些则坚持认为应该娶他母亲姐妹的女儿。在一些社会中,男人结婚时,会送给新娘的父亲一份厚礼,而在另一些社会中,新娘的父亲则会送给新郎一份厚礼。

家庭模式确实是复杂多样的。每一个社会中的人们都强烈地认为,他们独特的模式是正常的,是正确的,许多人甚至认为这一模式是上天注定的。任何改变他们这种特殊模式的建议都会被质疑和抗拒，并且会被尖锐地批评为是违背自然的、不会长久的，是对家庭存续的威胁。

社会学家指出，尽管有这些不同形式，大多数家庭系统仍可以分为两种基本形式：大家庭和核心家庭。大家庭包括住在一起的一些亲戚，比如父母、子女、祖父母、曾祖父母、叔叔阿姨、表兄弟姐妹等。大家庭是工业化社会之前的主要模式，家庭成员之间分配农活、家务活与其他的家庭任务和职责。

核心家庭由一对已婚夫妇和他们的孩子组成。核心家庭源于大家庭，大家庭往往在需要许多帮手的农业社会中更有作用；核心家庭更符合复杂的工业化社会的需求，因为它的规模比较小，更容易适应不断变化的地域流动。例如，获得一份更好的工作可能就需要搬迁到另外一个地方。

尽管核心家庭仍是美国、加拿大和其他工业化国家的主要家庭形式，但对社会工作者和其他协助专业人员来说，把核心家庭看作个体在社会中应该努力形成的理想模式，则是一个严重的错误。许多其他的家庭形式在社会中也发挥着巨大作用，例如：

- 一对没有孩子的已婚夫妇，妻子的母亲患有阿尔茨海默症并与这对夫妇住在一起；
- 两名合法同居的同性恋男子，每个人都有与前妻所生孩子的共同监护权；
- 一对没有孩子的夫妇结婚并决定不生孩子；
- 有三个孩子的单亲父母；
- 混合型家庭中的一对夫妻，他们和当前婚姻中的孩子、以前婚姻中的孩子生活在一起；
- 一对未婚的年轻情侣以"试婚"方式居住在一起。

在过去的几十年里，美国出现了一种趋势，即婚姻安排和家庭形式更加多样化。跨种族通婚、不同年龄和文化背景的结婚、跨种族收养、单亲家庭和混合型家庭的婚姻越来越多。虽然一些社会工作者可能会认为其中的一些类型是"错误"的，但重要的一点是，他们不允许因为个人信仰而降低给这些家庭提供的专业服务的质量。同样重要的是，与不同文化背景的家庭进行合作，社会工作者需要了解这些背景并且理解这个家庭的习惯和规范。

一些家庭形式已经受到了歧视，比如单亲家庭、有孩子的同性恋夫妇等。

练习9.1 我的家庭组成和优势*

目标 本练习是为了帮助你确定你的"核心"家庭成员和你的家庭优势。

1. 确定"核心"家庭成员的姓名和年龄(不包括叔伯、阿姨、祖父母、收养子女等),请简要描述每位成员(例如:吉姆·瑞伯格是我的爸爸,47岁,是一名卡车司机,也是一名虔诚的天主教徒)。

2. 确定你的家庭优势(不需要确定当前的家庭问题,后续练习将会重点关注),可从社区声誉、成员健康状况、锻炼方式、相互关心、教育水平、经济来源、他人支持、宗教价值观、家庭聚会的有趣活动、家庭节日仪式等方面进行考虑。

 家庭的社会功能

现代工业化社会里的家庭履行下列基本职能,这些职能有助于维持社会的连续性和稳定性。

1. **人口的更替**。每个社会都有一些制度体系来更替它的成员,几乎所有的社会都把家庭看作儿童的生产单位。社会界定了家庭内生育成员的权利和责任。尽管对于这些权利和责任的界定因社会而异,但这有助于维持社会的稳定。

2. **孩子的抚养**。在进入青春期前,孩子需要被照顾和保护,家庭是养育孩子的主要机构。现代社会中普遍出现了帮助照顾孩子的辅助性机构——例如,医疗服务、日托中心、家长培训项目和住宿治疗中心。

3. **新成员的社会化**。为了成为有生产力的社会成员,孩子们必须融入社会文化之中。孩子们需要掌握一门语言,学习社会价值和道德,穿着打扮和行为举止符合社会规范。家庭在这一社会化过程中承担着重要的功能,在现代社会中,许多其他团体和资源都与社会化过程密切相关。学校、大众媒体、同辈团体、警察、电影、书籍和其他书面材料都是重要的影响因素(有时这些不同的影响因素会通过宣扬相反的价值观和态度而产生冲突)。

4. **性行为的规范**。由于嫉妒和剥削,不规范的性行为会导致个体之间的冲

---

* 本练习即《实践行为练习册》一书中的练习9.1。

突,每个社会都有规范家庭内部性行为的规则。例如,大多数社会都有乱伦禁忌并且反对婚外性行为。

5. **情感的来源**。人类需要亲情、情感支持和他人的积极肯定(包括赞许、微笑、鼓励和成就激励)。如果没有这种情感支持和认可,我们的情感发展、智力发展、身体发展和社会发展都会受到严重阻碍。家庭是获得情感支持和认可的重要来源,因为家庭成员通常把彼此视为生命中最重要的人,并从家庭关系中获得情感满足和社会交往的满足感。

家庭问题和社会工作的本质

家庭中会出现无数的问题。"家庭问题的抽样"列出了其中一部分问题。

家庭问题的抽样

离婚	虐待老人
饮酒或药物滥用	工薪阶层失业
意外怀孕	资金管理困难
破产	一个或多个成员的严重交通事故伤害
贫穷	孩子有严重的认知障碍
晚期病症	一个或多个成员被监禁或送入社会收容机构
慢性病	一个或多个成员赌博成瘾
死亡	犯罪受害人
遗弃	工薪阶层强制退休
空壳婚姻	照料老年亲属
一个或多个成员的情感问题	儿童参与违法犯罪活动
一个或多个成员的行为问题	家人感染艾滋病
儿童虐待	离家出走的青少年
儿童忽视	一个或多个成员有性功能障碍
性虐待	不忠贞
虐待伴侣	不孕不育

当家庭出现问题时,往往需要社会服务。社会工作者为陷入困境的家庭提供的服务类型和形式极不相同,我们可以将其分成两大类:家庭内部服务和家庭外部服务。

家庭内部服务具有预防性。虽然并不是所有的服务都发生在家庭里,但它们是专门用来促进家庭凝聚的。具体包括:金融援助;保护服务(保护儿童或身体虚弱的老年人免受虐待和忽视的服务);家庭保护服务(在家庭环境中,由于危机干预,孩子们面临非常严重的寄养风险);家庭治疗(强化咨询服务以改善家庭关系);日托服务(照顾儿童或老年人,为那些几乎被压垮的看护者提供喘息机会或允许他们在外工作);家政服务(出于同样的目的);家庭生活教育(通常涵盖在传统家庭服务机构提供的课程中,如儿童发展、育儿技能、沟通问题等)。显然,并非所有这些服务都可以由社会工作者提供,但社会工作者必须知道哪里可以找到以及如何在需要时帮助家庭获得这些服务。[4]

家庭外部服务是那些在家庭不完整的情况下必须运作的服务,是家庭出现严重问题的表现。因为任何家庭的破裂都是一场悲剧,而这场悲剧将会产生超出家庭范围的后果。虽然家庭成员会受到指责,但更大的系统(社会环境以及对问题家庭的支持水平)可能会受到质疑。家庭外部服务包括寄养、收养、团体住房、机构护理(例如,住宿治疗中心)和司法系统(为那些触犯法律的家庭成员提供不同类型的机构看护或监禁)。

为了开展这些服务,社会工作者履行各种各样的角色(例如,经纪人、教育者、倡导者、支持者、调解者)。下述案例展现了许多常见的服务和重要角色。

- 马克·施万科,32岁,患有艾滋病。塞利女士是一名社会工作者,负责社区的艾滋病患者支持工作。作为一个案例管理人员,塞利为马克(妻子是艾滋病毒携带者)和他们的两个孩子提供各种服务。这些服务包括医疗信息、护理、住房、咨询、情感支持和财政援助。由于艾滋病患者和艾滋病毒携带者经常受到歧视,塞利女士必须代表家庭呼吁,确保他们得到所需要的服务。
- 贝丝·罗斯勒,15岁,被判6次盗窃罪。史蒂夫·帕迪克是一名少年缓刑官兼社会工作者,他是贝丝的少年缓刑官。帕迪克先生为贝丝和她的母亲(已离婚)提供以下服务:每周与贝丝会面,监督她在学校的表现和活动,让贝丝的母亲加入单亲家长团体,并为贝丝和她的母亲提供咨询服务,调解双方的冲突。
- 艾米·桑德,3岁,她的姑妈向"保护服务协会"反映帕特·桑德(艾米的妈妈)和她的情人虐待艾米。调查人员证实虐待属实。艾米身上有瘀青和被绳子勒的痕迹。"保护服务协会"未将案件提交法庭,而是提交给"家庭保护服务协会"审理。玛丽亚·戈麦斯是家庭保护服务协会的社会工作者,在接下来的 90 天里,她与帕特、艾米共会面 37 次。帕特·桑德与喜欢虐待的情人断绝了关系,通过社会服务部门获得了财政援助计划(一个为期两年的就业培训项目)。当桑德女士参加工作培训项目时,戈麦斯女士为艾米安排工作人员照顾她,并安排了一名临时管家负责打扫公寓和做饭等。戈麦斯女士成功说服桑德女士加入"匿名父母协会"的地方分会(第一章描介绍过"匿名父母协会")。如果家庭保护服务不可行或不成功,艾米将不得不被安置在寄养家庭中。

- 辛迪·罗杰森,27 岁,有三个年幼的孩子。她受到丈夫虐待后联系了"希望之家",即一个为受虐妇女和儿童提供庇护的地方。苏·弗兰克是收容所的一名社会工作者,为罗杰森夫人和她的孩子们安排了庇护所。最大的孩子正在上学,弗兰克女士安排他继续上学。弗兰克女士在收容所为罗杰森夫人提供一对一咨询服务,帮助她了解和选择潜在的资源。两个半星期后,罗杰森夫人决定回到丈夫身边。弗兰克女士劝说罗杰森夫人,返回前需要给她的丈夫下最后通牒——他必须到社区的家庭服务机构来,一起接受家庭咨询并必须加入社区的虐待者团体。罗杰森夫人同意了,在弗兰克女士的敦促下,她回到丈夫身边,因为她明白,如果丈夫再次打她,或者他从家庭咨询或虐待者团体中退出,她就会立即离开他。

- 凯蒂·海尼克,76 岁,患有阿尔茨海默症,自从三年前丈夫去世后,她就一直独居在自己家中。她的医生联系了社会服务部门的成人服务,并要求对凯蒂的生活安排进行评估。社会工作者琳达·萨顿进行了一项评估,认为凯蒂不能再独自生活了。凯蒂的儿子马克和他的妻子安妮特同意凯蒂搬过来与他们同住。在接下来的 19 个月里,萨顿女士定期与凯蒂联系,但是凯蒂的身体和精神状况继续恶化。萨顿女士了解到马克和安妮特的担心,并尝试回答他们关于该疾病的问题。她还提供了一些建议,帮助他们应对凯蒂病情的变化。随着凯蒂的病情不断恶化,出于为马克和安妮特提供休息时间的考虑,萨顿女士安排凯蒂白天去成人日托中心。19 个月后,马克和安妮特要求与萨顿女士会面,在病情恶化的情况下,讨论把凯蒂送到养老院的可能性,因为现在她需要 24 小时的照顾。他们讨论把凯蒂安置在养老院的利与弊,作出这种决定对马克和安妮特来说是非常痛苦的一件事。在与萨顿女士进行细致的商讨后,马克和安妮特夫妇别无选择,只能寻找养老院。萨顿女士为他们提供了三所养老院,让他们先去参观,然后选择其一。

家庭评估

在家庭社会工作的实践中,家庭评估和家庭治疗是最受关注的两个方面。这里,我们集中了解家庭评估。

家庭评估的方法多种多样,研究一个家庭及其成员的社会历史是广泛使用的方法。然而,近年来,关于家庭评估的探讨主要围绕两种方法展开,即生态地图和基因图。

生态地图

生态地图(如图 9.1 所示)是用于评估案主具体问题和计划干预的书面评估工具。生态地图是一种案主家庭在其社会环境中的图表形式,通常由社会工作者和案主共同绘制。

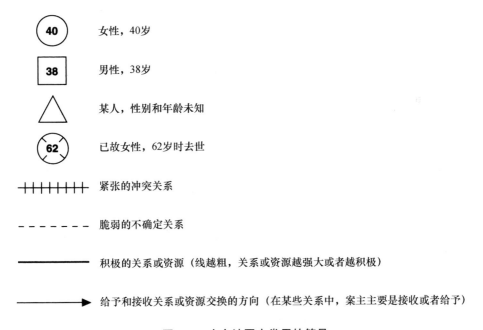

图 9.1　生态地图中常用的符号

它有助于双方呈现案主家庭生活的整体或生态,有助于呈现家庭与团体、协会、组织、其他家庭和个人的关系特征。生态地图已被应用于各种各样的情况之中,包括婚姻和家庭咨询、收养和寄养家庭研究等,也被用来补充传统的社会历史和病例记录。生态地图是一种记录社会基本信息的速记法,该方法通过提供在特定时间点上交叉的重要视图来帮助案主和工作者审视问题。安·哈特曼(Ann Hartman)是这个工具的主要开发人员。[5]

典型的生态地图由一组家庭图组成。这些家庭图由一组圆圈和用于描述家庭环境的线条围绕。绘制生态地图的案主可以创建自己的缩写和符号,一些最常用的符号如图9.1所示。

首先,在一张大的白纸中心画一个圆圈(代表案主家庭)。在圆圈里标出家庭的组成部分,然后围绕家庭圈画出其他的圆圈(见图9.2)。这些圆圈代表其他系统,即通常与家庭互动的团体、其他家庭、个人和组织。

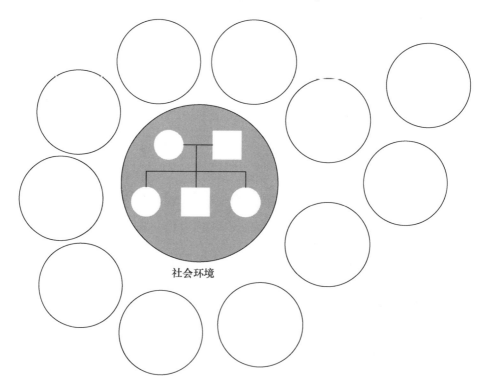

图9.2　建立一个生态地图

线条被用来描述案主家庭的成员与这些系统之间的关系。箭头表示能量的流动(供给或接收资源、家庭成员与重要系统之间的互动)。图9.3即是威尔伯家族的生态地图案例。

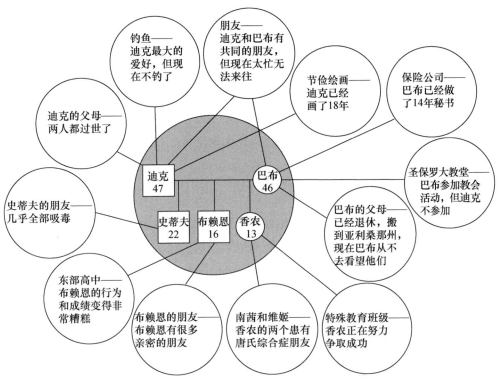

图9.3　生态地图案例:威尔伯家族

生态地图的一个主要价值是,它可以帮助工作者和案主从系统和生态的角度看待案主的家庭。就像威尔伯家族案例中所展示的那样,案主和工作者可以更深入地了解有问题的社会动态因素。

总之,生态地图对工作者和案主都是有用的。对于工作者来说,一个完整的生态地图以图表方式展示了一个案主家庭与其他系统(即团体、其他家庭、个人和组织)之间的重要互动,而这个家庭通常在某个特定的时间点与其他系统进行相互作用。这样的图表可以让工作者更好地了解影响家庭的环境因素。之后,它帮助工作者在家庭环境系统中产生问题动态的假设,以便工作者进一步通过询问家庭成员进行探索。一旦发现有问题的动态因素,工作者可以集中精力帮助家庭成员形成能够解决问题的策略。

同样,对于案主家庭成员来说,生态地图帮助他们识别和理解家庭环境系统中的问题动态因素。一旦确定这些动态因素,家庭成员就可以(和他们的工作者一起)制定策略来解决问题。

使用生态地图的案例:威尔伯一家

玛丽·蒂姆(东部高中的社会工作者)联系了巴布和迪克·威尔伯,并告知威尔伯夫妇,他们的二儿子布赖恩(16岁)在学校里时,夹克衫里藏了一把刀,并且还喝了酒。威尔伯夫妇听后感到震惊,他们同意第二天就与蒂姆女士会面,讨论这些问题,布赖恩也会在场。

会面期间,蒂姆问布赖恩为何带了一把刀去学校。一开始,他拒绝回应蒂姆。蒂姆又从他的成绩记录进行说明,记录显示他的成绩以前主要是 B,但现在主要是 D 和 F。威尔伯夫妇也严厉地质问布赖恩到底发生了什么事,并补充说,学校已经告诉他们布赖恩在上学期间喝酒。布赖恩渐渐泪流满面,他说没有人关心自己,还说父母忙于工作,忙于照顾他的哥哥史蒂夫和他的妹妹香农。

一开始,威尔伯夫妇很惊讶,表示他们很爱布赖恩。但渐渐地,他们透露,他们更密切关注另外两个孩子的需求,以至于可能在最近几个月里一直"漠视"布赖恩。13岁的香农患有唐氏综合征,需要特别照顾,尤其是她参加了学业课程(香农参加了特殊教育课程)。

布赖恩被问到从哪里得到这把刀。他犹豫了一下说,是他的哥哥史蒂夫给他"防身"用的。并补充说,他觉得随身携带一把刀没有任何问题,因为史蒂夫经常带着手枪。此外,他还说,史蒂夫让他把刀带到学校,是因为一些对史蒂夫不满的人可能会跟踪布赖恩。蒂姆女士问威尔伯夫妇是否知道这件事。巴布和迪克建议,如果真是这样的话,最好这一次能原谅布赖恩。蒂姆女士随后与布赖恩预约了下次单独会面,就让他先离开了。

巴布和迪克伤心极了,说他们正在竭尽全力生活下去,他俩都在从事全职工作。近年来,史蒂夫和香农都需要特别关怀,以至于他们再也不能和老朋友聚会了。此外,他们吵架的次数越来越多,觉得家庭正在瓦解,也感到了作为父母的"失败"。他们还透露,史蒂夫沉溺于喝酒和吸毒,而且已经好几年了,他曾三次住院治疗,但不久后就会复发。他们不知道史蒂夫吸毒的钱从何而来,担心他可能做毒品交易,因为他还没能找到一份全职工作。吸毒影响他的工作,他会经常被解雇,目前,他正在做兼职调酒师。

威尔伯夫妇担心,如果不尽快采取措施,布赖恩可能会步史蒂夫的后尘。他们已经考虑过请史蒂夫离开家,但又不舍得这样做,因为他们觉得,只要孩子们愿意留下来,他们就有义务为孩子们提供住所。

蒂姆女士建议,对他们目前的困境进行图解,可能会有所帮助。威尔伯夫妇和蒂姆女士一起绘制了生态地图(如图9.3所示)。

在绘制地图时,蒂姆女士询问,为史蒂夫提供住房是不是在帮他,还是可能成为使他继续吸毒和做出不负责行为的因素。这张生态地图帮助威尔伯夫妇认识到,由于从事全职工作,睡眠之外的剩余时间里一直照顾香农、史蒂夫和布赖恩,他们的情绪和体力变得越来越糟糕。在过去的几年里,他们停止了与朋友们的社交活动。威尔伯夫妇要求蒂姆女士解释一下她所说的"使史蒂夫继续吸毒"和"不负责任的行为"是什么意思。蒂姆女士解释说,这可能是一种"严厉的爱"的选择(在这种情况下,如果史蒂夫继续吸毒和酗酒的话,"严厉的爱"的方式会让威尔伯夫妇要求他离开家)。蒂姆女士也给了他们一些介绍"严厉的爱"的小册子。他们约定下个星期会面。

在接下来的几个星期里,蒂姆女士继续每周与威尔伯夫妇见面,并与布赖恩单独会面。威尔伯夫妇最终决定用"严厉的爱"的方式对待史蒂夫。史蒂夫离开家后继续喝酒和吸食可卡因。然而,靠自己生活似乎有些好处,因为他现在必须从事全职工作以支付账单。随着史蒂夫离开了家,巴布和迪克可以花更多时间与布赖恩和香农相处,并且他们开始和老朋友重新来往。

练习9.2　我家庭的生态地图[*]

目标　本练习旨在帮助你学习如何构建生态地图。

1. 画一张你家庭生活中重要日子的生态地图,该事件可能是一件好事(如婚礼)或坏事。

---

[*] 本练习即《实践行为练习册》一书中的练习9.2。

第九章　家庭社会工作　·315·

2. 简要描述你的生态地图所代表的重要事件、家庭成员和其他重要因素所承担的角色与作用。

◼ 基因图

基因图通过至少三代人的图表方式来调查案主或案主家庭的问题。案主和工作者通常共同构建家庭基因图,这实质上就是一棵家庭树。博文(Bowen)是这项技术的主要开发人员。[6]基因图帮助工作者和家庭成员在代际环境中检测有问题的情绪和行为模式。模式倾向于自我重复,发生在一代人身上的事情常常会发生在下一代人身上。基因图可帮助家庭成员识别和理解家庭关系模式。

常用的基因图符号如图9.4所示。这些符号共同塑造了一棵至少有三代人的家庭树,包括:成员是谁;他们的名字、年龄、性别、婚姻状况和兄弟姐妹的位置等。相关和附加信息包括情感问题、行为问题、宗教信仰、种族起源、地理位置、职业、社会经济地位和重大生活事件等。图9.5中库尔家族的案例阐释了基因图的运用(完整案例)。

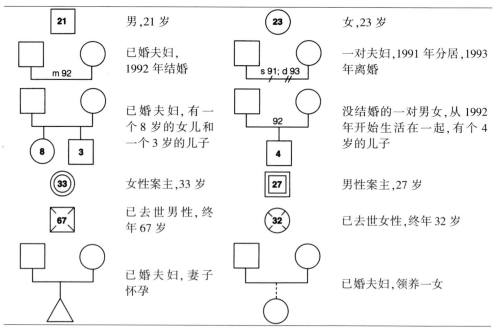

图9.4 常用的基因图符号

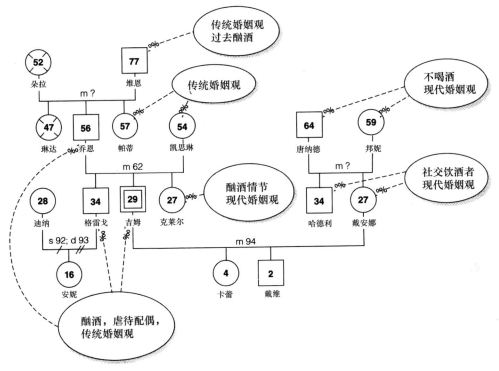

图9.5 基因图样本:吉姆和戴安娜·库尔之家庭

总之,基因图对工作者和案主都是有用的。对于工作者来说,一个完整的基因图生动地展示了代际家庭动力因素。这样的图表可以让工作者更好地理解影响案主家庭的代际模式。之后,它帮助工作者形成假设:当前的问题来自于父辈的问题。工作者可以通过询问家庭成员进一步探索。一旦发现有问题的动力因素,工作者就可以集中注意力,帮助家庭成员创设解决问题模式的策略。工作者应该使用"优势视角"——即他们应该关注和帮助家庭成员识别被看作资源的代际模式。这些资源将有助于家庭面对挑战(这些资源包括寿命、高学历水平、评估和践行健康模式、低离婚率和高效的社区参与等)。

同样,对于案主家庭来说,基因图帮助他们识别和理解有问题的代际模式和资源。一旦确定了这些模式,家庭成员就可以(和工作者一起)开始创设策略来打破这些模式。

生态地图和基因图有很多相似之处。通过这两种方法,案主可以深入了解家庭动力因素。这两种方法中使用的一些符号是相同的,但也存在一些差异。生态地图将关注点集中在家庭与团体、资源、组织协会、其他家庭、其他个人的互动上。基因图将关注点集中在代际模式上,尤其是那些有问题或功能失常的代际模式。

练习9.3 我的家庭基因图^{*}

目标 本练习旨在帮助你学习绘制基因图。

1. 画一幅你的家庭的基因图。
2. 列举一些在你的家庭中重复出现的重要模式。
3. 指出你的家庭中重复出现的功能失调的模式,寻求明确的行动方法与途径来阻止这些模式的重复。

使用基因图的案例:库尔家庭

吉姆·库尔被洛克县地方检察官办公室转介到洛克县家庭暴力项目中。两天前,他被拘留了,因为他的妻子黛安娜身上和脸上有多处严重瘀青。社会工作者克里斯·科菲勒对库尔进行了接案晤谈,库尔不愿讨论这一事件。科菲勒女士告诉库尔,他有权不讨论此事,但如果他选择不讨论,她有义务对地方检察官说他拒绝服务。她补充道,在这种情况下,地方检察官通常会向法院提交一份控告文件,这可能会让他坐牢。

库尔先生不情愿地说,他和妻子意见不合,他的妻子扇了他一耳光,而他出于防卫就打了她几拳。他又说,昨天,当他被关进拘留所时,他的妻子和孩子们一起离开了家,现在住在一个妇女收容所里。他非常担心妻子会联系律师提出离婚。

科菲勒女士询问了有关意见分歧的细节。库尔先生说,他喝了几杯啤酒后回家,发现饭已经冷了。因为库尔太太没有打扫房间,他俩争吵起来。他还说,库尔太太随后就开始"喋喋不休",最终升级为互相推搡。科菲勒女士询问这些

---

* 本练习即《实践行为练习册》一书中的练习9.3。

事件以前是否发生过。库尔先生表示"有过几次",然后他补充说,与妻子打架是他与她产生"身体接触"的唯一方法。他说自己整天都在外面做木工,而妻子则在家里看肥皂剧,不"分担"家庭责任,因此家里经常乱得像"猪圈"。

科菲勒女士问库尔先生,他是否觉得和妻子打架是合理的?他回答"当然是",并补充道,他的父亲经常说:"不打不成器,会宠坏妻子和孩子。"科菲勒问库尔,父亲在他小时候是否经常虐待他。他说"是",并说直到今天他仍然憎恨父亲,因为父亲虐待他和母亲。

之后,科菲勒女士建议他们一起画一棵家庭树,主要关注三个方面:酗酒的情节、身体虐待的情节以及传统或现代的性别刻板印象。科菲勒女士解释说,传统的性别刻板印象包括:丈夫是主要决策者,妻子顺从丈夫且主要负责家务。现代的性别刻板印象涉及夫妻之间的平等关系。尽管最初他不愿意画(他对这样一棵"树"能否帮助他的妻子回心转意表示质疑),但最终还是同意合作画这样一棵"树",由此产生的基因图如图9.5所示。

基因图帮助库尔先生认识到他和妻子是家庭系统的产物,他们的价值观和习俗极其不同。在他的家庭中,男性酗酒,有传统的婚姻观念,并在与伴侣的互动中使用暴力。库尔还说,父亲在他小时候也虐待过弟弟和妹妹。询问的过程中,库尔提到他经常打孩子的屁股,并虐待过他们一两次。科菲勒女士问库尔先生,他如何看待自己像他所鄙视的父亲那样来虐待妻子和孩子。他热泪满眶地说:"这样不好。"

随后,科菲勒女士和库尔先生讨论他可能采取哪些行动来改变他的家庭互动方式,讨论他怎样和妻子交谈,才能让妻子和孩子们回来。库尔先生同意参加"匿名戒酒互助会"以及为治疗殴打者而设立的团体。在参加一个月的每周例会后,他与妻子取得联系并请求她回来。如果他停止喝酒(因为大多数虐待行为发生在他喝醉之后),同意继续参加团体治疗和戒酒协会,同意和库尔太太一起去接受咨询的话,她就同意回来。对此,库尔先生欣然同意(库尔太太的父母向来不喜欢库尔,表达了他们的不满)。

在最初的几个月里,库尔先生表现极好,家庭也相当和谐。后来,在他生日那天,他决定下班途中停下来喝几杯啤酒。他喝得酩酊大醉,到家后他开始虐待库尔太太和孩子们。库尔太太达到了忍耐的极限,于是带着孩子们去了她父母家,因为在找到一套公寓之前,需要在父母那里住几天。她还递交了离婚申请并关注后续发展情况。

乍一看,这种情况并非"成功"。事实上,许多社会工作案例并不成功。库尔先生意识到,他已经陷入某种功能失调的家庭模式并正在积极采取行动。不幸的是,他还没有准备好作出持久的改变,也许将来,他会更有责任感,而现在他又开始酗酒了。库尔太太和孩子们现在安全了,他们开始打破被虐待的恶性循环。

语言沟通

沟通,无论是语言的还是非语言的,在团体运作中都至关重要。第五章描述了信息是如何从思想转换成文字并发送给接收者,然后由接收者解释其含义,有效的沟通意味着相互理解所传达的信息。它包括能够清晰地陈述情况,明确它并接受反馈[7],这是非常困难的,因为在家庭和其他团体中可能有许多干扰因素和误解。发送者的信息可能是模糊的或不准确的;信息的中断和干扰可能影响交流过程;接收者可能会分心,以至于不理解或曲解听到的话语。

家庭治疗的重点是家庭内部的沟通模式。[8]舍茨(Scherz)认为"家庭中的沟通是识别和区分的过程,是对任务、冲突和决议的管理——总之,生活事务是需要经营的"[9]。家庭内部的语言沟通模式包括谁说得多、谁说得少、谁和谁说话、谁服从谁。它们也反映了家庭成员关系中微妙的特点。

例如,17岁的儿子问父亲:"周六晚上我可以用车吗?"父亲正在着急地填报纳税表,两天后就要到期了。他回答说:"不可以,哈利。"哈利听了这句话,认为父亲就像一个"专制的暴君",不相信他可以安全地使用家里的车子,于是气冲冲地走了。然而,父亲真正的意思是,他和妈妈这个周六需要用车,因为他们要开车带着最好的朋友詹姆斯夫妇去参加他们结婚20周年纪念日。如果父亲想,也许詹姆斯夫妇不介意开车带着他们或者他和哈利想出别的方法共同使用轿车,就不会出现这样的事情了。但是,父亲当时专注于填纳税单,没时间谈论这件事情,所以希望在吃饭的时候讨论(用车的事情)。

这是一个无效沟通的典型案例。这些信息是模糊和不完整的,两人都没有说清楚自己的想法,也没有给对方反馈。在家庭中的无效沟通有无数变种。无论如何,这需要社会工作者帮助明确、厘清和重建沟通模式。

◆ 沟通渠道

这里主要有"五种沟通渠道",所有家庭成员都在某一天使用过一种或多种,具体包括一致、谴责、顺从、理智化和冷漠。[10] 评估一个家庭如何使用这些渠道进行沟通,可以为需要改变的地方提供明确的线索。

一致

一致指的是沟通的接收者准确地听到和理解发送者表达的信息。换句话说,发送者的意图与接收者的反应非常相似。在健康的家庭中,成员们的沟通中可能有高水平的一致,家庭成员之间相互理解。

谴责

谴责包括对家庭成员的严厉批评、指责、负面评价或一直唠叨。这种方式的互动不是只发生一两次,而是形成一种常规模式。这种模式可能涉及很多家庭成员,这个人通常会谴责特定的某个人或者会谴责所有人。同样地,所有家庭成员也可能只谴责一个人,或者两三个家庭成员谴责一个或多个家庭成员。

形成谴责沟通模式的这些人,经常这样谴责他人是为了增强他们的自尊心。[11] 通过经常责备或批评他人,使他自己的品质和行为显得更优秀。例如,一位 80 岁的老太太在过去的 55 年里经常谴责她的丈夫。她的丈夫已经 84 岁了,而她经常喋喋不休地说他是一个无法保住工作的酒鬼。然而,40 多年来,她的丈夫滴酒不沾,大部分时间里都在做木工。当这位老太太批评她丈夫 40 多年前的行为时,她自我感觉良好。如果他以前是那么坏,相比之下,她觉得自己看起来非常好。

顺从

当一个人感到受压迫、内疚或软弱无能时,就会屈服于他人的意志。这个人觉得自己并没有足够的价值来表达自己的权利和需求。佩雷斯(Perez)总结道:"顺从的人就像谴责者一样,很难相处。他的软弱无能使家庭成员在压力和负担下,不断给他充分的支持、引导和指导。当他变得越来越依赖别人,越来越软弱无能时,家庭成员很可能会使用谴责来回应。"[12]

理智化

理智化是指将所有的沟通都放在有严格逻辑的合理领域的过程。任何情感的存在都会被否定或压制。一个理智的人喜欢理性地评估问题，并尽快建立一个解决方案。他不希望有不合逻辑的情绪干扰他处理和控制现实的过程。然而，理智者通常面临的问题是，每个人都有自己的情绪，不断被压抑的情绪可能会在不适当的时候失控、爆发，这种爆发甚至可能会导致暴力行为。

当理智者无法满足其他家庭成员的需要时，理智化就会出现另一个问题。理智的人似乎是冷漠的、无情的。传统的性别角色刻板印象鼓励理智——男性会成为坚强的、缺乏情感的决策者，这在与那些善于表达情感的女性的相处中，会出现很大的问题。一个典型的场景是，一个女人从"理智"的丈夫那里寻求表达出来的爱和感情。

冷漠

冷漠指的是明显的不在意、漠不关心、离群索居。家庭中表现冷漠的两种常见方式是"沉默"和"忽视"。[13] 一个或多个家庭成员可能不会与其他家庭成员交谈。

冷漠是一种强大的、可操控的沟通方式。一个母亲忽视她十几岁的女儿，可能会向女儿传递一些信息，也许女儿觉得母亲对她不够关心，或者母亲因为某种原因正在生她的气。

被忽视是让人感到痛苦的，也是非常恼人的。例如，一个缺乏安全感的新婚女人，在婚后的最初几周，她每天都要问丈夫十几次他是否真的爱她。起初，他回答说："是的，亲爱的，我爱你。"然而，他很快就厌倦了她一直需要的安慰。于是，他开始忽略她，对此她极为震惊。她需要知道的是，她不间断的询问只会产生与期望相反的结果，她的本意是渴望更多安全感，结果却是迫使丈夫远离她。

练习9.4　我的家庭中有问题的语言沟通模式*

目标　本练习的目的是帮助你识别家庭中有问题的语言沟通模式。

重读上一节的内容，然后总结你的家庭中有问题的语言沟通模式。

---

* 本练习即《实践行为练习册》一书中的练习9.4。

非语言沟通

非语言沟通和语言沟通一样重要。非语言沟通包括传达一个人想法和感受的面部表情、声音变化和身体姿势。第五章阐述了非语言沟通在团体中的重要性,同样,非语言沟通在家庭团体中也很重要。非语言行为提供了传递信息的主要方式,因此有效的沟通是基于适当的、准确的非语言信息,就像语言沟通一样。

评估信息的一个特别重要的方面是它们是否一致。萨蒂尔(Satir)指出,当两条或两条以上的信息相互矛盾时,沟通就是不一致的。[14] 换句话说,这些信息令人费解,家庭内部矛盾的信息干扰了家庭的有效运行。

第五章描述了非语言信息如何与言语信息产生矛盾的,家庭中也会出现这种双重信息。例如,一位刚刚丧偶的女士,脸上带着灿烂的笑容说:"对不起,弗兰克去世了。"这些话所表达的信息表明她很伤心,然而,她的肢体语言表明她很快乐。然而,在这个特殊案例中,她的言语在这个情境下被认为是合适的,她终于摆脱了那个老家伙,并且她很高兴成为高额人寿保险的受益人。

这位寡妇的言语和非语言行为所反映出来的双重信息,为家庭内部潜在的问题沟通提供了一个相对简单、清晰的例证。然而,一致性并不是非语言沟通的唯一重要方面,非语言沟通的所有原则都可以应用于家庭内部沟通。

练习 9.5 我的家庭中有问题的非语言沟通模式[*]

目标 本练习帮助你识别家庭中有问题的非语言沟通模式。

重读上一节的内容,然后总结你的家庭中有问题的非语言沟通模式。

家庭团体规范

在第四章中,我们将"规范"定义为在团体中明确规定适当行为的规则,还讨

---

[*] 本练习即《实践行为练习册》一书中的练习 9.5。

论了所有团体都拥有的显性规范和隐性规范。家庭中也存在一些规则，詹森（Janzen）等人将这些家庭里的规则定义为"影响家庭行为的关系协议"[15]。他们指出，最强有力的规则往往并不是那些明确的和口头表述的规则，而是那些隐含的规则。这些隐含的规则是重复的家庭互动，所有家庭成员都理解但从不讨论。

就像在其他团体里一样，在家庭中建立规范也是非常重要的，这样可以让整个家庭和每位成员都有效地发挥作用。每个家庭的规范或规则会有所不同。例如，家庭A有一套相对保守的沟通和人际交往行为规则，虽然这些规则允许家庭成员之间经常愉快地交谈，但这些交谈总是停留在表面上。比如，谈论冬天下雪的天气或花园里种植的新品种南瓜等都是安全话题，因为这些不涉及私事，也不涉及禁忌话题，包括与感情、人际关系或职业看法等有关的任何事情。例如，有一次，一位朋友问这个家庭的女主人，她儿子和儿媳给即将出生的第一个孩子取什么名字。她脸上带着惊愕的表情回答说："噢，天呐，我还没问呢。我不想干涉。"

家庭B有一套截然不同的沟通和行为规范。几乎所有的事情都被讨论和争论，这不仅发生在核心家庭成员之间，还发生在几代人之间。个人的避孕方法、堕胎的立场、对死刑的看法、政治活动次数等都是被热烈讨论的问题。家庭成员经常谈论他们的私人关系，包括谁是最受欢迎的晚辈，谁总是与富有却年老的哈丽特姑妈吵架。总之，这一家人实在太开放，以至于他们还在圣诞礼物上留下价格标签。

B家庭的行为规则与A家庭的行为规则非常不同。然而，在每个家庭中，所有成员都认为他们的家庭行为是正常的，并且对这些规则感到满意。每个家庭的成员也许会发现，他们无法想象自己的家庭以另外一种方式来运行。

然而，在有问题的家庭中，最常见的是家庭规则不允许家庭或家庭成员有效地、高效率地发挥作用。团体工作原则指出，只有能够有效地促进团体功能的团体规则，才能被发展和推广。家庭也是如此，无效的规则需要被识别出来并进行更改，而积极的、有益的规则需要得到发展和培养。

下面的家庭案例中存在的是一个无效规则。规则是家庭中每个人都不能抽烟。这个家庭里有丈夫、妻子、四个孩子、祖父母。尽管从未讨论过，但他们认为，家里从来没有人会抽烟。有一天，丈夫在妻子经常开的轿车里发现了几个烟头，他觉得这很奇怪，但什么也没说。在接下来的六个月里，他经常在同一个烟灰缸里发现烟头。因为家里没人抽烟，所以他推断这些烟头一定是别人留下的。于是，他以为妻子和别的男人有婚外情，这使他很伤心。然而，他依然什么也没说，保持沉默。

他和妻子的关系开始恶化,他变得阴沉,他们开始争吵,冲突变得越来越频繁。最后,在一场激烈的冲突中,他说出了自己对烟头和妻子婚外情的想法和感受。他的妻子对此难以置信。事实是这样的,在无人的情况下,她会抽烟。她独处的大部分时间是开车上下班的时候,她会利用这段时间抽烟,偶尔会忘了清空烟灰缸。她把这一情况告诉了丈夫,丈夫感到非常宽慰,他们的关系得到了改善。

这个案例说明,一个不恰当的规则几乎可以毁掉一个家庭。一件简单的事情,比如妻子是一个"秘密吸烟者",就差点毁掉一段婚姻。在这个案例中,一次简单的沟通解决了这个问题。有趣的是,最终整个家庭都知道了这件事。妻子仍然抽烟,但还是坚持私下抽,现在,这个家庭有效地修改了家庭规则:可以接受抽烟。

规则对家庭和对其他团体一样重要。一个团体工作者需要遵守团体规则,并确保它们对团体的运作是有益的。同样地,为家庭提供治疗的社会工作者需要确定家庭规则,评估家庭规则,并在必要时修改家庭规则,以增强家庭的功能。

练习9.6 我的家庭中有效的和有问题的规则*

目标 本练习的目的是帮助你找出家庭中有效的和有问题的规则。

1. 找出你的家庭中有效的规则。
2. 找出你的家庭中有问题的规则。

家庭角色

角色是"一种文化中决定的行为模式,它是为占有某一特定地位的人所规定的"[16]。在家庭中,这些规则通常涉及为家庭带来利益的行为。例如,父母的角色规定了有助于支持、指导和抚养孩子的行为。同样,父母也可以通过在家庭之外承担工作者的角色,为家庭获得财务支持。孩子们可能会在学校里充当"学生"的角色和在家务中充当"帮手"的角色。[17]

除了这些社会认可的正式角色之外,家庭成员担任着多种非正式角色,这通常与

---

* 本练习即《实践行为练习册》一书中的练习9.6。

家庭成员的个性和相互影响的模式有关。例如，这样的角色可能包括麻烦制造者、被压迫者、杰出大明星、所有人都指责的人（替罪羊）、孤独者、泼妇或害群之马。

在家庭中可以找到广泛的多类型角色。在脑海里把家庭想象成羊群，在这个羊群（把他们比喻成黑羊）里有一只白羊。一个核心家庭中有父母和三个孩子（两个女儿，一个儿子），儿子是家里最小的。现在，除了最小的儿子，所有的家庭成员都是成年人，所有人都喜欢喝酒、聚会并宣誓都会为这个家庭尽心尽力。除了这个最小的儿子，无人参与任何有组织的宗教活动。最小的儿子是一个原教旨主义的信徒——就是那只白羊。

因为每个人和每个家庭都是独一无二的，对于"什么角色最好"并没有结论，每个家庭必须评估其独特的角色配置对家庭产生的优势或劣势。

霍尔曼（Holman）强调，"工作者必须检测角色是如何执行的以及他们是否满足家庭的需要"[18]，并提出了一系列需要探究的问题：

每个家庭成员的具体角色是什么？

为了家庭利益，不同角色能很好地在一起合作吗？

每一个角色都是模糊的、多余的、空缺的吗？

家庭角色之间是否具有灵活性，使家庭能够更好地适应危机？

家庭角色是否符合基本的社会规则（例如，社会不宽恕罪犯）？

家庭角色功能是增强家庭的自我价值感和幸福感，还是影响家庭情感？

练习9.7　我的家庭成员的有效角色和有问题的角色*

目标　本练习帮助你找出你的家庭成员承担的有效角色和有问题的角色。

1. 重读前面的内容，确认家庭成员承担的角色。
2. 指出一些家庭成员可能承担的有问题的角色。

个人和团体目标

对于任何一个团体来说，建立目标是很重要的事情，只有这样才能指明方向和

---

*　本练习即《实践行为练习册》一书中的练习9.7。

激励成员(参见第四章),同样的道理也适用于家庭。评估一个家庭并根据评估情况建立目标也是很重要的事情,其中的一种方法是分析家庭人际关系的动力因素和结构。比特(Bitter)解释说:

> 家庭结构是一套无形的功能需求或规则,它组织了家庭成员间互动的方式。管理家庭事务的结构可以通过观察家庭采取的行动或通过观察家庭成员之间的互动来理解。要了解一个家庭的结构,要注意谁对谁说了什么,用了什么方式,产生了什么样的结果。通过记录家庭过程,而不是仅仅倾听内容,治疗师可以发现有问题的交流方式。[19]

詹森等人也强调在家庭治疗中努力解决问题共识的重要性。问题共识包括家庭成员和治疗师对在治疗中要处理哪些问题达成共识。詹森等人强调,社会工作者应该在初次评估中努力从所有家庭成员那里获取信息。[20]家庭成员可能会以不同方式看待这个问题,每个人可能都有不同的个人目标。如果这些个人观点没有被清楚地理解并加入到家庭目标中,一些成员可能会被排除在治疗之外。家庭成员的个人目标和家庭目标之间的一致性越高,治疗对成员就越有吸引力。为了鼓励成员积极参与治疗,每个人都需要感觉到家庭目标与他们个人的目标密切相关。

例如,一对夫妇来到大学诊疗培训中心,让患有发展性障碍的四岁儿子吉米接受未来教育和治疗评估。诊疗培训中心根据身体、情感和心理需求对整个家庭进行评估。因此,作为整体评估的一部分,与他们相关的其他家庭成员也要接受检测。

妻子是一位苗条、漂亮、极其文静的女人,28岁。她似乎很愿意合作,希望尽她所能帮助儿子解决缺陷问题。丈夫是一位高大、英俊、风度翩翩的男子,30岁,也表达了强烈的合作愿望。他很外向,也很稳重,几乎所有的谈话都是由他包揽下来的。作为整体评估和治疗规划过程的一部分,对吉米大部分的身心状况评估完成之后,社会工作者开始谈论夫妻关系。丈夫驳斥了所有关于婚姻关系的说法,认为这是一个无关紧要的程序性问题。

事实上,这位丈夫是在说,他认可评估中心工作者的一切努力,并且其他一切都很好。像往常一样,他包揽了所有的谈话。这位社会工作者特意邀请妻子描述她对两人关系的感受,但丈夫又开始替她回答。社会工作者轻轻打断谈话,询问她是否可以自己回答这个问题。妻子犹豫了一下,低头看了看地板。然后她脱口而出:"我再也无法忍受了,我要离婚!"丈夫很惊讶,这位社会工作者也很吃惊。在此之前,他们对她的强烈感情一无所知。

在进一步的探索中,社会工作者发现这对夫妻的关系存在几个问题。妻子认为丈夫专横,尤其是丈夫武断的态度让她感到窒息。八年的婚姻生活中,她觉得自己不能表达自己的意见或者作为一个独立个体发挥自己的作用,她也厌倦了独自承担家务。多年来,她一直梦想成为一名法律图书管理员,然而,由于她文静的性格以及缺乏安全感,她从来没有足够的自信来表达自己的真实感受。

丈夫觉得她需要被保护,需要被指导。很多时候,他已经厌倦承担作出所有家庭决策的责任,常常希望妻子能够更加自信,但他觉得她天生就不自信。当妻子最终表达了她的真实感受时,在一定程度上,他也感到如释重负。

进一步的讨论表明,在公开自己的真实感受、倾听对方的真实感受之后,他俩都松了一口气。治疗会话有助于建立新的沟通和行为模式,有了反馈,丈夫意识到自己是如何习惯替妻子回答问题的。妻子也意识到,她需要更加自信,而不是依赖丈夫替她回答问题。他们开始建立一种更平等的关系,并讨论如何平等分配家务和照看孩子的任务。当妻子开始接受培训成为一名法律图书管理员时,丈夫真心支持她。他不仅为她的个人发展感到骄傲,而且还感谢她为家庭带来额外收入。

这一案例说明,确保家庭成员在目标制定过程中的个人参与非常重要。否则,家庭团体目标可能会完全失去意义。如果没有询问到妻子的意见,没有积极地鼓励她表达出自己的意见,那么真正的家庭问题可能仍然隐藏着,就可能无法设定适当的沟通和行为目标。考虑到强烈的情感表达,就可能无法有效地发挥这个家庭的功能,吉米的治疗计划也会受到影响。

◆ 幕后动机

上面这个案例还可以用来说明与目标设定相关的一个概念——"幕后动机"。幕后动机是一个团体成员所持有的个人目标,这一个人目标对其他团体成员来说是未知的,而且会妨碍完成团体目标。这种未知的个人目标对整个团体和团体过程都具有破坏性。就像前面的案例中,妻子有一个幕后动机,就是她希望更加独立,希望能够实现自己在事业上的梦想。为了有效地发挥家庭功能,这一幕后动机必须被找出来并加以解决。

练习9.8 我的家庭中的个人目标、团体目标以及幕后动机*

目标 本练习帮助你认识个人目标、团体目标和幕后动机的重要性。

1. 简要总结一下你的家庭成员的个人目标。
2. 明确你们的家庭目标。
3. 你的家庭成员是否有幕后动机?如果有,请说出你知道的幕后动机。

家庭冲突、问题和解决

在第六章,我们将冲突定义为"涉及不同想法或利益的敌对状态或行动"。这表明,任何团体的冲突都是不可避免的,很多时候,冲突是积极的。团体——包括家庭——由不同的个体组成,每个人都有各自的观点和想法。冲突代表这些观点能够公开分享,可以作为改善沟通、加强亲密关系和消除不满的一种机制。

托尔曼(Thorman)指出,虽然每个家庭都是独一无二的,但家庭内部的冲突和问题往往主要集中于四类[21]:首先,夫妻之间存在的婚姻问题。其次,父母和孩子之间存在的问题。再次,家庭成员的个人问题。最后,外部环境对家庭的压力。

家庭问题并不一定能够完全归入这四类中的任何一个,通常情况下,家庭遭遇的问题不止一种。这些问题也不是相互排斥的,很多时候,家庭中的一个问题与另一个问题密切相关。例如,一位妻子(已经成为母亲),是百货商店的经理,也是家庭的主要经济支柱。过去的11年里她一直供职的那家商店突然破产倒闭,尽管付出了巨大努力,但她仍然无法找到另一份差不多薪水的工作。这可能被认为是环境压力造成的家庭问题,然而,对这位妻子来说,这也是一个私人问题。失业和无法找到另一份工作严重削弱了她的自我价值感。结果,她变得脾气暴躁,难以相处。她所经历的环境压力使她与孩子、丈夫之间产生了问题,整个家庭系统受到了干扰。

下面将分别分析这四类问题,并给出一些处理方法。

---

* 本练习即《实践行为练习册》一书中的练习9.8。

婚姻问题

沟通困难是导致婚姻关系冲突的主要原因之一[22]。其他主要冲突来源包括关于孩子问题的分歧、性生活问题、娱乐与金钱的冲突以及对婚姻不忠等。本研究结果为需要解决的家庭问题提供一些有关线索，有利于社会工作者评估家庭中的夫妻关系。

例如，比尔和琳达都是35岁左右，他们存有沟通问题。他们已经结婚一年了，这段婚姻也经过漫长的约会，期间伴有争吵，一个主要的压力来源是：琳达渴望丈夫比尔对婚姻作出永恒的承诺，但比尔不愿意作出这样的承诺，琳达就威胁比尔要离开他，比尔最终决定结婚。

在结婚之前就存在一个问题，那就是比尔和琳达的约会时间。他们各自拥有一套私人公寓，分开居住。比尔参加了一个健身计划，每周有四个晚上在健身俱乐部锻炼，包括周五。在俱乐部里，他跟很多亲密的朋友一起消磨时光。琳达对此很生气，因为比尔把他俩的约会时间限制在他不在俱乐部锻炼的日子里。然而，她的最大顾虑还是比尔没有能力作出承诺。琳达觉得，也许一旦结婚了，事情就会改变。

然而，结婚之后，事情并没有太大改变。虽然琳达和比尔现在住在一起，但他仍然每周和朋友们在俱乐部里度过四个夜晚。对此，琳达很生气。在一次讨论中，两人表达了他们各自的感受。琳达说："我讨厌比尔在俱乐部度过的所有时间，我讨厌他指定时间和我在一起，我觉得他把我的时间压缩了并设了限制。"

比尔回答说："身体健康对我来说很重要，我喜欢在俱乐部锻炼。我应该怎么做呢——难道每天晚上待在家里，变成一个看电视的懒人？"

评价这对夫妻的沟通问题的一种方法是评估沟通意图（说话人想要传达给接收者的信息）以及沟通的实际影响（倾听者实际上听到的是什么）[23]。很多时候，沟通的意图和影响是不同的，治疗的目标是提高沟通的准确性，也就是说，说话者的意图和对倾听者的影响程度是相互匹配的。

虽然这段婚姻关系中还有其他问题，在这里不再赘述，我们仅讨论涉及的沟通问题。在进一步的讨论之后，事情发展如下：琳达说，她对比尔去健康俱乐部非常不满。这对比尔的影响是，他觉得琳达在试图告诉他应该做什么。他爱琳达，但又很担心自己会失去独立性和自我。当琳达向他提出要求时，他则变得更加保护自己的时间。

琳达在沟通方面的意图与她的影响大不相同;她觉得比尔认为俱乐部和朋友比她更重要,这与她缺乏自尊和自信有关。

比尔对琳达的抱怨的回应在其意图和影响两个方面也有严重差异。比尔说他喜欢健身,这对琳达的影响是,他更喜欢俱乐部和朋友,而不喜欢她。比尔的真实意图是告诉琳达,他的身体健康和外表对他来说很重要,他的独立意识也很重要,他很爱她,想要对她忠诚。然而,他对承诺的长期恐惧与他实际担心自己会失去自我有关。他害怕失去作出选择和决定的权利,更害怕被告知自己应该做什么。

这里的治疗目标是提高每个人的意图和影响的一致性。社会工作者可以帮助每一对夫妻更有效地沟通,一个建议是,提出如何运用语言重新表达意图,从而更清楚地反映说话者的真正意图。另一个建议是,鼓励反馈,即让倾听者告诉说话者信息的影响。[24]例如,比尔可能会被鼓励去告诉她:"我非常爱你,琳达,但我需要保持身材,我需要给自己一些时间。那么,我们如何解决这个问题呢?"

最终,比尔和琳达运用问题解决方法(详见第六章)成功解决了这个问题。通过咨询,他们逐渐提高沟通的准确性,每个人都学会沟通个人需求。他们不再处于过去的僵局中,而是开始寻找替代方案。最终的解决方案涉及以下方面:首先,比尔会继续每周去俱乐部锻炼三个晚上,周五晚上需要和琳达一起度过;很明显,她对周五晚上不能和比尔约会感到特别恼火。琳达也喜欢锻炼身体,偶尔会和比尔一起去健身俱乐部,这让她感觉很自由,她可以选择什么时候和他在一起。重要的是,她不再感到时间受限制。事实上,她很少和他一起去俱乐部,琳达选择在比尔去俱乐部的晚上选修一些研究生课程。她喜欢这样的课程选修安排,这能增强她的专业能力。总之,比尔需要感到自由,而琳达缺乏自信和自尊,这样的问题需要夫妻双方不断努力提升沟通技巧,帮助他们沟通以后不断出现的需求。

◆ 亲子关系问题

第二种主要的家庭问题涉及父母和孩子之间的关系,包括父母控制孩子的难题,尤其孩子进入青春期时的沟通问题。在儿童管理和亲子交流技巧方面,存在很多观点。戈登提出的学习理论应用和父母效能训练是两种主要的途径。[25]

通过评估家庭情况,教给父母一些基本的行为矫正技术,可以帮助父母提高对孩子的控制能力。[26]行为矫正就涉及学习理论原则在现实生活情境中的运用。例如,父母很容易就会惩罚一个行为不端的孩子。例如,四岁的弗雷迪在无人照看时会把抽屉里和橱柜里的东西翻出来,当他的父母看到面粉、蜂蜜、银器和塑胶袋等乱七八糟地堆在地上,通常的反应是打弗雷迪的屁股,结果就是弗雷迪哭一通。但是,下次他单独待在厨房时,还会继续重复父母不喜欢的那些行为。

在家庭咨询中,弗雷迪的父母学到了几种新的行为管理方法(即应用于特殊儿童管理情境的行为矫正技术)。首先,他们知道了正向强化的价值。一种行为会导致积极的事件或结果,并采取某种行为促进这种积极的行为结果的发生。[27]在玩耍的时候,弗雷迪没有把抽屉里的东西翻出来,父母应该对这种行为作出积极的回应,而不是严厉地惩罚。

通过进一步研究弗雷迪的行为和周围环境,父母逐渐学会用不同方式看待他。他们了解到,弗雷迪觉得自己没有得到足够的关注,为了得到关注,他采取倒空抽屉的破坏行为。给弗雷迪提供专门的玩耍时间,给予他需要的关注,并积极评价他的良好行为,这些措施有助于减少他以不当方式获得关注的不良行为。弗雷迪的父母了解到,他们的惩罚起着反作用。也就是说,惩罚非但没有阻止他的不良行为,反而鼓励了他的不良行为。惩罚弗雷迪实际上是一种积极的正向强化,因为它提供了他想要的关注。

作为一种替代方案,弗雷迪的父母学到了计时暂停法(time-out technique)。这种方法是一个过程,在这个过程中,"如果达到了特定行为发生频率减少的预期效果,先前的强化就被取消"[28]。在弗雷迪出现不良行为之后,父母不再打他,而是让他站在角落里眼睛盯着墙看五分钟(五分钟应该是最长的时间,因为这段时间后效率会降低)。这样,弗雷迪能把这一惩罚与他的不当行为联系起来。计时暂停法给弗雷迪的父母提供了一种不给予孩子关注的方法,但却没有伤害到他。因为关注是弗雷迪真正想要的,这种行为控制方法非常有效。然而,应该强调的是,弗雷迪需要的是持续关注,并给予适当行为的奖励强化。当他没有寻求关注的需要时,就不会出现不良行为。

父母效能训练是亲子关系出现问题时经常使用的第二种方法。该方法有两个原则:主动倾听和发送"我—信息"。[29]主动倾听类似于前面描述的意图影响沟通方法,涉及两个基本步骤。第一步,消息的接收者认真理解信息发送者所表达内容的真正含义。第二步,接收者将信息输入自己的理解中,并向发送者反馈其对话语的理解。[30]例如,13岁的泰隆对母亲说:"跳舞很无聊,我打算星期五不去参加那个无聊的舞会。"母亲学会了主动倾听,并试图从泰隆的角度来看待问题。她回答说:"你的意思是你真的很想去,但你认为你跳得不好。"泰隆回答说:"是的。"母亲准确理解了他真正的顾虑。

父母效能训练的第二个原则是使用"我—信息"。

"我—信息"是非责备的消息,只表明发送者认为接收者对发送者有不利影响,所以"我—信息"不提供解决方案,也不贬低消息。不使用"我"这个词也可能发送"我—信息",因为"我—信息"本质上是发送非责备的信息,即父母感觉到孩子的行为在影响父母。[31]

例如,布申先生和夫人刚刚擦干净客厅的地毯。他们九岁的儿子穿着沾满泥土的网球鞋回到家,正要踏进客厅。布申夫人可以选择说:"如果你穿着这双脏鞋子进来的话,我会罚你一周不出门,我已经厌倦收拾你的烂摊子。"这是一种责备,带有威胁性。相反,她选择说:"我们刚刚洗完地毯,想从现在开始让它保持干净。"她的儿子会坐下来,脱下他的网球鞋。在这个场景中,母亲对自己的情感负责,而不是把责任推到儿子身上。

◼ 家庭成员的个人问题

有时候,一个家庭会找医生帮忙确定家庭成员有"问题"。然而,家庭治疗的基本原则是,确定整个家庭都"有"这个问题。[32]有时候,一个家庭成员会成为整个家庭问题的替罪羊。替罪羊是别人对某个问题的指责,不管她或他是不是真错了。

热那亚(DeGenova)解释道:

"寻找替罪羊"是一种把发生的每件坏事都归咎于他人的方式,目的是让另一个人觉得自己对错误有责任并感到内疚,这样控制者就不必承担责任。例如,玛丽嫁给一个冷漠的丈夫泰瑞,当她威胁要离开他时,……他就责备她把自己和年幼的女儿分开。他坚持认为全部是玛丽的过错,并说她一直挑衅他。

医生负责帮助这个家庭明确整个家庭存在的问题,而不是责怪个人。治疗目标包括重组各种家庭关系。这里提出的案例中,治疗重点是帮助玛丽的丈夫泰瑞理解并接受他在破坏婚姻关系中的角色。这里可能会考虑运用麻木不仁和残忍等行为术语描绘他,这样他就会开始理解自己的行为对玛丽的影响。我们把重点放在泰瑞如何把玛丽当成替罪羊上,这也说明泰瑞需要对玛丽产生移情,培养更有效的沟通技巧。

同样,治疗涉及帮助玛丽理解她表现出来的行为,并使泰瑞对她的治疗持续下去。挑衅是什么意思?她如何能更好地处理他们的互动?泰瑞能在哪些方面更好地满足她的情感需求?同样,玛丽需要培养更好的沟通技巧,需要提升自信。她需要首先学习什么是有效的沟通,什么是自信行为以及如何使用这些技巧。

治疗也会对孩子父母的行为产生潜在影响,幼儿是家庭系统的另一个组成部分。无论玛丽和泰瑞选择在一起还是分手,都会对孩子产生影响(请注意,治疗可能会确定夫妇分手才是最好的选择,这一直是家庭主要问题的解决方法)。

◆ 外部环境压力

家庭中经常出现的第四类问题是家庭外部因素造成的问题。这些问题包括收入不高、住房条件差、交通不便、缺乏娱乐场所以及缺少就业机会等。[33] 其他潜在的问题包括健康状况不佳、学校不充足以及社区危险等。

要解决这些问题,社会工作者需要有效的协调技巧。他们需要知道哪些服务可用、如何让有需要的家庭与这些服务建立联系。

许多时候,有些合适的服务不可用或并不存在。社会工作者需要提倡、支持甚至帮助他们的案主开发合适的资源。[34] 例如,需要开发不存在的服务,如果行政机构面对这些问题反应迟钝,可能还需要法律援助。解决这样的全国性问题,如贫困或医疗保健问题,并没有简单的办法,这是一个持续渐进的过程,可能需要政治干预。这种环境压力给家庭带来了严重问题,社会工作者不能忽视这些问题。

练习9.9 我的家庭面临的挑战[*]

目标 本练习的目的是帮助你确定家庭目前面临的挑战,并开始着手解决这些挑战。

1. 说说目前你的家庭成员面临的一个或多个挑战/困难(你有权不暴露那些

---

[*] 本练习即《实践行为练习册》一书中的练习9.9。

不愿暴露的困难)。

2. 对于这些挑战,你将采取什么行动?

3. 如果一个或多个挑战目前没有得到有效解决,找出其他可能的方法(请与别人自由协商确定其他方法)。

三种家庭治疗方法

家庭治疗有很多方法,三个突出案例集中关注家庭成员的家庭沟通、家庭结构和家庭成员思维模式。

这里所有的案例都是相似的,关注家庭互动关系的各个方面。这些方法都关注家庭成员之间的沟通,然而,在重点内容、核心概念和实践者如何帮助家庭实现积极变化等方面各不相同。

沟通模式方法

弗吉尼亚·萨提亚(Virginia Satir)提出家庭治疗的人性验证过程模型(the human validation process model),该方法关注的是人们在压力下的沟通方式,经常遵循不灵活的家庭规则,参与变革的过程。它强调家庭沟通模式的明晰化,认为困难家庭中的家庭沟通模式往往是模糊的和间接的。[35]

为什么在家庭中会出现错误的沟通呢?萨提亚认为,一个原因是,丈夫和妻子的自我价值都很低。他们试图通过表现得自信和坚强来隐藏他们的自卑感,所以他们都没有表露出自己真正想要的东西,也因为害怕失去对方而没有谈论那些无价值的感觉。另一个原因是,自尊心较弱的人为了满足自己的需要而结婚,而他们结婚的目的是为了"得到",希望他们的伴侣能读懂他们的想法,然后满足他们的需求。这些人认为伴侣有义务满足他们的需求,而在伴侣没有做到时会感到伤心、生气和恼怒。陷入困境的伴侣也倾向于把对方视为自己的财产,而不是一个独特的、独立的人。夫妻双方非但没有相互促进成长,反而彼此限制和折磨。在这些麻烦的关系中,错误的沟通模式不断演变,可能会出现三种沟通问题:使用模糊的间接描述、信息不一致、双重约束。

在一段紧张的婚姻关系中,丈夫和妻子一般都不敢冒着危险明确表达,比如

"我想养一条狗",因为他们不想让对方拒绝,就会模糊地表达自己的需求。请看下面的对话:

丈夫:哈里叔叔刚买了一只可卡犬,真的非常喜欢它。

妻子:养狗太麻烦了。

对话结束。丈夫感到愤怒,因为他觉得自己不能养狗。妻子从他的非语言信息中感觉丈夫很生气,但妻子不明白为什么。她害怕面对冲突,因此也没有问丈夫"为什么生气"。

有了信息不一致,非语言沟通就会与语言沟通相互矛盾。例如,当一个人的非语言沟通——握紧的拳头、严厉的表情、发白的指关节、泛红的脸颊等——暗示一个人生气时,他可能说他没有因为种种原因而生气(一些权威人士将信息不一致界定为一种双重约束消息)。

通过双重约束消息,发送者发出相互矛盾的消息。例如,一个父亲可能会坚定地认为"所有的孩子都应该把玩具收起来"。并告诉他的儿子,"所有真正的男子汉都是邋遢的"。在这种情况下,儿子无法判断他是否可以通过收拾玩具或者不收拾玩具来取悦父亲。再比如,妻子请求丈夫帮助管教孩子,当他真正管教的时候,她批评他对孩子的管教是不对的。双重约束中的受害者可能会以多种方式进行回应:退缩、不倾听、积极反击或产生情感障碍等。

在家庭治疗中,萨提亚的目标是改善沟通模式,提升每位成员的自我价值和自尊,消除占有欲。通过改善沟通模式,每位成员都可以学习表达需求和愿望。为了达到这一目的,萨提亚寻求帮助成员学会表达直接的、一致的信息,她指导家庭成员运用"我—信息"而不是"你—信息"(见第五章)、角色换位技术(见第六章)、解决问题的方法而不是"非赢即输"方法(见第六章)、主动倾听(见第五章)。她帮助成员确定哪些家庭规则是建设性的,哪些是破坏性的。虽然规则可能是坏的,但制定它们的人却不坏,抛弃那些破坏性的家庭规则,协商建立新的家庭规则。识别出信息模糊、信息不一致和双重约束的问题,家庭成员经常运用更有效的沟通模式进行角色扮演。

萨提亚的家庭治疗模式以其积极的氛围而著称。通过尊重他人,萨提亚重注促进每位成员的成长,提升每位成员的自我价值和自尊。指出那些不礼貌的沟通,鼓励家庭成员学习如何变得更有礼貌。为了帮助成员提高他们的自尊心,她采用各种方法,比如挑战自我的负面评价。萨提亚的方法是帮助家庭成员克服占有欲,把彼此看作独立的、独特的人,拥有着个人的需要、欲望和自我价值。

■ 家庭子系统方法

米纽庆(Minuchin)倡导的结构式家庭治疗采用家庭治疗的系统方法。重点是重组重要的家庭子系统,使每个子系统都能够适当地互动并完成其主要职责。[36]

米纽庆注意到,每个家庭都有多个相互作用的子系统。在有孩子的家庭中,有三种主要的子系统(关系):伴侣、父母和兄弟姐妹。因此,家庭子系统可能包括两个伴侣或一个家庭中的所有兄弟姐妹。同样,因为他们之间的特殊照顾关系,一个家庭子系统可能会包括12口人,有最大的女儿和最小的儿子,家庭子系统通常在家庭成员间共同的角色或特殊关系的基础上形成。

如果丈夫和妻子满足了彼此的陪伴需要、情感需要、性需求、经济支持等,那么这个伴侣子系统是健康有效的。一个不正常的伴侣子系统的案例是,妻子希望出去找工作充实自己,在经济上帮助家庭,而丈夫则希望她待在家里照顾孩子,做家务。

健康的父母子系统是在不给自己带来多余压力的情况下,满足孩子的情感和生理需求,功能失调的父母子系统会导致家庭成员之间的争吵和压力。例如,父母对如何抚养和管教孩子的意见可能是相互矛盾的,那么就会导致家庭斗争和父母子系统的功能失调。

当兄弟姐妹相处得很好,相互学习和经常互动时,就说明这是一个健康的兄弟姐妹子系统。功能失调的兄弟姐妹子系统的案例是,兄弟姐妹经常争吵,互相妨碍完成家庭作业或分配的家务。

每个家庭子系统都有重要的功能,如果家庭要想作为一个健康的整体生存下来,就必须实现这些功能。在治疗过程中,米纽庆分析每个子系统的功能和功能障碍,确定什么样的互动是健康或不健康的。他的主要目标是增强伴侣、父母和兄弟姐妹子系统之间的有效互动。每个子系统并不会精确界定健康的功能,因为在一个家庭系统中运行良好的互动方式可能在另一个家庭系统中运行得很糟糕。例如,全家去夏威夷度假可能对一个负担得起这笔费用的家庭来说是非常好的方式,但对一个负债累累的家庭来说却是非常不可取的。

根据家庭结构疗法,家庭中常见的功能障碍包括断绝接触和过度接触。[37]这是反映家庭隔阂如何形成的两个极端。断绝接触是指家庭成员离开家住到非常遥远的地方,不再与其他家庭成员有联系。他们的沟通通常是紧张、冷漠和无效的。在一些相互断绝关系的家庭中,成员之间很少沟通,实际上不存在情感互动。比如,一个家庭中十多岁的儿子可能卷入街头帮派,以至于脱离家庭。对他来说,这帮匪徒替代了他原来的家庭成员。再比如,在一个完整的双亲家庭中,丈夫承担着养家糊口的传统角色,几乎不回家。他太拼命工作了,以至于完全断绝了与其他家庭成员的互动。

过度接触是断绝接触的另一极端。指家庭成员之间的关系过于亲密,家庭系统内的界限变得模糊。比如,如果父母一方与新生儿过于亲密,而忽略伴侣的需要,则会打乱一个健康的伴侣子系统。再比如,一位父亲和13岁的女儿陷入乱伦关系中,父母和孩子之间的界限变得模糊,变得无效,他们需要明确有效的家庭功能。

在家庭治疗中,米纽庆使用的一项技术涉及绘制一些结构图。通过这种方式,他可以说明这些子系统的功能和功能失调的方面,帮助家庭成员明确这些子系统的边界。例如,如果年龄大一些的女儿在父母都工作的时候分担家庭责任,照顾年幼的孩子,米纽庆希望这个家庭成员能够明确,她的大女儿何时要承担父母的责任,何时要作为姐姐与年幼的弟弟和妹妹进行互动。

米纽庆鼓励使用萨提亚推荐的沟通技术,如"我—信息"、角色转换和解决问题的方法。有时,为了重构家庭子系统,米纽庆会绕开功能障碍家庭的直接认知进行理解。例如,对家庭沟通模式和行为的直接探索未能改变功能失调方面的情况下,他会使用一种自相矛盾的建议。例如,在一个丈夫希望妻子待在家里而妻子想外出找工作的家庭中,米纽庆会提出一个矛盾的建议:"是的,玛丽,如果你待在家里,顺从你的丈夫,这将是最好的,你的工作就是让你的丈夫快乐,你不应该试图成为一个独立的人。你在生活中的主要兴趣应该是打扫厕所、帮你丈夫洗衣服。所以,谁会在乎账单有没有支付,而你却变成一个不用思考的仆人?"这样的建议是促使妻子坚持自己追求平等关系的动力,帮助丈夫认识到自己控制妻子生活的后果。

■ 认知—行为方法

认知—行为疗法由阿尔伯特·艾利斯(Albert Ellis)、亚伦·贝克(Aaron Beck)、吉拉尔德·帕特森(Gerald Patterson)以及罗伯特·利伯曼(Robert Liberman)等理论家创立。[38]在附录一模块1和模块2中会进一步说明认知—行为疗法。认知行为理论学家已经提出一系列的干预策略,这些策略也将在模块1和模块2

中介绍。

认知—行为理论家认为,认知因素(思想、态度、观念、期望)是我们所有情绪和行为的主要决定因素,而消极和不理性的想法是不良情绪和功能失调行为的主要决定因素。他们进一步认为,在积极和理性的方向上改变消极和不理性的想法是减轻不良情绪和功能失调行为的主要策略(模块 1 和模块 2 将进一步解释这一理论观点)。家庭治疗的三种干预策略是:(1)认知重组;(2)临时合同;(3)家庭管理技能。

认知重组

认知结构调整的目的是为了改变婚姻中扭曲的观念(模式),以改变夫妻之间不正常的互动。这种婚姻模式很可能包含一些关于婚姻的想法和态度——夫妻关系应该如何维持,如何处理不同的婚姻问题,如何建立一个幸福的家庭,每个伴侣应该承担什么样的责任等。

生活中有无数的模式(扭曲的观念)。这里介绍其中一些模式作为案例:

一位妻子下班后去购物。丈夫想:"她下班晚了,她一定有外遇了。"

一位丈夫早上起床晚了,意识到自己开会要迟到了,所以得赶紧走。妻子想:"他没有跟我吻别,他一定是生气了。"

丈夫想要传统的婚姻关系,而妻子想要平等的婚姻关系,包括事业。丈夫认为:"我的妻子不好好待在家里,不让我在经济上供养家庭,她这是在毁坏我们的婚姻。"妻子认为:"我的丈夫试图控制我,让我窒息,他这是在毁坏我们的婚姻。"

一位妻子不小心丢了一盆花,心想:"我什么都不擅长。"

一位丈夫很骄傲地认为自己有"读心术",能够看透别人的心思,从而不去询问就错误地下结论。例如,他的妻子可能因为胃部不适而保持沉默,而他却错误地得出结论:"她精神状态不佳——她一定是在考虑离开我。"

认知结构也可以用在家庭治疗中,通常儿童和父母都有应对彼此的模式(扭曲的观念),比如下面的案例:

一位母亲可能会想:"为了让我的儿子能考上大学,他在高中必须至少得到 3.5 的平均分。"

一个15岁的女儿可能会想:"尝试一下文身、品尝一下冰毒真是太棒了。"

一个13岁的儿子可能会想:"摸一摸社区中这个女孩的乳房,摸一摸她的私处,真是令人兴奋。"

一个16岁的女儿可能会想:"吸引男孩关注我的方法就是我要像铅笔那样瘦长——所以我几乎什么都不吃。"

一位父亲可能会想:"我的任务就是教育我14岁的女儿掌握一些性知识,所以当我妻子外出购物时,我就会诱惑她。"

一个沮丧的9岁儿子可能会想:"生活如此悲惨——学校太糟糕了,我的父母不爱我,我没有朋友,也许我应该用爸爸的安眠药来结束它(生活)。"

在婚姻治疗和家庭治疗中,治疗师的关注重点是让家庭成员认识到这些扭曲的观念,然后用更加理性和积极的思维模式来取代这些扭曲的观念,这个过程通常是耗时的。让我们以一个考虑自杀的9岁抑郁症男孩为例。我们假设他和他的父母正在接受家庭治疗。一般来说,对年轻人的负面认知进行重构,治疗师会有许多不同的选择;可以帮助年轻人了解自杀是一种永久地解决暂时生活困境的方法,可以帮助年轻人理解进行一些改变就可以改善目前的生活状况。例如,男孩想:"我的父母不爱我。"在家庭治疗中,他的父母有机会通过表达对他的爱来反驳这种说法。这个男孩还可以通过在学校和社区里找到有意义的活动——比如体育活动、音乐节目、电脑等,来改善自己的生活现状。可以鼓励他的父母花费更多时间陪伴他,参加所有家庭成员都觉得有意义和愉快的活动。寻找改变男孩生活现状的重点之一是通过改变他的生活环境来调整他的认知,他原来认为"生活是痛苦的,不值得继续活下去",现在要让他认为"生活中经常充满值得享受的活动/事件"。另一个改变生活的重点也许是测试男孩的学业挑战,解决如何提高他的成绩——比如帮他聘请一个家庭教师(如果这个男孩有强烈的自杀意念,也许短时间的住院可以帮助他消灭自杀企图)。

临时合同

家庭成员经常想要从他人那里得到些什么。例如,孩子可能希望每周得到更多的零花钱。父母可能希望孩子学得更多,获得更高的分数。青少年可能希望他的父亲戒烟。母亲可能希望女儿更有礼貌。丈夫可能需要妻子更多的关注和亲密。妻子可能希望丈夫在家里做更多家务。父母可能希望他们14岁的儿子戒酒,并每周打扫自己的房间。

从事婚姻或家庭治疗的治疗师可以帮助家庭成员建立临时合同,这样每个家庭成员就能得到更多自己想要的东西。家庭治疗的临时合同通常是双边的,规定了双方的义务和责任。临时合同规定要完成的目标和任务,规定完成指定任务的最后期限并确定成功完成任务的奖励。合同还要规定没完成任务的后果。

临时合同可以相当简单。例如,如果一个15岁的孩子每周成功完成所有的任务就可以得到30美元的零花钱。这些任务包括:每周打扫一次房间、清理垃圾、每天早上7:15起床、穿好衣服。如果没有完成这些任务,每周只能得到15美元的零花钱。

临时合同也可以相当复杂。例如,丈夫和妻子可能会达成一项涉及多个方面的约定,包括家务、亲密关系、账单、育儿时间、拜访朋友等。

家庭管理技能

所有的孩子都会时不时地在家里捣乱。

行为治疗师可以指导家长使用一系列标准化技能,实施行为管理实践,增加孩子的亲社会行为,减少他们的问题行为。这种方法被称为"父母行为训练"(Behavioral Parent Training,BPT)。

戈登伯格(Goldenberg)认为,父母行为训练的假设是:

> 有缺陷的亲子互动模式可能通过互惠(一个孩子对消极父母的输入作出消极反应)和强制(父母通过惩罚来影响孩子的行为)来发展和维护。父母行为训练的干预是为了改变这种相互毁灭的互动模式,通常是通过训练父母去观察和衡量孩子的问题行为,然后应用社会学习技术促进令人满意的行为,减少不良行为,保持随之而来的认知和行为变化。

就像所有认知或行为干预一样,父母行为训练从深入的评估程序开始。在教授育儿技术之前,行为治疗师借助访谈、调查问卷、行为检查表和亲子互动等自然主义方法,来确定具体的问题行为以及它的先行事件和后续事件。通过这样的行为分析,治疗师更准确地指出问题,评估问题出现的频率以及问题对家庭的影响程度。系统地训练父母运用社会学习原则,以更积极、更有力的互动来替代以前的目标行为。[39]

在确定所有问题行为的**标准**之后,许多行为技术都可以帮助父母更有效地改

变孩子的破坏行为。其中一些干预措施如下:

1. **暂停**:当孩子打断活动或讨论的时候,让他和其他人分开坐,冷静一下,直到他能够更恰当地参与到团体中去。

2. **强化**:一种强化预期反应倾向的过程。如果一种强化被安排去遵循一个期望的行为,那么期望的行为被重复的可能性就会增加。创造出来这种方法的标语是:"抓住他们,让他们变好。"

3. **惩罚**:一个有破坏性的孩子在做出一种破坏行为之后出现不愉快或不希望发生的事情的过程——在这个过程中,破坏行为被重复的可能性会降低。

4. **塑造**:一种使用强化和惩罚的技术,在这种技术中,不是强化破坏行为,而是强化所需要的行为并不断跟进这种行为,这样一来就形成新的行为模式。

5. **示范期望行为**:父母示范期望的行为(例如,处理人际交往问题),让想要捣乱的孩子来学习这些行为。父母可以用建设性的方式处理人际冲突,表达他们的不满。

6. **代币经济**:亦称"代币奖励""代币制"。父母可以让捣乱的孩子建立一种代币奖励。使用这种方法,当孩子完成指定任务或按照某些特定的标准表现时,就会得到代币。当孩子出现破坏行为时,可能会被拿走代币。然后,通过交换孩子的某些东西或特权,来赎回这些代币(附录一的模块2将更详细地描述代币奖励)。

练习9.10 运用家庭治疗概念*

目标 本练习旨在帮助你理解三种家庭治疗方法如何适用于面临挑战的家庭。

再读一遍关于家庭治疗方法的内容。这三种方法是否能应用在你的家庭,成功解决你的家庭面临的挑战和困难?如果"是",总结一下你认为有用的方法。

总结

本章主要讨论了家庭社会工作、家庭社会工作的多样化类型、家庭的功能等,

---

* 本练习即《实践行为练习册》一书中的练习9.10。

描述了生态地图和基因图。

家庭治疗是为家庭提供的众多社会工作服务之一。本章介绍了一系列的家庭治疗概念,包括语言沟通、非语言沟通、有效的和有问题的家庭规则、有效的和有问题的家庭角色、个人和家庭目标、幕后动机和家庭冲突等。另外,也介绍了家庭治疗的三种方法,分别是:沟通模式方法、家庭子系统方法、认知—行为方法。

团体练习

练习A　锡茨克一家

目标　研究家庭内部的一些基本团体概念,把这些概念运用到模拟家庭治疗情境之中。

步骤一　指导者向班级介绍描述家庭团体治疗的材料,并介绍语言沟通的概念、幕后动机、非语言沟通、团体规则、个人和团体目标、信息一致和双重信息等。

步骤二　对锡茨克一家的介绍如下:

这次家庭治疗的对象是一个四口之家,包括母亲、父亲和两个女儿。该家庭因为女儿的行为问题,被当地家庭治疗诊所关注。她们的学校(老师)是介绍人。为了不浪费时间去收集初步信息,将考虑由两名社会工作者(即两名治疗师)和这个家庭举行第二次会议,这是家庭社会工作的一项议程咨询。会议的主要目的是找出这个家庭的问题。

步骤三　在四个不同记事卡上,输入锡茨克家庭四个成员的以下描述和幕后动机。"描述"和"幕后动机"部分应该分开写,把每张卡片上的"描述"部分大声读给全班同学听。

莎伦·锡茨克

描述:莎伦,女儿,16岁,被认为是家里的麻烦制造者。她抽烟、喝酒、偶尔吸毒、经常旷课,并和一个有着类似名声的同龄人交往。

幕后动机:莎伦实际上非常聪明、敏感、关心他人,但她的自我意识很差。她真心希望得到父母的爱和接受,但她不知道该如何做。她非常担心父母争吵和离婚。虽然她爱自己的妹妹德洛丽丝,但却非常嫉妒她。更糟的是,她担心自己怀孕了。

乔治·锡茨克

描述：乔治，丈夫和父亲，40岁，是一个安静、相对害羞的人，认为自己很聪明。他经营着一家小的奶酪工厂，这占用他大量的时间。他很担心莎伦，因为她似乎只会惹麻烦，他表示希望做任何能帮得上忙的事情。

幕后动机：乔治对正在发生的事情感到非常困惑，因为看起来整个人生正在崩溃。对他来说，表达自己的感受和情感是非常困难的。似乎莎伦唯一能做的事情就是惹麻烦。他的妻子玛莎最近脾气暴躁，似乎他们最近一直在争吵，这让他心烦意乱，甚至不记得在吵什么。在他看来他所能做的就是逃离，并沉迷于工作和看电视。他爱他的家人，真心想要一切恢复正常。

玛莎·锡茨克

描述：玛莎，妻子和母亲，38岁，性格外向、精力充沛，认为自己是一个好人。她非常厌恶莎伦，觉得她似乎尽其所能来制造麻烦。她厌倦了整个局面，因为她觉得自己已经尽了一切努力来帮助莎伦。

幕后动机：还有许多其他事情困扰着她。她的孩子们越来越大，很快就要离开家了。尽管她上了两年大学，但从来没有在外面工作过。她害怕未来。这些年来，她和乔治似乎已经疏远了。他们最近所做的事情只有争吵，他甚至提到了离婚。她认为自己仍然爱着他，想要和他在一起，但她不知道该怎么办。她一直都很安静，然而，最近每当他们和其他人在一起的时候，她就不得不包揽所有谈话。

德洛丽丝·锡茨克

描述：德洛丽丝，女儿，12岁，是一个开朗、看起来很幸福的人，在学校里成绩总是A。

幕后动机：德洛丽丝非常担心她的家庭。她感到内疚，害怕这些问题都是她的过错。她觉得，如果不是因为她，妈妈会是一个快乐独立的职业女性。德洛丽丝对姐姐造成如此多的问题感到非常愤怒。

步骤四　学生自愿扮演家庭中的每位成员的角色，并使用合适的记事卡片。他们要根据卡片上的所有信息来表现。当他们认为合适的时候，可以和班上其他人分享他们的幕后动机。他们还可以根据需要补充其他额外信息。

步骤五　两个学生自愿扮演社会工作者的角色。两名学生可以分担主持会议的责任。当一个人无话可说时，另一个人要迅速接着话题讲。学生们应该注意，社会工作者在这一会议中的目标是评估或界定家庭问题。**指导者必须记住，社会工**

作者和班上其他人都不知道家庭成员的幕后动机。社会工作者应遵循以下准则：

1. 鼓励家庭成员讨论问题，互相交流。
2. 观察他们的语言和非语言沟通模式。
3. 让家庭成员讨论家庭内部的价值观和规则。
4. 探索可能的幕后动机。
5. 一定要问每个家庭成员是如何界定问题的。同时，问每个人希望家庭朝着什么目标努力。

步骤六　模拟是在课堂上进行的，大约 15 到 20 分钟。

步骤七　指导者适时停止角色扮演，并让整个班级讨论以下问题：

1. 家庭中明显的沟通模式是什么？
2. 语言沟通与非语言沟通的信息是一致的还是双重信息？
3. 家庭的团体规则是什么？
4. 每个家庭成员是如何界定问题的？
5. 家庭成员之间的问题界定是否存在差异？
6. 每个家庭成员的个人目标是什么？
7. 团体目标是否明显？
8. 在这个家庭里有什么幕后动机吗？如果有的话，是什么？

步骤八　讨论结束后，每个"家庭成员"大声朗读自己的幕后动机。同学们讨论每个人的幕后动机的明显程度。指导者强调幕后动机作为家庭治疗组成部分的重要性。

练习 B　你和你的家人

目标　确认并将一些基本的团体概念与你家庭中的动力因素联系起来。团体概念包括语言和非语言沟通以及家庭团体规则。

注意　学生应避免泄露敏感的个人信息。

步骤一　指导者使用本章和第七章、第八章所介绍的信息，要求学生识别自己家庭中使用的语言和非语言沟通模式，并写下他们的想法。写下想法有助于让学生更深入地思考自己的家庭，并对自己的观点负责。

步骤二 把学生们分成4—6人的小组，讨论后续问题。

1. 你家里的语言和非语言沟通模式是什么？
2. 在语言和非语言沟通模式方面，你们的家庭之间有什么相似之处？
3. 你们的家庭的语言和非语言沟通模式之间有何不同？

步骤三 每组派一个学生对整个班级的讨论进行总结。

步骤四 指导者将团体注意力引导到团体规则的概念上，每个人总结自己家庭的运作规则。

练习C 用团体概念分析你的家庭*

目标 用文中所描述的团体概念分析你的家庭，更好地了解你的家庭是如何组织、如何发挥作用的。

步骤一 指导者解释本练习的目的，指出这是一个想象练习，陈述如下内容，在每个问题之后简短停顿一下。

我想让你进入一个舒适的环境，然后闭上双眼……做几次深呼吸，放松……整个练习过程中保持闭上双眼……当我问你一些问题时请你想想你的家庭……你的家庭里谁是最主要的领导者？……在你的家庭里谁主要作决策？……这个领导者是专制型的、民主型的还是放任型的？……领导力是按照分布型功能理论那样分布到不同家庭成员吗？……谁是任务型专家？……谁是社会—情感型专家？……你的家庭中谁的权力最大？……对这个权力最大者来说，这种权力的基础是什么？……这种权力是奖励权力、强制权力、法定权力、专家权力还是参照权力？

关于约会、药物和毒品滥用、可接受的性行为、你的衣着、你的宗教期望、准备去读大学的愿望等方面，你家里存在哪些规则或规范？……谁制定了这些规则或规范？如何制定的？……你在家里的角色是什么？

你家里通常都是如何解决争论的？……是使用非赢即输方式还是问题解决方式？……主要决策是通过共识、简单多数投票，还是专制？……成员使用主动倾听促进沟通吗？……使用角色互换技术促进沟通和解决冲突吗？……当你的父亲生气时，他如何用非语言沟通来发泄他的怒火？……当你的妈妈生气时，她如何用非

---

* 本练习即《实践行为练习册》一书中的练习9.11。

语言沟通发泄她的怒火？……成员是公开表达他们的愤怒还是隐藏愤怒来避免冲突？……你的家庭拥有合作的氛围还是竞争的氛围？……一个人可以摧毁家中的氛围——你家里发生过吗？……想想你家中的每一个成员——谁缺乏自信，谁具有攻击性，谁总是自信？

目前你家里最主要的压力来源是什么？……你家里使用哪一种不同的压力管理技巧——比如调解、积极思考、锻炼、度假、奖励给自己礼物、精神健康日、使用支持团体、与别人沟通问题、尽力改变痛苦事件、尽力挑战和改变消极和不理性的思维？……家中的个别成员习惯于拖延吗？……对有拖延症的人来说，你认为应该如何帮助他们停止拖延？……家庭成员都是如何管理时间的？

可能每个人都抱怨一些事情，你家的成员抱怨什么事情？……一般家里处理这种抱怨的方式是什么？

你家的成员当前有没有对什么事情上瘾？……如果有，家庭中其他成员对这一上瘾行为作何反应——例如，他们是忽视这个问题，还是战胜它？……现实中做什么可以有助于减少该领域的问题？……

你家的成员最喜欢的运动是什么？……您家里有什么家庭规则吗？……做什么可以改变已经存在的具有破坏性的家庭规则？

你家的成员都对自身有清醒认识吗？……不同的家庭成员都有积极的自我认识吗？……对那些自我意识低的人，现实中做什么可以提高他们的自我意识？

关于宗教、性行为、化学药物、上大学、吸烟、种族整合、政治学、主修社会工作等，与你相关的家庭观念是什么？

你家里的成员一般是公开地相互沟通吗？……一些成员是否传达出模糊的、间接的信息？……一些成员是否发出不一致的信息？……一些成员是否发出双重信息？……这些信息发送者不敢表达他们的需求和愿望？……你家里的沟通是如何改进的？……你家里的父母子系统是否有功能失调的问题？……你家里伴侣子系统是否有功能失调的问题……你家里兄弟姐妹子系统是否有功能失调的问题？这些功能失调是如何改善的？……我的问题结束了，休息1—2分钟，然后睁开眼睛。

步骤二 学生们讨论这些概念是否有助于他们分析和理解他们的家庭。邀请学生分享他们家庭的情况——比如寻找如何与专制型父母相处的方法，如何处理那些化学药物依赖者的问题。学生们讨论本练习的优点。

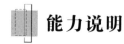 **能力说明**

　　EP 2.1.1.b 练习自我反省和自我纠正，以确保持续专业发展。练习9.1的目的是让学生思考他们家庭的组成和力量。

　　EP 2.1.7.a 利用概念框架来指导评估、干预和评价的过程。本章描述生态地图和基因图的家庭评估工具。两个练习重点是让学生用生态地图和基因图来评估他们的家庭。练习9.4的目的是让学生思考他们家庭中的语言沟通模式。

　　EP 2.1.1.b 练习自我反省和自我纠正，以确保持续专业发展。练习9.5的目的是让学生思考他们家庭中存在的非语言沟通模式。

　　EP 2.1.1.b 练习自我反省和自我纠正，以确保持续专业发展。练习9.6的目的是让学生们思考他们家庭的功能和有问题的规则。

　　EP 2.1.1.b 练习自我反思和自我纠正，以确保持续专业发展。练习9.7的目的是让学生们思考他们家庭成员承担的角色和有问题的角色。

　　EP 2.1.1.b 练习自我反思和自我纠正，以确保持续专业发展。练习9.8的目的是让学生反映家庭成员的个人目标、团体目标和幕后动机。

　　EP 2.1.1.b 练习自我反思和自我纠正，以确保持续专业发展。练习9.9的目的是让学生思考家庭成员面临的挑战，并思考什么行动会给这些挑战带来压力。

　　EP 2.1.10.a 干预和评价；与个体一起准备行动。

　　EP 2.1.10.g 家庭、团体、组织和社区；选择合适的干预策略。家庭治疗的三种方法分别是沟通模式方法、家庭子系统方法和认知—行为方法。练习9.10的让学生运用这三种方法解决家庭成员面临的挑战。

　　EP 2.1.7.a 利用概念框架来指导评估、干预和评价过程。练习C的目的是让学生根据文中描述的团体概念分析他们的家庭。

第十章

组织、社区和团体

目标

本章介绍与组织、社区有关的社会工作实践,考察团体与组织、团体与社区等术语及其之间的密切关系,介绍组织的几种模式。提出帮助专业人员在官僚机构中生存和发展的指导方针,讨论组织结构和领导能力对组织的影响。提出一个社区分析的框架以及社会工作者寻求建设性社区改革时可以运用的三个模型,阐述变革性对话的概念。

在本章,组织被定义为个人聚集在一起为特定目的(目标)服务的集体。人们组织起来要实现的目的(目标)的类型是数不清的——从获取基本生活必需品,到消除全球恐怖主义威胁或实现世界和平。每一种情况下,组织之所以存在是因为人们合作比一个人单独工作能更好地完成任务和实现目标。

埃茨奥尼(Etzioni)描述组织在我们生活中的重要性:

> 我们在组织中出生,接受组织的教育,我们大多数人都在为组织工作。我们大部分的闲暇时间都花在组织上,在组织中消费,在组织中玩耍,为组织祈祷。我们大多数人都会在组织中去世,并且当我们下葬时,最大的组织——国家必须开具官方证明。[1]

南丁(Netting)、凯特纳(Kettner)和麦克默特里(McMurtry)总结了组织对社会工作实践的重要性：

> 作为社会工作者，我们在组织内部的角色、与组织的互动以及试图控制组织的尝试，决定了我们所要做的大部分事情。案主经常向我们寻求帮助，因为他们无法从关乎他们生存或生活质量的重要组织中获得帮助。反过来，我们为这些案主争取的资源通常来自其他组织……如果社会工作者很少了解或根本不了解组织是如何运作的，它们如何相互作用，或者它们如何受到外部和内部的影响以及发生改变，这可能会严重地限制社会工作者发挥作用。[2]

许多学科（包括经济学、心理学、政治学和社会学）出现大量关于组织的理论和研究。然而，尽管组织对社会工作实践很重要，但研究组织的社会工作方面的文献数量却十分有限。

 ## 团体和组织之间的关系

在第一章中，团体被定义为：

> 两个或两个以上的人在面对面的互动中，每个人都意识到自己是这个团体中的成员，每个人都意识到其他人也属于这个团体，并且每个人都意识到努力实现共同目标时，他们之间积极的相互依赖。[3]

组织，如前所述，是个体聚集在一起为共同目标服务的集体。那么团体和组织这两者是怎么联系起来的？

这两者有很多重叠之处。一些组织也被认为是团体，反之亦然。比如，一个社会工作学生俱乐部可以被认为是一个组织，也可以被认为是一个团体。再比如，一所小学的家长教师协会既是一个组织，又是一个团体。

然而，一个大型的组织通常不被认为是一个团体。例如，通用汽车公司被认为是一个组织，而不是一个团体。它不能被称为团体的一个原因是，它的雇员和所有者（包括股东）数量如此之多，以至于没有人与该组织的任何一个其他成员都有私人联系。同样，其他大多数的大型组织（如美国步枪协会和美国医学协会）也都不被认为是团体。这些协会是为了"一个特定的目的"而聚集在一起的，然而，"聚集在一起"并不意味着每个人都和其他人有私人联系，就像一个团体的成员那样。

大多数没有特定目标的小型的、非正式团体也不被认为是一个组织。例如,社区的一群孩子偶尔聚在一起玩耍,就不被认为是一个组织。

练习10.1　驳斥我们的组织神话

目标　许多学生错误地认为他们很少参与组织,本练习的目的是证明你参与过许多组织。

1. 列出你参与过的组织的名单。比如男孩女孩俱乐部、女童子军、教会团体、运动组织和团体、志愿者组织、你工作过的组织、学校组织、学生社会工作俱乐部和你参加的日托中心等。

2. 选择一个你特别喜欢参与的组织,描述这个组织的目标。也描述一下你参与这个组织后学到了什么,你为什么喜欢参与这个组织。

3. 许多学生错误地认为参与组织是"令人反感的",现在你已经意识到自己很喜欢参加各种组织了,未来是否会更积极地期待参与组织?

组织模式*

专制模式

专制模式已经存在了几千年。在工业革命时期,这种模式是关于组织应该如何运作的重要模式。该模式依赖于权力,而那些掌握权力的人是专制的。向工作者传递的信息是"你必须这样做,否则……"这意味着一个不服从命令的员工会受到惩罚,而且惩罚通常是严厉的。

专制模式使用单向沟通——从高层到员工。管理层认为他们知道什么是最好的,员工的义务就是服从命令。员工必须被说服、被指导和被推动着去获得绩效,这就是管理的任务。管理决定思想,员工服从命令,在专制的条件下,员工的角色

---

* 本部分资料改编自:*The Practice of Social Work*, 7th ed., by Zastrow,2003。经 Brooks/Cole 允许重印。

是服从管理。

专制模式在某些情况下确实有效,世界上大多数军事组织都是在这个模式下形成的。该模式在工业革命中也得到成功的应用,例如,在建造大型铁路系统和运营大型钢铁厂时就使用该模式。

专制模式也有很多弊端。员工往往有能力找出组织系统中的结构和技术缺陷,但是,单向沟通阻碍向管理层的反馈。该模式也无法让员工产生很多实现组织目标的承诺。另外,该模式也未能激励员工努力进一步提高他们的技能(往往是对雇主非常有益的技能)。

练习10.2 为专制型老板工作

目标 本练习的目的是让你反思一个专制者的优点和缺点。

1. 简要描述一下你曾经为一个专制者工作的情形(其实,一个专制型老板使用单向沟通——不希望员工们考虑如何做这项工作)。如果你没有为一个专制型老板工作过,那就采访一个曾经为专制型老板工作过的人,然后回答这些问题。

2. 你如何看待为一个专制型老板工作(也就是说,他告诉你该做什么,而不愿倾听你的想法和顾虑)?

3. 你有动力把工作做到最好吗?为什么有?或者为什么没有?

4. 研究发现,双向沟通优于单向交流。为什么你相信,即使在今天,还有如此多的老板使用单向沟通?

监护模式

几十年前,专制模式是组织行为的主导模式。一些进步的管理者开始研究他们的员工,很快他们就发现专制模式常常会导致员工充满不安全感、挫折感以及对管理层的敌意。由于员工不能直接表达不满,因此他们间接表达了不满。一些员工向他们的家人和邻居表达愤怒,这使得整个社区都受到了影响。还有一些人破坏了企业生产。戴维斯(Davis)和纽斯特罗姆(Newstorm)描述了一家木材加工厂的破坏情形。

经理粗暴地对待工人,有时还虐待工人。由于担心失业,工人无法直接反击,他们找到了另一种方法。他们把主管送到一台伐木机上吓唬他,故意破坏完好的木板,这使得主管准备的月度工作效率报告显得很糟糕。[4]

在19世纪90年代末和20世纪初,一些开明的雇主认为,如果这些不良情绪可以缓解,员工会更加喜欢工作,从而提高工作效率。为了满足员工的安全需求,一些公司开始提供福利项目,例如养老金计划、工作场所的托儿中心、健康保险和人寿保险等。

监护方法导致员工对组织的依赖。根据戴维斯和纽斯特罗姆的说法,"如果员工在工会合同下拥有10年的工作资历和良好的退休金计划,即使其他地方的待遇看起来更好,他们也不会放弃这份工作"[5]。

在监护模式下工作的员工往往更关注经济回报和福利。相比在专制模式下工作,他们感到更快乐,也更满意,但他们没有高度承诺帮助组织实现目标,他们倾向于和雇主进行消极的合作。这些模式最明显的缺陷是,大多数员工的生产能力都大大低于他们的实际能力,他们没有动力提升自己的能力,大多数这样的员工在工作中都不会感到满足或受到激励。综上所述,感到满足的员工(监护模式的目的所在)不一定是最有生产力的员工。

■ 科学管理模式

最早的也是最重要的管理学派提出了工作场所中的功能和任务的概念,该概念基于弗雷德里克·泰勒(Frederick Taylor)的研究。[6]泰勒是一位美国机械工程师、实业家和教育家。他主要关注有助于生产力增长的管理技术,他断言,许多在工作场所中的组织问题包含了管理者和工作者之间的误解。经理们错误地认为工作者懒惰、没有感情,也认为他们自己理解工作者的工作;而工作者们错误地认为经理们最热衷于如何剥削他们,如何利用他们。

为了解决这些问题,泰勒制定了科学管理模式,其重点是管理者需要对工作场所进行科学的分析。首先要做的就是仔细研究每一份工作是如何完成的。泰勒说,一个很好的方法就是找出每种工作中最优秀的员工,然后仔细研究他们是如何高效地完成工作的。这个分析的目的是找到完成工作的最优方法,用泰勒的话说,就是"一种最好的方法"。一旦确定了这个最好的方法,就可以改进工具,更好地完成工作,在特定的工作任务中运用员工的能力和兴趣,就可以测量出普通工作者能够维持的生产水平。

泰勒表示,一旦确定了普通工作者的生产水平,下一步就是制定激励措施来提高生产率。他最喜欢的策略是计件工资,即工作者每生产一个单位的产品就能得到一定报酬。而这种策略的目标是生产更多的产品,降低单位成本,提高组织的生产力和盈利能力,并激励工作者生产更多的产品。

泰勒的理论一直被批评为有技术偏见,因为它倾向于把工作者看作机器上的一个齿轮。没有两个工作者是完全一样的,所以做一份工作的"最佳方式"往往是这个人所独有的。实际上,强迫不同的工作者采取相同的工作方式,反而会降低生产力和工作者的满意度。此外,泰勒式方法在公众服务领域的应用也有限。因为每个案主都是独特的,都具有独特的需求、独特的环境影响因素、独特的优势和能力——每个人的服务案例都必须个性化,因此很难指定"一个最好的方式"来进行公共服务。

■ 人际关系模式

1927年,芝加哥西部电力公司的霍桑工厂(Hawthorne Works)开始一系列试验,旨在发现提高工作者满意度和生产力的方法。[7]

霍桑试验开始于在一个流水线的基础上装配电话。工作者不需要特殊的技能,只需要执行简单重复的任务。工作者没有工会,管理层也在寻求提高生产力的方法。如果能提高工作满意度,员工就能更有效率地工作,生产力也会提高。

该公司测试了影响生产率的一系列因素:休息间隔、更好的照明设备、工作时间的变化、工资的变化、改善的工作餐等。如预期一样,生产率随着工作条件的改善而提高,但是让人意外的是,在工作条件恶化时生产率也提高了。这一发现出乎意料,并衍生了另外的研究。

调查人员发现,参与试验对工作者来说极具吸引力。他们觉得自己因为个人能力强被管理层选中了,所以即使工作条件变得不好了,他们也会更加努力工作。此外,工作者的士气和工作态度也得到了改善,因为他们觉得自己受到了特别关注。通过参与这项研究,工作者能够在较小的团体中工作并参与决策。在更小的团体中工作,可以让他们与同事建立更加团结的关系,而参与决策则缓解了他们在工作中的茫然和无助。

在社会学和心理学研究中，这项研究的结果被称为"霍桑效应"。本质上，当参与者知道他们是研究对象时，这种意识可能会导致他们行为的不同，并对结果产生重大影响。

这项研究的结果以及其他类似的研究使研究者得出一个结论：影响生产力的关键变量是社会因素。埃茨奥尼总结了人际关系理论的一些基本原则：

- 生产水平是由社会规范决定的，而不是由生理能力决定的。
- 非经济回报和制裁严重影响员工的行为，并在很大程度上限制经济激励计划的影响。
- 工作者不是以个人而是以团体成员的名义采取行动或反应。
- 领导角色在理解组织中的社会因素上是很重要的，而这种领导力可以是正式或是非正式的。[8]

许多研究都提供了支持这些原则的证据。[9] 有能力提高生产率的工作者往往不会出类拔萃，因为他们不愿意超过团体规范所设定的"平均"水平，即使这意味着挣得更少。这些研究还发现，如果把团体看成整体，而不是很多个体的话，那么管理人员影响员工行为的尝试往往会更加成功。最后，这些研究证明非正式领导在影响工作者行为上的重要性——它可以通过放大或否定正式的领导指示来影响工作者的行为。该模式认为，成功提高生产率的管理者很可能会对工作者的社会需求作出回应。

对人际关系模式的一种批评是令人惊讶的，认为它倾向于操纵、压迫和剥削工作者，也是非人性化的。该模式得出的结论是，管理者可以通过帮助员工获得满足感提高生产率，而不是通过增加经济报酬提高生产率。人际关系模式允许高层集中权力和决策权。它的目的不是让雇员在决策过程中获得权力，也不是为了帮助他们获得真正参与组织运作的机会。根据他们所理解的工作场所内的社会关系来与人打交道的做法，也可能是延续"老好人"（good old boys）关系网的一个因素，这一关系网多年来一直让女性和有色人种处于不利地位。另一种对人际关系方法的批评是，快乐的劳动力不一定是生产力，因为工作者生产的标准可能远远低于工作者的能力水平。

◼ X 理论和 Y 理论

麦格雷戈（McGregor）提出了两种管理理论。[10] 他认为管理思维和行为建立在两种不同的假设之上,他将其称为"X 理论"和"Y 理论"。

X 理论型管理者认为员工不会积极成长和进步,认为他们对工作有天生的厌恶感,并试图在可能的时候逃避工作。因此,X 理论型管理者认为,他们必须控制、指导、强迫或威胁员工进行工作。同时,他们认为员工没有什么抱负,希望逃避责任以及更愿意被指导。因此,X 理论型管理者会认真阐述工作职责,设定不需要员工参与的工作目标,使用外部奖励(比如金钱)来强迫员工工作,并惩罚那些违背既定规则的员工。因为 X 理论型管理者把责任降低到少犯错误的水平,所以工作通常太有条理,以至于变得单调,令人厌恶。当然,这些假设与专业人员所认为的指导、影响和激励人们的有效原则并不一致(从本质上说,X 理论型管理者们遵循着一种专制的组织行为模式)。

相比之下,Y 理论型管理者认为,员工希望通过付出他们的全部努力去完成他们所承诺的工作目标,从而得到成长与发展。这些管理者认为,内部奖励的承诺(如自尊和个人能力提高),比外在奖励(金钱)和惩罚更能激励员工。他们还认为,在适当的条件下,员工不仅会承担责任,而且还会(主动)寻求责任。大多数员工被认为具有很强大的创造力和解决问题的想象力。因此,他们也被赋予很大的责任去挑战他们能力的极限。犯错误被看作学习过程中的必要阶段,工作是有组织的,所以员工会有成就感和进取心。

为 Y 理论型管理者工作的员工通常更有创造力和生产力,工作满意度更高,而且比为 X 理论型管理者工作的员工更有积极性。在两种管理风格下,期望往往成为自我实现的预言。

练习 10.3　为 X 理论型和 Y 理论型管理者工作*

目标　本练习旨在帮助你了解这两种管理风格的优缺点。

1. 描述一下你为 X 理论型管理者工作过的经历。为什么把这个人归类为 X 理论型管理者?

2. 描述一下你为 Y 理论型管理者工作过的经历。为什么把这个人归类为 Y 理论型管理者?(如果你没有为 X 理论型或 Y 理论型管理者工作过,那么就去采

---

* 本练习即《实践行为练习册》一书中的练习 10.1。

访一个,然后回答这些问题。)

3. 比较一下你为 X 理论型管理者和 Y 理论型管理者工作的感受。
4. 对于哪种管理者,你会更有动力成功完成工作?说明你的原因。

学院模式(Collegial Model)

学院模式是对 Y 理论的扩展,强调团体概念,它是指员工紧密合作,并为实现共同目标作出承诺。一些组织,比如大学、研究实验室以及大多数的公共服务组织都有一个目标,就是要创造一种学院式氛围,以促进实现它们的目标(可悲的是,许多这样的组织都未能创造出这种氛围)。

学院式氛围的创造,高度依赖于管理层与员工建立的伙伴关系。当这样的伙伴关系得到发展时,员工会感到自己被需要,感到自己有价值。经理们被视为团体合作的贡献者而不是老板,管理者被看作建立一个更好的团体的教练。戴维斯和纽斯特罗姆描述了建立这种团体的一些方法:

> 我们可以运用很多方式营造合作伙伴型的团体氛围。一些组织已经取消高管专用停车位,因此每位员工都有机会找到一个靠近工作场所的停车位。一些公司取消了"老板"和"下属"等术语的使用,认为是这些术语造成了管理者和非管理者之间的心理距离。还有一些雇主取消了计时钟表,设立了"趣味委员会",赞助公司旅行,或者要求经理们每年在外地或工厂工作一到两年。所有这些方法都是为了培养一种互助精神,在这种精神的影响下,每人都做出贡献并欣赏他人的贡献。[11]

如果合作意识得到了发展,员工就会高质量地完成工作,并寻求与同事的合作,这不是因为管理人员要求他们这样做,而是因为他们觉得自己有责任完成高质量的工作。因此,学院模式会带来一种自律感,在这种环境下,员工更倾向于有成就感,有自我实现感,并追求和完成更高质量的工作。

Z 理论

威廉·大内(William Ouchi)在他 1981 年的畅销书《Z 理论》中描述了日本的管理风格。[12]在 20 世纪 70 年代末和 80 年代初,随着美国长期占据市场主导地位的产业(如汽车工业)被日本主导产业所挑战,美国商界开始关注日本的管理方法。

日本的工业组织迅速摆脱了早期质量低劣的名声,并制定了质量和耐用性的世界标准。

Z 理论认为,日本的管理理论基础超越了 Y 理论。根据 Z 理论,日本的商业组织比在美国的以营利为导向的实体企业更重要,这是一种生活方式,它提供了终身雇佣制,与国家的政治、社会和经济网络紧密相连。此外,它的影响扩散到许多其他组织,如幼儿园、中小学以及大学。

Z 理论的基本原理是,参与管理和被承诺的员工是提高生产力的关键。在可行的情况下,应经常征求和实施关于如何改进组织的想法和建议。实现这一目标的一个策略是质量圈(quality circle)——员工和管理层经常针对如何提高生产力和质量进行头脑风暴。

与美国的组织不同,日本的组织往往没有书面的目标或组织结构图。大多数工作是在团体中完成的,决策是通过协商一致作出。团体中往往没有指定的领导者,强调单位内部与单位之间的合作、员工对组织的忠诚以及组织对员工的忠诚。

旨在将日式管理移植应用到美国的试验,其结果喜忧参半。美国的组织已经在大多数案例中得出结论——Z 理论在具有日本社会价值的同质文化中可能运作得很好,但有些成分与美国的异质性和个人主义特征并不相符。此外,在通过调整员工的工作能力以适应迅速变化的市场需求的情况下,一些不稳定的行业(如电子产品)的公司很难在满足职工终身雇佣的愿望与调整劳动力以满足迅速变化的市场需求之间实现平衡。

◆ 目标管理

组织最基本的核心是它的目标,即人们对组织存在原因的共同理解。

管理理论家彼得·德鲁克(Peter Drucker)提出了一种组织目标的战略,其核心是组织生活的运行。[13]换句话说,德鲁克没有把重点放在员工的需求或组织结构上,并以此作为提高效率和生产力的方法,反而建议从理想的结果开始,反过来工作。该策略首先确定组织目标,然后调整实现这些目标的组织任务、资源和结构。这种目标管理法(Management by Objectives,MBO)旨在使组织集中全部力量实现这些目标。于是,成功取决于实现既定目标的程度。

这种方法可以应用到整个组织,也可以应用于组织内部的部门。当目标管理法应用于组织内部的部门时,每个部门的目标应该是一致的,并且都支持总体的组织目标。

在包括个性化服务在内的许多领域,目标管理法也可以应用到每个成员提供的案例中。每个案主都设定目标,然后确定完成这些目标的任务,并设定完成这些任务的最后期限。每个成员的目标的实现程度,会在以后(通常是在一个案例结束时)决定每个案例的成功程度。

目标管理法的一个变种是战略规划和预算(Strategic Planing and Budgeting,SPB),从20世纪90年代开始流行,至今仍被广泛使用。这个过程包括:首先,详细陈述总体愿景或组织任务,其次,确定实现该愿景的各种具体目标或计划;最后,调整资源去满足特定的优先目标或计划。组织经常聘请外部顾问协助领导战略规划和预算过程。

对于组织(或其部门)来说,目标管理法的一个主要优点是,它为所有员工提供明确的目标和任务,而这些目标和任务预计将要在指定时间内完成。这种方法有助于改善合作和协作。目标管理法也提供了分配资源的指南以及监管和评估组织工作的重点。

目标管理法的另一个好处是,它创造了工作场所中的多样性。在这种方法之前,那些负责招聘的人没有大量雇用女性和有色人种员工。由于在组织之间开展了平权行动计划,目标管理法被广泛用于确定具体的雇佣目标和计划。其结果是,使许多妇女和其他少数团体获得聘用。

■ 全面质量管理

全面质量管理(Total Quality Management,TQM)被定义为:

在一个组织内整合所有的功能和过程,以实现商品和服务质量的持续改进,其目标是让顾客满意。[14]

全面质量管理模式建立在一些观念的基础上。它意味着从企业的所有职能中考虑质量,这是一个"从开始到完成"的过程——将所有层次的相互联系的功能整合在一起。它是一种系统方法——考虑组织中各个元素之间的所有互动。全面质量管理模式认为,在许多企业和组织中,管理者错误地将组织中的问题归咎于个人,而不是系统。全面质量管理模式推崇85/15法则——85%的问题可以只通过改变系统(大部分由管理层决定的结构、规则、实践、期望和传统)就能得到纠正,而只有不到15%的问题由员工解决。当出现问题时,全面质量管理模式认为管理层应该在系统中寻找原因,并在把责任推卸给员工之前把问题解决掉。

全面质量管理模式认为,质量就是持续改进所有组织过程而让顾客感到满意,顾客的满意是本组织的主要宗旨。顾客不是"销售点",而是设计和生产过程的一部分,因为必须不断跟踪顾客的需求。

近年来,许多组织都采取了全面质量管理方法来尝试改善它们的商品和服务。质量越来越受到重视的一个原因是,消费者越不喜欢使用那些批量生产、质量差的一次性产品。公司意识到,为了在全球市场保持竞争力,产品和服务的高质量是关键。福特公司的座右铭"质量第一"即表明公司对质量的重视。

全面质量管理有多种方法,许多理论家已经提出了自己的不同方法。这些方法的概要被收录在《全面质量管理原则》一书中[15],本书不作赘述。但是,下面概括了全面质量管理的基本原则:

- 雇员询问外部和内部的顾客需要什么,并向他们提供(比他们需要的)更多。
- 给每一位员工灌输自豪感。
- 专注于利用信息和数据(一种共同语言)来解决问题,而不是专注于观点和自我。
- 培养领导者,而不是管理者,并了解二者的差异。
- 改进每个过程(每个人都处于一个过程中),确定预定时间内要取得的进步,然后如果有必要,就再进一步完善。
- 当组织变得有效率的时候,帮助每一位员工享受他的工作。
- 组织一个论坛或营造开放的氛围,当员工有好主意的时候,可以自由发表意见。
- 不断增加这些建议,并接受和实施其中最好的建议。
- 利用团体合作的概念,因为团体通常比个人能作出更好的决策。
- 授权团体实施他们推荐的解决方案,并从失败中吸取经验。
- 减少权力的层级数量,以加强授权。
- 将投诉作为改进的机会。[16]

这些原则表明了全面质量管理模式的特色。

练习10.4　应用组织模式的概念*

目标　本练习的目的是帮助你理解组织的模式,然后应用一些理论概念。

1. 回顾本章中的下列组织模式。
- 专制模式
- 监护模式
- 科学管理模式
- 人际关系模式
- 学院模式
- 目标管理
- 全面质量管理

选择一个你曾经工作过的组织,并描述这个组织的目标。

2. 列出一些模式的有用概念,帮助你理解"老板/领导者"和"员工"的行为,并总结一些你认为有用的模式的理论概念。

在官僚机构中生存**

官僚机构是组织的一个子类(或类型)。官僚机构可以被定义为一种社会组织形式,其鲜明的特征是以权力为中心的垂直等级制度,特定的任务分工,清晰的规则,正式的沟通渠道以及基于技术能力的选任、薪酬、提升和留用。

协助型专业人员(helping professionals,HP)和他们所在的官僚系统之间存在着基本的结构性冲突。协助型专业人员高度重视创新精神,并改变系统为案主服务。官僚机构抵制变革,它在没有人"摇旗呐喊"的时候效率最高。协助型专业人员通过向每位案主传达"你是一个人"的方式来尝试个性化服务。官僚机构是高度非个性化的、情感冷漠的系统——把每个社会工作者和每个案主看作一个大系统中的一个很小的组成部分。在庞大的官僚机构里,工作者并不算"人",而只是系统的功能部分。下面列出了协助型专业人员和官僚系统之间相互冲突的价值取向。

---

* 本练习即《实践行为练习册》一书中的练习10.2。
** 本部分资料改编自:*The Practice of Social Work*,7th ed.,by Zastrow,2003。经Brooks/Cole允许重印。

协助型专业人员和官僚机构之间的价值冲突

协助型专业人员的取向	官僚系统的取向
渴望民主的决策制度	大多数决定都是专制的
希望权力平等分配给员工（水平结构）	权力是垂直分布的
希望案主拥有相当大的权力系统	权力主要由高层管理人员掌握
希望有一个灵活多变的系统	系统是刚性且稳定的
希望强调创造力和成长	重点是结构和现状
希望专注于案主导向	系统以组织为中心
希望人与人之间的交流是个人化的	沟通是从一级到另一级的
渴望共同的决策结构和责任结构	不同层级的决策结构和责任结构是有特点的
希望那些拥有最多知识的人作出决定	决策是根据分配给层级结构中的每个职位的决策权作出的
渴望共享领导权力	保持独裁型领导风格
认为案主和员工的感受应该受到系统的高度重视	高度重视程序和过程

练习 10.5　你对官僚系统的认识*

目标　本练习是为了帮助你了解对官僚系统的真实看法。

1. 研究"协助型专业人员的取向"和"官僚系统的取向"。阅读这些材料之前你有哪些取向？

2. 如果你列出了"协助型专业人员的取向"，你现在是否认为需要以"官僚系统的取向"来看待官僚系统？说说你对这个问题的看法。

这些价值取向上的任何一种差异，都可以成为协助型专业人员和他们工作的

---

* 本练习即《实践行为练习册》一书中的练习 10.3。

官僚机构之间产生冲突的地方。克诺夫(Knopf)总结了官僚机构与协助型专业人员之间发生冲突的潜在领域:

> 官僚系统的标志是权力、等级和特殊化,也就是规则和角色,事实上,其结果就是非人性化。系统本身既"不好"也"不坏",它就是一个系统,我认为它是与道德无关的。它不仅有效而且有效率,但要做到这一点,它的所有功能都必须是客观的,这就是压力所在。协助型专业人员的标志是高度个性化、民主化、人性化,是以人际关系为导向进行自我激励的服务。官僚系统的特点是一个高度非人性化、无关价值(与道德无关)、情感冷漠、有层次结构的组织。协助型专业人员的困境是如何通过一个不以这种方式建立的实施系统为案主提供个性化的服务。[17]

许多协助型专业人员错误地将"个性"投射到官僚机构中,来应对这些价值取向的冲突。官僚机构被认为有官僚习气、官僚作风且残酷冷漠。这种负面的情感有时也会被投射到管理者身上,他们被认为只会纸上谈兵、死板、效率低下。克诺夫说:

> 协助型专业人员……可能通过在系统上投射价值来处理系统的非个人性质,从而给官僚系统一个"个性"。这样,我们就欺骗自己,以为我们可以用个人的方式来处理它。不幸的是,投射几乎总是消极的,它反映了我们自己阴暗或消极的一面。然后,官僚系统就变成了一块幕布,反映着我们发泄的愤怒、悲伤或恐惧,而当很多负能量产生时,我们完成的事情却很少。因为官僚系统与道德无关(无法区分是非),所以在它上面投射"个性"是没用的。[18]

官僚体制既不好也不坏,它既没有个性也没有价值体系,它只是一个用来执行各种任务的结构。

协助型专业人员可能会对这些与官僚体制的冲突有不同的情绪反应。[19]常见的反应是对系统的愤怒、自责(这都是我的错)、悲伤和沮丧(我很可怜,没人欣赏我所做的一切)、恐惧和偏执(他们会来找我算账的,如果我搞砸了,我就得走人了)。

克诺夫发现了协助型专业人员选择应付官僚机构的多种行为模式[20],具体如下:

战士(warrior)领导公开的斗争来摧毁和破坏系统。战士会低估系统的价值,并且经常陷于一场非赢即输的冲突中。战士通常会输,然后会被开除。

造谣者(gossip) 是一种隐秘的战士,向其他人(包括案主、政客和新闻媒体)抱怨这个系统有多糟糕。造谣者经常会挑选出一些管理者进行批评。官僚系统也不会让造谣者的日子好过,因为会给他们安排一些艰巨的任务,不提拔他们,给他们的薪水也很低,甚至还会解雇他们。

抱怨者(complainer) 就像造谣者一样,但他把抱怨的对象限制在其他的协助型专业人员、内部员工和家庭成员之间。抱怨者希望人们同意他的观点,以便在共同的痛苦中找到安慰。抱怨者希望与系统保持一致,并且通常也这样做。

独舞者(dancer) 善于无视规则和程序,独来独往,经常因为填写表格不当而受到斥责,在系统中投入精力少,很少帮助案主。

拥护者(defender) 胆子小,害怕冲突,因此他们捍卫规则,维护系统和官僚机构的管理者。拥护者通常是监督者,被其他人视为官僚主义者。

机器人(machine) 是具有官僚系统取向的官僚主义者。多年来,机器人一直不参与提供直接服务,经常被指定为研究委员会和政策团体的负责人和董事会主席。

刽子手(executioner) 是饱含激情、强烈攻击组织内部人员的人。刽子手通常精力充沛,容易冲动,滥用权力,不加区别地攻击和解雇雇员,取消服务和计划。刽子手有权力,也有愤怒(尽管他们掩饰、否认愤怒)。他们既不认同协助型专业人员的价值取向,也不认同官僚系统的价值取向。

克诺夫列举了66条在官僚机构中生存的建议。[21]这里总结了最有用的22条:

1. 当官僚机构没有满足你或案主的需求时,使用以下解决问题的方法:(1)准确找出与官僚机构相冲突的你的需求(或案主的需求),这一步是确定问题;(2)生成一系列的解决方案,创造性地提出各种解决方案;(3)评估这些解决方案的优缺点;(4)选择解决方案;(5)实施解决方案;(6)评估解决方案。

2. 了解你所在的官僚机构的结构和运作方式。这些知识可减少你对未知的恐惧,使系统变得可预测,有助于找到最理性的方法来满足你和案主的需求。

3. 请记住,官僚主义者是有感情的人。如果你像对待案主一样尊重和关心他们,通常会有效地减少沟通障碍。

4. 如果你与官僚机构有斗争,那么就停止斗争。如果你仍然处于斗争状态,这个系统将会找到一种方法开除你。停止斗争,你就可以作为盟友利用官僚机构的优势,而不是仇视它的优势。

5. 了解你的工作合同和工作期望。如果期望不明确,那就寻求明确的期望。

6. 继续提高知识水平和特殊的协助技能,充分利用教育机会(例如,研讨会、会议、课程)。持续的专业发展将帮助你获得更高超的技能以及与技能相匹配的工作岗位。

7. 寻找你的职业优势和不足。找到这些不足之处,能够帮助你避免承担超出能力的责任。

8. 要意识到你不能改变一切,所以要停止尝试改变一切。在一个官僚机构中,把你的改革努力集中到那些最需要改变并且你有机会去改变的方面。停止思考和抱怨那些你无法改变的方面。抱怨你不能改变的事情或者抱怨那些你不打算改变的事情都是不理性的。

9. 学习在与官僚机构的互动中控制自己的情绪。尤其需要控制消极情绪(如愤怒)。对不良情绪作一个理性自我分析(参见附录一模块1)是控制不良情绪的一种方法,学习如何在个人生活中应对压力也会让你更好地消除压力。

10. 培养和使用幽默感。幽默可以消除不利条件,减少消极情绪。

11. 学会接受你的错误,甚至自嘲一些错误,没有人是十全十美的。

12. 和你的同事一起花点时间享受和发展相互支持的人际关系。

13. 承认你的错误,有时在小事上让步。有时向别人让步,别人也会向你让步。

14. 保持身体健康和精神清醒。学会使用减压方法和防止懈怠的方法(参见第十一章)。

15. 把你的工作留在办公室。如果你有紧急未完成的公务,要么在离开之前做完,要么就继续做,不要离开。

16. 偶尔邀请你的主管和其他管理者去吃午饭。社交可以防止孤立,有助于你融入和理解官僚系统。

17. 不要从官僚机构中寻求自我实现或自我满足。一个非人性化的系统无法提供这种功能,只有你自己才能满足自我,才能实现自我。

18. 向重视你所在机构优势的社区团体发表演讲。演讲之后,毫不犹豫地让他们发一封感谢信给你的主管或机构主管。

19. 如果你的问题涉及官僚机构,那就和其他员工讨论解决问题而不是抱怨。

在系统中要作出改变,团体的力量和作用要比单独一个人强大得多。

20. 不管你的级别有多高,都要保持直接的服务联系。直接接触服务可以让你了解不断变化的案主需求,防止你落后,并使你容易协调低一级员工所关心的问题。

21. 不要试图马上改变系统中的所有问题。过多的攻击会使你过度疲劳,导致懈怠。在与官僚主义者争执之前,先从小事做起,选择具体的细节,复核事实,以确保他们能够准确明白你的立场。

22. 确定你的职业目标,确定它们是否能在这个系统中得到满足。如果答案是否定的,那么:(1) 改变你的目标;(2) 改变官僚机构;(3) 寻找在其他地方可以实现目标的职位。

组织效能:结构与领导能力

正是组织的结构或组织的最高领导层的能力水平决定着一个组织的整体绩效水平(作者意识到,还有其他影响整体绩效水平的因素,比如经济环境——严重的经济衰退很可能降低整体绩效)。另外,其他因素还包括员工的专业水平和员工的士气等。

然而,决定整体绩效水平的两个主要因素是官僚结构和最高领导层的能力水平。通常来说,组织会花费大量时间在内部讨论被提议的结构变革是否有利于提高绩效水平。

在作者看来,虽然结构很重要,但最高领导层的能力水平在决定整体绩效水平方面更重要。

以下假设似乎是有根据的:

1. 有能力和有动力的高层领导者能够领导一个具有限制性结构的组织,使其表现良好。

2. 不称职的或者马基雅维利式的领导者(参见第三章)通常会导致组织的绩效水平较低,即使这个组织结构的设计是为了促进高水平的绩效。

为什么当一个组织在运转的时候,通常最初的努力集中在改变组织结构而不是改变谁占据了最高领导位置?答案似乎是,改变官僚结构的成本更低,也不费力。

以上假设的一个例证就是美国总统的表现水平。美国 C-SPAN 有线电视公司在 2009 年公布了历史学家对总统领导能力的第二次调查结果，其中 65 位历史学家对 42 位前总统进行了 10 项领导特征的调查。这十项特征是：

公众说服	管理能力
危机领导	与国会的关系
经济管理	愿景/制定议程
道德权威	为所有人追求平等正义
国际关系	时代背景下的表现

调查的所有结果可以在 www.c-span.org/Presidentialsurvey/ overall-ranking. Aspx 网站上找到。

我们看看最近几位总统（自 1953 年艾森豪威尔就任总统以来）的排名：

总统	总排名	任期
约翰·肯尼迪	6	1961—1963
德怀特·艾森豪威尔	8	1953—1961
罗纳德·里根	10	1981—1989
林登·贝恩斯·约翰逊	11	1963—1969
比尔·克林顿	15	1993—2001
乔治·赫伯特·沃克·布什	18	1989—1993
杰拉尔德·福特	22	1974—1976
吉米·卡特	25	1977—1981
理查德·米尔豪斯·尼克松	27	1969—1974
乔治·沃克·布什	36	2001—2009

在过去的五十年里，联邦政府的官僚结构发生相对较小的变化。然而，在美国总统的表现水平上，从第 6 位的约翰·肯尼迪到第 36 位的乔治·沃克·布什，都出现了很大的变化。在乔治·沃克·布什执政期间，他领导我们参与了两次不受欢迎的军事行动——伊拉克战争（从未发现大规模杀伤性武器）和阿富汗战争。在乔治·沃克·布什任期内，全球经济严重衰退。看来美国总统的表现水平（考虑到美国的领导作用）在国际上具有深远的影响力。

社区、组织和团体

社区被定义为"一群共享特定价值观、服务、机构(institution)、利益或邻近地理位置的个人或家庭"[22]。在这个定义中,机构这个术语有时很难理解。巴克将机构定义为"为某种公共目的而建立的组织(organization)及其工作场所,如监狱"[23]。

读者会注意到,"**组织**"和"**社区**"这两个术语是密切相关的。在本章前面部分,组织被定义为个体聚集在一起为共同目标服务的集体,一些社区也是组织。疗养院既被认为是一个组织(居民和工作者组成的一个具有特定目标的集合体),又被认为是一个社区(居民和工作者共享特定的价值观、服务、工作场所、兴趣和邻近地理位置)。

但并非所有社区都是组织,反之亦然。一个大城市的居民组成一个社区,因为他们共享某些服务和机构,并且地理位置邻近,但是一个大城市并不是一个组织,因为它的居民不是聚集在一起来服务于一个特定的目标。

大型跨国公司的老板和雇员(如菲利普·莫里斯公司在许多国家都设有办事处,销售各种产品,包括烟草和杂货)组成一个组织。然而,菲利普·莫里斯公司并没有被认为是一个社区,因为该公司规模太大,以至于其太多太多的老板和雇员们没有充分参与"相互分享"。

练习 10.6　享受和欣赏一个社区

目标　一些学生错误地认为参加社区的社会工作实践是不值得的。本练习旨在向学生展示社区参与会带来很多回报。

1. 描述一个你喜欢参与的社区。可能是女生联谊会、兄弟会、你住的社区、你在旅行中或假期中参观过的社区、你所参与的教会团体、学校宿舍等。在你的描述中,寻找这个社区的独特方面。

2. 明确说出你所欣赏的社区的各个方面。

3. 本练习是否让你(至少有一点)可以得出结论——社区参与(也就是社区中的社会工作实践)是不是你想继续追求的事情?

团体和社区之间的关系

专业术语"**社区**"和"**团体**"是密切相关的。如第一章所述,团体是:

> 两个或两个以上的人在面对面的互动中,每个人都意识到自己是这个团体中的成员,每个人都意识到其他人也属于这个团体,并且每个人都意识到努力实现共同目标时他们之间积极的相互依赖。[24]

团体的显著特征是其成员之间有私人联系。正如本章前面所述,一个社区是"一群共享特定价值观、服务、机构、利益或邻近地理位置的个人或家庭"[25]。

在许多情况下,团体和社区在概念上有重叠,一个团体也可以被认为是一个社区。位于威斯康星州麦迪逊市的圣彼得斯天主教会是一个团体,又是一个社区。成员之间有私人联系(团体的特点),并分享天主教会的宗教价值观(社区的特点)。

还有许多其他案例证明一个团体也同时是一个社区。威斯康星州小芝加哥的一个小村庄,由一家银行、三家商店、一家酒馆、一家餐馆和五户住宅组成。村庄是一个社区(它的居民共享邻近地理位置、服务、价值和利益),并且具有彼此的个人联系(团体的一个重要特征)。他们也共享一些利益和价值观,例如:辛勤劳动、危难时刻帮助邻居、信仰基督教、热爱美国的乡村生活。

许多社区非常大,以至于他们的成员之间没有私人联系,因此它不是一个团体。例如,全世界的罗马天主教会都有一套共同的价值观,因此可以被认为是一个社区,然而,没有人与其他所有人之间具有私人联系,所以它不被认为是一个团体。纽约市居民组成了一个社区,因为他们共享邻近的地理位置(事实上,也有明显的地理边界),但是这个社区并不是一个团体,因为没有居民和其他所有人之间拥有私人联系。

 分析一个社区

人们已经提出各种框架来分析一个社区。下列框架介绍了一些基本方法:

1. **社区成员**：这个社区的成员有谁？有多少人？这些成员有什么特征？他们的种族或种族构成是什么？年龄构成是什么？成员对自己的社区感到自豪吗？如果"是"，成员在哪些方面有自豪感？

2. **经济特征**：社区的主要经济特征是什么？就业的主要类型是什么？主要行业是什么？经济基础最近发生变化了吗？失业率是多少？

3. **社区价值观**：社区有不同的价值观吗？如果"是"，这些价值观是什么？谁制定了这些价值观，为什么选择了这些价值观，或者它们是如何形成的？随着时间的推移，这些价值观发生变化了吗？如果"是"，发生了什么变化，原因是什么？

4. **需求和社会问题**：成员最重要的需求是什么？为什么这些需求是最重要的？如何有效地察觉到社区成员的需求？与前面的问题密切相关的问题如下：影响成员的主要社会问题是什么？团体中正在遭遇社会问题的人口比例是多少？有哪些可用数据来确定这些社会问题？这些数据的来源是什么？

5. **压迫和歧视**：一些团体是压迫和歧视的受害者吗？（压迫可以被定义为不公正或残酷地使用权威或权力）。如果"是"，以下问题很重要：为什么压迫和歧视会发生？社区的权力结构是如何回应压迫和歧视的？为打破这种压迫和歧视，正在做出哪些努力？谁领导做出这些努力？

6. **权力结构**：谁掌握着社区权力？权力的本质是什么，比如财政、军事或警察力量、选举程序？权力结构如何维持其权力？权力是在成员之间平均分配，还是集中在少数成员手中？权力结构对社区中的无权者是什么态度？

7. **公众服务**：哪些现有的公众服务机构和组织被视为社区的主要服务提供者？它们提供了哪些公众服务？这些服务的主要受益者是谁？是否忽视了具有重要需求的团体？如果"是"，这些需求为何被忽视？社会工作者在社区中的形象如何？

8. **教育服务**：社区的主要教育资源是什么？提供什么教育服务？这些服务的主要受益者是谁？是否有团体的教育需求被忽视？如果"是"，为什么这些需求被忽视？

练习10.7 分析你家所在的社区*

目标 本练习旨在帮助你学习如何应用一个框架去分析一个社区。

1. 使用"分析一个社区"中所描述的框架,尽可能多地回答关于你家所在社区的问题(没必要作太多研究,只是根据你现在对你家所在社区的了解进行回答)。

2. 用这个框架分析一个社区的优缺点,你对此有何想法?

社区实践模式**

学者们已经为社区实践者开发了各种方法来促成社区改变。回顾这些方法时,罗斯曼(Rothman)与托普曼(Tropman)将它们分为三种模式:地区发展、社会规划和社会行动[26],值得注意的是,这些模式都是"理想的类型"。《实践行为练习册》一书中社区变革的实际方法有一种趋势——大多数方法都有一个或两个其他模式的特征。例如,社会规划模式的提倡者有时会使用社区变革技术(例如,广泛的讨论和各种团体的参与),这是另外两种模式的特点。在这里,我们不打算涉及混合形式,出于分析的目的,我们将这三种模式视为"纯粹"的形式。

地区发展模式

地区发展(也称为"社区发展")模式认为,社区变革最好是通过当地社区众多居民的广泛参与来实现。该模式打算吸引广泛的人群(包括弱势团体和权力结构)来确定和解决他们的问题。这个模式强调的主题是:民主程序、协商一致、自愿合作、发展本土化领导和自助。

社区实践者在此模式中的角色是:推动者、促进者、协调者、解决问题技能和道德价值方面的教师。该方法假定可以有创造性、建设性地处理不同利益团体之间产生的冲突,鼓励人们自由地表达不同意见。该模式假定人们会把自己的利益放在一边,以促进社区的利益,假定人们会通过诉诸利他主义来抛弃自身利益。这个模式的基本主题是"我们可以一起找出该做什么和怎么做"。该模式寻求利用不

---

* 本练习即《实践行为练习册》一书中的练习10.4。

** 本部分改编自:The Practice of Social Work,7th ed.,by Zastrow,©2003。经Brooks/Cole允许重印。

同派别之间的讨论和沟通,对要关注的问题和解决这些问题的策略或行动达成共识。还有一些案例涉及地区发展的努力,包括社区机构开展的邻里工作项目、为美国服务的志愿者、一些海外社区发展项目的乡村工作(包括和平队)、自助团体进行的各种活动。下面介绍一个地区发展模式的实例。

地区发展模式实例

1995年,少年缓刑部门的社会工作者罗伯特·麦卡恩注意到,越来越多的学龄儿童被警察部门、学校系统和该地区的家长介绍到他的办公室。当地是一个拥有1.1万人口的小城市。这些人的指控包括身份犯罪(如逃学)和违法犯罪(如扒窃和入室盗窃)。麦卡恩先生指出,这些孩子大多来自单亲家庭。

麦卡恩先生联系了本地区的自助团体、单亲父母组织、公立学校的学生服务部门、当地社会服务部门、一些神职人员和社区精神健康中心等。他接触到的几乎所有人都认为,需要更好地为单亲家庭的孩子提供服务,这是一个新兴的社会需求。公立学校的学生服务部门指出,这些孩子在学校表现不佳,往往表现出更严重的违反纪律问题。

麦卡恩先生安排了一场见面会,与先前联系好的团体和组织的代表们见面协商。

在最初的会议上,人们非常担忧单亲家庭的孩子表现出的大量问题行为。学校部门认为这些孩子面临更高的逃课、辍学、犯罪、自杀、情感问题和意外怀孕的风险。虽然已经确定了许多问题,但在最初的会议上没有人能够提出可行的策略,以便更好地为单亲父母及其子女服务。这个社区正在经历经济衰退,因此,一个昂贵的新项目难以获得较多的资助资金。

他们又举行了三次会议。在第二、第三次会议中,讨论了一些提供服务的建议,但这些建议要么代价过高,要么不切实际。在第四次会议上,一位单亲父母代表提到,她知道一些社区的兄弟姐妹项目对单亲家庭的孩子有帮助。这个想法"启发"了这个团体,建议开始多起来。该组织决定,没有资金去雇用员工来管理一个大型的兄弟姐妹项目。然而,学生服务部门的一位社会工作者罗纳·奎因提出,自己愿意在单亲家庭中找出高风险的孩子,并愿意在"大伙伴计划"中监督指导合格的志愿者。

麦卡恩先生提到,他目前正指导一批大学生在社区附近的一所大学里进行社会工作项目的毕业实习。他指出,也许可以安排社会工作专业的大学生成为他们需要的志愿者,来担任"大伙伴"。罗纳·奎因表示,如果她能自由地对"大伙伴"的申请者作一下筛选,她会同意这个建议。接下来的两个多月里,就是安排社会工作专业的大学生成为单亲家庭孩子的"大伙伴"。经过两年的试验,学校发现这个项目很成功,安排奎因女士专门监管这个项目,包括选择有风险的孩子,筛选志愿者,将孩子和"大伙伴"匹配,监控每个匹配对象的过程,并后续确定每个配对的结果。

◼ 社会规划模式

社会规划模式强调解决问题的技术过程。该模式假定,在复杂的工业环境中,社区变革需要高度训练过的和技术娴熟的规划人员,因为他们可以指导复杂的改革过程。该模式十分强调专业人员识别和解决社会问题的作用,雇用专业人员或规划师通常是权力结构的一部分,如地区规划机构、市或县规划部门、精神健康中心、道路联合委员会、社区福利理事会等。由于雇用社会规划师是权力结构的一部分,所以规划师倾向于为权力结构的利益服务。促进社会发生急剧变革通常不是这种方法的重点。

社会规划师在此方法中的作用是收集事实、分析数据,并担任项目设计人员、实施者和推动者。根据社区对所处理问题的态度,社区参与的程度可能有所不同。例如,为老年人社区中心的设计和获得资金的努力可能会也可能不会导致有兴趣的社区团体广泛参与,这取决于围绕这个社区中心的政策。社会规划方法的重点是确定需求,以及安排提供商品和服务给需要的人。这种模式的变革焦点是"让我们了解事实并采取下一个合理的步骤"。下面介绍一个社会规划模式的实例。

社会规划模式实例

1995年,林肯县社会规划机构的董事会授权其员工对建立集中的信息和转介中心(I&R)进行可行性研究。唐纳德·李维(工作者,一位社会规划师)被指派进行这项研究。李维先生收集了如下数据:

- 该县中心城区拥有50万人口,社区服务机构和组织超过350个。不仅案主,服务提供商也对可从这些机构中获得哪些服务感到困惑。
- 这里有一些令人困惑的专业信息和转介中心服务正在开发过程中(这些开发中的专业信息和转介中心只在一两个领域提供服务)。专业的信息和转介中心服务在自杀预防、精神健康、认知障碍、日托服务、收养服务、饮酒和毒品治疗方面正在持续发展中。

李维随后设计了一个集中的信息和转介服务的项目模型。该模型描述了一项服务——为该县所有个人和社区服务提供信息检索和转介服务。例如,信息和转介中心服务不仅提供日托服务,而且还提供在哪里可以找到公共网球场、给谁打电话来清理你家门口被杀死的流浪猫等信息服务。集中的信息和转介服务中心的电话号码将在电视、广播、广告牌、报纸和电话簿上广泛宣传。李维先生也为该项目的开发做了经费预算。

林肯县社会规划机构的董事会认为,这种集中的信息和转介服务将比那些质量欠佳的其他机构服务更有效、更实惠。因此,委员会授权李维先生专心从事集中的信息和转介服务的开发工作。

李维先生对全县所有的公共服务机构和神职人员进行了问卷调查。结果显示,他们都强烈支持集中的信息和转介服务中心的开发。此外,复活节海豹协会(Easter Seal Society)强烈表示,他们需要这样的一种服务,并愿意资助这个新项目。李维先生很高兴,并为复活节海豹协会安排了一个项目,让他们资助该项目,为期3年。

接下来,只剩下一个障碍。这项新服务的提议需要得到县监事会的批准,因为这项提议需要县政府在3年期示范阶段结束后为该项目提供资金。李维先生和林肯县社会规划机构董事会的两名成员向县监事会提交了项目方案。方案包括一些图表和书面支持材料,其中图表展示了集中的信息和转介服务比专门的信息和转介服务是节约成本;书面支持材料来源丰富,包括市议会成员、美国联合慈善总会、公众服务机构和神职人员的支持证明。方案中还特别备注,在3年的示范阶段期间,该县不用为该项目支付任何费用。在示范阶段结束后,将会对该项目的优缺点进行评估。李维先生非常期望该项目能够得到批准,当县监事会否决该项目时,他感到很无语。该项目被拒绝的原因是:县监事会的决策者们觉得,建立一个集中的信息和转介服务中心意味着更多的人会归入该县的社会服务机构,这样会增加该县的支出费用;另外,该监事会反对为任何新的社会福利项目提供资金。

该县继续由效率较低的信息和转介服务机构提供服务。这个案例实际上说明,一些为规划工作付出的努力最后白费了。

◼ 社会行动模式

社会行动模式假定有一个处于不利地位的团体(经常受压迫),它需要与其他团体结盟,一起向权力结构施加压力,要求增加资源或给予其更符合民主或社会正义的待遇。社会行动模式有时会寻求主要机构的基本变革,或寻求官方组织的基本政策变革,这种方法往往寻求权力和资源的重新分配。然而,当地管理者设想的是一个统一的社区,而社会行动的支持者则将权力结构视为行动的目标。著名的社会活动家索尔·阿林斯基建议:"选择目标,冻结它,让它人格化、两极化。"[27]

社区实践者在这一模式中的角色是倡导者、鼓动者、活动家、坚定支持者、经纪人和谈判者。在社会行动项目中采用的战略是抗议、抵制、对抗和谈判。变革策略是"让我们组织起来抵制压迫者"战略中的内容之一。[28]案主团体被看作压迫性权力结构的"受害者"。社会行动模式的案例包括:20世纪60年代的民权运动、工会罢工、反堕胎组织的抗议活动、非裔美国人和印第安人团体的抗议活动等。下面介绍一个社会行动模式的实例。

社会行动模式实例

全国知名的社会行动战略家索尔·阿林斯基提供了一个创造性的社会行动案例。这个案例表明，社会行动的努力往往是令人满意的。

我在一所大学上课，这所大学由非常保守的原教旨主义来运营。一些学生来到我的汽车旅馆与我聊天。他们的烦恼是，在学校里待着无趣，因为不允许他们跳舞、抽烟或喝啤酒。我一直在谈论社会中影响变革的策略，他们想知道用什么策略可以改变他们的处境。我提醒他们，策略就是尽你的所能去做。"那么，现在，你们能做什么？"我问道，"他们允许你们做什么？"学生们说："几乎什么都不能做——你知道——我们可以嚼口香糖。"我说："好，口香糖可以成为武器。你们找200或300个学生，每人发两包口香糖，这就是一个庞大的数字。然后你让他们把嚼过的口香糖吐在校园内的道路上，这绝对将导致校园一团糟。有500包口香糖，我就能让整个芝加哥瘫痪，让所有的交通堵塞。"他们用疑惑的眼神看着我，好像我就是个疯子。但大约两周后，我收到一封令人惊喜的信，信上说："我们成功了！它真的有用！现在只要我们不嚼口香糖，我们做什么都行。"

资料来源：Saul Alinsky, *Rules for Radicals* (New York: Random House, 1972), pp. 145-146。

目前，社会行动模式还没有被社会工作者广泛使用。许多社会工作者发现，参与社会行动可能会导致雇佣机构惩罚他们：安排苦差事、不加薪、不提拔。许多机构接受对其服务进行微小而温和的改变，但它们的这一愿景受到威胁，因为社会行动模式经常倡导激进的变革。表10.1总结了三种模式——地区发展、社会规划和社会行动。

表 10.1　社区实践三种模式的特性

特性	地区发展	社会规划	社会行动
1. 目标	自助;改善社区生活;强调过程目标	使用问题解决法解决社区问题;强调任务目标	向被压迫团体转移权力关系和资源;创设基本的制度变革;强调任务目标和过程目标
2. 关于社区的假设	每个人都希望改善社区生活并且愿意为这种改善做出贡献	社区里的社会问题可以通过规划专业人员解决	社区中有权力结构和受压迫团体(一个或多个),因此社会不公平是主要问题
3. 基本变革策略	广泛的人群参与识别和解决问题	专业人员们使用数据收集和问题解决的方法	受压迫团体的成员组织起来采取行动反对权力结构
4. 有特色的变革策略和技术	共识;社区团体的沟通和利益;团体讨论	共识或冲突	冲突或反抗;对抗、直接行动、谈判
5. 从业人员的角色	推动者;促进者;协调者;教授问题解决技能的老师	专业人员型规划师;数据收集者;分析师;项目开发者;实施者	积极行动者;倡议鼓动者;经纪人;谈判者;坚定的支持者
6. 权力结构的观点	权力结构的成员是共同风险中的合作者	权力结构是雇主和赞助商	权力结构是行动的外部目标,压迫者被胁迫或被推翻
7. 案主人群的观点	公民	消费者	受害者
8. 案主角色的观点	参与问题解决的过程	消费者与接收者	雇主或选民

 ## 构建和维持社区优势

许多社区存在严重的社会问题,如高贫困率、无家可归、离婚、虐待儿童、虐待配偶、失业、住房老化、癌症和其他健康问题、犯罪、酗酒和其他药物滥用、辍学和婚外生育等。如果我们把注意力集中在社区的这些不足和问题上,就会使用"半杯水空"方法。当我们把杯子看成"一半是空的"的时候,就会把注意力集中在生活的消极方面,就容易被消极情绪吞噬,被绝望征服。此外,如果关注的重点是问题和不足,那么该社区大多数成员将开始绝望,绝望变成了"自我实现的预言",社区成员将会不努力发展自我,也不努力发展社区。

因此,至关重要的是把杯子看成是"一半是满的",即专注于我们生活中的积极因素,专注于我们社区中的积极因素。感觉是真实的,我们认为真实的东西常常成为我们思想的中心,以至于它真的能变成现实。通过把杯子看成"一半是满的",我们就看到了深邃的人类精神,看到了存在于每个社区中无穷的创造潜力,也找到了不同领域中具有天赋和经验的人。如果一些社区的失业率很高,假设失业率是17%,这意味着83%身体健康的成年人都有工作。每个社区都有强大的社交网络和社会团体,每个社区都有许多成功人士,每个社区都有美丽的人文景观和自然环境。有些人通过运用"现有的东西"来完成任务。换句话说,就是专注于优势和资产会带来活力,会带来积极的行动,每个公民都有能力使社区生活变得更加美好。

资产法运用案例:科克兰花园*

科克兰花园曾经是一个低收入群体的住宅项目——也是大城市中许多衰败的住宅项目的典型。社区里到处都是垃圾、涂鸦,窗户破烂不堪,社区居民们经常被枪击、犯罪和贩毒等问题所困扰。

伯莎·吉尔基在这个住宅项目中出生并长大,如果没有是她,这个社区可能会继续恶化。作为一个年轻人,吉尔基认为,如果居民一起努力,社区就能得到改善。她十几岁的时候就在社区教堂里参加租户会议,20岁时被选为这个租户协会的主席。此后,这一社区逐渐变得越来越好。

刚开始的时候,吉尔基和她的团体先发起一个小项目——询问租户们真正想要的是什么。在这之前,社区唯一能用的一所洗衣房没有锁——实际上是洗衣房的门被偷走了。吉尔基和她的团体请求市住房管理局帮忙并得到了一扇门,随后成功地举办一次"买锁"筹款活动。接下来,又举办一次募捐活动,粉刷了洗衣房。居民们很高兴,终于有了一个漂亮干净的洗衣房。由于这个洗衣房,也增加了他们加入并支持租户协会的兴趣。后来,该又组织粉刷了楼道里的走廊。每一个住在楼内的人都要负责粉刷他们的走廊。吉尔基说:

> 那些住在没有粉刷过的楼层的孩子们会过来看看这里的走廊,然后回去向他们的父母抱怨。那些不能动手粉刷的老人们就为大家准备午餐,所

---

* 这一典型案例改编自:*Introduction to Social Work and Social Welfare*, 9th ed., by Zastrow, 2008。经 Brooks/Cole 允许重印。

以他们会觉得自己也是其中一员。①

该组织继续发起并成功完成了新项目来美化社区。每一次成功都激励着越来越多的居民为自己的社区感到自豪,并努力完善它。在这个过程中,吉尔基和租户协会也重新制定了项目行动规则,并在每一个楼层选举监察员。这些规则是:不能有噪音扰民,不能向窗外丢垃圾,不能打架。慢慢地,居民们的生活条件得到改善,社区环境日渐变好。

社区里有一座建筑被重新命名为马丁·路德·金博士楼(标志在社区发展的努力中显得非常重要)。该组织还举办聚会来庆祝每一个成功完成的项目。

吉尔基的另一个努力重点是影响儿童和青少年,强调重视他们的积极行为。年轻人们在学校这样写文章——"我喜欢住在这里"。美术课上,他们为社区建造了一个纸板模型,包括建筑、街道和运动场。吉尔基的这些努力,是为了树立年轻人的自尊心,并向他们传达社区自豪感。

今天,科克兰花园道路优美,树木葱葱,草地青青,是一个美丽而干净的社区,邻里之间充满信任,居民对社区满怀自豪感。高层建筑已被彻底翻修过。该社区设有一个社区中心、网球场,有操场,还有为了降低建筑群密度而建造的联排别墅。科克兰花园由租户管理,该协会(现已被命名为租户管理委员会)已经开始经营一些业务,比如餐饮服务、日托中心、健康诊所和职业培训项目等。

科克兰花园的成功是建立在自助、优势视角、赋权、责任和尊严的原则之上的。吉尔基认为:

> 这与主流观点格格不入,不是吗?穷人需要被管理——我们所做的就是要把这些废话一笔勾销,不需要说那么多。有学历和文凭的人夸夸其谈,把我们弄得一团糟,实际上我们所需要的只是一些基本技能……如果我们能在公共住房项目上做到这一点,它就会在任何地方都能发生。②

---

① Harry C. Boyte, "People Power Transforms a St. Louis Housing Project." *Occasional Papers* (Chicago: Community Renewable Society, Jan. 1989), p. 5.

② Ibid.

资料来源:Harry C. Boyte, "People Power Transforms a St. Louis Housing Project," *Occasional Papers* (Chicago: Community Renewable Society, Jan. 1989), pp. 1-5; "The New Urban Renewal: St. Louis, Missouri," available at www.pbs.org/newurban/stlouis.html (accessed Feb. 10, 2003); J. Deparle, "Cultivating Their Own Gardens", *New York Times*, Sep. 30, 2007.

社会工作有一个长期的实践传统——注重优势和资产。例如,堪萨斯大学社会福利学院的丹尼斯·萨利比(Dennis Saleeby)和他的同事在过去二十多年的时间里都在开发、测试和推广社会工作实践的优势视角。[29]优势视角为实践提供了一个方向——旨在挖掘和重申人们的天赋、能力、技能和抱负。关注个人、家庭、团体和社区的优势,会增加人们实现所设定目标的可能性。资产法在"科克兰花园"案例中得到了充分说明。

宏观实践的技能

宏观实践包括组织和社区中的社会工作实践,其目的是为了实现社会的进步和变革。宏观实践活动主要包括公共教育活动、社会服务机构的管理、某些类型的政治行动的管理和社区组织的管理,还包括其他活动,如在案主需要时开发新的资源、呼吁帮助案主获得他们应有的权利。基尔斯特-阿什曼和赫尔认为:

> 宏观实践的目标是针对"系统"确定需要在哪里变革以及如何进行变革。无数的制度构成了我们的"一般社会"。它们包括政治体系,如城镇、国家、州和联邦政府,包括涉及警察、立法机构和法院的法律制度。此外,还包括社会服务提供系统,如县级社会服务机构、居民精神健康设施和联邦退伍军人管理局等。[30]

在宏观实践中,社会工作者需要熟练地承担以下角色:倡导者、授权者、维权者、调解员、谈判者、发起者、协调者、公众演说家和员工主管。第二章对这些角色进行了描述。另外,宏观实践中的专用技能包括:结果评估、资金筹募、预算编制、与媒体合作以及实施需求评估。

结果评估

最近几十年,各机构和组织已高度重视评估提供服务的结果。寻求资金支持通常需要评估提供服务的结果。第十三章描述了结果评估的方法:单一主题设计、任务成就测量和案主满意度调查。

资金筹募

没有财政支持,社会项目就不可能存在,因为需要资金支付员工薪酬、租用办公空间室、购买设备、支付运输费用,购买办公用品以及为案主提供资金和服务。许多社会项目依靠公共资金和私人捐款来支付运营费用。

对许多人来说,向人要钱是一件令人不愉快的事。然而,没有资金,机构就无法生存。资金筹募涉及多种途径,包括:

写一份拨款申请,要求为某一特定服务或项目提供资金。

为预期的服务支出编制预算,并将其提交给镇政府、市或县政府、州政府、联邦政府或美国联合慈善总会等资金来源。

邮件请求。

面对面请求。

电话请求。

电视节目请求。

◼ 预算编制

与资金筹募密切相关的是预算编制,预算是指某一特定时期内所有可能的收入和支出。每个机构和组织都有一个预算,说明它在每个项目上预计花多少钱。当花在一个项目上的钱比预期要多的时候,花在其他项目上的钱就会减少。管理机构编制实际预算的主要任务之一是寻求资金来源的批准,然后监测经费支出,以确定不会超过支出限额。

◼ 与媒体合作

新闻媒体包括电视、广播和报纸。与媒体的良好沟通能够引起人们对团体事业的关注,也是影响资金来源决策者的有效途径。比如,一个社区收容所可能会联系电视台,在电视上做一个简短的新闻节目——冬天,无家可归的人在绝望的困境中被逐出住所。这样做的目的是发起一场筹款活动,以扩大收容所的住房面积,增加床位数量。

◼ 实施需求评估

需求评估(needs assessment,NA)是一个已经得到广泛使用、具有多种含义的术语。它被用来指全国范围内问题和需求的综合评价;也被用于小范围,指社区需

第十章 组织、社区和团体

要评估、机构对其案主的需求评估。例如,一个社区收容所对其案主进行需求评估。在或大或小的范围内,需求评估是指获取和理解信息的努力,因此它可以作为决策的辅助工具。

由于各种原因,我们对需求评估进行了研究。赞助团体可能知道社区存在一些需求,但如果没有文件,就很难说服决策者和其他人采取行动。同样,需求评估可以增加问题或条件的清晰可见性。

一个机构或组织可以进行一项评估,以确定其努力是否满足最关键的需要。特别是当涉及新资金时,需求评估可以用来获取各种问题领域的相关信息,以确定哪些领域最需要被关注。

资助机构经常会要求需求评估。各种政府和私人赞助组织都有一些相关政策,其中包括需求评估,作为提案发展过程的重要组成部分。

需求评估中使用两大类数据。一类是已经存在的信息,另一类是需要生成的信息。

每个社区已经存在的信息来源包括人口普查记录、州劳动部和卫生部的统计数据以及机构记录和报告,这些数据可以作为问题严重程度的统计指标。另外,已经存在的信息还有一个潜在的来源,就是以前为不同目的而进行的研究。

服务于特定地区的区域规划委员会是一个很好的信息来源。除了拥有一定的统计信息之外,规划委员会中的工作人员也可以帮你找到其他来源,比如,市级和县级规划单位也是宝贵的信息来源。

有时,我们还需要生成一些目前无法使用的信息,在这方面可以采取多种方式,例如社区论坛和访谈(对选定的个人、社区领导者、一线员工或主管进行访谈)。

常见的生成数据的方法是调查,而用来收集信息的三种调查技术是:(1)电话采访;(2)邮寄问卷;(3)面对面访谈。

总结

本章介绍了组织和社区的社会工作实践。组织是个体聚集在一起以实现特定目的的集体。团体和组织之间存在重叠,有些"组织"可以被认为是"团体",反之亦然。

本章还描述了一些组织模式,包括:专制模式、监护模式、科学管理模式、人际关系模式、X 理论和 Y 理论、学院模式、Z 理论、目标管理模式和全面质量管理模式。本章还描述了协助型专业人员和官僚系统之间存在的基本结构冲突,总结了在官僚机构中生存和发展的技巧。本书的观点是,虽然官僚结构很重要,但是最高领导层的能力水平在决定组织的整体绩效水平方面更重要。

社区被定义为共享特定服务、价值、兴趣、机构或邻近地理位置的个人或家庭的团体。术语"组织"和"社区"密切相关,一些社区也是组织。术语"社区"和"团体"也密切相关。在许多情况下,团体和社区存在重叠,一个团体也可以被认为是社区。

在本章中,我们提出了一个分析社区的框架,介绍了社区实践的三种模式(社区变革的不同方法),即地区发展模式、社会规划模式和社会行动模式,并描述了建立和维持社区优势的重要性。

宏观实践的社会工作技能包括:结果评估、资金筹募、编制预算、与媒体合作、实施需求评估。

 团体练习

练习 A　分析一个公众服务组织*

目标　本练习的目的是教给学生一个分析组织的框架。

指导者把每 5—6 个学生分成一个小组。每组都必须选择一个公众服务机构来分析(每个团体应选择一个不同的机构),通过对机构进行访谈收集信息,然后在课堂上提供一份报告。报告需包含以下问题:

1. 该机构的宗旨是什么?
2. 案主的主要问题是什么?
3. 该机构提供什么服务?
4. 如何确定案主的需求?
5. 有色人种、妇女、男同性恋、女同性恋、老年人或其他高危人群的比例是多少?
6. 过去一年的服务总成本是多少?

---

* 本练习即《实践行为练习册》一书中的练习 10.5。

7. 每个项目花了多少钱?

8. 该机构的资金来源是什么?

9. 从每个渠道收到多少资金和各占多少比例?

10. 在提供服务前,潜在案主必须符合哪些资格条件?

11. 有什么其他机构在社区提供相同的服务?

12. 该机构的组织结构是什么?例如,是否有正式的命令链?

13. 是否有一个非正式的组织(也就是说,在决策过程中对决策产生影响的人比他们在官僚机构中的正式职位的影响力还要大)?

14. 直接服务提供者在重大决策上有多少决策投入?

15. 该机构是否有一个董事会来监督其运作?如果是,董事会成员的背景是什么?

16. 每个级别的员工都感到有价值吗?

17. 员工的士气如何?

18. 该机构未满足的主要需求是什么?

19. 该机构是否有人事政策和程序手册?

20. 该机构在社区中的公众形象如何?

21. 近年来,该机构员工的离职率是多少?员工离开的主要原因是什么?

22. 该机构是否有评估其服务成果的程序?如果有,评估过程是什么,结果是什么?

23. 亚团体对该机构的总体印象如何?例如,如果亚团体成员需要该机构提供的服务,他们是否愿意向该机构提出申请?为什么愿意,或为什么不愿意?

练习B 理解和运用组织模式

目标 本练习旨在增加学生对组织模式的知识,并教他们如何运用这些模式。

步骤一 领导者总结本章所描述的组织模式:专制模式、监护模式、科学管理模式、人际关系模式、X理论、Y理论、学院模式、Z理论、目标管理、全面质量管理(另一种选择是让学生在书中阅读这些材料)。

步骤二 每大约5个学生组成一个小组,让每组来决定哪种模式目前最适用于描述组织内有社会工作者的组织行为(如果团体中社会工作者的成员少,那么也可以决定哪些模式目前最适用于其他部门人员的组织行为,社会工作计划是其中一个组成部分)。

步骤三 让每个团体成员陈述哪种模式最适用,并说出他们这么决定的理由,尝试在团体之间进行课堂讨论,因为有可能存在意见分歧。

练习 C X 理论和 Y 理论

目标 进一步了解 X 理论和 Y 理论的管理风格。

步骤一 指导者解释本练习的目的,描述两种管理理论,提供拥有其中一种管理风格的管理者的个人案例。

步骤二 班级成员描述他们在这些管理风格下的工作案例,然后讨论他们在每种风格下的工作感受。

步骤三 学生们应该讨论,既然在激励员工提高创造力和生产力方面 Y 理论明显优于 X 理论,为什么还有如此多的管理者使用 X 理论。

练习 D 欣赏社区

目标 对社区有更多的了解。

步骤一 指导者解释说,在下次课上,每个学生都要简单描述一个自己曾经住过或参观过的社区,每个学生应该关注这个社区的独特之处以及它的积极方面。指导者可以通过描述一个社区给出一个示范案例。

步骤二 在下一次课上,每个学生都要简要地描述自己所选择的社区。

步骤三 指导者总结学生所描述社区的积极方面。

练习 E 分析一个社区

目标 本练习旨在指导学生理解和分析社区。

步骤一 领导者首先定义"**社区**"这个术语,然后按照每 3—4 个学生分成一个小组,每组选择一个不同的社区进行分析。

步骤二 使用本章中介绍的"分析社区"的框架(选择其他框架),每组收集所选择社区的信息。在以后的课程中,每组将所选社区的情况向全班汇报。

练习F 分析社区变革

目标 本练习的目的是让学生学习如何分析社区变革的努力。

步骤一 指导者描述罗斯曼与托普曼提出的三个社区变革模式,分别是地区发展模式、社会规划模式和社会行动模式。除了描述这些方法外,指导者还应指导学生阅读本章的相关材料。

步骤二 每3个学生组成一个小组,每组选择一个不同的社区变革或社区规划的工作,在班级内进行汇报。一个关于社区规划工作的案例:由社会工作专业学生组织策划举办一场关于艾滋病等主题的教育讲座或研讨会。另一个案例:一个社区团体为建立一个无家可归者收容所做出的工作。

步骤三 每组应该收集信息,以回答其所选择的社区变革工作的问题。收集信息的一种方法是让小组成员去采访社区规划者。在以后的课堂中,每组都把其所选的社区规划工作向班级做汇报。

问题

1. 规划工作的目标是什么?有多少规划者?谁是规划者?他们的规划证书是什么?为什么要进行这项规划工作?

2. 这三个社区变革模式中,哪个在规划团体中使用最多?规划人员展现这个模式(见表10.1)的特征是什么?这个模式是否有其他两个模式的特征?如果"是",它会显示其他两个模式的哪些特征?

3. 这项规划工作的结果是什么?也就是说,规划工作的目标在多大程度上能够实现?规划工作的优缺点是什么?

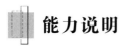

能力说明

EP 2.1.1.b 练习自我反省和自我纠正,以确保持续的专业发展。

EP 2.1.7.a 专业发展；利用理论框架指导评估、干预和评价的过程。描述下列组织模式：专制模式、监护模式、科学管理模式、人际关系模式、X 理论、Y 理论、Z 理论、目标管理、全面质量管理。练习 10.3 和练习 10.4 让学生反思这些组织。

EP 2.1.9.a 利用理论框架指导评估、干预和评价的过程。发现、评价和关注不断变化的地区、人口、科技发展和新兴的社会趋势，以提供相关的服务，"协助型专业人员的取向"与"官僚体制的取向"形成鲜明对比。练习 10.5 让学生思考这两种取向。

EP 2.1.7.a 利用理论框架指导评估、干预和评价的过程。提出一个分析社区的框架，让学生将这个框架运用到他们的社区。

第十一章
教育团体：以压力管理和时间管理为例

目标

由社会工作者领导的教育团体是团体社会工作的重要组成部分，本章重点以压力管理和时间管理为例阐述该方面的内容。

压力是引起身体疾病、情绪问题和行为问题的主要原因。本章主要阐述压力的本质、原因和影响，描述"职业倦怠"的状况。职业倦怠是压力带来的反应之一，有许多种方法可以用来管理压力，防止职业倦怠。时间是我们所拥有的最宝贵的东西，它不可再生，不可循环使用，也无法修复。本章也将介绍时间管理的原则和节约时间的小技巧，总结克服拖延症的一些方法。

 教育团体

教育团体通常有课堂氛围，有相当多的成员互动和讨论，有某个领域的专业人员、学者，有时还有类似于老师的社会工作者。教育团体讨论的话题范围非常广，所有教育团体都传授专业的技巧和知识，例如育儿课程、压力管理课程、亲子课程、作为外语的英语课程、自信心训练课程等。社会服务机构提供的培训志愿者的课程也属于这一类。

本章重点介绍两类教育团体即压力管理和时间管理,以对教育团体的一些资料作出解释。

压力管理

对于学生、社会工作者和其他协助型专业人员而言,学习如何管理自身的压力或帮助案主管理压力都是很有必要的。压力是导致各种各样情绪和行为问题的重要因素,这些情绪或行为问题包括:焦虑、虐待儿童、虐待伴侣、易怒、情感缺失、人身攻击、暴怒、充满敌意、口吃、自杀倾向和抑郁等。[1]

压力也是导致很多身体疾病的重要因素。这些疾病包括:高血压、心脏病、偏头疼和紧张性头疼、结肠炎、溃疡、腹泻、便秘、心律不齐、心绞痛、糖尿病、花粉症、背痛、关节炎、癌症、感冒、流感、失眠、甲亢、皮炎、肺气肿、雷诺氏病、酗酒、支气管炎、过敏和尿床等。与压力相关的失常反应已被认为是人们面对的头号健康问题。[2]

有技巧地放松身体和治疗情绪失常问题是非常重要的。西蒙顿(Simonton)将压力管理看作对健康非常有价值的事,他曾经报道了癌症晚期病人因为接受压力管理的指导而痊愈。[3]如果利用压力管理技巧,艾滋病患者的寿命也能更长。[4]

事实上,压力管理对治疗身体和情绪失常问题的重要性已经得到越来越多的承认,这也逐渐影响了传统的医患关系。病人与其被动地参与治疗,不如接受社会工作者和专业健康师的引导,通过压力管理策略学习如何预防疾病、如何帮助身体恢复。那些成功管理压力的人比持续高压下的人有可能多活几年。[5]有效的压力管理是使人们活得更充实、更健康、更满足的主要因素。[6]

压力的概念

压力可以被定义为生理上和心理上对压力源的反应。压力源可以是一种要求、一种环境、一种情形,是人体内部平衡被打破所引发的应激反应。人们每时每刻都要适应和调整压力源,人们身体的反应就是不断寻求身心内部平衡。世界上存在着各种各样的压力源:失业、噪音、有毒物质、价值冲突、争吵、朋友离世、订婚、结婚、发热、感冒、污染物、重疾、远离家乡或者失去生活目标等。

◆ 应压反应

汉斯·塞利(Hans Selye)是最早研究压力的权威学者之一,他发现了人们的身体应对压力的三个阶段——报警阶段、抵抗阶段和衰竭阶段。[7]塞利把这三个阶段的反应称为"一般性适应综合征"。在报警阶段,身体识别出压力并且准备与之战斗,否则就逃走。身体的反应是多样和复杂的,在此只能简要总结叙述。[8]下丘脑发送信息给脑下垂体,使其释放荷尔蒙,这些荷尔蒙引发肾上腺释放肾上腺素。这些释放的肾上腺素和其他荷尔蒙会引发如下身体反应:

1. 呼吸频率和心跳频率加快。
2. 血压升高。
3. 当出现身体受伤的情况,加速血液凝固,减少血液流失。
4. 从皮肤输送血液到大脑、心脏和收缩的肌肉。
5. 血清总胆固醇和血脂升高。
6. 减少胃肠的蠕动。
7. 瞳孔扩大。

这些变化会导致能量迸发,视力、听力提升,肌肉力量增加——所有这些变化都增加了人们"要么战斗,要么逃跑"的能力。[9]"要么战斗,要么逃跑"反应的最主要问题是,对待外在威胁不可能一直都用这种方式。在我们复杂烦琐的文明社会中,"打不过就跑"违反了人们普遍接受的行为处事的规则。"要么战斗,要么逃跑"反应在原始社会是适用并且有用的,那时人们受到动物或其他人的袭击时经常出现这两种行为,不过现在很少需要了。

练习11.1　我们对高压力事件产生的生理反应

目标　本练习的目的是帮你识别在高压力事件下的生理反应。

1. 详细描述两件上周对你来说非常有压力的事——你的生理处于"报警"状态。
2. 回忆你的生理反应是怎样的。回忆之前讲述有关压力反应的内容,然后详细描述你所记得的应压生理反应。

在抵抗阶段,身体在新陈代谢的过程中试图恢复体内平衡,并且尝试着修复压力造成的损伤。人们的身体一般经历报警和抵抗阶段就能处理大部分压力。在人的一生中,这两个阶段不断重复了无数次。

第三个阶段是衰竭阶段,只有当身体长期处于高压下且不能修复损伤时才出现。如果继续消耗,与压力相关的疾病,例如高血压、溃疡或者偏头疼等将会加重。

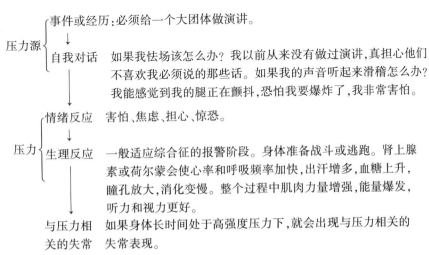

图 11.1　压力反应的模型

练习 11.2　与压力相关的疾病*

目标　本练习旨在强调学习和运用压力管理策略的重要性。

1. 详细描述你得过的与压力相关的疾病,并尽量指出这些疾病开始和结束的时间。
2. 测试你对学习和运用压力管理策略的重要性的看法(1—5)。

不重要	有点重要	一般性重要	很重要	十分重要

---

*　本练习即《实践行为练习册》一书中的练习 11.1。

压力源

压力源由两部分组成:(1) 所遇到的事情和经历;(2) 我们对事件的自我对话能力。[10] 图 11.1 展示了当我们面对压力的时候,出现的一系列应压反应。

下面的案例展示了一个人如何把积极的事想成消极的事(压力)。

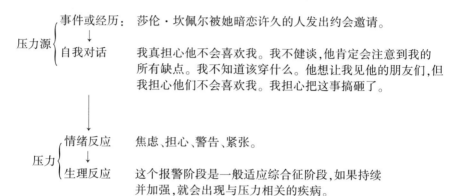

图 11.1 模型显示出减少压力的两种一般性做法:(1) 改变让你痛苦的事;(2) 就此事改变你的自我对话方式(对这两种方式将在后面章节深入讨论)。

我们必须清醒地认识到,不是所有压力都是不好的,生活中缺少压力也会变得很无聊。塞利指出,压力经常是"生活的调味品",而且人也不可能在生活当中不承受压力,[11]甚至人做梦都会产生压力。有时,压力也给我们带来好处,它激励人们作好准备,完成任务。

最佳的压力水平

事实上,每项任务和活动都会产生报警阶段的一般适应综合征的应压反应,而且每项任务都会有最佳的应压水平。以学生为例,有时会发现他们需要处于适当的压力之下才能更有效地学习和应对考试。如果对报警阶段的应压反应太低,他们会难以集中精力,甚至可能睡觉。如果对报警阶段的应压反应太高,他们会变得焦虑——同样也会干扰他们集中注意力。报警阶段的应压反应也有最高水平,只有处于紧急情况下才会出现,此时需要强大的体能,例如,当重物压在某人身上的时候。相反的极端情况是,熟睡时需要放松,这意味着,对报警阶段的应压反应为零。失眠的人绝不是放松的,他们仍然在思考事情,这使他们对报警阶段的应压反应处于适中水平,使他们避免打瞌睡。图 11.2 描述了这个概念。

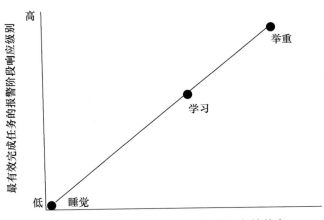

图 11.2 报警阶段反应水平和完成任务的效率

 长期的痛苦状态

塞利称这种有害的压力为"痛苦",[12]长期处于痛苦状态就会导致与压力相关的身体疾病。一个人承受压力的时间延长到了一般适应综合征的衰竭阶段的时候,就会出现痛苦。表 11.1 呈现了许多我们用来测试压力水平的信号。大多数人能用表 11.1 中的信号来测试身边的人是否处于高压之下,但却不能用它们来判断自己的压力是否太大。为了保持身心健康,我们需要更加关注自己的身体信号。

表 11.1 压力水平指示图

积极正常的水平	高压力水平
1. 行为	
富有创造力,能作出好的决定	因紧张而大声笑
友善	没有创造力
通常都比较成功	工作质量差
能够倾听他人	过量饮酒或过量饮食
效率高,做了很多事情	过量吸烟
感激他人,体谅他人,且能意识到别人的贡献	口吃

（续表）

积极正常的水平	高压力水平
微笑,大笑,开玩笑	注意力难以集中
	容易被很小的声音惊吓到
	没有耐心
	受小事困扰
	对周围环境感到不快
	贬低别人,易怒
	做些无意义的事
2. 感受	
自信	怨恨、痛苦、不满、动怒
冷静、放松	胆小、紧张、焦虑、害怕
开心、愉悦	偏执
兴奋、愉快	厌烦、沮丧、极厌倦
	感觉不舒服
	困惑、混乱、受打击
	感觉无力和无助
3. 身体信号	
睡眠质量很好	食欲不振、腹泻、呕吐
很少疼痛、生病	肇事倾向
身体反应协调	出汗、尿频
对身体运行无意识	发抖、紧张痉挛
身体健康,没有与压力相关的疾病	感觉懒惰或虚弱
	常患感冒或流感
	高血压
	肌肉紧绷
	气喘、呼吸不规律
	皮肤受刺激而瘙痒、起疱疹
	肠胃功能紊乱或溃疡
	各种疼痛——肌肉痛、背痛、脖颈痛和头痛

如果人们经常消极地看待发生在自己身上的事情,就会长期处于痛苦状态。当不开心的事情发生时,我们总是要选择消极对待或积极对待。如果我们一直消极地对待周围环境,那么,我们的思维就会使身体处于高压状态——这会导致出现与压力相关的疾病。相反,如果我们能对周围环境进行积极的思考,那么,我们的思维会使我们放松,让遭受损伤的身体得到修复。另外,当我们放松时,自身的免疫系统会更有效地抵抗潜在的疾病。有确凿证据表明,自我对话(就是我们思考的过程)对我们的免疫系统有巨大的作用——既可以起到"杀手"的作用,也可以起到"治疗者"的作用。如果我们往坏处想(也就是消极思考),就会引发一般适应综合征的报警阶段。当我们处于报警阶段,我们的免疫系统会受到抑制,因此更容易感染疾病。相反,当我们的思维积极且放松时,我们的身体就处于一般适应综合征的边缘,我们的免疫系统会处于最佳水平,能够抵抗疾病,并协助恢复身体处于报警阶段时所造成的任何损害。

以前,人们认为我们的身体积极对待压力和消极对待压力的反应是一样的。消极对待压力更容易导致与压力相关的疾病,原因是,如果我们积极地对待压力(例如一个浪漫之吻),几个小时之后压力就结束了;而消极地对待压力,则会在之后的几个小时(甚至几天)都深陷于压力之中。消极地对待压力,会使我们的身体处于中等水平或高水平的压力之下。

练习11.3　压力源事件和自我对话*

目标　本练习帮助我们识别现在的压力,并且认识到压力由痛苦的事件和与这些事件相关的自我对话构成。

1. 详细描述你目前生活中所承受的压力。

2. 对于那些压力源事件,详细描述你对之如何进行自我对话(自我对话也许增强或减弱你在压力之下的总体感受)。

3. 你认为哪种形式(事件或与此有关的自我对话)对你所处的压力水平起到主要作用?解释你对这个问题的看法。

---

* 本练习即《实践行为练习册》一书中的练习11.2。

职业倦怠

人们越来越认识到，职业倦怠是一个严重的问题，它影响到许多人，特别是从事公共服务的专业人员。已经有几本关于这个问题的书出版了。[13] 马斯拉奇（Maslach）和派因斯（Pines）对社会工作者、精神病医生、心理学家、监狱工作者、法律援助律师、医生、儿童保育工作者、教师和顾问等进行了广泛的研究，并总结了职业倦怠的一些症状：

职业倦怠是指除了身体疲惫（甚至疾病）之外，对与之合作的人也失去关心。职业倦怠的特征是情绪疲惫，在这种情况下，专业人员不再对案主或病人有任何积极的情感、同情或尊重。人们就会形成"这些人变得非常愤世嫉俗和不人道"的看法，在这种看法影响下，这些专业人员被贴上负面的标签并受到相应的对待。在这个非人道的过程中，他们常常被认为活该、自作自受，即使他们遭受到伤害也倍受责备，因此他们得到的关心或服务的质量也有所下降。职业倦怠者无法成功应对工作中巨大的情绪压力，且这种挫败感以多种方式表现出来，从降低工作成效到因为个人原因（例如，饮酒、吸毒、打架和精神疾病）而旷工。这些职业倦怠者经常辞去工作甚至更换职业，他们甚至认为自己的失败由精神疾病引起，故而寻求精神疾病方面的治疗。[14]

弗洛登伯格（Freudenberge）将职业倦怠者表现出来的特征描述如下：

总体而言，职业倦怠者都有以下症状：愤世嫉俗、消极、顽固、思想死板，这往往导致他们对变化或创新的封闭思维。刚开始时，这些人用理智和专业的方式和案主进行讨论，这样可免受自身情绪的干扰，但同时妄想症开始出现，他们会觉得是同事和主管使他们生活困难。

职业倦怠者也有一些其他症状，有些人呈现出"无所不知"的高傲态度，几乎不与他人交流，变得孤僻。另有些人走向另一个极端，他们几乎不做任何工作，因为他们大部分时间都在社交。还有些人开始减少与案主接触，并对工作感到厌烦……所有这些慢慢变成常态，他们开始唠叨自己多么无助，对案主多么失望，并且以贬低和无礼的方式进行谈论。[15]

"倦怠"一词经常被用于不同情境。一个写了三小时作文的学生对写作文感到"倦怠"了,但他却有精力做其他事情。有些虐待伴侣和孩子的人解释他们的行为,是因为相当大的压力导致他们"倦怠"了。有些冷漠和愤世嫉俗的人面对工作中的挫折,声称他们"倦怠"了。甚至一些大学中的体育教练和职业体育教练也声称他们比赛获胜的压力太沉重了,以致几个赛季以后"倦怠"了。

练习11.4 当我倦怠时

目标 本练习旨在表明,我们都会有倦怠的时候,它也帮助我们思考遭遇此类问题时应该做些什么。

1. 描述你生活中感觉倦怠的时候。当你倦怠时,你是否会说"我再也不能忍受了"?

2. 如果你逐渐从倦怠的状态中恢复,描述一下是什么帮助你恢复的。如果你感觉倦怠,思考一下你需要怎样才能逐步恢复。

❖ 职业倦怠的结构性原因

为了理解职业倦怠的本质,对它进行界定是有帮助的。职业倦怠是人们持续处于高压力水平下可能出现的反应之一。如图11.3所示,职业倦怠不仅是由人们所经历的遭遇引起,而且是由人们就遭遇的自我对话引起。例如,"我受够了""无论我做什么都没用""我将放弃——我将不再付出努力"的思考方式。如果人们不用这种"自我打败"的思维方式,遇到同样的情况,他们就不会出现职业倦怠的情形。

如图11.3所示,事件或者结构性因素都是引起高水平压力和职业倦怠的原因。艾德维希(Edelwich)指出大量与工作有关的结构性因素[16]:

工作时间太长	没有足够的钱
太多文书工作	重要决定没有得到支持
工作前没有得到充分培训	无力
没有得到案主的肯定	破坏性的办公室政治氛围
没有得到上级的欣赏	被同事孤立

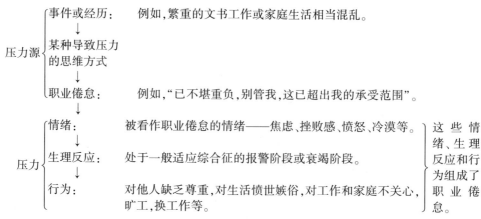

图 11.3 职业倦怠作为对高水平压力产生的反应

助人行业

艾德维希补充说,在助人行业里工作的人尤其容易遭受职业倦怠的伤害,因为许多进入这个行业的人都有着不切实际的期盼。这些期盼包括:(1)他们提供的服务能对案主的生活产生决定性的影响;(2)他们会得到雇佣机构和案主的高度欣赏;(3)他们能从实质上改变政府当局的态度,使政府当局对案主的需求有积极回应;(4)很多快速发展和职位晋升的机会。另外马斯拉奇还发现,助人行业的高负荷是导致压力和职业倦怠的主要原因。

> 当专业人员被迫照顾太多人的时候,职业倦怠往往是不可避免的。随着所照顾人数的增多,结果是专业人员的情绪负荷越来越重,直到这些人像承受巨大电流的电线那样被耗尽,造成情绪崩溃。[17]

这种工作中的挫败感和不切实际的期盼都是造成压力和职业倦怠的主要原因。

不能适时停止

工作中不能适时停止是导致压力和职业倦怠的另一个原因。适时停止不仅包括短暂地喝咖啡休息一下,还包括辛苦工作了一天的专业人员转换到轻松任务的机会,在分担工作职责的大型机构中,通常会有中途休整时间。马斯拉奇提到:

> 如果制度政策阻止人们适时停止工作,就会降低士气,造成更多的情绪压力,并且不可避免地会引起人们的更多不满,他们认为自己没有得到应有的关心。[18]

案主

有一些类型的案主更容易引起高水平压力,尤其是那些遇到痛苦难题或者情绪崩溃的案主(例如,疾病晚期的案主、容易发怒的案主、有自杀倾向的案主、苛刻的案主、近亲通婚被严重虐待的案主)。[19]同样,为那些长期没有进展、"积恶成疾"的案主(如不承认自己有长期酗酒问题的案主)工作也能导致挫败感,引起高水平压力。如果专业人员当前也受到私人问题困扰,而案主正好让专业人员想起这些困扰,例如,当自己的婚姻也遇到问题时,专业人员在提供婚姻咨询服务时就容易疲惫。

个人困难

另一个导致工作压力大和职业倦怠的重要因素是家庭中的个人困难。家庭的责任,例如照顾疾病晚期的父母、孩子犯法被拘留或婚姻不幸福等,都造成了压力,可能会导致职业倦怠。

其他原因

其他原因包括时间管理不当、无法与他人合作开展工作、缺乏目标、毫无人生理想、不能有效处理紧急情况等。[20]

压力管理和职业倦怠预防

下列方法可以帮助人们减少压力,防止产生职业倦怠。我们需要根据个人不同的情况选择最有用的方法。压力管理类似于节食,只有对那些不断努力向前的人才会见效(进一步阅读这些方法,注意本章的提示与说明)。

目标制定和时间管理

压力和职业倦怠可能来自于一种感觉,这种感觉就是"每天要处理的事情太多,时间太少"。通常,产生这种感觉是由于没有明确的短期和长期目标,也不知道如何管理时间来实现这些目标。制定能够实现的目标和计划可以提升人们的自信,更有助于人们作决策,人们的目标感会更强,并且会产生更多安全感。

压力管理技巧是帮助团体成员确定短期目标和长期目标以及如何对实现这些目标的任务进行优先级别排序。[21]优先级别较高的任务应该首先完成,优先级别较低的任务通常被忽略,因为它们会干扰完成优先级别高的任务(本章后面将详细讨论时间管理)。

◈ 放松

深呼吸放松、想象放松、渐进式肌肉放松、冥想和生物反馈都是减轻压力、进行放松的有效技巧。[22]这些放松技巧都需要在一个安静的地方,找一个舒适的位置,闭上双眼进行。

深呼吸放松就是停止思考,慢慢吸气、呼气,把注意力集中在呼吸过程上。花5—10分钟,团体成员放松下来,慢慢地吸气和呼气,脑中想着"我很放松,我呼吸很舒缓,这种方式让我得到安抚,我感觉更平静,得到恢复,获得生机"。持续运用这种技巧进行训练,就会让人们面对紧张状况时更加放松。

想象放松是指团体成员能用5—10分钟把自己的思绪从每日所思所想转移到集中思考"放松"上。使用这种方法只需要想象自己躺在风景优美的湖边长椅上,沐浴在阳光下,或者躺在温水浴缸里读一本杂志。团体成员尽情享受这种愉悦、平静,把注意力放在让自己变得平静的放松活动上。团体成员会感觉自己整个身心得到恢复,重新感到元气满满,充满活力。

渐进式肌肉放松是让人的肌肉放松,不要紧绷。[23]指导者让成员做"先紧绷后放松"的一系列肌肉运动。当他们放松肌肉的时候,务必将注意力集中在放松的感觉上并体会那种肌肉渐渐松弛的感觉。下面是渐进式肌肉放松的详细引导语:

> 握拳并收紧你的右手和右前臂的肌肉,一直保持收紧状态直到颤抖。感觉你的肌肉被手指和前臂前端拉伸着……保持这种姿势5—7秒钟,然后放松。就这样重复。注意你的手和前臂的肌肉放松时的状态,注意放松时(20—30秒)这些肌肉的状态[24]。

手和前臂先收紧后放松的过程重复3到4次,直到它们真正得到放松。然后,其他肌肉群也以"先收紧后放松"的方式依次连续放松下去。这些肌肉群包括:左手和左前臂、右二头肌、左二头肌、前额肌肉、上嘴唇和脸颊肌肉、下颌肌肉、下巴和喉部肌肉、胸部肌肉、腹部肌肉、肩胛骨之间的背部肌肉、左右大腿肌肉、左右小腿肌肉肌、脚趾和脚弓。运用这些练习,团体成员要逐渐培养只要感到焦虑就马上放松的能力。

冥想有各种各样的方法——想象放松和深呼吸放松是其中两个例子。班森（Benson）认为冥想方法具有四个组成要素。[25]这四个要素是：(1) 摆脱外部干扰的安静环境；(2) 一个舒服的位置；(3) 细想某件事物，例如一句话、一种声音、一首赞美诗、一个成语或一幅想象的画面；[26](4) 表现出消极被动的态度，不去想每天思考的那些事。班森认为最后一个是让人们放松的最关键要素。

生物反馈设备提供给人们关于压力水平的机械反馈。这种设备能够测出人们的压力水平，通常人们不会注意自己的压力水平——直到压力水平很高了才会意识到。例如，一个人的手温在一个小时内的变化为10—12华氏摄氏度，温度升高意味着更加平静和放松。用生物反馈设备能够测量并反馈大部分的身体状况，例如血压、手温、肌肉紧张程度、心率、脑电波等。用生物反馈方式进行训练，首先指导案主运用设备识别出焦虑和紧张的高压水平，然后指导他如何降低这样的高压水平——通过闭上双眼，或者采用"一切随它去"的被动态度，或想些让人开心和平静的事情等方式。当前人们经常将放松的方法与生物反馈设备结合使用。

▰ 锻炼

压力会让我们的身体准备开始活动，或者说会让大量肌肉活动起来（包括"要么战斗要么逃跑"也是一种准备活动）。大量肌肉活动是指让许多肌肉群同时参与各种各样的锻炼，例如跳绳。通过锻炼，团体成员血液中的能量燃烧，降低了血压和心率，且使处在一般适应综合征报警阶段时所产生的生理变化得到改变。锻炼可以帮助人们保持身体健康，有更多的体力来处理危机、减轻压力、解除紧张。因此，必须鼓励团体成员每天制订锻炼计划。与每天制订锻炼计划息息相关的是要选择一个自己喜欢的项目，许多活动项目都是不错的选择，比如走路、伸展运动、慢跑、长跑、跳绳、游泳、打网球、跳舞、做家务、做园艺或打高尔夫球等。

▰ 照顾好自己的身体

除了锻炼，健康的饮食、周到的自我照顾、充足的睡眠也非常重要。健康的饮食能够让人保持健康，抵抗压力。研究表明，一个人吃什么与他的情绪有直接关联。有些食物（例如咖啡）会让人产生紧张情绪，饮食过量也会让人昏昏欲睡，甚至生病。保持身材苗条和匀称能够让一个人自我感觉良好。适当的药物治疗也可以使虚弱的身体得到恢复和强健，让身体自发地抵抗与压力相关的疾病。

■ 社会支持团体

每个人都需要与他人亲密相处,社会支持团体让人们分享彼此的生活,一起自由自在地玩乐。当发生紧急状况和危机时,这些团体就是一种可以提供帮的资源。社会支持团体包括同事、兴趣或运动、某种服务(例如,由商人和实业家组成的扶轮组织)、家庭、大家族、教会、社区组织、社会俱乐部(单身父母俱乐部)等。这些社会支持团体最基本的特征是:(1)组织聚会常规化;(2)相同的人参加;(3)有机会组织自发式的非正式活动;(4)成员间能产生亲密情感。[27]

■ 与他人对话

每个人都需要和别人分享自己的美好时光或者个人困境。分享意味着给某个人的情绪找个出口,对话意味着可以从中产生富有建设性的策略从而转化情绪。一个好的倾听者会表达关心、理解的情绪,传达的信息也是自信的、富有移情的。这种对话会有助于深入分析面临的困境,帮助别人找到解决问题的备选方案,并且鼓励他人作出选择并尝试解决问题的策略。

■ 积极思考

当意料之中或意料之外的事情发生了,人们可以选择积极地或消极地看待这件事情。如果他们采用消极的看法,就会承受压力并且疏远朋友和熟人。如果他们采用积极的看法,他们很可能保持镇静沉着,保持放松,同时能快速轻松地处理面对的状况,使消极的结果最小化(该方式在"积极思考"案例中有所描述)。

积极思考是一种生活哲学,它会让你从容应对危机,保持放松的心态。当一个人更放松地工作时,就会产生更多的创造力,压力也会减少。休闲时间会让人充分享受,每天都过得格外愉快。

当危难发生在你身上时,以什么心态去看待这件事呢?"塞翁失马,焉知非福?"这种看法在下面故事中能够得到体现:

中国有个故事,讲的是一个老农有一匹用来耕地的老马。一天,这匹老马跑进山里不见了,邻居们都很可怜这个老农,觉得他运气坏透了。但这个老农却说:"焉知非福?"一个星期之后,那匹老马回来了,还从山里带回了一匹野马。邻居们说老农运气好,都来祝贺他,老农却说:"焉知非祸?"之后,老农的儿子想要驯服野马,不小心从马背上摔下来,摔断了腿。每个人都认为这是坏运气,只有老农不这么想,他只是说:"焉知非福?"几个星期以后,一支军队来到村庄里,要求所有健康的年轻人入伍,当他们看到老农儿子的腿是断的,就放他走了。现在看来,"好运?霉运?谁知道呢?"[28]

◆ 改变产生压力的想法

人们常常错误地认为,情绪——包括紧张和焦虑的情绪——主要是由经验和发生的事件决定的。然而,认知疗法认为,一个人的情绪取决于如何告诉自己所经历的事情。[29]下面的一个例子有助于阐释这一重要观点。

事件 ↓	薇琪·沃格尔被晋升为一个大型保险公司的总监察员。
沃格尔女士的想法 ↓	这个晋升会让很多人嫉妒,并会与和我一起工作的人产生冲突。我不认为我已经准备好履行这个新职责。如果我搞砸了,我将被边缘化,会面临失败。
情绪	我的职业生涯也结束了。

如果沃格尔女士从另外一个方面去思考,她的情绪将完全不同。

事件 ↓	薇琪·沃格尔被晋升为一个大型保险公司的总监察员。
沃格尔女士的想法 ↓	上司能看到我的能力真是太好了。我在这里已经工作六年半了,也彻底了解在这个公司应该如何做好工作。监督其他员工是个挑战,但我以前在教会活动中也做过监察工作。这个挑战能帮助我在职业生涯中得到成长。
情绪	就我个人而言,我有许多想法可以尝试,以提高我们的绩效。

这个案例表明两个重要的观点。第一,一个人的想法决定他的情绪。第二,改变消极和不理性的想法,就可以消除不良情绪。通常,事情是无法改变的,但是我们可以用理智的和积极的态度来看待事情,这样能最大限度地控制我们的情绪。[30](参见附件一模块1的进一步讨论)

积极思考

向你遇到的每个人一个微笑(发自内心的微笑)——你的微笑会收获微笑。

说善意的话(语言背后都是善意的想法)——你的善意会收获善意。

表示感恩(发自内心的温暖)——你的感恩也将会收获别人的感恩。

表达尊敬、信任和赞美(成功者的财富)——你将会收获别人的尊敬、信任和赞美。

为值得的事情付出时间(带着渴望)——你将会得到收获和回报。

充满希望(成功必备的神奇元素)——你将拥有希望并制造希望。

充满幸福(最宝贵的精神状态)——你将获得幸福并制造幸福。

给予快乐(话语像阳光)——你将得到快乐并充满快乐。

给予鼓励(行动的动力)——你将拥有勇气并得到鼓励。

给予愉快的回应(与怒气抵消)——你将愉快并得到愉快的回应。

怀有好的想法(自然性格塑造者)——你会很好,全世界都会对你好。

资料来源:W. Clement Stone, "Be Generous", in *A*:*Treasury of Success Unlimited*, edited by Og Mandino(New York:Hawthome Books, 1966), pp. 9-10。

◼ 吸引力法则

吸引力法则认为,不管一个人是否意识到自己的想法(意识层面和潜意识层面),这些想法都影响着他的现实生活。这个法则进一步认为,如果你真的想要一样东西,并且相信你能得到,你就真的能够得到你想要的东西。如果你把太多注意力和思绪放在你不想要的事情上,这些不想要的事情也会发生在你身上。例如,如果你不停地担心、你的恋爱会失败,那么你的信念以及你的信念系统将会导致你的恋爱关系变得十分不开心。

想一想你欣赏的人都有什么品质。可能包含以下品质:正直、善于倾听、快乐、有内涵、幽默、有魅力、善于解决问题、值得信赖、准时、助人为乐、爱惜身体、富有同情心、富有洞察力、尊重他人、经常微笑、关注他人的优点等。

练习 11.5　我欣赏的人的品质

目标　本练习帮助你确定你欣赏的人的品质(本练习帮你实践吸引力法则)。

列出所有你欣赏的品质。可以随便列举,包括某些或者所有上文已经列出的品质。

吸引力法则认为,我们心里想什么或者感觉如何都会将它表现出来。如果我们心里是坏的想法,就会发出消极的信号。如果我们心里是好的/积极的想法,我们会感觉良好,就会发出积极的信号。

我们都喜欢与发出积极信号的人交往——这些人具有练习 11.5 里所列举的品质。我们通常不喜欢与发出消极信号的人交往。

销售人员要想成功,需要发出积极的信号,这样案主才会愿意和他交谈。社会工作者要想和案主有效沟通,需要发出积极信号,这样案主才会愿意和他交谈。这个规则可以运用在大部分职业当中,如医生、律师、心理学家、精神病医生、咨询顾问、老师等。

吸引力法则认为,如果一个人展现出练习 11.5 中所列举的诸多品质,许多大门将为他敞开,他将会变得成功、幸福、满足、惬意等。

那么,你是否愿意作出承诺,将自己展现在别人面前,使自己具有练习 11.5 中列举的特征呢?

◼ 改变或者适应痛苦事件

生活中有无数的痛苦:亲人去世、恋情结束、被炒鱿鱼、工作不满意、课程挂科、与人吵架或令人困惑的宗教问题。当痛苦事件发生时,应该鼓励团体成员直面它,并试着改善境遇。假如你因为某个人去世而备感痛苦,可以去找团体成员聊天,或者找个专业人员做私人咨询。如果你被解雇了,就需要找出被解雇的原因,这样才能有建设性地解决问题,开始寻找另一份工作。假如你有让你困惑的宗教问题,在找牧师聊过或者参加过宗教课程之后,再进行团体讨论,这样会有很大帮助。

大部分的痛苦事件,我们都可以直接面对并采取有建设性的行动,之后,这些痛苦事件都会得到改善。但是，有些事情是无法改变的。团体成员无法改变其他人的不良习惯。如果情况无法改变，唯一有建设性的选择就是接受它。适得其反的唠叨和抱怨，会让人变得更加心烦。接受那些不能改变的，反而可以让人变得更加放松、更加冷静。

◆ 个人乐趣

个人乐趣能够释放压力，改变生活节奏，让我们感到愉悦，感觉良好，是现实中的自我"疗法"。个人乐趣对一个人来说是乐趣，对另一个人来说可能就不是乐趣。常见的个人乐趣包括听音乐、购物、泡热水澡、看电影、喝酒、家人聚会或教堂聚会、度假、唱歌等。这样的"待遇"提醒我们自己是多么有价值，而且这样的"待遇"还可以给生活增添"情趣"。

愉快的活动可以减少压力。研究表明，"压力减少压力"，也就是说，在一方面有合适的压力，可以减少另一方面过度的压力。[31]参与愉快的室外活动，可以将一个人对日常生活的消极思维转变为积极思维。所以，参与愉快的活动可以减少压力，这些活动有高尔夫球、网球、游泳、潜水、跳伞、旅游等。

个人乐趣也可以作为对自己"成功完成任务"的奖赏。大部分人都不会亏待"干得好"的人，所以我们也不应该亏待自己。这样的奖赏可以让我们感觉良好，并有动力接受新的挑战。

"精神健康时间"是一种彻底的放松，当一个人处于不可承受的压力之下时，应该好好加以利用。当压力太大、太持久时，放松对身体健康或精神健康都非常重要。此时，人们应该腾出一天时间只做能让自己感到高兴的事情（现在许多机构都允许雇员有一定时间的"精神健康日"）。

练习11.6　我的压力管理技巧*

目标　本练习旨在帮助你熟悉压力管理的技巧。

1. 复习本章关于压力管理技巧的材料，列举出你使用过的技巧。简短描述一下这些技巧是否对你减轻压力有作用。

---

*　本练习即《实践行为练习册》一书中的练习11.3。

2. 说说你未来计划使用的压力管理技巧。

 时间管理

浪费时间就是浪费生命。时间就是生命,当我们的时间流逝完了,生命就停止了。时间管理集中于帮助人们更高效地做事,强调选择最优任务,并且运用最有效率、产出最大的方式去完成任务。不幸的是,时间是不可再生资源,正如泰勒所说:

> 时间是以所做出的成就来衡量的。有些人回首过往,实现的目标很少,取得的成就也很少,自己也很少感到有成就感——这些人觉得人生过得太快,感觉受到欺骗。
>
> 但是有些人回首过往,充满成就感、满足感,拥有良好的人际关系,觉得人生漫长而充实。[32]

当人们无法完成生命中的重要任务时,经常是因为没有很好地规划。如我们所见,时间管理能帮助我们树立人生目标,并且规划我们的时间和资源来实现这些目标。但是,规划太多与规划太少一样,对实现目标来说都是低效的。过多的规划使得人们忙于不停地计划"要做什么事",然后更新计划,无法完成计划,又重新去作计划。

时间管理始于树立目标。你在这一生中到底想要什么?对此问题的建设性回答是你迈向充实生活的第一步。那些没有人生目标的人,生活会十分无聊、不开心、压抑、困惑、不充实。他们说不出自己生活中想要什么,所以他们不知道什么东西才能使自己感到充实和满足,糊里糊涂地活着。一般而言,他们盲目跟随别人的决定,当决定对他们无效时,他们会有挫折感,并感到愤怒(当别人为你拿主意的时候,别人只会根据他们自己所需而不是根据你对什么感兴趣来作决定)。糊涂的人常常会变成爱抱怨的人,也很难作出重要的决定。当要他们结婚时,他们推迟;当有份新工作出现时,他们犹豫;当有机会出现,需要搬迁时,他们踌躇;当已经作出了重要决定时,他们会再次怀疑自己。所有这些情况,都是因为他们缺少有意义的生活目标来指引他们。

设定和优化目标及任务

设定生活目标不是一件容易的事情,它要求我们深思熟虑,从众多选项中将生活目标筛选出来。那些有了生活目标的人通常会更舒服、开心、满足和充实。他们知道什么东西能给他们带来愉悦,因此能够朝着目标而努力工作。他们是为自己作决定而不是让别人为他们作决定。当他们遇到要作重大决定的情况(例如,结婚、生孩子或新的工作机会),会根据自己的人生目标进行比较、权衡,从而作出更符合自己兴趣和长远目标的决定。

设定目标

时间管理的第一步就是设定个人目标。人们必须回答以下两个问题:

1. 我的长期目标是什么?
2. 我未来六个月的目标是什么?

把每个问题的答案分别写在纸上。在确认这些目标的时候,人们要知道短期目标和长期目标是时刻变化的。显然,为自己不想要的目标而投入工作是个错误。随着时间流逝,有些目标将被放弃或改变,有些目标会被替代。

在确定短期和长期目标时,人们要考虑各种因素,包括职业、经济情况、婚姻状况、家庭目标、社区混乱与否、宗教目标、教育情况、运动锻炼、自我发展、人际关系、假期、退休、兴趣爱好、娱乐和休闲等。

目标优先排序

下一步就是进行目标优先排序。莱肯(Lakein)推荐使用以下三种策略:以字母"A"表示"高价值目标","B"表示"中等价值目标","C"表示"低价值目标"。[33]不论长期目标还是短期目标,都要分别进行优先排序。高价值目标 A 还需进一步按 A-1、A-2、A-3、A-4 继续优先排序,以此类推。在这个过程中,人们可以明确他们的人生中需要做什么。

长期目标可能会因各种原因而发生改变。一个人可能完成一些长期目标,例如大学毕业、结婚或找工作,另一些目标却没有达到,但可能这些目标变得不再重要或没有意义了。所以,定期(通常一年)回过头审视并且改进长期目标是有好处的。短期目标也需要人们每半年就审视一次。

■ 目标任务清单

最重要的目标是 A 类目标,这类目标要花费大量时间和精力。你不能为了实现目标就马上行动,而应该先计划一下实现目标需要的步骤,列个具体任务清单来帮助你实现短期目标,进而实现长期目标。

以一名社会工作专业的年轻人为例,他可能会以毕业后找到一份工作为长期目标,为实现这个目标,他要列的具体任务清单如下:

1. 努力学习通过考试,且写出高质量的论文以获得好的分数。
2. 在社会服务机构做志愿者工作。
3. 填写简历。
4. 明确哪个领域的社会工作者有空缺,然后选择与此领域有关的选修课。
5. 积极参加学校社会工作者组织的活动。
6. 向能给自己反馈的大学教师咨询,了解自己作为社会工作者的优势和劣势,以及如何完善自己才能得到工作机会。
7. 选择一个实习机会:(1) 帮助他学到社会工作者的技巧和知识;(2) 与能够帮他找到工作的人建立联系。

■ 任务优先排序

如果团体成员对每一个目标都认真列出具体任务清单,就会发现任务太多,时间不够,无法将这些任务全部完成,因此,就需要将每个任务进行优先排序。A 表示高价值的任务,B 表示中等价值的任务,C 表示低价值的任务。每个 A 目标的 A 任务都必须进一步细化排序成 A-1、A-2、A-3、A-4 等(读者会注意到,将任务优先排序的方式与将目标优先排序的方式一样)。

练习 11.7　我的高价值目标和任务*

目标　本练习帮助你明确自己的长期目标和短期目标,并且明确哪些具体任

---

* 本练习即《实践行为练习册》一书中的练习 11.4。

务能帮助你完成这些目标。

注意:如果认真执行这个练习过程,你将会对自己的生活有非常清晰的愿景,知道自己要做什么才能实现目标。

1. 在一张纸上列出你未来六个月的目标,在另外一张纸上列出你的长期目标。

2. 对你的目标进行优先排序,A 表示高价值目标,B 表示中等价值目标,C 表示低价值目标。然后,高价值目标再进一步细化为 A-1、A-2、A-3,以此类推。

3. 列出你要实现 A 目标所需要完成的具体任务。

4. 每一个任务对完成 A 目标所产生的价值不同,用 A、B、C 分别进行优先排序。

■ 任务计划表

如果人们按优先排序的过程严格执行,他们将会对重要的短期和长期目标都有清楚的愿景,明确有助于帮助他们实现这些目标的具体任务。不可能每个 A 目标的 A 任务都能作为日常工作,所以人们需要选择一到二个(或者少数几个)作为日常任务来聚焦。如果一个人所选的 A 任务是非常重要的(例如,每门课都要写高质量的论文),那么这些任务将被细化成更小的任务(例如在图书馆里研究指导文献)。

在计划表中,完成每个 A 任务的时间必须具体到小时或天。莱肯建议每天为 A 任务留出必需的时间,在这段时间里,所有 C 任务和其他事情都必须放在一边不管。[34] 使用"每周提醒日历"可以帮助你安排会议时间、考试时间、论文截止日期以及其他重要的任务。通过使用这种日历,人们可以为完成 A 任务规划好时间,以免被干扰和分心。

每个人都有自己的"黄金时间"(internal prime time),在这一段时间里做事情会最有效率,取得的成就也最多。每个人都要找到自己的"黄金时间",因为每个人的"黄金时间"是不同的。有些人是在早上状态最佳,有些人则是在下午或晚上。人们要在自己的黄金时间里安排 A 任务。

在每天的计划表中,如有紧急事情发生,人们可以弹性调整计划。因此,每天预留出一到两个小时的自由时间是很重要的。太死板的计划表会给人带来压力。

必须将锻炼、放松和奖赏自己的时间也列入计划表中。

在计划表中，最关键的就是列出高价值的任务，避免低价值的任务。莱肯将"二八法则"用在时间管理中：

> 如果每件事都按价值来排序，20%的事创造80%的价值，80%的事创造20%的价值……
>
> "二八法则"的意思是，如果清单上有十件事情，做两件重要的事情就能产生八成的价值，找出这两件重要的事情并标记成A类，然后首先去做这两件事，剩下八件事先不做。[35]

这个法则不是一成不变的，莱肯解释，有些事情产生的价值会与"二八法则"有所出入。莱肯还列举以下案例来说明"二八法则"：

80%的销售额来自于20%的顾客；

80%的产品来自于20%的生产线；

80%的请假条来自于20%的员工；

80%的文件数量来自于20%的文件；

80%的晚餐来自于20%的菜单；

80%的垃圾来自于20%的高使用率的楼层；

80%的钱花在20%的昂贵的肉类和食品类上；

80%的清洗来自于20%高使用率的洗衣房；

80%的看电视时间花在20%的受家庭欢迎的节目上；

一张报纸80%的阅读时间花在20%的内容上（首页、体育新闻页、社论专页、专栏作家页、专题页）；

80%的电话是由20%的来电者打的；

80%的外出就餐都在20%的饭店里。[36]

节约时间的技巧

这里有许多适用于大学生的节约时间的技巧，请选择一些对你有价值的技巧。

■ 为明天做计划

每天结束的时候，在你的日程表里记下明天要做的事情。通过作计划来安排明天的活动,可以让你今天感到放松一些,因为不必为明天而担忧。这份"要做的事"的清单包含我们之前讲过的 A 任务,也可以包含 B 任务和 C 任务,例如买一张周末球赛的门票。

◼ 集中精力学习

用一到两个小时集中精力、全神贯注地学习,效率要高于四到五个小时注意力不集中、做白日梦的学习。在大学高年级的时候,我用集中注意力的方法来学习,只用了以前三分之一的时间就获得了更好的成绩。在课堂上,我集中精力听课,每次都用一到两个小时全神贯注地学习,这样取得的效果。

◼ 高效地利用时间

那些能高效地利用时间的人会每天监督自己的行为,他们会问:"现在如何才能高效地利用我的时间?"我们中的很多人都花费时间在 C 任务而非 A 任务上。例如,如果我们要参加一场重要且难度大的考试,为此我们需要努力学习,但我们中很多人却浪费时间在打扫房间上,并找借口说这也是很重要的事情。去完成 C 任务从而回避 A 任务,我们称之为"有效拖延"。问问你自己:"如果不做这件事情会有什么糟糕后果?"如果答案是"没有",那么就别去做。

◼ 写文章或报告

当你要写文章或报告时,需要尽可能地做一些计划、研究才能完成。不要一会儿写文章一会儿做其他事情,如此来来回回反复转换,大量的时间都浪费在重新回顾已完成的文字上面。

当你写信或者发邮件的时候,一次只写一封,以免大量的时间被浪费在回顾已写完的信件内容上。

◼ 物理环境

当你不想被打扰的时候,就关上门。置身在高价值的目标和任务之中,可以提醒你自己必须要做什么。将学习材料随身携带,这样可以利用在办公室等待会面或者等待朋友的时间来学习,弥补所耽误的时间。

■ 果断说"不"

当你的朋友或亲戚邀请你去参加活动,而这样会干扰到你完成 A 任务的计划时,作为一个会节约时间的人,要学会果断说"不"。尽快结束那些不能产生成果的活动。

■ 期限

设定期限并坚决遵守。任务清单不要只是一纸空文,除了列出任务,还要写下如何完成任务并设定期限。开会的时候,也要计划好开始和结束的时间,以免浪费大家的时间。

■ 避免"必须做……"

不要规定你的人生"必须"做什么,因为这常常会令人感到不快。我们没有做"必须做的事情"又怎么样呢?再解释一下"必须做……"是告诉你"可以做"或"可以不做"。你不必做"不愿意"的事,而"愿意"在心理上比"应该"更值得去做。

■ 变得积极

变得积极,不要浪费时间在后悔或者担心事情不能成功上。让自己放松休息,当你成功完成一个重要项目时,一定要奖励自己。

■ 睡眠

你能减少睡眠的时间吗?对大多数人来说,睡觉占据一天当中最多的时间,其中很多人睡的时间比他实际需要的多。尝试减少半小时睡眠,看看你是否变得比以前更有效率。另外,午餐少吃点,这样你下午就不会昏昏欲睡。

■ 放松

周末试着别想工作的事。学会让白天发生的消极的事"走开",每天晚上都放松,"什么都不做"对你重新恢复体力很重要。一个会有效管理时间的人,并不是比别人工作更努力,而是更聪明(放松技巧在本章已经介绍过)。

其他学习提示

通过快速阅读课程,你将学到如何更快速地阅读文本并且可以提高你的理解力。在第一次或第二次阅读时用钢笔、铅笔或记号笔在书中标出重点,可以节省你以后复习的时间。

练习 11.8　我节约时间的方法

目标　本练习旨在帮助认识你节约时间的方法。

1. 复习本章"节约时间的技巧"内容。列出你已经用过的节约时间的技巧,简单描述是否你列出的每个技巧都对你有好处。
2. 列出你还没有用过计划以后要用的节约时间的技巧。

克服拖延

拖延就是故意推迟现在就必须要做的事情。它是时间的小偷:一旦我们养成了拖延的习惯,就会以各种方法找借口。我们知道自己要完成 A 任务,但是我们却拖着不做,经常浪费时间完成低价值的任务。例如,我们知道一篇文章两天后就要交了,但是我们不是忙于写文章,而是在购物、陪朋友聊天、洗衣服或者看电视。这种情况听起来是否很熟悉?

拖延是实现短期或长期目标最主要的障碍。大部分人推迟投入 A 任务是因为它看起来压力很大或者让人不愉快。让人压抑的任务被认为太复杂或太花费时间。例如,你推迟写一篇 20 页的文章,因为它看起来短时间内难以完成。当然,让人不愉快的任务会进一步让你产生消极情绪,这些情绪可能难以处理。例如,你推迟告诉你的父母你没有通过一门课程,因为你害怕看到他们的反应,也害怕在你告诉他们之后你会有什么感受。

瑞士奶酪法(Swiss Cheese Approach)

让难度很大的 A 任务在你掌控之下的关键,是在它"里面挖个洞",将它分成更小的任务。这就是"瑞士奶酪法",即一点一点地完成从大任务中细分出来的小任务,直到把整个任务都完成。

例如,如果你要写篇论文,你觉得压力大,是因为你之前从没有写过论文,并且你对论文的主题所知甚少。将这个任务分解成更小的任务:第一步,列出三四个你感兴趣的研究主题。第二步,就这个领域制定出研究假设。第三步,与你的导师碰面,听听他对这个假设的意见。第四步,去图书馆查询其他人关于这个假设已经作过了什么研究,并看看别人已经用过哪些研究范式。看完这些研究成果你就可以知道有什么范式适合你。等做完这些,你就已经为选题作好了准备。另外,你可以写一份严谨的写作大纲给导师看并等待他的反馈,然后按照导师的建议进行修改。这样,你就可以准备写论文了。

❖ 其他建议

开始研究:对于让人不愉快的任务,有时可以通过多了解它们来减少不愉快。在图书馆里作研究、与这个领域的专业人员或有识之士交流都是好的开始。

马上完成那些独立的部分:尽早完成一个任务的几个部分,可以带来最初的成就感和动力。

设定期限:设定合理的期限是防止拖延的好办法并让人产生动力。

事先作计划:当一部分任务已经完成,通过事先制订的计划就知道下一步做什么,这样可以使任务不断推进。

换个场景:如果做某件事感觉累了、烦了,换件事情或换个场景会有帮助。这个办法简单来说就是,在图书馆学习累了,就去宿舍待会儿,甚至去学生休息室都行。这样的场景改变增加了多样性,也减少了乏味。

克服恐惧:害怕某个任务失败会阻止我们做这事。可以通过理性的自我分析消除恐惧(见附录一模式1)。这种方式可以有效消除恐惧并让任务继续推进。

考虑后果:推迟工作意味着错过期限。匆忙赶工,做的质量就差,得的分数就低,它还同样意味着错过机会。能够考虑拖延的后果就是有效的动力。

考虑好处:一个人完成任务或者完成部分任务就有奖励,这是推进任务进展的好方式。

切断逃避的路径:通常逃避工作的途径包括交际、白日梦、睡觉和看电视。可以移开诱惑源或在干扰源无法打扰的地方和时间内专心工作,通过这种方法切断逃避路径。

练习 11.9　结束我的拖延症*

目标　本练习旨在帮助你结束拖延症。

1. 列出最近发生在你身上的和拖延症有关的三件事。
2. 检查你拖延是否因为这些事让你"不愉快"或"压力很大"或者两者兼而有之。
3. 每个任务都要完成的话，列出防止自己拖延的技巧并开始着手完成这些任务。

时间管理的好处

本章中关于时间管理的大部分材料都和大学生直接相关，时间管理和节约时间的原则在工作场合也是适用的。时间管理也是一种生活方式，有效管理时间的人很容易被发现，因为他们有些共同特征：他们能够在限期内保证质量地完成主要工作；他们很少表现出犹豫不决、难以抉择或困惑迷茫；他们都是很自信的成功人士；他们都灵活、冷静、有控制力并且很少拖泥带水；他们可以在他人身上施加理智的影响力；他们知道什么时候放松和如何放松；他们人缘很好；他们从不拖延。

泰勒说：时间管理并不是一种特定的技能和知识体系，不是学习一两天、一两周甚至一两年就能学会并运用的。就像时间本身，时间管理也是无止境的，它是自我管理的一个持续不断的过程，你越尊重时间，你就越有效率。

找到适合你自己使用的新想法、新方法、新技巧。研究可以节约时间的产品，向那些剥夺你宝贵时间的坏习惯宣战。开始培养新的习惯，在你脑中一直想着目标——在纸上也记下——不断地提醒自己。复习这些目标，修正这些目标，保证你所做的一切都围绕着这个目标。[37]

---

* 本练习即《实践行为练习册》一书中的练习 11.5。

总结

教育团体传授社会工作的技巧和知识,例如育儿课程、压力管理课程、亲子课程、作为外语的英语课程、自信心训练课程等。社会工作教育团体通常有教室氛围,可以进行大量的团体互动和讨论。本章重点通过压力管理和时间管理介绍教育团体。压力是导致很多情绪和行为问题的主要原因,可以被定义为心理和情绪上对压力源的反应。本章介绍了职业倦怠,它是应对高压所产生的反应之一。减轻压力、防止职业倦怠的策略如下:制定目标、时间管理、放松、锻炼、周全照顾自己、社会支持团体、和他人对话、积极思维、改变产生压力的想法、吸引力法则、改变或适应痛苦事件、个人乐趣。

时间管理强调选择最有效的方式去作最重要的任务。时间管理包括设定优先目标和任务。本章提出了一些节约时间的技巧,总结了克服拖延的方法。

团体练习

练习A 克服目前压力

目标 明确压力源并减少压力。

步骤一 指导者描述压力源并指出练习目标。指导学生写出以下问题的答案(这些问题可以写在黑板上)。告诉学生要保护隐私,不需要泄露任何他们不愿意分享的事。

1. 你最近遇到的最严重的、最无力克服的压力是什么?
2. 你为克服这些压力都作了什么尝试?
3. 为什么还没有克服这些压力?
4. 你最近会不会害怕这些压力?
5. 为了解决这些压力,你是否想过采取有建设性的行动?

步骤二 学生们写完这些问题的答案,告诉他们每3人组成一组。每个成员分享这些问题。当一个成员在分享他的回答时,其他成员专注倾听并提出解决压力问题的建议。

步骤三 团体成员完成讨论后，指导者询问是否有人或者有小组想要和全班一起讨论压力的复杂状况。等这些问题讨论结束后，尽力给出克服压力的建议。（如果无法改变这些令人烦恼的事情，就要改变对待烦恼的态度。）如果没有人继续分享，结束练习。

练习B 通过冥想放松[*]

目标 通过冥想放松，减少压力，防止产生职业倦怠。

步骤一 指导者概括"压力"是什么，引起压力的原因和压力带来的后果，再解释职业倦怠是高压之下的一种反应。然后总结减少压力、防止产生职业倦怠的方法（准备关于这些方法的宣传页非常有帮助）。指导者要告知大家运用一些方法减少压力。

步骤二 指导者解释冥想是减少压力的一种方式，并领导全班做冥想练习。指导者要感觉放松，并运用下面的材料：

我将领导大家做冥想练习，目的是向大家介绍冥想练习可以减少压力和焦虑。当你感到焦虑或想放松时，你可以自己做一下这个练习。例如，做班级演讲之前、参加重要考试或晚上睡觉的时候，你都可以做冥想练习。

赫伯特·本森（Herbert Benson）的《放松的反应》中介绍，帮助人们放松的冥想法包括四个要素：（1）找个安静的地方；（2）找个舒适的位置；（3）细想某个物体；（4）找到一种无为的状态，在这种状态中，你要抛开日常琐事，不再想它们。拥有一种无为的状态是帮助你进行放松的关键。

现在你们围成一个圆圈，我将介绍做冥想练习的三种形式。第一，深呼吸练习。第二，我们对自己不停地轻声重复"放松"这个词。第三，我会让你们把注意力集中在你们感到最放松的地方。我们的练习会直接从第一种转到第二种，然后再从第二种转到第三种。当我们练习时，不要担心会发生不寻常的事情，不会有惊吓，集中精神在我让你们专注的地方。有时候有些想法和顾虑会偶尔出现在你们脑海里，请你们把这些思绪统统赶走。

---

[*] 本练习即《实践行为练习册》一书中的练习11.6。

在我们开始之前,我想让你们每个人都确定好自己最喜欢的放松场景,也许是躺在海边或湖边的椅子上晒太阳,也许是泡在温暖的浴缸里读书,也许是坐在温暖的篝火旁。有没有人不知道自己喜欢什么样的放松场景?(要等到每个人都确定好。)

好,我们开始了(如果有可能,调暗灯光或者关灯)。首先,我要你们闭上双眼,并且在整个练习过程中一直都是闭上双眼的。接下来,找到一个舒适的位置。如果你愿意,可以坐在或者躺在地板上。(这三种冥想练习,每一种都持续5—6分钟,轻声缓慢地说话,时常停顿,有时停顿20秒甚至更长时间不要说话。)按照如下方法放松:

首先,我要你们集中注意力关注自己的呼吸。缓慢地深深地吸气呼气……慢慢地吸气呼气……当你呼吸的时候感觉很放松。当你呼气的时候想象所有想法都离开了你……当你吸气的时候,感受自己是如何变得更平静、更放松、得到恢复。仅仅把注意力集中在缓慢的呼吸上……当我在说"吸气呼气"的时候,不要想着跟我同步,你可以找到让自己舒服的呼吸节奏……慢慢地深深地吸气,然后慢慢地呼气……你身体里已经充满越来越放松的能量……此时你唯一要做的事情就是关注自己的呼吸……慢慢地深深地吸气,然后慢慢地呼气……如果有其他想法进入你的脑海里,你就把它们尽可能地赶出脑海……变得更放松的关键就是把那些让你烦心的日常琐事都赶出脑海……就这样做,你要做的就是简单地、全神贯注地关注呼吸……慢慢地深深地吸气,然后慢慢地呼气。

现在,我们转换到不断轻声对自己重复说"放松"。闭上双眼……不断重复对自己说"放松"……不断轻轻地对自己说"放松"……我们每个人都会有日常压力……不可能避免所有压力……重要的是要记住,压力管理并不是要回避压力,而是当我们处在高压之下的时候,能找到办法进行放松。一个很棒也很简单的办法就是学习放松,就是坐在一个安静的地方,找个舒服的位置,然后轻声地重复地告诉自己"放松"……"放松"……"放松"……通过这样重复对自己说"放松"的方式,你会发现自己体内会产生让你越来越放松的能量……找个很舒服的地方不断对自己说"放松"……这个地方必须节奏很慢,这样才能帮助你放松……但也不能太慢以致那些日常琐事又涌上心头……记住,要想放松,最重要的事情就是远离那些日常琐事……如果这些事又进入你的脑海里,你要集中精力再次轻轻地重复对自己说"放松",通过不断地对自己说"放松",你会发现身体里出现神奇的力量,你

会变得越来越放松,得到恢复……(让团体成员重复"放松"五六分钟)

现在我们转换注意力到最放松的场景。不要睁开眼睛……集中精力在你最放松的方式上……感受自己现在有多么放松……细想你现在多么放松……享受你现在所处的放松而安静的环境……感受到自己变得更平静、更放松……享受这个地方的安静……感觉自己变得更放松,身体得到了恢复……享受这个特别的地方给你带来的景色和声音……珍惜这令人愉悦的气味和环境……感觉这个特别的地方给你带来的温暖、安详和宁静……无论什么时候你想要更放松,你只要闭上双眼安静地坐着,想象让你感受十分放松的地方……你越多地练习想象让自己感受放松的地方,你就能越快地得到放松……看起来,那个能让你放松的地方仿佛有魔力,有让你放松的力量,但实际上让你放松的,只不过是让那些日常琐事都"走开",取而代之的是集中精力享受最让你放松的安静环境,这样你就放松下来了……如果你要做一次演讲或者面对其他让你有压力的环境,你可以闭上双眼,然后想象能让你放松的地方,由此来减少焦虑……继续想象,现在在一个非常放松的地方……感觉你自己变得更加放松、精力得到恢复、更加平静……如果你感觉昏昏欲睡,那好……感觉昏昏欲睡说明你已经变得越来越放松……你做得很好……继续想象你在那个让你十分放松的地方……通过让日常琐事远离你,通过享受让你特别放松的地方,你会越来越放松……(停顿五六分钟,然后继续该练习)

遗憾的是,几分钟以后我们的思绪又要回到课堂上。不要着急,我慢慢地从五数到一,当我数到一的时候,请你们慢慢睁开眼睛……(5)享受你放松的状态。你现在会觉得更温暖、昏昏沉沉、感觉如此放松以至于不愿意移动身体……享受这特别的感觉……放松有益于身体健康,因为当你放松时,你的免疫系统处于最佳状态……(4)慢慢回到课堂……不要匆忙……不要着急……让自己慢慢地清醒。任何时候你想要放松,就可以用这三种冥想的方式。通过用这三种方式不断地练习,你会做得越来越好……(3)你现在的注意力要转回到课堂……慢慢地……我们还有半分钟……你是否已下决心用放松的练习来减少日常压力了……(2)我们现在回到课堂上了……你现在要慢慢变得越来越清醒……(1)慢慢地睁开眼睛……不要着急……给自己一点时间进行适应。要提醒一句:如果你要开车去某个地方,请在开车之前先走几分钟,因为你放松这么久了,还没有足够清醒,你还不能安全地开车。

步骤三 指导者询问类似这样的问题:"你认为这三种方法怎么样?""你现在

放松得如何?""你们当中有人难以进入放松状态吗?""如果是,为什么?""你更喜欢这三种放松方法中的哪一种,为什么?"如果团体成员都十分放松、昏昏欲睡,他们可能没有精力回答这些问题,指导者必须尊重他们的"情绪",不要给团体成员压力。提醒:指导者可以传授肌肉放松法,在课堂上也可以体验其他的放松技巧。

练习 C 设置高价值目标和任务

目标 设定短期目标和长期目标,为了完成目标确定高价值任务。

步骤一 指导者界定时间管理的概念并描述练习目的。

步骤二 要求小组成员在一张纸上列出他们未来六个月的目标,并且在另一张纸上列出长期目标,充分考虑职业、锻炼和健康、教育等很多方面。

步骤三 完成步骤二后,小组成员要优化他们的目标,高价值的目标标注 A,中等价值的目标标注 B,低价值的目标标注 C,然后再进一步在高价值的目标里排列子目标 A-1、A-2、A-3 等。

步骤四 小组成员再列出要实现 A 目标需要完成的任务。

步骤五 小组成员用标注 ABC 的方法,对"实现 A 目标所要完成的任务"进行优化。指导者解释:如果认真地执行这个过程,大家会对短期目标和长期目标具有清晰的愿景,明确要完成什么任务才能实现这些目标。

步骤六 全班讨论这个方法的长处和短处以及在这个过程中学到了什么。

练习 D 时间图表[*]

目标 用时间图表的方式决定你要如何利用时间。你是否愿意这样利用时间?

步骤一 指导者解释,我们利用时间的方式可以被看作一个圆圈,圆圈里的每一个部分都代表分配给相应活动的时间。下面举例说明。

---

[*] 本练习即《实践行为练习册》一书中的练习 11.7。

请注意,睡眠时间通常不包含在此类图表中,除非是特定的时间管理问题。

步骤二 同学们绘制一张图表来显示自己上个月如何度过的。每个图表都必须显示他们干了些什么,每件事情花了多少时间。

步骤三 将团体成员每3—4人分为一个小组,小组内分享彼此的时间表。确认包含以下信息:

1. 所选月份是典型的月份吗?如果不是,为什么?

2. 这件事情是你真愿意花费时间和精力的吗?

3. 你的生活是由你自己主导,还是由别人主导?如果是别人主导了你的生活,这个人是谁?你对此有何感受?

4. 如果练习C已经完成,团体成员讨论上个月当中,你们花了多少时间在高价值的任务上?

练习E 结束拖延

目标 采取策略完成被你拖延的重要任务。

步骤一 指导者对"拖延"进行定义,并解释人们拖延的主要原因是把任务看作让人压力大或不开心的事。然后指导者总结结束拖延的一些策略。指导者可以发放一些列举这些策略的材料。

步骤二 每个人在纸上写出下面三个问题的答案:

1. 由于拖延,你有什么重要的任务没有完成?

2. 你为什么会拖延?

3. 你有什么特别策略用来防止拖延以完成任务?

步骤三 团体成员每3—4人分成一个小组,在小组内分享他们的答案,并给出克服拖延的其他策略建议。

步骤四 全体学生讨论我们从本练习中学到了什么。

练习F 黄金时间

目标 确认并高效利用自己的黄金时间。

步骤一 指导者解释黄金时间的概念,让每个人都拿出一张纸,画出下面的图表。成员在这个图表上画出自己每天的精力周期图。在画图过程中,每隔一两个小时就用圆点来表示自己的精力水平(这个图表要把工作日和周末分开制作)。画好圆点以后,用线条将连接,实线表示工作日,虚线表示周末。每条线上的最高点用X标记出来,最低点用O标记出来。

高频率
中等频率
低效率

6A.M.　8A.M.　10A.M.　12N.　2P.M.　4P.M.　6P.M.　8P.M.　10P.M.　12M.

步骤二 将团体成员每3—4人分成一组,每位成员分享自己的图表并回答以下问题(这些问题可以写在黑板上)。

1. 我的黄金时间是如何影响日常工作的?我是否在精力最旺盛的时候做最有创造性、最繁重的工作?

2. 我周末的精力周期图和工作日的精力周期图有什么不同?为什么会出现

不同?

3. 我能作出什么改变来更有效地利用自己的黄金时间?

步骤三 把小组成员聚集起来,然后询问他们从本练习中学习到什么。

 能力说明

EP 2.1.1.b 进行自我反思与自我纠正,确保可持续的专业发展。

EP 2.1.7.a 利用理论框架来指导评价、干预和评估的过程。结合压力的概念及其影响,提供练习让学生反思与压力相关的疾病,并且反思使用压力管理技巧的重要性。

EP 2.1.7.a 利用理论框架来指导评价、干预和评估的过程。总结长期压力的危害,概括压力的关键要素为事件和自我对话,提供练习让学生反思这些概念。

EP 2.1.7.a 利用理论框架来指导评价、干预和评估的过程。总结压力的多样性。提供练习让学生反思将来的生活中如何运用压力管理技巧。

EP 2.1.7.a 利用理论框架来指导评价、干预和评估的过程。介绍时间管理的框架,让团体成员制定优先目标与任务,设计练习使用这种时间管理框架。

EP 2.1.7.a 利用理论框架来指导评价、干预和评估的过程。概括总结拖延症,提出克服拖延症的策略,提供练习让学生反思如何结束他们的拖延症。

EP 2.1.10.g 选择合适的干预策略。提供练习教会学生使用冥想进行放松,学生可以自己冥想,也可以与案主一起冥想,以释放压力,防止产生职业倦怠。

EP 2.1.1.b 进行自我反思与自我纠正,确保可持续的专业发展。提供练习教会学生使用时间图表,让他们反思自己如何花费时间的以及思考自己是否想要这样花费时间。

第十二章

治疗团体

目标

本章将总结一系列关于我们如何创建、如何领导、如何结束治疗团体的指南,这些指南涵盖多个方面,包括准备工作、会前放松、进入会场的注意事项、座位安排、会议介绍、明确角色责任、建立友好关系、深入探索问题、探讨备选解决方案、发展阶段、结束会议、结束团体、协同促进一个团体、团体促进者的法律保障、与案主的专业界限等。本章还将介绍循证实践。治疗团体的目的是帮助在情绪、行为或人际关系方面遇到问题的成员。

向有个人问题的人提供咨询既不神奇也不神秘。尽管咨询方面的培训和经验非常有益,每个人都有通过倾听与沟通帮助他人渡过难关的潜能。但这并不是说,每个人都会在咨询方面获得成功。协助型专业人员(例如社会工作者、精神治疗师、心理医生和咨询顾问)在这方面更可能取得成功,这很大程度上是因为他们接受了广泛的咨询培训。尽管如此,专业能力、移情才是有效咨询的关键,而不是学位与证书。

本章针对如何有效地创建、领导和结束治疗团体提出一些建议。经验丰富的团体促进者(group facilitator)可能发现本章所提供的材料相当简单,因为这些材料适用的主要读者是:一些开始领导团体的促进者和一些已经领导过团体但仍在寻找其他途径提升团体工作技巧的促进者。

准备工作

领导治疗团体需要做好充分的准备工作。领导者应该在以下几个方面接受培训：(1) 评估人的行为和问题；(2) 综合治疗干预方法，如现实疗法、行为疗法、理性疗法和女性主义干预；[1] (3) 专业的治疗干预技巧，如自信训练、放松技巧；[2] (4) 访谈和咨询；(5) 团体动力学原则，如团体凝聚力、任务角色、社会情感角色、专制式领导和民主式领导的不同影响。社会工作专业本科和研究生课程通常涵盖这些方面的内容。

对于任何一个治疗团体来说，团体领导者还需要研究导致成员产生当前问题的原因、该项目中最有效的干预策略、对积极改变的预测以及期望干预策略带来积极变化的时间。

当你领导一个团体时，充分的准备工作是团体（包括你自己）获得成功的关键。即使是经验丰富的领导者，也必须为每一个团体和每一次团体会议作准备。

当你准备组建一个新团体时，应该详细回答以下问题：该团体的总体目标和一般目标是什么？应该用什么样的方法实现这些目标？每位成员的特点是什么？每位成员有什么特殊的个人需求？为了有助于处理个人问题，每位成员需要拥有哪些资源？第一次会议采取什么样的形式？每位成员的个人治疗目标是什么？在团体第一次会议上，是否有必要进行破冰？如果需要的话，具体的破冰活动是什么？是否提供点心？座椅应该如何安排？什么样的团体氛围有助于成员解决他们的个人问题？会议最佳地点在哪里？为什么选择你作为团体领导者？团体成员希望你做些什么？

当你策划第一次会议时，用一个新成员的眼光看待这个团体是非常有帮助的。新成员可能有以下问题和顾虑：我为什么加入这个团体？在这个团体中，我是否能够实现个人目标？在这个团体中，我是否感到舒适？我是否会被其他成员接受？成员之间是否存在不同的背景和利益？如果我不喜欢这个团体，是否可以不参加会议？其他成员会尊重我，还是会嘲笑我？在这些会议中具体讨论什么？我应该说什么、做什么？会不会有压力让我去做一些我不想做的改变？通过考虑以上问题，领导者可以策划第一次会议，帮助团体成员感到舒适，这将有助于澄清成员对团体形式和团体活动的疑惑。

练习12.1　我对参加治疗团体的顾虑*

目标　本练习旨在帮助你了解治疗团体新成员的顾虑。

1. 想象一下你有严重的情绪问题(如抑郁症)或行为问题(如贪食症),你即将参加第一次治疗团体会议。具体说明你参加治疗团体(将透露你的问题与个人信息)的顾虑。

2. 该团体的领导者可以做些什么或说些什么来减少这些顾虑?

当你要成为一位领导者,在第一次会议之前,做好充分准备工作是绝对有必要的,以便更准确地确定成员的期望是什么。作为一位领导者,最快的失败方式是让团体偏离成员们期望的方向。确定团体成员的期望有许多途径,其中一个途径是,在第一次会议前,与每位成员讨论他的期望,他期望在团体里实现的真正目标。如果有人要求你领导这个团体,你必须询问他对团体的期望是什么。一般来说,在第一次会议上,应该要求成员针对他们"期望从团体获得什么"发表意见。另一个确定团体成员期望的途径是,为获取团体信息做好会议准备,并且这些信息都是必备的信息:

1. 预计团体成员有多少?

2. 他们各自的特征(个人问题、年龄、社会经济地位、种族和民族背景、性别、教育和职业背景等)是什么?如果让你选择团体成员,你要判断要谁留下,要谁离开。治疗团体选择成员遵循两个重要标准:(1)团体经验对每位成员的潜在好处;(2)每位团体成员对其他成员有多大的潜在好处。

3. 对于团体要解决的问题,团体成员了解多少?

4. 成员的个人目标和规划是什么?

5. 每位成员有多大的积极性去实现团体成立之初的目的?这一定程度上可以通过检验全体成员的自愿程度来确定。团体内的非自愿成员(例如,某位成员由于酒驾,被法庭强制参加治疗团体)一开始就没有参与的积极性,并且可能因为被迫参加而心怀敌意。

6. 团体成员的潜在价值是什么?一群患有饮食失调症的青少年和一群遭受

---

* 本练习即《实践行为练习册》一书中的练习12.1。

失子之痛的成年人往往具有显著差异（尽管如此,应该牢记每个团体成员都是独特的,不能用刻板印象看待他们,这一点非常重要）。

在策划第一次会议时,想象一下作为一个领导者,你希望会议如何进行,这样的想象非常有帮助。例如,在第一次会议时,你可以想象以下几个情节：

团体成员会在不同时间到达会场。我应该提前到达那儿去问候他们,介绍我自己,与他们闲聊,让他们感到舒适。对这些新成员来说,引起他们兴趣的闲聊话题可能是_____、_____和_____。

会议开始。我作一下自我介绍,并介绍团体的总体目标。使用下列破冰活动让成员介绍自己,相互熟悉。我会让团体准备一份清单,上面是他们想知道的关于其他成员的四五个问题。接下来,团体成员自我介绍并回答这四五个问题。我也会回答这些问题,鼓励他们进一步询问有关我和团体的问题。

破冰环节之后,我将会简单阐述团体的总体目标,并询问成员对此是否有疑问。他们可能提出的疑问是_____。对此,我的回答是_____。

然后,我们将进行一个介绍性练习,旨在鼓励成员开始分享他们正在面对的个人问题。如果本练习在我进行大量介绍之后没有引起积极讨论,我将提供一些关于他们个人问题的心理和社会动力学的理论材料。

我尽力营造民主而平等的团体氛围。这种氛围对鼓励团体成员分享并且解决他们的个人问题是最合适的。为了营造这种氛围,我会尽力将座椅排成圆圈,通过提问吸引那些沉默的成员,尽量表现得幽默,并确保自己不会主导整个谈话。

结束会议。我会总结这次会议的内容,安排下一次会议。关于下一次会议的内容,我会鼓励团体成员提出自己的建议。我们会为下一次会议商定一个时间。最后,我询问是否有人还有其他意见或问题。整个会议期间,我都努力营造一种积极的氛围,积极称赞团体成员的贡献。

如果一个团体已经举行了一次或多次会议,该团体领导者有必要回顾以下几个方面：

- 团体的总体设计是否已经明确和清晰？如果没有,在明确的过程中,我们应该做些什么？
- 每个成员在解决问题方面是否已取得进展？如果没有,是什么阻碍了团体成员(或者该团体)?
- 是否有更加有效的行动方案促进该团体和具体成员的发展?
- 应该如何设计下一次会议?应该策划哪些活动?
- 这些活动能否促进团体和团体成员成功实现他们的总体目标?如果不能,还需要选择其他哪些活动?
- 是否每位成员都有兴趣和积极性解决他们的个人问题?或者是否有不感兴趣的成员?如果是这样,他们为什么不感兴趣?需要做什么激发他们的兴趣?

与非自愿案主合作的指南和策略参阅下述案例。

练习 12.2　我对协同促进治疗团体的顾虑*

目标　该练习旨在帮助你明确你需要做什么,以便能够协同促进治疗团体。

1. 想象你是一名实习生,很快要和协助型专业人员一起协同促进一个治疗体。具体说说协同促进该团体时,你会有哪些顾虑?
2. 此时你做什么可以消除一些顾虑?

与怀有敌意的非自愿成员合作的策略

大部分非自愿成员在最初(或后来)与指定的领导者接触时持敌对态度。领导者可以使用哪些策略和这些成员建立融洽关系,并激励他们作出积极的改变?这里总结一些策略。

1. 尊重这些成员。领导者需要明白这些成员可能不愿意和团体谈论自己的情况。领导者向成员表示尊重,这可以帮助他们冷静下来,并且引导他们尊重领导者和其他成员。
2. 允许成员在被迫加入团体时表达不满。在很多情况下,说明这一点很有

---

* 本练习即《实践行为练习册》一书中的练习12.2。

用,即"你因为无奈来到这里而产生不满是可以理解的,如果我是你,我也不想来到这里。你可以分享被迫来这里的顾虑,以此作为开场白或许会有所帮助"。让他们表达自己的不满可以起到安抚作用。

3. 允许成员说出顾虑有助于形成领导者帮助成员实现的目标。例如,如果一位成员因管教儿子时虐待儿子来到该团体,领导者可以说:"我知道你管教儿子是为了他好,但是,伤害孩子是不可以接受的。我想或许我们可以探讨一些备选方法,比如超时设置和愤怒管理技巧。"与非自愿成员合作的一个关键要素是建立对他们个人有意义的目标。领导者应该在法定范围内实现对非自愿成员的领导目标,然后尽力增加成员所期望的现实目标。这里的策略旨在寻找法律授权和成员个人目标的共同之处。以充分解决成员顾虑和转介来源的方式,重新定义问题,减少成员抵制,并使双方达成可行的协议。

4. 利用消除敌意技巧(disarming technique,详见第六章)。这包括从非自愿成员所说的内容中发现真相,即使领导者认为它们是错误的、不公正或不理性的,也总有一些蛛丝马迹等待领导者去发现。当领导者采用这种方法消除成员的敌意时,领导者对成员的尊重将使他们变得更加合作。这种方法也可以促进开放而非防御性的交流。

5. 不要让自己遭受言语辱骂。如果敌对成员开始恶语中伤,领导者可以用下面这类话语暂时中止对话:"先生,我尊重你,作为交换,我也有权得到尊重。我发现我们目前毫无进展。让我们把这些问题推迟到下次会议,希望到那时候,我们能够更好地讨论这些问题。"

6. 如果一位成员在后续会议中继续恶语相向,那么领导者需要约见直接领导者,并讨论其他可行的方案——例如不再让该成员参加团体。

会前放松

在会议开始前,你常常对会议进行方式感到紧张,某些焦虑有助于心理调节并且促使你专注于会议交流的内容。可是,如果领导者过度紧张,将会降低效率。如果你的焦虑过于强烈,可以参加一些减轻焦虑的放松活动,强烈推荐一些放松技巧

(详见第十一章),以及一些其他建议,包括散步,慢跑,听一些让你放松的音乐,找到一个安静的地方平复思绪。通过一个或多个技巧减轻焦虑,在练习领导团体的过程中,你将会逐渐建立自信。

 ## 进入会场的注意事项

身为领导者,准时甚至提前一点到达会场是很重要的。提前到达会场,你可以检查每样东西是否符合你的要求,也可以做一些你需要做的事——比如检查茶歇是否准备得当(如果准备茶歇是在你的计划内),擦擦黑板,按照要求排列座位等。

提前到达会场也让你有机会观察团体成员的情绪。如果这是一个你以前没有见过的团体,提早到达使你有机会从年龄、性别、着装和外貌、闲聊以及他们和他人的互动方式等方面收集这些团体成员的兴趣。一个优秀的领导者能够观察这些线索,并且找到融入这些团体成员的方法。

 ## 座位安排

座位安排十分重要,有以下几个原因。它会影响到谁和谁说话、谁将扮演领导角色。这样一来,它会对团体凝聚力、团体士气产生影响。

在大多数团体中,成员和他人进行眼神交流是非常重要的。更重要的是,团体领导者要能够和每个人进行眼神交流,以便获得非言语反馈,了解成员的想法和感受。

圆圈式的座位安排被认为是一种理想选择,能够引发讨论,鼓励每个团体成员保持平等,促进团体开放和增加团体凝聚力。

在第一次团体会议(并且经常在后续会议)时,团体成员更喜欢和熟悉的朋友坐在一起。如果团体成员有必要和每个人互动,更加合适的座位安排方法是让他们坐在陌生人旁边,避免形成"小团体",鼓励所有成员相互了解。

 ## 会议介绍

在介绍过程中,对于领导者的资质应该以这种方式介绍:让成员获得一种自信,相信领导者能够帮助实现自己的期望。如果由他人介绍领导者,简要概括一下该领导者能够实现团体成员期望的角色。如果领导者做自我介绍,不应该用高傲姿态描述重要文凭,自我介绍的形式应该有利于营造成员预期的氛围,这些氛围可以是非正式或正式的,也可以是轻松或严肃的。在许多团体中,会议介绍的最佳方式就是利用破冰活动。

在团体会议中,恰当的做法是尽可能快速地记住每个人的名字,这需要领导者的特别关注。如果你能喊出成员的姓名,他们会很感激你——这向他们传递着"你们很重要"的信息,能够让他们意识到自己的重要性。

一般对每位成员来说,邀请他进行自我介绍是很有帮助的,或许可以利用破冰环节进行自我介绍。在介绍中,让团体成员阐述自己对团体的预期是比较合适的做法,这有利于发现幕后动机。如果成员所述期望超出了团体范围,领导者可以委婉地向其说明并讨论,避免成员因不切实际的期望而感到焦虑和不满。

正如在私人咨询中一样,在治疗团体中也存在两种不同类型的成员——自愿的和非自愿。在自愿团体中,指导者可以采用更随意、更间接的方式开始。在此类团体中,指导者可以先让团体成员和他闲聊作为开场白,这种初步的闲聊可能是关于天气、停车问题、棒球、一些新闻等。随意的聊天内容有利于帮助团体成员熟悉团体促进者和其他团体成员。

在非自愿团体中,促进者可能以自我介绍和发表团体目标正式声明作为开场白。然后,让团体成员作自我介绍。一般来说,在非自愿团体中,留给成员的自主时间更少,因为他们对于来到这里的积极性更低,并且对于团体成功的认同感也更低。

但是,不管是自愿团体还是非自愿团体,有时候,以事实性信息开始会议(在会议介绍之后)很有帮助。团体领导者可以作一个简短介绍或者通过放映短片和录像完成这一步。例如,如果这是一群非自愿案主,他们因为醉酒驾驶机动车辆而被判有罪,领导者可以选择放映一段影片,生动演示随着酒精量的增加和反应时间的延长,发生严重交通事故的概率显著增加。这种事实性信息不仅可以作为教学材料,而且可以引发讨论。当介绍事实性信息之后,将团体成员引入一个与该事实性信息有关的练习环节非常有用。

如果该团体之前已经召开过会议,领导者可以选择针对上次会议没有充分讨论的话题继续讨论。如果领导者在上次会议上给一些成员布置了"作业",可以这样开始本次会议:"吉姆,在上次会议上你表示要去做……(某件事),做得怎么样了?"

明确角色

作为团体的领导者,你必须清楚自己的角色和职责。在大多数情况下,认为领导者要做大多数工作这个观点是错误的。一般来说,如果每位成员都做出大量贡献,团体会变得更高效。团体成员对团体的贡献越多,越容易感到自己是团体的一员。

助人疗法原则在团体内通常是有效的。[3] 在这种原则的指导下,成员互换角色并且成为他人问题的帮助者。在帮助者的角色当中,成员因为帮助他人而获得精神奖励。当成员意识到其他人拥有和他们一样的严重问题时,可以帮助成员正确地看待自己的问题。

练习12.3 助人疗法原则

目标 本练习旨在帮助你理解助人疗法原则。
1. 描述一次你尽力帮助他人的经历。
2. 在你尽力帮助他人之后,你感受如何?

即使你已经明确自己所期望的角色,但是其他团体成员可能会对你的角色产生疑惑,或者他们对你有不同的期望。如果有其他团体成员对你的角色感到困惑,你应该抓住机会向他们认真解释你如何看待自己的角色。如果成员说他们有不同的期望时,你需要花点时间解释领导者和其他团体成员的角色和职责。

在解释如何看待你自己的角色的过程中,一般而言,以真诚的态度对待你的技能和资源是比较恰当的做法。总的来说,你要表现出来的形象为:你是一位知识渊博的人,而不是一位无所不知的权威人物。

准备解释你的一切工作基础和依据。例如,如果你正在做一个练习,你应该告知团体成员该练习的目标(如果有人质疑这个目标是否与团体的整体目标相一致,你需要好好作解释)。

在团体中，领导者承担的角色在不同情况下会有些改变。例如，有两个团体，一个是患有饮食失调症的青少年团体，另一个是为遭受虐待的妇女提供保护的团体，这两个团体中的领导者职责往往存在显著差异。

记住，领导责任是一种共享的责任，任何一位成员都可能承担领导者角色。领导者既不应该在团体内占据主导地位，也不应该认为自己负责团体所有的任务功能和团体维持功能。事实上，当每位团体成员都做出自己的贡献时，团体的效率和凝聚力就会急剧增加。

 建立友好关系

团体促进者应尽力营造一种没有威胁的团体氛围，在这样的氛围中，团体成员感到自己被团体接纳，也感到十分安全，从而愿意充分交流自己的问题。在最初的接触中，促进者以知识广博、善解人意的形象"推销"自己（切忌傲慢），并且表明自己能够且愿意提供帮助。促进者的语气应传递出这样的信息：他理解并且在意团体成员的感受。促进者要表现得冷静，当成员开始敞开心扉说出自己的问题时，促进者决不能感到惊讶和嘲笑他。即使是非常细微的情绪反应，都会让团体成员认为，这位促进者无法理解和接受他们的困难，通常，他们就会停止讨论这些问题。

知识渊博的促进者应该平等看待每一位成员。有时候，许多新手促进者会犯这样的错误：他们会认为某人向他们分享私人秘密，那么，他们作为促进者自然非常重要，最终就会认为自己相对于案主来说处于"上级"地位。如果成员感觉到促进者对待他们就像对待下级那样，他们就会自动地减少暴露和讨论个人问题。

促进者应该使用与团体成员一样的语言，这并不是说促进者要与团体成员使用同样的俚语和口音。如果案主察觉促进者正在故意模仿他们的说话方式，可能感到自己被严重冒犯。为了更有效地进行沟通，促进者应该使用成员可以理解并且不会冒犯他们的语言。

促进者和其他团体成员需要严守成员所说的内容。不幸的是，许多人无法抑制与他人分享重要秘密的冲动。如果某位团体成员发现该团体的秘密遭到侵犯，那么，他对该团体的信任将迅速瓦解。促进者有必要向成员说明规则："在团体内所谈论之事一概不要外传。"

另外一个重要原则是情感安全。促进者需要声明：如果某位成员感觉自己分享的事情过于私密了,就可以直接说:"这太私人化了。"团体不该向其施压让其继续分享。

 深入探讨问题

促进者如何影响团体成员,如何影响他们分享并开始解决自身的问题?其中一个途径是,促进者放映与成员个人问题相关的主题电影或者录像,放映之后针对该材料进行讨论。另一个途径是,促进者首先展示一些材料,这些材料的主题涉及团体成员的当前问题,接着,鼓励成员分享他们在该主题下遇到的困难。例如,如果几个成员正在与抑郁症作斗争,促进者或许可以展示一些理论材料,这些材料涉及抑郁症的产生原因和治疗抑郁症的策略,然后询问团体成员这些材料与他们的问题是否切合。

促进者影响成员分享和解决问题的另一个有效方式是,促进者分享自己正在解决或已解决的个人问题(与团体成员的当前问题相关)。切实可行的分享主题有很多:悲伤管理、结束恋情、创意投资、压力管理、抑郁、过度自信、表达愤怒、处理人际冲突等。促进者应该具体介绍他遇到的问题,讨论他发现了哪些解决(或促进解决)问题的有效方法。接着,促进者可以询问团体成员是否有人经历过类似问题,鼓励志愿者进行分享。当一位成员分享他所面临的挑战时,促进者应该询问其他团体成员有哪些主意(策略)可用来解决这些问题,从而推动进一步讨论。然后,全体成员应该讨论这些策略的优点和不足。

在深入探讨团体成员的问题的过程中,该团体促进者和团体成员应该思考多方面的内容,比如问题的严重程度,问题存在的时间,问题的起因,成员如何看待这个问题,以及在探索其他备选方案前成员在身心方面应对这些问题的能力和优势。一个问题的领域通常是多维度的,换言之,它一般涉及许多问题。你需要对所有问题进行探索,确定先解决哪个问题,而最好的方法是询问成员他认为哪个问题最紧迫。如果这是一个可以解决的问题,那么,就开始深入探索它,制定解决方案。成功解决了一个问题将会激发每个团体成员对领导者的信心,从而有利于进一步建立友好关系。

促进者应该移情而非同情,并且应该鼓励每个团体成员都这么做。移情是一种理解他人感受、与他人共情的能力,同情也包含移情,但是它往往导致怜悯、遗憾等,它们之间的差异非常细微。移情常常促进问题的解决,然而同情常常导致团体成员深陷于自己的问题却不采取改善问题的行动。例如,如果一位领导者对一位抑郁成员表示同情,那么该成员会一次又一次将自己的悲惨故事不断地告诉他,每一次领导者的同情都会强化这种情绪宣泄,但每一次都没有采取任何行动来改善抑郁现状,而重复讲述这个故事只会自揭伤疤并延长抑郁。

促进者应该"相信自己的直觉",他拥有的最重要的资源是自己的感受力和觉察力,应该不断站在成员立场上进行思考,理解成员不同于自己的价值观和压力。在对成员的压力、问题和观点的评估中,促进者百分之百切中要害是不可能的,达到70%—80%的正确率已经足够了。移情有利于帮助促进者确定应该探索哪些领域、应该说什么以及确定哪些解决方案是有效的。

当促进者认为某位成员已经具有自己所关注的重要问题时,可以使用多种方法与他进一步交流。利用肢体语言透露你的兴趣(如保持眼神交流、身体前倾、轻微皱眉等),这样有利于鼓励成员进一步发言。允许成员中断对话,这一点十分重要。新手促进者经常对成员中断对话感到焦虑,他们很急切地想说些什么(任何内容)来维持对话。一般来说,这么做是错误的,尤其这种做法会导致话题转换的时候。

尽管中断对话常常会使团体成员感到紧张,但中断对话也可以提供思考的时间。在中断期间,最重要的事情是仔细思考所关注问题的最重要方面,并且最能够激发成员针对这个方面继续交流。

客观询问是非常有益的,它不会控制话题走向但能够鼓励成员深入交流。例如:"你能告诉我更多内容吗""为什么你有那样的感觉""我可能不太明白你的想法"。这些话都在询问更多的信息,但是使用哪种类型的问题取决于成员的具体情况。情感反馈——例如"你似乎很生气"或者"你看上去对那个很绝望"——起着相同作用。在你的反馈中,概括团体成员所说的内容,这表明你不仅认真倾听了,而且接收到团体成员传递的信息。例如:在过去这一个小时内,您对伴侣发表了几点意见,听上去您似乎对您的婚姻的某些方面相当不满。

应该委婉提及那些不被社会认同的敏感话题。对于有能力的促进者来说,委婉是一种必备品质。如果问题的答案会使回答者陷入尴尬处境,那么就不要提起这些话题。

练习12.4　治疗团体中运用委婉策略*

目标　本练习旨在帮助你委婉地与团体成员沟通其需要注意的问题。

案主(乔治)是一名治疗团体的成员,你正在帮助该治疗团体。乔治最近取得了工程学硕士学位,他已经面试过许多工程岗位,但未被录用。乔治的个人卫生习惯很差,并且体味难闻。在你的社区中有一个工程师的空缺岗位,你和其他团体成员已经(在对乔治的治疗过程中)讨论过不录用乔治的所有解释,似乎就是因为他的卫生习惯非常糟糕。与乔治沟通体味问题时,你会说什么?你会选择在团体成员面前沟通还是与他私下沟通?

当指出某一团体成员的缺点时,也要提到并称赞他的优点。当指出成员的缺点时,该成员可能会有失落感,因此应在其他方面赞美和鼓励他。

有能力的促进者可以识别非语言暗示,并以此了解敏感话题。例如:案主常常通过改变语气、坐立不安、打呵欠、僵硬姿势或满脸通红等表现出焦虑情绪。一些领导者声称,他们可以分辨出成员的瞳孔是否放大(成员瞳孔扩大的原因之一是他感到焦虑或情绪低落)。

促进者应该诚实。人们很容易发现虚假的东西,若团体成员发现促进者说谎,将会降低对促进者的信任。例如,引导者应该为了全部团体成员的利益,指出团体应该改正的缺点。若一个案主因为不良生活习惯而被解雇,这个问题应该引起其他人注意。

探索备选方案

在深入探讨一个问题之后,下一步就是寻找备选解决方案。促进者的开场白类似于"你有没有想过解决这个问题的其他方法"。然后准确并彻底分析成员的备选方案有何优点、缺点及结果。接下来,促进者请其他团体成员参与进来,询问他们是否有备选方案。提出备选方案的成员暂时承担"帮手"角色。这种情况下,助人疗法原则就发挥作用了——帮手在帮助他人时获得心理奖励。若促进者有其

---

* 本练习即《实践行为练习册》一书中的练习12.3。

他可行的备选方案,也应该提出来。然后,深入探讨团体成员和促进者提出的备选方案的优点、缺点和结果。

团体成员通常拥有自我决定的权利,也就是,从合理的备选方案中选择一种行动方案。促进者的职责是帮助个人明确和理解每个备选方案可能产生的后果,但通常不提供建议或为团体成员选择一个备选方案。若促进者选择了备选方案,有两种可能的结果:(1)所选备选方案与成员需求不符,在这种情况下,团体成员可能会指责促进者的建议,严重损害促进者与成员之间的未来关系;(2)所作选择符合成员需求,获得的直接结果是有利的,但其危险在于,该团体成员将过度依赖促进者,在未来作每个决定时都会寻求促进者的建议,且通常不愿意自己作决策。

促进者应该建议而不坚持案主没有考虑的备选方案。促进者的职责是建议并与案主共同研究所有可行的备选方案。这里应遵循的一条准则是,当促进者认为案主应该采取某种行动时,应采用建议的表述——"你考虑过……吗"——而不是直接建议:"我认为你应该……"

团体治疗是由团体成员完成的。每位成员都应担负起完成任务、改善现状的责任。应该遵循一些准则:每位成员都力所能及地完成任务、为团体成员服务、符合提出的建议、避免成员产生依赖性的风险。也就是说,案主能够成功完成任务就能带来个人成长,更好地为将来承担责任作准备。

只有当行动方案可能严重伤害成员自己或他人时,才能剥夺团体成员的自我决定权利。例如,一名团体成员可能会自杀,即使成员反对干预,促进者也应该进行干预(若成员自杀风险很高,应安排成员住院进行精神治疗)。然而,大多数情况下,即使促进者认为一个备选方案更优,团体成员也有权选择其他行动方案。通常,案主更能知道什么是最好的,如果最后证实该行动方案不是最好的,他也可以从错误中学习经验。

当团体成员选择一个备选方案时,他应该清楚了解目标、需要完成的任务、完成任务的方法等。通常情况下,签订一份合同以备参考,并设定时限来完成每一项任务是非常可取的方法("签订合同指南"将介绍如何与案主订立合同)。

签订合同指南

社会工作实践合同详细描述了需要完成的目标和任务。此外,合同规定完成指定任务的最后期限,并确定任务的奖励或成功完成任务的标准。合同还明确规定不能成功完成任务的后果。因此,合同是促进者与一位或多位案主共同实现特定结果的协议。制定清晰的合同直接关系着案主的积极结果。

一份合同一般应该包含以下内容:

1. 需要实现的目标(按优先顺序排列)。

2. 案主和促进者需要完成的任务(这些任务必须与需要实现的目标直接相关,以便完成任务意味着实现目标)。

3. 完成任务的时间安排。

4. 监督任务和目标完成进度的方法。

5. 如果完成合同条款,案主得到的回报。

6. 案主无法履行合同条款而造成的不利后果。

一部分促进者偏爱书面合同,另一部分则偏爱口头合同。书面合同的优势在于强调促进者与案主关于这份合同的承诺,同时最小化产生误解的风险。口头合同可以避免书面合同内容匮乏的弊端。

在成功实现目标方面,口头合同通常与书面合同一样有效。如果促进者选择口头合同,仍然应该将合同的基本要素记录在笔记中,以备将来参考。

对于促进者和案主而言,制定有效合同最困难的要素是制定目标。目标是要详细陈述案主期望实现的事情,并直接涉及案主需求、需要或遭遇的困难。目标有以下几种重要功能:

1. 确保促进者和案主针对需要完成的目标达成共识。

2. 为促进过程指明方向,从而不会偏离轨道。

3. 指导可行的任务(和干预)的选择,这个可行的任务(和干预)应该聚焦于实现目标。

4. 以评估任务(和干预)成功程度的结果为标准。

对设定目标有用的指南包括:

1. **目标必须与案主期望的最终结果相关**。案主必须相信,实现所选目标将会增进其幸福。因此,治疗师需要全程参与案主选择和明确目标的过程。

2. **目标应该清晰且可测量**。模糊的目标(例如"案主增强对情绪的控制")不够具体,容易导致案主在促进过程中迷茫或困惑。明确的目标描述更加详细(比如"案主遇到冲突时,是以果断方式还是以咄咄逼人的方式表达对母亲的愤怒情绪")。此外,该目标也应该是可测量的,而含糊的目标则不可测量。案主的母亲(和其他人)可以监测案主在特定时间段内表达愤怒情绪——是以果断方式还是咄咄逼人的方式——表达愤怒的次数。案主倾向于模糊定义目标,因此,治疗师以一种明确的和可测量的方式帮助案主描述他们的目标是很重要的。

3. **目标应该是可行的**。无法实现的目标会导致案主的失败,而失败容易引起失望、幻灭和挫败感。重要的是,应该由案主完成目标的选择。对于有浮夸倾向的案主来说,促进者帮助他们选择目标(委婉地将他们的目标降低到能够实现的合理水平)是非常重要的。

在与案主描述可行性目标时,促进者应该仅仅同意协助案主实现一些目标,这些目标在促进者的技能和知识范围之内。如果目标超出促进者的能力范围(比如,帮助案主克服复杂性功能障碍),那么促进者有责任在社区中提供更合适的资源。

一旦案主确定其目标,协商描述目标过程的最后一步就是分配目标优先级。这一步是确保改变的第一项目标,是案主最重要的目标。

下面案例阐释了合同的制定过程。我们先了解一些背景信息,雷·诺伍德和克拉伦·诺伍德夫妇已结婚三年。他们加入一个由四对已婚夫妇和一名促进者组成的治疗团体——该团体聚焦于改善他们的婚姻关系。克拉伦表示,她越来越害怕雷突然对她发火。雷在生气的时候,会对她进行身体虐待和言语虐待,虽然雷还没有打过克拉伦,但她仍然担忧:当他们争论时,雷不断增加的攻击性会导致她被殴打。克拉伦正考虑离开雷,她已联系了律师讨论离婚事宜。然而,双方都表示希望维持婚姻。治疗师和其他团体成员协助这对夫妇拟订了以下合同:

目标:(1)雷停止对克拉伦的身体虐待,并在接下来的30天内减少至少2/3的言语虐待(此目标排首位)。

(2) 诺伍德夫妇将在以后的某一天讨论家庭供养的问题(此目标排第二位)。此时,诺伍德夫妇都同意推迟讨论该问题,因为克拉伦认为,她首先需要确定是否还要维持婚姻关系。

团体成员的任务:

促进者: 促进者将指导雷使用下列愤怒控制技巧:(1) 学会以果断的方式而非侵略性的方式对克拉伦表达愤怒情绪(见附录一模块2);(2) 学会用理性和积极的自我暗示抵制愤怒情绪,不再使用消极和非理性的自我暗示,从而减少愤怒的爆发频率(见附录一模块1);(3) 学习如何用深呼吸放松法对抗愤怒情绪(见第十一章);(4) 当愤怒时,学会以非破坏性的方式发脾气,如慢跑或打枕头等(见第十一章)。(有趣的是,在团体治疗期间,其他团体成员也有兴趣学习这些愤怒控制技巧。)

雷: 雷的主要任务是运用这些技巧停止对克拉伦的身体虐待,并大幅度减少对克拉伦的言语虐待。30天后,如果雷成功了,就进一步谈判合同条款。

克拉伦: 克拉伦要平静地与雷讨论他们(在治疗期间)的争议,避免激怒雷。克拉伦也承担记录的责任,即记录接下来的30天内,雷在身体或言语上虐待她的任何事件。

合同期限: 30天。

监督进展的方法: 克拉伦记录雷用果断或非破坏性的方式向她表达愤怒的事件(其目的是衡量雷学习表达愤怒的积极方式的成果)。克拉伦还记录任何雷对她进行言语或身体虐待的事件。

一旦达成协议,雷和克拉伦的回报: 他们将继续他们的婚姻,这是双方都想要的结果。

若没有达成协议,雷和克拉伦的结果: 一旦雷在接下来的30天内殴打克拉伦一次,她就会离开。若雷在接下来一个月内,没有减少三分之二言语辱骂的次数,她就会离开(为了获取基本信息,要求克拉伦明确记录每周、每天雷用言语辱骂她的次数。两天内已记录9次,因此,雷同意,在接下来的28天里,他最多只会对克拉伦进行12次言语辱骂。若他超出这个限度,克拉伦便搬走与她的父母同住)。

若团体成员无法完成合同上的项目,促进者不应该责备他们或接受他们的借口。借口可以帮助成员摆脱困境,提供暂时性解脱,但最终还会导致更多重复的失败。只需要询问成员:"你是否依然希望实现你的承诺?"若成员坚持肯定的回答,可以设定另外一个可接受的截止期限。

成员处境是否改善的最大因素或许是成员是否拥有完成基本任务的动力。促进者应激励冷漠的团体成员,明确实现目标后可得到的利益是提高成员动力的一个方法。当成员完成承诺,促进者应以口头表扬或其他方式奖励他们,绝不能因失败而责备成员。责备通常会增加敌意,几乎不会促进积极和长久的改变。责备仅仅是获得不同行为的临时方法。另外,当成员认为自己不再被监控时,他的破坏行为通常会复发。

如果一个团体成员缺乏自信或经验,在实际尝试改变之前,角色扮演可能会对他有所帮助。例如,如果一个怀孕的单身女士想得到帮助,即帮助她告诉伴侣她怀孕这件事情,可在团体中通过角色扮演模拟这种情境。帮助这位女士选择措辞,并制定一个策略。由促进者或另一名成员扮演这位女士的角色,让这位女士扮演伴侣的角色。然后,互换角色,让这位女士练习与其伴侣进行沟通。

团体发展阶段

团体领导者有必要了解治疗团体有其自己的发展阶段。理解发展阶段的一个有用模型是第一章中描述的加兰、琼斯和克洛德尼模型。[4]在这里简短重述这些发展阶段。

该模型的核心是成员之间亲密的情感关系,这反映在以下五个阶段的发展过程中:亲近、权力和控制、亲密、分化和结束。

第一个阶段是亲近。这一阶段的成员对是否加入团体感到矛盾,在互动方面比较保守,对是否加入并留在团体中也比较犹豫。他们与其他成员保持一定的距离,保护自己免受伤害或利用,并试图在不冒任何风险的情况下,从团体中得到他们所能得到的东西。在这个阶段,领导者应允许和支持他们与其他成员之间的距离,使用破冰活动,温和地寻求他们的信任,说明留在团体的好处,通过这些,尽可能地让团体充满吸引力。当第一阶段结束时,成员逐渐在团体中感到安全和舒适,并意识到参与团体的潜在好处,并作出暂时的情感投入。

第二个阶段是权力和控制。这一阶段开始出现团体特征,比如联盟、互动方式和子团体等。成员承担某些责任和担任某些角色,形成处理团体任务的规范,更坦率地提出问题。这一阶段容易出现权力斗争,每位成员都试图从团体中获得控制权,获得更多回报。对于其他成员而言,领导者往往是满足感的主要来源,因为领导者常常给予情感奖励和物质奖励。领导者的另一个吸引力是其能够左右团体方向。在此阶段,团体成员意识到团体对他们越来越重要,可能会出现各种各样的权力斗争:团体或领导者是否拥有基本的控制权?领导者可以多大程度地使用他的权力?子团体间容易发生斗争,这样的权力斗争引起团体成员的焦虑和大量猜疑——划分界限并建立领导者和其他成员的权力规范。在这个阶段,可能会发生背叛,通常退出率最高。在这些斗争中,领导者应该帮助成员:(1)理解这些斗争是团体正常的发展过程;(2)给予情感支持,帮助成员度过不适期;(3)解决明显的问题;(4)协助建立规范,解决不确定性。当成员逐渐信任领导者可以掌控团体、维持团体中的权力共享和权力控制的安全平衡时,成员会作出重大承诺,加入团体。

第三个阶段是亲密关系。这一阶段的团体变得更像家庭,成员彼此之间的好恶都会显现出来,很容易出现"兄弟式竞争",而领导者有时被看作"家长"。成员之间更坦率地表达和讨论情感,团体被认为是个人不断成长和发生改变的地方。成员可以自由审视并解决他们的问题、顾虑和困难,并从团体中获得一种凝聚力和"整体合一"的感觉。团体成员探索"这些团体的内涵是什么"。

第四个阶段是分化。这一阶段的成员可以更自由地尝试新的和备选的行为模式,领导力共享分布更加均匀,成员沟通更有效,角色更有效能。此时此刻,权力斗争已几近消失,决策建立在更客观、更理智的基础上。分化阶段类似于一个正常运行的健康家庭,在这个家庭中,孩子们已经成年并且正在追求自己的生活,家庭关系更加平等。成员之间相互支持,能够以更加理性和客观的方式进行沟通。

最后一个阶段是结束。在这一阶段,团体目标已经实现,成员已经习得新的、更有效的行为模式。结束通常是一种"苦乐参半"的体验,有些成员可能不愿意继续前进,表现出倒退行为,不愿意这个团体继续存在。有些成员可能会表达愤怒,或在内心中否认团体即将结束。在这个阶段,领导者必须要放手。领导者需要帮助成员评估团体的优点和缺点,消除他们对团体结束的恐惧和忧虑,明确他们以后出现问题时可以求助的资源,并帮助成员认识到他们应对未来挑战的优势和能力。

结束会议

结束会议并不总是那么容易。在理想的情况下,促进者和团体成员共同接受会议将要结束的事实,讨论的主题不是"悬而未决的"。贸然结束会议容易被团体成员认为是无理的和难以接受的。

以下是一些有关结束治疗会议的有用指南。在会议开始时主动做好结束会议的准备工作,明确告知成员结束会议的时间。除非出现异常情况,否则领导者应该果断明确会议结束时间。当会议结束时间将至时,促进者应提醒:"我看我们的时间差不多了,对于我们以前提到和以后要提的内容,你们有什么要补充吗?我们下次就从这里开始?"

会议期间总结已讨论的内容通常是有益的。如果会议仅集中讨论成员们所遇到的问题,可另外召开会议对此进行更详尽的探究,并寻找解决问题的备选方案。

会议期间给成员布置一些家庭作业是有益的。如果一对夫妇在彼此沟通上存在困难,可鼓励他们每晚抽出一些时间讨论他们的想法。在下次会议上,检查这些家庭作业的完成情况。

理想情况下,团体成员在会议结束时情绪很放松。因此,促进者不应该在会议进入尾声时引入情感内容。就像以闲聊作为会议开场白是明智的选择一样,将一段简短的社交对话作为会议结束语也是非常明智的。若一名团体成员不愿意结束会议,有时候,直接沟通这一问题是有益的:"在我看来,你希望我们有更多的时间。"接着可以讨论该成员不愿意结束会议的原因。

有时,团体领导者可以复述促进者和团体成员达成的共识来结束会议。一种方法是,团体领导者对已经开展的讨论、已经达成的共识、没有解决的问题、将要采取的行动等作一个明确的总结。另一种稍微不同的方法是,要求每一个团体成员陈述一个已经讨论过的项目、从会议中学到的内容或现阶段的计划等。

还有一种可能,有些问题在会议结束时才被提出来,来不及充分讨论,那么,这些问题可以作为下次会议的主题。一些成员在会议结束时才首次暴露自己最真切的顾虑,这是因为他们对是否能在团体中充分讨论这些问题感到矛盾。在此情况下,促进者必需作出专业判断:是否超出规定时间并延长会议时间,或与该成员约定时间私下讨论,或等到下一次团体会议时再作讨论。有时候,通过放松练习结束团体会议是非常有益的(第十一章已有描述)。放松运动不仅可以帮助团体成员放松,还可以缓解成员的压力,有助于他们更客观地看待和解决问题。结束会议尤其重要,因为最后阶段发生的事情可能会决定成员对整场会议的印象。留出足够的时间结束会议,避免让成员产生匆忙的感觉,留下"被驱逐"的印象。

结束团体

结束团体的阶段往往是最有潜力完成重要工作的阶段。团体成员可能有一种紧迫感,因为他们意识到剩下的时间不多了,这可能会让他们摆脱暴露最敏感和私人化问题的顾虑。由于剩下的工作在此时此刻是非常明确的,成员们可以集中精力完成它。在这一阶段,随着成员作好告别彼此的准备,成员之间的互动加强了,并且结束团体可能会引起成员的强烈情感。

若团体成员之间情感亲近,那么,结束团体被认为是一种损失并会引发各种情绪,这也包括成功且有凝聚力的团体的结束。库伯勒-罗斯(Kubler-Ross)的情绪反应阶段表明,人在遭受重大损失时的表现与临终时的表现十分类似。[5] 成员会否认团体即将结束这一事实,表现出生气、愤怒、悲伤和沮丧等情绪,还可能会尝试多种方式争取延续该团体,例如,敦促团体处理更多问题。在理想的情况下,团体成员会通过沟通解决这些情感问题,逐渐接受团体结束这一事实。

成员也会产生其他情绪。比如,一些成员可能因自己曾作出的负面评论,或没有采取使自己或其他成员受益的行动而感到内疚;若一名成员过早离开,一些成员认为团体让他失望了;成员希望在团体结束时分享他们失去团体支持的感觉。一方面,如果某些成员希望团体延续,他们会把团体结束解释为自己被拒绝了。另一方面,认为团体成功的成员可能想要庆祝一下,表扬一下团体取得的成功,并向团体说一声"再见"。

在很多方面,对于促进者和团体成员来说,结束团体是最困难的部分,可能引发强烈情绪,并需要进行沟通。同样的道理,当成员之间形成亲密关系、彼此分享秘密和困难时,结束一个团体也是让人非常痛苦的。在结束团体方面社会对我们的训练很少。事实上,我们社会中仍然存在着因为坚强而不表达情绪的规范。

促进者可以帮助成员运用多种方式接受团体的结束。在团体的早期阶段,就对结束团体作好铺垫,这特别适用于存续时间有限的团体。促进者应该尽力防止团体成员和促进者之间形成依赖关系,在团体存在期间适当强调团体目标是一个不错的选择。

促进者可以总结人们对团体结束的情绪反应。适合讨论该问题的时机是在成员表现出否认、愤怒、内疚、讨价还价或悲伤情绪的时候。当讨论这些情绪时,促进者可分享个人的感受和回忆,因为团体结束对促进者同样充满意义。促进者可提供一个模式,帮助成员表达他们对团体结束的积极情绪和消极情绪。问题解决方法可以用于排解忧虑。例如,若团体成员对未来将会发生的问题表示担忧,促进者可向团体成员提供一些其他的咨询资源。

结束过程应该为促进者和成员提供充足的时间平复情绪,并更有效地结束团体。如果突然结束团体,成员就缺乏充足的时间平复情绪来完成剩余工作。有时,成员通过迟到、冷漠、讽刺或回避细节问题等间接表达他们的愤怒情绪。在这些情况下,促进者应该直接回应这些间接暗示,比如:"你最近有些批评的言论,我想知道这些是否与你对团体结束的愤怒有关?我理解你为团体付出了很多,因而不喜欢结束团体。"通过帮助成员认识和表达自己的感受,促进者可以帮助他们表达和应对这些感受。一旦处理好这些情绪,成员将会在剩下的时间里更有效率地完成工作。

在团体接近尾声或结束时,成员可以获得新的技能并独立完成任务。他们可能汇报刚解决了一个棘手问题,或者亲自处理了一个问题。促进者应承认成员们的独立性,并对成员"单独行动"的能力作出积极评价。

有时,促进者也会离开团体,或许是去别处工作。在这种情况下,促进者应该创造一个平稳过渡期。若条件允许,邀请成员参与挑选新的领导者。前一任领导者和新一任领导者共同领导一段时间可能是有帮助的。

团体结束也是一个过渡期。这一阶段关键的要素是与所有成员合作,帮助他们制定一些策略,以便他们朝着新目标奋进。过渡期间不应扼杀成员的积极性,相反,应该帮助他们获得进步。值得注意的是,生活充满了转折和过渡:从幼儿期到幼儿园,从幼儿园到小学,从童年到青春期,从青春期到约会,从学校到职场,从单身到结婚,从自我负责到为人父母,从工作到退休等。在过渡阶段,我们有可能作出影响未来的选择,我们所作的选择和努力决定了这种过渡对我们是有益的还是有害的。帮助每一位成员作出有效的、现实的未来计划,是许多团体在结束阶段的目标。

案例：癌症患者的伴侣治疗团体

八年前，琳达的丈夫桑森被诊断出患有癌症。琳达是一名社会工作者，桑森是一名成功的人寿保险代理人，他们的两个儿子都在上小学。四年半前桑森去世了，生前他接受过各种治疗方案，承受了巨大的痛苦，整个人都瘦了，头发也掉光了。这些年桑森夫妇一家生活得非常痛苦。琳达必须负起抚养孩子的重担，同时又要照顾丈夫和孩子们。在这几年里，桑森夫妇发现亲戚和朋友们都疏远了他们。几个月前，他们才意识到朋友和亲戚无法理解这一切，也想离癌症病人远远的。然而，更困难的是如何处理这些情绪问题：不知道疾病的诱因带来的困惑、尝试各种治疗方法而经历的一次又一次希望与失望的更迭。当桑森丧失行动能力时，琳达不得不完成更多本应该由丈夫完成的任务——比如，在家里修理和保养两辆车，管教孩子和处理其他日常家务。

丈夫死后，琳达和两个孩子痛苦和悲伤了很久，琳达还发现独自参加社交活动显得有点尴尬。幸运的是，她的两位单身女性朋友与他们交往甚密。对琳达来说，这是非常困难的一段时期，她用了两年多时间来恢复对于生活的信心，再次感受到生活的舒心和快乐。

这些年来，她得到美国癌症协会当地分会的一些经济资助，也在该协会中遇到另一位丈夫死于癌症的女性。她们在情感上相互支持，分享处理问题的有益观点。

18个月前，琳达向美国癌症协会当地分会提交一份申请——她自愿抽出时间为癌症患者的伴侣、刚经历伴侣因癌症死亡的人组建一个团体。癌症协会非常认可她的做法并给予大力支持。

琳达开始组建团体时只有9名成员。团体目标就是给予成员情感支持、帮助他们承担新的责任、处理他们的情绪反应。琳达主要运用现实疗法和理性疗法相结合的方法（见模块3）。现实疗法帮助团体成员更好地理解他们所面临的问题，制订有关这些问题的决策和计划。例如，对于癌症患者的伴侣，其中一个重要问题是如何告知亲朋好友并应对亲朋好友对疾病的反应，对于因癌症去世患者的伴侣则要专注于重建和恢复他们的生活。理性疗法可以消除不良情绪。常见的不良情绪有抑郁、内疚、焦虑、不堪重负和愤怒(特别是"为什么这会发生在我身上?"引起的情绪)。成员接受相关指导,在情绪方面进行理性自我分析(见模块1),而健康成员常常在团体会议上分享和讨论理性自我分析。

成员们认为这个团体非常有益。他们提到,知道别人也面临类似困境,这本身就是有益的。了解他人如何处理这些困难,这激励着他们并为他们如何应对危机提供有用的方法。当一名成员遭受严重危机(例如,伴侣因重大手术而住院)时,其他成员可以给他打电话并提供物质帮助。

8个月后,美国癌症协会当地分会为琳达提供了一份全职工作——为癌症患者和他们的亲属提供单独的咨询服务。琳达放弃了在基督教女青年会的兼职社会工作者工作,接受了这个职位。她做的第一项工作就是把团体分成两个类型团体,扩大了符合条件的成员:第一类型的团体是家中有患癌症患者成年人,第二类型的团体是去世癌症患者的伴侣。现在,琳达正领导着一个第一类型团体和两个第二类型团体。

在结束团体的过程中,重要的是,促进者需要花费时间获得如何改善未来团体的反馈信息。通常,邀请成员在最后一次(或倒数第二次)会议中作一个简单评估,成员匿名完成该评估。以下问题适用于各种治疗团体,前七个问题请使用以下五个等级:(1) 强烈不同意,(2) 不同意,(3) 中立或不确定,(4) 同意,(5) 强烈同意。

1. 我非常满意该团体所达成的成就。
   1 2 3 4 5
2. 在团体中,我的个人目标已经达到了。
   1 2 3 4 5
3. 我很享受成为这个团体的一员。
   1 2 3 4 5
4. 促进者在领导团体方面做得很好。
   1 2 3 4 5
5. 这是我参加过的最有价值的团体之一。

    1 2 3 4 5

6. 通过参加这个团体,我各方面获得了成长。

    1 2 3 4 5

7. 在解决我加入团体时面临的个人问题方面,我取得了实质性进展。

    1 2 3 4 5

接下来是三个开放式问题:

8. 该团体的优势是:_____

9. 该团体的不足是:_____

10. 我建议该团体作出以下改变:_____

  在最后一次会议上,成员也应该讨论在团体中的收获、团体的优点以及对团体的意见或完善建议。会员应该有机会提出未完成的工作议程。在某些情况下,可能需要另外举行会议,讨论这些未完成的工作议程。

  最后,还有一个重要建议。有时,促进者可能需要将某个团体成员转介给另一个团体或另一名促进者,或者与另一名促进者讨论该团体成员。原因是:(1)促进者认为无法与该团体成员产生移情;(2)促进者接受成员选择的备选方案(如继续虐待家庭成员)时,促进者存在巨大的个人问题,感到无法接受这些方案;(3)由于成员的问题的性质,促进者无法提供治疗帮助;(4)与成员无法建立工作关系。一名有能力的促进者明白自己能帮助一些人,但不能帮助所有人。为了成员和促进者的最大利益,应该把团体成员介绍给其他可以帮助他的人。

协同促进治疗团体

  在很多情况下,由于资源缺乏,不允许两名促进者帮助促进同一个团体,但有些项目却存在这种"协同促进者"类型的团体帮助。另外,许多实习生也有机会与现场指导老师或其他专业人员合作,共同提供团体帮助。协同促进者方法(cofacilitator approach)的优点包括:

- 每位促进者都可从"与他人合作、观察和学习"中获得成长。
- 团体成员可从两位促进者不同的生活经历、见解和观点中获益。
- 两位促进者可互相补充,从而使团体受益。
- 通过讨论会话中所发生的事情以及如何处理复杂问题,两位促进者可向彼此提供有价值的反馈。

- 两位促进者为成员们作出有关彼此沟通和团体沟通的榜样。
- 若其中一名促进者为女性,另一名为男性,可以更有效地面对、探索和解决不同性别成员存在的问题。
- 当一名促进者正与一名特殊成员合作时,另一名促进者可以观察其他团体成员以了解他们的反应。
- 协同促进提供了一定的安全性,特别是当促进者第一次领导团体时,因为新手型团体促进者会出现自我怀疑和焦虑等状况。首次面对一个团体时,与一名自己信任的协同促进者一起,可以把最初看似可怕的任务变成愉快的学习经历。

应该指出的是,当促进者彼此之间未能发展和维持有效的工作关系时,协同促进团体也会出现一些不足之处。为建立这样一种工作关系,两位促进者必须互相尊重。两位促进者的领导风格可能存在不同,或可能并不总是持相同的看法和观点。然而,在相互尊重的情况下,他们通常能够沟通和讨论这种差异、相互信任、合作而非竞争。若缺乏信任和尊重,促进者之间必然会感到不和谐,同时使该团体受到消极影响。两位互不相容的协同促进者之间的权力斗争可能会导致该团体的分裂。两位促进者之间的矛盾也成为成员效仿的对象,使其他成员将注意力集中在团体内部的消极方面,委婉地或公开地互相言语伤害。

对团体促进者而言,重要的一点是,了解自己与谁可以合作,与谁无法合作。即使是两个可靠、能干、经验丰富的促进者,如果他们的风格相互冲突,也无法进行有效合作。例如,有些促进者认为,应该通过提供大量领导团体的建议为每位成员的问题快速提供答案,而有些促进者认为,每位成员最好的学习和成长是通过努力回答自身的个人问题。这两种类型的促进者必然会产生冲突。如果两位促进者发现他们之间不能有效合作,并不意味着其中一人正确,另一人错误;也不意味着其中一人或两人是不称职的。这可能仅仅意味着他们的风格冲突,而每个人可能与相同风格的人合作时表现得更好。

对促进者而言,组织定期聚会(理想情况下,在每次会议结束后不久进行)是非常重要的,讨论团体已经完成的任务、没有完成的任务以及需要讨论的其他问题:促进者如何看待团体和个人成员、如何看待彼此之间的合作、如何处理与该团体相关的各种复杂问题。促进者还需要为下一次会议制订计划。

团体促进者的法律保护

为了避免职业过失责任诉讼,或为诉讼提供辩护,团体促进者应该保持合理的、惯常的、谨慎的行动(以智慧和理性为特征)。以下是一些对团体促进者有用的指南,这些指南有助于将合理的、惯常的、谨慎的指导原则转化为具体行动:

- 为团体仔细筛选成员。有效的筛选方法可以避免许多潜在的问题。促进者应该选择那些个人需求、目标与团体目标一致的成员,他们不会妨碍团体的发展,同时,团体也不会危害他们的生活。
- 充分告知会员有关的团体流程。在团体成立之初就要解释相关入职程序、团体活动时间、团体期望、团体目标、使用的干预方法、成员权利、成员责任和促进者责任、付款方式(特定情况下)以及结束程序。
- 在与未成年人合作时需要获得其父母的书面同意。
- 在团体开始时获得书面知情同意的程序。例如,促进者和成员签署合同就是实施该程序。
- 团体会议中采用的技术和练习有明确的理论基础。
- 简要解释和支持这些技术和练习的理论基础。
- 在涉及复杂的法律和伦理事件的问题上咨询你的主管或律师。
- 避免卷入团体成员的社会关系。
- 要注意那些法律上要求你违反保密协议的情形。
- 参加职业过失责任保险。
- 积极关注与团体治疗直接相关的理论和研究。
- 了解并遵守社会工作者的道德规范(在美国,参考《美国社会工作者协会伦理准则》,在加拿大,参考《加拿大社会工作者协会伦理准则》)。
- 注意向团体成员推荐另一种治疗形式的合适时机,同时也要知道什么时候团体治疗是不可取的。
- 指导成员评估自己在个人目标上的进展。同时,定期评估团体的总体进展情况。
- 积极记录每位成员的需求、目标以及每位成员的进展(或没有进展)。
- 避免承诺成员可获得神奇的治疗效果,提出团体能够实现和不能实现的合理期望。

- 在州和地方法律的范围内开展活动。
- 如果你在一家机构工作,签订一份合同,详细约定该机构对你的专业职能担负的法律责任。
- 遵守雇佣机构的政策。若你强烈反对这一机构的政策,会影响你的工作开展。所以,首先寻求改变这些政策,若无法改变这些政策,请考虑辞职。
- 清晰地向成员解释什么是保密,保密为什么重要,强调必须对团体成员暴露的内容进行保密——即使成员意识到不可能完全保密,因为某些成员可能有意或无意地违反保密规定。

 与案主确定专业界限

社会工作者与案主共进午餐或晚餐是否合适?参加案主可能会出现的聚会(提供酒精饮料)是否合适?拥抱正经历情感困扰的案主是否合适?这些是与案主交往时出现界限问题的一些例子。多年来,我目睹许多社会工作者和社会工作实习生因未能与案主建立和保持合适的专业界限而受到严厉的纪律处分。例如,一名女实习生被指派对药物成瘾的居民进行矫正,后来这名女实习生被解雇,原因是她与其中一名居民恋爱了。一所高中解雇了一名男社会工作者,因为他向女性案主讲述明显涉及性问题的故事。

社会工作者有义务在与案主的专业关系中建立合适的界限。《加拿大社会工作者协会伦理守则》关于界限问题的表述如下:

> 社会工作者不得利用与案主的关系谋取个人利益、利润或报酬。
> 社会工作者不得介入与所提供服务无关的案主个人事务。
> 社会工作者应该将普通公民所作的行动和声明与社会工作者所作的行动、声明作出区分。
> 社会工作者不得与案主发生性关系。
> 社会工作者不得与案主建立商务关系、向案主借款或向案主贷款。[6]

《美国社会工作者协会伦理守则》中有以下关于界限问题的表述:

> 社会工作者不应不公正地利用任何职业关系或剥削他人,以增进其个人、

宗教、政治或商业利益。

社会工作者不应与案主或以前的案主发展双重或多重的关系,在此情况下,案主存在被利用或遭受潜在伤害的风险。当双重或多重关系不可避免时,社会工作者应采取措施保护案主,并负责设定清晰、合适和文化敏感的界限。(当社会工作者与案主建立不止一种关系时,无论是职业关系、社会关系还是商业关系,都会出现双重或多重关系。双重或多重关系可以同时发生,也可以连续发生。)

社会工作者在任何情况下都不能与现在的案主发生性行为或性接触,无论这种接触是双方自愿的还是被迫的。

社会工作者不应与案主的亲属或其他与案主关系密切的人发生性行为或性接触,在此情况下,案主存在被利用或遭受潜在伤害的风险。与案主的亲属或其他与案主存在亲近、私人关系的人发生性行为或性接触,也可能对案主造成伤害,同时使社会工作者和案主难以保持合适的专业界限。可见,全部承担设定清晰、合适和文化敏感界限责任的人是社会工作者,而不是他们的案主,不是案主的亲属,更不是其他与案主保持专业关系的人。

社会工作者不应与以前的案主发生性行为或性接触,因为存在伤害案主的可能性。

社会工作者不应为与他们曾经有过性关系的人提供医疗服务。

社会工作者不应与案主进行身体接触,在此情况下,案主存在由于接触(例如轻抱或爱抚)而受到心理伤害的可能性。社会工作者应注意设定明确的、合适的和文化敏感的界限,以控制这种身体接触。[7]

不可能制定额外的指导方针,以回答社会工作者与案主建立界限时出现的所有问题。下面的指导方针可能有助于解决一些界限问题:

- 在你的工作和个人生活中,努力成为遵守社会工作职业价值观和原则的楷模。
- 在与案主的关系中努力获得他们的尊重,体现的是社会工作职业的价值观和原则,而不是与人建立朋友关系。
- 在与案主的关系中,永远不要试图满足你的个人需求或欲望。
- 尝试提高你对自己的需要、情感、价值观和局限性的认识,充分认识到这些因素是如何影响与案主之间的关系的。

- 当与案主的某些交往是否合适的问题(例如是否要一起吃午餐)出现时,尝试通过衡量该交往是否会对案主和你的关系产生建设性影响来作决定。如果不能客观说明具体的有益影响,就不要进行交往。
- 与案主建立良好的专业关系需要保持一定的距离。如果你对社交是否会影响专业关系界限存有疑问,请咨询上司或你信任的同事。
- 在你与案主的交往中,要防止任何不当行为、不当的语言交流以及不合适的着装。比如,与青少年案主分享你的狂欢派对细节就意味着你不够专业。

练习12.5　与案主的界限*

目标　本练习旨在帮助你确定与案主的适当界限。

1. 工作者询问一名案主是否需要一个拥抱,该行为是否恰当？如果你回答"是",请详述恰当的时间与场合。
2. 是否存在社会工作者与案主共进午餐或共进晚餐是恰当的行为的情况？如果回答"是",请详述这些情况。
3. 帮助治疗团体的一位社会工作者同时也兼营出租房业务。该团体的一名案主想从社会工作者那里租一套公寓。社会工作者该如何做？
4. 你是一所高中的社会工作者,单身,已和某人恋爱三年并发生了性关系。他(她)的侄女,16岁,是这所学校的学生。这个女生来到你的办公室,请你为她目前的个人困境提供咨询帮助。你应该给她提供咨询帮助吗？

 治疗因素:治愈的是什么

导致接受团体治疗的案主能够产生积极改变的治疗因素到底是什么？其实,这些决定性因素尚不明确。本节将介绍两种不同理论,第一种由开发理性疗法的艾伯特·埃利斯(Albert Ellis)提出,第二种由著名的团体治疗专业人员欧文·亚龙(Irvin Yalom)提出。

---

* 本练习即《实践行为练习册》一书中的练习12.4。

埃利斯认为,任何改变有害情绪或破坏行为的治疗方法都是有效的,原因是该治疗方法改变了人的思考方式,使其从消极、不理性的自我对话转向积极、理性的自我对话。此方法在附录一模块1中有详细描述。

亚龙列举了12个导致接受团体治疗的案主产生积极改变的因素(见图12.1)。[8]

---

1. 希望之光:成员们通过与有相同经历的团体成员相互接触,改善了生活,得到了启发和鼓舞。

2. 普遍性:许多成员错误地认为自己的痛苦与遭遇是独一无二的,团体治疗帮助成员发现其他人也有相似问题,并通过团体治疗在问题解决和生活改善方面取得进步。

3. 信息传递:成员们从团体领导者或其他团体成员那里获得有用的信息(包括忠告、建议和直接指导)。成员们了解心理功能、症状含义、人际和团体动力学、治疗过程、如何更有效地解决他们的问题等。

4. 利他主义:这一概念与第一章中描述的助人疗法原则类似。成员们有时互换角色并成为他人的帮手,这有助于成员审视自身的问题。帮助他人使成员感觉良好并感到有价值。利他主义行为更微妙的好处是它赋予生命更多的意义,特别是对那些抱怨人生无聊的人有帮助。

5. 原生家庭团体的纠正:团体治疗中的许多成员在原生家庭中有不愉快的经历。团体治疗使成员能够更好地了解过去发生的创伤性家庭经历。成员可以与领导者和其他成员互动,回忆与父母和兄弟姐妹的互动方式。团体治疗为早期的家庭冲突提供一个缓解和解决的机会。

6. 发展社交技巧:社会学习发生在所有的治疗团体中。成员们从其他成员那里得到他们的优势和需要解决问题的社会反馈,同时有机会尝试更多的有效行为,例如,自信而不是咄咄逼人或没有主见,更善于表达自己的想法和感受,这对那些不愿意交流的人尤其有益。成员还学会如何更有效地倾听以及如何更好地回应他人。许多成员学习解决冲突的方法。团体中存在让成员体验和表达移情的机会。

7. 模仿行为:团体领导者和其他团体成员的行为(比如解决问题的技巧、自信、移情、支持)常被面临某些问题的成员模仿。该现象有时被称为"替代疗法"或"旁观者疗法"。

8. 宣泄:团体治疗为成员提供表达情感的机会。通过宣泄他们的情感、恐惧、过去的创伤和顾虑,成员得以释放焦虑或紧张的情绪,从而使问题得到改善。在团体中,强烈的情感表达总能增强团体凝聚力。

9. 存在因素:成员们认识到他人的指导是有限的,他们对自己的生活负有最终的责任。他们知道每个人孤独地来到世上,最后孤独地死去。通过与世界上的其他人亲密交流,他们能够获得深深的安慰(和生活的意义),这种学习可以部分抵消孤独感。

10. 团体凝聚力:大量研究表明,当产生信任、温暖、共情和赞同的治疗氛围时,成员更容易产生积极改变。成员们在暴露和解决问题时感到舒适的要素是,他们信任其他团体成员不会向团体之外的人暴露他们的隐私。

图 12.1 团体治疗促进积极改变的12个因素(根据欧文·亚龙博士著作改编)

资料来源:Irving D. Yalom, The Therapeutic Factor What It Is That Heals, *The Yalom Reader* (New York: Basic Books, 1998), pp.5-41。

11. 人际学习：与他人交往的需求，与任何生理需求一样是人们生存的必要条件。许多成员的治疗目标是改善人际关系。团体治疗常常促进成员们学会有效地与他人沟通、真诚地与他人交流，并学会如何去爱。

12. 作为社会缩影的团体：团体逐渐成为参与者所生活的社会的一个缩影。随着时间推移，团体成员开始做自己，他们会逐渐与其他团体成员互动。成员们不可避免地暴露他们在治疗团体内不适当的人际交往行为，为领导者和其他团体成员提供机会，帮助他们认识不适当的人际交往行为。此外，也可以帮助成员解决问题，并探索其他更有效的交往方式。

图 12.1　团体治疗促进积极改变的 12 个因素（根据欧文·亚龙博士著作改编）（续）

资料来源：Irving D. Yalom, The Therapeutic Factor What It Is That Heals, *The Yalom Reader* (New York: Basic Books, 1998), pp. 5-41.

练习 12.6　通过咨询导致积极变化的原因是什么？

目标　本练习旨在帮助你认识，是什么导致有情绪问题或行为问题的人通过咨询作出了积极改变。

至关重要的是，社会工作者通过咨询了解是什么导致案主发生了积极改变。我们需要了解咨询中引发积极改变的"因素"，从而在咨询中运用这些"因素"。埃利斯教授提出的理性疗法（见附录一模块1）给出一种解释。在前面的材料中，亚龙给出另一种解释。回顾这两种解释，然后具体说明你觉得是什么导致有情绪或行为问题的人通过咨询作出积极改变。

选择干预策略：循证实践

近年来，循证实践（evidence-based practice, EBP）在社会工作实践活动中日益突出。

巴克将循证实践定义为：

> 运用从随机对照结果研究中获得的最佳科学知识，利用现有结果研究的整合分析，结合职业伦理标准、临床判断和实践智慧，作为指导专业干预和有效治疗的基础之一。

循证实践是一种意识形态（即一个系统的理论体系）。该运动开始于对医学、护理学、心理学、社会工作这样的学科，运用研究证据的结果鉴别"有效治疗"。循证实践的另一个重要方面是鉴别并结束对案主或患者有害的治疗。循证实践旨在运用最新的研究知识来辅助专业的决策。循证实践还尽力为新手型专业人员提供有效的治疗策略、促进可持续性发展和更新专业实践的模式。

循证实践支持者认为,如果缺乏有效的治疗方法,对任何人实施的治疗行为都是不道德的。同时认为,若一个治疗方案的效果比其他治疗方案的效果更好,专业人员就有道德义务使用它来更好地服务于案主或患者。

循证实践支持者也认为,只有被证明有效的干预措施才能获得财政支持。这样的观点把干预措施的有效性与财政支持通过托管式护理系统(managed care systems)紧密联系在一起。[9]

循证实践的七个步骤是:

第一步 首先需要专业人员使用循证实践。一方面,激励专业人员使用循证实践,因为该方法促进使用有效的治疗策略。另一方面,如果托管式护理系统强制要求使用循证实践,可能会引起专业人员的不满。

第二步 专业人员需要根据案主的问题和需要,提出一个具体的、可回答的问题。这个问题应该包括以下内容:诊断、各种治疗策略的可能结果、副作用、病情预判、可能的收益和费用。举一个例子:"治疗一个44岁患有双相情感障碍的刚离婚的男士,最有效的策略是什么?"

第三步 在文献中寻找有助于回答问题的相关研究。循证实践在随机对照试验(randomized control trials,RCTs)中最有可信度。随机对照试验是一种参与者被随机分配到治疗团体或对照团体的试验。理想情况下,参与者和治疗专业人员都不知道团体的分配情况。经过治疗(或对照)一个疗程后,通过比较治疗前和治疗后的状态来衡量改善情况。如果治疗团体比对照团体有明显改善,结论是治疗有效(也就是说,治疗优于不治疗)。

第四步 仔细和批判性地评估研究信息的有效性和适用性,以满足案主的需要。在此评估过程中需考虑到:(a)案主的愿望和需要(包括显明的和暗示的);(b)专业人员运用各种治疗策略的能力。

第五步 根据第四步的评估,制定并实施干预措施。所选的干预措施要基于"最佳可用证据"。

第六步 监测干预(以验证其应用是否得当),重新评估其效果和副作用。

第七步 专业人员与他人分享结果,以增加"最佳可用证据"。

总结

治疗团体旨在促进和改善成员的情感、行为或人际关系问题。整个过程包括：准备工作、会前放松、进入会场的注意事项、座位安排、会议介绍、明确角色的责任、建立友好关系、深入探讨问题、探索备选方案、发展阶段、与敌对的成员合作、结束会议、结束团体、协同促进、团体促进者的法律保护、与案主的专业界限。

本章还介绍了循证实践，它包括利用现有的最佳科学知识作为指导专业干预和有效治疗的关键基础。

团体练习

练习 A 通过角色扮演培养咨询技能*

目标 通过角色扮演培养咨询技能。

步骤一 指导者总结团体咨询的五个阶段：（1）启动会议；（2）建立关系；（3）深入探讨问题；（4）与案主探讨其他解决方案，尝试一个或多个备选方案；（5）结束会议。解释练习目的。

步骤二 两名学生自愿扮演有个人问题的案主。允许这两名学生提出他们自己设计的问题或为他们提供一个问题。例如：

1. 两兄妹的母亲最近去世了，他们担心父亲独自生活。他们的父亲患有关节炎，很难自由走动。他脾气暴躁，不好相处。

2. 一对已婚夫妇有三个孩子，生活很幸福。妻子想要成为代孕母亲，帮助一对渴望孩子的夫妇，而丈夫不希望他的妻子成为代孕母亲。

3. 两名男性或女性发生了性行为。他们/她们不知道未来如何维系他们/她们的关系，也不知道是否应该告知他们/她们的亲朋好友。

4. 妻子有时会对两个孩子发火，并虐待他们。丈夫想要阻止这种虐待行为，但不知道虐待发生的原因，也不知道做什么可以阻止它。

---

* 本练习即《实践行为练习册》一书中的练习 12.5。

5. 一位不喝酒的人担心朋友的酗酒问题,但朋友否认自己有酗酒问题。两人都寻求心理咨询来解决这场冲突。

6. 一位16岁女孩告诉母亲,过去3年里,她的继父经常与她发生性关系。母亲对此感到十分震惊。女孩对此感到窘迫和恐惧。两人都寻求心理咨询,了解她们如何应对情绪问题以及应该做些什么。

步骤三 可由指导者进行咨询,或者让一名学生承担咨询师(如果指导者做咨询师,面谈前不应该告知他角色扮演情况)。在角色扮演中有两个咨询师很有用,这样咨询师就不会"陷入"不知道该说什么的尴尬境地。

步骤四 角色扮演。

步骤五 课堂讨论咨询的优缺点。根据本章提出的指导方针对咨询过程进行分析。

步骤六 也可以角色扮演其他情境,然后进行讨论。

练习B 团体治疗*

目标 体验参与团体治疗。

步骤一 指导者宣布下一次课将进行模拟团体治疗,说明本练习的目的。给每位学生布置家庭作业,确定一个或两个亲朋好友目前面临的个人问题。告知学生,这些问题应是亲朋好友的个人问题,而不是他们自己的。

步骤二 在下一次课上,指导者开始陈述基本规则:

今天,我们将举行模拟团体治疗,帮助你体验一下团体治疗。因为这是一堂课,我强烈要求你们不要透露任何你们正在经历的困境或困难和个人信息。请描述一个亲朋好友目前面临的复杂的个人问题。出于保密原因,不要透露他们的身份。请记住,在此谈论的事一律不要外传。你们对我们将做的事情或基本规则还有什么疑问吗?如果有问题,请提出。

步骤三 请学生开始分享亲朋好友所面临的问题。如果有学生不愿意开场,指导者应邀请一名平时善谈的学生开场。当一位学生分享时,指导者应鼓励其他学生进一步探究该问题,然后鼓励他们提出现实的和有创造性的行动方案以解决

---

* 本练习即《实践行为练习册》一书中的练习12.6。

问题(在团体治疗中,每位成员随时会承担促进者的角色)。

步骤四 充分讨论和解决一名学生讲述的困境后,其他学生分享其亲朋好友正经历的困境。本练习一直持续到课程结束,或者直到无人分享任何事情。练习结束时,询问学生本练习的优点和缺点以及再次进行本练习的建议。在练习过程中,一个或多个学生可能会谈论他们面临的个人问题,指导者必须对是否让学生继续谈论作出决定。指导者不应该允许学生泄露个人信息,以免其将来后悔这次分享。

练习 C 促进干预团体*

目标 在课堂上培养每位学生领导干预团体的技能。

步骤一 指导者陈述本练习的目的,指出课程大部分内容将是学生轮流促进干预团体。指导者通过分享其目前正处理或已处理的个人问题来介绍一种方法。可用的话题数不胜数:抑郁、悲伤管理、结束关系、创新融资、压力管理、自信、解决人际纠纷等。然后,指导者询问团体中是否有人遭遇过类似问题,并鼓励志愿者分享。接着,指导者询问团体对于如何解决这些问题的想法(策略),并讨论这些策略的优缺点。指导者在练习结束时总结练习要点。

步骤二 指导者分发一张报名表,请每位学生在其中选择一个上课日期,以类似于上一个练习案例的方式领导团体。每个学生应花 15—20 分钟时间领导团体。指导者为每位学生按及格/不及格的标准评分。在以后的课程中,给予第一次未通过的学生一次额外领导团体的机会。当学生干预团体时,指导者应坐在学生圈外,以使学生致力于成为促进者而非指导者。当坐在圈外时,指导者应评估促进者的优势、不足及改进意见。指导者也应告知学生是否已经通过,或者是否需要再次领导团体。如果有学生几次尝试后仍不及格,指导者应与该学生私下沟通,寻找其他课程选择(由于对社会工作专业学生而言,促进干预团体的能力十分重要,指导者可要求学生必须在本练习中获得及格分数,以便这门课程获得及格分数)。

注意 在这些干预练习中,必须严格遵守两项基本规则:

1. 保密性——"在此谈论的事情绝不外传",不应该在课堂之外透露这些

---

* 本练习即《实践行为练习册》一书中的练习 12.7。

问题。

2. 情感安全——如果某人的分享变得很私人化,学生应该指出:"这太私人化了",不应该施加压力让他分享更多。

练习 D　我是谁?*

目标　旨在提高对"我是谁"以及"我想要得到什么"的意识(这种练习常用于治疗团体)。

步骤一　指导者提出问题:"我是谁""我想从生活中得到什么"。这可能是我们每个人必须回答的最重要的问题。认同感是个体最重要的心理需求。虽然过去的经历造就了现在的我们,但我们对未来的期望以及实现目标的动力,比过去的经验更重要,决定着我们的未来。

形成认同感的过程,本质上是思考和回答以下问题:

1. 我想从生活中得到什么?
2. 我想成为什么样的人?
3. 我是谁?

回答这些问题并不容易,因为需要进行大量的思考和反复的试验。然而,对于期望获得有目标、有意义、有抱负、令人满意的人生的个体来说,回答这些问题是十分重要的。如果没有答案,个体会在生活中陷入困惑,对出现的情况作出消极的反应,而不是执着地实现自己的人生目标。为帮助个体了解他是谁、他想要什么样的生活,提出一系列更具体的问题。当个体回答这些特定问题时,他会认识到自己是谁。

步骤二　指导者将以下问题分发给学生,请学生写下他们的答案。留出20—30分钟时间让他们概括答案。

1. 我觉得什么是令人满意的/具有意义的?(只有在你确定什么是令人满意的/具有意义的时,你才能有意识地参与,从而充实你的人生,避免参与那些无意义或令人困惑的活动。)

2. 我的道德准则是什么?(一种可行的准则是尽力满足自己的需求,追寻愉

---

* 本练习即《实践行为练习册》一书中的练习12.8。

快的经历,但是不能剥夺别人满足他们需求的权利。)

3. 我的宗教信仰是什么?

4. 我希望从事什么职业(理想情况下,该职业应使你感到激动和满意,并为你提供足够的资金来支持你选择的生活方式)?我喜欢在业余时间做什么?

5. 我的性观念是什么?(我们所有人应培养一种共同的道德观,即不应该利用他人满足个人需求。当然也不存在统一的准则,这是由于生活方式、人生目标和个人价值观存在不同,对一个个体而言正确的准则可能不适用于另一个个体。)

6. 我想结婚吗?(如果想的话,想与何种类型的人结婚?何时结婚?该答案与你的其他生活目标一致吗?)

7. 我想要孩子吗?(如果想,想要多少?该答案与其他人生目标一致吗?)

8. 我想住在哪个区或世界的哪个地区?(要考虑的变量为:气候、农村或城市居住环境的地理类型、与亲友的距离、街坊特点)

9. 我想向别人展示什么样的形象?(一个人的形象通过衣着风格、仪表、情感、个性、自信程度、沟通能力、物质财富、道德准则、身体特征和声音等得以展示。应在此方面真实评估自己的长处和短处并加以改进。)

10. 我喜欢和什么类型的人在一起?为什么?

11. 我希望提高自己和他人的生活质量吗?如果是,以什么方式提高?如何实现这些目标?

12. 我想和亲戚、朋友、邻居以及第一次遇到的人建立什么样的关系?

13. 我如何看待死亡和濒临死亡?

14. 我希望5年、10年、20年后我在做什么?

步骤三 指导者要求志愿者总结他们写下的内容。

步骤四 指导者可通过总结以下内容结束本练习。为了建立一种公平的、发展良好的认同感,团体成员需要回答大多数问题。尽管只有少数人能对每个问题都得出合理的、一致的答案,但大多数问题的答案可为尚未回答的问题提供参考。

对这些问题诚实的、深思熟虑的回答将有助于成员重新界定自己的身份。指导者应提醒成员,一个人从生活中想要什么以及实现这些目标的动机,将决定他的未来。前面的这些问题看上去很容易,但要得到答案却需要一个复杂的、持续的过程。另外,生活中的变化应该是周期性的,正如团体目标必须不断地重新评估一样,个人认同感必须随着短期和长期目标的实现而重新评估。环境影响,如工作条件的变化和个人成长等,将会改变个人信仰、价值观和态度。如果一个人接受了改变并且其认同感保持不变,那么就需要重新界定生活目标,从而使正确的人生方向持续地占主导地位。

练习 E　神奇工作者

目标　确定对你来说重要的事情(此练习可用于治疗团体)。

步骤一　指导者解释本练习的目的,分发讲义,向学生说明他们的首要任务是选择四个神奇工作者,这些工作者拥有他们想得到的神奇经历。

神奇工作者

以下神奇工作者聚集在一起,亲切地为你提供其中四项服务。无论你选择哪一项服务,都会对他们百分之百满意,由你决定来选择哪四项。

1. 吉恩·奥林匹克博士(Dr. Jean Olympic):著名运动员,她能使你成为一名任何项目的杰出运动员。如果你选择一个项目,这是一个高薪职位,你将会名利双收。

2. 简·亚当斯博士(Dr. Jane Adams):著名社会工作者,她能把你训练成为一名非常能干的社会工作者,你将会因为工作出色而在全国享有盛誉。

3. 约书亚·玛图塞拉博士(Dr. Joshua Methuselah):著名老年病研究专家,他能够减缓你的衰老进程,保证你长寿(超过300岁)。例如,一位百岁老人,看起来像25岁。

4. 威尔·马斯特斯博士(Dr. Will Masters):著名性学专家,他能够保证你拥有完美的性生活。没有批评,没有麻烦,也无须担忧性病。

5. 波普·因·拉里蒂博士(Dr. "Pop" U. Larity):一位迷人的绅士,他能够确保你永远拥有真诚坦率的密友,你将永远喜欢与他们在一起。

6. 本·斯波克博士(Dr. Ben Spock):一位家庭治疗师,他能为你和父母、孩子打造幸福的家庭生活。

7. 玛丽·梦露博士(Dr. Mary Monroe):一位著名导演,能够确保你拥有成功的电影生涯,你会赢得奥斯卡奖,并长期主演电视连续剧。

8. **亚伯·林肯博士（Dr. Abe Lincoln）**：一名政治大师，能够确保你成为美国总统，虽然你会遇到一些政治麻烦，但你会成为历史上最好的总统。

9. **戈尔·吉斯医生（Dr. Gore Geous）**：著名整形外科医生，能把你的外表变成你希望的样子。你可以拥有期望的体重、身高、肤色、发型和外表。

10. **埃克特·U. 庞科彻医生（Dr. Act U Puncture）**：一位医学专家，能够确保你有生之年身体健康，免受身体伤害。

11. **艾尔·爱因斯坦博士（Dr. Al Einstein）**：一位著名科学家，他为你提供创造力和高智商，你会得出有益于人类的科学发现。

12. **H. 休斯博士（Dr. H. Hughes）**：一位亿万富翁，他能够教你赚大钱的技巧，你将成为世界上最富有的人。

13. **西格蒙德·弗洛伊德医生（Dr. Sig. Freud）**：著名精神病学家，他能够确保你免受情感问题困扰并拥有积极的自我。

14. **约翰·保罗博士（Dr. John Paul）**：著名宗教领袖，他确保你拥有遵循道德和宗教价值观的生活，而且，如果天堂存在，你将获得通往天堂的门票。

15. **约翰·杜威博士（Dr. Jon Dewey）**：著名教育家，他将保证你获得大学里最高的学术荣誉。大学毕业后，你将得到一份高薪工作，并且永远有能力进行理性思考。

步骤二 学生作出选择后，组成4—5人的小组，每组选出四个他们最期望的神奇工作者。

步骤三 每个组的代表陈述该组选择的神奇工作者以及他们的选择理由。

步骤四 学生们讨论对本练习的感受。小组所选的神奇工作者并非学生个人的选择，他们对此有强烈的感受吗？本练习有助于他们确定生活中最重要的事情吗？

练习F 应对不幸

目标 分享悲伤经历的处理方法。分享这些经验是有益的，因为：（1）它帮助那些仍然悲伤的人排解他们的忧虑；（2）通过分享忧虑，获得如何处理目前和将来所遭遇不幸的有益建议。

注意 建议教师作为本练习的指导者,因为学生可能产生强烈的情绪。

步骤一 告知学生下面的练习是一个想象训练,帮助他们体验曾经的悲伤。提醒学生他们的情绪可能会变得激动,如果他们变得太激动,可以暂时离开房间。如果确实有人离开,之后询问他是否愿意谈谈离开的原因。如果条件允许,把灯光调暗一些。

步骤二 让全体学生闭上双眼并向他们保证,他们不会受到惊吓。慢慢朗读以下内容,时常停顿一下:首先,我想让你得到放松,尽可能感到舒适……做几个深呼吸,慢慢吸气、呼气……现在专注于你经历的最大不幸……可能是你的亲人离世,也许是你与爱人分手……或许是你要远离朋友和家人……也可能是你的宠物死了……或者你在考试或课程学习中没有得到期望的分数……不管是什么,专心于此……

当你第一次得知这个不幸消息时,你是否感到震惊?你是否否认这个不幸?你是否对这个不幸感到愤怒?你有没有想过要去理论理论?……如果你真的要去理论,你想和谁去理论?……你偶尔会对这个不幸感到沮丧吗?……如果你很沮丧,沮丧的原因是什么?你有时会对不幸感到担心或恐惧吗?……如果你感到担心与恐惧,这些担心或恐惧是什么?……你是否偶尔因这个不幸感到内疚?……如果你感到内疚,你对什么特别感到内疚?……你为这次不幸哭了吗?……如果你哭了,你哭的原因是什么?……如果你没哭,你为什么没哭?……如果你哭了,哭对你有帮助吗?……这个不幸如何深深地伤害了你?……你因为这个不幸悲伤了多久?……

你是否仍然对这个不幸感到伤心?……你是否偶尔还因为这个不幸感到悲痛?……你有没有发现随着时间的推移,你的悲伤越来越少,你的强烈悲伤持续的时间越来越短?……节日、周年纪念日、生日、特殊日期还会让你想起这个不幸吗?……当你遭遇不幸的时候,你会如何应对这种悲伤?……

这个不幸如此巨大,你是否考虑过自杀?……许多人在悲伤的时候想过自杀……你是否想过自杀?……

面对这个不幸,你是否有过生理上的不良反应?比如难以入睡、胃疼、头痛、焦虑等?……悲伤是充满压力的,而且有生理上的不良反应是很常见的……你会梦到这个不幸吗?……例如,梦到已故的心上人还活着……常常有人从这样的梦中醒来,却很难区分现实与梦境……

面对这个不幸,哪些方面你处理得很好?……哪些方面你能处理得更好?……哪些方面你还在努力?……你是如何应对这个不幸的?你是否满意应对这个不幸所付出的努力?你身边的人如何应对这个不幸的?你是如何帮助他们的?你从这次不幸的经历中获得成长了吗?……你还需要做些什么来应对这个不幸?你为应对这个不幸付出哪些方面的努力?好了……慢慢睁开眼睛,让我们谈谈悲伤。

步骤三 指导者指出处理悲痛的最好方法之一就是谈论它。然后指导者询问是否有人愿意分享他的不幸经历,并描述是什么帮助他应对这次不幸经历。如果没有人分享悲伤经历,指导者可描述个人的不幸以及如何应对(注意:进行本练习时,指导者必须作好处理各类情绪和顾虑的准备)。

练习 G 结束不幸

目标 结束曾经经历的不幸。

步骤一 向学生解释那些对不幸感到悲伤的人常常对所说和所做之事感到愧疚或对未说和未做之事感到愧疚。许多人对没有在亲人去世前冰释前嫌而感到愧疚。恋人分手时往往需要说出他们对关系结束的感觉或寻找关系结束的原因,来彻底结束恋爱关系。

步骤二 要求每个人在一张纸上写下某段关系中没有解决的问题。可能是和一位去世的人、一位亲密的朋友或亲戚或一位当前发生冲突的人的关系中没有解决的问题。然后要求每个人写下自己解决冲突时会说什么,以及他认为对方如何回应。解释本练习有助于结束关系,有助于缓解未能与逝世的人冰释前嫌的内疚。

步骤三 请全班同学每3个人一组分享他们所写的内容。若有人不愿分享所写内容,应得到尊重,因为人人享有隐私权。

步骤四 让全班同学讨论对本练习的看法以及他们从中学到了什么。

练习 H　难以合作的案主*

目标　帮助学生辨别难以合作的案主,探索更有效的方式,为这些案主提供服务。

步骤一　发给学生一张列着下列案主的表格,要求给他们从 1 到 10 排列顺序(1 是最难合作的),告诉学生不要在这张纸上写自己的名字。

——一个与两个女儿乱伦的男人
——一个寻求堕胎的女人
——一个虐待妻子的丈夫
——一个变性人
——一个经常发表种族歧视言论的女人
——一个同性恋女人
——一个宗教狂热分子
——一个经常骂人的男人
——一个经常在咨询会上生气并大声喊叫的女人
——一个有婚外情的男人

步骤二　学生们上交表格,由一位志愿者在黑板上列出排序。

步骤三　确定五个最难以合作的案主。全班讨论:

- 为什么这五个案主被认为是最难合作的?
- 为了使社会工作者能够更有效地为这些案主提供服务,可以做些什么?

练习 I　自我感觉良好

目标　本练习旨在让你对自我感觉良好。

步骤一　指导者介绍本练习的目的,学生组成 7—10 人的小组。指导者请每一位学生轮流完成下面的句子:"我在_____上并不完美,但我会通过_____慢慢变得更好。"举些例子:"我在积极看待发生在我身上的事上并不完美,但我通

---

* 本练习即《实践行为练习册》一书中的练习 12.9。

过在别人开我玩笑时越来越保持冷静以及避免愤怒慢慢变得更好。""我在课堂上表现得没那么自信,但我通过争取在每堂课上说点什么慢慢变得自信。"

步骤二 全班学生讨论本练习的优缺点。

练习J 自我实现的预言

目标 本练习旨在让学生意识到积极思考与消极思考会形成不同的自我实现的预言。

注意 学生不能泄露个人信息

步骤一 指导者解释本练习的目的。用以下方式描绘自我实现的预言。

当人们对某个事件的预期使结果比原本更可能发生时,就会出现自我实现的预言,它是经常出现的。我们预期在社会事件中度过一段痛苦的时光,因此,我们就不会积极地与他人沟通,结果度过了一段痛苦时光。如果一个人预期自己统计学考试会得低分,她便认为努力学习毫无价值,结果真的获得一个糟糕的成绩。一个人如果因为即将进行的求职面试而焦虑,那么他就可能由于消极或焦虑搞砸面试。如果一个朋友告诉我们会讨厌即将会见的人,那么在会见中,我们就会寻找此人身上我们不喜欢的地方,然后真的导致我们不喜欢他。

自我实现的预言有两种类型。第一种是个人的期望影响自己的行为。例如,一位学生可能在课堂演示时焦虑并担心自己表现糟糕。这种想法会导致他在展示过程中极其紧张并且真的表现糟糕。当运动员以接受失败的态度比赛,那么他们将不能完全展示所有能力,十之八九就会输掉这场比赛。当一个人预期事件的积极结果,他通常会尽其所能,从而提高其出色表现的可能性。

自我实现的预言的第二种类型是他人的预期支配个人行为。罗伯特·罗森塔尔(Robert Rosenthal)和丽诺尔·雅各布森(Lenore Jacobson)总结了在教育领域中自我实现预言的著名研究:

> 在某一所小学中,老师们被告知该校20%的学生具有不同寻常的智力发展潜力。这20%学生的名字是随机抽取的。八个月后,不寻常或"神奇的"孩子们在智商测验中获得的成绩显著高于未被选中、未引起老师注意的孩子。老师对这些"特殊学生"的期望有了改变,造成被随机抽取的孩子的智商测验

成绩改变。[10]

老师对这群孩子说:"你很聪明,并会拥有美好的未来。"这促使学生在自我观念中接受老师的暗示。具有积极自我观念的学生显然更加努力学习、自我感觉更加良好,进而促使他们在智力方面有了显著进步(如果指导者在团体会议期间宣扬这一积极的思考方式,成员便可能随之回应)。

第二种类型的自我实现的预言与库勒(Cooley)的"自我镜像"理论十分类似。换句话说,人们在很大程度上根据他人对自己的看法来判断自己是谁。通过自我镜像过程,个人通常会变成他人所期望的人。在很大程度上,我们都在成为别人期望的人。

值得注意的是,自我实现的预言是决定一个人的行为的重要因素,但并非唯一因素。举例来说,一个人认为他明天会度过非常愉快的一天,但是意外事件(例如车祸)可能使这一天变成他宁愿逃离的一天。

步骤二 学生们写下三个朋友或亲戚的生活案例,说明积极或者消极的思维方式如何影响自我实现的预言。

步骤三 学生们每3个人为一组,分享他们所写的内容。

步骤四 每组在全班学生面前展示1—2个案例。

步骤五 指导者总结积极思维的优点和注意事项(已在本章列出),结束本练习。

能力说明

EP 2.1.7. a 利用理论框架指导评估、干预和评价的过程。本章介绍了如何评估、干预和评价治疗团体的大量资料。

EP 2.1.1. b 进行自我反思与自我纠正,确保可持续的专业发展。练习12.2旨在帮助你了解参加治疗团体的新成员有哪些顾虑。

EP 2.1.1. b 进行自我反思与自我纠正,确保可持续专业发展。练习12.4旨在帮助学生明确需要做的事情,从而帮助促进治疗团体。

EP 2.1.1. d 展示专业性的行为风度、仪容仪表和沟通方式。该练习旨在帮助学生委婉地和团体成员沟通其需要意识到的问题。

EP 2.1.1.c、EP 2.1.1.d、EP 2.1.2.b 注意专业角色和界限。展示专业性的行为风度、仪容仪表和沟通方式;应用《美国社会工作者协会伦理守则》进行伦理决策;部分基于《美国社会工作者协会伦理守则》设置与案主之间的专业界限。练习12.5旨在帮助学生建立与案主合适的边界。

EP 2.1.6.a、EP 2.1.6.b 运用循证实践指导科学探究;利用研究证据指导实践。循证实践运用实践经验指导科学探究,利用研究结果指导实践。

EP 2.1.1.b 进行自我反思与自我纠正,确保可持续的专业发展。练习12.6旨在帮助学生辨别难以合作的案主,从而探索更有效的方式,为这样的案主提供服务。

第十三章

团体结束与评估

目标

团体结束与评估是团体最重要的阶段之一。首先,简要总结学生阅读本书和做完练习之后应该学会的内容。其次,讨论结束团体的几种方法。最后,描述团体中过程评估和结果评估的方法。

通过阅读本书、参与练习、担任指导者和团体成员,你的语言和非语言团体沟通能力和积极倾听能力应该得到改善。了解为什么冲突对团体是非常重要的,你应该能够使用解决问题和作出决策的方法来提高团体的效率,能够领导头脑风暴团体和名义团体,并了解一定的制度程序。

团体可以帮助成员控制不良情绪、控制悲伤、更坦然地对待死亡、变得更加自信、能够应对压力、摆脱化学药品依赖、能够控制饮酒、改善时间管理、培养积极的自我认同并改善亲密关系。课程结束时,你应该能够更好地领导各种各样的社会工作团体。团体的有效运作可以帮助我们实现个人目标,促进个人成长并改善人际关系。获得团体技能和知识有助于我们在组织、社区、家庭和社会中有效地发挥作用。既然这门课程快结束了,我们也需要关注如何结束一个团体。

团体结束

第十二章已描述了结束一个治疗团体的过程,本章将描述各种团体的结束过程。

团体结束的内在本质是团体及团体成员之间的分离。分离通常包含各种情感因素,我们将讨论其中的部分内容。对一个团体情感越深、感情投入越多的团体成员,失落感越强烈。越是通过团体成功实现目标的成员,越能感受到"甜蜜的悲伤"——因成长和成功而获得的甜蜜之感,以及由于团体已成为他们生活中重要且意义重大的一部分,从而感到与团体难以分离的悲伤之情。

情感依赖性强的团体成员,更容易在团体结束时感到愤怒、抗拒和抑郁。一个团体成员在过去与其他重要成员分离时遇到的困难越多,分离对他来说越困难,因为对分离的反应模式很容易重复。

练习13.1 离开重要团体时的情绪

目标 本练习旨在帮助你理解成员离开一个重要团体时表现出来的情绪。

1. 团体成员离开重要团体时的感受与结束重要事情时一样。请描述你印象最深的一次结束重要事情的经历,该经历可能是离开一个团体(比如女童子军或棒球队)、远离家人和朋友去上大学或者离开高中等。

2. 描述你对离开和"继续前进"的感受,详细描述积极和消极的感受。也许这种"离开"的经历是苦乐参半的——有对离开的痛苦、悲伤之情,同时也有对踏入人生新阶段的积极回忆与感受。

3. 如果你真的对离开团体感到悲伤(或有其他消极情绪),你是否释放了这些情绪?如果"是",是什么帮助你释放了情绪?如果"否",你还需要做些什么?你有帮助自己释放情绪的策略吗?

团体结束分为几种不同的类型,具体包括:

1. 结束成功团体;
2. 结束不成功团体;

3. 成员退出；

4. 成员调动；

5. 领导者离职。

我们将分别探讨每一种类型。

◼ 结束成功团体

在一个成功的团体中,团体及其成员能够实现他们彼此的目标,该类团体的结束容易产生"甜蜜的悲伤"反应,成员为取得的成就而感到高兴,这些成就往往能提高他们的自信和自尊水平。成员也容易感到失落(他们对团体的情感投入不同,失落感的强度也不同)。这类团体倾向于通过聚餐或举行其他仪式来纪念这个团体及其成就。

结束一个成功的团体时,必须在最后一次会议之前讨论更多的正式结束会议的内容。理想情况是,最后一次会议的日期应该在最后会议之前讨论并经由成员商定(对于某些团体来说,结束会议甚至在前面的团体会议上就定好了)。必须有足够的时间来结束一个成功的团体,这样可以:(1)评估团体及成员在任务和目标方面所达成的成就;(2)为解决成员遗留问题而制订计划;(3)完成成员未解决的、最后期限的工作;(4)处理成员对结束的情感反应;(5)让成员有时间讨论他们是否为结束团体而举办特殊的社会活动。

虽然分离常常令人悲伤,但消极情绪可以通过以下方式排解:强调成员的付出与所得、他们获得成长的方式、他们所学到的技能以及团体所取得的成就。在某些情况下,另外举行会议可以帮助完成未完成的业务项目。成员们可能会在未来定期举行"团体重聚"或社交聚会。

◼ 结束不成功团体

不成功团体是指该组织及成员未能实现大部分或全部目标的团体。成员对团体没有成功的反应不一:愤怒、沮丧、失望、绝望、内疚(为徒劳的努力或过度的努力)、寻找替罪羊、责备和冷漠等。比较罕见的情况是,不成功的团体也可能对自己的努力感到相当满意。例如,一个新组建的团体向联邦政府申请资助(获得资助的希望渺茫),当他们得知自己没有得到资助时,只是有一点失望,而对自己的努力和与其他人形成的新关系感到满意。

结束不成功团体时,必须在最后会议之前,由成员讨论并正式商量团体结束的相关事宜。同时,应给予充足的时间,这样:(1)评价和分析组织没有进展的原因;(2)探讨组织的替代形式以及成员实现目标的备选方案(这样可能包括改变当前团体的形式、将成员推荐给其他团体以及个人行动而非团体行动的备选方案);(3)应对和处理成员的情感反应以及他们对团体缺乏进展的反应;(4)成员必须解决最后的未解决的问题;(5)成员讨论是否有时间为结束团体而举办特殊活动。

结束不成功团体是混乱的,也是突然的。例如,一个受命草拟拨款方案的团体,被告知融资组织已拥有全部财务支持,正在撤回其融资提案请求时,该团体可能会在绝望中突然结束。或者在一个非自愿会员团体(如在监狱或青少年家庭治疗机构),领导者认为无法继续该团体,因为成员仅仅是在打发日子或不愿为了实现目标付出努力。无论何种情况,应充分说明团体结束的原因,给予成员充分时间来应对结束团体。如果在最后的会议上,缺乏足够的时间处理结束团体所涉及的任务,最好另外举行一场会议,或者领导与每位成员单独见面,探讨未实现的目标和实现目标的备选方案以及他们未解决的问题。

当一个不成功团体突然结束时,某些成员可能会对领导者、其他成员或团体过去的行为提出强烈批评。若领导者想获得成员对团体的看法,应该主动联系,作好接受强烈抨击的准备。领导可以"想象"可能出现的批评,并对每一种预想到的批评作出积极回应。

◼ 成员退出

当一名成员退出时,即使团体继续存在,这名成员也不再参与其中。成员可能因为各种原因退出,比如,可能对团体感到失望,认为团体无法完成既定的目标;可能与其他成员有分歧或不喜欢其他成员;可能是必须回家照看儿童;还可能是找到一份与团体时间冲突的新工作等。

如果一位团体成员在没有通知团体的情况下选择退出,领导者应该联系此人以确定其退出的原因。在某些情况下,领导者应该说明,离开团体是一个重大的决定,不应突然下定决心,同时期望找到其离开的真正原因。如果成员与其他成员存在冲突,可以解决冲突,让成员决定是否返回,也可以采取行动使成员返回。例如,存在儿童照顾问题,团体就安排提供照看孩子的服务。

如果该成员决定不返回,应与其探讨离开的原因。也许该成员会提出需要处理的合理要求,其他成员不会受影响,感到气馁或离开。若团体成员从一个治疗团体、敏感团体或教育团体退出时,仍然存在未解决的个人问题,那么,转到另一个团体或接受一对一的专业帮助,或许是更明智的选择。

当一个成员退出时,领导者需要告知他对该组织的积极贡献。退出团体通常被认为是个人的失败,因此应对他的积极贡献进行感谢,从而缓解其失败感。

当一个成员退出时,剩下的团体成员可能会产生各种各样的情绪。有些人会认为他们辜负了该成员,有些人因为所说的或所做的而感到内疚,或因为没有做出能挽留该成员的事情而感到内疚,为没有说出挽留该成员的话而感到内疚。有些人可能感到宽慰或高兴,认为该成员不应加入,或该成员是组织努力实现目标的障碍。有些人可能会为这个成员的退出感到悲伤,担心他发生悲剧。有些人可能会对离开的人感到愤怒,认为该成员抛弃了这个团体。

还有就是,某些人可能认为自己被拒绝了。通常,当一个成员退出时,谣言就会围绕成员离开的原因慢慢传开。因此,重要的是,要让团体其他成员了解该成员离开的真正原因。一个成员的离开会对团体士气造成毁灭性打击,若几个成员连续离开,团体的生存就岌岌可危。理想情况是,无论以口头或书面形式,离开的成员应告知团体离开的原因。如果成员不这样做,领导者或其他团体成员应与该成员取得联系,确定其离开的原因,并告知团体。

练习 13.2　被拒绝的经历

目标　本练习旨在让你更清楚地意识到,当一名团体成员被要求离开重要团体时,他们会有什么样的感觉。

1. 请描述一件你被拒绝的事件,该事件对你来说应该很重要。
2. 你有什么感觉(这种感觉可能与团体成员被要求离开重要团体时的感觉相似)?
3. 你是否成功处理了被拒绝的消极情绪?如果"是",是什么帮助了你?如果"否",你释放情绪的策略是什么?

■ 成员调动

团体成员调动到另一个团体或其他类型的专业服务团体时,常常涉及领导者与该成员之间的计划安排。调动可能出于种种原因:在一个问题解决团体中,用人机构可能作出判断——该成员的才能和技能在其他机构或许可以发挥更好的作用。在一个治疗团体中,领导者和团体成员共同作出决定,对该成员而言,应接受其他治疗团体的专业服务。该成员可能存在与其他成员之间无法解决的冲突,冲突可能会严重影响团体内的目标实现,从而进行调动(例如,由于宗教信仰、价值观或语言的不同,在相互理解和交流中可能存在不可逾越的鸿沟)。

团体成员调动时,领导者应尽一切可能使调动工作不发生意外。被调动的成员应清楚地了解调动原因并接受调动。此外,还应向团体其他成员解释调动原因。理想情况是,成员向团体解释调动缘由,从而给其他团体成员祝福的机会,让离开团体的成员有一种亲近感。

▨ 领导者离职

由于就业、健康原因或家庭危机等,团体领导者必须与团体结束合作,这样的团体结束对于团体领导者和成员来说都是艰难的,可能出现强烈的情绪反应,同时缺乏足够的时间来处理这些反应,脆弱的成员和对领导者依赖性强的成员可能会崩溃。某些成员可能将领导者的离职归因于他的言行,某些成员会感到愤怒和被辜负,因为领导者曾向团体作出过承诺,成员向他吐露过心声,给予他信任,结果在只完成部分成员目标与团体目标时,他就离开了团体。

领导者也可能经历强烈的情感冲击,包括对没有兑现领导团体的承诺的自责,直到完成目标,这种自责才会消失。领导者离开时,应鼓励成员表达他们的感受。领导者应充分解释离开的原因,列举团体的积极事件,并表达对于离开的悲伤和内疚。在离开之前,领导者(或团体)应该选择新的领导者,若新领导者不是该组织的成员,那么即将离职的领导者应该向新领导者(在团体会议之外)告知团体目标、团体成员的特点、当前的任务及其困难以及团体所制定目标的进展情况。领导者应尽可能多地向新任领导者介绍团体情况,平稳过渡是前任领导者向新任领导者转移责任的目标。

练习 13.2　重要之人离开的经历

目标　本练习旨在帮助你理解在团体中重要领导者离职时,团体成员的心情。

1. 请你描述这种经历,对你重要的一个人离开你去了远方。
2. 你如何看待离开的人?

团体评估

在过去的几十年里,问责制已经成为社会福利工作的重点。资金提供方需要研究证据,以证明资金分配正发挥积极的作用,因此,评估是问责制的一个重要组成部分。

广义上,评估的目的是为了了解提供的服务是否有效、是否高效。未实现目标的服务既不是有效的,也不是高效的。评估一个团体提供的服务时,可以从两个方面进行:过程评估和结果评估。

过程评估

过程评估通常是由团体成员从对团体有利和有害的方面进行的评估,对阻碍或促进过程的技术和事件进行反馈,对领导者而言很有价值。有了这些信息,领导者便可以培养某些技能,淘汰某些材料,指明方向及增加指导资料。该反馈有助于增强团体信心。若过度地评判这些反馈,可能令人感到羞耻,甚至造成严重后果。应根据评估作出改变,而不是拒绝和否认反馈,导致团体今后重复同样的错误。团体领导者应该欢迎批评,并作好积极回应的准备,这同样也是社会工作者期望案主积极接受批评的方式。

过程评估可以邀请团体成员口头讨论外观、技术、材料和事件,哪些具有建设性,哪些是无意义的。该评估的优点是大多数成员都喜欢口头讨论,缺点是有些人可能会被禁止给出消极反馈,因为在这种情况下存在注重积极反馈的社交规范。

过程评估也可以通过一个简短问卷来完成。以下是三个关键问题:

1. 请总结该团体的优点(列举具体材料和事件以及领导者使用的技能和技巧)。

2. 请总结该团体的缺点(列举具体材料和事件以及领导者使用的技能和技巧)。

3. 请简要陈述您的改进建议。

在过程评估中,团体成员通常引用积极因素多于消极因素[1]。这种积极反馈不仅有"显著价值",而且还能让领导者更清楚自己的优势,以便今后继续运用这些优势。

消极反馈和积极反馈一样有价值,而且往往比积极反馈更有价值,因为它告知领导者需要改进的方面。赫普沃思(Hepworth)和拉森(Larsen)认为,"就像案主一样,意识先于改变"[2]。

另一种过程评估的方法是同行评审,是一种质量控制的形式。同行评审是由"一个或多个同行"(通常是其他团体的领导者)定期在一个团体中进行评估(一些机构使用"单向镜"方法,以便观察不受干扰)。同行评审之前,机构或组织应该针对一系列反映团体领导能力的原则或标准达成一致,同行评审仅仅评估团体在整体运行中的一小部分,这一小部分可能反映团体典型的或非典型的整体运行情况(许多学院和大学使用同行评审,在此过程中,学院终身教授将会观察新聘教师的课堂教学情况)。

同行评审的一个变式是录制会议(音频或视频)。这段录音或录像由领导者和同行(或由领导主管)回放并审查。在录制之前,领导者应解释录制的原因,说明谁会重听或观看这段录音或录像,并请求团体成员允许录制。

练习 13.4　团体的评估过程*

目标　本练习旨在帮助你熟悉团体的评估过程。

1. 请描述一个你参加过但已经结束的团体。
2. 按照以下三个方面进行总结:
a) 该团体的优势;
b) 该团体的缺点;
c) 改进该团体的建议。

---

* 本练习即《实践行为练习册》一书中的练习 13.1。

◆ 结果评估

结果评估是评估团体已经完成最初所制定目标的程度。衡量目标实现的具体方法有：单一主题设计(single-subject design)、任务完成量表和满意度调查问卷。

单一主题设计

在过去的二十多年中，单一主题设计在职业团体中越来越受欢迎。有十多种不同的单一主题设计，其中有一些是非常复杂和严格的[3]。幸运的是，越简单的设计越适合入门级的社会工作者在实践中使用。

设计的基本要素如下：

单一主题设计可以用其他类似的术语解释——单一系统设计(single-system design)、单 N 或 N＝I 研究(single N or N＝I research)、强化或表意研究(intensive or ideographic research)、单案例研究设计(single case-study design)、单生物研究(single-organism research)、时间序列研究或设计(time-series research or design)及单例实验设计(single-case experimental design)等[4]。"单一主题"一词表明，研究关注的焦点集中在单一案主身上，这个案主通常是个体，但也可以是小团体或家庭。

在单一主题设计中，案主成为控制组。出于此原因，这种方法轻易地融入了社会工作者的日常服务。

研究过程中的步骤为：

1. 明确结果；
2. 选择合适的测量方法；
3. 记录基准数据；
4. 实施干预并监测结果；
5. 评估变革；
6. 推断有效性。[5]

单一主题设计的第一步是明确感兴趣的结果。所选择的结果应该反映案主的需求和实现需求的现实性，同时该结果必须能够被准确定义和衡量。对于一名习惯于暴食与洗胃的贪食症患者案主来说，适当的结果可以是停止洗胃。对于一个经常发生激烈争吵的家庭来说，合适的结果可能是激烈争吵急剧减少。

过程设计的第二步是选择一种合适的测量方法。参与者及案主希望改变的目标行为(例如减少激烈争吵)必须以某种可靠的方式测量。衡量案主结果的方法很多,包括直接观察、案主自我报告和标准化测量。标准化测量包括测试、问卷调查、评级量表、成绩清单(inventories)和审核表(checklists)。多种标准测试可用以测量各种变量,如自尊、自信程度、抑郁程度、焦虑程度、婚姻满意度、职业倦怠、压力程度、自杀可能性和满足感等。

第三步是记录基准数据。基准包括在实施干预之前收集的一段时间的数据。记录基准数据的目的是在干预发生前确定结果测量的基本速率。基准化速率为干预之前、期间和之后的目标行为(行为改变)的发生提供一个作比较的基础。

第四步是实施干预并监督结果。例如,对于一位不自信的案主来说,干预可能是让案主参与自信训练团体。

第五步是评估变化。这一步涉及比较治疗前、治疗期间和治疗后的目标行为。通常,可以用图标记录这三个时间段内目标行为的发生情况,如图13.1所示。

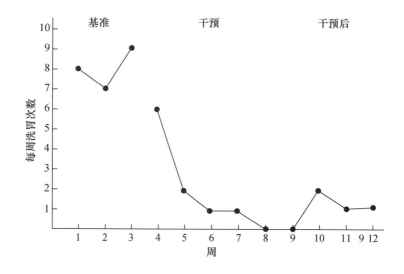

图13.1 暴食症案主的干预结果

第六步是推断有效性。这一步是对逻辑和经验的论证,即干预是案主可观察的结果变化的唯一合理解释。本质上说,该阶段排除了其他对可观察的变化的解释。判断因果关系的主要标准是相从变动(concomitant variation);也就是说,所观察到的结果的变化必须发生在实施干预时期(或实施干预不久之后)。如果积极变化发生在记录基准数据期间,那么从逻辑上来说,结论是除了干预之外其他事情也可能导致了该变化;如果变化发生在干预后的很长一段时间,那么可能是其他因素导致了这种变化。观察暴食症案主的干预结果图(图13.1),从逻辑上来说,我们可以得出这样的结论:干预有积极的效果,因为在干预期间和之后,每周的洗胃次数急剧减少。然而,案主的目标是完全停止洗胃。由于案主仍在定期进行清洗,因此可能需要采取额外的干预措施。

在某些情况下,单一主题的研究需要使用多个基准,即使用多个基准测量变化。谢弗(Sheafor)和霍雷吉(Horejsi)等总结了一条使用多个基准的案例。

> 服务于一个在学校有困难的孩子时,第一个基准是学校出勤率,第二个基准是每周作业成绩,第三个基准是每周老师对学生课堂合作水平的评分。除非具有高度精确的目标行为,否则,我们需要通过多个基准来把握干预的影响[6]。

在治疗团体、敏感团体和教育团体中,存在几种使用单一主题设计的方法。其中一种方法就是为每位成员构建单一主题设计。如果团体成员生活在一起(例如,在团体之家),并且成员之间存在人际关系问题(比如,激烈的争吵),那么单一主题设计就以团体为案主进行构建。例如,若以减少激烈争吵的次数为目标行为,那么工作者可计算基准、干预期和干预后的三个时间段内每周发生激烈争吵的次数。

练习13.5 应用单一主题设计改掉坏习惯[*]

目标 本练习的目的是帮助你理解和应用单一主题设计。

1. 详细描述一个你想要改掉的坏习惯。例如,饮酒或吸烟。
2. 为了改掉这种习惯,明确以下内容:
   a) 你的结果;
   b) 确定进展的适当措施;
   c) 你的基准数据;
   d) 实施干预并监测结果;

---

[*] 本练习即《实践行为练习册》一书中的练习13.2。

e）评估变化；

f）推断有效性。

3. 从实际出发，完成这个评估之后，你是否有决心改掉自己的坏习惯？

任务完成量表

这种方法的目的是评估团体成员和/或领导者完成商定的干预任务的程度。在这种方法中，成员和团体要达成的目标被分解为许多单独的行动或任务，成员通过共同协商选择这些任务，每位成员都被分配或主动选择特定的任务，从而确定他们个人的目标和团体的总体目标。通常，每项任务都设有完成的最后期限，任务完成量表是对每个商定的任务的完成程度进行评级的过程。

瑞德（Reid）与爱泼斯坦（Epstein）在使用这种方法时，利用一个四级量表来记录每项任务的进展情况。[7]

4 = 全部完成

3 = 基本完成，仍需继续行动

2 = 部分完成，仍需做大量工作

1 = 最低限度地完成或未完成

在特定情况下，存在第五个评级——"未完成"，因为"缺乏继续完成任务的机会"。这种方法只对结果进行评估，而不是对努力、动机或美好的意图进行评估。此方法的魅力在于它的简单性，由于时间不足、数据不足或难以找到合适的方法测量目标行为的变化时，可以使用此方法。然而，这种方法也有局限性，例如，如果案主需要解决的问题被错误地界定，那么完成这些任务也没有任何作用。

满意度调查问卷

评估团体结果的另一种方法是，让团体成员填写一份调查问卷，来衡量他们的满意度，如表13.2中所示的团体成员满意度调查问卷。

这样的调查问卷是衡量团体成员满意度的一种相对简单和低成本的方法。可以在团体的最后一次会议上填写问卷，也可以在最后一次会议之后的某个时间将问卷邮寄给成员。关于评估过程的问题（如本章前面所述）也可以增加到这个问卷中。

练习 13.6 填写一份参与团体的满意度调查问卷

目标 本练习旨在帮助你填写一份满意度调查问卷。

1. 请描述一个你参加过的现已结束的团体。
2. 根据你参与的团体的情况,回答表 13.1 满意度调查问卷中的问题。

表 13.1 团体满意度问卷调查

感谢您花几分钟时间评估您在我们团体中的经历。您对这个简短问卷的回答将帮助我们改善团体。请自由发表您的评论,为了保证匿名,请不要签名。

1. 您参加团体时的目的实现了吗?
   _____ 是的,完全实现了
   _____ 几乎实现了
   _____ 没有实质性的进展
   _____ 比以前更糟糕了
   评论_____

2. 您认为该团体完成它的目标了吗?
   _____ 是的,完全实现了
   _____ 几乎实现了
   _____ 没有实质性的进展
   _____ 完全失败了
   评论_____

3. 您对这个团体的领导者有什么看法?
   _____ 非常满意
   _____ 满意
   _____ 没什么感觉
   _____ 不满意
   _____ 非常不满意
   评论_____

4. 您对团体里的其他成员有什么看法?
   _____ 对每位成员都感到满意
   _____ 对部分成员满意,对其他成员不满意
   _____ 没什么感觉
   _____ 对大部分成员都不满意
   _____ 对其他所有成员都不满意
   _____ 对其他所有成员都非常不满意
   评论_____

总结

团体结束和评估是团体最重要的阶段之一。对于许多成员来说,团体结束通常涉及不同强度的情感因素。一些成员经历了"甜蜜的悲伤"——因成长和成功而得到的甜蜜感,因为团体已成为他们生活中重要且有意义的一部分,从而感到与团体分离的悲伤之情。本章论述了结束成功团体、结束不成功团体、成员退出、成员调动以及领导者离职。

对团体有两个维度的评估:过程评估和结果评估。过程评估通常是由团体成员针对对团体有利和有害的方面进行的评估。结果评估涉及评估团体初期制定的目标已完成的程度。评估目标实现的具体方法有:单一主题设计、任务完成量表和满意度调查问卷。

 团体练习

练习 A　评估和结束课程

目标　圆满结束一个团体。

备注　本课程的教师引导本次练习。

步骤1　教师首先表达对班级的一些积极看法,也可以提及一些难忘的经历。

步骤2　学生们围成圆圈坐下,教师询问:"在课程结束前,有没有人想要表达什么?""我们还有需要处理的未完成的事吗?"

步骤3　教师引导学生讨论一些问题,诸如:"你觉得这门课程能帮助你在社会工作中领导团体吗?""你将做哪些事情使自己更好地领导团体?""什么练习或材料帮助你成长了?""你觉得这门课的优点是什么?""你觉得这门课的缺点是什么?""这门课程应如何改进?"(口头讨论的备选方案是:请学生在纸上匿名写下答案并上交。)

步骤4　学生们表达对这门课最重要的回忆以及他们从中所学到的东西,每位学生都有表达机会。

步骤5 每位学生以非语言方式表达第一次上课的感受以及现在上课的感受。(此步骤为可选项。)

步骤6 教师要求每位学生赠送一份想象中的礼物给他右边的学生。每位学生轮流发言,以便每人都能听到礼物是什么。当给予或接受礼物时,学生应伸出手象征性给予或接受礼物。这个案例是结束拖延的时间管理的关键,可以向团体成员传递温暖,是和谐关系的体现,是应对有害情绪的积极与理性思维,想象中的礼物也有助于减压。(此步骤为可选项。)

步骤7 教师可以通过实施学生课程评估、发表结束语或者以其他方式结束课程。

一个可以选择的结束这门课的积极方法是:老师给每位学生分发一个小瓶子(或一个小纸袋)和一支记号笔。每位学生在瓶子上写上自己的名字。然后,教师再分发给每位学生一包便笺纸。每位学生对其他学生写下积极的评论,并将评论放在该学生的瓶子里。最后,每位学生阅读自己瓶子中的纸条。

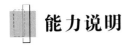

能力说明

EP 2.1.6.a、EP 2.1.6.b、EP 2.1.10.m 用实践经验去影响科学探究;用研究证据去影响实践;批判性地分析、监控和评估干预。在过程评估和结果评估方面提供材料。结果评估措施包括单一主题设计、问卷调查和任务完成量表。过程评估和单一主题设计的练习,能够帮助学生运用评估技术。

附录一
《团体治疗理论资源手册》

在这本手册里,你会发现三种著名的团体治疗干预理论。可以把这本手册当作参考指南,在未来实践中加以使用,也可以把它作为你学习这门课程的入门级读物。

优秀的团体治疗领导者需要掌握丰富的团体治疗理论,一般也要掌握多种治疗方法,根据团体成员提出的问题挑选最可能取得成功的干预策略。《团体治疗理论资源手册》中概括了三种著名的团体治疗方法,也是团体治疗领导者经常使用的方法,分别是理性疗法、行为疗法和现实疗法。下文将举例说明每一种疗法是如何使用的。在介绍这些方法之前,我们先来比较咨询(counseling)和治疗(therapy)/心理治疗(psychotherapy)这些专业术语。

 咨询 vs. 治疗/心理治疗

这本手册的一位评论者这样评价:该书作者需要弄清楚,获得经认证的社会工作专业学士学位的毕业生可以为案主提供咨询服务,但不能为案主提供治疗/心理治疗。就社会工作职业而言,已经规定得非常明确,只有获得营业执照的临床社会工作者才能提供心理治疗而获得第三方(一般为健康保险公司)的补偿(其他助人职业,比如临床心理学家、精神病医生也可以提供心理治疗而得到补偿)。

那么,问题就出现了,咨询和治疗/心理治疗的区别是什么?作者认为这个问题非常重要,因为应该限制经过认证的学士学位毕业生提供的"咨询"服务。作者研究了很多文献,寻找那些区分咨询与治疗/心理治疗的定义。这些文献的来源包括三个州立许可/认证社会工作委员会和社会工作协会委员会。另外,作者还询问了学士学位项目主管(Baccalaureate Program Directors, BPD)中的学士学位社会工作教育者,他们回应了这个问题。

例如,巴克(Barker,2003)这样定义这些术语:

咨询——经常使用于临床社会工作和其他职业中,是指导个体、家庭、团体和社区的一种程序,一般通过提建议、描述备选方案、帮助清晰表达目标、提供必要的信息等活动提供服务。[1]

治疗——专门设计纠正、治愈或减弱一些疾病、残疾或问题的一种系统过程和活动。社会工作者经常把该术语当作**心理治疗、社会心理治疗**或**团体治疗**的同义词。社会工作者也讨论其他类型的治疗方法,比如职业疗法、物理疗法、娱乐疗法、药物疗法、化学疗法,他们使用这些更具体的术语。[2]

心理治疗——社会工作者或其他精神健康专业人员与案主(个体、夫妇、家庭或团体)之间一种专业的、正式的互动,建立帮助案主在社会环境中解决心理失调、社会心理压力、关系问题和困难的治疗关系等。心理治疗有一些具体类型,如心理分析、家庭疗法、团体心理疗法、辅助性疗法、格式塔疗法、实验疗法、原始疗法、沟通分析(transactional analysis, TA)、心理社会疗法、心理戏剧疗法和认知疗法等。[3]

从学士学位项目主管的回应中,我收到了很多针对咨询与治疗或心理治疗的各种回复,具体如下:

- 执业许可应该限制"心理治疗"这一术语,为了保护公众,该术语只能使用于被许可的精神健康职业。
- 国家对治疗/心理治疗没有控制,我们觉得只有技术最好的专业人员才能做这些工作。然而,在现实中,任何人都能履行专业治疗人员/心理治疗师的职责。
- 它们之间没有差异。
- 尽管心理治疗与咨询重叠很多,但也有一些区别。与案主合作,一般使用这两种比较深入的方式。咨询可能更多集中于生活适应(life adjustment)的具体问题和变化,而治疗更多集中于关心人格或自我的重建。
- 尽管心理治疗师和心理咨询师都与各种案主合作,但心理治疗师更可能与心理失常的个体深度合作,在一个较长的时间段里能见到这些个体。

- 咨询是一种教育方式,治疗是一种情感的、理解性的修复方式。
- 咨询是解决问题的方式,而治疗/心理治疗是处理深层次的精神或心理健康问题的方式。
- 咨询是帮助个体充分发掘应对潜能,而心理治疗关注的是某种类型的人格改变。
- 咨询最适合常规维护,而心理治疗最适合对案主的个性进行全面评估。
- 咨询与心理治疗之间的区别是模糊的,即使是在硕士和博士阶段。
- 有执照的临床社会工作者可以使用《精神障碍诊断和统计手册》(第四修订版)(*Diagnostic and Statistical Manual of Mental Disorders-IV, Revised*,美国精神病协会,2000)中的分类为案主作诊断,而社会工作专业的本科毕业生则不能够进行诊断(应该指出的是,一些州要求有执照的临床社会工作者需要得到精神病医生或临床心理治疗师的指导)。

基于上述信息,我们能够得出结论:咨询和治疗/心理治疗之间有大量重叠,目前,它们之间没有呈现出显著差异。真实情况是,有执照的临床社会工作者可以使用《精神障碍诊断和统计手册》(第四修订版),而社会工作本科毕业生不能使用。

下面是一些没有定论的关键问题:第一,是否存在一些干预技巧(例如催眠)超越社会工作本科毕业生的使用权限?第二,如果存在,这些干预技巧有哪些?第三,我们如何判定一个社会工作本科毕业生超越了他的权限?

关于第三个问题,我询问了一位社会工作者,他是州社会工作认证/许可委员会成员。我得到的回复是:迄今为止,委员会只是得出这样的结论,即一个社会工作本科毕业生在他的简历或者宣传资料里标明"提供心理治疗"才能说明这个人超越了认证范围。

模块1:团体理性疗法

目标

理性治疗法(又称"理性疗法")认为,不良情绪和功能失调行为主要是由我们的思想过程决定的,而不是由外部事件决定的。本章总结理性疗法,并描述如何在团体中使用理性疗法。

阿尔伯特·艾利斯(Albert Ellis)[*]

理性疗法创始人阿尔伯特·艾利斯(1913—2007)在20世纪40年代末至50年代初把心理分析方法应用于治疗,但对结果和方法感到很失望。艾利斯发现,即使病人对自己的童年和无意识过程有着不可思议的洞察力,他们仍然会继续经历情感问题。

艾利斯创设了一种新方法——理性疗法(Rational Therapy,RT),又称"理性情绪疗法"(Rational Emotive Therapy,RET),他利用这种方法,通过挑战和改变案主不理性的观念来治疗案主。[1]

1959年,艾利斯在纽约市建立了理性生活研究所,为案主提供理性生活方面的成人教育课程和成本适中的心理治疗。1968年,艾利斯又创立了理性心理治疗

---

[*] 这部分内容改编自:*The Practice of Social Work*, 9th ed., by Zastrow, Brooks/Cole, 2010。

高级研究所,向助人型专业人员提供理性疗法的深度培训,在全国范围内组织研讨会和工作坊。艾利斯还被美国国内公认为研究性学的权威。

除了组织研讨会和工作坊,作为一个执业心理治疗师,他还写了54本书和600多篇文章。

理性疗法对专业人员和公众都产生了重大影响。理性疗法的原则已经被运用到很多领域,比如自信心训练、性、青春期、法律与犯罪、宗教、执行领导力、儿童文学、音乐、女性主义、哲学、个人问题、酗酒、婚姻与家庭、性别调适与治疗等。

这种方法具有一定的潜能,它可以使人学会理性分析他们的自我对话,进而控制或者消除他们的不良情绪和功能失调行为。

理性疗法的理论

大多数人错误地认为,我们的情绪和行为主要决定于我们的经历(即在我们身上发生的事情)。相反,理性疗法认为,我们所有的情绪和行为的主要原因是,关于发生在我们身上的事情,我们会告诉自己什么。

所有情感和行为按照下列形式进行:

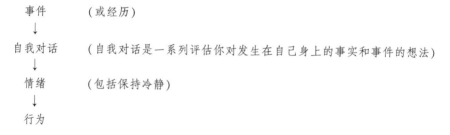

下面,我们使用一个案例来说明上述过程。

事件	(谢丽尔是肖夫妇的5岁女儿,正在与哥哥一起玩耍,打碎了一盏灯。)
↓	
肖先生的 自我对话	"那盏灯是我们的最爱,是在蜜月期间买的——是不可替代的,把它打碎了真糟糕。" "孩子不打不成器——严厉要求才能让她成长。" "作为一家之主,让她成长是我的责任,我要教训她,揍她一顿,让她一辈子都不会忘记。" "她总是破坏东西,我认为这次她是故意的。我要教训她,以后必须尊重我,爱护我们有价值的东西。"

情绪	生气、失望、懊恼。
↓	
行为	暴打谢丽尔的屁股并对她大声呵斥,暴打程度十分严重,几乎就是虐待她。

如果肖先生给自己另外一套不同的自我对话,他的情绪和行为将会十分不同。

事件	(肖夫妇的 5 岁女儿谢丽尔正在与哥哥一起玩耍,打碎了一盏灯)。
↓	
肖先生的 自我对话	"我们珍惜那盏灯,但我觉得她一定不是故意打碎的,这只是个意外,我在这时候生气不会有帮助。" "我本可以阻止这个意外发生,告知谢丽尔和她哥哥只有在娱乐室和自己的卧室里才可以闹着玩。" "有小孩子在,一些意外注定会发生。" "此刻最有建设性的说法是,我理解这是一个意外,这盏灯被打碎了,所有人都非常伤心,并告诉他们以后闹着玩必须局限在娱乐室和自己的卧室。"
↓	
情绪	有些失望但基本保持冷静。
↓	
行为	用理解的方式与孩子们说话,表达与自我对话相一致的想法。

这个过程的关键点是,我们的自我对话决定了我们的想法和做法,通过改变我们的自我对话,可以改变我们的想法和做法。通常,我们无法控制发生在我们身上的事情,但我们有能力进行理性思考,从而改变我们所有的不良情绪和无效行为。

自我对话这一概念中的修复作用,就是指任何不良情绪和无效行为都可以通过识别和改变潜在的自我对话来改变。

关于发生在我们身上的特定事件,我们的自我对话通常建立在多种因素的基础之上,包括我们的信仰、态度、价值观、需求、动机、目标和欲望。[2] 比如,一位已婚女士被丈夫告知他想要离婚,影响她的自我对话的因素有:她是否想要维持婚姻、她对离婚的价值观和信仰、她对她丈夫的态度、是否认为离婚与当前目标一致、她是否认可丈夫想要离婚的理由等。

关于自我对话,另一个重要的问题是,随着一件事情重复发生,一个人的情绪反应几乎是自动的,因为他从过去的经历中迅速给自己找到一系列自我对话。比如,几年前我为一位女士提供过咨询服务。每当她丈夫喝醉酒回家,她都会变得极度悲伤。经调查发现,因为重复事情不断发生,她的情绪反应变得十分明显,一旦再看见丈夫喝醉,她就不断地告诉自己:

"他在愚弄自己,愚弄我。"

"他愚蠢地花掉了我们急用的钱。"

"在接下来的几个小时里,我将不得不忍受他的醉酒言行——这太可怕了。"

"他爱喝酒胜过爱我,因为他知道我不想让他喝醉。"

"我真悲哀。"

练习 M1.1 自我对话引发我们的情绪

目标 本练习是为了说明我们的自我对话是引发情绪的首要原因。

1. 列举一种你最近经历过的消极情绪。
2. 描述引发这种情绪的有关事件。
3. 列举你在这个事件中的自我对话。
4. 复习自我对话是我们情绪的主要根源的内容。如果已经给了这个事件不同的自我对话,你将会有不同感受,这句话是否正确?
5. 你是否相信自我对话是情绪的主要根源? 阐述你的观点。

◆ 改变不良情绪

理性疗法越来越多地被用于改变不良情绪,因为这是理性疗法的首要关注点。改变不良情绪的方法将会在本部分详细说明。

理性疗法坚持认为,所有的情绪主要由自我对话决定,即使"爱情"也是如此。人们总认为爱情是一种不受自己控制的情绪。对于爱的阐述加深了这个错误观念:"我只是情不自禁,他让我倾心不已","我坠入了爱河"以及"这是一见钟情"。事实上,即便是爱情,也首先建立在自我对话的基础上。下列公式说明了整个过程:

| 事件 | 一个女人的梦中情人是身材高大、体格健壮、头发乌黑的男人,他要很健谈,喜欢流行音乐。她在班里遇见一个六英尺高的男人,他是一个足球运动员,黑发,风度翩翩而且喜欢流行音乐。 |

她的自我对话	"我简直不敢相信我终于遇到了一个我真正喜欢的人。这个人真的很英俊，很迷人，而且很友好，我非常想约他一起吃个晚餐，好好了解他一下。"
↓	
她的情绪	迷恋。

我们有五种方法来改变不良情绪。其中三种方法是积极的：其一，参与一项有意义的活动；其二，改变消极的和恼怒的想法；其三，改变令自己痛苦的事情。每一种方法都可以应用于团体环境。另外两种方法是消极的：其一是酗酒、吸毒和暴食；其二是自杀。我们将会依次讨论这五种方法。

有意义的活动

事实上，人每天都会遭遇挫折和令人恼火的事情，比如有一两节课不顺利、工作不愉快或者应付枯燥乏味的社交生活。沉湎于这些事情中会引发不良情绪，比如失望、愤怒、沮丧、绝望或挫败。人会产生哪一种情绪，直接取决于他的自我对话。

令人愉快的活动会产生令人满意的行为。团体成员可以列出一个令人享受的、有趣的娱乐活动清单——散步、打高尔夫球或者乒乓球、看电影、购物、走亲访友等。他们可以利用这些活动摆脱日常烦恼，获得积极的体验和喜悦的心情，这将会直接影响到他们的自我对话。

虽然激励团体中成员制定和利用娱乐活动清单，但是理性疗法并不建议成员拒绝那些令人不愉快的活动。如果做点什么能够改变令人痛苦的事情，我们会尽所有努力去尝试。然而，我们常常无法控制不愉快的事情，也无法改变它们。虽然我们不能改变不愉快的事情，但我们总是有能力控制和改变如何向自己阐述这件令人痛苦的事情。这一点在学习改变我们的不良情绪方面是非常有用的。

练习 M1.2 参加有意义的活动来改变不良情绪*

目标 本练习表明，当我们遇到糟糕的事情感到沮丧的时候，可以通过参加有意义的活动来缓解不良情绪。

---

* 本练习即《实践行为练习册》一书中的练习 M1.1。

1. 描述你遇到的一件糟糕的事情,你通过参与一些喜欢的活动消除了不良情绪。

2. 仔细思考这段经历,是不是真的通过参与你喜欢的活动就不再感到"糟糕至极"?是不是真的当你不再感到"怨恨"之后,你的不良情绪就减弱了?

改变自我对话

第二个改变不良情绪的方法是,识别并改变那些导致我们消极和非理性的想法。莫尔茨比(Maultsby)创设了理性自我分析(Rational Self-Analysis,RSA)的方法,在识别并改变愤怒情绪方面非常有效[3]。理性自我分析包含六个部分,如图 M1.1 所示。

通过在纸上记录发生的事件和自我对话、进行理性自我分析的目标是改变不良情绪(生气、愧疚、失望、憎恨等)。在 A 部分(事实和事件)中,团体成员陈述发生的事实和事件。在 B 部分(自我对话)中,写下对 A 部分的所有想法,团体成员按顺序对每一条陈述进行编号,并在每一条陈述后面写下"好的""坏的""中性的",来表明他们作为个体对 B 部分的每条陈述的感受。在 C 部分(情绪结果)中,团体成员写下简单的陈述,描述他们源于 B 部分自我对话的本能反应/情绪。

A、B、C 部分完成之后再写 D(a)部分。D(a)部分是对 A 部分的一个"摄像机式检查"。团体成员重新阅读 A 部分,然后询问自己:"如果我把我正在写下来的东西拍成电影,摄像机会验证我所写的是事实吗?"电影可能会记录事实,而无法记录个人的感受或想法。个人的感受与想法属于 B 部分。举一个将个人观点误以为是事实的案例:"当我想要提出一个严肃的观点时,凯伦嘲笑了我,好像我是个傻瓜。"在 D(a)部分中,团体成员通过只陈述真实的部分来纠正所有错误:"当凯伦开始嘲笑我说的话时,我尝试表达一个严肃的观点。"之后,个人观点部分应该被加到 B 部分(也就是,"凯伦让我看起来像个傻瓜")。

D(b)部分决定 B 部分中的自我对话是否理性。每条 B 部分的陈述应该被分别使用。团体成员先阅读 B-1,然后问自己是否在坚持理性思考。如果有以下一个或多个事实,那么他们就是不理性的:

1. **不符合事实**:比如,当一个人在与爱人断绝关系后感觉自己没有被人爱过,尽管许多亲密的朋友和亲人都爱这个人。

2. **威胁到生命**:比如,一个人用吸毒来逃避问题。

3. **使人无法实现短期和长期目标**：比如当一个人想要在大学里取得好成绩，却决定考试前出去参加社交活动而不是积极学习。

4. **给他人带来大麻烦**：比如当一个人受到侮辱时，向别人发起挑战。

5. **让人们感受到他的不良情绪。**

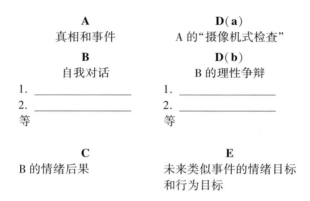

图 M1.1　理性自我分析（RSA）

如果自我对话陈述是理性的，团体成员应该仅仅写下"那是理性的"。反之，如果自我对话陈述是非理性的，团体成员应该考虑改变自我对话。这个新的自我对话陈述在改变不良情绪（与不良情绪相关的失常行为）上十分重要。新的自我对话需要是：(1) 理性的；(2) 团体成员愿意接受作为新观念的自我对话的陈述。简要记下 D(b)-1 中的自我对话，团体成员要考虑 B-2、B-3 等。

在 E 部分中，团体成员在未来类似的事件中想要的情绪应该被记录下来。在这些新情绪当中，团体成员应该记住他们必须遵守 D(b) 中所陈述的自我对话。这个部分可能包括对当他们遭遇事件 A 时，为了达到改变情绪的目的而做的特殊行动的描述。

为了实现理性自我分析，团体成员必须挑战他们对于理性争辩的消极和不理性的想法。通过努力，他们能够学会改变不良情绪，这是人们最重要的能力之一（一旦团体成员学会理性自我分析，他们就会在脑海里完成这一过程，而不必把它写出来）。

如果团体成员努力去克服消极和不理性的想法，将会改变他们的不良情绪。就像节食必然能减轻你的体重一样，这种方法必然能改变你的不良情绪。不过，需要通过努力和专注来使这种方法起作用。

 ## 理性自我分析案例：结束恋情挑战不良情绪

A. 事实和事件

A. 我和喜欢的一个人约会两个月了，我知道我们的关系有一点问题，但不知道出了什么问题，直到他最终告诉我，他和另外一名女生交往了两年，并且还一直见面。不过，他发誓他们两个将会很快结束这段关系，希望我再坚持一下。三个星期过去了，一天晚上我看见他们两个在聊天。当女孩走了之后，我走上去与他说话。他的态度很糟糕。我试图摆脱他，不过有些困难。之后我们开始聊到那个女孩，他说这段时间不能和她断绝关系，并且这段时间他与我不能再见面。接着，我开始对他大喊大叫，然后哭泣。

B. 自我对话

B1. 我讨厌他。（坏的）

B2. 我过去两个月真傻，受他欺骗。（坏的）

B3. 所有的男人都是蠢货。（坏的）

B4. 我不会再和任何人交往了。（坏的）

B5. 我很高兴我肯定了自己的立场。（好的）

B6. 我对他做了什么，他要这样对我？（坏的）

B7. 没有人爱我。（坏的）

B8. 我是失败的。（坏的）

D(a). A 的"摄像机式检查"

D(a). 所有这些都是事实

D(b). B 的理性争辩

1. 我并不真的讨厌他，他对我很好，我享受和他在一起的日子。

2. 我不应该感觉自己容易受骗，因为在他告诉我之前，我并不知道另一个女孩的事。

3. 男人并不都是蠢货。我有一个很好的男朋友。事实上，我真的不知道"蠢货"是什么样子的，我从未见过。

4. 我知道我会再恋爱的，因为我总是能在失恋之后找到一个新的男朋友。

5. 那是理性的。

6. 他告诉我并不是我造成了这件事，是他自己陷入了这个问题，并且他需要时间来解决。

7. 我不能这么说，我有很多亲密的朋友和亲人，而且我知道很多人都很喜欢我。

8. 我并不失败，我在大学里成绩很好，我的兼职做得也很好。

B9. 我不会再这样爱上一个人,我的生活被毁了。(坏的)	9. 我的生活并没有被毁,我实现了很多目标,世界上有无数优秀的男人,一定有很多人值得我去交往。多年前当我和另一个人分手时,我也这样告诉过自己,结果我后来和其他人相爱了。我需要更积极地思考事情。
B10. 这个男人只是利用我。(坏的)	10. 我们并没有利用对方。我甚至不太清楚"利用"的定义。我们享受和对方在一起的时间。他告诉我他对我有很多积极情感,他被迫在两个人之间作出选择,两个人他都觉得相处很开心。
B11. 我的生活结束了,我不会再快乐。(坏的)	11. 我的生活并没有结束。现在有很多积极的事情发生在我身上,有很多我喜欢做的事情。我有很多亲人、朋友,在我需要他们的时候,他们就会帮助我。
B12. 这真是太可怕了,这是我遭遇的最糟糕的一件事。(坏的)	12. 生活总有波折。把事情总往坏处想,夸大这次分手对我未来的影响是不对的。世界上有很多更可怕的遭遇,比如绝症。
C. 我的情绪 外在情绪是哭泣、大喊大叫。内在情绪是生气、伤心、失望、尴尬、失败和不被爱等。	E. 我的情绪和行为目标 改变我的不良情绪,我不再因为这次分手而生气、失望和伤心。另外,我会与他进行一场个人谈话,并为我的行为道歉。在我能够平静地面对我和他的分手之后,我会逐渐有兴趣再与其他人约会。

练习 M1.3 用理性自我分析改变不良情绪*

目标 本练习的目的是证明写下理性自我分析会帮助改变不良情绪。

1. 复习理性自我分析的内容。写下你最近经历的不良情绪的理性自我分析。

2. 你是否相信如果在消极和不理性的自我对话中应用理性争辩能够改变不良情绪?请说说你的观点。

---

* 本练习即《实践行为练习册》一书中的练习 M1.2。

改变痛苦的事情

改变不良情绪的第三个办法是改变痛苦的事情。世上有无数的痛苦：失业、失恋、挂科、遭遇车祸等。在一些事情中，有建设性的提议可以改变这些痛苦。比如，如果一个人被辞退了，他可以另找一份更好的工作。如果一个学生挂科了，老师可能会教他如何提高成绩。

并不是所有的痛苦都能被改变。比如，一位女士拥有一份她想要的工作，但是需要和她不喜欢的人共同承担，如果她不能改变别人的行为，唯一有建设性的意见就是咬紧牙关接受这个工作环境。不过，如果有可能改变痛苦，应该勇于尝试。当一个人改变一件痛苦的事情时，他会感觉良好并拥有一个对这件事更乐观的自我对话。

练习 M1.4　通过改变事情来改变不良情绪 *

目标　本练习的目的是证明改变那些痛苦事件可以改变你的不良情绪。

1. 描述你生活中的一段时光。你对某件事感到痛苦，于是心情很坏，然后你改变了那件事。比如，你可能拥有一份不舒服的工作或者你可能被人辱骂了，最终你解决了这件事情。

2. 改变那些令人不舒服的事情之后，你就消除了不良情绪。因为，你不再感到痛苦，而是拥有更加积极的、与建设性变革相关的自我对话。这种表述正确吗？请说说你的观点。

应对不良情绪的破坏性方式

有两种应对不良情绪的破坏性方式，不幸的是，有些人使用过这两种方式（我想说清楚，强烈劝告大家不要使用任何一种，这里介绍这两种方式仅仅是为了把应对不良情绪的方法列举全面）。其中一种方式就是通过酗酒、吸毒或者暴食等短暂地改变自己的情绪。当毒品带来的快乐消失以后，他们的问题和不良情绪依然存在，并且重复吸毒之后，人们会逐渐依赖毒品。有些人因为一些相同的原因（孤独、无聊和挫折）而喜欢暴食，吃东西把胃填满的过程带来的短暂快乐会减轻不良情绪

＊ 本练习即《实践行为练习册》一书中的练习 M1.3。

造成的紧张感,因此,这些人会变得肥胖或者患上贪食症。

另一种应对不良情绪的极端行为方式是自杀。自杀是应对不良情绪的最终的、最极端的方法。如果你知道有人想要自杀,你有法律权利和道德义务去接触这个人并提供专业的帮助——即使那个想自杀的人恳求你,不要告诉别人他有自杀倾向。

练习 M1.5　通过酗酒、吸毒、暴食改变不良情绪

目标　本练习的目的是证明可以通过酗酒、吸毒和暴食短暂地改变不良情绪。

1. 描述一个人,你曾听说,他因为一时的情绪失落而酗酒、吸毒、暴食。如果你没有听说过这样的人,那么描述一下在你自己的生活中曾经通过酗酒、抽烟或暴食的方式来缓解消极情绪的经历。

2. 你是否认为酗酒、吸毒、暴食只能短暂地缓解情绪? 请简要描述你对这个问题的看法。

■ 评估和改变功能失调行为

在下图中,我们将阐述自我对话不仅决定我们的情绪,也决定我们的行为。

总的来说,我们的行为主要是由我们的自我对话(认知)决定的。我们的想法决定我们的行动。为了更好地论证这一点,请仔细想一想上一次你做一些奇怪或不寻常的事情时,在做之前你对自己说了些什么(也就是你想了些什么)。

理性疗法坚持认为,任何功能失调行为(包括犯罪)的原因都可以通过检查罪犯在实施行为之前或期间告诉他自己的内容来确定。下面是一个有关认知如何导

致功能失调行为的案例。

认知	一个16岁少年看见一辆没有上锁的科尔维特跑车,心里想:"嘿,驾驶这样的车真是太酷了。我要接上启动导线,开车去溜一圈。"
↓	
行为	偷车犯罪

应该注意的是,每一种功能失调行为背后的认知在不同罪犯身上差异很大。举个例子,对于一个入室盗窃衣服的人来说,他可能的认知是这样的:"我穿上这件衬衫参加这周六的婚礼,一定会非常好看。我在这家商店里已经买过许多其他衣服,即使我没有支付这件衣服的钱,他们在我身上也已经赚了很多。"另一种可能的想法是:"我能否成功偷走这件衣服是一个挑战,我会在更衣室里穿上它,然后外面套上我自己的衬衣和外套,没有人会发现我穿着这件衣服走出去。由于我过去在这家店里已经买过很多东西了,我会像以前那样走出去。"或者认为:"我儿子真的需要这样一件正式衬衫。他没有一件像样的衣服,而我得到的社会补助金不多,没有能力帮孩子买一些他所需要的东西。我知道我儿子对穿破旧衣服感到非常尴尬,我只需要把这件衬衫藏在外套里面,然后走出去。"

对人的行为进行评估很大程度上是一个识别不良情绪或功能失调行为的认知过程。这个过程的阶段如下:

1. 尽可能地准确识别案主的消极情绪和功能失调行为。
2. 当案主有不良情绪和功能失调行为时,确定案主在这段时间内的认知或思维模式。识别这些认知或思维模式的主要方法有两种。一种方法是询问案主,当他有消极情绪和功能失调行为之前或期间,他在想什么。如果这种方法不起作用(因为案主可能拒绝透露他在想什么),就使用第二种方法。第二种方法是获取关于案主当时生活环境的信息。一旦确定了案主的生活环境,进行评估的专业人员需要将自己置身于案主的生活环境中,然后思考导致案主出现不良情绪和功能失调行为的认知类型。例如,如果案主是一位离家出走的16岁女孩,并且处于失业状态,我们就很容易(在某种程度上)识别出导致她堕落的认知类型。

思维过程决定功能失调行为和不良情绪这一原则的推论是,**为了改变功能失调行为或不良情绪,受影响的人必须改变其思维模式。**这些概念将在下面的案例中进行详细阐释。

我们的思维决定我们的行为和情绪

几年前,我曾向一个班级描述过这样一个概念:我们的思维很大程度上决定着我们的情绪和行为。一个男生主动透露了以下情况:

"你说的话很有道理,它的确适用于发生在我身上的事情。我和一个我非常喜欢的女孩合租在一起,我认为她要和我约会,不过,当我问她是否愿意与我谈恋爱时,她却说我是个妄想狂并拒绝了我。"

"后来,有一天,我走进小镇的一家酒吧,碰巧看见她在角落里与一个男人拥抱在一起。我告诉自己'她这是在愚弄我,他们俩都把我当傻瓜',这样的想法让我很生气。"

"我还告诉自己'我要把这件事情弄清楚,我要报复他们,我要打碎两个空啤酒瓶,然后去刺伤他俩'。我开始把吧台上的酒瓶打碎,直接走向他们。当我离他们不远时,他们仍然抱在一起,并没有发现我。我开始改变自己的想法,如果我打伤了他们,最终我会坐牢八年到十年,我觉得她不值得我这样做。有了这样的想法后,我扔掉手中的破酒瓶子走了出去,然后结束了这段感情。"

练习 M1.6 我们的思想决定我们的行为*

目标 本练习表明,我们的大多数行为是由我们的想法决定的。

1. 描述一件你做的很尴尬的事情。
2. 描述一下你想到了什么导致你做了那件尴尬的事情。
3. 你是否确定你所做出的任何行为没有受到自己思想的影响?如果"是"的话,请具体阐述一下这些行为。
4. 在刑事诉讼中,检察官应查明被告犯罪的动机。事实上,寻找动机不正是为了找出导致被告犯罪的思维模式吗?请解释你的观点。

---

* 本练习即《实践行为练习册》一书中的练习 M1.4。

5. 为了阻止某些人产生功能失调或异常行为，此人需要改变功能失调行为背后的思维模式。这句话是正确的吗？陈述你的观点。

6. 举个例子，当丈夫虐待妻子时，什么样的干预措施可以用来改变丈夫的虐待行为？

◼ 通过心理治疗真正引起心理变化的是什么？

以案主为中心的疗法、心理分析、理性疗法、女性主义干预、行为疗法、交换分析、现实疗法、催眠、冥想和危机干预都已经被用来治疗各种各样的情绪和行为问题。实际上，所有这些方法都被用来治疗各种各样的人，比如抑郁的、孤独的、有婚姻或其他人际关系问题的、患有恐惧症的、过分激进的、酗酒的或遭受悲伤、羞耻或内疚等负面情绪影响的，等等。每一种治疗方法在治疗技术和解释为什么会发生治疗改变方面都有很大的不同。然而，每一种方法都被不同的实践者使用，说明每一种方法都会导致积极的变化。

所有这些独特的心理治疗方法是如何给案主带来积极变化的？在治疗中，是什么导致了积极的变化？有没有一种单一的解释来描述由不同治疗方法所带来的变化？（这里的解释是由理性治疗师提出的，这个解释还没有被广泛接受）。

理性疗法认为，不良情绪和行为主要由我们的自我对话引起，而这种自我对话通常是消极的和不理性的。如果这种观点正确，那么我们就可以推导出这样一条重要结论：任何一种可以成功改变人们情绪和行为的治疗技术都是有效的，因为它将一个人消极的或不理性的自我对话改变为理性的、积极的自我对话。换句话说，对我们的情绪和行为产生积极影响的自我对话成为心理治疗的关键。

练习 M1.7　关键的治疗变革催化剂[*]

目标　本练习旨在让你去反思，关键的治疗变革催化剂——在任何心理治疗中都有效的，是否正在将案主的思维方式从不理性的、消极的情绪转变为理性的、积极的情绪。

---

[*] 本练习即《实践行为练习册》一书中的练习 M1.5。

1. 总结一下你对产生不良情绪的看法。
2. 总结一下你对产生功能失调行为的看法。
3. 如何改变不良情绪?
4. 如何有效地改变功能失调行为?
5. 对于大多数有效的心理治疗来说,你是否认为改变案主的最关键的心理治疗就是将案主消极的、不理性的自我对话转变为积极的、理性的自我对话?阐述一下你的看法。

在团体中使用理性疗法

理性疗法表明:学习如何理性思考(然后控制不良情绪和行为)是一个教育过程。案主可以学习如何通过多种方式来评价与改变不理性的自我对话。治疗学家的建议有:观看有关理性疗法的录像和电影,阅读相关的书籍和宣传册,参加有关理性疗法的交流会和研讨会。

在团体治疗中,首先,治疗师告知案主有关理性疗法的基本概念。其次,成员互相帮助来识别他们自己的不良情绪和行为,识别导致不良情绪和行为的消极的、不理性的自我对话。最后,发展更加合理和积极的思考过程来消除他们消极的、不理性的自我对话。成员也会在其他方面互相帮助来改变他们的不良情绪和行为。比如,通过参加一些有意义的活动来缓解痛苦带来的消极影响。理性疗法中的通常策略就是:让每一位成员针对他们想要改变的不良情绪或行为,写一份理性自我分析。在未来的团体会议中,成员将会分享和讨论这些理性自我分析。

总结

阿尔伯特·艾利斯是理性疗法的创始人。理性疗法认为,不良情绪和行为主要是由我们的想法引起的,而不是由行为活动引起的。改变不良情绪有三种积极的方法:(1)参加一项有意义的活动。(2)挑战自我,把自己消极的、不理性的自我对话改变为积极的、理性的自我对话。(3)改变令人痛苦的事情。

理性疗法认为,评估一个人的行为很大程度上就是分析一个人的潜在思维模式。无论使用何种治疗方法,治疗对案主产生的改变就在于把一个人、消极的不理性的思维方式转变为积极的、理性的思维方式。因此,理性疗法是对案主的认知和行为方式的治疗。

团体练习

练习 A　通过自我对话来改变不良情绪

目标　通过自我对话来改变不良情绪,认识到消极的、不理性的自我对话所产生的不良情绪可以被积极的、理性的自我对话所缓解。

注意　建议教师组织和指导本练习。因为本练习可能使学生产生强烈的情绪。学生不可以泄露私人信息。

第一步　让学生回忆最近一次他们感到绝望和生气是什么时候,然后想出是什么使他们绝望和生气。在黑板上分两列写下"生气"和"绝望",分别在它们下面写出三至四个回答。这个练习我已经做过很多次了,人们总会写下他们认为产生不良情绪的活动和经历。完成列表之后,指出这些活动不会产生情绪,是人们对这些活动的想法产生了不良情绪。

详细描述可能使学生生气或绝望的具体的自我对话是什么。比如,如果有人说:"我非常绝望,因为我男朋友在情人节没有给我送花。"她是不是对自己说了类似的话:"他真的不爱我,他甚至在情人节这一天没有想起我。这非常严重,非常可怕,我感到如此伤心。我在这段感情中付出这么多,但他似乎并没有考虑到我。"(猜想自我对话的内容也是可以的,可以要求学生在班级中交流他们对活动的想法。)在班级中总结自我对话的过程,阐述不良情绪是由我们行为的自我对话引起的。

第二步　询问学生,如果下面这件事情发生的话,自我对话可能会是什么——与你恋爱三年的人提出分手。把这件事情写在黑板上"事件"一栏下方。在黑板上列出学生提供的所有答案,作为 B 部分(如 B-1、B-2)。对于每一条自我对话,分别讨论这种情绪带来的结果。(比如,如果一个学生说"我不会再谈恋爱了",那么产生的结果就是沮丧和绝望。)在黑板上写下这些情绪结果,作为 C 部分(C-1、C-2)。

第三步　解释可以通过理性争辩而战胜消极的、不理性的情绪来改变所有的不良情绪。要求学生展开一场理性争辩,主要针对 B 部分列举的所有消极的、不理性的情绪进行争论。

练习 B　写一份理性自我分析

目标　演示如何写一份理性自我分析。

解释所有情绪大多由自我对话引起,可以通过发现不理性的情绪并转变为理性的情绪来消除不良情绪。发给学生一份关于理性分析的资料(本章中的案例很有作用),介绍如何写出一份理性自我分析。让班级中的每一个人写出他们曾经历过的不良情绪。最后,让同学们讨论写一份理性自我分析的优缺点。

练习 C　使用积极的言语

目标　提供另一种改变消极的、不理性的思维的方法。

第一步　有人认为写一份理性自我分析太浪费时间,又显得有点笨。一种替代方式是使用积极的言语,帮助你实现情绪和行为目标。同样,写下积极的言语可以帮助你识别自己没有意识到的消极的、不理性的思维。

第二步　每一个学生选择一个自己喜欢的并可以实现的情绪和行为目标。下面举一个例子:

"我相信我是一个值得交往的人。"

"我不会再对＿＿＿＿＿＿＿＿＿＿感到绝望了。"

"当＿＿＿＿＿＿＿＿＿＿发生的时候,我不会再感到生气和愤怒。"

"在两个月内我将减肥 15 磅。"

"我今天戒烟。"

"当我出去应酬的时候,我会把饮酒控制在两瓶以内。"

"我不会再为做＿＿＿＿＿＿＿＿＿＿而感到内疚。"

"我相信我是一个有魅力的人。"

"当＿＿＿＿＿＿＿＿＿＿发生时我会坚持自己的观点。"

第三步　让每一个学生在白纸上一遍又一遍写下一个积极的想法。当消极情绪出现在他们脑海时，就记录下来并且继续按照格式写下积极的想法：

积极想法	消极想法
在两个月内我将减肥15磅。	
在两个月内我将减肥15磅。	
在两个月内我将减肥15磅。	当我感到无聊、绝望、孤独的时候暴食。
在两个月内我将减肥15磅。	
在两个月内我将减肥15磅。	我不得不参加一个我讨厌的锻炼项目。
在两个月内我将减肥15磅。	我胖的一个原因是我在正餐之间吃了零食。
在两个月内我将减肥15磅。	我外出应酬时，要控制饮酒——啤酒使我变胖。
在两个月内我将减肥15磅。	我怀疑自己是否真的想作出所有这些改变，以减轻15磅体重。
在两个月内我将减肥15磅。	
在两个月内我将减肥15磅。	
在两个月内我将减肥15磅。	

第四步　允许学生写10—15分钟，然后询问是否有人愿意主动分享写的内容。让学生们讨论写下积极想法这种方式的优缺点。比如，写下积极想法的优点是让我们作好接受积极想法的准备。

练习D　评估与改变功能失调行为

目标　促进培养评估与改变功能失调行为的能力。

第一步　指导者需要指出，行为疗法表明，思维决定了行为。这种方法认为，根据罪犯在犯罪前或犯罪之时的想法就可以知道他产生反常行为或功能失调行为的原因。将学生分为四人一组。给每组一张写着功能失调行为的卡片。每组需要讨论这种功能失调行为所反映的情况。比如，卡片上所写的功能失调行为可以是：

1. 酗酒者
2. 虐待配偶者
3. 虐童者
4. 贪食症患者
5. 厌食症患者
6. 强奸犯
7. 强迫症赌徒
8. 盗用公款者
9. 通奸者
10. 纵火犯

第二步　每组尝试详细讨论分配到的功能失调行为的认知方式。在每组讨论具体的认知方式之后,指导每组具体分析哪一种干预方式可以最有效地改变罪犯的思维方式并预防其功能失调行为(干预的案例有:个人和团体治疗、支持团体、合法干预以及家庭治疗)。小组最后选出一个代表来总结认知方式和干预方法。

第三步 每组向全班具体描述功能失调行为的种类,然后发言者最后总结功能失调行为的认知方式和干预方式。在每组展示完之后,班级中其他学生可以指出这个小组忽略的认知和干预方式。

第四步 全班讨论通过理性疗法来干预的优缺点,讨论帮助案主摆脱功能失调行为的关键是用积极的、理性的认知方式改变消极的、不理性的认知方式。

练习 E 提高你的自我认知*

目标 提高自我认知。

第一步 指导者要求每个学生在白纸上写下希望自己拥有的好品质。

第二步 指导者要求每个学生写下不喜欢自己的地方。

第三步 指导者询问学生,当第二步中的事情发生时,学生如何通过积极的自我对话来改变这种糟糕的情形(第一步有可能列举了具有反抗精神的积极情绪)。

第四步 指导者解释消极的自我认知来自人们消极的、不理性的自我对话。应对消极的自我认知的一个方法是识别潜在的、消极的自我对话,用积极的思维来战胜这种消极的自我对话。

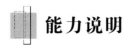

能力说明

EP 2.1.7. a 利用理论框架来指导评价、干预和评估的过程。

EP 2.1.10. a 可持续地、高效地为个体、家庭、团体、组织和社区行动作准备。理性疗法是分析、干预以及评估个人、家庭和团体干预的认知和行为途径。指导学生利用积极的活动理性的自我分析来改变不良情绪,认识到思维很大程度上决定了他们的行为。心理治疗最关键的部分是通过改变案主消极的、不理性的自我对话来改变案主的思维方式,学习提高自我认知。

---

* 本练习即《实践行为练习册》一书中的练习 M1.6。

模块 2：团体行为疗法

目标

行为疗法建立在学习理论的基础之上。本章描述三种学习过程，然后总结出相应的行为干预技巧。这些技巧被社会工作者运用在团体活动之中，主要包括自信训练、代币奖励、行为契约以及认知行为技术。

目前还没有人被认为是将行为方法运用到心理治疗的最大贡献者，不同的行为治疗师在理论和技术上差异都很大。这个治疗体系的主要理论假设是：不良行为主要通过学习获得，同时可以通过额外的学习来加以改变。

历史上，学习理论是行为理论的基础，即使这样，到底哪一种学习理论才是行为理论的核心仍然没有定论。许多人已经不同程度地研究关于人们学习的不同理论，巴甫洛夫（Pavlov）就是其中一个先驱，其他著名的学习理论家包括桑代克（Edward Thorndik）、格斯里（E. R. Guthie）、赫尔（C. L. Hull）、托尔曼（E. C. Tolman）和斯金纳（B. E. Skinner）。[1]

许多行为理论家由于发展以学习规律为基础的理论方式而获得了世界认可，包括阿尔伯蒂（R. E. Alberti）、埃蒙斯（M. L. Emmons）、班杜拉（A. Bandura）、斯金纳（B. E Skinner）、华生（J. B. Watson）、雷纳（R. Rayner）和约瑟夫·沃尔普（J. Wolpe）。[2]

尽管行为理论和技术多种多样,但是它们仍然有共同侧重点,其中一个是:不良行为(例如尿床)是需要改变的问题。这种方式与心理分析方式截然不同,因为心理分析通常认为问题行为仅仅是某些潜在、下意识原因的表象。心理分析师认为,必须认真对待潜在原因,以防止新问题的出现或旧问题的复发;而行为分析师认为,治疗问题行为不会导致现象的代替。

行为疗法的另一个共同侧重点是:治疗方法必须通过严格的实验进行检测和验证。这个侧重点要求将治疗目标用可测量的行为术语清晰表达出来。问题行为的裁定优先于治疗,这样是为了衡量治疗过程是否产生了想要的结果。

学习过程的类型

学习理论提出三种主要的学习过程,分别是:操作性条件反射、经典条件反射和模仿。下面简要描述这三种学习过程。

操作性条件反射(Operant Conditioning)

根据学习理论,人类的许多行为是由积极强化或消极强化所决定的。积极强化是指当你做出一种行为的时候可以刺激另一种行为的增加或增强。这类积极强化的常见实例有:食物、水、性、吸引力、爱和赞同。积极强化是无穷的,也是高度个体化的。表扬就是一种积极强化,但只有在保持或增加相关行为的时候,这种积极强化才有效(比如提高个人的写作技巧时)。

消极强化的同义词是"厌恶刺激"。消极强化(厌恶刺激)是一个人在有选择的情况下希望结束或避免的任何刺激。消极强化的常见实例有:反对、电击和批评。值得注意的是,相同的刺激——如闻到林堡干酪(Limburger cheese)的味道——对一些人来说是积极强化,而对另一些人来说却是消极强化。

关于积极强化和消极强化的四条学习准则是:

1. 如果积极强化(比如食物)施加在某人身上产生了反应,那么结果就是积极的,在有积极强化的情况下,给定行为重复的可能性就会增加。

2. 如果积极强化取消之后也引发了反应,那么结果就是惩罚。

3. 如果厌恶刺激(比如电击)施加在某人身上产生了反应,那么结果就是惩罚(因此可以看出,惩罚分为两种)。

4. 如果厌恶刺激取消之后也引发了反应,结果就是消极强化。在消极强化中,反应(行为)通过去除厌恶刺激而不断增加(比如在车里收紧安全带,来"切断"讨厌的喧闹声和恼人的汽笛声)。

总的来说,积极强化和消极强化都增加了行为产生,惩罚减少了行为产生。本模块提到的三种行为技术(自信训练、代币奖励和临时合同)将会用到操作性条件反射原理。操作性条件反射原理也适用于厌恶技术(当案主有不良行为时,利用电击来管理)。本章不会介绍厌恶技术,因为社会学家极少运用它。积极强化(奖励)要比惩罚更有效果,**惩罚往往适得其反,因为它会引起案主对治疗过程的敌意**。另外,惩罚只会产生短暂的效果,当案主意识到他不再被监督的时候,很有可能重新出现不良行为。

练习 M2.1　操作性条件反射

目标　本练习用来帮助你理解和运用操作性条件反射。
1. 描述你因为积极强化而增加自己行为的一个经历。
2. 描述你因为消极强化而减少自己行为的一个经历。

应答性条件反射(Respondent Conditioning)

应答性条件反射又被称为"经典条件反射"或"巴甫洛夫条件反射"。很多日常行为被认为是应答性行为——包括焦虑、害怕、恐惧等。应答性学习中的一个核心概念是配对(pairing)。也就是说,通过始终和不断地与其他行为或事件进行配对,就会得到学习。为了更好地解释应答性条件反射,我们界定下面的一些关键术语:

中性刺激(neutral stimulus,NS):刺激引起很少反应或者没有反应。

无条件刺激(unconditioned stimulus,UCS):引起非习得性或先天性反应的刺激。

非习得性或先天性反应(unlearned or innate response,UR):这种反应是天生的,例如吃食物时嘴里分泌唾液的反应。

条件反应(conditioned response,CR):学会的一种新反应。

条件刺激(conditioned stimulus,CS):最初的中性刺激通过与无条件刺激的配对,现在开始引起条件反应。

应答性学习认为,当中性刺激与无条件刺激进行配对时,中性刺激也开始引起反应,这种反应与无条件刺激引起的反应十分相似。新反应又被称为"条件反应",因为它是习得的;原初的中性刺激一旦开始引起反应,就会变成为条件刺激。因此,可能发生的事件就是,刚开始无论如何都不会引起恐惧(例如,在黑暗中),但当与确实引起恐惧的刺激(例如,关于黑暗中的恐怖故事)配对时就会开始引起恐惧。这个学习过程可以用下列模型表示:

1. 无条件刺激(关于黑暗中的恐怖故事)→ 引起非习得性或先天性反应(恐惧)

2. 中性刺激(在黑暗中)
   ↓
   (配对)
   无条件刺激→引起条件反应(恐惧)

3. 中性刺激变成条件刺激→引起条件反应(恐惧)

条件刺激→条件反应的配对可以被应答性消退(respondent extinction)或对抗性条件反射(counter conditioning)所打破。应答性消退是通过不断呈现条件刺激而没有进一步与无条件刺激配对。应答性消退逐渐减弱,最终消除了条件刺激→条件反应的配对。

对抗性条件反射基于的原理是:条件刺激→条件反应的配对可以通过使用新反应被打破,这种新反应要比旧反应更加强烈,更加不相容。例如,教导一个人面对特定刺激(在飞机飞行时眺望)学会放松(新反应)而不是变得焦虑(旧反应)。(教会这个人放松的方法之一就是指导他运用深度呼吸放松技巧。)

练习 M2.2　巴甫洛夫条件反射

目标　本练习用来帮助你理解和运用应答性条件反射。

描述你的一个经历,该行为是被应答性条件反射塑造形成的。

模仿(Modeling)

模仿指的是由于观察他人行为而导致的行为变化,也就是说,模仿是通过替代性经验或者效仿来学习。很多日常学习被认为是通过模仿进行的——使用真实模仿和符号模仿(例如电影)。模仿被用于行为矫正,来形成新的不属于个人习惯的行为,例如给年轻人示范如何挥舞棒球拍。模仿也被用于消除焦虑和恐惧。例如,在自信训练中使用模仿。在这种自信训练中,让胆小的人亲临模仿现场,让模型进行他所畏惧的活动,学习者不用经历任何消极后果,甚至会享受这个过程,通过这种方式减轻和消除他们的焦虑和恐惧。

练习 M2.3　模仿

目标　本练习用来帮助你理解和运用模仿的原则。
描述你通过模仿学习一个新行为的一段经历。

■ 行为疗法的理论

行为疗法的理论假设是,所有行为的发生都是对内部或外部刺激的反应。行为治疗师的第一任务是识别发生在案主身上的刺激—反应连接(S-R connection)。这一部分的治疗过程又被称为"行为分析"或"功能分析"。下面解释一下刺激—反应连接:若一个人非常恐高,受到飞机飞行的刺激(S)就会产生严重焦虑,并尽力避免这个刺激的反应(R)。

治疗师在进行行为分析之前或期间,会尝试对案主进行深入了解。在行为分析期间,治疗师努力确定与不良反应相关的刺激。通过这种分析,案主和治疗师共同理解问题及其形成的原因。这种深入了解尽管不能诊断问题,但非常有用,因为它能有助于缓解案主的焦虑,案主也不再为内心的某种神秘力量而感到内疚或不知所措。需要指出的是,这一诊疗阶段与假设的刺激—反应连接有关,并且通常该阶段会出现一些无效的治疗,而这一阶段的治疗将会聚焦于诊断刺激—反应连接,这种连接又参与维持案主的不良行为。

通过仔细分析现存问题的历史、发生过程、与其相关的当前经验,治疗师开始进行行为分析。在进行分析时,获得产生这种问题的具体的环境细节是十分有必要的。例如,如果案主在特定情境下害羞,确认让案主感到害羞的人际交往细节是十分重要的。另外,确定案主害羞的原因也是非常重要的:是因为案主不知道如何表达他自己的想法？还是因为案主具有特定的恐惧情绪？治疗师选择什么方案就依赖于这些具体信息。

如果案主不知道如何表达自己，可以使用角色扮演的模仿方法。另外，如果案主具有表达自己的潜能，但是这种潜能被压抑了，他们认为没有表达自己的权利，那么就可以使用重新塑造（reframing）的方法，改变他们的认知方式，以便他们意识到每个人都有权利表达自己的思想和情感。

行为分析的目标是确认产生这种不良行为的先前刺激（antecedent stimuli），一旦确认了这些连接，行为治疗师就会与案主讨论，帮助案主理解，获得案主在可能错误的连接上的反馈。然后，案主和治疗师对治疗目标达成共识，治疗师向案主介绍如何推进整个治疗过程。这就会让案主非常清楚自己在治疗过程中的角色。奥恩（Orne）和韦德（Wender）已经发现这种方法能够产生积极的效果，并且降低了退出率。[3]

查姆布莱斯（Chambless）和戈德斯坦（Goldstein）描述了行为分析的信息来源：

> 行为治疗师的行为分析是基于与案主交谈、与案主生活圈子中的其他人交谈获得的信息，或者通过案主的日记获得的信息。问卷和量表所得的数据也十分有用。如果治疗师和案主通过角色扮演重现那些案主提出的有困难的人际互动情境，那么治疗师就会更加明确案主出现的人际关系问题。当治疗师依然存在分析困难，在案主提出的有问题的情境中，现场观察案主的表现将会带来大量信息。显然，这种直接观察不太适合多次进行，可能会让案主感觉不太好，但是直接观察的确是非常有效的方法。[4]

接下来介绍社会工作者常用的行为治疗方法。这些技巧包括自信训练、代币奖励、行为契约、认知行为技术。

◼ 自信训练

自信训练是矫正不适应人际关系的行为中最常用的技巧，尤其在改变胆怯行为和攻击行为时特别有效。这一方法由沃尔普（Wolpe）首创，[5]然后被其他人进一步开发，包括阿尔伯蒂和埃蒙斯（Alberti and Emmons）、芬斯特海姆和贝尔（Fensterheim and Baer）。[6]

自信问题的范围跨度很大，从极度害羞、内向到会让别人避而远之的不恰当的发火。不自信的人经常是顺从的、胆怯的，害怕表达自己的真实情感。怨恨和焦虑的积累会导致全身不适、自卑、头疼、疲劳，也可能引起愤怒和攻击行为，甚至造成毁灭性的暴发。有些人在几乎所有的交往中都过分害羞和胆怯。大部分人一般在有利于自己的地方偶尔遭遇一些问题也是感到自信的。例如，一位年轻人作为店长在工作上非常成功、非常自信，但是，在社交情境下就表现得很笨拙。

不自信、攻击和自信的行为

与他人互动有三种基本方式——不自信、攻击、自信。阿尔伯蒂和埃蒙斯已经总结如下：

在不自信的互动方式里，你可能犹豫不决，轻言轻语，眼看别处，避开话题，不考虑自己的情感凡事都同意，不表达感情与观点，贬低自己，伤害自己从而避免伤害别人。

在攻击的互动方式里，你通常是在别人说话之前回答，说话声音大且有攻击性，瞪着别人，直言不讳地谈论问题（指责、怪罪和贬损），激烈地阐述自己的情感和观点，高估自己，伤害别人从而避免伤害自己。

在自信的互动方式里，你将会回答自如，用交谈的语气和音量说话，注视着别人，围绕话题讲话，公开表达自己的情感和观点（生气、喜欢、不同意、悲伤），平等地看待自己和他人，不伤害自己也不伤害别人。[7]

下面两个案例描述了两种典型情况下成功运用的自信回应。第一种情境发生在亲密程度低、与公司同事之间的自然情境中。第二种情境发生在夫妻之间关系比较亲密的社交情境中。指导者应该指出，正如有人向你借50元，你对朋友说"不"比对陌生人说"不"更难。处理亲密情境下的自信行为比处理陌生情境下的自信行为更难。

1. 你与公司同事一起开车去外地的城市开会。同事在车里抽烟，你很快受不了令人窒息的烟味。你选择如何做？

不自信的回应：在三个小时的车程里，你尽量继续愉快地与同事交谈而不去评论抽烟这件事。

攻击性回应：你变得越来越生气，最后发飙："要么你自己弄灭，要么我帮你弄灭——这烟味真让人恶心。"

自信的回应:你看着同事,用坚定、沟通的语气说:"我对烟味过敏,如果你能灭掉香烟,我将会非常感激。"

2. 在与朋友的聚会中,你的丈夫微妙地奚落了你——"妻子总是说得太多"。你该做什么?

不自信的回应:你什么都不说,但是感到很伤心并变得沉默。

攻击性的回应:你瞪着他生气地问:"约翰,你为什么总是批评我?"

自信的回应:当下你不作反应,等到开车回家的时候,冷静地看着他说:"在今天晚上的聚会中,你说了'妻子总是说太多'这句话,我觉得你说这句话的时候是在奚落我。你说出这样一句话,到底要表达什么意思?"

设计自信训练是引领一个人意识到、感觉到并且按照一个人有权利成为他自己并自由表达情感的理念来行动。自信回应一般不会是攻击性回应。这两种互动形式的区别是非常重要的。例如,如果一位女士有一个过分严厉苛刻的婆婆,该女士可能故意做出一些事情(比如,不去探望她,提供她不喜欢吃的食物,不打扫房间)使婆婆感到心烦,督促丈夫转告婆婆"闭嘴",或者与婆婆大吵一番。在反击批评时,成功的自信回应是这样的:"简,你的批评深深伤害了我,我知道你在提建议的时候都是想尽力帮助我,但是我感觉到你正在批评我,我知道你不想让我犯错误,但是对于成长来说,我需要自己犯错误并从错误中学习。如果你想帮我,就让我自己来做,我自己对后果负责。我想与你保持的亲密关系,是成年人朋友之间的关系,而不是'妈妈与孩子之间的关系'。"

团体自信训练

在对我们有利、本该自信的情况下,我们有时候却是不自信的。很多人在某些情况下总是显得咄咄逼人,而这种情况下表现出自信才更有意义。自信训练团体是一个学习更加自信的理想场所。因为他们允许成员通过与人互动来检测新培养的自信行为。自信训练团体也允许成员通过观察其他成员示范的有效自信回应来学习新的自信策略。下面将总结一种在团体情境下逐步促进自信训练计划的方法。[8]

检查团体互动:实施团体自信训练的第一步是让每个成员检查自己的互动。

攻击性行为、自信的行为、不自信的行为都是由团体领导者进行界定、提供示范案例,然后团体领导者让团体成员私下得出下面三个问题的答案。

1. 有没有这样的情境,你很想表现得更加自信?
2. 有没有这样的情境,你习惯性保留自己想表达的意见和情感?
3. 有没有这样的情境,你习惯性变得生气和想抨击别人,后面却会感到后悔。

选择改善领域:团体成员单独或私下选择如果他们更加自信才能得到更好结果的互动(上一个步骤确认的)。这些情境包括他们过分礼貌、过分抱歉、胆怯或者允许别人利用他们而自己心怀怨恨的感觉、生气、尴尬、恐惧、没勇气表达自己的自我批评。过分攻击性互动就是经常生气、发飙或者粗鲁地对待别人。克服了每一种不自信或攻击性的互动,团体成员都会在下一阶段变得自信。这时候应该向团体成员附带说明,成员不要求揭示他们习惯性表现出不自信或者攻击性的情境。

想象一件事情:让团体成员聚精会神地想象他们有互动问题的特定事情。提醒他们闭上双眼,想象这些细节,包括具体的交流和感情。作为这个想象过程的一部分,指导者暗示非语言交流与语言交流一样重要。然后指导者让成员私下得出下列问题的答案:

1. **目光交流**:"你用轻松、稳重的目光直接看着对方了吗?眼睛向下看或向外看都表明缺乏自信,瞪眼是攻击性的回应。"
2. **手势**:"你的手势合适吗?手势自然吗?轻松吗?可以有效地突出你的学识吗?手势笨拙僵硬表明你紧张,其他姿势,例如发火时握着拳头,则表明一种攻击性行为。"
3. **身体姿势**:"你是否通过面对着其他人、向前倾斜、昂起头、坐得或站得恰到好处等,显示你对信息的重视程度?"
4. **面部表情**:"你的面部表情是否表现出你对目标坚定和自信,这些与你的自信回应保持一致?"
5. **语音腔调**:"你回应是否用坚定的、沟通的口吻进行回应?大声喊叫表明你生气,轻声细语表明你害羞,而语速太快表明你紧张。"
6. **说话流畅性**:"您的发言是否流利、清晰、缓慢?说话太快或犹豫表明你紧张。"
7. **时机选择**:"你对问题的回应是否在合适的时间内进行陈述?一般自然地表达是最好的,但特定情境下应该晚一点进行。例如,挑战老板的错误说法应该在私下里进行,而不是在他当众发表演讲的时候。"

8. 信息内容:"你的哪句话是攻击性的,哪句话是自信的,哪句话又是不自信的?为什么你相信你的回应是不自信的或攻击性的?在这个情境下,你都是习惯性地进行不自信或攻击性回应吗?"

想象一个自信榜样:指导者让成员继续闭上双眼,然后说:"我们现在集中想一些自信方法运用到你的问题情境中。其中一个方法就是想象你认为自信的那个人如何应对这个情境。这个自信榜样说了什么?这个人在这个情境下如何在非言语方面表现出自信?"(停顿一会)

备选的自信方法:指导者继续询问成员,通过想象练习想出这种情境下的其他备选的自信方法。然后,成员想象着使用每一种方法。对于每一种方法,成员们应该想清楚一整套互动行为是什么,结果是什么。(指导者停下来,团体成员想象这些备选方法。)指导者让成员们选择方法,整合方法,每个人都相信自己在这个情境下做得最好。通过想象,成员们继续练习这种方法,直到他们感到很享受这个过程。

如果任何人通过想象来使用这一策略存在困难,指导者就会暗示结束这种想象训练,让一些人在这种情境下进行角色扮演也会非常有帮助。指导者继续让成员们通过想象练习他们选择的策略,直到他们认为自己的问题情境再次出现时,他们能够自由使用这些策略。指导者也要告知成员们,在现实情境中发生问题时,第一次尝试自信行为的时候要允许自己产生一些焦虑。另外,也要告知成员们,在现实情境中检验这种自信策略,应该通过下列问题反思这些策略的有效性:

1. 你的哪些回应是自信的?哪些是攻击性的?哪些是不自信的?
2. 你付出努力的结果是什么?
3. 在你尝试这些新一套互动之后,你的感受如何?

指导者解释,刚开始取得一些成功是正常的,但不要满足于最开始的这些努力。变得更加自信是一个长期的过程。同样,应该告知团体成员:"为你在变得更加自信的过程中所取得的更大进步,拍拍你自己的肩膀——这是你应该得到的表扬!变得更加自信是令人兴奋的经历。但是,你也要确认那些仍然需要改进的地方,然后通过上述步骤继续努力,从而让自己变得更加自信"。最后,告知成员睁开双眼,本练习结束。

角色扮演:领导者分发记录卡,并让成员匿名写下1—2个希望别人在教室里进行角色扮演的问题情境。记录卡收上来以后，指导者选择一个有趣的情境，让志愿者进行角色扮演。一般情况下，情境中有两个人，其中一个人的角色需要使用自信策略。在角色扮演之后，班级成员讨论哪些地方做得比较好，哪些地方还需要完善。再选择另一个情境，角色扮演的过程就这样继续下去。

自信榜样：角色扮演过几个情境之后，指导者总结一个人如何变得更加自信：

1. 确认你习惯性感到不自信或者有攻击性的问题情境。

2. 想象问题事件并确认你的非语言和语言沟通。

3. 形成这个情境下保持自信的备选方法。可以通过想象一个自信榜样如何行动来保持自信。

4. 选择自信策略并继续通过想象进行练习。

5. 角色扮演一种自信策略来获得自信，或者观看别人角色扮演这个策略。在观看别人之后，自己角色扮演这种策略。

6. 在真实的生活情境中，检验这些自信策略。

7. 分析你做得好的地方以及需要继续努力的地方，从而让自己变得更加自信。

一些评论：领导者可能想通过展示一部或多部有关自信训练的电影或录像来补充以前的资料。如果一个团体成员依然害怕尝试自信行为，那么他应该重复模仿、想象和角色扮演的步骤。对那些无法形成必要的自信心来尝试自信训练的少数人，建议他们去寻求专业的私人咨询。

指导者应该说明，在所有的情境下都寻求自信是错误的，有一些情境下你最好不自信。比如，两个强壮的肌肉男正在打架，一个瘦弱的人自信地去干涉，这可能就是一个错误。也有一些情境下，你最好具有攻击性。例如，如果你看到有人正在被性侵，这时候进行攻击性干预来阻止这一犯罪就会非常有帮助。

自信训练的技术形式相对来讲很容易掌握。然而，当真实的生活情境发生时，还是需要通过相当多的技巧（常识和独创性）来决定什么才是有效的自信策略。能够充分自信地表达自己所获得的喜悦和自豪感，是其他事情无法比拟的。

练习 M2.4　变得自信*

目标　该练习是为了帮助你理解和运用自信训练的原则。

1. 描述你通常不自信却又想变得自信的一种行为。
2. 回顾一下自信训练资料,想象你自己在这个情境下能够变得自信。描述你将会说什么,你会使用非语言行为来沟通什么。
3. 描述一种你通常会表现出攻击性却又想变得自信的一情境。
4. 想象你自己在这个情境下能够变得自信。描述你将会说什么,你会使用非语言行为来沟通什么。
5. 当这些问题情境再次发生时,你是否能够尽力表现出自信?

◼ 代币奖励

代币是象征性的强化,比如扑克筹码或者计分牌上的积分。这些筹码和积分后期可以用来交换直接强化形式的物品,如糖果或者增加的特权(例如,允许团体之家的青少年去看电影)。这里涉及交换制度,精确指定了代币能够交换什么,要用多少代币才能获得特定项目或特权,也指定了能够赢取代币的目标行为(如上学或整理床铺)和要求获得特定数量代币的反应速率。例如,在青少年团体,每天都去上学,两周就会得到 10 个代币,这 10 个代币可以交换参加一次体育比赛。

代币奖励(Token Economies,又称"代币经济"——译者注)已经成功地运用在各种各样的制度环境中,包括精神病院、少年犯学校、情绪问题学生的班级、认知障碍学校、身体或认知障碍者康复中心、青少年团体之家。还有更多证据证明了代币经济比其他大多数行为技巧都有效。[9]代币经济可被用于各种行为,促使出现有效的积极改变,包括个人卫生、社会交往、考勤和绩效、学业成绩、做家务和个人外表。有时候,案主不仅仅为期望的行为赚取代币,也为不期望的行为丢失代币(例如,煽动打架)。

建立有效的代币奖励比看起来要难得多。普罗查斯卡(Prochaska)总结了在建立代币奖励中需要注意的一些重要因素:

---

* 本练习即《实践行为练习册》一书中的练习 M2.1。

比较重要的考虑因素包括工作者的合作和协调，因为工作者在向案主提供反馈时比在非偶然体系里能够更加善于观察和保持系统化。建立代币奖励的很多尝试已经失败了，因为工作者在指导案主行为时并没有充分地进行合作。有效的代币奖励必须充分控制强化因素。因为如果案主能够通过从家里拿钱获得强化或从不配合的团体成员那里讨要一支烟，那么代币的经济效果就没了。为了避免工作者和案主之间的冲突，工作者必须按照需要改变的特定行为清楚界定问题。例如，改善个人卫生对个体来说就过于宽泛，无法解释。案主可能坚持说已经改善了自己的个人卫生，尽管工作者一般不认可。因此，如果界定个人卫生为手指甲干净、没有体臭、清洗内衣等这样清晰的规则就可以了。解决问题行为时积极采取备选方案的具体行为是非常重要的，工作者教会案主自己采取积极行动，而不是仅仅依赖于团体。代币奖励更持久、更有效在于可以让案主逐步放弃问题行为，更好地建立起来更多的适应性反应。很明显，外部世界不会根据体制的内部经济来运行，重要的是，案主需要作好向更大规模的社会转型的准备。联合使用更丰富的社会强化与代币强化有助于使案主逐步从这些代币中退出来，以致积极行为可以通过奖励或认可维持下来，而不再使用代币来维持。同样，鼓励案主强化自己，比如通过学习为他们的外表而自豪，是退出代币的重要一步。一些机构使用过渡病房，在这里案主从代币奖励走出来，学会通过更多自发的偶然事件（例如，相同病症患者的表扬）来维持适应性行为。在这种过渡情形下，需要的时候就可以获得备选的强化。但是，它们的使用比在代币经济中要节约得多。若没有代币的退出，代币奖励就仅仅成了医院的管理程序，虽然能使病人的护理更有效，但却不能使病人很好地生活在更大的社会环境中。[10]

练习 M2.5　代币奖励

目标　本练习是为了帮助你理解代币奖励。

1. 描述你参与的代币奖励。可能是一位老师在教室里使用的代币奖励，也可能是一种制度，比如你的父母通过支付金钱让你帮他们做事情。
2. 你参与的代币奖励有哪些优缺点？

◆ 行为契约

与代币奖励密切相关的就是行为契约。行为契约提供给案主一系列掌控改变过程的规则。契约可以是单方面的,也就是案主与自己订立的契约。例如,有体重问题的人限制自己每天的热量摄入,如果在限度内就获得奖励。契约也可以是双边的,并且指定双方的义务和相互强化。

专业人员发现与案主订立契约是非常有用的事情。在一对一或者团体情境下与案主订立契约有很多好处。对案主来说,这些契约可以作为指南指导他们采取改善问题情境的行动。契约也往往具有激励作用,因为当人们按照契约作出承诺时,他们通常会感到有道德义务来完成他们的承诺。另外,回顾这些契约的承诺是否完成,也是咨询师和案主用来衡量过程的一种方法。如果案主的承诺完成了,就会发生积极的变革。如果案主的承诺没有完成,就表明不会发生积极的变革。

社会工作实践中的契约规定要完成的目标和需要实现的任务,规定具体任务完成的时间节点,并确定成功完成这些任务的奖励和没有成功完成任务的后果。因此,契约就是社会工作者与一个或多个案主共同努力实现特定结果的协议。签订一份具体明确的契约与案主实现积极的结果密切相关。[11]

就其框架格式来说,契约应该包括以下几部分:

1. 实现的目标(按优先顺序排列)。
2. 案主和社会工作者要完成的任务(这些任务必须与要实现的目标直接相关,这样完成了任务就是顺利达到目标)。
3. 完成任务的时间期限。
4. 指导完成任务的过程与方式。
5. 如果实现目标,案主获得奖励。
6. 如果没实现目标,案主承担不利后果。

一些社会工作者更喜欢书面契约,也有一些社会工作者更喜欢口头契约。书面契约具有强调工作者和案主双方都作出承诺这一优势,同时也把发生误解的风险最小化。口头契约也有好处,案主倾向于认为口头契约比书面契约更宽松。书面契约与口头契约的有效性比较研究表明,口头契约与书面契约在成功实现目标方面一样有效。[12]如果工作者选择使用口头契约,也应该在记录本上记录契约的必要要素便于以后参照。

对案主和社会工作者来说，签订有效契约的最困难要素是形成目标。目标规定了案主希望实现的那些需求、欲望和问题，这应该与案主面对的需求、欲望和问题直接相关。目标主要为下列重要功能服务：

1. 确保工作者和案主针对要实现的目标达成共识。
2. 为帮助过程提供方向，从而减少错误。
3. 指导选择合适任务（和干预），集中完成目标。
4. 作为评价任务（和干预）完成程度的结果标准。

当设定目标时，下面是一些有用的指南：

1. **目标必须与案主寻求和期望的最终结果相关**：案主必须相信实现这些目标能够提升自己的生活。因此，工作者需要让案主完全参与到选择和制定目标的过程之中。

2. **目标应该以具体的可衡量的术语陈述**：模糊目标（如案主希望提升情绪的控制力）不够具体，经常导致案主在接受帮助过程中"漂移不定"。具体目标（如当发生冲突时，案主可以自信地而不是带有攻击性地对母亲表达生气的情绪）是非常清晰明确的。另外，具体目标可以衡量，而模糊目标无法衡量。案主的母亲（和其他人）在特定的一段时期，可以监测案主自信地表达生气相较于带有攻击性地表达生气的次数。案主往往模糊地界定目标，因此对工作者来说，帮助案主制定具体的、可以衡量的目标，是非常重要的事情。

3. **目标应该是灵活的**：无法实现的目标必然导致案主失败，还会导致案主感到失望、幻灭和挫败。选择案主能够实现的目标是非常重要的。对那些经常好高骛远的案主来说，工作者帮助他们（有技巧地）降低期望，制定能够实现的目标，是非常重要的。

当与案主制定灵活的目标时，工作者应该只同意协助案主实现工作者具备的技能和知识领域内的目标。如果目标超出工作者的能力范围，工作者有义务把案主转介到更加合适的社区资源中去。

一旦案主确定了自己的目标，沟通目标的最后一个步骤就是分配目标的优先程度。这一步骤的目的是确保最初的改变努力指向案主最重要的目标。第十二章介绍的案例阐明了行为契约的制定。

练习 M2.6　耦合契约(Contingency Contracting)*

目标　本练习帮助你理解和运用耦合契约(它是行为契约的一种)。

1. 识别你想要改变的行为(如戒烟,改掉拖延习惯或外出只喝两杯酒)。
2. 陈述你的目标。
3. 明确你需要完成什么任务来实现目标。
4. 陈述你完成任务的时间表。
5. 明确指出自己完成任务、目标的方法。
6. 明确当你实现目标时,你会如何奖励自己。
7. 明确当你的行为与你的目标不一致时你会做什么(比如捐赠5美元给慈善机构)。

◼ 认知行为技术

在过去的20年中,行为疗法的一个主流趋势是认识到认知(思维过程)在人类行为中的作用。根据认知治疗师如埃利斯(Ellis)和贝克(Beck)的观察,认知行为治疗师已经接受了这样的观点:改变一个人的思想常常会改变一个人的情感和行为。[13]

传统的行为治疗模式是从刺激(S)到反应(R),认知行为治疗加入了新的步骤:

$$刺激(S) \rightarrow 机体认知(O) \rightarrow 反应(R)^{14}$$

为改变认知而开发的技术如下:思维阻断和心理暗示、转移技术、重新塑造。

思维阻断(Thought Stopping)和心理暗示(Covert Assertion)

一些案主使用思维阻断技术,处理的主要问题包括对那些不太可能发生的事件(比如,担心两周后自己计划乘坐的飞机会坠毁,或者担心自己患上精神病)的强迫性思考和焦虑。

在思维阻断技术中,首先要求案主集中自己的注意力并表达出那些具有强迫性焦虑的思维。当案主开始表达那些思维的时候,治疗师突然大声地喊"停止"。

---

* 本练习即《实践行为练习册》一书中的练习 M2.2。

这个过程要重复好几次,直到案主报告说这些思维被成功打断。然后,干预思维的责任就转移到了案主的身上,每当案主想起那些带来麻烦的思维时就要大声喊出"停止"。一旦这种喊声有效地阻止了那些思维,案主就要开始练习无声地阻止那些思维。

里姆(Rimm)和马斯特(Maseter)又用心理暗示补充了思维阻断技术。[15]除了通过说"停止"打断强迫性认知,我们鼓励案主作出一种积极的、自信的陈述,这种陈述与强迫性思维的内容是不相容的。例如:对于担心自己患有精神病(这种想法毫无根据)的案主,在通过说"停止"来打断强迫性思维时,可以鼓励案主增加一些心理暗示,比如"我绝对是正常的"。

马奥尼(Mahoney)成功使用"思维阻断"和"心理暗示"作为对体重超重者的综合治疗项目的重要技术。[16]马奥尼首次引导案主发现这种意识,如:"我根本没有毅力,我肯定还可以再吃一些草莓圣代"。然后,训练这位案主使用"思维阻断"和"心理暗示"来与这种思想做斗争。

练习 M2.7　运用思维阻断和心理暗示*

目标　本练习旨在示范如何应用思维阻断和心理暗示。

1. 这也许听起来很奇怪,但请你开始对当前生活中遇到的问题大发雷霆,并且将这种状态持续5分钟。

2. 5分钟之后对自己喊"停止"(无论大声或无声)。同时想一些积极的、自信的观点,这个观点与你之前的思维不相容。每当你对自己遇到的问题大发雷霆时,喊一声"停止",同时使用心理暗示。

3. 明确你在什么方面很糟糕。

4. 明确你使用的心理暗示。

5. 明确思维阻断和心理暗示这种方法对你是否有效。

6. 如果这种技术对你不是那么有效,指出为什么你认为它对你不是那么有效。

---

* 本练习即《实践行为练习册》一书中的练习 M2.3。

转移技术(Diversion Techniques)

一些案主使用转移技术处理那些强烈的不良情绪,主要包括孤独、痛苦、压力、挫折、愤怒等。正如上文提到的,不良情绪最初来自消极的和不理性的想法。通过参与体育活动、工作、社交活动和游戏,这些案主通常将那些消极的认知转向那些与他们参与的不同活动相关的认知。一旦他们把注意力集中在他们感到有意义和愉快的各种活动上,就会体验更多愉悦的情感。

在理性疗法(见模块1)和理性行为治疗中都使用了转移技术,理性疗法与认知行为疗法密切相关。事实上,理性疗法有时被归类为认知行为疗法。

练习 M2.8 运用转移技术

目标 本练习旨在说明大多数人可以通过转移技术改变不良情绪。

1. 思考一些你过去感到恼火的情境,然后用转移技术停止这种行为,并且改变了这种不良情绪(如可能对有人要和你分手感到恼火)。
2. 描述你为什么恼火,同时指明你产生了哪些不良情绪。
3. 描述你使用的转移技术。
4. 描述你使用转移技术的结果。
5. 当你下次感到恼火时,你愿意尝试转移技术吗?

重新塑造(Reframing)

重新塑造是指帮助案主改变那些导致不良情绪和功能失调行为的认知。正如下文所描述的,有许多需要重新塑造的认知。

重新塑造的第一个重点在于积极思维。当不愉快的事情发生时(如考试成绩比预期低),我们可以选择积极思维或消极思维来面对。一方面,如果我们采取积极思维,专注于解决问题,我们会倾向于明确目标并开始行动。另一方面,如果我们采取消极思维,就会产生不良情绪(压力或挫折),并且不能专注于解决问题。一个人拥有消极思维,就不会做任何有建设性的事情,甚至可能出现破坏行为。

当案主采取消极思维时,治疗师可以使用"重新塑造"帮助案主意识到他正在消极地思考。这时候,告诉案主消极思维和积极思维往往都是自我实现的预言是很有帮助的,然后,要求案主说出当时情境下的一些积极方面,治疗师尽力帮助案主更积极地思考(如果案主想不到任何的积极方面,治疗师要提醒他一些)。当消极的思维出现时,鼓励案主自己大声说"停止",转而专注于对积极方面的自我对话。

一些人以消极思维面对大多数事情,对这样的人来说,通过积极思维进行重新塑造会更加困难,也会更加耗费时间。然而,如果他们成功地学会了积极思维,那他们将会有极大的收获。

重新塑造的第二个重点与"怨恨"的不理性观念密切相关。当痛苦的事情发生时,我们大多数人倾向于感到"怨恨",过分夸大消极因素。想想看,当你的恋人与你分手时或者当你收到停车或超速罚单时,你的反应如何?你是不是感到"怨恨",并且感到愤怒、伤心或沮丧呢?当我们感到"怨恨"时,我们的注意力集中在消极的方面,而没有办法采取建设性行动来改善现状。当案主感到"怨恨"的时候,治疗师往往通过简单地询问"我想知道你是否感到怨恨",来帮助他认清这种思考的过程。然后,治疗师可以帮助他,正如材料中所说,以积极的思维重新塑造,建议他培养更加积极的、更有利于解决问题的认知方式。

重新塑造的第三个重点涉及"去灾难化"(decatastvophizing)。[17]在案主担心自己预期的可怕事件一定会发生时会使用"去灾难化",也就是要不断地问案主在预期的、不愿意的事件发生时应该"怎么办"。以下是治疗师与一位21岁青年的对话,他害怕在课堂上表达自己的感受和想法:

治疗师:如果你在班级中表达自己的观点,你觉得会有什么事情发生?

案主:我的声音会发颤,他们会嘲笑我。

治疗师:你的声音不太可能发颤,即使如此,学生们也不会嘲笑你的。这真的比你感到生气、感到挫折、不分享你的观点还糟糕吗?

案主:我不知道。

治疗师:当你在课堂上问问题,究竟是口吃、耸肩好,还是声音发颤好?

案主:我听你的。

治疗师:如果你在课堂上表达自己,会出现什么其他消极后果?

案主:我想不出来了。

治疗师:如果你在课堂上表达自己的观点,会出现什么积极的后果?

案主:我有可能在班级里更开朗,并且感觉更舒服。这些就够了。我还可以使我的观点更明晰。我会监督自己,每周在课堂上至少发言一次。

灾难化的人往往夸大预期的可怕后果。去灾难化的目的是向案主证明，即使出现了令人担忧的后果(极少有可能出现)，这些后果也没有人们担心的那么严重。

重新塑造的第四个重点是帮助案主区分积极的意图和消极的行为，从而使积极的意图又与另一个积极的行为联系起来。家长打孩子，这种行为中有帮助孩子成长的积极意图，但当家长感觉压力大、孩子行为不端的时候，家长会忽略还有比打孩子更有建设性的其他选择。治疗师可以帮助家长重新塑造他们的思维，这样当孩子行为不端的时候，家长可以把自己的思维过程集中在其他反应上。例如，有压力的人可以要求配偶处理孩子的不当行为或惩罚孩子，自己去休息一下。下面列举了此类重新塑造的示例。

案例：重新塑造导致功能失调行为的认知

一名28岁的女士前来接受治疗，原因是她希望自己的丈夫少喝点酒。她说，一周内有一到两个晚上，她的丈夫会在回家路上顺道停在酒吧，和其他建筑工友一起喝酒，经常两三个小时后才回家，而且到家时整个人是醉醺醺的。然后她就会谴责丈夫晚归、将仅有的钱花在酗酒上、与他的愚蠢交流毁了自己的美好夜晚。她的丈夫通常以语言辱骂、恶意中伤妻子等方式进行反击。这位女士还认为，自己与丈夫的婚姻生活一般只有在丈夫酗酒时才会出现问题。她声明，她的丈夫否认自己酗酒，还拒绝与她一起接受咨询。咨询顾问重新塑造了这位女士在下列行为方式中的积极目的：

你的陈述反映了你与你丈夫相处得十分融洽，除了他醉酒时。你当然希望在他酒醉回家时制造出最好的情境，直到现在你依旧希望如此，所以才会对他喝酒的事作出语言上的回应。在这时，他或许感觉需要为自己辩护，因而大发脾气。既然你希望避免在他酒醉时的激烈争吵，我觉得你是不是可以作出其他选择，例如自己出门走走，逛街购物，或者当他喝醉时，你可以去拜访别人。

这位女士沉思了一会儿，然后断定这些建议行得通。一个月后，咨询顾问与这位女士进行了第二次见面。她反映，当丈夫酒醉回家时，自己离开几个小时的策略非常有效。因为她意识到,自己没有能力阻止丈夫喝酒,自己最好的选择,是减少丈夫喝酒制造的麻烦。

重新塑造的第五个重点是重新定义。这是为那些认为问题超出他们个人控制范围的案主而使用的。[18]例如:一个相信"生活是无聊的"的人可能被鼓励去想:"我感到无聊的原因是我没有特殊的兴趣爱好,并且我不会开展活动。生活不是无聊的,而是我的思维过程让我感到无聊。我要做的是参与我喜欢的活动,并开始与我喜欢的人互动。"重新定义是由治疗师完成的,首先要证明情绪(如感到无聊主要源自我对话,参见模块1)。其次,治疗师要证明,如果客户思考得更积极、更现实,他会感觉更好。最后,案主和治疗师共同确定自己的认知思维模式,使自己相信问题超出了个人控制范围。他们识别出新的认知,案主可以作出承诺,用来对抗(实际上)导致不良情绪和无效行为的认知方式。

重新塑造的第六个重点是"去中心化"。被焦虑所困扰的案主往往错误地认为他们是每个人关注的焦点。[19]去中心化让这些案主观察别人的行为而不是关注自己的焦虑。这样,他们就会意识到自己并不是别人关注的焦点。Beck(贝克)和Weishaar(魏沙尔)举了下面的例子:

> 一个不愿意在班级中发言的学生认为他的同学们一直观察他并注意他的焦虑。通过观察同学们而不是关注自己的不安,他看见一些同学在记笔记,一些同学在注视着教授,还有一些同学在发呆。他由此得出结论:同学们并没有关注他,他们还有其他想法。[20]

练习 M2.9　应用重新塑造

目标　本练习旨在帮助你理解和应用重新塑造。

1. 具体说明你当前(或偶尔)经历的不良情绪,或者有时你的失常行为。
2. 具体说明导致你的不良情绪或失常行为的认知。
3. 具体说明对于这些认知的"重新塑造"。
4. 当你在未来拥有不良情绪或出现失常行为时,你是否认为集中注意力在"重新塑造"上会有用? 阐述你的观点。

总结

行为疗法建立在学习理论的基础上。主要的学习过程(假设为学习理论)有三种:操作性条件反射、经典条件反射和模仿。

一些社会工作者广泛使用的行为治疗技术就是行为疗法。这些技术包括自信训练、代币奖励、行为契约和认知行为技术。认知行为技术包括思维阻断和心理暗示、转移技术和重新塑造。

团体练习

练习A 角色扮演自信行为

目标 提供培养自信的练习。

指导者问学生们希望在班级的角色扮演中看到哪种有关自信的情境。若有提议,志愿者进行角色扮演;若无提议,志愿者扮演下面一些情境:

1. 要求一旁吸烟的男士灭掉香烟。

2. 让别人把嘈杂的音响声音调低。

3. 提出约会或拒绝约会。

4. 告诉你的家人,希望他们平等地对待你,别把你当成小孩,有事情要跟你沟通。

5. 拒绝他人向你借东西的请求(拒绝者首先确认自己不愿意借出的东西)。

6. 你是一名女性,而此时有一名男性正在发表性别歧视的言论。请你自信地要求他停止这一行为。

另一个方法是让团体成员写下(匿名写在卡片上)他们希望班级中的其他人角色扮演的一种情境。成员要把他们的卡片放置在一个瓶子中,在此过程中同样要保持匿名。

每一种情境都被扮演之后,全班讨论这些方法的优势和其他可行的方法。

练习B　给予和接受赞美

目标　学会自信地给予和接受赞美。

第一步　指导者首先陈述下面的内容：

本练习的目标是学会如何自信地给予和接受赞美。我们都想得到别人的赞美，并且当我们真正得到这些赞美时，会非常感激。然而，当我们受到别人的赞美时，经常会说一些不鼓励别人继续赞美我们的话。例如，有人赞美你说："你穿的毛衣真好看。"你可能会说："哦，是真的吗？我已经穿了好几年了，我真的不喜欢它。"或者你可能会打消别人继续赞美你的积极性，说出类似这样的话："它穿在我身上当然好看，我穿什么都好看。"现在，我想让你们先告诉我另外一些人说的消极的话，这些消极的话会使赞美者不愿意继续赞美别人。

把这些消极的话写在黑板上，然后进行讨论。

第二步　指导者陈述下面的内容：

虽然人们经常寻求他人的积极赞美和认可，但他们经常不会给予别人赞美。有时候，赞美并不是以一种积极的方式表达出来的。比如，"许多人可能不喜欢你穿的这件外套，但是我很喜欢它。"现在，作为本练习的第二步，我想听一听你们曾听到的话——本来是赞美的意思，却听起来很挑剔。

然后，指导者把这些话写在黑板上，进行课堂讨论。

第三步　如果班级成员彼此不认识，就用席卡标记学生姓名。指导者陈述下面的内容：

现在，我们开始练习如何给予和接受真诚和自信的赞美。我先赞美班级中的某个同学，这个同学需要自信地接受我的赞美，并说类似下面这样的话，"哦，谢谢你，我真的非常感谢你这么说"。一位同学接受并感谢了上一位同学的赞美之后，要对下一位同学给予赞美，也就是说，谁接受并感谢了赞美，就要赞美另外一个人。我们要持续这样做下去，直到我说"停止"。

第四步　完成第三步之后，全班讨论如何以积极的方式来给予和接受赞美。

练习 C　有建设性地表达愤怒*

目标　学会如何有建设性地表达愤怒。

第一步　指导者陈述下面的内容：

我们中的任何人都被这样教育：生气是不好的，我们不应该表达愤怒。确实，暴力和攻击性地表达愤怒通常都是危险和破坏性的。然而，生气并不是坏事。我们所有人都会生气，生气是人类正常的一种情绪。我们有权利生气，但不幸的是，有些人告诉我们不应该生气。你有多少次被家人、老师或权威人物告知不要生气？其他人也会尽力说服我们：无论在什么时候，我们都不应该生气。但是，即使我们试图去服从，无法表达的愤怒情绪仍然会存在。当愤怒的情绪没有以自信的方式表达出来，它们往往会以破坏性的方式错误地表达出来。将愤怒转向内心会导致抑郁，没有将愤怒表达出来会令你感到焦虑。同样，它会令你感到内疚（当我们错误地认为自己不应该生气时，我们会为自己生气而惩罚自己）。还有些人通过自我毁灭性的暴饮暴食表达他们的愤怒情绪。所以，我们的问题不应该是"生气是否可以接受"，我们的问题应该是"如何有建设性地表达愤怒"。

第二步　指导者阐明可以通过一些有建设性的方法来表达愤怒。方法如下：

1. 对你的愤怒情绪负责：承认你在生气，只有你自己可以让自己生气，不要把自己生气怪罪于其他人。记住，你有权拥有自己的情绪，包括生气。

2. 在你生气时，表达你的愤怒情绪，这样你就不会被"烦恼"折磨。如果你推迟表达愤怒，你的怨恨将会积累，直到它爆发出来。

3. 自信地表达你的愤怒情绪，这样就不会有人在这一过程中受伤。尽量使用"我—信息"方式，可以非责备性地传达你的情感。例如，"你发表类似这样的评论，我生气是因为我觉得你没有尊重我"。以非责备性的方式表达愤怒不会让对方处于防御状态，反而给对方一个机会来理解你愤怒的原因，并且给对方一个机会主动改变那些他现在意识到的让你生气的行为（"我—信息"在第五章有详细描述）。

4. 尝试以非破坏性的方式表达愤怒。比如做这样的活动：跑步、打拳击、扔枕头或者撕纸，特别是当你的愤怒十分强烈，你感觉将要爆发时。

---

*　本练习即《实践行为练习册》一书中的练习 M2.4。

5. 写下理性的自我分析。分析自己理性和非理性的自我对话(见模块1)。

第三步 指导者要求每个学生把下面三个问题的答案写在纸上:

1. 三件让我生气的事情。
2. 当我生气时,我经常怎样表达愤怒?
3. 为了更有建设性地表达愤怒,我可以做什么事情?

留给同学5—10分钟书面回答这些问题。

第四步 把班级分成若干个小组(每组三个人),在小组内分享他们写的内容并且接受他们如何更加有建设性地表达愤怒的建议。如果有人不愿意分享自己写的内容,也是可以接受的。

第五步 同学们分享表达愤怒的一些有建设性的方法,并且讨论他们从本练习中学到或发现了什么。

练习D　确认和接受个人权利

目标 学会确认和接受个人权利。

第一步 指导者陈述下面的内容:

通常,人们并不自信,因为他们不清楚自己拥有什么权利,别人拥有什么权利。个人所享有的基本人际权利是:个人有权利表达他们的信仰、观点、需求和情感,并按照这些采取行动,只要他们不侵犯他人的权利。例如,我们有权利在这里表达我们的观点,但我们没有权利让别人闭嘴。

第二步 全班同学将他们可以想到的个人权利列在黑板上。指导者可以从下面的列表中给出一些例子:

权利:

生气	改变主意
提出要求	尝试失败
拒绝别人的要求——有权利说"不"	追求自己的目标
受到尊重	犯错
不同意	选择不去维护自己的权利
决定自己的身体发生什么	

第三步 每个学生都会默默地选择一项自己觉得最不能被剥夺的权利(或自己在过去遇到过问题的权利)来准备一个想象练习。接下来指导者给予下面的指示:

闭上双眼……做几次深呼吸……缓慢地吸气、呼气……尽可能地让自己感到舒服……在本练习中不会有任何惊吓……现在想象你从列表中选择的那个权利……过去在什么情况或环境下对你造成麻烦,因为你不知道你有这个权利……清楚地想象发生这些情况的所有细节……如果你真的相信自己有这个权利,你将做什么不同的事情或说什么不同的话语?……如果你坚持维护了自己的这个权利,你对自己的感觉如何?……如果你接受这个权利,你的生活将会发生什么样的变化?

本练习将持续大概两分钟。指导者中间要有停顿,并且接下来说:

现在我们做个转变……想象你没有这个权利……如果你不能主张这个权利,你和他人的互动会发生什么变化?……如果你不能主张这个权利,对你来说结果会是什么?……你对自己感觉如何?……你对别人感觉如何?……好了,慢慢睁开眼睛。

第四步 指导者阐明,不共同分享这个想象练习也是可以接受的。把班级分成若干个小组(每组三个人),在小组内讨论下面的问题:

1. 你选择了哪个权利?
2. 因为你不清楚自己有这个权利,过去在什么情况下对你造成了麻烦?
3. 当你想象自己有这个权利时,你的感觉如何?
4. 因为现在你知道自己有这个权利,在将来你会尝试说什么不同的话或做什么不同的事情?
5. 当你想象这个权利被剥夺时,你的感觉如何?

(如果有人不想分享,也是可以接受的)。

第五步 全班讨论他们从本练习学到了什么。指导者询问学生是否对列在黑板上的个人权利有疑问,是否想看一看角色扮演这些个人权利的情境。

练习 E 行为契约

目标 通过将行为契约原理应用于个人行为来说明这些原理。

第一步 描述本练习的目的并解释行为契约原理。

第二步 让每个学生准备一份契约,这份契约是关于他或她想要改变的行为的。这个行为可能是:少吃东西、少喝酒、多锻炼、不再拖延、多学习或者是增加与父母和其他亲戚的交流。在准备契约的过程中,让学生们将下列问题的答案写在一张纸上(提示学生不会强制要求他们展示所写的内容)。

1. 你想改变什么行为(越具体越好)?
2. 你理想的行为(即目标)是什么?
3. 为了实现这个目标,你具体会完成什么任务?
4. 你完成这些任务的最后期限是什么时候?
5. 如果你完成了一些能使你实现这个目标的任务,你将会如何奖励自己?
6. 如果你没有完成这些任务,你将对自己采取什么惩罚措施?

第三步 让志愿者分享他们写的内容。全班讨论写下这样一份契约的优点和缺点。

第四步 作为该练习的附加题,学生们讨论是否想要尝试去实现他们写进契约中的那些条件。如果学生们决定去尝试做这件事,一段时间后(比如四个星期后),学生们陈述在实现契约中的那些条件的过程中,经历了哪些成功和失败。

练习 F 重新塑造

目标 演示如何重新塑造认知(包括怨恨)。

第一步 阐述"重新塑造""怨恨"的概念。为了解释"怨恨"的认知过程,指导者可以列举一些过去他所经历的"怨恨"的例子进行说明。

第二步 指导每个学生把对下列问题的答案记录在一张纸上。学生不会被强制求分享他们的回答。

1. 简短地描述一件发生在你身上的痛苦的事情,并且对此你感到"怨恨"。
2. 具体说明这件痛苦的事情让你感到"怨恨"的认知过程。

3. 对于每一个"怨恨"的认知,具体说明你可以给自己哪些更积极、更理性的认知(理想情况是,这些认知可以促使解决这个问题)。

4. 指出在这件事情后,你感到"怨恨"的时间大概有多长。

5. 你现在仍然对这件事情感到"怨恨"吗?

6. 运用那些更积极、更理性的认知反驳"怨恨"的认知,可以缩短你感到"怨恨"的时间,你相信吗?

第三步 让志愿者们分享他们对这些问题的答案。让学生们谈谈在治疗中使用重新塑造的优缺点,并结束练习。

能力说明

EP 2.1.10. a 可持续地、高效地为个体、家庭、团体、组织和社区行动作准备。行为疗法提出了一些可用来来干预个人、家庭和团体的技术。这些技术包括自信训练、代币奖励、行为契约和认知行为技术(包括:思维阻断和心理暗示、转移技术和重新塑造)。围绕这些技术提供了一些练习,以便学生们使用这些技术解决他们面临的个人问题。

模块3:团体现实疗法

目标

现实疗法以选择理论为基础,这种方法强调人际关系的重要性,认为我们的思想、情绪、行为和生理之间存在着动态的相互作用。本章介绍现实疗法,并描述如何在团体中使用现实疗法。

◈ 威廉·格拉瑟

现实疗法的创始人是威廉·格拉瑟(William Glasser)。格拉瑟发展了两种不同的现实疗法。第一种是基于身份理论,在20世纪60年代发展起来的现实疗法。[1]第二种是基于选择理论,在过去的二十年里发展起来的现实疗法。[2]本部分将介绍第二种现实疗法。

威廉·格拉瑟是国际公认的精神病学家。他1953年毕业于位于俄亥俄州的克利夫兰凯斯西储医学院。1956年,他成为文图拉(Ventura)女子学校的一名精神病咨询医生。这是加利福尼亚州的一个州立机构,专门治疗女少年犯。

格拉瑟对传统精神分析的价值产生了怀疑。在文图拉女子学校,基于他的现实疗法原则,他建立了一个新的治疗方案。这个项目很有前景,参与者都很热情。

1966年,格拉瑟开始在加利福尼亚州学校系统提供咨询服务,并将现实疗法的概念应用于教育。他强调学校需要突出参与性、关联性和思考能力,这对教育系统持续产生深远的影响。

格拉瑟不相信精神疾病的定义,为此他写了二十多本书来支持自己的观点。1967年,他创立了现实疗法研究所,在全世界培训了六万多人进行现实疗法。

近年来,格拉瑟的主要工作是向世界传授他关于选择理论的观点,这也是本章所描述的一种新的心理学内容。

◆ 选择理论

选择理论的主旨是我们的脑海中存在的画面,这些画面既包括现实是什么样子的,又包括我们希望它是什么样子的。格拉瑟认为:"我们的所有行为都是为了减少我们想要的(脑海中的画面)和我们所拥有的(我们看待世界的方式)之间的差异。"[3]

一些案例可以证明这一观点。我们每个人都清楚了解自己想要的恋人或交往的人的类型,当我们找到一个与这些特征非常匹配的人,就会寻求建立一种关系。当我们感到饿的时候,我们每个人脑海里都存着一本我们最喜欢的食物的画册,然后我们就选择某种食物并去获取这种食物。

我们如何形成这些能够满足我们需求的画面/相册/想法?格拉瑟认为,我们在很小的时候(也许甚至在出生之前)就开始制作相册并且花一辈子的时间来扩展这本相册。实际上,无论我们做什么,只要能满足我们的需求,我们就会把这一画面储存在个人相册里。格拉瑟解释了一个饥饿的孩子如何把巧克力饼干添加到他的相册里:

> 假设你有一个外孙,你女儿让你照看他睡午觉。她说自己马上就回来,因为这个外孙醒来的时候就会饿,你不知道该给一个11个月大的孩子吃什么。她真说对了,她一走,孩子就醒了,仰头大哭,显然是饿了。你试着给他喂奶,但他拒绝了——他心里一定有更喜欢的东西。但那是什么呢?你不习惯这个婴儿大声号哭,于是你尝试着喂了他一块巧克力饼干。奇迹出现了。起初,他似乎不知道那是什么,但他学得很快,很快就把三个饼干吃完了。女儿回来了,狠狠地臭骂你一顿,因为你太傻了,竟然给一个婴儿吃巧克力。后来女儿说:"现在,孩子整天喊着要吃那些饼干。"她又说对了,如果这个孩子和我们大多数人一样,那么他的有生之年就会把巧克力饼干的画面放在脑海里。[4]

当这个孩子知道巧克力饼干是多么好吃时,他就会把这些画面放在他的个人相册里。

通过术语"画面",格拉瑟指的是来自我们的视觉、听觉、触觉、嗅觉和味觉等的五种**感知**。当然,我们相册里的画面未必都是理性的。厌食症患者把自己想象得太胖了,即便自己饿肚子,也更喜欢自己瘦下来的那些不健康的画面。强奸犯通过性侵来满足自己的权力需求,也许还有性需求。要改变一幅画面,我们必须用一幅至少能合理满足问题需要的画面来代替。不能取代一幅画面的人可能会忍受一辈子的痛苦。例如,一些被虐待的女性在婚姻中忍受着残酷的殴打和羞辱,因为她们无法想象自己配得上爱情的画面。

格拉瑟指出,当我们看到的画面和我们想看到的画面不相同的时候,由这种差异产生的**信号**会使我们根据想看到的画面而选择行为方式。我们会选择一种或多种使我们相信能够帮助减少这种差异的行为。这些行为不仅包括直接解决问题的努力,还包括一些控制策略,如消除愤怒、生气和内疚。不负责任或没能力的人要么没有选择负责任的行为,要么还没有学会如何负责任。

格拉瑟认为,我们由五种基本的、先天的需求驱动着,一旦一种需求得到满足,另一种需求(或者可能不止一种共同的行动)就会推动这种满足感。我们的第一种需求是**生存**,这包括呼吸、消化食物、出汗、调节血压、满足饥饿、口渴和性的需求等重要功能。

我们的第二种需求是**爱和归属感**。我们通常通过家庭、朋友、宠物、工作和物质财富来满足这种需求。

我们的第三种需求是**权力**。格拉瑟说,这种需求包括让别人服从我们,然后获得伴随权力而来的尊重和认可。我们对权力的渴望,有时与我们对归属感的需求相冲突。恋爱中的两个人可能会努力去控制对方,而不是创造一种平等的关系。

我们的第四种需求是**自由**。人们想要自由地选择他们的生活方式,自由地表达自己(的想法),自由地阅读和书写他们选择的东西,自由地与他们选择的人交往,按照他们所相信的自由地去崇拜或不崇拜神灵等。

我们的第五种需求是**快乐**。格拉瑟认为,学习常常是快乐的,这给了我们很大的动力去吸收、同化我们学到的知识来满足我们的需求。然而,那些枯燥乏味的课程是我们教育制度的最大缺陷。笑和幽默可以满足我们的快乐需求。快乐是生活中至关重要的一部分,我们大多数人都难以想象那些没有快乐的生活。

选择理论是一种内部控制心理学，它解释了我们为什么以及如何决定我们对生活道路的选择。根据内部控制心理学，格拉瑟认为，我们所做的一切都是我们的选择。[5]

选择理论的原理

1. 唯一能控制我们行为的人是我们自己。没有人能强迫我们做任何我们不想做的事情，只要我们愿意承担后果——因为不去做他人想让我们做的事情会受到惩罚。如果我们选择在严厉惩罚的威胁下做他人想让我们做的事情，我们就会因为表现不太好而变得消极、抵抗。当我们试图强迫别人去做他们不想做的事情时，他们可能会选择不去做，或者选择被动地去做——或者选择因为表现不太好而变得消极抵抗。

练习 M3.1　试图改变某人，并被某人控制[*]

目标　让我们有时会倾向于改变别人，而有时别人试图控制我们，本练习旨在让我们审视我们试图控制他人和他人试图控制我们的后果。

注意　这不是很有趣的现象吗？我们认为有权利改变恋人的恼人行为，但我们不喜欢别人改变我们自己的行为！

1. 描述一个你试图改变别人行为的情境（可以是你试图改变恋人的恼人行为）。
2. 你成功改变了这个人的行为吗？这个人对你试图改变他或她的反应是什么？
3. 如果这个人确实改变了自己的行为，你认为是因为你强迫这个人去改变还是因为这个人自己"选择"去改变？
4. 描述这样一种情况：某人（可能是你的父母或恋人）试图改变你的行为（他或她觉得这个行为令人恼火）。
5. 你改变你的行为了吗？另外，你对有人试图改变（或控制）你有什么感觉？
6. 如果你确实改变了自己的行为，你的改变是因为有人强迫你改变还是因为

---

[*] 本练习即《实践行为练习册》一书中的练习 M3.1。

你自己"选择"去改变?

2. 我们所能给予别人或者从别人那里得到的只有信息。我们如何处理这些信息是我们或者他们的选择。例如,教师可以给学生布置阅读材料,但如果有些学生选择不做阅读,那么教师则不承担责任。因此,教师个人不应该对那些选择不做阅读的学生负责。当然,教师可以选择给那些不遵守阅读规则的学生一些后果——比如,给那些学生一个较低的分数。

3. 根据格拉瑟的说法,从出生到死亡,我们所能做的就是"行为"。格拉瑟指出,所有的行为都是"综合行为"(total behavior),它由四个不可分割的部分组成:行动、思考、感觉和生理反应。每一个组成部分相互作用并影响其他三个组成部分(接下来的两个原理将详细说明这种相互作用)。

4. 所有长期存在的心理问题都是关系问题。许多其他问题的部分原因也是因为人际关系问题,如疲劳、疼痛、虚弱和自身免疫性疾病(如纤维肌痛症和风湿性关节炎)。格拉瑟说:

> 大多数医生认为,成人的风湿性关节炎是因为患者的免疫系统攻击自己的关节造成的,就好像这些关节是异物一样。另一种说法是,他们自己的创意系统正试图保护这些人免受想象的伤害。如果我们能找到一种方法来阻止这种误导的创意,那么数以百万计的患有这种自体免疫性疾病的人就能得到帮助。[6]

通常,我们处理重要关系的方式不是去解决它,而是选择承担痛苦——情感上的痛苦和肉体上的痛苦。

5. 人的大脑富有创造力。儿童时期经常遭受性虐待的女性可能会形成一种游离的身份障碍,从而在心理上保护自己免受虐待带来的情感痛苦。格拉瑟认为,几乎所有医生都无法确定病因的医疗问题都是由患者的大脑造成的,从而应对患者正在经历的不快乐。不快乐是激发大脑固有创造力的力量,也是引起美国精神病学协会编写的《精神障碍诊断和统计手册》(第四修订版)所规定症状的部分原因:痛苦和疼痛(如偏头痛)以及身体疾病(如心脏病、癌症、成人哮喘和湿疹)。[7]

在《精神障碍诊断和统计手册》(第四修订版)中,格拉瑟解释了不快乐是如何导致大脑产生幻觉的:

假设,你的创造力不会让你产生想法,而是创造了一个声音,直接把一个威胁或任何其他信息传递到你大脑的听觉皮层。你会听到一种真实的声音或多种声音;可能是陌生人的声音,也可能是你可以辨别出的声音。如果你仅仅听到它,就能从一个真实的声音或多种声音中将它分辨出来,那是不可能的。[8]

因为我们能听到声音,所以当周围没有其他人的时候,我们的大脑就能发出声音让我们听见。因为我们可以看到,它就可以让我们产生视觉、幻觉。因为我们能感觉到疼痛,它就让我们产生痛觉——也许比我们从受伤或疾病中感受到的疼痛更严重,持续的时间更长。因为我们会感到恐惧,它就让我们产生恐惧感。参见图 M3.1。

疾病和健康问题是由多种因素造成的,比如我们的饮食、接触的细菌和病毒、遗传、晒太阳多少、缺乏锻炼、睡眠不足、思想等。以下是我们的思想如何影响我们的生理功能的案例:

1. 在催眠状态下,"我不会感到疼痛"→没有麻醉的无痛手术。
2. 在催眠状态下,"热东西可以烫伤我的手臂"→水泡。
3. 深呼吸放松,我很放松→在没有麻醉的情况下,进行无痛牙齿钻孔。
4. "我不想活了"→在几年内死亡。
5. "我不想死,但是……"→被癌症折磨,但人继续活着。
6. 感冒时,"我必须把这些事都做完"→感冒持续了好几个星期。
   感冒时,"我会抽出时间休息放松"→感冒几天后就好了。
7. 宿醉,"要被痛死了"→剧烈的疼痛。
   宿醉,"我会放松并忽略疼痛"→疼痛很快就会消退(其他大多数头痛也是如此)。
8. "我有点担心这、担心那""我明天要做好多事"→无法入睡。
9. 如果我做了这个手术,我将会有严重的并发症→并发症的可能性更大。
10. "我要乘坐的这架飞机将会坠毁"→焦虑、恐慌(如果恐慌症经常发作,那么会导致各种疾病,包括高血压和心脏病)。
11. 一个认为自己怀孕了的女人,但她其实并没有怀孕→晨吐和大肚子。
12. 放松思考→免疫系统功能良好,可以抵御疾病,促进健康。
13. 令人震惊的想法(比如我是如此想念……)→压力大→各种疾病(如心脏病、结肠炎、胃病、皮疹、溃疡、疼痛、头痛、癌症、感冒、流感等,当一个人压力大时,免疫系统失调)。
14. "今天我要集中注意力来做好这项运动"→擅长打网球、高尔夫、保龄球、棒球等。
15. "我太胖了,通过控制饮食,我也可以控制我的生活"→厌食症和各种健康问题。
16. "通过进食后呕吐,我可以保持体重和身材,也可以享受美食"——贪食症和各种健康问题。
17. "我每天需要喝几杯酒来度过这一天并麻痹我的痛苦"→酗酒。
18. "我太爱吃东西了,我不在乎会发生什么"→强迫性暴食、肥胖、糖尿病,还有各种健康问题。

图 M3.1 我们的思想影响着我们的生理功能:能治病的思想和诱发疾病的思想

19. 某些思维过程是否与自身免疫性疾病有关？比如多发性硬化症、风湿性关节炎、纤维肌痛症。
20. "在接下来的十年里，我需要在更短的时间内完成更多的工作"→A 型人格、高血压、心脏病和中风。
21. 我永远不会原谅他/她所做的事，或者"如果这是我生命中最后一件事的话，我会报复她/他"→敌意、心脏病和中风。
22. "性是令人厌恶的"或"我的伴侣令人讨厌"或"我的伴侣在做爱时表现不佳"→缺乏性欲以及其他性功能障碍。

注意：模块 1 说明我们所有的情绪和行为在很大程度上是由我们的思想决定的，本模块表明我们的思想对我们的生理功能有很大影响，看来我们的思想对我们的生活有重大影响！

图 M3.1　我们的思想影响着我们的生理功能：能治病的思想和诱发疾病的思想（续）

练习 M3.2　我们大脑中的创造力*

目标　本练习旨在帮助你理解我们的思想是导致身体问题、情绪障碍和行为障碍的一个因素。

1. 确定一个你或者你身边某个人不知道什么原因引起的身体问题（比如偏头痛）。思考导致身体问题的一个因素（可能是思想）。

2. 确定一个你或你身边某个人的情绪或行为问题。找出这个人的思想是如何导致这种情绪或行为问题的。

6. 除了不治之症或严重贫困，不和谐的关系是犯罪、成瘾、情绪和行为障碍的主要根源。

7. 通过唠叨、说教、惩罚或威胁来控制他人是一个严重的错误（是不理性的）。如前所述，我们唯一能有效控制的人是我们自己。为了改善人际关系，我们需要放弃通过唠叨、说教、贬低或威胁等控制他人。

练习 M3.3　唠叨和说教的影响

目标　本练习旨在提高你对唠叨、说教、贬低或威胁的效果的认识。

1. 描述一种某人试图通过唠叨、说教、贬低或威胁来控制你的情形。

---

* 本练习即《实践行为练习册》一书中的练习 M3.2。

2. 你对别人试图用这些外部控制策略控制你的感觉如何?

3. 你改变自己的行为了吗? 如果你改变了,是因为你被迫改变还是因为你自己"选择"去改变?

4. 描述一种情境,你试图通过唠叨、说教、贬低或威胁来改变某人。

5. 那个人对你的外部控制策略有什么情绪反应?

6. 那个人改变他的行为了吗? 如果那个人真的改变了,是因为你强迫他去改变,还是因为他自己"选择"去改变?

8. 不和谐的(有问题的)关系总是存在的。没有一段令人满意的关系,人们就不能幸福地生活。在两个人之间的良好关系中,每个人都试图满足自己的需求和愿望以及另一个人的需求和愿望。

9. 对于两个懂得选择理论的人来说,调解圈(solving circle)是一个很好的策略,可以用来重新塑造他们的自由,改善他们的关系。格拉瑟提倡在婚姻和恋爱关系中使用调解圈。每个人都把关系画在一个大圆圈里,称为"调解圈"。一个想象的圆圈被画在地板上,两个人都坐在圆圈里的椅子上。告知两个人在解决问题的圆圈里存在三个实体:两个人和关系。要求两个人赞同维持关系比每个人自己想要的东西重要。在圆圈里,每个人都告诉对方自己会同意做什么来维持他们的关系。在这些限制内,两个人必须就其冲突作出妥协。

10. 过去发生的痛苦事件与我们今天的处境有很大关系,但沉湎于痛苦的过去对我们现在需要做的事情——即改善一段重要的当前关系——几乎没有什么帮助。

练习 M3.4　改善不愉快的关系[*]

目标　本练习旨在帮助你通过解决问题来改善你生活中的重要关系。

1. 确定并简要描述你生活中想要改善的一段重要关系。

2. 你认为这段不愉快的关系对你的身心健康产生了不良影响吗? 请解释一下。(如果你找不出当前有问题的关系,请描述一段过去不愉快的关系,并指出它

---

[*] 本练习即《实践行为练习册》一书中的练习 M3.3。

是如何对你的身心健康造成负面影响的。)

3. 思考一下你可以做些什么来改善当前有问题的关系。

11. 在我们面对现状之前,没有必要了解我们的过去。回顾过去那些令人满意的事情是一件好事,但把那些不快乐的事情放在一边会更好。

练习 M3.5　放下怨恨*

目标　本练习旨在帮助你摆脱过去被人冤枉的痛苦感觉。

1. 描述一个你觉得自己被严重冤枉,至今仍然感到"怨恨"的情境。

2. 继续对这件事感到"怨恨"对你有什么好处吗?研究表明,对他人怀有敌意是导致心脏病和其他疾病(与压力有关)的主要因素。[9]怀恨在心,难道没有对你的身心健康产生负面影响吗?思考一下你现在的怨恨会如何影响你。

3. 思考一下你能做些什么来放下这种怨恨。

12. 只有通过满足一个或多个优质世界的画面,我们才能满足自己的基本需求。我们的优质世界由三种需求满足的画面组成:(1)人(如父母);(2)事物(如汽车和衣服);(3)信仰(如我们的宗教和政治信仰)。我们所经历的最大的自由就是我们能够在自己的优质世界里满足一个或更多个画面。当我们把无法满足的画面放到我们的优质世界时,我们正在放弃自己的一部分自由。

13. 当我们相处困难时,通常会错误地选择使用外部控制心理学:试图通过唠叨、说教、道德绑架、批评或使用贬低信息来强迫或控制他人。

14. 人际关系是人类幸福的核心,改善我们的情感和身体健康,需要探索我们如何与他人相处以及寻找改善我们与他人(即那些我们喜欢的人)相处的方法。

15. 用动词来表示我们的"综合行为"是有好处的。例如,它可以更准确地告诉我们"我正在沮丧"而不是"我感到沮丧"或"我很沮丧"。当我们说"我正在沮丧"时,马上意识到我们正在积极地选择沮丧,并且也可以选择去感受其他的事情(比如"我要去打高尔夫,享受这一天")。相反,那些说"我很沮丧"的人往往错误地认为沮丧是他们无法控制的(另外,他们倾向于错误地认为沮丧是由别人对他们

---

* 本练习即《实践行为练习册》一书中的练习 M3.4。

所做的事情造成的)。认识到我们有能力选择停止沮丧、停止生气或懊恼等是一种绝妙的自由,而那些坚持认为自己很大程度上被别人控制的人永远不会拥有这种绝妙的自由。

练习 M3.6　用动词表达我们的消极情绪

目标　本练习旨在证明用动词表达我们的消极情绪有助于认识到我们选择了这种方式,但我们可以选择以积极情绪代替这种消极情绪。

1. 列出过去一周内你所感受到的所有消极情绪。

2. 用动词重新表达所有这些消极情绪(例如"我正在沮丧着"而不是"我感到沮丧")。

3. 本练习是否有助于你理解感受消极情绪是我们自己所选择的,我们也可以选择去感受积极情绪?说说你的看法。

16. 所有综合行为(思考、感觉、行动和生理反应)都是被选择的,但是我们只能直接控制行动和思考。然而,我们确实通过选择行动和思考来控制我们的生理反应和感觉。改变我们的行为和思想并不容易,但这正是我们所能做的。当我们成功拥有更令人满意的行动和思想时,我们就获得无限的个人自由。

练习 M3.7　改变我们的感觉,改善身体问题*

目标　本练习旨在证明我们可以改变消极情绪,可以通过改变我们的思想和行为改善一些身体问题。

1. 说说你是如何通过改变你的思想或行动来改变消极情绪的?

2. 说说你是如何通过改变你的思想或行动来改善身体问题的(也许头痛)?

17. 当你觉得在一段感情中没有你想要的自由时,那是因为你、你的伴侣或你们双方都不愿意接受选择理论的一个关键原则:你只能控制自己的生活。你和你的伴侣学习选择理论的次数越多,你们就会相处得越好。选择理论支持一个黄金

---

* 本练习即《实践行为练习册》一书中的练习 M3.5。

法则——己所不欲,勿施于人。

18. 人们选择(尽管有些人不知道他们的选择)扮演《精神障碍诊断和统计手册》(第四修订版)中所描述的精神疾病患者的角色[10]。这些人表现出《精神障碍诊断和统计手册》(第四修订版)中描述的症状,但他们没有精神疾病。这些人并没有患无法治疗或无法治愈的精神疾病。这些症状只是表明这些人并不像他们自己认为的那样健康(参见"是否存在精神疾病?"和"案例:现实疗法")。

是否存在精神疾病?

20世纪60年代,托马斯·萨斯(Thomas Szasz)是最早断言"精神疾病是一个神话,精神疾病并不存在"的权威学者之一。首先假设"精神疾病"一词意味着"大脑疾病",萨斯将所有所谓的精神疾病归类为三种情绪障碍,并认为将这种问题称为"精神疾病"是不恰当的:

1. **个人障碍**。如过度焦虑、抑郁、恐惧和无法胜任感(另一个个人障碍的术语是"不良情绪")。萨斯说,这种个人障碍可能被误认为是"精神疾病"(思考和感觉在字面意义上被认为是"精神"活动),但是他断言这不是疾病。

2. **反社会行为**。如匪夷所思的杀人和其他社会偏差。同性恋曾经属于这一类,但在1974年被从美国精神病学协会的精神疾病名单中删除了。萨斯说,这样的反社会行为只是社会偏差,既不是"精神",也不是"疾病"。

3. **伴随人格变化的大脑退化**。这类疾病包括"精神疾病"。人格变化是由于动脉硬化、慢性酒精中毒、阿尔茨海默症、全身麻痹或意外造成的严重脑损伤等原因导致的。常见的症状是失忆、无精打采、冷漠和个人外貌退化。萨斯说,这些疾病可以被认为是"疾病",是大脑疾病(也就是说,问题本质是大脑退化),而不是精神疾病。

在《精神疾病的神话》一书中,萨斯主张,认为有情绪问题的人患有精神疾病的观点与认为情绪失常的人被魔鬼控制的观点一样荒谬:"相信精神疾病不是人类与他的同胞相处的障碍,而是对魔鬼学和巫术信仰的合法性继承。精神疾病是否真实存在与女巫是否真实存在,二者在意义上完全相同。"

萨斯和其他许多作家都在努力阐释的是,人们确实有情感和行为问题,但他们没有隐秘的精神疾病。这些作家认为描述不良情绪和不正常行为的词汇是非常有用的,例如,抑郁、焦虑、偏执、强迫、过度恐惧、幻觉和失败感。这些术语描述的是人们的个人问题。但他们认为,精神疾病术语(如精神分裂症和精神病)没有一点用,因为没有明显的症状可以表明一个人是否患有(精神)"疾病"。

资料来源:Thomas Szasz, The Myth of Mental Illness, in Clinical Psychology in Transition, ed. John R. Braun (Cleveland, OH: Howard Allen, 1961)。

案例:现实疗法

几年前,我(作者)作为一个社会工作者被一家很大的安全医院聘用。医院里都是精神错乱的罪犯,我的上司要求我组建并领导一个治疗团体。当我问"谁应该加入团体以及团体目标是什么"时,我的上司说:"这些全部都由你自己决定。"他还补充说,没有其他人在医院里组织团体治疗,医院管理部门认为应该开发这样一个项目。

由于刚被医院聘用而且我之前从来没有担任过团体领导者,我变得很谨慎,经常问自己:"谁最需要团体治疗?""如果团体成员的情况没有改善,甚至恶化,我应该如何解释——掩饰我的行为吗?"我的结论是,我应该选择那些被认定为病情最严重的人(那些被贴上"慢性精神分裂症"标签的人)。因为这样的病人通常被认为不会得到什么改善,我觉得如果最终他们的情况没有改善,我也不会受到责备。然而,如果他们的病情改善了,我认为这将被视为了取得巨大成就。

首先,我阅读了所有被诊断为慢性精神分裂症患者的病例记录。然后我单独会见了这些患者,邀请他们加入这个团体(令我惊讶的是,每一位患者似乎都与我从病例记录中获得的印象大不相同)。我解释了团体目的和可能涉及的主题。被我联系过的 8 个人决定加入。一些人坦率地表示,他们会加入,主要是因为他们的记录看起来不错,并且这会增加他们早释的机会。

在咨询这些团体成员时,我使用的方法是现实疗法。通过陈述我知道他们可以出院的"关键"是什么，并问他们是否知道这些"关键"可能是什么，我组织了第一次团体会议。有一句话引起了他们的注意，我指出，他们出院的"关键"很简单，就是他们必须学会"理智行事"，这样医院工作者就会认为他们已经康复了。我在第一次会议上提出并说明了团体的目标和重点工作：我们的目的不是回顾过去，而是让现在的生活更愉快、更有意义，展望未来。这里包括各种主题，比如，团体成员向医院工作者证明他们不再需要住院治疗？如何准备重返家园（例如，在机构学习一门可以养家糊口的手艺）？当他们感到沮丧或有其他不良情绪时怎么办？由于冲动做出一些事情怎么办？他们出院后再次陷入麻烦时怎么办？如何改善他们与重要之人的关系？我们偶尔会放映和讨论涉及这些主题的影片，这些人每周会见面一个小时，持续 12 周。

强调改善团体成员的当前环境激发了他们的兴趣，很快他们就发现，审视自己的未来会让他们感到不安和焦虑。当我告知他们对自己的未来有相当大的控制权之后，他们还是感到不舒服，并说他们是"精神病患者"，有一些身体内部原因导致了他们的奇怪行为，还没有找到治愈方法，他们认为几乎没有什么可以改善的。

我告诉他们，他们说的这些借口全是**"垃圾"**（使用了更有力的字眼），并花费很长时间让他们相信，"慢性精神分裂症"这个词是一个毫无意义的标签；同时，也花费了大量时间向他们解释精神疾病的神话，告知他们根本不存在"精神疾病"，他们可能只是有情感问题。我接着解释说，他们被关起来"的原因"，是因为他们出现了不正常行为，而他们离开这里的唯一办法就是停止这种行为，并让医院工作者相信，即使他们被释放出去，也不会重新出现这种不正常行为。

接着，他们又尝试下一个借口，比如，破碎的家庭、糟糕的学校、失败的恋情或其他种种不幸已经彻底"扰乱"他们的生活，他们对自己的处境无能为力。我告诉他们，这种借口也是**"垃圾"**。的确，他们过去的经历很重要，但是，我强调，他们想要的未来以及他们实现目标的动力，这一切更加重要。

最后，当我驳斥了这一系列借口之后，我们关注的重点是如何更好地处理一些具体问题，比如，如何处理被压抑的情绪，如何停止怪异的行为。为增加提前释放的机会，他们要如何证明自己是"理智的"，如何适应重返社区后的生活，他们获释后希望从事什么样的职业，如何通过学习技能为选择的职业作好准备等。我们关注的另一个重点是帮助他们展望未来：审视他们想从未来得到什么，他们必须采取哪些具体步骤来实现他们的目标等。我们还讨论了如何改善那些对他们重要的关系。

这种方法取得了鼓舞人心的巨大成就。团体成员没有把大部分时间花在思考自己的处境上，而是花在如何让自己变得更有动力采取行动上。第12周结束时，8名成员发自肺腑地表示，这些团体活动对他们的生活产生了积极影响，并要求在我返回学校后，指派医院的另一名社会工作者继续维持这个团体。于是，我们安排了其他社会工作者。三年后，当我回访医院时，工作人员告诉我，在8名团体成员中，5人已经重返社区，2人已经有所改善，只有1人的情况被描述为"没有变化"。

19. 格拉瑟认为，精神科医生和其他医生开的处方药可能会让你暂时感觉好一点。然而，这些药物与你自己使用的任何合法药物（比如酒精、尼古丁或咖啡因）没有区别。除非你能解决困扰你的个人问题，否则，处方药的最初药效就会逐渐消失，那么，你可能需要更大的剂量。被误导的精神病治疗工作造成日益流行的药物治疗的"精神疾病"。

有相当多的证据表明，所有用于治疗精神疾病（并不存在）的针对大脑的药物都损害了大脑的正常功能。[11]许多服用"脑药"的人都患上了精神和身体疾病——这些病与帕金森症一样。

练习M3.8　使用精神药物

目标　本练习旨在帮助你评估精神药物的优缺点。

1. 精神药物是精神科医生和其他医生用来帮助病人实现心理或情感变化的药物。这些药物包括抗抑郁药物（如百忧解、阿米替林、诺波明、盐酸去甲丙咪嗪、多虑平、新安怡和普罗替林）[12]、抗焦虑药物（如安定、利眠宁、地西泮、安定文、西拉克斯和各种巴比妥酸盐）、抗精神病药物（如索瑞嗪、氟哌啶、氯丙嗪、西拉嗪、纳瓦尼、美拉瑞尔、舒仑特、三氯芬和丙二酸）、抗躁狂药物（如碳酸锂，即埃斯卡利斯、利亚酸钠）[13]。你是否知道你的家人或朋友使用过精神药物？如果"是"，可以的话，请说出药物名称。

2. 详细说明你对这些药物的作用和副作用的看法。

3. 格拉瑟认为,精神药物的处方过多、使用过量,你同意他的观点吗?说说你的想法。

20. 精神健康的人喜欢与自己认识的大多数人在一起,尤其是那些重要的人,比如家人和朋友。精神健康的人喜欢别人,更愿意帮助一个不快乐的朋友、同事或家人,这会让他们感觉更好。精神健康的人都爱笑,过着几乎没有紧张感的生活。他们热爱生活,容易接受与众不同的人,不会总想着批评别人,也不试图改变别人,具有很强的创造力。精神健康的人在不快乐的时候(没有人可以一直快乐),也知道自己为什么不快乐,并且会尝试去做些什么使自己快乐。

练习 M3.9　精神健康的人

目标　本练习旨在帮助你确定需要做什么来改善你的精神健康状况。

1. 回顾格拉瑟对精神健康的定义,描述你当前生活中符合精神健康的内容。
2. 确定你生活中为了改善精神健康状况而需要努力的事情。
3. 对于你需要做的事情,思考你应该采取哪些行动来改善你的精神健康状况。

■ 现实疗法原则

1. 现实疗法的重点是你在一段关系中选择做什么,而不是别人选择做什么。
2. 人们选择接受治疗这一行为,是因为他们总是认为这是他们处理不满意的关系或者根本没有人际关系时的最大努力。
3. 咨询师的任务是帮助不快乐的案主选择改善关系的新行为。这些新行为将帮助案主满足五个基本需求中的一个或多个:生存、爱和归属感、权力、自由、快乐。
4. 满足对爱和归属感的需求是满足其他四种需求的关键,因为只有当我们拥有良好的人际关系时,这五种基本需求才能得到满足。
5. 因为爱和归属感(就像其他四个基本需求一样)只能在当下才能得到满足,现实疗法几乎完全关注"当下"。

6. 虽然我们大多数人过去都受过创伤,但如果沉湎于过去的话,我们只是过去的受害者。解决问题的办法很少能在回顾过去的过程中找到,而关注过去的成功仅仅是一个例外。

7. 病人选择的症状或疼痛(因为他们不快乐)对咨询过程并不重要,咨询的重点应该放在改善目前的关系上。(想要弄清楚为什么一个不满现状的人会首先选择沮丧,其次酗酒,再次痴迷,最后发疯,这些努力通常都是徒劳。)

8. 现实疗法的一个持续目标是在顾问和案主之间建立一种选择理论关系。通过体验一段令人满意的关系,案主可以学到很多样板关系的知识,以及如何改善使他接受咨询的陷入困境的关系。

9. 只要患者继续使用他们在咨询中学到的选择理论概念,治疗就永远不会结束。

10. 在婚姻咨询中,格拉瑟建议使用**结构化现实疗法**。[14]这种方法强调婚姻是一种合作伙伴关系,帮助一对陷入困境的夫妇的唯一方法是,关注"什么对他们的婚姻来说是最好的",而不是"什么对一方或另一方来说是最好的"。任何允许一方责怪另一方的婚姻咨询只会损害婚姻。在一段婚姻中,建议夫妻双方永远不要说或不要做任何让他们彼此疏远的事情。劝导他们只说和只做使他们彼此亲近的事情,保持他们之间的亲密关系。另外,还可以要求夫妻广泛使用调解圈(前面已经描述过)。

练习 M3.10 调解圈

目标 本练习旨在让你思考调解圈的优点和缺点。

1. 说明目前你在一段对你很重要的关系中遇到的困难。

2. 回顾调解圈的材料。你认为与你难以相处的人一起解决问题会有帮助吗(如果可能的话,尝试和这个人一起参与到实际的解决方案中去)?思考调解圈的优点和缺点。

11. 现实疗法是一种"行动"的方法。引导案主到实际解决问题的方向上。

12. 在这种新的现实疗法中,最初的概念"责任"(在第一个现实疗法版本中)现在被更明确的观念所取代:我们选择所有的行为,因为我们只能对自己选择的行为负责。这样就可以避免关于"什么是负责任，什么是不负责任"的争论。

13. 治疗师寻找每一个机会向案主和他们的家庭传授选择疗法，这样每个人都可以开始用选择理论取代外部控制策略。

14. 呼救就是症状。人们使用呼救症状来避免他们害怕的情况增加他们的挫败感。

15. 无论是好是坏，是快乐还是悲伤，人们都要选择一整天要做的事情。

练习 M3.11　呼救的症状

目标　本练习旨在帮助你认识到情绪问题、功能失调行为、身体问题、关系问题等都是需要帮助的。

描述你认识的人是怎样通过呼救来表明他们的情绪问题、关系问题、功能失调行为或身体问题的。

 在团体中使用现实疗法

现实疗法已经被发现在一对一的情况和在团体中对患者有效。现实疗法的重点是改善那些对我们重要的人际关系。这种方法强调了我们的思想、行为、感觉和生理反应之间相互作用的重要性。通过改变我们的消极思想和不良行为，我们可以改善自己的情绪并缓解一些身体问题。

我们可以将现实疗法应用到团体中。成员可以在团体会议之前了解这种方法的概念，然后在团体中进行讨论。成员可以做这个模块中的练习（在团体会议之前或期间），然后分享和讨论他们所写的内容。领导者在治疗过程中帮助成员，明确他们面临的情绪、行为、关系或身体问题，然后帮助他们采取具体的行动方案来缓解这些问题。

现实疗法是一种富有心理动力学概念的疗法。它可能帮助人们改善身体和情感健康状况，并帮助人们消除那些无效的或功能失调的行为。

总结

现实疗法的创始人是威廉·格拉瑟，他还开创了选择理论。选择理论的一个主旨是:我们的脑海中存在着画面,这些画面既有现实是什么样的,又有我们希望它是什么样的。我们总是试图减少我们想要的东西(脑海里的画面)和我们拥有的东西(我们看待世界的方式)之间的差异。

现实理论和控制理论的主张和原理如下:
- 我们的生活在很大程度上取决于我们的选择。
- 我们有五个基本的内在需求:生存、爱和归属感、权力、自由、快乐。
- 只有我们自己可以控制自己的行为。
- 我们的认知决定着我们的情感、行为和生理功能。
- 所有长期的心理问题都是关系问题。不和睦的关系是犯罪、成瘾和行为障碍的主要原因。
- 通过唠叨、说教、惩罚或威胁去试图控制他人是一个严重的错误。
- 两个人使用调解圈去改善他们之间的关系是一个很好的策略。
- 沉湎于痛苦的过去对我们改善生活所能做的贡献微乎其微。我们需要放下怨恨。
- 用动词形态来看待我们的"综合行为"是有用的。
- 精神疾病是一个"神话"。人们选择扮演精神病患者的角色。
- 我们的社会正在滥用精神药物。
- 现实疗法是一种认知行为疗法。

 团体练习

练习 A 关于精神疾病的辩论*

目标 理清有关争论,以确定精神疾病是否存在。

步骤1 在课堂上,将学生们分成两组——一组认为精神疾病存在,另一组认为精神疾病只是一个"神话"。学生们利用几天时间收集信息并准备他们的论点,也可以采访社区的咨询师和治疗师、阅读参考资料等。

步骤2 在选定的上课时间里进行辩论。在辩论结束时,未参与辩论的学生

---

* 本练习即《实践行为练习册》一书中的练习 M3.4。

总结辩论者的优点。

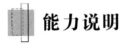

能力说明

EP 2.1.1.b 进行自我反思与自我纠正,确保可持续的专业发展。

EP 2.1.7.a 利用理论框架来指导评价、干预和评估的过程。

EP 2.1.9.a 通过不断发现、估量和关注当地人口变化、科学技术发展和社会趋势来提供相关服务。现实疗法基于选择理论,选择理论认为我们的思想、情绪、行为和生理反应之间存在着动态的相互作用。选择理论和现实疗法为干预个体、团体和家庭提供了许多原理。这些原理是:只有我们自己能控制自己的行为,用唠叨或说教来控制别人是一个严重错误,放下怨恨有利于我们的身体健康。选择理论还认为,人们选择(尽管有些人不知道他们的选择)扮演精神病患者的角色。选择理论有助于从不同的角度看待现实。本章提供了一些练习,帮助学生将现实疗法和选择理论运用到他们的个人生活中。

附录二

第六章团体练习 D—F 答案

练习 D

1. 19 个：9，19，29，39，49，59，69，79，89，90，91，92，93，94，95，96，97，98，99。

2. 她们分别在与不同的人玩。

3. 两个小时。

4. 水不会到达梯子顶部，因为船会随着潮水上涨而不断升高。

5. 有。

6. 他现在还活着。

7. 6 次。

8. 熊是白色的，因为是北极熊。房子位于北极。

9. 三分钟。

10. A 车行使了 1200 英里，B 车行驶了 800 英里。

11. 一堆干草垛。

12. 凯伦是吉尔的妈妈。

13. 4 美元。

练习 E

任务 1

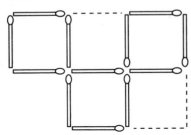

任务 2

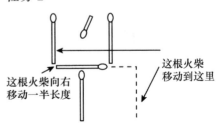

任务 3

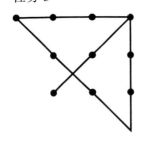

任务 4

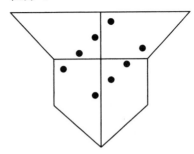

任务 5

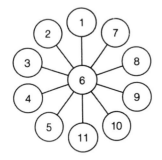

练习 F

1. sandbox
2. man overboard
3. I understand
4. reading between the lines
5. long underwear
6. crossroads
7. downtown
8. tricycle

9. split level
10. three degree below zero
11. neon lights
12. cricles under the eyes
13. high chair
14. paradise
15. touchdown
16. six feet underground
17. mind over matter
18. He's besides himself
19. backward glance
20. life after death
21. G. I. overseas
22. space program
23. see-through blouse
24. just between you and me
25. empty

注释

第一章 团体：发展类型和阶段

1. Gerald L. Euster, "Group Work," in *Contemporary Social Work*, 2d ed., ed. Donald Brieland et al. (New York: McGraw-Hill, 1980), p. 100.
2. Ibid., p. 100.
3. Herbert Stroup, *Social Welfare Pioneers* (Chicago: Nelson-Hall, 1986), p. 9.
4. Dorothy G. Becker, "*Social Welfare Leaders as Spokesmen for the Poor*," *Social Casework* 49, No. 2 (Feb. 1968): 85.
5. Stroup, *Social Welfare Pioneers*, pp. 1-29.
6. Ibid., pp. 255-80.
7. Ibid., p. 297.
8. Euster, "Group Work," p. 100.
9. David W. Johnson and Frank P. Johnson, *Joining Together: Group Theory and Group Skills*, 10th ed. (Boston: Allyn and Bacon, 2009).
10. Robert L. Barker, *The Social Work Dictionary*, 5th ed. (Washington, DC: NASW Press, 2003), p. 165.
11. Alfred H. Katz and Eugene I. Bender, *The Strength in Us: Self-help Groups in the Modern World* (New York: Franklin Watts, 1976), p. 9.
12. Thomas J. Powell, *Self-Help Organizations and Professional Practice* (Silver Spring, MD: National Association of Social Workers, 1987).
13. Stephen G. Post, "Updating the Helper Therapy Principle," September 3, 2008, www.psychologytoday.com/blog/the-joy-giving/200809/updating-the-helper-therapy-principle.
14. Euster, "Group Work," p. 103.
15. Kurt Lewin, "Group Decision and Social Change," in *Readings in Social Psychology*, eds. G. E. Swanson, T. M. Newcomb, and E. L. Hartley (New York: Holt, 1952), pp. 459-73.
16. Barker, *The Social Work Dictionary*, p. 390.
17. Steward L. Tubbs and John W. Baird, *The Open Person ... Self-Disclosure and Personal Growth* (Columbus, OH: Charles E. Merrill, 1976), pp. 48-50.
18. Ibid., p. 48.
19. Carl Rogers, *Carl Rogers on Encounter Groups* (New York: Harper & Row, 1970) pp. 40-41.
20. E. L. Shostrom, "Group Therapy: Let the Buyer Beware," *Psychology Today* 2, No. 12 (May 1969): 38-39.

21. Morton A. Lieberman, Ervin D. Yalom, and Matthew B. Miles, "Encounter: The Leader Makes the Difference," *Psychology Today* 6 (Mar. 1973):11.
22. Ronald W. Toseland and Robert. F. Rivas, *An Introduction to Group Work Practice*, 6th ed. (Boston: Pearson, 2009).
23. P. E. Slater, "Contrasting Correlates of Group Size," *Sociometry* 21(1958):137-38.
24. Toseland and Rivas, *An Introduction to Group Work Practice*.
25. James C. Hansen, Richard W. Warner, and Elsie M. Smith, *Group Counseling: Theory and Process*, 2d ed. (Chicago: Rand McNally College Publishing, 1980).
26. Toseland and Rivas, *An Introduction to Group Work Practice*.
27. Ibid.
28. Ibid.
29. James A. Garland, Hubert Jones, and Ralph Kolodny, "A Model for Stages of Development in Social Work Groups," in *Explorations in Group Work*, ed. Saul Bernstein (Boston: Milford House 1965), pp. 12-53.
30. James A. Garland and Louise A. Frey, "Applications of Stages of Group Development to Groups in Psychiatric Settings," in *Further Explorations in Group Work*, ed. Saul Bernstein (Boston: Milford House,1973), p. 3.
31. Ibid., p. 5.
32. Ibid., p. 6.
33. Tuckman, "Developmental Sequence in Small Groups," *Psychological Bulletin* 63 (1965): 384-99.
34. Robert F. Bales, "The Equilibrium Problem in Small Groups," in *Small Groups: Studies in Social Interaction*, eds. A. Hare, E. Borgatta, and R. Bales (New York: Knopf, 1965), pp. 444-76.

第二章 团体社会工作和社会工作实务

1. Charles Zastrow, *The Practice of Social Work*, 9th ed. (Belmont, CA: Brooks/Cole, 2010).
2. Published 1982. National Association of Social Workers, Inc. Reprinted with permission, from *Standards for the Classification of Social Work Practice*, Policy Statement 4, p. 5. Copyright National Association of Social Workers, Inc.
3. A. Pincus and A. Minahan, *Social Work Practice: Model and Method* (Itasca, IL: Peacock, 1973), p. 54.
4. Robert L. Barker, *The Social Work Dictionary*, 5th ed. (Washington, DC: NASW Press, 2003), p. 408.
5. Published 1982. National Association of Social Workers Inc. Reprinted with permission from *Standards for the Classification of Social Work Practice*, Policy Statement 4, p. 5. Copyright National Association of Social Workers, Inc.
6. J. Anderson, *Social Work Methods and Processes* (Belmont, CA: Wadsworth, 1981).
7. D. Brieland, L. B. Costin, and C. R. Athenon, *Contemporary Social Work: An Introduction to Social Work and Social Welfare*, 3d ed. (New York: McGraw-Hill, 1985), pp. 120-21.
8. Grafton Hull, Jr., *Social Work Internship Manual* (Eau Claire, WI: University of Wisconsin-Eau Claire,1990), p. 7.
9. BPD, "Definition of Generalist Practice," Discussed and advanced by the BPD social work Continuum committee and approved by the BPD Board of Directors, 2006.
10. Reprinted with permission from *Educational Policy and Accreditation Standards* (EPAS), (Alexandria, VA: Council on Social Work Education, 2008).
11. Ibid.
12. W. H. Masters and V. E. Johnson, *Human Sexual Inadequacy* (Boston: Little Brown, 1970).
13. D. D. Jackson, "The Study of the Family," *Family Process* 4 (1965), p. 1-20.

14. R. J. Comer, *Fundamentals of Abnormal Psychology*, 4th ed. (New York: worth, 2005), pp. 251-60.
15. Ibid.
16. Richard B. Stuart, *Trick or Treatment* (Champaign, IL: Research Press, 1970).
17. National Association of Social Workers, *Standards for the Classification of Social Work Practice* (Washington, DC: National Association of Social Workers, 1982), p. 17.
18. *Educational Policy and Accreditation Standards* (EPAS), 2008.
19. Ibid.
20. Barker, *The Social Work Dictionary*, p. 203.
21. D. H. Hepworth and J. Larsen, *Direct Social Work Practice: Theory and Skills*, 2d ed. (Pacific Grove, CA: Brooks/Cole, 1986), p. 563.
22. Barker, *The Social Work Dictionary*, p. 58.
23. F. Riessman, "The 'Helper Therapy' Principle," *Journal of Social Work* 2 (April 1965): 27-34.
24. Barker, *The Social Work Dictionary*, p. 84.

第三章 团体动力：领导力

1. David Krech, Richard S. Crutchfield, and Egerton L. Ballachey, *Individual in Society* (New York: McGraw-Hill, 1962), pp. 428-31.
2. Ronald W. Toseland and Robert F. Rivas, *An Introduction to Group Work Practice*, 6th ed. (Boston: Pearson, 2009).
3. J. S. Davis and A. P. Hare, "Button-Down Collar Culture: A Study of Undergraduate Life at a Men's College," *Human Organization* 14 (1956):13-20.
4. Toseland and Rivas, *An Introduction to Group Work Practice*.
5. David W. Johnson and Frank P. Johnson, *Joining Together: Group Theory and Group Skills*, 3d ed. (Englewood Cliffs, NJ: Prentice-Hall, 1987), p. 43.
6. Ibid., p. 44.
7. R. Christie and F. Geis, *Studies in Machiavellianism* (New York: Academic Press, 1970).
8. K. Lewin, R. Lippitt, and R. K. White, "Patterns of Aggressive Behavior in Experimentally Created Social Climates," *Journal of Social Psychology* 10 (1939):271-99.
9. Toseland and Rivas, *An Introduction to Group Work Practice*.
10. R. F. Bales, *Interaction Process Analysis: A Method for Study of Small Groups* (Reading, MA: Addison-Wesley, 1950).
11. David Johnson and Frank P. Johnson, *Joining Together: Group Theory and Group Skills*, pp. 26-27. Published by Allyn and Bacon, Boston, MA. Copyright 1975 by Pearson Education. Reprinted by permission of the publisher.
12. P. Hersey and K. Blanchard, *Management of Organizational Behavior: Utilizing Human Resources*, 3d ed. (Englewood Cliffs, NJ: Prentice-Hall, 1977).
13. J. R. P. French and B. Raven, "The Bases of Social Power," in *Group Dynamics: Research and Theory*, 3d ed., eds. Dorwin Cartwright and Alvin Zander (New York: Harper & Row, 1968) pp. 259-69.
14. Toseland and Rivas, *An Introduction to Group Work Practice*.
15. L. J. Halle, "Overestimating the Power of Power," *New Republic* 10 (June 1967): 15-17.
16. Dorwin Cartwright and Alvin Zander, "Power and Influence in Groups," in *Group Dynamics*, 3d ed., eds. Cartwright and Zander (New York: Harper & Row, 1968), pp. 215-35.
17. M. Deutsch, "Conflicts: Productive and Destructive," *Journal of Social Issues* 25

(1969):7-43.
18. Saul Alinsky, *Rules for Radicals* (New York: Vantage, 1972).
19. Ibid., pp. 143-44.
20. Toseland and Rivas, *An Introduction to Group Work Practice*.
21. M. Wright, "Co-facilitation: Fashion or Function?" *Social Work with Groups* 25 (2002):77-92.

第四章　团体动力：目标与规范

1. David W. Johnson and Frank P. Johnson, *Joining Together: Group Theory and Group Skills*, 10th ed. (Boston: Allyn and Bacon, 2009).
2. David W. Johnson and Frank P. Johnson, *Joining Together: Group Theory and Group Skills* (Englewood Cliffs, NJ: Prentice-Hall, 1975), p. 103.
3. Johnson and Johnson, *Joining Together*, 10th ed.
4. Ibid.
5. Ibid.
6. Ibid.
7. H. H. Kelly and A. J. Stahelski, "Social Interaction Basis of Cooperators' and Competitors' Beliefs about Others," *Journal of Personality and Social Psychology* 16 (1970):66-91.
8. Johnson and Johnson, *Joining Together*, 10th ed.
9. Andre L. Delbecq and Andrew Van de Ven, "A Group Process Model for Problem Identification and Program Planning," *Journal of Applied Behavioral Science* 7(1971):466-92.
10. Andrew Van de Ven and Andre L. Delbecq, "Nominal versus Interacting Group Processes for Committee Decision-Making Effectiveness," *Academy of Management Journal* 14 (1971):205.
11. 对于开发社会项目中名义团体方法的说明，参见：Charles Zastrow, "The Nominal Group: A New Approach to Designing Programs for Curbing Delinquency," *Canadian Journal of Criminology and Corrections* 15 (1973):109-17。
12. 对于使用名义团体以了解课程内容的进一步讨论，参见：Zastrow and Ralph Navarre, "The Nominal Group: A New Tool for Making Social Work Education Relevant," *Journal of Education for Social Work* 13 (1977):112-18。
13. Van de Ven and Delbecq, "Nominal versus Interacting Group Processes," p. 205.
14. Ibid.
15. Rodney W. Napier and Matti K. Gershenfeld, *Groups: Theory and Experience*, 2d ed. (Boston: Houghton Mifflin, 1981), p. 134.
16. Muzafer Sherif, "A Study of Some Social Factors in Perception," *Archives of Psychology* 187 (1935):1-27; M. Sherif, *The Psychology of Social Norms* (New York: Harper, 1936); and M. Sherif, "Conformity-Deviation Norms and Group Relations," in *Conformity and Deviation*, eds. I. A. Berg and B. M. Bass (New York: Harper, 1961), pp. 159-98.
17. S. E. Asch, "Effects of Group Pressure upon the Modification and Distortion of Judgments," in *Groups, Leadership, and Men*, ed. H. Guetzkow (Pittsburgh: Carnegie,1951), pp. 177-90; S. E. Asch, "Opinions and Social Pressure," *Scientific American* 193, no. 5 (1955):31-35; and S. E. Asch, "Studies of Independence and Conformity: A Minority of One Against a Unanimous Majority," *Psychological Monographs* 70, no. 9 (1956):1-70.
18. Stanley Schachter, The *Psychology of Affiliation* (Palo Alto, CA: Stanford University Press, 1959); and Stanley Schachter and J. Singer, "The Theory of Social Comparison," *Psychological Review* 69 (1962):379-99.

19. Johnson and Johnson, *Joining Together*, 10th ed.
20. S. Milgram, "Behavioral Study of Obedience," *Journal of Abnormal and Social Psychology* 68（1963）:371-78.
21. E. P. Hollander, "Conformity Status and Idiosyncrasy Credit," *Psychological Review* 65（1958）:117-27.
22. George R. Bach and Peter Wyden, The *Intimate Enemy*（New York: Avon, 1981）.
23. Thomas Gordon, *Parent Effectiveness Training: The Proven Program for Raising Responsible Children*（New York: Random House, 2000）.

第五章　语言沟通与非语言沟通

1. Ronald B. Adler and Neil Towne, *Looking Out/Looking In*, 3d ed.（New York: Holt, Rinehart and Winston, 1981）, p. 253.
2. David W. Johnson and Frank P. Johnson, *Joining Together: Group Theory and Group Skills*, 10th ed.（Boston: Allyn and Bacon, 2009）.
3. Douglas McGregor, *The Professional Manager*（New York: McGraw-Hill, 1967）.
4. Johnson and Johnson, *Joining Together*.
5. Ronald B. Adler and Neil Towne, *Looking Out/Looking In*, 3d ed.（New York: Holt, Rinehart and Winston, 1981）, p. 171.
6. Ibid., p. 178.
7. Ibid.
8. Ibid., p. 180.
9. Jack R. Gibb, "Defensive Communication," *Journal of Communication* 11（1961）:141-48.
10. Adler and Towne, *Looking Out*, p. 38.
11. Sidney M. Jourard, *The Transparent Self*（New York: Van Nostrand Reinhold, 1971）.
12. Ibid., pp. 47-63.
13. Joseph Luft, *Of Human Interaction*（Palo Alto, CA: National Press Books, 1969）.
14. Alfred Kadushin, *The Social Work Interview*（New York: Columbia University Press）, p. 188.
15. Ibid., p. 190.
16. Thomas Gordon, *Parent Effectiveness Training: The Proven Program for Raising Responsible Children*（New York: Random House 2000）.
17. Sir Arthur Conan Doyle, "A Scandal in Bohemia," in *The Adventures of Sherlock Holmes*（London: John Murray, 1974）.
18. Adler and Towne, *Looking Out*, p. 257.
19. Mark L. Knapp and Judith A. Hall, *Nonverbal Communication in Human Interaction*, 6th ed.（Belmont, CA: Wadsworth, 2009）.
20. Paul Ekman and Wallace V. Friesen, *Unmasking the Face*（Englewood Cliffs, NJ: Prentice-Hall, 1975）.
21. Adler and Towne, *Looking Out*, p. 266.
22. E. H. Hess and J. M. Polt, "Pupil Size as Related to Interest Value of Visual Stimuli," *Science* 132（1960）: 349-50.
23. Albert E. Scheflen, *How Behavior Means*（Garden City, NY: Anchor, 1974）.
24. Michael W. Krans and Dacher Kelmer, "Rich Manand Poor Man: Study Shows Body Language Can Indicate Socioeconomic Status", www. Psychologicalscience. org/media/release/2009/kraus. com.
25. Rene Spitz, "Hospitalization: Genesis of Psychiatric Conditions in Early Childhood," in *Psychoanalytic Study of the Child* 1（1945）:53.
26. Ashley Montagu, *Touching: The Human Significance of the Skin*（New York: Harper &Row, 1971）.
27. Adler and Towne, *Looking Out*, p. 279.
28. R. Hoult, "Experimental Measurement of Clothing as a Factor in Some Social Ratings of Selected American Men," *American Sociological Review* 19（1954）:324-28.

29. Adler and Towne, *Looking Out*, p. 281.
30. Edward T. Hall, *The Hidden Dimension* (Garden City NY: Doubleday, 1969).
31. Knapp and Hall, *Nonverbal Communication in Human Interaction*.
32. Ibid., p. 323
33. Ibid.
34. Mehrabian, Silent Messages.
35. J. E. Singer, "The Use of Manipulative Strategies: Machiavellianism and Attractiveness," *Sociometry* 27 (1964): 128-51.
36. J. Mills and E. Aronson, "Opinion Change as a Function of the Communicator's Attractiveness and Desire to Influence," *Journal of Personality and Social Psychology* I (1965): 73-77.
37. R. N. Widgery and B. Webster, "The Effects of Physical Attractiveness upon Perceived Credibility," *Michigan Speech Journal* 4 (1969): 9-15.
38. E. K. Solender and E. Solender, "Minimizing the Effect of the Unattractive Client on the Jury: A Study of the Interaction of Physical Appearance with Assertions and Self-experience Reference," *Human Rights* 5 (1976):201-14.
39. Knapp and Hall, *Nonverbal Communication in Human Interaction*.
41. Ibid.
42. Ibid.
43. Ibid.
44. Ibid.
45. Ibid.
46. A. H. Maslow and N. L. Mintz, "Effects of Esthetic Surroundings. I. Initial Effects of Three Esthetic Conditions upon Perceiving 'Energy' and 'Well-Being' in Faces," *Journal of Psychology* 41 (1956):247-54.
47. 该故事由塞缪尔·J. 萨克特编写, 题目为《福特T型车》(Tin Lizzie), 载于下面这本书: David W. Johnson and Frank P. Johnson, *Joining Together: Group Therapy and Group Skills* (Englewood Cliffs, NJ: Prentice-Hall, 1975), pp. 327-28。

第六章 任务团体

1. Ronald W. Toseland and Robert F. Rivas, *An Introduction to Group Work Practice*, 6th ed. (Boston: Pearson, 2009), P. 153.
2. Ibid., p. 323.
3. David W. Johnson and Frank P. Johnson, *Joining Together: Group Therapy and Group Skills* (Englewood Cliffs, NJ: Prentice-Hall, 1975), p. 257.
4. Linda A. Mooney, David Knox, and Caroline Schachl, *Understanding Social Problems*, 6th ed. (Belmont, CA: Wadsworth/Cengage Learning, 2009).
5. See Rodney W. Napier and Matti K. Gershenfeld, *Groups: Theory and Experience*, 2d ed. (Boston: Houghton Mifflin, 1981), p. 384.
6. V. H. Vroom, L. D. Grant and T. S. Cotton, "The Consequences of Social Interaction in Group Problem Solving," *Journal of Organizational Behavior and Human Performance* 4 (1969):79-95; and R. A. Collaros and L. Anderson, "Effects of Perceived Expertness upon Creativity of Members of Brainstorming Groups," *Journal of Applied Psychology* 53 (1969):159-64.
7. T. J. Bouchard, "Training Motivation and Personality as Determinants of the Effectiveness of Brainstorming Groups and Individuals," *Journal of Applied Psychology* 56 (1972): 324-31.
8. Napier and Gershenfeld, *Groups*, p. 385.
9. Johnson and Johnson, *Joining Together*, p. 139.
10. Christopher W. Moore, *The Mediation Process* (San Francisco, CA: Jossey-Bass, 1986), p. 158.
11. Thomas Gordon, *Parent Effectiveness Train-

ing: *The Proven Program for Raising Responsible Children* (New York: Random House, 2000).
12. Ibid.
13. M. Deutsch, "Conflicts: Productive and Destructive," *Journal of Social Issues* 25 (1969):7-43.
14. Milton Rokeach, *The Open and Closed Mind* (New York: Basic, 1960).
15. David W. Johnson, "Role Reversal: A Summary and Review of the Research," *International Journal of Group Tensions* 1 (1971): 318-34.
16. Moore, *Mediation Process*, p. 21.
17. Ibid., pp. 21-22.
18. Ibid., p. 22.
19. Ibid., p. 23.
20. Ibid., p. 6.
21. 回顾下面这本书:Moore, *Mediation Process*。
22. Joan Blades, *Mediate Your Divorce* (Englewood Cliffs, NJ: Prentice-Hall, 1985).
23. Moore, *Mediation Process*.
24. David W. Johnson and Frank P. Johnson, *Joining Together: Group Therapy and Group Skills*, 10th ed. (Boston: Allyn and Bacon, 2009).
25. Ibid.
26. Mooney, Knox, and Schacht, *Understanding Social Problems*.
27. Ibid.
28. Ibid.
29. Ibid.
30. Ibid.
31. Johnson and Johnson, *Joining Together*, 1975, p. 60.
32. Ibid., p. 75.
33. Ronald W. Toseland and Robert F. Rivas, *An Introduction to Group Work Practice*, 6th ed. (Boston: Pearson, 2009).
34. Irving L. Janis, "Groupthink," *Psychology Today* (November 1971):43-46, 74-76.

第七章　与多样化团体合作

1. *Code of Ethics of the National Association of Social Workers*, National Association of Social Workers (Washington, DC: NASW Press, 1996).
2. Ibid.
3. Robert Merton, "Discrimination and the American Creed," in *Discrimination and National Welfare*, ed. Robert M. MacIver (New York: Harper & Row, 1949).
4. Council on Social Work Education, *Educational Policy and Accreditation Standards* (Alexandria, VA: Council on Social Work Education, 2008).
5. Ibid.
6. Robert L. Barker, *The Social Work Dictionary*, 5th ed. (Washington DC: NASW Press, 2003, pp. 404-05.
7. Council on Social Work Education, *Educational Policy and Accreditation Standards* (Alexandria, VA: Council on Social Work Education, 2008).
8. M. E. Mor Barak, *Managing Diversity: Toward a Globally Inclusive Workplace* (Thousand Oaks, CA: Sage Publications, 2005).
9. "Model Minority Doesn't Tell?" *Chicago Tribune* (January 3, 1998):18.
10. Ziauddlin Sadar, "More Hackney Than Bollywood," *New Statesman* (July 30, 2001):14-16.
11. William Kornblum and Joseph Julian, *Social Problems*, 12th ed. (Upper Saddle River, NJ: Prentice Hall, 2007).
12. Ibid., pp. 199-200.
13. Council on Social Work Education, *Educational Policy and Accreditation Standards*.
14. Yvette Murphy Valerie Hunt, Anna Zajicek, Adele Norris, and Leah Hamilton, *Incorporating Intersectionality in Social Work Practice, Research, Policy, and Education* (Washing-

ton, DC: NASW Press, 2009).
15. 摘自林肯1858年在伊利诺伊州查尔斯顿发表的一篇演讲稿,具体报道参见:Richard Hofstader, *The American Political Tradition* (New York: Knopf, 1948), p. 116。
16. Janet S. Hyde and John DeLamater, *Understanding Human Sexuality* 9th ed. (Boston: McGraw-Hill, 2006), pp. 359-73.
17. Ibid.
18. Ibid.
19. Ibid.
20. Alfred Kinsey, W. B. Pomeroy, and C. E. Martin, *Sexual Behavior in the Human Male* (Philadelphia, PA: Saunders, 1948).
21. Hyde and DeLamater, *Understanding Human Sexuality*, pp. 359-73.
22. Alan P. Bell, Martin S. Weinberg, and Sue Kiefer Hammersmith, *Sexual Preference* (Bloomington, IN: Indiana University Press, 1981).
23. Mizio Emelicia, "White Worker-Minority Client," *Social Worker* 17 (May 1972): 82-86.
24. Clifford J. Sager, Thomas L. Brayboy, and Barbara R. Waxenberg, *Black Ghetto Family in Therapy: A Laboratory Experience* (New York: Grove Press, 1970), pp. 210-11.
25. Ronald G. Lewis and Man Keung Ho, "Social Work with Native Americans," *Social Work* 20 (Sept. 1975):378-82.
26. Lloyd G. Sinclair, "Sex Counseling and Therapy," in Charles Zastrow, *The Practice of Social Work*, 7th ed. (Pacific Grove, CA: Brook/Cole, 2003), p. 492.
27. Richard T. Shaefer, *Racial and Ethnic Groups*, 11th ed. (Upper Saddle River, NJ: Pearson, 2008).
28. Ibid.
29. Ibid.
30. Beatrice A. Wright, *Physical Disability: A Psychological Approach* (New York: Harper & Row, 1960), p. 259.
31. Ibid.
32. Nancy Weinberg, "Rehabilitation," in *Contemporary Social Work*, 2d. ed., eds. Donald Brieland, Lela Costin, and Charles Atherton (New York: McGraw-Hill, 1980), p. 310.
33. Ibid.
34. Mary Kalyanpur and Beth Harry, "A Posture of Reciprocity: A Practical Approach to Collaboration between Professionals and Parents of Culturally Diverse Backgrounds," *Journal of Child and Family Studies* 6 (Dec. 1997): 487-509.
35. Ibid., p. 493.
36. Dolores G. Norton, "Incorporating Content on Minority Groups into Social Work Practice Courses," in *The Dual Perspective* (New York: Council on Social Work Education, 1978), p. 22.
37. Grafton H. Hull, Jr., "Social Work Practice with Diverse Groups," in Charles Zastrow, *The Practice of Social Work*, 5th ed. (Pacific Grove, CA: Brooks/Cole, 1995), p. 359.
38. Melvin Delgado and Denise Humm-Delgado, "Natural Support Systems: Source of Strength in Hispanic Communities," *Social Work* 27, no. 1 (Jan. 1982):83-89.
39. Alfred Kadushin, *The Social Work Interview* (New York: Columbia University Press, 1972).
40. Larry E. Davis, "Racial Composition of Groups," *Social Work* 24 (May 1979): 208-13.
41. Jimm G. Good Tracks, "Native American Noninterference," *Social Work* 18 (Nov. 1973):30-34.
42. A. E. Moses and R. O. Hawkins, *Counseling Lesbian Women and Gay Men: A Life-Issues Approach* (St. Louis, MO: C. V. Mosby, 1982).
43. Jeannine Gramick, "Homophobia: A New Challenge," *Social Work* 28, no. 2 (March-

44. W. Devote and E. G. Seblesinger, *Ethnic-Sensitive Social Work Practice*, 5th ed., (Needham Heights, MA: Allyn & Bacon, 1998).
45. D. G. Norton, "Incorporating Content on Minority Groups into Social Work Practice Courses," in *The Dual Perspective* (New York: Council on Social Work Education, 1978).
46. Devore and Schlesinger, *Ethnic-Sensitive Social Work Practice*.
47. Ibid.
48. Barker, *The Social Work Dictionary*, p. 142.
49. A. Billingsley, *Climbing Jacob's Ladder: The Enduring Legacy of African-American Families* (New York: Simon & Schuster, 1993).
50. D. Saleeby, *The Strengths Perspective in Social Work Practice*, 2nd ed. (New York: Longman, 1997), pp. 12-15.
51. Ibid., p. 12.
52. Surjit S. Dhopper and Sharon E. Moore, *Social Practice with Culturally Diverse People* (Thousand Oaks, CA: Sage, 2001).
53. Ibid.
54. National Association of Social Workers, *NASW Code of Ethics*, (Washington DC: NASW, 1996).
55. Council on Social Work Education, *Educational Policy and Accreditation Standards* (EPAS) (Washington, DC: CSWE, 2008).
56. Ibid.
57. E. Reichert, *Challenges in Human Rights: A Social Work Perspective* (New York: Columbia University Press, 2007).
58. Barker, *The Social Work Dictionary*, pp. 404-05.
59. Ibid. p. 203.
60. Reichert, *Challenges in Human Rights*, p. 4.
61. United Nations, *Universal Declaration of Human Rights*. Adopted December 10, 1948. General Assembly Resolution, 2200 AXXI. (New York: United Nations, 1948).
62. Reichert, *Challenges in Human Rights*, p. 8.
63. Larry E. Davis, Maeda J. Galinsky, and Janice H. Schopler, "RAP: A Framework for Leadership of Multiracial Groups," *Social Work* 40, no. 2 (March 1995): 155-65.
64. Nan Van Den Bergh and Lynn B. Cooper, "Feminist Social Work," in *The Encyclopedia of Social Work* (Washington, DC: National Association of Social Workers, 1987), pp. 610-18.
65. Barker, *The Social Work Dictionary*, p. 161.
66. Ibid.
67. Ibid.
68. Karen Kirst-Ashman and Grafton H. Hull, Jr., *Understanding Generalist Practice* (Chicago: Nelson-Hall, 1993), p. 427.
69. Van Den Bergh and Cooper, "Feminist Social Work"; Kirst-Ashman and Hull, *Understanding Generalist Practice*; and Nan Van Den Bergh, "Feminist Treatment for People with Depression," in *Structuring Change*, ed. Kevin Corcoran (Chicago: Lyceum Books, 1992), pp. 95-110.
70. Kirst-Ashman and Hull, *Understanding Generalist Practice*, p. 613.
71. Van Den Bergh, "Feminist Treatment for People with Depression," p. 103.
72. Ibid., p. 101.
73. Ibid., p. 104.
74. Ibid.
75. Van Den Bergh and Cooper, "Feminist Social Work," p. 617.
76. Ibid.
77. Van Den Bergh, "Feminist Treatment for People with Depression," pp. 95-110.
78. Ibid., p. 105.
79. Kirst-Ashman and Hull, *Understanding*

Generalist Practice, p. 427.

第八章 自助团体

1. Gary Bonds et al., "Growth of a Medical Self-Help Group," in *Self-Help Group for Coping with Crisis*, eds. Morton A. Lieberman, Leonand D. Borman, and Associates (San Francisco, CA: Jossey-Bass, 1979), pp. 43-66.
2. Leonard D. Borman and Morton A. Lieberman, "Conclusion: Contributions, Dilemmas, and Implications for Mental Health Policy" in Lieberman et al., *Self-Help Groups for Coping with Crisis: Origins, Members, Processes, and Impact* (San Francisco, CA: Jossey-Bass, 1979), p. 408.
3. Morton A. Lieberman and Leonard D. Borman, "Overview: The Nature of Self-Help Groups," in Lieberman et al., *Self-Help Groups for Coping with Crisis*, p. 2.
4. Dean H. Hepworth, Ronald H. Rooney, Glenda D. Rooney Kimberly Strom-Gottfried, and JoAnn Larsen, *Direct Social Work Practice: Theory and Skills*, 8th ed. (Belmont, CA: Brooks/Cole, 2010), p. 275.
5. Frank Reissman, "Foreword," in Thomas J. Powell, *Self-Help Organization and Professional Practice* (Silver Spring, MD: National Association of Social Workers, 1987), pp. ix-x.
6. Alfred H. Katz and Eugene I. Bender, *The Strength in Us: Self-Help Groups in the Modern World* (New York: Franklin-Watts, 1976).
7. Ibid., p. 38.
8. Ibid.
9. Thomas J. Powell, *Self-Help Organizations and Professional Practice* (Silver Spring, MD: National Association of Social Workers, 1987).
10. Frank Riessman, "The 'Helper Therapy' Principle," *Journal of Social Work* (April 1965):27-34.
10. Hepworth and Larsen, *Direct Social Work Practice*, p. 549.
12. L. Borman, "New Self-Help and Support Systems for the Chronically Mentally Ill," paper presented at the Pittsburgh Conference on Neighborhood Support Systems, Pittsburgh, PA, June 15, 1979.
13. Linda F. Kurtz, *Self-Help and Support Groups: A Handbook for Practitioners* (Thousand Oaks, CA: Sage, 1997), p. 13.
14. Lambert Maguire, "Natural Helping Networks and Self-Help Groups," in *Primary Prevention in Mental Health and Social Work*, ed. Milton Nobel (New York: Council on Social Work Education, 1981), P. 41.
15. Dean H. Hepworth and JoAnn Larsen, *Direct Social Work Practice: Theory and Skills* (Homewood, IL: Dorsey Press, 1986), p. 550.
16. Lieberman and Borman,"Overview,"p. 31.
17. Kurtz, *Self-Help and Support Groups*, p. 187.
18. Robert L. Barker, *The Social Work Dictionary*, 5th ed. (Washington, DC: NASW Press, 2003), p. 388.

第九章 家庭社会工作

1. Dean H. Hepworth, Ronald H. Rooney, Glenda D. Rooney, Kimberly Strom-Gottfried, and JoAnn Larsen, *Direct Social Work Practice: Theory and Skills*, 8th ed. (Belmont, CA: Brooks/Cole2010).
2. Carolyn Wells, *Stepping to the Dance, the Training of a Family Therapist* (Pacific Grove, CA: Brooks/Cole, 1998).
3. J. W. Colerman and D. R. Cressey, *Social Problems*, 8th ed. (Englewood Cliffs, NJ: Prentice-Hall, 1995), p. 124.
4. M. A. Suppes and C. Wells, *The Social Work Experience: An Introduction to Social Work and Social Welfare*, 5th ed. (Boston: Pearson, 2009).

5. Ann Hartman, "Diagrammatic Assessment of Family Relationships," *Social Casework* 59 (Oct. 1978):465-76.
6. M. E. Kerr and M. Bowen, *Family Ealuation: An Approach Based on Brown's Theory* (New York: Norton, 1988).
7. Virginia Satir, *Conjoint Family Therapy* (Palo Alto, CA: Science& Behavior Books, 1967), p. 70; and Richard S. Sharf, *Theories of Psychotherapy and Counseling*, 4th ed. (Belmont, CA: Brooks/Cole2008).
8. Cynthia Franklin and Laura Hopson, "Family Therapy," in National Association of Social Workers, *Encyclopedia of Social Work*, 20th ed. (Washington, DC: NASW Press, 2008), pp. 213-16.
9. Franches H. Scherz, "Theory and Practice of Family Therapy," in *Theories of Social Casework*, eds. Robert W. Roberts and Robert H. Nee (Chicago: University of Chicago Press, 1970), p. 234.
10. Herbert Goldenberg and Irene Goldberg, *Family Therapy* (Belmont, CA: Brooks/Cole, 2008); and Joseph E. Perez, *Family Counseling Theory and Practice* (New York: Van Nostrand, 1979), p. 47.
11. Ibid.
12. Ibid., p. 49.
13. Ibid., p. 82.
14. Goldenberg and Goldenberg, *Family Therapy*; and Satir, *Conjoint Family Therapy*, p. 82.
15. Curtis Janzen, Oliver Harris, Catheleen Jordan, and Cynthia Franklin, *Family Treatment*, 4th ed. (Belmont, CA: Brooks/Cole, 2006), p. 16.
16. Robert L. Barker, *The Social Work Dictionary*, 5th ed. (Washington, DC: NASW Press), p. 374.
17. Adele M. Holman, *Family Assessment: Tools for Understanding and Intervention* (Beverly Hills, CA: Sage, 1983), p. 29.
18. Ibid., p. 30.
19. James R. Bitter, *Theory and Practice of Family Therapy and Counseling* (Belmont, CA: Brooks/Cole, 2009), p. 171; and Salvador Minuchin, *Families and Family Therapy* (Cambridge, MA: Harvard University Press, 1974).
20. Janzen et al., *Family Treatment*.
21. George Thorman, *Helping Troubled Families: A Social Work Perspective* (New York: Aldine, 1982), p. 65.
22. Joe H. Brown and Carolyn S. Brown, *Marital Therapy: Concepts and Skills for Effective Practice* (Belmont, CA: Brooks/Cole, 2002).
23. Karen K. Kirst-Ashman and Grafton H. Hill, Jr., *Understanding Generalist Practice*, 5th ed. (Belmont, CA: Brooks/Cole, 2009).
24. Ibid.
25. Thomas Gordan, *Parent Effectiveness Training* (New York: Peter H. Weyden, 1970); and Charles Zastrow, *The Pratice of Social Work*, 8th ed. (Belmont, CA: Brooks/Cole, 2007), pp. 478-86.
26. Charles Zastrow and Karen K. Kirst-Ashman, *Understanding Human Behavior in the Social Environment*, 8th ed. (Belmont, CA: Brooks/Cole, 2010), pp. 331-33.
27. Ibid., p. 169.
28. Ibid., pp. 183-85.
29. Zastrow, *The Practice of Social Work*, pp. 479-81.
30. Ibid., pp. 479-80.
31. Ibid., p. 480.
32. Bitter, *Theory and Practice of Family Therapy and Counseling*; Mary Kay DeGenova, *Intimate Relationships, Marriages & Families*, 7th ed. (Boston: McGraw-Hill, 2008), p. 259; and Goldenberg and Goldenberg, *Family Therapy*. 注意这里引用的内容是玛丽·凯·德格诺娃的笔记。

33. Kirst-Ashman and Hull, *Understanding Generalist Practice*.
34. Kirst-Ashman and Hull, *Understanding Generalist Practice*.
36. Bitter, *Theory and Practice of Family Therapy and Counseling*, p. 12; Goldenberg and Goldenberg, *Family Therapy*; Virginia Satir, *People Making* (Palto Alto, CA: Science & Behavior Books, 1972); and Satir, *Conjoint Family Therapy*.
36. Diane Gehart, *Mastering Competencies in Family Therapy* (Belmont, CA: Brooks/Cole, 2010); Goldenberg and Goldenberg, *Family Therapy*, Salvador Minuchin and H. C. Fishman, *Family Therapy Techniques* (Cambridge, MA: Harvard University Press, 1981); Minuchin, *Families and Family Therapy*.
37. Gehart, *Mastering Competencies in Family Therapy*; and Goldenberg and Goldenberg, *Family Therapy*.
38. Aaron T. Beck, *Cognitive Therapy and Emotional Disorders* (New York: International Universities Press, 1976); Bitter, *Theory and Practice of Family Therapy and Counseling*; Albert Ellis, "Rational Emotive Behavior Therapy," in Raymond J. Crosini and Danny Wedding (eds.), *Current Psychotherapies*, 5th ed. (Belmont, CA: Brooks/Cole, 2008) pp. 187-222; Gehart, *Mastering Competencies in Family Therapy*; Robert Liberman, "Behavioral Approaches to Family and Couple Therapy," *American Journal of Orthopsychiatry* 40 (1970): 106-18; Gerald Patterson, *Families: Application of Social Learning to Family Life* (Champaign, IL: Research Press, 1971); and Richart Stuart, "An Operant-Interpersonal Program for Couples," in *Treating Relationships*, ed. D. H. L. Olson (Lake Mill, IA: Graphic, 1976).
39. Goldenberg and Goldenberg, *Family Therapy*, p. 328.

第十章　组织、社区和团体

1. A. Etzioni, *Modern Organizations* (Englewood Cliffs, NJ: Prentice-Hall, 1964), p. 1.
2. F. E. Netting, P. M. Kettner, and S. L. McMurtry, *Social Work Macro Practice*, 2d ed. (New York: Longman, 1998) pp. 193-94.
3. David W. Johnson and Frank P. Johnson, *Joining Together: Group Theory and Group Skills*, 8th ed. (Boston: Allyn and Bacon 2003), p. 19.
4. K. Davis and J. W. Newstrom, *Human Behavior at Work*, 8th ed. (New York: McGraw-Hill, 1989), p. 31.
5. Ibid., p. 31.
6. Frederick Taylor, *Scientific Management* (New York: Harper&Row, 1947).
7. F. J. Roethlisberger and W. Dickson, *Management and the Worker* (Cambridge, MA: Harvard University Press, 1939).
8. Etzioni, *Modern Organizations*, pp. 34-35.
9. Netting, Kettner, and McMurtry, *Social Work Macro Practice*, pp. 202-03.
10. D. McGregor, *The Human Side of Enterprise* (New York: McGraw-Hill, 1960).
11. Davis and Newstrom, *Human Behavior at Work*, p. 34.
12. William Ouchi, *Theory Z: How American Business Can Meet the Japanese Challenge* (Reading, MA: Addison-Wesley, 1981).
13. Peter F. Druck, *The Practice of Management* (New York: Harper, 1954).
14. Vincent K. Omachony and Joel E. Ross, *Principles of Total Quality* (Delray Beach, FL: St. Lucie Press, 1994), p. 1.
15. Ibid.
16. David Hower, "David Hower's Definition of Total Quality," *Reporter* (Whitewater, WI: University of Wisconsin-Whitewater, August

29,1994), p. 10.
17. R. Knopf, *Surviving the BS (Bureaucratic System)*, (Wilmington, NC: Mandala Press, 1979) pp. 21-22.
18. Ibid., p. 25.
19. Ibid.
20. 这一介绍突显了官僚系统的大量消极特征,尤其是其非人性化的一面。公正地说,相对于案主的优势来说,大型官僚机构的一个优势就是其改变强势系统的能力。在弱小或者非官僚系统中,社会工作者可能有很多自由,但却几乎没有机会和权力来影响巨大的系统或者调用更广泛的资源以服务于案主的利益。
21. Knopf, p. 25.
22. Robert L. Barker, *The Social Work Dictionary*, 5th ed. (Washington, DC: NASW Press, 2003), p. 83.
23. Ibid., p. 219.
24. Johnson and Johnson, *Joining Together*, p. 19.
25. Barker, *The Social Work Dictionary*, p. 83.
26. Jack Rothman and John E. Tropman, "Models of Community Organization and Macro Practice Perspectives: Their Mixing and Phasing," in *Strategies of Community Organization* 4th ed., eds. Fred Cox, John Erlich, Jack Rothman, and John E. Tropman (Itasca, IL: F. E. Peacock, 1987), pp. 3-26.
27. Saul Alinsky, *Rules for Radicals* (New York: Random House, 1972), p. 27.
28. Saul Alinsky, *Reveille for Radicals* (New York: Basic Books, 1969), p. 42.
29. Dennis Saleeby, *The Strengths Perspective in Social Work Practice*, 5th ed. (Boston: Allyn & Bacon, 2009).
30. Karen K. Kirs-Ashman and Grafton H. Hull Jr., *Understanding Generalist Practice*, 4th ed. (Belmont, CA: Brooks/Cole, 2006), p. 109.

第十一章 教育团体:以压力管理和时间管理为例

1. Manha Davis, Elizabeth R. Eshelman, Mathew Mckay, and Patrick Fanning, *The Relaxation & Stress Reduction Workbook* (Oakland, CA: New Harbinger, 2008).
2. Robert Sapolsky, *Why Zebras Don't Get Ulcers: An Updated Guide to Stress, Stress Related Diseases and Coping* (New York: W. H. Freeman, 1998).
3. O. Carl Simonton and Stephanie Matthws-Simonton, *Getting Well Again* (Los Angeles: J. P. Tarcher, 1978).
4. Bernard Gauzer, "What We Can Learn from Those Who Survive AIDS," *Parade Magazine*, (June 10, 1990): 4-7.
5. Kenneth R. Pelletier, *Mind as Healer, Mind as Slayer* (New York: Dell, 1977) p. 310.
6. Donald A. Tubesing, *Kicking Your Stress Habits* (Duluth, MN: Whole Person Associates, 1981).
7. Hans Selye, *The Stress of Life* (New York: McGraw-Hill, 1956), pp. 25-46.
8. 有关与压力有关的生理反应的详细描述,参见:Sapolsky, *Why Zebras Don't Get Ulcers*。
9. Ibid.
10. Ibid.
11. Hans Selye, *Stress without Distress*, (New York: Signet, 1974), p. 83.
12. Ibid.
13. Jerry Edelwich, *Burn-Out* (New York: Human Sciences Press, 1980); Ayala Pines and Elliot Aronson, *Burn-Out* (New York: Free Press 1981); Herbert Freudenberg, *Burn-Out* (Garden City NY: Anchor, 1980); and Christina Maslach, *Burn out—The Cost of Caring* (Englewood Cliffs, NJ: Spectrum, 1982).
14. W. Ryan, *Blaming the Victim* (New York: Pantheon, 1971); and Christina Maslach and

Ayala Pines, "The Burn-Out Syndrome in the Day Care Setting," *Child Care Quarterly* 6 (1977):100-01.
15. Freudenberger, *Burn-Out*, pp. 90-91.
16. Edelwich, B*urn-Out*, pp. 44-142.
17. Christina Maslach, "Burned-Out," *Human Behavior* 5 (1976):19.
18. Ibid., p. 20.
19. Christina Maslach, "The Client Role in Staff Burn Out," *Journal of Social Issues* 34 (1978):111-24.
20. Pines and Aronson, "Burn-Out Syndrome," pp. 45-81.
21. Alan Lakein, *How to Get Control of Your Time and Your life* (New York:Signet, 1973).
22. 下面这本书中更详细地介绍了这些放松技巧。Bellernth Naparstek, *Invisible Heroes:Survivors of Trauma and How They Heal* (New York:Bantam, 2004).
23. Edmund Jacobson, *Progressive Relaxation*,2d ed. (Chicago:University of Chicago Press, 1938).
24. D. L Watson and R. G. Tharp, *Self-Directed Behavior* (Pacific Grove, CA:Brooks/Cole, 1973), pp. 182-83.
25. Herbert Benson, *The Relaxation Response* (New York:Avon, 1975).
26. 因为任何中性的词或短语都会起作用,建议自己默默地重复一个字。Herbert Benson, *The Relaxation Response* (New York:Avon,1975).
27. Sapolsky, *Why Zebras Don't Get Ulcers.*
28. Anthony de Mello, *Sadhana:A Way to God* (Garden City, NY:Image Books,1978), p. 140.
29. Albert Ellis and Robert Hasper, *A Guide to Rational Living* (Chatsworth CA:Wilshire, 1997).
30. 关于如何改变消极情绪的案例,参见:Ellis and Harper, *A Guide to Rational Living*。
31. B. L. Seaward, *Managing Stress* 6th ed. (Sudbury, MA:Jones & Bartlett, 2009).
32. Harold L. Taylor, *Making Time Work for You* (New York:Dell, 1981), p. 13.
33. Alan Lakein, *How to Get Control of Your Time and Your Life* (New York:Signet, 1973), p. 28.
34. Ibid., p. 47.
35. Ibid., p. 71.
36. Ibid.
37. Taylor, *Making Time Work for You*, p. 171.

第十二章　治疗团体

1. 对于这些治疗方法,第七章和附录一的模块1、2、3中进行了总结。
2. 下面两本书对这些治疗方法也给予了介绍。Raymond J. Corsini and Danny Wedding, *Current Psychotherapies*, 8th ed. (Belmont, CA:Thomson Learning, 2008); and Richard S. Sharf, *Theories of Psychotherapy and Counseling*, 4th ed. (Belmont, CA:Thomson Learning, 2008).
3. Frank Riessman, "The'Helper Therapy'Principle," *Journal of Social Work* (April 1965):27-34.
4. James A. Garland, Hubert Jones, and Ralph Kolodny, "A Model for Stages of Development in Social Work Groups," in *Explorations in Group Work*, ed. Saul Bernstein (Boston:Milford House, 1965), pp. 12-53; James A. Garland and Louise A. Frey, "Applications of Stages of Group Development to Groups in Psychiatric Setting," in *Further Explorations in Group Work*, ed. Saul Bernstein (Boston:Milford House, 1973), p. 3.
5. Elizabeth Kubler-Ross, *On Death and Dying* (New York:Macmillan, 1969).
6. *Social Work Code of Ethics* (Ottawa:Canadian Association of Social Workers, 1994).
7. *Code of Ethics* (Washington, DC:National Association of Social Workers, 1996).

8. Robert L. Barker, *The Social Work Dictionary*, 5th ed. (Washington, DC: NASW Press, 2003), p. 149.
9. Eileen Gambril, "Evidence-Based Practice: An Alternative to Authority-Based Practice," *Families in Society: Journal of Contemporary Human Services* 80 (4) (1999): 341-50.
10. Robert Rosenthal and Lenore Jacobson, *Pygmalion in the Classroom* (New York: Holt, Rinehart and Winston, 1968).

第十三章 团体结束与评估

1. Dean H. Hepworth and JoAnn Larsen, *Direct Social Work Practice: Theory and Skills*, 2d ed. (Homewood, IL: Dorsey Press, 1986), p. 590.
2. Ibid.
3. Martin Bloom, Joel Fischer, and John G. Orme, *Evaluating Practice, Guidelines for Accountable professional*, 6th ed. (Upper Saddle River, NJ: Prentice-Hall, 2009).
4. Bradford W. Sheafor and Charles R. Horejsi, *Techniques and Guidelines for Social Work Practice*, 8th ed. (Boston: Allyn & Bacon, 2007).
5. Wallace J. Gingerich, "Evaluating Social Work Practice" in *The Practice of Social Work*, 9th ed., Charles Zastrow (Belmont, CA: Brooks/Cole, 2010), pp. 314-42.
6. Sheafor and Horejsi, *Techniques and Guidelines for Social Work Practice*, p. 394.
7. William Reid and Laura Epstein, *Task Centered Casework* (New York: Columbia University Press, 1972).

附录一 《团体治疗理论资源手册》

1. Robert L. Barker, *The Social Work Dictionary*, 5th ed. (Washington, DC: NASW Press, 2003), p. 100.
2. Ibid., p. 434.
3. Ibid., p. 349.

模块1：团体理性疗法

1. Albert Ellis and Robert A. Harper, *A Guide to Rational Living* (Chatsworth, CA: Wilshire, 1997); Maxie C. Maultsby, Jr., *Help Yourself to Happiness* (Boston: Herman, 1975).
2. Charles Zastrow, *You Are What You Think: A Guide to Self-Realization* (Chicago: Nelson-Hall, 1993).
3. Maultsby, *Help Yourself to Happiness*.

模块2：团体行为疗法

1. Edward Thorndike, *The Psychology of Learning* (New York: Teachers College Press, 1913); E. R. Guthrie, *The Psychology of Learning* (New York: Harper & Row, 1935); C. L. Hull, *Principles of Behavior* (New York: Appleton-Century Crofts, 1943); E. C. Tolman, *Purposive Behavior in Animals and Men* (New York: Appleton-Century-Crofts, 1932); and B. F. Skinner, *The Behavior of Organisms* (New York: Appleton-Century-Crofts, 1938).
2. R. E. Alberti and M. L. Emmons, *Your Perfect Right: A Guide to Assertive Behavior*, 8th ed. (San Luis Obispo, CA: Impact Publishers, 2001); A. Bandura, *Principle of Behavior Modification* (New York: Holt, Rinehart and Winston, 1969); B. F. Skinner, *Walden Two* (New York: Macmillan, 1948); J. B. Watson and R. Rayner, "Conditioned Emotional Reaction," *Journal of Experimental Psychology* 3, no. 1 (1920): 1-14; and Joseph Wolpe, *Psychotherapy by Reciprocal Inhibition* (Stanford, CA: Stanford University Press, 1958).
3. M. T. Orne and P. H. Wender, "Anticipatory Socialization for Psychotherapy: Method and Rationale," *American Journal of Psychiatry* 124 (1968): 1201-12.

4. Diann L. Chambless and Alan J. Goldstein,"Behavior Psychotherapy," in *Current Psychotherapies*, 2d ed., ed. Raymond Corsini (Itasca, IL: Peacock, 1979), pp. 244-45.
5. Wolpe, *Psychotherapy by Reciprocal Inhibition*.
6. Alberti and Emmons, *Your Perfect Right*; and Herbert Fensterheim and Jean Baer, *Don't Say Yes When You Want to Say No* (New York: Dell, 1975).
7. Robert E. Alberti and Michal L. Emmons, *Stand Up, Speak Out, Talk Back*! (New York: Pocket Books, 1975), p. 24.
8. 这些培训步骤是对两本书中开发的自信培训项目的修改，分别是：Alberti and Emmons, *Your Perfect Right*; Fensterheim and Baer, *Don't Say Yes When You Want to Say No*。
9. *Alan Kazdin, The Token Economy* (New York: Plenum, 1977).
10. James O. Prochaska, *Systems of Psychotherapy* (Homewood, IL: Dorsey Press, 1979), pp. 324-25. Reprinted by permission of Wadsworth Publishing Co.
11. Dean H. Hepworth, Ronald H. Rooney, Glenda D. Rooney, Kimberdy Strom Gottfried and JoAnn Larsen, *Direct Social Work Practice: Theory and Skills*, 8th ed. (Belmont, CA: Brooks/Cole, 2010).
12. Ibid.
13. Albert Ellis and Robert A. Harper, *A Guide to Rational Living* (Chatsworth, CA: Wilshire, 1997); and A. T. Beck, *Cognitive Theory and the Emotional Disorders* (New York: International Universities Press, 1976).
14. 注意，认知行为治疗师的范式[S(刺激)→O(有机体认知)→R(反应)]类似于下面理性治疗师的范式[事件→自我对话→情绪和行为]。
15. D. Rimm and J. Masters, *Behavior Therapy* (New York: Academic Press, 1974).

16. M. J. Mahon, "Clinical Issues in Self-Control Training," paper presented at the meeting of the American Psychological Association Montreal, 1973.
17. A. T. Beck and M. E. Weishaar, "Cognitive Therapy," in *Current Psychotherapies*, 4th ed., eds. Raymond Corsini and Danny Wedding (Itasca, IL: Peacock, 1989), p. 309.
18. Ibid., pp. 309-10.
19. Ibid., p. 310.
20. Ibid.

模块3：团体现实疗法

1. William Glasser, *Reality Therapy* (New York: Harper & Row, 1965).
2. William Glasser, *Choice Theory of Personal Freedom* (New York: Harper Perennial, 1998).
3. William Glasser, *Control Theory* (New York: Harper & Row, 1984), p. 32.
4. Ibid., p. 19.
5. Glasser, *Choice Theory*.
6. Ibid., pp. 137-38.
7. American Psychiatric Association, *Diagnostic and Statistical Manual of Mental Disorders*, 4th ed. Text Revision (Washington, DC: Author, 2000).
8. William Glasser, *Warning: Psychiatry Can Be Hazardous to Your Mental Health* (New York: HarperCollins, 2003), p. 114.
9. Losi Leyden-Ruben Stein, *The Stress Management Handbook* (New Canaan, CT: Keats Publishing, 1998).
10. American Psychiatric Association, *Diagnostic and Statistical Manual*.
11. Glasser, *Warning*.
12. Robert Barker, *The Social Work Dictionary*, 5th ed. (Washington DC: NASW Press, 2003), p. 349.
13. William Glasser, *Reality Therapy* in *Action* (New York: HarperCollins, 2000).

译后记

查尔斯·扎斯特罗在社会学领域的知名度并不低,但在中国,对他的著作的译介却很少。我对他的著作产生兴趣,完全因为一次偶然。2015年初,我的同事兼同门师弟刘常庆老师打电话问我,是否愿意翻译一本书,并提到该书是社会学领域的经典之作,国内高校已有老师打算将它用作教材,但苦于没有中文版。我不知道自己当时哪儿来的勇气,竟然不知天高地厚地爽快答应了。

初读这本五百多页的著作时,我是抱着一种好奇之心,尝试去了解一个完全陌生的学者。粗略翻看了前三四个章节,我发现很多内容与我一直关注和研究的社会团体领导力密切相关。查尔斯·扎斯特罗不愧为美国社会工作领域中的佼佼者,他的这本书会让人产生一种强烈的求知欲望。他创作的文本结构十分严密,大量的团体练习和案例以最清晰和最有说服力的形式分布在全书各个章节。随着对这本书的理解逐渐深入,我把书中的理论和团体练习融入我开设的选修课"教育学"和"学生领导力开发与伦理"的课程设计中。就在我研读查尔斯·扎斯特罗著作的这几年,国内学界似乎也开始重视译介他的著作。我虽才疏学浅,但仍希望能为查尔斯·扎斯特罗的著作在中国的传播尽一份绵薄之力。

我是在2016年夏天开始动笔翻译这本书的,但由于当时正处于撰写和修改博士论文的状态,只能利用"碎片化"时间。直到2017年夏天我博士毕业后,才开始集中时间翻译,但也经常会有"翻译不下去"的时候。这里有一个原因不得不提:我时常会审视自己的能力,总觉得曾经学过的社会学和教育社会学中的专业词汇经常会"词不达意",担心自己对本书内容的粗浅理解还无法支撑自己的翻译工作。因此,我在翻译时参考了大量文献,咨询了教授社会学专业英语的老师。针对部分专业术语,我还参考了查尔斯·扎斯特罗的其他著作,如《社会工作与社会福利导论》(第七版)、《社会工作实务:应用与提高》(第七版)等。

翻译是一项艰辛的工作,译者要保持谦卑之心,准确表达原文的意思与思想。我在翻译时尽量直译,以求忠实传递原文信息,只有个别句子实在无法直译的才意译,以求符合中文表达习惯。翻译过程中,我得到很多人的帮助。上海海事大学外国语学院张丹老师对本书第五、六、七章的初稿做出了重大贡献,华东政法大学刘常庆老师帮助校对了第七章,北京大学出版社的王业龙、刘秀芹为本书的顺利出版做了大量工作,在此一并致谢。

在翻译此书的过程中,我常常想:任何有利于教与学的活动都与教育密切相关,任何一本好书都是人们汲取知识、学习技能、思考问题的重要媒介。《团体社会工作:综合指南》(第八版)是一本值得我们慢慢用心去读,并在实践中加以练习的好书。亲爱的读者,只要您在阅读本书的过程中,感受到团体的力量、领导的力量、自助的力量、家庭的力量、教育的力量等,哪怕只有一点点,我也会感到心满意足。

崔文霞

2020 年 5 月 4 日